9급

고용노동직
적중모의고사

|홍미숙 외|

국어/한국사/영어/행정법총론/노동법개론
총 10회분 적중모의고사 & 상세한 해설

엑스퍼트원

http://cafe.naver.com/expertone

머리말

매년 시행되고 있는 9급 고용노동직은 국가직에서만 채용하는 시험으로 매년 4월경에 시행되고 있다.

이에 "고용노동직 적중모의고사"를 출간하여 고용노동직 공무원 시험을 대비할 수 있도록 하였는데 고득점을 얻기 위해서는 모의고사를 많이 접해 보는 것이 유리하다.

최근 출제된 기출문제를 살펴보면 근로기준법에서 60%, 노동조합 및 노동관계조정법에서 25%, 최저임금법에서 15%가 각각 출제 되었는데 기출문제 분석을 통해 출제 가능성이 높은 문제들을 적중예상 문제로 구성하여 수록하였다.

"고용노동직(9급) 적중모의고사"의 활용도를 높이기 위해 특징을 약술하면 다음과 같다.

★ 본서의 특징 ★

1. 합격 안정권의 점수 획득을 목표로 출제 가능성이 높은 문제를 엄선하였다.
2. 전 과목 개편된 문제들을 추가하였으며 행정법총론은 판례 문제를 노동법개론은 최근까지 개정된 법률을 반영하였다.
3. 최근 기출문제를 분석하여 변화된 시험경향에 맞도록 구성하였고 해설만으로도 최종정리가 될 수 있도록 하였다.

이와 같은 특성을 지닌 "고용노동(9급) 적중모의고사"가 9급 고용노동직 공무원 시험을 준비하는 수험생 개개인에게 실질적인 도움이 되어 합격에 이르는 지름길이 되길 기원한다.

— 저자 일동 —

차 례

문제

☆ 제 1회 적중모의고사 … 9
☆ 제 2회 적중모의고사 … 52
☆ 제 3회 적중모의고사 … 96
☆ 제 4회 적중모의고사 … 139
☆ 제 5회 적중모의고사 … 181
☆ 제 6회 적중모의고사 … 222
☆ 제 7회 적중모의고사 … 263
☆ 제 8회 적중모의고사 … 305
☆ 제 9회 적중모의고사 … 346
☆ 제 10회 적중모의고사 … 387

정답 및 해설

☆ 제 1회 정답 및 해설 … 432
☆ 제 2회 정답 및 해설 … 448
☆ 제 3회 정답 및 해설 … 462
☆ 제 4회 정답 및 해설 … 475
☆ 제 5회 정답 및 해설 … 490
☆ 제 6회 정답 및 해설 … 504
☆ 제 7회 정답 및 해설 … 518
☆ 제 8회 정답 및 해설 … 533
☆ 제 9회 정답 및 해설 … 548
☆ 제 10회 정답 및 해설 … 564

수 록 과 목
국어/한국사/영어/행정법총론/노동법개론

문제 ●●●●●●●●●●●

제 1회 적중모의고사
제 2회 적중모의고사
제 3회 적중모의고사
제 4회 적중모의고사
제 5회 적중모의고사
제 6회 적중모의고사
제 7회 적중모의고사
제 8회 적중모의고사
제 9회 적중모의고사
제10회 적중모의고사

1 적중모의고사

― 국 어

01. 다음 밑줄 친 부분이 어법에 맞게 바르게 된 것은?
① 콧수염에 <u>구렛나루</u>까지 거멓게 자라 있었다.
② 점원에게 옷값을 <u>치루고</u> 가게를 나왔다.
③ 그들은 <u>개거품</u>을 뿜어내며 새벽 호랑이처럼 으르렁댔다.
④ 적은 월급에 다섯 식구가 <u>목매고</u> 살고 있다.

02. 다음 글에 대한 설명으로 옳지 않은 것은?

> (가) 영채와 선형은, 형식과 병욱의 얼굴을 번갈아본다. 병욱은 자신이 있는 듯이,
> "힘을 주어야지요! 문명을 주어야지요."
> "그리하려면?"
> "가르쳐야지요! 인도해야지요."
> "어떻게?"
> "교육으로, 실행으로."
> 영채와 선형은 이 문답의 뜻을 자세히는 모른다. 물론, 자기네가 아는 줄 믿지마는, 형식이와 병욱이가 아는 만큼 절실하게, 단단하게 알지는 못한다. 그러나, 방금 눈에 보는 사실이 그네에게 산교육을 주었다. 그것은 학교에서도 배우지 못할 것이요, 큰 웅변에서도 배우지 못할 것이다.

(나) 웅칠이는 덤벼들어 우선 허리께를 내려조겼다. 어이쿠무, 쿠 하고 처참한 비명이다. 이 소리에 귀가 번쩍 띄어서 그 고개를 들고 팔부터 벗겨보았다. 그러나 너무나 어이가 없었음인지 시선을 치걷으며 그 자리에 우두망절한다. 그것은 무서운 침묵이었다. 살똥맞은 바람만 공중에서 북새를 논다. 한참을 신음하다 도적은 일어나더니, "성님께서 이렇게 못 살게 굴기유?" 제법 눈을 부라리며 몸을 홱 돌린다. 그리고 느끼며 울음이 복받친다. 붓짐도 내버린 채, "내것 내가 먹는데 누가 뭐래?" 하고 데퉁스러이 내뱉고는 비틀비틀 저쪽으로 없어진다.

(다) 그 33번지라는 것이 구조가 흡사 유곽이라는 느낌이 없지 않다. 한 번지에서 18가구가 주욱 어깨를 맞대고 늘어서서 창호가 똑같고 아궁지 모양이 똑같다. 게다가 각 기구에 사는 사람들이 송이송이 꽃과 같이 젊다. 해가 들지 않는다. 해가 드는 것을 그들이 모른체 하는 까닭이다. 턱살 밑에다 철줄을 메고 얼룩진 이부자리를 밀어 말린다는 핑계로 미닫이에 해가 드는 것을 막아 버린다. 침침한 방안에서 낮잠을 잔다. 그들은 밤에는 잠을 자지 않나? 알 수 없다. 나는 밤이나 낮이나 잠만 자느라고 그런 것은 알 길이 없다. 33번지 18가구의 낮은 참 조용하다.

① (가) 신교육사상, 자유연애, 기독교적 신앙으로 계몽을 꾀하는 이상주의적인 소설이다.
② (나) 근대문학 사상 최초의 장편소설로 일제 식민지 농촌의 궁핍함과 수탈상이 가장 잘 나타나 있다.
③ (다) 우리나라 최초의 심리주의 현대소설로 초현실적 기법으로 인간의 정신세계를 치밀하게 묘사하고 있다.
④ (나) 농촌을 소재로 한 작품을 풍자적인 기법으로 사실주의 문학을 하였다.

03. 다음 글의 밑줄 친 초딩에 대한 설명으로 옳지 않은 것은?

그때 내가 반장이어서 담임이랑 같이 장례식장에도 갔는걸. 근데 지 아버지가 살아 계신 것처럼 떠벌리고 다니다니……. 무슨 초딩도 아니고…….

- 이현, 우리들의 스캔들 -

① '어리석고 유치한 짓을 일삼는 사람'이라는 뜻으로 쓰이기도 하고 초등학

생을 얕잡아 이르거나, 속되게 부르는 말이다
② 의미가 확장되어 '기본적인 예의를 지키지 않는 사람'을 뜻하기도 한다.
③ '초등〉초딩, 중등〉중딩, 고등〉고딩'과 같은 소리의 변화를 알 수 있다.
④ 가상공간에서 만들어진 단어들은 시대가 변함에 따라 소멸되기 때문에 국어사전에 오르기는 어렵다.

04. 다음 시에서 밑줄 친 '곧은 소리'가 함축하고 있는 작자의 의도로 가장 알맞은 것은?

> 금잔화(金盞花)도 인가(人家)도 보이지 않는 밤이 되면
> 폭포(瀑布)는 곧은 소리를 내며 떨어진다.
> 곧은 소리는 소리이다.
> 곧은 소리는 곧은 소리를 부른다.

① 유교적 가치의 타락에 대한 낭만적 감상
② 자연 파괴에 대한 현대 문명의 오만성을 경고
③ 현실 안주 자세에 대한 정신적 각성의 촉구
④ 부정적 현실에 대한 초월적인 고뇌

05. 다음 밑줄 친 부분에 들어갈 가장 적합한 속담은?

> 대중문화, 좁게 말해서 대중음악에 대한 편견은 아카데미즘이 지배하고 있는 대학이나 학문 세계에서 쉽게 찾아볼 수 있다. 그래서 대중음악에 대한 연구는 음악학자나 사회학자 모두에게 있어서 서로 미루는 대목이 되고 말았다. 음악학자는 대중음악에 대해서 음악적으로 분석할 가치가 없으며, 나머지 사회적 측면은 사회학자가 다루어야 한다고 미룬다. 반대로 사회학자는 음악적 측면을 배제한 채 가사를 분석하여 그 사회적 의미를 발견하거나 설문조사 방법을 통하여 대중음악에 있어서의 취향의 분포를 통계적으로 조사해 내는 데에 그치는 경우가 많다. 음악학과 사회학의 비협력 관계는 결국 대중음악의 본질에 대한 포괄적인 시각을 놓치게 하여 ＿＿＿＿ 식의 우를 범하게 만들었다.

① 눈 가리고 아옹 하기　　② 언 발에 오줌 누기
③ 장님 코끼리 말하듯 하기　　④ 닭 쫓던 개 지붕 쳐다보기

06. 국어에서 어순이 달라지면 문장 전체의 의미가 섬세하게 달라질 수 있다. 다음 설명 중 가장 적절하지 않은 것은?

> ㉠ 나는 밥을 먹었어.　　㉡ 밥을 나는 먹었어.　　㉢ 먹었어, 나는 밥을.

① ㉠~㉢이 전달하는 사건, 즉 객관적인 의미는 모두 같다.
② ㉠은 "다른 사람은 밥을 못 먹었다."는 의미가 있다.
③ ㉡은 "내가 먹은 것은 밥이다."의 의미가 있다.
④ ㉢은 "무얼 먹었니?"에 대한 대답이라 할 수 있다.

07. 다음 글에서 밑줄 친 '가진 것이 없다'의 의미로 옳은 것은?

> 눈을 들어 하늘을 우러러 보고 먼 산을 바라보라. 어린이의 웃음같이 깨끗하고 명랑한 5월의 하늘, 나날이 푸르러 가는 이 산 저 나날이 새로운 경이를 가져오는 이 언덕 저 언덕, 그리고 하늘을 달리고 녹음을 스쳐오는 맑고 향기로운 바람 —— 우리가 비록 빈한하여 <u>가진 것이 없다</u> 할지라도, 우리는 이러한 때 모든 것을 가진 듯하고, 우리의 마음이 비록 가난하여 바라는 바, 기대하는 바가 없다 할지라도, 하늘을 달리어 녹음을 스쳐 오는 바람은 다음 순간에라도 곧 모든 것을 가져 올 듯하지 아니한가?

① 욕심이 없다.　　② 현실에 만족한다.
③ 정서가 메말랐다.　　④ 경제적인 여유가 없다.

08. 다음 중 밑줄 친 부분의 어휘 선택이 옳지 않은 것은?
① 열심히 <u>공부하노라고</u> 했는데 성적이 좋지 않다.
② 아궁이에 불을 <u>당겼다</u>.

③ 그 안건을 회의에 <u>부쳤다</u>.
④ 아침밥을 <u>안친다</u>.

09. 다음 설명과 같은 원리에 따라 만들어진 말이 아닌 것은?

> '바다'와 '가'라는 말이 결합하여 새로운 말을 만들 때 뒤의 '가'가 된소리가 되어 [바다까]로 소리 나므로 사이시옷을 적는다.

① 냇가 ② 바닷물
③ 부싯돌 ④ 나뭇가지

10. 다음 글에 해당하는 문법 용어와 용례가 모두 맞게 연결된 것은?

> 첫소리 자리에는 열아홉 개의 자음이 다 올 수 있는데, 끝소리 자리에는 열아홉의 자음 중 /ㄱ, ㄴ, ㄷ, ㄹ, ㅁ, ㅂ, ㅇ/의 일곱만이 올 수 있다. 따라서 두 모음 사이에 끼일 수 있는 자음의 수효(數爻)는 많아야 둘이다.

① 절음법칙 - 값이 [갑시] ② 끝소리 규칙 - 웃옷 [우돋]
③ 절음법칙 - 밝지 [발찌] ④ 끝소리 규칙 - 밝게 [발께]

11. 다음 편지와 관련한 한자의 쓰임을 잘못 설명하고 있는 것은?

① 轉交(전교) : 직접 편지를 전달할 때 편지 겉봉에 쓴다.
② 本第入納(본제입납) : 자기 집에 편지 보낼 때 겉봉투에 자기 이름 밑에 쓴다.
③ 追伸(추신) : 편지 내용에서 빠진 말을 덧붙일 때 쓴다.
④ 親展(친전) : 받는 이가 손수 펴보기를 바란다는 뜻으로 부모나 나이 많은 어른이 자식과 같은 손아랫사람에게 쓴다.

12. 다음 시에 대한 감상으로 옳지 않은 것은?

> 죽는 날까지 하늘을 우러러
> 한 점 부끄럼이 없기를,
> 잎새에 이는 ㉠ 바람에도
> 나는 괴로워했다.
> ㉡ 별을 노래하는 마음으로
> 모든 죽어 가는 것을 사랑해야지
> 그리고 ㉢ 나한테 주어진 길을
> 걸어가야겠다.
> 오늘 밤에도 별이 ㉣ 바람에 스치운다.

① 이 시의 시상 전개 과정은 과거 – 미래 – 현재 순이다.
② ㉡은 화자가 추구하는 순수 이상적 가치를 의미한다.
③ ㉠, ㉣이 공통적으로 지니는 의미는 '암울한 시대 상황'이다.
④ ㉢은 시련 속에서도 양심을 지키며 사는 순결한 삶을 의미한다.

13. 다음 문장 중 띄어쓰기가 올바르게 된 것은?
① 국가대표팀은 우승은 커녕 입상도 못했다.
② 너 따위를 두려워할 내가 아니다.
③ 붓, 종이, 벼루, 먹들이 문방사우이다
④ 가든지 말든지 마음 대로 해라

14. 다음 글의 밑줄 친 핫바지의 뜻으로 가장 옳은 것은?

> 희치희치 낡고 땟국이 꾀죄죄한 핫바지에 중대님을 매고
>   - 문순태, 타오르는 강 -

① 폭이 넓어 일하기에 편한 통바지를 일컫는다.

② 솜을 넣어 만든 바지를 일컫는다.
③ 일할 때 편하게 입는 막바지를 말한다.
④ 발목에 대님을 매는 전통바지를 말한다.

15. 다음 글에서 밑줄 친 ㉠과 동일한 표현 방법이 나타난 것은?

> 모란이 피기까지는,
> 나는 아직 나의 봄을 기다리고 있을 테요.
> 모란이 뚝뚝 떨어져 버린 날,
> 나는 비로소 봄을 여읜 설움에 잠길 테요.
> 오월 어느 날, 그 하루 무덥던 날,
> 떨어져 누운 꽃잎마저 시들어 버리고는
> 천지에 모란은 자취도 없어지고,
> 뻗쳐 오르던 내 보람 서운케 무너졌느니,
> 모란이 지고 말면 그뿐, 내 한 해는 다 가고 말아,
> 삼백 예순 날 하냥 섭섭해 우옵내다.
> 모란이 피기까지는,
> 나는 아직 기다리고 있을 테요, ㉠찬란한 슬픔의 봄을.

① 밤에 홀로 유리를 닦는 것은 / 외로운 황홀한 심사이어니,
② 마른 논을 안고 도는 착한 도랑이 / 젖먹이 달래는 노래를 하고, 제 혼자 어깨춤만 추고 가네.
③ 길은 한 줄기 구겨진 넥타이처럼 풀어져 / 일광의 폭포 속으로 사라지고
④ 나는 옷자락에 흙을 받아 / 좌르르 하직했다.

※ 다음 작품을 읽고 물음에 답하시오. (16~17)

> 청석령(靑石嶺) 지나거냐, 초하구(草河口)ㅣ 어디매오.
> 호풍(胡風)도 참도 찰샤, 궂은 비난 무스 일고.
> 아므나 행색(行色) 그려 내어 님 계신 데 드리고쟈.

16. 위 작품과 밀접한 관계가 있는 역사적 사건에 해당하는 것은?
① 임진왜란 ② 세조의 정변
③ 병자호란 ④ 무오사화

17. 위 작품과 배경 면에서 유사한 작품에 해당하는 것은?
① 수양산(首陽山) 바라보며 이제(夷齊)를 한(恨)하노라.
   주려 죽을진들 채미(採薇)도 하난 것가.
   비록애 푸새엣것인들 그 뉘 따헤 났다니.
② 白雪(백설)이 ᄌᆞ자진 골에 구루미 머흐레라.
   반가온 梅花(매화)는 어늬 곳에 픠엿는고.
   夕陽(석양)에 홀로 셔 이셔 갈 곳 몰라 하노라.
③ 간밤의 부던 ᄇᆞ람에 눈서리 치단 말가.
   落落長松(낙락장송)이 다 기우러 가노미라.
   ᄒᆞ믈며 못다 퓐 곳이야 닐러 므슴ᄒᆞ리오.
④ 가노라 삼각산(三角山)아, 다시 보쟈 한강수(漢江水)야
   고국산천(故國山川)을 써나고쟈 ᄒᆞ랴마는,
   시절(時節)이 하 수상(殊常)ᄒᆞ니 올동말동ᄒᆞ여라.

18. 다음 ㉠에서 ㉡의 판단을 내렸다고 할 때, 범하고 있는 오류의 유형과 같은 것은?

> ㉠ 나는 소위 선진국이라는 나라에 몇 번 머무를 기회가 있었는데, 철자를 잘못 적는 일은 한 번도 목격한 적이 없다.
> ㉡ 선진국들은 국어를 사랑하는 마음이 투철하다.

① 오빤 뭘 잘 했다고 그래? 오빤 더 하더라 뭐.
② 어제 밤에 돼지꿈을 꿨으니 오늘 횡재할거야.

③ 신의 존재를 믿지 않는다니 당신은 무신론자로군.
④ 너는 어제 약속시간에 늦었다. 그러므로 너는 결코 신용할 수 없는 사람이다.

19. 다음 글의 내용과 관계가 없는 한자성어는?

> 조정에 흐르는 덕화는 향곡(鄕曲)에까지 가득하고 효자와 열녀는 집집마다 다 있었다. 아름답고 아름다워지고…. 우순풍조하니 배 두드리며 사는 백성들은 곳곳에서 격양가를 불렀다.
> - '춘향가' 중에서 -

① 康衢煙月　　　　　　② 太平聖代
③ 江湖煙波　　　　　　④ 比屋可封

20. 다음 글에서 밑줄 친 '퇴영적(退嬰的)'의 상대어로 옳은 것은?

> 창조라고 하면 이상하게 못마땅한 것처럼 대하는 사람도, 그 자신의 생활이 구습(舊習)의 퇴영적(退嬰的)인 반복이나 외래 풍조의 모방에 불과하다는 평을 받는다면 아마도 속으로는 매우 섭섭함을 느낄 것이다. 이것은 생활의 의의(意義)가 반복이나 모방에 있다기보다도, 날로 새로워져 가는 개척과 창조에 있음을 말하는 것이다.

① 進步的(진보적)　　　　② 進取的(진취적)
③ 革新的(혁신적)　　　　④ 高踏的(고답적)

한국사

01. 다음에 제시된 내용을 통해서 알 수 있는 것은?

> ㉠ 자연현상이나 자연물에 정령이 있다고 믿는 애니미즘이 생겨났다.
> ㉡ 바위의 평평한 면에 태양을 상징하는 동심원을 그렸다.
> ㉢ 5월 수릿날과 10월에 계절제를 열어 하늘에 제사를 지냈다.

① 제사와 정치를 분리시켜 나갔다.
② 내세에 대한 관념이 발달하였다.
③ 조상숭배와 영혼숭배를 중시하였다.
④ 농경에서의 풍요로운 결실을 기원하였다.

02. 다음 글에서 설명하고 있는 민족주의 사학자 (가)의 업적을 바르게 서술한 것은?

> (가)는 중국 상하이에서 「한국통사」를 저술하여 근대 이후 일본의 한국 침략과정을 밝혔으며, 「한국독립운동지혈사」에서는 일제의 침략에 대항하여 투쟁한 한민족의 독립운동을 서술하였다.

① 진단학회를 조직하고 진단학보를 발간하였으며 일본 어용학자들의 왜곡된 한국사연구에 대항하여 조선사편수회를 조직하였다.
② 독사신론을 저술하여 민족주의 사학의 연구방향을 제시하였다.
③ 묘청의 난을 '조선 역사상 1천년 이래 제일대사건'으로 간주하였다.
④ 민족정신을 '혼(魂)'으로 파악하여 혼이 잠겨 있는 민족사의 중요성을 강조하였다.

03. 다음 내용은 (가) 왕의 업적을 서술한 것이다. 이에 대한 설명으로 옳지 않은 것은?

> 간의·혼의 등의 기구들이 만들어졌다. 그 다음에 시간 측정 기구 제작 순서로 들어가 앙부일구, 자격루 등이 (가) 왕 16년에서 19년 사이에 만들어졌다. 이런 기구들을 만들어 위치와 시간 측정이 이루어진 다음에 역법 산정의 순서로 (가) 왕 24년에 칠정산 내편과 외편을 완성시켰다.

① 간의는 임진왜란 이후 창경궁 안에 설치되어 그 유적이 현재에도 남아 있다.
②「증보문헌비고」에 기록되어 전해지고 있다.
③ 숭유억불 정책에 따라 불교에 대한 시책은 강력하게 금하였다.
④「자치통감훈의」를 편찬하는 등 방대한 편찬사업이 이루어졌다.

04. 다음 〈표〉는 조선시대 토지 결수의 변화를 나타낸 것이다. 이 같은 추세를 초래한 원인이 아닌 것은?

시기	원장부	실결
세종 때	165만결	155만결
선조 때	150만결	105만결
영조 때	140만결	80만결

① 은결(隱結)의 증가   ② 중간관리의 횡령
③ 토지대장의 소실   ④ 생산력의 감소

05. 다음의 내용에 해당되는 신분층에 관한 사실로써 옳은 것은?

> 그들은 원칙적으로 출세에 법적 제한을 받지 않았지만, 교육을 받을 기회가 거의 없었기 때문에 관료로 진출이 거의 불가능하였다. 또한, 이들은 조세, 공납, 역 등의 무거운 의무를 지고 있었다.

① 대개 기술관으로 활약하였다.

② 매매, 상속, 증여의 대상이었다.
③ 국가의 통제 아래 상거래에 종사하였다.
④ 같은 계층이라도 공장이나 상인보다 우대되었다.

06. 다음 인물들에 관한 공통된 설명으로 옳은 것은?

| ㉠ 이항로　　㉡ 최익현　　㉢ 전봉준　　㉣ 손병희 |

① 성리학의 주리론적 인식론을 바탕으로 하였다.
② 서양과 일본 세력의 침투에 대한 저항 의식이 강하였다.
③ 왕조 국가를 국민국가로 전환시킬 것을 주장하였다.
④ 국권 회복을 위한 실력 양성 운동을 전개하였다.

07. 다음과 같은 사관의 입장에서 해석한 것은?

| 16세기에는 사림의 존화주의적, 왕도주의적 정치의식과 문화의 의식을 반영한 사서가 편찬되었다. |

① 우리 민족의 갈래인 기자족이 동쪽으로 옮겨 온 사실을 말한다.
② 사회 내부에 등장한 새로운 지배 세력이 기자족이다.
③ 기자의 이동은 중국의 선진 문화가 조선에 일찍 토착화되었음을 말한다.
④ 기자의 지배 영역은 조선과는 거리가 먼 중국의 지배 영역에 불과하다.

08. 다음은 조선 왕조 때 외적의 침입을 물리치기 위해 노력한 인물들이다. 그들이 활동했던 시기가 순서대로 바르게 연결된 것은?

| ㉠ 이순신　　㉡ 최윤덕　　㉢ 양헌수　　㉣ 임경업 |

① ㉠ - ㉡ - ㉢ - ㉣ ② ㉡ - ㉠ - ㉣ - ㉢
③ ㉢ - ㉡ - ㉠ - ㉣ ④ ㉣ - ㉢ - ㉠ - ㉡

09. 다음은 고려시대의 정치적 활동을 담당했던 기관과 업무에 대한 내용이다. 바르게 연결된 것은?

> ㉠ 서경과 간쟁 - 중방과 어사대
> ㉡ 국가의 주요 정책 협의 - 도병마사
> ㉢ 곡식과 화폐의 출납 회계 - 삼사
> ㉣ 풍기 단속, 감찰 - 중추원

① ㉠, ㉡ ② ㉡, ㉢, ㉣
③ ㉡, ㉢ ④ ㉠, ㉢, ㉣

10. 다음 밑줄 친 부분의 역사적 사실은?

> (전략) 이 전역은 즉 낭·불 양가 대 유가의 대전이며, 국풍파 대 한학파의 싸움이며, 독립당 대 사대당의 싸움이며, 진취사상 대 보수사상의 싸움이나, (중략) <u>이 싸움</u>을 어찌 一千年來第一大事件이라 하지 아니하랴.
> － 단재 신채호 전집 中 －

① 묘청의 서경천도운동 ② 무신정변
③ 이자겸의 난 ④ 위화도 회군

11. 16세기 농민들의 생활상을 가장 바르게 서술한 것은?
① 농장이 확대되어 감에 따라 농민의 생활은 점차 나아졌다.
② 공납은 민호를 대상으로 한 것이며, 가장 무거운 부담이었다.
③ 빈민구제를 위해 실시된 환곡제도는 의창이 계속 주관하였다.
④ 방납제가 실시됨으로써 농민의 공납부담이 다소 완화될 수 있었다.

12. 다음 내용으로 보아 원효가 불교사에 끼친 영향이라고 볼 수 있는 것은?

> 원효는 파계승이 된 후 많은 촌락을 돌아다니며 노래와 춤으로서 교화하였다. 그로 인해 많은 무지몽매한 무리들까지 모두 불교를 알게 되었다.

① 불교 각 종파를 융합시킬 수 있는 이론을 제시하였다.
② 전제 왕권을 강화시킬 수 있는 이론을 제공하였다.
③ 유교와 불교를 융합시킬 수 있는 원리를 제공하였다.
④ 귀족들만의 불교를 대중들도 쉽게 믿을 수 있도록 하였다.

13. 조선시대의 신분제도에 대한 설명 중 옳은 것을 모두 고른 것은?

> ㉠ 법제상 양인과 천민으로 구분되었다.
> ㉡ 중인도 신분층으로 점차 정착되어 갔다.
> ㉢ 관영이나 민영 수공업에 종사하는 수공업자들도 상민에 포함되었다.
> ㉣ 신분제도가 엄격하게 운영되었기 때문에 신분 이동이 불가능하였다.

① ㉠, ㉡   ② ㉡, ㉢
③ ㉠, ㉡, ㉢   ④ ㉠, ㉡, ㉢, ㉣

14. 다음의 내용을 통해 내릴 수 있는 결론으로 옳은 것은?

> ㉠ 다수의 백제 유이민이 규수 지방 등지에 진출하여 국가 건설에 이바지하였다.
> ㉡ 백제는 일본 왕에게 칠지도(七支刀)를 선물하였다.
> ㉢ 백제는 때때로 왜군을 한반도에 끌어들여 삼국 항쟁에 이용하였다.
> ㉣ 근초고왕 때에는 요서, 산둥 지방과 일본에 진출하였다.

① 백제는 일본의 힘으로 발전할 수 있었다.
② 당시 일본은 백제하고만 교류하였다.

③ 일본은 백제를 이용하여 한반도를 점령하였다.
④ 백제는 왜와 긴밀한 외교관계를 맺고 있었다.

15. 다음 문화재들의 건립 시기를 순서대로 바르게 배열한 것은?

| ㉠ 합천 해인사 장경판전 | ㉡ 구례 화엄사 각황전 |
| ㉢ 예산 수덕사 대웅전 | ㉣ 안동 도산서원 |

① ㉢ - ㉠ - ㉣ - ㉡
② ㉠ - ㉢ - ㉡ - ㉣
③ ㉠ - ㉡ - ㉢ - ㉣
④ ㉢ - ㉣ - ㉠ - ㉡

16. 다음 내용에 해당하는 애국 계몽 단체와 관련이 없는 것은?

> 1906년 장지연 등 20여명이 독립의 기초를 마련하려고 만든 애국계몽단체로 그 활동의 일환으로 월보를 만들었으며 월보를 통해 계몽운동을 전개하였다.

① 고종 황제의 양위에 반대하다 해체 당하였다.
② 헌정연구회를 모체로 하였다.
③ 교육 운동, 산업개발 운동을 벌였다.
④ 사회계몽 운동가들이 국권회복운동을 위해 비밀리에 조직하였다.

17. 다음 사실들과 관계가 있는 정치 세력이 수행한 역할에 대한 설명으로 옳은 것은?

> ㉠ 청의 간섭을 물리쳐 자주 독립을 확립하려고 노력하였다.
> ㉡ 임오군란을 계기로 이들의 활동이 활발해졌다.
> ㉢ 박문국·우정국 설치, 해외 유학생 파견을 실현하였다.

① 교정청을 설치하여 자주적인 개혁을 추진하였다.

② 토지의 재분배를 통한 자영농 육성을 추진하였다.
③ 구본 신참의 원칙 아래에서 황제권 강화를 시도하였다.
④ 전제 군주제를 입헌 군주제로 바꾸려는 시도를 하였다.

18. 다음에서 유형원의 개혁사상을 모두 모두 고른 것은?

| ㉠ 농병일치의 군사 조직 | ㉡ 사농일치의 교육제도 |
| ㉢ 가정 내의 적서차별 금지 | ㉣ 직업적 우열하의 능력 존중 |

① ㉠, ㉡, ㉢
② ㉡, ㉢, ㉣
③ ㉠, ㉡, ㉣
④ ㉠, ㉢, ㉤

19. 일본은 1920년대 심각한 경제 불황을 겪어 많은 기업이 도산하였으며, 쌀값이 폭등하였다. 이때 일본이 취한 대책을 보기에서 모두 고른 것은?

㉠ 조선에서 회사령을 실시하여 기업의 설립을 규제하였다.
㉡ 중국대륙으로의 진출을 서둘러 1931년에 만주를 점령하였다.
㉢ 토지조사사업을 실시하여 일본의 빈민을 조선에 이주시켰다.
㉣ 조선에서 산미증식계획을 실시하여 식량난을 해결하고자 하였다.

① ㉠, ㉡
② ㉠, ㉣
③ ㉡, ㉣
④ ㉡, ㉢

20. 다음 글에서 밑줄 친 부분의 운동에 해당하지 않는 것은?

일제는 식민지 지배체제의 영속화를 위해 우민화 교육을 통한 한국인의 황국 신민화를 꾀하는 한편, 우리말과 우리 역사 교육을 금지시키고 우리 민족사를 왜곡하기까지 했다. 이에 맞서 애국지사들은 민족문화 수호운동과 민족교육 운동을 전개하였다.

① 조선어학회의 결성 ② 민족대학 설립 운동
③ 청구학회의 한국학 연구 활동 ④ 신채호의 한국 고대사 연구 활동

영 어

01. 다음 글에서 밑줄 친 it이 가리키는 것은?

> She complains that in the past the government had permitted companies to use unsafe methods. According to newton, Waste Systems, Inc. has developed an efficient and safe way of taking care if industrial waste, and wants the public to know about it. "Waste Systems, Inc. spends a lot of money on safety and efficiency. However, we could do a lot more if we had government support for our program."

① Waste Systems
② government permission
③ a safe way of taking care of waste
④ government support for the program

02. 다음 내용의 빈 칸에 들어갈 알맞은 말을 차례대로 연결한 것은?

> We live on a farm in the country. There is plenty of space and fresh air. People in the city rush busily from place to place. We have a (   ) complicated life here. Our schedule is more flexible. We have (   ) noise and confusion. We live closer to trees and water.

① more − less   ② more − more
③ less − more   ④ less − less

03. 다음 글의 내용을 가장 잘 표현한 속담은?

> Jane and Mary had been homebodies most of their lives. After their kids were grown, they decided to take a trip around the world. Of course, they were inexperienced travelers and had trouble accepting the customs of foreign countries. Their guide suggested that they should make an effort to follow the customs of the local people and not expect to behave in a foreign country as they would at home. Once they began to follow this advice, they enjoyed their trip much more.

① A friend in need is a friend indeed.
② Beauty is but skin deep.
③ When in Rome, do as the Romans do.
④ One swallow doesn't make a summer.

04. 다음 대화의 빈칸에 들어갈 가장 알맞은 것은?

> A : What are you going to do this weekend?
> B : It depends on weather. If it's a nice day, I'll go fishing.
> A : What if it rains?
> B : (   )

① Then, I'll stay home.
② Oh, then I'll go hiking.
③ No, I don't have any plans.
④ I like rain very much.

05. 다음 문장 중에서 문법적으로 옳은 것은?

① He can run fastest of all his classmates.
② Do you think where he is living now?

③ The girl whom I thought was honest deceived me.
④ We entered the conversation.

06. 다음 글의 제목으로 가장 적절한 것은?

> If you ask people what animals they hate or fear most, chances are you will hear the following; skunks, bats, snakes and rats. But some of these animals are gaining new respect. The skunk is feared by most people because of its awful smell. But recently people have begun to rethink their ideas about skunks. "Skunks are very useful animals," says Dr. Briggs. "They catch rats, mice and beetles. They are great for pest control." Many people are also terrified of bats. Lately, however, bats have become more popular because they eat mosquitoes. "Bats are an environmentally friendly way to get rid of mosquitoes," says Prof. Austin.

① Environmentally Friendly Ways of Animal Keeping
② Inviting Animals into a New Perspective
③ Kinds of the Most Beloved Animals
④ Getting Rid of Hated Creatures

07. 다음 글의 (   ) 안에 들어갈 내용으로 옳은 것은?

> People like to think that (   ). The air was cleaner, the water was purer, people were friendlier, life was safer and certainly it was cheaper. But were the good old days really so good? Probably not. Many of today's problems existed in the past, and there were other problems then that we rarely face today.

① life was better in the past.

② life will be better in the future.
③ life has always had its problems.
④ there was no pollution in the past.

08. 다음 글의 (   ) 안에 들어갈 내용으로 옳은 것은?

> Arabs consider it extremely bad manners (   ). Even the busiest government official or executive always takes extra time to be, polite and offer refreshments. No matter how busy you are, you should make time for this hospitality.

① to keep silent all the time
② to idle away their time
③ never to start talking first.
④ to start talking immediately

09. 다음 글의 (   ) 안에 들어갈 내용으로 옳은 것은?

> Americans began drinking orange juice about 1920. After that people came to drink it more and more. (   ) the business of growing oranges in the United States has become a prosperous one.

① Far from it
② For that reason
③ So to speak
④ None the less

※ 다음 대화를 읽고 물음에 답하시오. (10~11)

> A : So that's your new roommate.
> B : Yes. He's obviously taken a great fancy to you. Do you like him?

A : _____ ⓐ _____
B : What did you expect?
A : I'd imagined some intellectual…and older.
B : So you don't think he's a suitable roommate?
A : Well…
B : My dear! What's the matter? _____ ⓑ _____.
A : No, of course I don't. It would have been more friendly if you'd warned me, though.

10. 위 대화의 빈 칸 ⓐ에 들어갈 내용으로 옳은 것은?

① I expect he'll get to like me.
② I expect I'll get to like him.
③ Yes, but I didn't expect to meet him so soon.
④ He seems a nice boy, but not what I expected.

11. 위 대화의 빈 칸 ⓑ에 들어갈 내용으로 알맞은 것은?

① Aren't you feeling well?
② Do you think I've been hiding something from you?
③ We're still friends, aren't we?
④ What do you want me to do?

12. 다음 글의 빈 칸에 들어갈 내용으로 알맞은 것은?

Besides gathering and storing information, the (   ) can also solve complicated problems that once took months for people to do.

① calculator   ② detector
③ computer   ④ collector

13. 다음 글에서 밑줄 친 부분이 의미하는 것은?

> Computer Expo, currently taking place at Curran Hall, is attracting people from all over the world. Says Al Onlein, Expo organizer, "We have the latest in computer technology. <u>Anyone interested in computers will find something here.</u>" Onlein claims that it is almost impossible to find a school, home, or office today without a computer.

① Expo is intended for Al Onlein
② Expo is intended for computer scientists.
③ Expo is intended for computer businesses.
④ You don't have to be a computer expert to go to Expo.

14. 다음 글의 빈 칸에 들어갈 알맞은 것을 순서대로 짝지은 것은?

> After Zeus had fashioned men he told Hermes to put intelligence into them. Hermes made a vessel for measuring it and poured an equal quantity into every man. It was enough to fill the little men full, so that they became ⓐ . But the amount was too small to filter all through the bodies of the big men ; so they turned out rather ⓑ .

    ⓐ   ⓑ   ⓐ   ⓑ
① stupid, wise   ② wise, stupid
③ strong, weak   ④ weak, strong

15. 아래 문장의 밑줄 친 This가 공통적으로 나타내는 것은?

> This is a schoolmaster of the common people. (H. W. Beecher)
> This is a mirror of the world. (James Ellis)
> This should be the maximum of information, and the minimum of comment. (R. Cobden)
> This is a circulating library with high blood pressure.

① A medicine
② A newspaper
③ A telephone
④ A book

16. 다음 글의 읽고 내용과 가장 가까운 것을 고르면?

> There now seems little doubt that the moon was formed some four and one-half thousand million years ago in a similar manner as the earth and was never part of the earth as was once suggested by Darwin in the nineteenth century. However, whatever the origin of the moon may have been there is no question that it holds clues to events which occurred in the early years of the solar system.

① Darwin suggested that the earth was part of the moon.
② The moon was apart of the earth some four and one-half thousand million years ago.
③ The moon can teach us what happened in the early years of the solar system.
④ There is no question about the origin of the moon.

17. 다음 글에서 밑줄 친 'this law' 는 구체적으로 어떤 법칙인가?

> According to this law, changes in the prices of goods cause changes in supply and demand. An increase in the price of the goods causes an increase in supply-the number of goods the producers make. Producers will make more goods when they can get higher prices for the goods.

① 수요의 법칙
② 공급의 법칙
③ 수요와 공급의 법칙
④ 가격 산정의 법칙

18. 다음 내용을 한 문장으로 나타내고자 한다. 빈칸 ⓐ와 ⓑ에 들어가기에 가장 적절한 것끼리 짝지어진 것은?

> The objective of some taxes on foreign imports is to protect an industry that produces goods vital to a nation's defense. The domestic oil, natural gas, or steel industry, for example, may require protection because of its importance to national defense. Without protection, such industries might be weakened by foreign competition. Then, in an international crisis, the nation might find itself in short supply of products essential to national security.
> → Excessive (ⓐ) on foreign imports may weaken a nation's capability to (ⓑ) itself in a crisis.

	ⓐ	ⓑ		ⓐ	ⓑ
①	dependence	change	②	taxes	involve
③	taxes	test	④	dependence	defend

19. 다음 빈 칸에 들어갈 알맞은 말을 고르면?

> The race of mankind would perish, if they ceased to aid each other. We can't

exist without (　　) help. No one who has the power of granting can refuse it without guilt.

① mutual　　　　　　　　② independent
③ outside　　　　　　　　④ self

20. 다음 글을 요약할 때, ⓐ와 ⓑ에 들어갈 알맞은 단어는?

You should, of course, practice the sounds and the words, but your aim should be to master the complete utterance to understand what is said to you in ordinary conversation and to be able to speak so that an English speaker can understand you.

Your efforts should be directed at (　ⓐ　) what others say and at making yourself (　ⓑ　).

	ⓐ	ⓑ		ⓐ	ⓑ
①	understood	understand	②	understanding	understood
③	understood	understanding	④	understand	understanding

행정법총론

01. 손실보상과 관련한 다음 설명 중 옳지 않은 것은? (다툼이 있는 경우 판례에 의함)

① 사업시행자인 한국토지공사(현 한국토지주택공사)가 토지 등의 소유자들에게 지급한 특별이전대책비는 관계 기관의 요청에 의하여 법령상 지급의무가 없는 금원을 특별히 상이용사의 자활대책의 일환으로 기부한 것으로 그 산

정방법만을 법령상의 보상금과 대체시설의 조성비의 차액으로 하였다고 봄이 상당하므로 특별 이전대책비 가운데 폐업보상금이 포함되어 있지 않다.
② 국민임대주택단지 조성사업 시행자가 현실적 이용상황이 과수원인 甲의 토지가 불법으로 형질변경된 것이라고 하여 개간 전 상태인 임야로 평가한 재결감정 결과에 따라 손실보상액을 산정한 사안에서, 위 토지가 불법형질변경토지라는 사업시행자의 주장을 배척한 원심판단을 정당하다.
③ 구 하천법 제75조 소정의 손실을 입은 자가 직접 하천관리청 또는 국가를 상대로 민사소송으로 손실보상을 청구할 수 없다.
④ 하천구역으로 편입되어 국유로 된 제외지의 구 소유자가 서울시를 상대로 제기한 손실보상금 청구가 채권양도 후 대항요건을 갖추기 전의 청구라는 이유로 기각되어 시효중단의 효력이 소멸하였다고 하더라도 그로부터 6월 내에 구 소유자의 승계인이 손실보상금을 청구한 이상, 구 소유자의 소제기로 인하여 시효가 중단되었다고 볼 수 없다.

02. 다음 국가배상에 관한 설명 중 옳은 것은?

① 공무를 위임받은 사인에 의해 초래된 손해에 대한 배상에는 국가배상법이 적용되지 않는다.
② 헌법은 공무원의 직무상 불법행위로 인한 국가배상만 규정하고 있을 뿐이고, 영조물의 설치·관리의 하자로 인한 국가배상에 대해서는 규정하고 있지 않다.
③ 현행 국가배상법은 능동적이고 적극적인 공무수행을 위해서 국가배상의 경우 공무원 개인에 대해서는 책임을 묻지 않도록 하고 있다.
④ 직무행위의 범위를 정함에 있어서는 외형설을 취할 경우 국가배상책임은 축소된다.

03. 대법원 판례의 입장으로 옳은 것은?

① 행정처분의 직접 상대방이 아닌 제3자라도 행정처분으로 인하여 법률상 보

호되는 이익을 침해당한 경우에는 취소소송을 제기하여 당부의 판단을 받을 자격이 있고, 여기에서 말하는 법률상 보호되는 이익은 개별적 이익만을 말한다.
② 행정처분의 무효확인 또는 취소를 구하는 소에서, 비록 행정처분의 위법을 이유로 무효확인 또는 취소 판결을 받더라도 처분에 의하여 발생한 위법상태를 원상으로 회복시키는 것이 불가능하더라도 무효확인 또는 취소를 구할 법률상 이익이 있다.
③ 건축허가의 취소처분이 확정되면 건축은 불가능해지게 되어 건축을 전제로 한 산지전용허가도 아무런 의미가 없게 되므로 이러한 경우에 산지전용허가 취소를 기다리지 않고 산지전용허가가 당연히 취소되는 것으로 의제하여 산지전용허가의 효력을 소멸시키려는 데에 취지가 있다. 이러한 규정은 목적사업의 시행에 필요한 행정처분을 받은 사람이 스스로 취소한 경우 유추 적용되지 않는다.
④ 교육공무원 징계사무의 성격, 권한의 위임에 관한 교육공무원법령의 규정 형식과 내용 등에 비추어 보면, 국가공무원인 도교육청 교육국장 및 그 하급자인 장학관, 장학사에 대한 징계는 국가사무이고, 그 일부인 징계의결요구의 신청 역시 국가사무에 해당한다. 따라서 교육감이 담당 교육청 소속 국가공무원인 도교육청 교육국장 및 그 하급자들에 대하여 하는 징계의결요구 신청 사무는 기관위임 국가사무라고 보아야 한다.

04. 다음 중 판례가 행정처분이 아니라고 판단한 것을 모두 고른 것은?

㉠ 대학입시기본계획 내의 내신성적산정지침
㉡ 대집행계고
㉢ 소관청의 지목변경신청 반려 행위
㉣ 국세기본법에 의한 국세환급금결정
㉤ 검사의 불기소 처분
㉥ 국유재산매각신청에 대한 거부행위
㉦ 공무원면접시험의 면접불합격결정행위

① ㉠, ㉡, ㉣ ② ㉢, ㉤
③ ㉠, ㉢, ㉣ ④ ㉠, ㉣, ㉤, ㉥

05. 행정상 대집행에 대한 설명 중 옳지 않은 것은? (다툼이 있는 경우 판례에 의함)
① 사람이 점유하고 있는 토지, 건물 등의 점유이전의무는 대행집행의 대상이 아니라는 것이 판례의 입장이다.
② 대집행의 요건은 원칙적으로 계고를 할 때에 충족되어 있어야 한다.
③ 의무를 명하는 행위가 위법한 경우 그 하자는 당연히 후행행위인 계고에 승계된다.
④ 계고, 대집행영장에 의한 통지, 대집행비용납부명령이 법률상 이익이 있는 한, 행정쟁송의 대상인 처분에 속한다는데 학설과 판례가 일치하고 있다.

06. 부관에 관한 다음 설명 중 옳지 않은 것은?
① 기속행위에도 법률요건을 보충하는 부관은 붙일 수 있다.
② 조건으로 보는 것보다 부담으로 해석하는 것이 상대방에게 유리하다.
③ 기속행위에도 법적 근거가 있으면 부관이 가능하다.
④ 부담부 행정행위의 경우에는 부담을 이행해야 주된 행정행위의 효력이 발생한다.

07. 공공기관의 정보공개에 관한 법률이 규정하고 있지 않은 내용은?
① 모든 국민은 정보의 공개를 청구할 권리를 가진다.
② 공공기관은 의사결정 과정 또는 내부검토 과정에 있는 사항으로서 공개될 경우 업무의 공정한 수행에 지장을 초래한다고 인정할 만한 상당한 이유가 있는 정보는 공개하지 않을 수 있다.

③ 청구인이 정보공개와 관련한 공공기관의 처분에 대하여 행정소송을 제기하고자 하는 때에는 먼저 이의신청 및 행정심판을 거쳐야 한다.
④ 행정소송에서 재판장은 필요하다고 인정되는 때에는 당사자를 참여시키지 않고 제출된 공개청구정보를 비공개로 열람·심사할 수 있다.

08. 행정행위의 하자에 대한 설명 중 옳지 않은 것은? (다툼이 있는 경우 판례에 의함)
① 선행행위에 무효사유인 흠이 있으면 그 흠은 후행행위에 승계된다.
② 무효인 행정행위에 대해서는 쟁송제기기간에 관계없이 확인소송을 제기할 수 있다.
③ 판례는 보충역편입처분과 공익근무요원소집처분에는 흠의 승계를 인정하고 있다.
④ 무효와 취소의 구별기준에 관하여는 중대명백설이 다수설·판례의 입장이다.

09. 현대 행정법이론상 법률유보의 원칙에 관한 적용범위를 설명함에 있어 그 이론적 근거로 우리나라에서 거론될 여지가 가장 적은 것은?
① 행정작용 중 국민생활에 영향을 미치는 중요사항은 근거규범이 필요하다는 중요사항유보설 또는 본질성설, 단계적 유보설
② 국민의 자유, 재산을 침해하는 행정활동은 근거규범이 필요하다는 침해유보설, 모든 행정에 유보되어야 한다는 전부유보설
③ 수익적 행정작용인 급부행정에도 근거규범이 필요하다는 사회유보설 내지 급부유보설
④ 행정작용도 권력분립에 의한 민주적 정당성이 있으므로 일정 행정활동에는 행정입법의 근거규범만 필요하다는 배타적 행정유보설

10. 항고소송의 피고적격에 관한 내용으로 가장 옳지 않은 것은? (다툼이 있는 경우 통설·판례에 의함)

① 법률에 특별한 규정이 없는 한 처분청 또는 부작위청
② 권한의 위임이 있는 경우 수임청, 위탁의 경우 수탁청
③ 권한의 대리가 있는 경우 피대리관청, 내부위임의 경우 원칙적으로 위임청
④ 조례가 항고소송의 대상인 경우 당해 조례를 의결한 지방의회

11. 행정벌과 관련한 다음 내용 중 대법원 판례의 입장이 아닌 것은?

① 법인세법상의 가산세는 동법에 의한 과세의 적정을 기하기 위하여 일정한 사항의 의무를 과하고 그 이행을 확보하기 위하여 이들 의무를 해태하였을 때 그에 대하여 가해지는 일종의 행정벌적인 성질을 가지는 제재이다.
② 법인세법상 과소신고가산세는 과세의 적정을 기하기 위하여 납세의무자인 법인으로 하여금 성실한 과세표준의 신고를 의무지우고 이를 확보하기 위하여 그 의무이행을 해태하였을 때 가해지는 일종의 행정벌의 성질을 가진 제재라고 할 것이고, 이와 같은 제재는 납세의무자가 그 의무의 이행을 그 당사자에게 기대하는 것이 무리라고 하는 사정이 있는 경우라도 이를 과할 수 있다.
③ 법인세법에 규정된 영수보고서 제출의무는 납세의무 그 자체는 아니며 정부의 세무행정의 편의를 위한 협력의무를 규정한 것으로 그 보고를 불이행한데 대한 가산세는 그 의무해태에 가하는 행정벌적 성격을 지니고 있는 것이므로 그 신고의무를 해태함에 있어 그 보고의무자에게 정당한 이유가 있다고 인정되는 경우에는 그 보고의무자에게 가산세를 부과할 수 없다.
④ 가산세는 각 사업년도의 소득에 대하여 과세하는 법인세의 경우와는 달리 과세자료수집을 위한 정부의 조세행정목적상 부과하는 협동의무를 불이행함에 대하여 가해지는 행정벌적 성질을 가진 제재라 할 것이므로 그 신고할 당시의 법령에 규정된 가산세율에 따라야 한다.

12. 현행 행정절차법과 관련된 설명 중 가장 옳지 않은 것은?

① 공법상 계약, 행정조사에 관한 규정을 두고 있지 않다.
② 신고절차, 행정지도절차, 행정상입법예고, 처분절차에 관한 규정을 두고 있다.
③ 입법예고절차를 결한 법령의 효력에 관하여 규정을 두고 있지 않다.
④ 복효적 행정행위에서 권익을 침해받는 제3자에게도 사전통지를 하도록 의무화하고 있다.

13. 행정쟁송의 종류에 대한 설명으로 옳은 것은?

① 행정의 공권적 작위나 부작위를 전제로 하여 그것이 위법하거나 부당하다고 주장하는 자의 청구에 의하여 행해지는 약식쟁송이다.
② 행정 기관이 재심사하는 절차. 행정 심판법이 규정하는 행정 심판으로 주관적 쟁송이다.
③ 항고쟁송은 이미 행하여진 행정처분의 위법 또는 부당을 주장하는 자의 청구에 의하여 그 취소 또는 변경을 구하는 복심적 쟁송이다.
④ 행정쟁송은 시심적 쟁송이기도 하며 주관적 쟁송이기도 하다.

14. 행정재량(재량행위)에 대한 설명으로 옳지 않은 것은? (다툼이 있는 경우 판례에 의함)

① 행정청의 재량적 판단은 그 내용이 현저히 합리적이지 않다거나 상반되는 이익이나 가치를 대비해 볼 때 형평이나 비례의 원칙에 뚜렷하게 배치되는 등의 사정이 없는 한 폭넓게 존중될 필요가 있다
② 구 '독점규제 및 공정거래에 관한 법률 시행령'(2009. 5. 13. 대통령령 제21492호로 개정되기 전의 것) 제35조 제1항 제4호에 의한 추가감면 신청 시 그에 필요한 기준을 정하는 것은 행정청의 재량에 속한다.
③ 행정청의 재량권은 법령에서 개별적 수권에 의거하여야 행사하여야 하되 행정목적(공익) 실현을 위하여 탄력적으로 행사할 수 있다.
④ 여객자동차운송사업의 한정면허가 신규로 발급되는 때는 물론이고 한정면

허의 갱신 여부를 결정하는 때에도 관계 법규 내에서 한정면허의 기준이 충족되었는지를 판단하는 것은 관할 행정청의 재량에 속한다.

15. 생활보상에 관한 다음 설명 중 옳지 않은 것은?
① 손실보상의 대상은 역사적으로 볼 때 대인적보상에서 대물적보상으로, 대물적보상에서 생활보상으로 변천하여 왔다.
② 생활보상이란 재산권에 대한 침해로 인하여 생활의 근거를 상실하게 되는 재산권의 피수용자 등에 대하여 생활재건에 필요한 정도의 보상을 행함을 의미한다.
③ 생활보상은 손실보상에 사회국가의 이념이 도입된 것이라고 볼 수 있다.
④ 생활보상은 결국 재산권의 객관적 가치의 보상을 그 이념으로 한다.

16. 다음 중 청문절차와 관련하여 옳지 않은 것은?
① 행정청이 청문절차를 실시하고자 하는 경우에는 청문이 시작되는 날부터 10일 전까지 당사자등에게 관련 사항을 통지하여야 한다.
② 일정한 사정이 있는 경우 청문주재자의 제척·기피·회피제도가 인정된다.
③ 행정청은 직권 또는 당사자의 신청에 의하여 수개의 사안을 병합·분리하여 청문을 할 수 없다.
④ 행정청은 당사자가 문서의 열람 또는 복사를 요청하는 경우 특별한 사정이 없는 한 거부할 수 없다.

17. 행정심판법상의 송달에 대한 설명으로 옳지 않은 것은?
① 서류의 송달은 청구인이 등재된 전자문서를 확인한 때에 전자정보처리조직에 기록된 내용으로 도달한 것으로 본다.
② 전자정보처리조직을 이용한 서류 송달은 서면으로 한 것과 같은 효력을 가

진다.
③ 등재사실을 통지한 날부터 2주 이내에 확인하지 않은 때에는 등재사실을 통지한 날부터 3주가 지난날에 도달한 것으로 본다.
④ 행정심판을 청구하거나 심판 참가를 한 사람에게 전자정보처리조직과 그와 연계된 정보통신망을 이용하여 재결서나 이 법에 따른 각종 서류를 송달할 수 있다.

18. 하자의 치유에 관한 다음 설명 중 가장 옳지 않은 것은?
① 무효인 행정행위의 치유는 성질상 인정될 수 없다는 것이 다수설이다.
② 우리의 경우 흠의 치유는 행정소송의 진행 중에도 가능하다는 것이 다수설·판례의 입장이다.
③ 독일의 경우 흠의 보완은 행정소송의 진행 중에도 가능하다고 한다.
④ 흠의 치유는 하자효과의 개별화이론의 적용례로 설명되어 진다.

19. 행정소송에 대한 설명으로 옳지 않은 것은? (다툼이 있는 경우 판례에 의함)
① 행정청이 한 행위가 단지 사인 간 법률관계의 존부를 공적으로 증명하는 공증행위에 불과하여 그 효력을 둘러싼 분쟁의 해결이 사법원리에 맡겨져 있거나 행위의 근거 법률에서 행정소송 이외의 다른 절차에 의하여 불복할 것을 예정하고 있는 경우에는 항고소송의 대상이 될 수 없다
② 도시계획구역 내 토지 등을 소유하고 있는 사람과 같이 당해 도시계획시설결정에 이해관계가 있는 주민으로서는 도시시설계획의 입안권자 내지 결정권자에게 도시시설계획의 입안 내지 변경을 요구할 수 있는 법규상 또는 조리상의 신청권이 있고, 이러한 신청에 대한 거부행위는 항고소송의 대상이 되는 행정처분에 해당한다.
③ 지방병무청장이 공익근무요원 소집대상자의 원에 의하여 또는 직권으로 그 기일을 연기한 다음 다시 공익근무요원 소집통지를 하였다고 하더라도 이

는 최초의 공익근무요원 소집통지에 관하여 다시 의무이행기일을 정하여 알려주는 연기통지에 불과한 것이므로, 이는 항고소송의 대상이 되는 독립한 행정처분이다.
④ 행정소송의 대상이 되는 행정처분이란 행정청 또는 그 소속기관이나 법령에 의하여 행정권한의 위임 또는 위탁을 받은 공공단체 등이 국민의 권리·의무에 관계되는 사항에 관하여 직접 효력을 미치는 공권력의 발동으로서 하는 공법상의 행위를 말한다.

20. 행정행위에 대한 설명으로 옳지 않은 것은? (다툼이 있는 경우 판례에 의함)
① 행정처분을 하게 된 연유가 상급행정청이나 타행정청의 지시나 통보에 의한 것이라 하여 다르지 않고, 권한의 위임이나 위탁을 받아 수임행정청이 자신의 명의로 한 처분에 관하여도 마찬가지이다. 그리고 위와 같은 지시나 통보, 권한의 위임이나 위탁은 행정기관 내부의 문제일 뿐 국민의 권리의무에 직접 영향을 미치는 것이 아니어도 항고소송의 대상이 되는 행정처분에 해당한다.
② 공무원에 대한 징계처분이 사회통념상 현저하게 타당성을 잃었는지는 구체적인 사례에 따라 직무의 특성, 징계의 원인이 된 비위사실의 내용과 성질, 징계에 의하여 달성하려고 하는 행정목적, 징계양정의 기준 등 여러 요소를 종합하여 판단할 때 징계내용이 객관적으로 명백히 부당하다고 인정할 수 있는 경우라야 한다.
③ 국토계획법이 정한 용도지역 안에서 토지의 형질변경행위·농지전용행위를 수반하는 건축허가는 건축법 제11조 제1항에 의한 건축허가와 같은 개발행위허가 및 농지전용허가의 성질을 아울러 갖게 되므로 이 역시 재량행위에 해당한다.
④ 토지분할 조건부 건축허가는, 건축허가 신청에 앞서 토지분할절차를 완료하도록 하는 대신, 건축허가 신청인의 편의를 위해 건축허가에 따라 우선 건축공사를 완료한 후 사용승인을 신청할 때까지 토지분할절차를 완료할 것을 허용하는 취지이다. 행정청이 객관적으로 처분상대방이 이행할 가능

성이 없는 조건을 붙여 행정처분을 하는 것은 법치행정의 원칙상 허용될 수 없다.

노동법개론

01. 「근로기준법」상 임금 지급에 대한 설명으로 옳지 않은 것은?
① 임시로 지급하는 수당에는 1개월을 초과하는 기간의 출근 성적에 따라 지급하는 정근수당을 포함한다.
② 임금은 근로자에게 직접 통화로만 그 전액을 지급하여야 한다.
③ 미성년자는 독자적으로 임금을 청구할 수 있다.
④ 도급이나 그 밖에 이에 준하는 제도로 사용하는 근로자에게 근로시간에 따라 일정액의 임금을 사용자는 보장하여야 한다.

02. 「근로기준법령」상 상시 4명 이하의 근로자를 사용하는 사업 또는 사업장에 적용되는 규정으로 옳은 것은?
① 사업장에서 이 법 또는 이 법에 따른 대통령령을 위반한 사실이 있으면 근로자는 그 사실을 고용노동부장관이나 근로감독관에게 통보할 수 있다.
② 사용자는 근로자를 해고하려는 경우 해고사유와 해고시기를 서면으로 통지하여야 한다.
③ 사용자는 취업규칙을 근로자에게 불리하게 변경하는 경우에는 그 동의를 받아야 한다.
④ 사용자는 이 법과 이 법에 따른 대통령령의 주요 내용과 취업규칙을 근로자가 자유롭게 열람할 수 있는 장소에 항상 게시하거나 갖추어 두어 근로자에게 널리 알려야 한다.

03. 「근로기준법」상 여성과 소년에 적용되는 규정으로 옳지 않은 것은?

① 근로계약이 미성년자에게 불리하다고 인정하는 경우 친권자, 후견인 또는 고용노동부장관은 이를 해지할 수 있다.
② 임신 후 12주 이내 또는 36주 이후에 있는 여성 근로자는 1일 2시간의 근로시간 단축을 신청할 수 있다.
③ 18세 미만인 사람은 근로자로 사용하지 못한다.
④ 산후 1년이 지나지 않은 여성은 단체협약이 있는 경우라도 1일에 2시간, 1주에 6시간, 1년에 150시간을 초과하는 시간외 근로를 시키지 못한다.

04. 「근로기준법」상 해고의 규정에 관한 설명으로 옳지 않은 것은?

① 사용자가 근로자를 해고 하려는 경우 적어도 30일 전에 해고 예고를 하여야 한다.
② 사용자가 근로자를 해고하려면 해고사유와 해고시기를 서면으로 통지하여야 하며 서면으로 통지하여야 효력이 발생한다.
③ 사용자가 규정에 따른 요건을 갖추어 근로자를 해고한 경우에는 정당한 이유가 있는 해고를 한 것으로 본다.
④ 상시 근로자수가 99명 이하인 사업장이 5명 이상을 해고 하려면 최초로 해고하려는 날의 30일 전까지 고용노동부장관에게 신고하여야 한다.

05. 「근로기준법」상 임금에 대한 설명으로 옳은 것은? (다툼이 있는 경우 판례에 의함)

① 사용자가 근로계약을 체결할 때에는 근로자에 대하여 기본임금을 결정하고 이를 기초로 각종 수당을 가산하여 합산 지급하는 것이 원칙이다.
② 건설업에서 2차례 이상 도급이 이루어지고 건설업자가 아닌 하수급인에게 대금을 지급하였다면 하수급인은 하수급인이 사용한 근로자의 임금을 지급할 책임을 부담하지 않는다.
③ 근로형태나 업무의 성격상 연장·야간·휴일근로가 당연히 예상된다고 하

더라도 기본급과는 별도로 연장·야간·휴일근로수당 등을 세부항목으로 나누어 지급하도록 단체협약이나 취업규칙, 급여규정 등에 정하고 있는 경우에는 포괄임금제에 해당한다.
④ 휴일근로수당으로 통상임금의 100분의 50 이상을 가산하여 지급하여야 하는 휴일근로에는 단체협약이나 취업규칙 등에 의하여 휴일로 정하여진 날은 포함되지 않는다.

06. 「노동조합 및 노동관계조정법」상 단체교섭 및 단체협약과 관련한 설명으로 옳은 것은?

① 교섭대표노동조합 결정 절차에 참여한 모든 노동조합은 자율적으로 교섭대표노동조합을 정하려는 경우 확정된 날부터 10일 이내에 자율적으로 교섭대표노동조합을 정한다.
② 교섭대표노동조합을 결정하여야 하는 교섭단위는 될 수 있는 한 여러 개의 사업 또는 사업장으로 한다.
③ 노동조합의 대표자는 그 노동조합 또는 조합원을 위하여 사용자나 사용자단체와 교섭하고 단체협약을 체결할 권한을 가진다.
④ 단체협약의 당사자는 단체협약의 체결일부터 14일 이내에 행정관청에게 신고하여야 한다.

07. 「노동조합 및 노동관계조정법」상 다음 ㉠, ㉡에 들어갈 내용이 바르게 연결된 것은?

| 근로시간면제자에 대한 근로시간 면제 한도를 정하기 위하여 (㉠)를 「경제사회노동위원회법」에 따른 (㉡)에 둔다. |

	㉠	㉡
①	근로시간면제심의위원회	단체협약위원회
②	단체협약위원회	근로시간면제심의위원회

③ 경제사회노동위원회   근로시간면제심의위원회
④ 근로시간면제심의위원회   경제사회노동위원회

08. 「노동조합 및 노동관계조정법」상 부당노동행위에 대한 설명으로 옳지 않은 것은? (다툼이 있는 경우 판례에 의함)

① 회사가 새로운 징계규정을 제정하기 위한 노사교섭을 기피한 채, 원고들 중 일부에 대한 징계사유인 공갈의 점에 대한 유죄판결이 확정되기도 전에 징계절차를 강행하였다고 하는 등의 사유도 역시 부당노동행위가 되는 지의 여부에 당연히 영향을 미치는 것은 아니다.

② 부당노동행위를 저지르려는 것에 관하여 노동조합 측과 적극적인 통모·합의가 이루어진 경우 등과 같이 해당 노동조합이 헌법 제33조 제1항 및 그 헌법적 요청에 바탕을 둔 노동조합 및 노동관계조정법(노동조합법) 제2조 제4호가 규정한 실질적 요건을 갖추지 못하였는데 설립신고가 행정관청에 의하여 형식상 수리되었다면 노동조합법상의 노동조합으로서의 지위를 갖는다.

③ 사용자가 근로자를 해고함에 있어서 표면적으로 내세우는 해고사유와는 달리 실질적으로는 근로자의 정당한 노동조합 활동을 이유로 해고한 것으로 인정되는 경우에 있어서는 그 해고는 부당노동행위에 해당한다.

④ 사용자가 근로자를 해고하면서 적법한 징계해고사유가 있어 징계해고한 이상 사용자가 근로자의 노동조합활동을 못마땅하게 여긴 흔적이 있다하여 그 사유만으로 징계권 남용에 의한 노조법상의 부당노동행위에 해당한고 볼 수 없다.

09. 「근로기준법」상 연차 유급휴가에 대한 설명으로 옳지 않은 것은? (다툼이 있는 경우 판례에 의함)

① 사용자는 근로자대표와의 서면합의에 의하여 월차유급휴가일 또는 규정에 의한 연차유급휴가일에 갈음하여 특정 근로일에 근로자를 휴무시킬 수 있

다."고 규정하고 있는데, 연월차유급휴가를 토요일 휴무로 대체하기 위해서는 근로자대표의 서면합의가 있어야 하는 것은 아니다.
② 연차유급휴가를 받을 수 있었는데도 이를 사용하지 않아 그 기간에 대한 연차휴가수당 청구권이 발생하였다고 하더라도 연차휴가수당은 퇴직하는 해의 전 해 1년간의 근로에 대한 대가이지 퇴직하는 그 해의 근로에 대한 대가가 아니다.
③ 연차유급휴가를 받게 된 원인이 된 퇴직하기 전해 1년 간의 일부가 퇴직한 날 이전 3개월 간에 포함되지 않는 한 연차유급휴가근로수당은 퇴직금 산출기준이 되는 평균임금에 포함시킬 수 없다.
④ 근로자가 연차 유급휴가를 이용하지 않고 계속 근로한 경우 사용자에게 그 휴가일수에 해당하는 연차휴가근로수당을 더 청구할 수 있다.

10. 「최저임금법」상 최저임금에 대한 다음 설명 중 옳지 않은 것은?
① 정신장애나 신체장애로 근로능력이 현저히 낮은 사람에게는 최저임금 적용을 제외한다.
② 최저임금을 적용 받는 근로자와 사용자 사이의 근로계약 중 최저임금액에 미치지 못하는 금액을 임금으로 정한 부분은 무효이다.
③ 수급인이 근로자에게 최저임금액에 미치지 못하는 임금을 지급한 경우 도급인은 해당 수급인과 연대하여 책임을 진다.
④ 최저임금은 매년 12월 31일까지 고용노동부장관이 결정하여야 한다.

11. 「근로기준법」상의 용어에 대한 설명으로 옳은 것은?
① 평균임금은 이를 산정하여야 할 사유가 발생한 날 이전 1개월 동안에 그 근로자에게 지급된 임금의 총액을 그 기간의 총일수로 나눈 금액이다.
② 단시간근로자는 1주 동안의 소정근로시간이 그 사업장의 같은 종류 업무에 종사하는 통상 근로자의 1주 동안의 소정근로시간에 비하여 짧은 근로자를 말한다.

③ 근로란 해당 사업장에서 계약기간 동안에 행해지는 육체노동을 말하는 것으로 정신노동은 포함되지 않는다.
④ 1주는 휴일을 제외한 근로를 한 기간만을 말한다.

12. 「노동조합 및 노동관계조정법」상 부당노동행위의 구제신청에 대한 설명으로 옳지 않은 것은?

① 부당노동행위가 성립되지 않는다고 판정한 때에는 노동위원회는 그 구제신청을 기각하는 결정을 하여야 한다.
② 종사근로자인 조합원이 해고되어 노동위원회에 부당노동행위의 구제신청을 한 경우 중앙노동위원회의 재심판정이 있을 때까지 종사하고 있는 근로자로 보지 않는다.
③ 근로자는 사용자의 부당노동행위로 인해 권리를 침해당한 경우 노동위원회에 그 구제를 신청할 수 있다.
④ 노동조합도 사용자의 부당노동행위로 인하여 그 권리를 침해당한 경우 노동위원회에 그 구제를 신청할 수 있다.

13. 「근로기준법」상 직장 내 괴롭힘 금지와 관련한 설명으로 옳지 않은 것은?

① 직장 내 괴롭힘이 발생한 경우 피해근로자 당사자만 그 사실을 사용자에게 신고할 수 있다.
② 직장 내 괴롭힘 발생 사실을 신고한 피해근로자 등에게 해고나 그 밖의 불리한 처우를 하여서는 안 된다.
③ 직장 내 괴롭힘은 직장에서의 지위 등의 우위를 이용하여 업무상 적정범위를 넘어 다른 근로자에게 신체적·정신적 고통을 주거나 근무환경을 악화시키는 행위를 말한다.
④ 직장 내 괴롭힘 발생 사실이 확인된 때에는 피해근로자가 요청하면 근무장소의 변경, 배치전환, 유급휴가 명령 등 적절한 조치를 하여야 한다.

14. 「근로기준법」상 18세 미만자 등의 보호에 대한 설명으로 옳지 않은 것은?

① 18세 미만인 사람은 야간근로와 휴일근로에 제한을 둔다.
② 3개월 이내의 탄력적 근로시간제는 18세 미만의 근로자에게는 적용하지 않는다.
③ 18세 미만인 사람의 근로시간은 1일에 5시간, 1주에 30시간을 초과하여 근로를 시키지 못한다.
④ 18세 미만자의 동의가 있고 고용노동부장관의 인가를 받으면 오후 10시부터 오전 6시까지의 시간 및 휴일에 근로를 시킬 수 있다.

15. 「근로기준법」상 경영상 이유에 의한 해고에 대한 설명으로 옳은 것은?
(다툼이 있는 경우 판례에 의함)

① 근로기준법 제24조에 따라 근로자를 해고한 날부터 5년 이내의 기간 중에 해고 근로자가 해고 당시에 담당하였던 업무와 같은 업무를 할 근로자를 채용하려는 경우 특별한 사정이 없는 한 해고 근로자를 우선 재고용할 의무가 있다.
② 사용자가 경영상의 이유에 의하여 근로자를 해고하고자 하는 경우 해고의 기준 등을 근로자의 2/3로 조직된 노동조합 또는 근로자대표와 성실하게 협의하여야 한다.
③ 사용자가 자신의 귀책사유인 경영상의 필요에 따라 개별 근로자들에 대하여 구 근로기준법 제45조 제1항에 의한 휴업을 실시한 경우, 그 휴업 역시 구 근로기준법 제30조 제1항에서 정한 '휴직'에 해당하는 불이익한 처분이다.
④ 정리해고는 긴급한 경영상의 필요에 의하여 기업에 종사하는 인원을 줄이기 위하여 일정한 요건 아래 근로자를 해고하는 것으로서 기업의 유지·존속을 전제로 그 소속 근로자들 중 일부를 해고하는 것을 가리킨다.

16. 「노동조합 및 노동관계조정법」상 쟁의행위에 대한 설명으로 옳지 않은 것은? (다툼이 있는 경우 판례에 의함)

① 적법한 직장폐쇄 중 근로자가 위법한 쟁의행위에 참가한 기간은 근로자의 귀책으로 근로를 제공하지 않은 기간에 해당하므로, 연간 소정근로일수에 포함시키되 결근한 것으로 처리하여야 한다.
② 회사가 노동조합 측과 정리해고에 관한 합의 도출을 위하여 성실하고 진지한 노력을 다하였는데도 노동조합 측이 합리적 근거나 이유제시 없이 정리해고 자체를 반대하고 불법적인 쟁의행위에 나아감으로써 합의에 이르지 못하였으므로 정리해고는 무효이다.
③ 노동조합은 원칙적으로 스스로 교섭대표노동조합이 되지 않는 한 독자적으로 단체교섭권을 행사할 수 없고, 교섭대표노동조합이 결정된 경우 그 절차에 참여한 노동조합의 전체 조합원의 과반수 찬성 결정이 없으면 쟁의행위를 할 수 없게 된다.
④ 쟁의행위는 단체교섭을 촉진하기 위한 수단으로서의 성질을 가지므로 쟁의기간 중이라는 사정이 사용자가 단체교섭을 거부할 만한 정당한 이유가 될 수 없다.

17. 「근로기준법」상 근로계약에 대한 설명으로 옳은 것은?

① 근로기준법에서 정하는 기준에 미치지 못하는 근로조건을 정한 근로계약은 전체가 무효이다.
② 근로계약을 체결할 때에는 근로조건의 사항인 임금과 소정근로시간만 명시하면 된다.
③ 사용자는 근로자 명부와 근로계약에 관한 중요한 서류는 2년간 보존해야 하는 의무를 진다.
④ 근로계약은 기간을 정하지 않은 것과 일정한 사업의 완료에 필요한 기간을 정한 것 외에는 그 기간은 1년을 초과하지 못한다.

18. 「최저임금법」상 최저임금위원회에 대한 설명으로 옳지 않은 것은?
① 위원장과 부위원장은 공익위원 중에서 위원회가 선출한다.
② 근로자를 대표하는 근로자위원은 7명, 사용자를 대표하는 사용자위원 7명, 공익을 대표하는 공익위원 9명의 위원으로 각각 구성한다.
③ 위원회에는 관계 행정기관의 공무원 중에서 3명 이내의 특별위원을 둘 수 있다.
④ 최저임금위원회 고용노동부에 두며 최저임금에 관한 심의 및 재심의, 최저임금 적용 사업의 종류별 구분에 관한 심의 등을 한다.

19. 「노동조합 및 노동관계조정법」상 노동조합에 관한 설명으로 옳지 않은 것은?
① 노동조합 및 노동관계조정법에 의해 설립된 노동조합이 아니면 노동조합이라는 명칭을 사용할 수 없다.
② 노동조합은 매년 1회 이상 총회를 개최하여야 하며 노동조합은 법인이 될 수 없다.
③ 행정관청은 설립하고자 하는 노동조합이 보완을 요구하였음에도 불구하고 그 기간 내에 보완을 하지 않은 경우 설립신고서를 반려하여야 한다.
④ 노동조합이 신고증을 교부받은 경우 설립신고서가 접수된 때에 설립된 것으로 본다.

20. 「근로기준법」상 해고와 관련한 설명으로 옳지 않은 것은?
① 근로자가 고의로 사업에 막대한 지장을 초래하거나 재산상 손해를 끼친 경우에는 30일분 이상의 통상임금 지급은 예외로 한다.
② 산전·산후의 여성이 이 법에 따라 휴업한 기간과 그 후 30일 동안은 해고하지 못한다.
③ 근로자를 해고 하려면 적어도 30일 전에 예고를 하여야 하며 경영상 이유에 의한 해고는 10일전에 예고하여야 한다.
④ 근로자를 해고하려면 해고사유와 해고시기를 서면으로 통지하여야 한다.

2 적중모의고사

국 어

01. 다음 중 순우리말에 대한 설명으로 옳지 않은 것은?
① 가멸다 - 재산이 많다.
② 곰살궂다 - 성질이 부드럽고 다정하다. 싹싹하다.
③ 게접스럽다 - 약간 지저분하고 더럽다.
④ 끌밋하다 - 남을 놀리려고 수다스럽게 늘어놓은 말솜씨

02. 다음 작품에 대한 설명으로 옳은 것은?

> 어리고 迂闊홀산 이 닉 우히 더니 업니 / 吉凶 禍福을 하날긔 부쳐 두고
> 陋巷 깁픈 곳의 草幕을 지어 두고 / 風朝雨夕에 석은 딥히 셥히 되야
> 셔홉 밥 닷홉 죽에 煙氣도 하도 할샤 / 엄매만히 바든 밥의 懸鶉稚子들은
> 쟝긔 버려 졸 미덧 나아오니 人情天理예 / 춤아 혼자 먹을넌가
> 설데인 熟冷애 빌 빈 식일 쑨이로다 / 生涯 이러호다 丈夫 쯧을 옴길넌가
> 安貧 一念을 적을망정 품고 이셔 / 隨宜로 살녀호니 날로조차 齟齬호다

① 피폐한 농촌의 현실을 비판적 시각에서 바라보았다.
② 작가는 사대부 의식에 젖어 있지만, 시대의 변화에 따른 고민을 사실적으로 나타냈다.
③ 한자어를 많이 사용하였으나, 율격을 엄격하게 지켰다.

④ 농민들의 가난한 삶을 관찰자적 관점에서 객관적으로 묘사하여 서민문학적 의의가 크다.

03. 다음 글의 ( ) 안에 들어갈 작가가 잘못 연결된 것은?

> 소설에서는 광복 당시의 혼란상(混亂相)을 반영한 작품들과 남북의 분단을 문제로 삼은 많은 작품들이 발표되었다. 광복 당시의 혼란상을 지적(知的)인 비판 의식(批判意識)으로 묘사한 작품의 예로는, (㉠)의 단편집 '잘난 사람들', (㉡)의 단편집 '암야행(暗夜行)'과 '5분간(五分間)'이 있다. (㉢)는 '불꽃'을 발표하여 인간주의(人間主義) 사상을 행동으로 실현하는 주인공을 형상화하여 광복 당시의 분열상의 비극적(悲劇的) 국면(局面)을 묘파(描破)하였다. (㉣) '요한 시집'에서, 전쟁의 혼란 속에서 실존적 자각을 통하여 한 인격적 주체가 겪게 되는 도덕적 갈등(葛藤)을 묘사하였다. 이는 분열된 자아를 통합하려는 시도를 보인 것이다.

① ㉠ - 이범선 ② ㉡ - 김성한
③ ㉢ - 선우휘 ④ ㉣ - 장용학

04. 다음 작품에 대한 설명으로 적절하지 않은 것은?

> 년닙희 밥 싸두고 반찬으로 쟝만 마라.
> 닫 드러라 닫 드러라
> 청약립(靑篛笠)은 써 잇노라, 녹사의(綠蓑衣) 가져오냐.
> 지국총(至匊悤) 지국총(至匊悤) 어사와(於思臥)
> 무심(無心)한 빅구(白鷗)난 내 좃는가 제 좃는가

① 후렴구를 빼면 시조 형식이다.
② 여름철 어부의 소박한 삶을 그리고 있다.
③ '지국총 지국총 어사와'는 배 저을 때 나는 소리의 뜻을 빌려 적은 것이다.

④ '무심한 백구난 내 좃난가'에서 물아일체의 경지를 나타내고 있다.

05. 다음 가요와 관계가 있는 세시 풍속에 해당하는 것은?

> 용 한 마리가 한때 시세를 잃어
> 다섯 마리 뱀이 용따라 천하를 방랑했다.
> 용이 굶주리면 그 중 한 뱀의 허벅지 살을 먹었네.
> 그 용이 다시 물을 찾아 기세를 얻자
> 네 마리의 뱀은 제 구멍 찾아 덕을 입었네.
> 오직 한 마리 뱀만이 구멍없이 들복판에서 홀로 통곡하는구나.

① 한식
② 칠석
③ 단오
④ 설날

06. 다음 작품에 대한 설명으로 적절하지 않은 것은?

> 일청전쟁(日淸戰爭)의 총소리는 평양 일경이 떠나가는 듯하더니, 그 총소리가 그치매 사람의 자취는 끊어지고 산과 들에 비린 티끌 뿐이라. 평양성 외 모란봉에 떨어지는 저녁볕은 뉘엿뉘엿 넘어가는데, 저 햇빛을 붙들어매고 싶은 마음에 붙들어매지는 못하고 숨이 턱에 닿은 듯이 갈팡질팡하는 한 부인이 나이 삼십이 될락말락하고, 얼굴은 분을 따고 넣은 듯이 흰 얼굴이나 인정 없이 뜨겁게 내리쪼이는 가을볕에 얼굴이 익어서 선앵둣빛이 되고, 걸음걸이는 허둥지둥하는데 옷은 흘러내려서 젖가슴이 다 드러나고 치맛자락은 땅에 질질 끌려서 걸음을 걷는 대로 치마가 밟히니, 그 부인은 아무리 급한 걸음걸이를 하더라도 멀리 가지도 못하고 허둥거리기만 한다.

① 고전 소설과 현대 소설의 과도기적 성격을 지닌다.
② 구체적인 시대적 배경을 제시하면서 내용을 전개한다.
③ 「자유종」, 「금수회의록」과 같은 시대의 작품이다.
④ 청·일 전쟁을 다룬 정치소설이다.

07. 다음에서 서술자와 서술대상(인물)간의 거리가 가장 가까운 것은?

> ㉠ 심청이 거동 보소. ㉡ 뱃머리에 나서보니 새파란 물결이며 울울울 바람 소리 풍랑이 대작하여 뱃전을 탕탕 치니 심청이 깜짝 놀라 뒤로 퍽 주저앉으며, ㉢ 애고 아버지 다시는 못 보겠네. 이 물에 빠지면 고기밥이 되겠구나… ㉣ 그리하여서야 효녀 죽음 될 수 있나. 두 손을 합장하고 하느님 전 비는 말이, 도화동 심청이가 맹인 아비……

① ㉠
② ㉡
③ ㉢
④ ㉣

08. 다음 작품들의 발표순서가 바르게 연결된 것은?

> (가) 사랑하는 나의 하나님, 당신은
>   늙은 悲哀다.
>   푸줏간에 걸린 커다란 살점이다.
>   詩人 릴케가 만난
>   슬라브 女子의 마음속에 갈앉은
>   놋쇠 항아리다.
>
> (나) 울어 피를 뱉고 뱉은 피 도루 삼켜
>   평생을 원한과 슬픔에 지친 적은 새
>   너를 너룬 세상에 설움을 피로 새기려 오고
>   네 눈물을 數千 세월을 끊임없이 흐려놓았다.
>
> (다) 아아 강물이 웃는다. 웃는다. 괴상한 웃음이다.
>   차디찬 강물이 껌껌한 하늘을 보고 웃는 웃음이다.
>   아아 배가 올라온다. 배가 오른다.
>   바람이 불적마다 슬프게 슬프게 삐걱거리는 배가 오른다….
>
> (라) 六疊房은 남의 나라
>   窓밖에 밤비가 속살거리는데,
>   등불을 밝혀 어둠을 조금 내몰고,
>   時代처럼 올 아침을 기다리는 最後의 나.
>   나는 나에게 작은 손을 내밀어

> 눈물과 慰安으로 잡은 最初의 握手.

① (가) - (나) - (다) - (라)
② (라) - (다) - (가) - (나)
③ (다) - (나) - (가) - (라)
④ (다) - (나) - (라) - (가)

09. 다음 중 ㉠ 상대방의 동의를 얻기 위한 설득과, ㉡ 행동으로 옮기도록 하는 설득에 대한 비교 설명으로 옳은 것은?
① 두 가지 다 상대방의 이성에 호소하는 정도가 같다.
② 두 가지 다 상대방의 감성에 호소하는 정도가 같다.
③ 동의를 얻기 위한 설득이 감성에 호소하는 정도가 심하다.
④ 행동으로 옮기도록 하는 설득이 감성에 호소하는 정도가 심하다.

10. 다음 글의 내용과 일치하지 않은 것은?

> 이상을 위하여 산다는 것은, 어떠한 꿈을 그리며 산다는 말이 된다. 이 꿈이란 것은, 현실이 아니란 말이다. 현실 이상의 것, 초현실적인 것을 의미한다. 그런데 꿈과 이상은 꼭 같지가 않다. 꿈은 허탄(虛誕)한 가공의 환상(幻想)을 가리키는 일이 많다. 그러나 이상은 결코 허황한 망상이 아니다. 초현실적인 것, 따라서 비현실적인 점에서는 이상과 꿈이 상통하는 면이 있다고 하겠지만, 그러나 이상은 실현의 가능성(可能性)이란 것을 수반하는 사고 작용이다. 이상은 비현실적인 것, 초현실적인 것이란 점에서 우리 현실의 권외(圈外)에 있으면서도, 이것을 추구하기 위하여 연구하고 노력하면 도달할 수도 있다는 점에서 꿈과 다르고, 따라서 공상(空想)이 아니다. 꿈과 이상은 이와 같이 정신세계의 차원이 다르다.
> 어떠한 이상을 추구하여 그것을 실현하면, 그것은 벌써 현실이 되어 버리고, 이상은 아닌 것이다. 그렇게 되면, 이번에는 그 이상의 것을 추구하게 되며, 그 이상의 것이 다시 이상이 되고 마는 것이다. 현실과 이상의 차이는, 그것이 실현되었느냐 않았느냐에 달려 있는 것이라 하겠다. 가령, 사람이 월세계(月世界)에 가서 살려고 그 방법을 연구하고

> 있다고 하자. 이것은 어디까지나 이상에 지나지 않는 것이요, 현실로는 이루어지지 못하였다. 그러나 그 가능성만은 충분히 보이고 있다. 그리하여 만일 우리가 월세계에서 몇몇 사람의 이상과 마찬가지로 별장(別莊)도 짓고, 공장도 건설하게 되면, 그때는 이것이 현실이 되고 말 것이다.

① 이상은 실현 가능성을 수반한다.
② 현실은 실현된 이상을 가리킨다.
③ 추구하는 이상이 실현되면 인생도 완성된다.
④ 이상과 꿈은 본질적으로 다르다.

11. 다음 예문에서 표현의 효과를 높이기 위해 사용한 것은?

> 산중에 사람이 귀해서였던가. 어서 오십사는, 상냥한 안주인의 환대도 은근하거니와, 문고리 잡고 말없이 맞아 주는 여관집 아가씨의 정성은 무르익은 머루알같이 고왔다.

① 비유법　　　　　② 감각어
③ 상징어　　　　　④ 대조법

12. 다음 중 어법상 틀린 이유가 인용문과 같은 것은?

> 이것은 우리 아버지의 그림이다.

① 비록 힘은 없으니 어떻게 모르는 체 하겠는가?
② 그녀는 나의 추억을 잊지 못했다.
③ 명재는 선수치고 공을 잘 찬다.
④ 한글 전용이다, 한자 섞어 쓰기이다 등의 입장이 맞서고 있다.

13. 다음 문장이 '스승이 반드시 제자보다 어진 것은 아니다.'라는 뜻이 될 때, ( ) 안에 들어갈 알맞은 것은?

師( )於弟子

① 必不賢　　　② 必賢不
③ 不必賢　　　④ 不賢必

※ 다음 글을 읽고 물음에 답하시오. (14~15)

우리가 독해 능력을 높이려면 다양한 지식을 충분히 갖추어야 한다. <u>바탕이 되는</u> 지식이 부족하면 개개의 낱말이나 문장은 이해할 수 있어도 글을 제대로 해석하고 음미할 수 없고, 논리적이고 타당한 반응을 보이기도 어렵다. 이런 의미에서, 독해 능력은 하루아침에 향상될 수 없는 것이다. 꾸준히 지식을 쌓아가는 것은 독해 능력을 기르는 데 매우 중요한 것이다.

14. 위 글에 나타난 독서의 과정이 올바르게 연결된 것은?
① 이해 - 해석 - 반응 - 판독
② 판독 - 이해 - 해석 - 반응
③ 이해 - 반응 - 판독 - 반응
④ 해석 - 이해 - 반응 - 판독

15. 위 글 중 밑줄 친 '바탕이 되는 지식'이란 무엇을 말하는가?
① 독해 지식　　　② 배경 지식
③ 선험 지식　　　④ 구조 지식

16. 다음 (가)~(라) 시에 대한 설명으로 옳지 않은 것은?

(가) 더러는

옥토(沃土)에 덜어지는 작은 생명이고저…….
　　　흠도 티도
　　　금가지 않은
　　　나의 전체는 오직 이뿐!
　　　………
　　　아름다운 나무의 꽃이 시듦을 보시고
　　　열매를 맺게 하신 당신은
　　　나의 웃음을 만드신 후에
　　　새로이 나의 눈물을 지어 주시다.
(나) 눈은 살아 있다.
　　　떨어진 눈은 살아있다.
　　　마당 위에 떨어진 눈은 살아있다.
　　　기침을 하자
　　　젊은 詩人이여 기침을 하자
　　　눈 위에 대고 기침을 하자
　　　눈더러 보라고 마음놓고 마음놓고
　　　기침을 하자
(다) 바다는 뿔뿔이
　　　달어 날랴고 했다.
　　　푸른 도마뱀떼 같이
　　　재재발렀다.
　　　꼬리가 이루
　　　잡히지 않았다.
　　　한 발톱에 찢긴
　　　산호보다 붉고 슬픈 생채기!
(라) 껍데기는 가라.
　　　四月도 알맹이만 남고
　　　껍데기는 가라.
　　　껍데기는 가라.
　　　東學年 곰나루의, 그 아우성만 살고
　　　껍데기는 가라.

① (가) : 심화된 생명의 순결성을 주제로 했다.
② (나) : 자연의 순결성과 고귀함을 노래했다.
③ (다) : 뛰어난 이미지를 바탕으로 한 모더니즘 시이다.
④ (라) : 투철한 역사의식과 건강한 민중성에 기초한 시이다.

17. 다음 단어 '量'의 우리말 쓰임에 대한 설명으로 옳지 않은 것은?
① '量'은 단독으로 쓰이거나 단어의 첫머리에 쓰일 때는 당연히 '양'으로 적는다.
② '量'이 둘째 음절 이하에서 쓰일 때 한자어 뒤에서는 '량'으로 적는다.
③ 고유나 외래어 뒤에서는 '양'으로 적어야 한다.
④ '量'은 외래어 뒤에서 결합한 경우에만 두음 법칙을 적용한다.

18. 다음 시는 '님'의 부재(不在)속에서 '님'의 존재를 확인하는 역설적 인식을 보여 주고 있다. '님'의 표상으로 드러나지 않은 것은?

> 바람도 없는 공중에 수직(垂直)의 파문(波紋)을 내며 고요히 떨어지는 오동잎은 누구의 발자취입니까?
> 지리한 장마 끝에 서풍에 몰려가는 무서운 검은 구름의 터진 틈으로, 언뜻언뜻 보이는 푸른 하늘은 누구의 얼굴입니까?
> 꽃도 없는 깊은 나무에 푸른 이끼를 거쳐서, 옛 탑(塔)위에 고요한 하늘을 스치는 알 수 없는 향기는 누구의 입김입니까?
> 근원은 알지도 못할 곳에서 나서 돌부리를 울리고, 가늘게 흐르는 작은 시내는 굽이굽이 누구의 노래입니까?
> 연꽃 같은 발꿈치로 가이 없는 바다를 밟고, 옥같은 손으로 끝없는 하늘을 만지면서, 떨어지는 해를 곱게 단장하는 저녁 놀은 누구의 시(詩)입니까?
> 타고 남은 재가 다시 기름이 됩니다. 그칠 줄을 모르고 타는 나의 가슴은 누구의 밤을 지키는 약한 등불입니까?

① 오동잎　　　　　　　　② 푸른 하늘

③ 향기 ④ 해

19. 다음 중 밑줄 친 '곤혹스럽다'가 적절하게 사용되지 않은 문장은?
① 예상하지 못한 질문을 받고 매우 <u>곤혹스러웠다</u>.
② 두 친구 중 한 명만 선택하는 것은 <u>곤혹스러운</u> 일이다.
③ 친지들이 볼 때마다 언제 결혼하느냐고 물어서 <u>곤혹스럽다</u>.
④ 역과 터미널에는 귀성객이 몰려서 무척 <u>곤혹스러웠다</u>.

20. 다음과 같은 경우에 해당하는 한자 성어는?

> 국어에 한자가 도입된 이후, 한자말이 고유한 우리말을 밀어내고 그 자리를 차지하였다.

① 客反爲主(객반위주) ② 自家撞着(자가당착)
③ 自繩自縛(자승자박) ④ 賊反荷杖(적반하장)

한국사

01. 이승만이 미국 정부에 제출한 다음과 같은 내용의 청원서가 민족운동에 미친 영향을 올바르게 추론한 것은?

> 청원서
> 1. 열강은 한국을 일본의 학정으로부터 구출한다.
> 2. 열강은 장차 한국의 완전한 독립을 보증한다.
> 3. 한국을 당분간 국제 연맹 통치하게 둔다.
> <1919년 2월 25일 워싱턴>

① 미국은 국제 연맹에서 한국의 독립을 정식 안건으로 올려 한국의 민족운동을 고무시켰다.
② 민족운동의 방법을 둘러싸고 외교 활동론과 독립전쟁의 갈등이 심화되었다.
③ 국제연맹에 가입하기 위한 외교활동이 상하이 임시정부를 중심으로 전개되었다.
④ 미국을 비롯한 선진 민주주의 국가들의 지원을 받는 민족운동이 활발히 전개되었다.

02. 다음과 같은 토기를 사용한 시기에 있었던 역사적 사실로 옳은 것은?

> 납작한 밑 항아리 양쪽에 옆으로 손잡이가 하나씩 달리고, 목이 넓게 올라가서 다시 안으로 오므라들고, 표면에 집선(集線)무늬가 있는 것이 특징이며, 주로 청천강 이북, 길림, 요령 일대에 분포한다.

① 바위 그늘에서 살거나 강가에 막집을 짓고 살았다.
② 반달돌칼을 이용하여 곡식의 이삭을 잘라 추수하였다.
③ 강가나 바닷가의 원형인 움집에서 거주하였다.
④ 처음으로 농경과 목축이 시작되었다.

03. 다음 설명으로 미루어 조선 후기에 나타난 현상이라고 볼 수 있는 것은?

> 종래에는 소작료의 납부형태가 정율 지대였으나, 항조운동을 반영하여 조선 후기에 이르러서는 일부지방에서 정액지대가 나타났다. 이는 이전에 비해 작인에게 훨씬 유리하였다. 이는 자주와 전호와의 관계가 비교적 자유로웠기 때문에 결과적으로 생산의욕을 높였다.

① 도조법
② 타조법
③ 균역법
④ 관수관급제

제 2회 - 한국사

04. 일제침략에 대항한 우리민족의 대내외적 저항운동을 시대 순으로 바르게 연결된 것은?

| ㉠ 신간회 · 근우회의 조직 | ㉡ 대한민국 임시정부의 수립 |
| ㉢ 국채보상운동의 전개 | ㉣ 민립대학 설립 기성회의 조직 |

① ㉢ - ㉡ - ㉠ - ㉣
② ㉡ - ㉢ - ㉣ - ㉠
③ ㉢ - ㉡ - ㉣ - ㉠
④ ㉡ - ㉢ - ㉠ - ㉣

05. 다음 자료를 토대로 이 시기 국가의 국민 지배방식의 특징을 모두 고른 것은?

- 신라에서 농민들은 몇 개의 촌을 관장하는 촌주를 통하여 국가의 지배를 받고 있었다.
- 발해에서 주 밑에는 현을 두었고 지방 조직의 말단은 토착세력이 지배하였다.

| ㉠ 집단적 | ㉡ 간접적 | ㉢ 직접적 | ㉣ 개별적 |

① ㉠, ㉡
② ㉡, ㉢
③ ㉢, ㉣
④ ㉠, ㉣

06. 다음 글이 발표될 당시 지배층에 의해 추진된 개혁의 성격을 바르게 추정한 것은?

- 제1조 : 대한민국은 세계 만국이 공인한 자주 독립제국이다.
- 제2조 : 대한민국의 정치는 만세 불변의 전제 정치이다.
- 제3조 : 대한국 대황제는 무한한 군권을 가진다.
- 제4조 : 대한국 대황제는 육·해군을 통솔한다.

① 민중에게 민권 의식을 고취시켜 민주주의 이념을 전파하였다.

63

② 일본의 군사력을 빌려 급진적인 개혁을 추진하였다.
③ 농민의 지지를 배경으로 반봉건, 반침략 운동을 전개하였다.
④ 옛 제도를 근본으로 복고적 정책을 추진하였다.

07. 다음과 같은 사실들이 조선후기 사회에 끼친 영향으로 옳은 것은?

> ㉠ 납속과 공명첩의 시행
> ㉡ 「홍길동전」, 「춘향전」 등 한글 소설의 유행
> ㉢ 광작과 상업적 농업으로 경영형 부농 등장
> ㉣ 장시의 발달

① 양반지배 체제의 동요　　② 붕당정치의 일당 전제화
③ 수취 체제의 합리적 개편　　④ 역사, 국어 등의 국학연구 확대

08. 다음은 8·15광복 직후에 수립된 어떤 조직에 관한 자료이다. 이 조직에 관한 설명으로 옳은 것은?

> 우리의 당면 임무는 완전한 독립과 진정한 민주주의의 확립을 위하여 노력하는데 있다. 일시적으로 국제 세력이 우리를 지배할 것이나 그것은 우리의 민주주의적 요구를 도와줄지언정 방해하지는 않을 것이다. 봉건적 잔재를 일소하고 자유발전의 길을 열기 위한 모든 진보적 투쟁은 전국적으로 전개되었고, 국내의 진보적·민주주의적 여러 세력은 통일 전선의 결성을 갈망하고 있나니 이러한 사회적 요구에 의하여 우리단체는 결성된 것이다.……

> 1. 우리는 완전한 자주 독립 국가의 건설을 기함.
> 2. 우리는 전 민족의 정치적·경제적·사회적 기본 요구를 실현할 수 있는 민족주의 정권의 수립을 기함.
> 3. 우리는 일시적 과도기에 있어서 국가 질서를 자주적으로 유지하여 대중 생활의 확보를 기함.

① 임시정부를 이끌었던 김구가 국내에 귀국하여 조직하였다.
② 좌익이 주도권을 장악하여 조선인민공화국을 선포하였다.
③ 좌·우익이 광범위하게 참여하였고, 민중의 지지를 얻었다.
④ 미군정의 지지로 활발한 건국 작업을 전개하였다.

09. 다음 글로 보아 이 종교단체에서 적극적으로 반대한 일제의 정책은?

> …가령 어린아이가 아버지를 찾아서 길을 돌아가는데 방금 걸어가는 그 길로 그냥 가면 깊은 함정에 빠진다 할 때 그 사실을 모르는 자라면 어떻게 할 수 없으나 아는 자가 있다면 으레 그 길로 가지 못하도록 할 것이외다. 하물며 세상 사람이 죄악의 함정으로 빠져들어 가는데 우리가 바른 길을 모른다면 모르거니와 구원의 길을 알면서도 가르쳐 주지 않는다면 이 책임은 우리에게 있을 것입니다.

① 징병, 징용제 ② 일본식 성명 강요
③ 병참기지화 정책 ④ 신사참배 강요

10. 다음 내용은 조선 후기 실학자의 주장이다. 이와 같은 내용을 주장한 사람은?

> 대체로 재물은 비유하건대 샘과 같은 것이다. 퍼내면 차고, 버려두면 말라 버린다. 그러므로 비단 옷을 입지 않아서 나라에 비단 짜는 사람이 없게 되면 여공이 쇠퇴하고, 쭈그러진 그릇을 싫어하지 않고 기교를 숭상하지 않아서 나라에 공장의 도야하는 일이 없게 되면 기예가 망하게 되어, 농사가 황폐하여져서 그 법을 잃게 되므로 사·농·공·상의 사민의 모두 곤궁하여 서로 구제할 수 없게 된다.

① 이익 ② 정약용
③ 박제가 ④ 유형원

11. 다음을 통해서 볼 때 우리나라의 정치 발전 과정에서 해결했어야 할 과제로 가장 적당한 것은?

> ㉠ 4·19 : 제1공화국 붕괴, 제2공화국 성립
> ㉡ 5·16 : 제3공화국 성립
> ㉢ 10·26 : 유신체제 붕괴
> ㉣ 5·18 광주민주화항쟁 : 제5공화국 성립

① 민주적인 헌법의 제정 ② 효율적인 정치체제의 마련
③ 평화적인 정권 교체의 확립 ④ 통치 구조의 정비

12. 다음은 신채호가 「조선혁명선언」에서 당시의 어떤 경향을 비판한 것이다. 이러한 비판과 가장 가까운 것은?

> 일본 강도 정치 하에서 문화 운동을 부르짖는 자는 누구인가? 문화도 산업과 문물의 발달된 총적(總積)을 가리키는 명사니, 경제 약탈의 제도 하에서 생존권이 박탈된 민족은 그 종족의 보전도 의문이거늘, 하물며 문화발전의 가능성이 있으랴?

① 우리는 정치적·경제적 각성을 촉구함.
② 우리는 단결을 공고히 함.
③ 우리는 기회주의를 일절 부인함.
④ 조선의 독립국임과 조선인의 자주민임을 선언하노라.

13. 다음 내용에 관한 설명으로 가장 바른 것은?

> ㉠ 고구려 : 진대법 ㉡ 고려 : 의창
> ㉢ 조선 전기 : 의창, 상평창 ㉣ 대원군 : 환곡제 → 사창제

① 농민생활의 안정을 추구했다는 점에서 사회 보험적 성격이 강했다.

② 각 시대마다 국가의 구휼제도가 불완전하여 민간의 구휼기구가 크게 발전하였다.
③ 성리학의 민본사상에서 나온 것이라는 공통성을 갖고 있었다.
④ 농민생활의 안정을 목표로 했지만 농민들의 어려움을 근본적으로 해결할 수는 없었다.

14. 3·1 운동에 대한 설명으로 옳지 않은 것은?
① 피압박 민족들에게 자극을 주어 중국의 5·4 운동과 인도의 무저항 운동을 일으키게 했다.
② 우리 민족의 역량을 국내외에 과시하고 열강들로 하여금 한국인의 독립의지를 바로 깨닫게 하였다.
③ 수만 명의 사상자만 내고 원래의 목적인 민족의 독립은 성취 못했으므로 실패한 운동이다.
④ 우리 민족운동을 보다 적극적이고 줄기찬 것으로 발전시켜 민족의 해방과 독립을 기약할 수 있었다.

15. 다음의 기록으로 보아 조선후기 사회모습을 추론한 것으로 옳지 않은 것은?

> 이앙을 하는 것은 세 가지 이유가 있다. 김매기의 노력을 더는 것이 첫째요, 두 땅의 힘으로 하나의 모를 기르는 것이 둘째이며, 좋지 않은 것은 솎아내고 싱싱하고 튼튼한 것을 고를 수 있는 것이 셋째이다. 어떤 사람은 큰 가뭄을 만나면 모든 노력이 헛되니 이를 위험하다고 하나 그렇지 않다. 벼를 심는 논은 반드시 하천이 있어 물을 끌어들일 수 있으며 하천이 없다면 논이 아니다. 논이 아니더라도 가뭄을 우려하는데 어찌 이앙만 그렇다고 하는가?
> -임원경제지-

① 정부는 가뭄 피해를 우려하여 이앙법을 금지하였을 것이다.
② 가난한 소작농민들은 소작지를 얻기가 훨씬 쉬워졌을 것이다.

③ 벼와 보리의 이모작은 농민 소득증대에 큰 도움을 주었을 것이다.
④ 농민들은 저수지보다 작은 규모의 보를 쌓아 물 문제를 해결하였을 것이다.

16. 다음 사실들이 공통적으로 끼친 영향이라 할 수 있는 것은?

- 곤여만국전도, 직방외기 등 세계 지도와 서양 지리지가 소개되었다.
- 홍대용은 지구가 자전한다는 지전설을 주장하였다.

① 합리적인 인식의 확대로 서민 문화의 성장을 가져왔다.
② 화이사상을 극복, 세계관을 확대할 수 있었다.
③ 전통과학과 청을 통해 들어온 서양 과학을 통합하였다.
④ 서양 세계에 대한 지식으로 개항의 필요성을 인식하였다.

17. 다음과 같은 내용과 동일한 시기에 있었던 역사적 사실로 옳은 것은?

일본제국주의는 점령지구에서 "군인들의 강간행위를 방지하고 성병을 예방하며 군사기밀을 막는다."는 구실로 우리나라와 타이완 및 점령지역의 10만 명에서 20만 명에 이르는 여성들을 속임수와 폭력을 통해 연행하였다.

① 성씨와 이름을 일본식으로 쓰게 하였다.
② 토지조사사업을 단행하여 기한부 소작농으로 전락하였다.
③ 일본으로의 식량유출을 위해 산미증식계획을 실시하였다.
④ 일본은 외교권을 박탈하고 통감부를 설치하여 내정까지 간섭하였다.

18. 조선왕조 건국의 역사적 의의를 설명한 사항 중 옳지 않은 것은?
① 조선왕조는 15세기의 100년간 정치의 안정을 가져와 유교적 민족국가의 성립 및 민족문화의 형성을 보게 되었다.

② 신흥사대부의 개혁운동과 역성혁명이 성공을 거두게 된 것은 권문세가에 신음하던 하층 농민과 노비의 지지 및 협력이 어느 정도 있었기 때문에 가능하였다.
③ 신흥사대부들은 고려 말기의 사회적 혼란과 민족의 시련을 깊이 통찰하고 몸소 체험하면서 애민정신과 애국정신을 기르게 되었고, 나아가 부국강병을 위한 개혁운동에 나서게 되었다.
④ 조선왕조의 건국은 민중에 바탕을 둔 시민혁명의 성격을 띤 것이라 할 수 있다.

19. 6·29선언의 주요 내용과 관련된 전후 사건에 대한 설명으로 옳지 않은 것은?

> 1. 1988년 2월 대통령 직선제 개헌을 통한 평화적 정부의 이양 보장
> 2. 대통령 선거법 개정을 통한 공정한 경쟁 보장
> 3. 김대중 사면 복권과 시국 관련 사범 석방
> 6. 지방 자치 및 교육 자치 실시
> 7. 정당의 건전한 활동 보장

① 4·13 호헌조치에 반발해 일어난 6월 민주화 항쟁의 결과로 나온 선언이다.
② 4·3 항쟁의 결과로 나온 선언이다.
③ 고문치사 사건 등이 일어나면서 전두환 정부에 대한 국민들의 저항이 거세게 일어났다.
④ 이 선언으로 인해 실제 헌법이 직선제, 단임, 5년 임기로 개정되었다.

20. 조선 후기 실학자 중 「과농소초」, 「한민명전의」 등을 저술하였으며 수레·선박이용 등을 주장한 학자에 대한 설명으로 옳은 것은?
① 중상학 도입을 본격적으로 연구하였으며 「우서」를 저술하였으나 「나주괘서 사건」에 휩싸여 대역죄로 처형되었다.

② 그의 학문체계는 유형원과 이익을 잇는 실학의 중농주의적 학풍을 계승하였으며, 또한 박지원을 대표로 하는 북학파의 기술도입론을 받아들여 실학을 집대성한 것이었다.
③ 중농사상에 입각하여 전제개혁의 방향을 개인의 토지점유를 제한하여 전주(田主)의 몰락을 방지하려는 한전론에서 찾았으며, 노비신분을 점차적으로 해방시킬 것 등을 주장하였다.
④ 이용후생에 도움이 되는 청나라의 실제적인 생활과 기술을 눈여겨보고 귀국, 기행문 「열하일기」를 통하여 청나라의 문화를 소개하고 당시 한국의 정치·경제·사회·문화 등 각 방면에 걸쳐 비판과 개혁을 논하였다.

영 어

01. 다음 글의 빈 칸에 들어갈 가장 적절한 표현은?

> In the last twenty years the amount of time Americans have spent at their jobs has risen steadily. Each year the change is small, amounting to about nine hours, or slightly more than one additional hour of work. In any given year, such a small _____ has probably been imperceptible. But the accumulated increase over two decades is _____.

① decrease – substantial
② increment – substantial
③ direction – trivial
④ increment – unimportant

02. 다음 글을 읽고 빈 칸에 들어갈 가장 적절한 것을 고르면?

> If U.N. intervention _____ effective, it must not only take account

of the opinion and militarily position of each side all seek agreement between the United States and the Soviet Union. This is not simply because the Soviet may exercise their veto power in the Security Council, but because of their presence and legitimate interest in the area.

① is to be   ② is
③ is not   ④ has been

03. 다음 글의 주제로 가장 적절한 것은?

The heart acts as a central pump to send blood throughout the body. Great arteries that leave the heart carry the blood to smaller and smaller arteries throughout the body. The smallest vessels are just wide enough for a single cell to pass through. Blood returns to the heart through the veins. It flows from smaller veins to larger veins until it enters the heart. Oxygen and foods pass from blood to the cells of the body. And waste products, such as carbon dioxide, pass from body cells to blood vessels.

① 심장의 구조   ② 호흡의 기능
③ 혈액의 성분   ④ 혈액의 순환

04. 다음 밑줄 친 부분의 의미로 가장 적절한 것은?

If the Kyoto Protocol to the Framework Convention on Climate Change <u>takes effect</u>, it will become difficult to use fossil fuel.

① is agreed to unanimously   ② have a great effect
③ is exhausted globally   ④ comes into operation

05. 다음 우리말을 영어로 옮긴 것 중 가장 어색한 것은?

① 우리는 믿을 수 없을 정도의 파괴와 죽음을 목도하고 있다.
  ⇒ We are seeing devastation and death beyond belief.
② 실로 그것과 비교할 수 있는 것은 아무것도 없다.
  ⇒ There's really nothing to compare it to.
③ 수마트라 서해안의 4분의 3이 파괴되었고 일부 마을은 완전히 파괴되었다.
  ⇒ Three-quarters of the western coastline of Sumatra was destroyed, and some towns were wiped out.
④ 몰디브에서 두 명의 여행객을 포함해 적어도 55명이 죽고 69명이 실종되었다. ⇒ At least 55 people, included two tourists, were killed in the Maldives, while 69 were missed.

06. 다음 글을 읽고 문장의 주어에 해당하는 것을 고르면?

> At no period of the world history has organized lying been practised so shamelessly as by the political and economic dictators of the present century.

① nor period
② organized lying
③ the world history
④ dictators

07. 다음 (A)의 글을 (B)의 대화문으로 구성하려 할 때 다음 밑줄 친 부분에 들어갈 내용으로 적합하지 않은 것은?

(A)

> Tony's family car is covered with mud. His mother asks Tony several times to wash it. But he insists that it's of no use to do so, because it's the rainy season. When his family sets out on a trip to EXPO, his mother says that he doesn't have to join them on the trip because tomorrow they get back home.

(B)

```
Mother : Oh, my God! Look at the car.
         How many times do I have to tell you?
Tony   : I know, but it rains almost every other day.
         _____
Mother : I see what you mean.
         Then, I'm not going to take you to EXPO.
Tony   : I really want to go, Mother.
Mother : I'm sorry to say this. We'll return home tomorrow.
         So you'd better stay home.
```

① It'll be messy again.   ② Do you think it's necessary?
③ Do you have to keep the car?   ④ Do I have to do that?

08. 다음 글에서 밑줄 친 단어와 의미가 가장 가까운 것을 고르면?

> If the auction takes place, the winner most likely will be a financially <u>opaque</u> government-run natural gas behemoth called Gazprom.

① transparent   ② slanting
③ obscure   ④ vulnerable

※ 다음 밑줄 친 부분에 들어갈 가장 알맞은 것을 고르시오. (09~10)

> MAKE THIS YOUR LAST MOVE!
> The marketplace is changing, growing, and moving our way! This is an exciting, professional opportunity to join teh leader in the hospital data processing field now. We have two openings at this time in our Eastern Region. You must be a proven professional with : A

degree in Business Administration or related field ; M .B. A. or M. H. A. a plus. Marketing track record in hospital financial data processing equipment or service sales. We are looking for leaders in our field - willing to devote the necessary time to a challenging and rewarding career opportunity.

09. Which of the following is NOT necessary for the job this advertised?

① a degree in Business Administration
② proven ability and performance in hospital financial data processing equipment
③ a desire to devote enough time to warrant being given this career opportunity.
④ a M. B. A. or M. H. A.

10. The advertisement would probably be found in _____.

① Sunday magazine supplement
② a news magazine
③ a health magazine
④ the business section of a metropolitan newspaper

11. 다음 대화의 밑줄 친 부분에 들어갈 내용으로 가장 적합한 것은?

A : This is the first time I've ever been to your office.
B : _____

① Is that So?
② Really? Let see a show.

③ Really? Let me show you around.　　④ Really? Let me go out.

12. 다음 글에서 필자가 주장하는 내용이 가장 적절한 것은?

> Today, many states allow television news reports of court trials. They seem to think that covering trials on television is the best way to inform the public about the court system. But I don't agree with them. A fair trial just isn't possible when TV cameras are rolling. Judges, jurors, and witnesses will be distracted by knowing that they are being taped for broadcast on the local evening news. Many witnesses will not want to appear in a trial on television. Let's use the TV cameras for fictional trials, not real ones.

① 비효율적인 배심원제도를 폐지해야 한다.
② 재판 장면을 TV로 방영하지 말아야 한다.
③ 교육을 통해 재판 제도에 대해 알려야 한다.
④ TV 방송을 통해 목격자들을 찾아내야 한다.

13. 다음 A, B, C 문장들의 뜻이 통하도록 바르게 연결된 것은?

> A. Facing criminal charges, they said they'd simply copied their own computer files.
> B. A company claimed two former engineers stole trade secrets when they left it.
> C. But a jury disagreed, and the Court of Criminal Appeals upheld the conviction.

① A - C - B　　　　　　② B - A - C
③ A - B - C　　　　　　④ C - B - A

14. 우리말을 영어로 가장 적합하게 옮긴 것은?

> 만일 바쁘지 않았더라면 거기에 갔었을 것이다.

① If I were not busy, I would have gone there.
② Had I not been busy, I would have gone there.
③ If I have not been busy, I had gone there.
④ Should I not be busy, I would go there.

15. 다음 글의 내용과 일치하지 않는 것은?

> The cave dwellers who lived long ago had little use for a(an) clock. They rose with the sun and went to led at dark They ate when hungry and were probably little concerned about time. As civilization progressed and people began to live in larger groups, telling or counting time became important. At first, people must have guessed at time by looking at the sun. When the sun was in mid-sky, it was noon. When the sun was low in the west, it was near dark and time to stop work. The next step in learning to tell time was the use of a shadow made by the sun. A straight stick standing upright in the ground in an open space was all that was necessary. The shadow was the shortest at noon. It was longest in the morning and in the late afternoon. By dividing the path of the shadow into equal parts, people could know something about the time of day by observing which mark was nearest the end of the shadow. This plan led to the development of sundial. On ancient ones, the day was divided into 12 equal hours, from sunrise to sunset, so that the midday fell at the sixth hour.

① Cave dwellers lived irregularly.
② When they saw the sun was low on the west, they guessed it was near dark.
③ The shadow of the sun was the longest in the morning, but the

shortest in the late afternoon.
④ On ancient sundials, the day was divided into 12 equal hours, therefore the sixth hour meant the midday.

16. 글의 흐름으로 보아 다음 문장이 들어가기에 가장 적당한 곳은?

From observing many different examples the scientist can draw a general conclusion.

The scientific method described above involve mainly inductive logic. ① This kind of logic requires repeated observations of an experiment or an event ② But scientists may also use deductive logic. ③ In using deductive logic, a scientist reasons from known scientific principles or rules to draw a conclusion relating to a specific case. ④ The accuracy of a conclusion reached by deductive logic depends on the accuracy of the principles and rules used.

17. 다음 각 문장의 빈칸에 공통으로 들어갈 수 있는 것은?

A : Men are _____ to temptation.
B : What _____ do you study at school?
C : Your conduct will _____ you to public ridicule.

① theme
② susceptible
③ subject
④ dispose

18. 다음 밑줄 친 부분에 들어갈 가장 적합한 것은?

> The sugar dissolved in the water _____ ; finally all that remained was an almost _____ residue on the bottom of the glass.

① quickly, lumpy
② immediately, fragrant
③ spectacularly, opaque
④ gradually, imperceptible

19. 다음 글을 읽고 빈 칸에 들어갈 가장 적절한 표현을 고르면?

> Victims of serious burns are immediately threatened with death from loss of fluids, bacterial infection, or both. That's why it's important to cover their wounds promptly until their bodies can produce new skin. Now available is a synthetic substance that can (   ) in place for up to fifty days long enough for most small wounds to be healed completely.

① amplify
② swallow
③ remain
④ wriggle

20. 다음 글에서 밑줄 친 부분의 구체적인 뜻은?

> Man, however much he may like to pretend <u>the contrary</u>, is part of nature. To live healthily on this earth, he must also live with it. We must be part not only of the human community, but of the whole community which is nature.

① 건강하게 살지 못하는 것
② 건강하게 사는 것
③ 자연과 더불어 사는 것
④ 자연의 일부가 아닌 것

행정법총론

01. 행정입법에 관한 다음 내용이 대법원 판례의 입장이 아닌 것은?
① 훈령은 원칙적으로 대외적으로는 아무런 구속력을 가지지 않는다.
② 대통령령의 형식으로 정한 제재적 행정처분의 기준은 법규가 아니다.
③ 법령이 일정한 행정기관에 대하여 법령의 내용을 구체적으로 보충규정 할 권한을 위임하고 이에 따라 행정기관이 행정규칙의 형식으로 그 법령의 내용이 될 사항을 규정하였다면 당해 행정규칙은 법령의 내용과 결합하여 법규로서의 효력을 가진다.
④ 위임명령은 법률이나 상위명령에서 구체적으로 범위를 정한 개별적인 위임이 있을 때에 가능하다.

02. 사정재결에 관한 다음 설명 중 옳지 않은 것은?
① 심판청구가 이유 있으나 이를 인용하는 것이 현저히 공공복리에 적합하지 않은 때에 행한다.
② 취소심판과는 달리 의무이행심판에는 사정재결이 인정이 되지 않는다.
③ 행정심판위원회는 사정재결을 할 때에는 재결의 주문에 그 처분 또는 부작위가 위법 또는 부당함을 명시하여야 한다.
④ 행정심판위원회는 사정재결을 함에 있어서 청구인에 대하여 상당한 구제방법을 취하거나 피청구인에게 상당한 구제방법을 취할 것을 명할 수 있다.

03. 행정행위에 대한 다음 설명 중 옳지 않은 것은?
① 부담적 행정행위는 법률유보의 원칙이 엄격하게 적용된다.
② 판례에 의하면 거부처분을 상대로 소송을 제기하기 위해서는 개인에게 처분에 대한 신청권이 있어야 한다.
③ 공무수탁 사인의 행위는 행정청의 행위가 아니기 때문에 행정행위라 할 수

없다.
④ 재량행위는 법률에 의하여 행정청에 선택의 가능성이 부여된 것이나 일정한 한계가 있다.

04. 정보공개와 관련한 다음 내용 중 판례의 입장이 아닌 것은?

① 공공기관이 공개청구의 대상이 된 정보를 공개는 하되, 청구인이 신청한 공개방법 이외의 방법으로 공개하기로 하는 결정을 하여, 정보공개청구 중 정보공개방법에 관한 부분에 대하여 일부 거부처분을 한 것이라 하더라도 청구인은 그에 대하여 항고소송으로 다툴 수 없다.
② 문제은행 출제방식을 채택하고 있는 치과의사 국가시험의 문제지와 정답지는 공공기관의 정보공개에 관한 법률상 비공개대상정보에 해당한다.
③ 구 공공기관의 정보공개에 관한 법률(2004. 1. 29. 법률 제7127호로 전문 개정되기 전)의 목적, 규정 내용 및 취지에 비추어 보면 정보공개청구의 목적에 특별한 제한이 없으므로, 오로지 상대방을 괴롭힐 목적으로 정보공개를 구하고 있다는 등의 특별한 사정이 없는 한 정보공개의 청구가 신의칙에 반하거나 권리남용에 해당한다고 볼 수 없다.
④ 불기소처분 기록 중 피의자신문조서 등에 기재된 피의자 등의 인적사항 외의 진술내용이 개인의 사생활 비밀 또는 자유를 침해할 우려가 인정되는 경우, 공공기관의 정보공개에 관한 법률 제9조 제1항 제6호에서 정한 비공개대상에 해당한다.

05. 행정행위에 대한 다음 설명 중 가장 옳은 것은? (다툼이 있는 경우 판례에 의함)

① 부관이란 본체인 행정행위에 부수하여 부대적으로 하는 의사표시이므로 부관이 무효이면 본체인 행정행위도 당연 무효가 된다.
② 공무원의 징계나 국립대학교 학생의 징계 등은 사인의 권리나 이익을 제한하거나 박탈하는 처분이므로 행정청의 재량을 인정하기 어려운 기속행

위이다.
③ 행정법상 의무를 잘 지키지 않은 영업자의 영업허가를 취소하는 것은 강학상 철회에 해당하며, 이 철회는 조리상의 제약은 있으나 법률의 근거 없이도 가능하다고 하는 것이 판례의 입장이다.
④ 판례는 문교부장관(현 교육부)의 교과서 검정에 관한 처분과 관련하여 법원이 교과서의 저술내용이 교육에 적합한지의 여부를 심사할 수 있다고 보았다.

06. 행정소송법 상 집행정지에 대한 설명으로 옳지 않은 것은? (다툼이 있는 경우 판례에 의함)
① 국가가 가집행선고부 판결에 대하여 상소를 제기하면서 강제집행의 정지신청을 한 경우, 법원이 이를 인용하면서 담보제공을 명할 수 있다.
② 집행정지의 소극적 요건에 대한 주장·소명 책임은 행정청에게 있다.
③ 행정소송에 있어서 본안판결에 대하여 상소를 한 경우에 소송기록이 원심법원에 있으면 원심법원이 규정에 의한 집행정지에 관한 결정을 할 수 있다.
④ 집행정지의 요건인 '회복하기 어려운 손해'란 특별한 사정이 없는 한 금전으로 보상할 수 없는 손해이다.

07. 무명항고소송에 관한 다음 설명 중 옳지 않은 것은?
① 판례는 무명항고소송에 대한 인정 여부에 관하여 적극적인 입장이다.
② 법정항고 소송으로 국민의 권리구제가 불가능할 때 인정하자는 절충설이 있다.
③ 소극설은 권력분립의 취지에 따라 행정에 대한 제1차적 판단은 행정권에 귀속시켜야 한다는 입장이다.
④ 행정소송법 제4조는 열거적이고 권력분립의 원칙에 반한다는 부정적 입장이다.

08. 임의대리와 법정대리의 차이에 관한 다음 설명 중 옳지 않은 것은?

① 임의대리는 일부대리만 허용되나, 법정대리는 원칙적으로 전부대리이다.
② 임의대리는 복대리가 원칙적으로 허용되지 않으나, 법정대리는 허용된다.
③ 임의대리의 경우 피대리청은 대리기관의 지휘·감독상의 책임을 지는데 비하여, 법정대리의 경우는 그러하지 아니하다.
④ 서리(署理)의 경우 피대리청이 존재하지 않으므로 대리행위의 법률효과는 대리기관에 귀속된다.

09. 사인의 공법행위에 관한 다음 설명으로 옳지 않은 것은?

① 사인의 공법행위는 행정법관계에서의 사인의 행위로서 공법적 효과를 발생시키는 행위를 총칭한다.
② 각종 신고에서와 같은 사인의 공법행위에서 행정청이 형식적 요건의 심사권만 가지고 있는 경우 그 요건을 갖추었다고 인식되면 수리하여야 함이 원칙이다.
③ 사인의 공법행위에는 의사표시를 내용으로 하는 것도 있고 단순한 관념의 통지, 사실의 통지인 것도 있다.
④ 행위에 대한 청구권이 없는 경우라면, 행정청은 어떠한 의무도 지지 않는다.

10. '국가배상법'과 관련하여 대법원과 헌법재판소의 견해로 가장 타당한 것은?

① 헌법재판소는 국가배상청구권의 소멸시효제도는 기본권의 과도한 제한으로 위헌으로 보았다.
② 대법원은 소집 중인 향토예비군, 집행관은 공무원으로 보았으나, 시청소차 운전수는 공무원으로 보지 아니하였다.
③ 대법원은 공무원의 중과실로 인한 손해에 대하여 선택적 청구를 허용하였다.
④ 헌법재판소는 배상심의회의 배상결정에 신청인이 동의하면 민사소송법상의

화해가 성립한다는 규정을 합헌으로 보았다.

11. 법규명령에 대한 설명으로 옳지 않은 것은? (다툼이 있는 경우 판례에 의함)
① 재량준칙이더라도 일단 법규명령으로 정해지게 되면, 그것은 재판규범으로서의 성질을 가진다는 것이 다수설이다.
② 판례는 국무총리훈령인 개별토지가격합동조사지침의 법규성을 인정하여 위임명령으로 판시하였다.
③ 법규명령은 구법에 위임의 근거가 없어 무효였더라도 사후에 법 개정으로 위임의 근거가 부여되면, 그 때부터는 유효한 법규명령이 된다.
④ 판례는 '부령으로서의 재량준칙'에 대해서 그의 재판규범성을 일관하여 부인한다.

12. 행정행위의 개념에 관한 설명으로 옳지 않은 것은?
① 행정행위 개념의 본질은 그 행위주체가 상대방에 대하여 우월적 지위에 있다고 하는 점에서 찾을 수 있다.
② 구체적 사실에 대한 법집행행위이므로 불특정인을 대상으로 하는 일반처분도 행정행위라고 할 수 있다.
③ 우리나라 행정소송법은 처분의 개념에 관한 명문규정을 두고 있다.
④ 행정행위는 구체적 사실을 규율하는 행위이므로 사실행위도 행정행위라고 할 수 있다.

13. 행정대집행에 관한 설명으로 옳지 않은 것은?
① 대집행의 주체는 의무를 부과하는 처분을 한 행정청과 제3자이다.
② 대집행은 다른 수단으로는 의무이행을 확보하기 곤란한 경우에 허용된다.

③ 비상시 또는 위험이 절박한 경우에는 계고뿐만 아니라 대집행영장에 의한 통지절차도 생략할 수 있다.
④ 대집행에 관하여 불복이 있는 자는 당해 행정청 또는 그 직근 상급행정청에 행정심판을 제기할 수 있다.

14. 행정개념에 관한 다음 설명 중 옳지 않은 것은?
① '기관양태설'에 의하면 직무상 독립된 대등관계에 있는 기관의 법적용이 사법이고, 상명하복관계에 있는 기관의 법집행이 행정이다.
② '양태설'에 따르면 행정은 법 아래서 법의 규제를 받으면서 현실적·구체적으로 국가목적의 적극적 실현을 위하여 행하여지는 전체로서 통일성을 지니는 계속적·형성적 국가활동이다.
③ '공제설'은 입법·사법을 제외한 나머지 작용을 행정이라고 한다.
④ '기관양태설'은 오늘날 행정과 입법, 행정과 사법의 구별을 전제로 하고 있으며 순환논법의 오류에 빠져 있다는 이론이라고 비판받고 있다.

15. 부관에 대한 다음 설명 중 가장 옳지 않은 것은?
① 기속행위(기속재량행위)에 대해서 부관을 붙일 수 있다는 주장이 있다.
② 이른바 준법률행위적 행정행위에 대해서도 부관을 붙일 수 있다는 주장이 있다.
③ 부담을 부가한 당초의 목적이 사정변경으로 인해 달성될 수 없는 경우에, 그 부담의 내용을 사후에 변경하는 것이 판례상으로 허용된다.
④ 일반적으로 부관의 하자가 중대·명백한 경우에는 그 부관이 본체인 행정행위의 중요요건을 이루지 않더라도 본체인 행정행위까지 무효가 된다고 본다.

16. 국가배상법 제5조의 손해배상책임에 대한 설명으로 옳지 않은 것은?

① 국가배상법 제5조는 민법 제758조와의 관계에서보다는 헌법 제29조의 기본권 내용으로 구체화시킴으로써 피해자의 구제가 확대된다는 입장으로 이해하는 것이 일치된 학설의 태도이다.
② 객관설의 입장은 하자의 존재 여부를 영조물의 구조, 용법, 이용 상황 등의 사정을 종합적으로 고려하여 개별적·구체적으로 판단하고 불가항력도 면책사유로 본다.
③ 판례의 태도는 재정적 제약으로 영조물의 설치·관리에 흠이 생긴 경우에도 면책될 수는 없고, 책임의 범위에 있어서 참작사유가 될 뿐이라고 보고 있다.
④ 설치·관리는 원칙적으로 영조물의 설계·축조 및 그 후의 유지·수선 작용을 의미한다.

17. 허가와 특허의 차이에 관한 다음 설명 중 옳지 않은 것은?

① 허가는 금지해제행위인데 대하여, 특허는 권리설정행위이다.
② 양자 다 같이 사업을 대상으로 행하여지는 경우가 있으나 허가의 대상인 사업은 사기업인데 대하여, 특허의 대상인 사업은 공적 사업인 것이 보통이다.
③ 허가는 불특정다수인에게도 가능하나, 특허는 특정인의 출원을 요하므로 특정의 일인 또는 수인에 대하여서만 할 수 있다.
④ 허가는 기속재량행위이나, 특허는 공익재량행위로서 그 거부의 경우 위법이 되는 일은 없다.

18. 행정상 법률관계에 관한 설명으로 옳지 않은 것은? (다툼이 있는 경우 판례에 의함)

① 권력관계는 행정주체가 공권력의 주체로서 우월적인 지위에서 국민에 대하여 일방적으로 명령·강제하는 관계로, 대등한 사인 상호간의 이해조정을 목적으로 하는 사법관계와는 근본적으로 다른 것이므로, 그에는 원칙적으로 사법이 적용되지 아니한다.

② 국고관계에는 사법이 적용됨이 원칙이나, 공정성·효율성 등의 확보상 특별규정을 두는 경우가 있다.
③ 국고관계에 있어서도 국가 등은 국민을 위하여 활동하는 것이기 때문에, 그에 대하여는 공정성 담보의 견지에서 일정한 제한과 규제가 가하여지고 있다.
④ 국유재산법상 국유재산관리청이 그 무단점유자에 대하여 행하는 변상금부과처분은 사경제주체로서 행하는 사법상의 법률행위이다.

19. 행정소송의 한계에 관한 우리나라 대법원 판례의 태도로서 타당하지 않은 것은?

① 공법상의 구체적 법률관계가 아닌 사실관계에 관한 것들을 확인의 대상으로 하는 것은 항고소송의 대상이 되지 않는다.
② 처분요건이 일의적으로 규정되어 행정청의 1차적 판단권이 행사될 여지가 없고, 손해가 급박하며, 다른 구제수단이 없는 경우 의무화소송이 예외적으로 인정된다.
③ 법원이 계엄선포의 요건의 구비 여부나 선포의 당·부당을 심사하는 것은 사법권의 한계를 넘는 것이다.
④ 재량권을 남용한 위법한 처분이라고 주장하면서 취소를 구하는 경우에는 법원은 재량권 남용 여부를 심리하여 본안에 관한 판단으로서 청구의 인용 여부를 가려야 한다.

20. 행정행위의 무효에 관한 설명으로 옳지 않은 것은?

① 행정행위에 무효사유가 있는 경우 별도로 무효가 성립하기 위한 절차가 필요하지 않고 처음부터 법적효과를 전혀 발생하지 않는다.
② 판례상 제소기간만료 후에는 무효선언을 구하는 취소소송을 제기하여 다툴 수 있다.
③ 행정행위가 일단 성립한다는 점에서 행정행위가 아예 성립하지 않는 행정

행위의 부존재와 구별된다.
④ 일정한 요건을 갖춤으로써 하자 없는 다른 행정행위로 전환될 수 있으며 사인도 그 효력을 부인할 수 있게 된다.

노동법개론

01. 「근로기준법」상 임금채권에 대한 설명으로 옳은 것은? (다툼이 있는 경우 판례에 의함)

① 우선변제청구권이 있는 임금채권자가 경매절차개시 전에 경매 목적 부동산을 가압류한 경우에는 경락 시까지 우선권 있는 임금채권임을 소명하지 않았다면 배당표가 확정되기 전까지 그 가압류의 청구채권이 우선권 있는 임금채권임을 입증하여도 우선배당을 받을 수 없다.
② 근로자가 임금채권 우선변제권을 사용자의 일부 재산에 대하여만 선택적으로 행사하는 것이 사회생활상 용인될 수 없을 만큼 부당하여 권리남용으로 평가될 수 있는 경우 후순위저당권자의 대위에 관한 정당한 기대를 침해한 한도에서는 임금채권 우선변제권이 제한되지 않는다.
③ 선박우선특권에 의해 담보되는 채권이 선원근로계약에 의하여 발생되는 임금채권인 경우 그 임금채권에 관한 사항은 선원근로계약의 준거법에 의하여야 한다.
④ 임금채권의 우선변제권은 법정담보물권으로서 담보물권의 일반적인 실행절차에 의하여 우선적으로 만족을 얻을 수 있는 정도 이상의 효력을 가진다고는 할 수 없으므로 이는 채무자의 재산에 대하여 강제집행의 경우 그 강제집행에 의한 환가금에서 일반채권에 우선하여 변제받을 수 없다.

02. 「근로기준법」상 사용자에 대한 설명으로 옳지 않은 것은?

① 사용자는 사고의 발생이나 그 밖의 어떠한 이유로도 근로자에게 폭행을 하

지 못한다.
② 근로조건은 근로자와 사용자가 동등한 지위에서 자유의사로 결정하여야 한다.
③ 사용자는 단체협약, 취업규칙과 근로계약을 지키고 성실하게 이행할 의무가 있다.
④ 사용자는 근로자가 근로시간 중에 선거권 행사하기 위한 시간을 청구하면 거부하지 못하나 공민권 행사하기 위하여 필요한 시간을 청구하면 거부할 수 있다.

03. 「노동조합 및 노동관계조정법」상 노동조합에 대한 설명으로 옳지 않은 것은?

① 노동조합은 설립 신고된 사항 중 대표자의 성명이 변경된 때에는 그 날부터 10일 이내에 행정관청에게 변경신고를 하여야 한다.
② 노동조합이 특정 조합원에 관한 사항을 의결할 경우 그 조합원은 표결권이 없다.
③ 노동조합은 조합원의 3분의 1 이상이 회의에 부의할 사항을 제시하고 회의 소집을 요구할 수 있다.
④ 노동조합의 규약이 노동관계법령에 위반하여 노동위원회의 시정 명령을 받은 노동조합은 30일 이내에 이를 이행하여야 한다.

04. 「근로기준법」상 임금과 관련한 설명으로 옳지 않은 것은?

① 부득이한 사유로 사업을 계속하는 것이 불가능하여 노동위원회의 승인을 받은 경우 기준에 못 미치는 휴업수당을 지급할 수 있다.
② 휴업이 사용자의 귀책사유로 인한 경우 휴업기간 동안 그 근로자에게 평균임금의 100분의 70 이상의 수당을 지급하여야 한다.
③ 임금을 지급하는 때에는 근로자에게 임금의 구성항목·계산방법, 공제 내역 등을 적은 임금명세서를 반드시 서면으로 교부하여야 한다.

04. 「근로기준법」상 임금과 관련한 설명으로 옳지 않은 것은?

① 부득이한 사유로 사업을 계속하는 것이 불가능하여 노동위원회의 승인을 받은 경우 기준에 못 미치는 휴업수당을 지급할 수 있다.
② 휴업이 사용자의 귀책사유로 인한 경우 휴업기간 동안 그 근로자에게 평균임금의 100분의 70 이상의 수당을 지급하여야 한다.
③ 임금을 지급하는 때에는 근로자에게 임금의 구성항목·계산방법, 공제 내역 등을 적은 임금명세서를 반드시 서면으로 교부하여야 한다.
④ 체불사업주 명단을 공개할 경우 체불사업주에게 3개월 이상의 기간을 정하여 소명 기회를 주어야 한다.

05. 「노동조합 및 노동관계조정법」상 행정관청이 노동조합 설립신고서를 반려하여야 하는 사유에 해당하지 않는 것을 모두 고른 것은?

⊙ 근로자가 아닌 자의 가입을 허용하는 경우
ⓒ 경비의 주된 부분을 사용자로부터 원조를 받는 경우
ⓒ 보완을 요구하였음에도 불구하고 10일 이내에 보완을 하지 않은 경우
ⓔ 공제·수양 기타 복리사업만을 목적으로 하는 경우
ⓜ 사용자 또는 항상 그의 이익을 대표하여 행동하는 자의 참가를 허용하는 경우

① ⓒ, ⓒ ② ⓒ
③ ⊙, ⓔ ④ ⓜ

06. 「최저임금법」상 임금과 관련한 설명 중 옳지 않은 것은?

① 최저임금위원회에서 적용할 최저임금 안에 대해 심의·의결 후 고용노동부장관에게 제출한다.
② 최저임금은 사업의 종류별 구분 없이 모든 사업장에 동일하게 적용한다.
③ 고용노동부장관은 최저임금 안에 대한 이의제기 절차를 진행한 후 결정 고시하여야 한다.

④ 2025년도에 적용되는 최저임금의 시간급은 9,560원이다.

07. 「근로기준법」상 근로시간에 대한 설명으로 옳지 않은 것은?

① 당사자 간 합의에 의하여 1주간에 12시간을 한도로 근로시간을 연장할 수 있다.
② 근로자가 작업을 위해 사용자의 지휘에 따른 대기시간은 근로시간으로 볼 수 없어 근로시간 산정에 포함하지 않는다.
③ 주 8시간을 초과하지 않는 범위에서 근로시간을 연장할 수 있다는 규정은 15세 이상 18세 미만의 근로자에게는 적용하지 못한다.
④ 근로를 한 기간이 단위기간보다 짧은 경우, 해당 근로자가 근로를 한 기간을 평균하여 1주간에 40시간을 초과하여 근로를 한 시간 전부에 대하여 가산임금을 지급하여야 한다.

08. 「근로기준법」상 탄력적 근로시간제에 대한 설명으로 옳은 것은?

① 3개월을 초과하는 탄력적 근로시간제를 적용할 경우 특정한 날의 근로시간은 24시간을 초과할 수 없다.
② 3개월 이내의 탄력적 근로시간제는 근로자대표와 사용자의 서면 합의가 있어야 한다.
③ 3개월 이내의 탄력적 근로시간제를 적용할 경우 사용자는 기존의 임금 수준이 낮아지지 않도록 임금보전방안을 강구하여야 한다.
④ 3개월 이내의 탄력적 근로시간제를 적용할 경우 특정한 주의 근로시간은 52시간을 초과할 수 없다.

09. 「근로기준법」상 여성과 소년에 대한 설명으로 옳지 않은 것은?

① 임신 중의 여성에게 출산 전과 출산 후를 통하여 90일의 출산전후휴가를

10. 「노동조합 및 노동관계조정법」상 노동조합의 설립에 대한 설명으로 옳지 않은 것은? (다툼이 있는 경우 판례에 의함)

① 복수 노동조합의 설립이 현재 전면적으로 허용되고 있어 복수 노동조합 중 어느 한 노동조합은 독자적으로 단체교섭권을 행사할 수 있다.
② 노동조합 설립 당시 근로자 아닌 자가 참여한 사실이 있는 경우 그 노동조합이 가입을 허용한 것이라면 이는 노동조합법 소정의 노동조합이라고 할 수 없다.
③ 노동조합의 설립요건은 노동조합법 규정에 의거한 설립신고서를 소관 행정관청에 제출하고 동 관청으로부터 그에 대한 신고증을 교부받음으로서만 성립된다.
④ 노동조합법이 노동조합의 설립과 존속의 요건으로 상위연합단체에의 가입을 강제하고 있다고 보기는 어렵다.

11. 「근로기준법」상 임산부의 보호와 관련한 내용으로 (   ) 안에 들어갈 내용이 바르게 연결된 것은?

> 임신 중인 여성 근로자가 유산 경험 등 (㉠)으로 정하는 사유로 휴가를 청구하는 경우 출산 전 어느 때 라도 휴가를 나누어 사용할 수 있도록 하여야 한다. 이 경우 출산 후의 휴가 기간은 연속하여 (㉡)일 이상이 되어야 하고 한 번에 둘 이상 자녀를 임신한 경우에는 (㉢)일 이상이 되어야 한다.

	㉠	㉡	㉢		㉠	㉡	㉢
①	대통령령	30	45	②	행정안전부령	45	60
③	대통령령	45	60	④	행정안전부령	30	45

12. 「근로기준법」상 통상임금에 대한 설명으로 옳지 않은 것은? (다툼이 있는 경우 판례에 의함)

① 통상임금의 개념에 비추어 볼 때, 고정적인 조건이어야 하는바, 생산계 반장직 근무자 및 지하 600m 이하 심부작업장 근무자에게 지급된 특수직무

수당은 정기적으로 지급된 것이기는 하나 일률적으로 지급된 것이라고 단정할 수 없어 통상임금에 포함되지 않는다.
② 고열작업수당이 일정한 공정에 종사하는 모든 근로자들에 대해서 일정한 조건이 충족되면 일정한 금액이 매년 정기적·일률적으로 지급된 것으로서 통상임금에 포함된다.
③ 근로기준법이 연장·야간·휴일 근로에 대한 가산임금 등의 산정 기준으로 규정하고 있는 통상임금은 근로자가 소정근로시간에 통상 제공하는 근로인 소정근로의 대가로 지급하기로 약정한 금품으로서 정기적·일률적·고정적으로 지급되는 임금이다.
④ 휴일근로수당으로 통상임금의 100분의 50 이상을 가산하여 지급하여야 하는 휴일근로에는 주휴일 근로만 해당하고 단체협약이나 취업규칙 등에 의하여 휴일로 정하여진 날의 근로는 포함되지 않는다.

13. 「최저임금법」상 최저임금의 적용 제외와 관련한 설명 중 옳지 않은 것은?

① 정신장애나 신체장애로 근로능력이 현저히 낮은 사람에 대한 최저임금 적용 제외 인가 기간은 1년 6개월을 초과할 수 없다.
② 최저임금 적용을 제외할 수 있는 사람에 대하여는 사용자가 고용노동부장관의 인가를 받아야 한다.
③ 정신 또는 신체의 장애가 업무 수행에 직접적으로 현저한 지장을 주는 것이 명백하다고 인정되는 사람은 최저임금 적용을 제외 한다.
④ 최저임금 적용이 제외되는 근로자에 대하여 유사 직종에 근무하는 근로자의 임금수준에 상응하는 임금을 지급할 것을 지방고용노동관서의 장은 사용자에게 권고할 수 있다.

14. 「노동조합 및 노동관계조정법」상 노동조합의 관리에 대한 설명으로 옳지 않은 것은?

① 노동조합은 규약으로 조합비를 납부하지 않은 조합원의 권리를 제한할 수 있다.
② 노동조합의 결의가 노동관계법령 또는 규약에 위반된다고 인정할 경우 행정관청은 노동위원회의 의결을 거치지 않아도 시정을 명을 할 수 있다.
③ 대의원은 조합원들이 직접·비밀·무기명투표로 선출하며 대의원의 임기는 규약으로 정하되 3년을 초과할 수 없다.
④ 총회의 소집은 노동조합이 동일한 사업장내의 근로자로 구성된 경우 그 규약으로 공고기간을 단축할 수 있다.

15. 「근로기준법령」상 대통령령으로 정하는 근로조건에 해당하는 것을 모두 고른 것은?

> ㉠ 퇴직에 관한 사항
> ㉡ 취업의 장소와 종사하여야 할 업무에 관한 사항
> ㉢ 직장 내 괴롭힘의 예방 및 발생 시 조치 등에 관한 사항
> ㉣ 사업장의 기숙사 규칙에서 정한 사항
> ㉤ 업무상(업무 외적인 경우는 제외)의 재해부조에 관한 사항

① ㉠, ㉡, ㉣　　　　　② ㉠, ㉡, ㉤
③ ㉠, ㉡, ㉢, ㉣　　　④ ㉠, ㉡, ㉢, ㉣, ㉤

16. 「근로기준법」상 근로감독관에 대한 설명으로 옳지 않은 것은?

① 근로감독관은 사업장, 기숙사 등에 대하여 현장 조사와 사용자를 심문할 수 있으나 근로자는 심문할 수 없다.
② 지방고용노동청의 4급부터 7급까지의 공무원 중 근로개선지도 및 산업안전보건에 관한 업무를 담당하는 과 소속 공무원은 당연직 근로감독관으로

본다.
③ 사용자 또는 근로자에 대하여 보고 및 출석 요구를 할 수 있다.
④ 근로감독관은 직무상 알게 된 비밀을 근로감독관을 그만 둔 경우에도 엄수하여야 한다.

17. 「근로기준법령」상 근로자의 요구에 따른 서면 교부와 관련 단체협약 또는 취업규칙의 변경 등 대통령령으로 정하는 사유로 인하여 변경되는 경우가 아닌 것은?

① 유급휴가의 대체에 대하여 서면 합의로 변경되는 경우
② 단체협약에 의하여 변경되는 경우
③ 근로자가 상시 30명 이상 사업장의 연장 근로에 대하여 근로자대표와 서면으로 합의한 경우
④ 취업규칙에 의하여 변경되는 경우

18. 「노동조합 및 노동관계조정법」상 노동조합 임원에 대한 설명으로 옳지 않은 것은?

① 하나의 사업장을 대상으로 조직된 노동조합의 임원은 그 사업 또는 사업장에 종사하는 조합원 중에서 선출한다.
② 임원의 해임은 재적조합원 과반수의 출석과 출석조합원 3분의 2 이상의 찬성이 있어야 한다.
③ 임원의 선거는 출석조합원 과반수의 찬성을 얻어야 한다.
④ 노동조합의 임원 자격과 임기는 규약으로 정하되 임기는 2년을 초과할 수 없다.

19. 「근로기준법령」상 근로자의 해고와 관련한 사항으로 옳지 않은 것은?

① 경영상의 이유에 의한 해고 계획을 신고할 경우 해고 사유, 해고 예정 인원, 근로자 대표와 협의한 내용, 해고 일정 등의 사항이 포함되어야 한다.
② 납품업체로부터 금품이나 향응을 제공받고 불량품을 납품받아 생산에 차질을 가져온 경우, 해고 예고의 예외가 되는 근로자의 귀책사유에 해당한다.
③ 상시 근로자수가 1,000명 이상인 사업장에서 경영상의 이유로 50명 이상을 1개월 동안에 해고하려면 최초 해고하려는 날의 30일 전까지 고용노동부장관에게 신고하여야 한다.
④ 부당해고 구제를 신청하려면 부당해고 구제 신청서를 관할 지방노동위원회에 제출하여야 한다.

20. 「노동조합 및 노동관계조정법」상 임시총회 등의 소집에 대한 내용이다. ( ) 안에 들어갈 내용이 바르게 연결된 것은?

> ( )는(은) 조합원 또는 대의원의 ( ) 이상(연합단체인 노동조합에 있어서는 그 구성단체의 3분의 1 이상)이 회의에 부의할 사항을 제시하고 회의의 소집을 요구한 때에는 지체없이 임시총회 또는 임시대의원회를 소집하여야 한다.

① 대의원, 3분의 1
② 노동조합의 대표자, 3분의 1
③ 노동조합원, 3분의 2
④ 노동조합의 대표자, 3분의 2

3 적중모의고사

================================ 국 어

※ 다음 작품을 읽고 물음에 답하시오. (01~02)

(가) 살구꽃 핀 마을은 어디나 고향 같다.
    만나는 사람마다 등이라도 치고 지고,
    뉘 집을 들어서면은 반겨 아니 맞으리.
    바람 없는 밤을 꽃 그늘에 달이 오면,
    술 익는 초당(草堂)마다 정이 더욱 익으리니,
    나그네 저무는 날에도 마음 아니 바빠라.

(나) 눈을 가만 감으면 굽이 잦은 풀밭 길이,
    개울물 돌돌돌 길섶으로 흘러가고,
    백양 숲 사립을 가린 초집들도 보이고요.
    송아지 몰고 오며 바라보던 진달래도
    저녁 노을처럼 산을 둘러 퍼질 것을
    어마씨 그리운 솜씨에 향그러운 꽃지짐.
    어질고 고운 그들 멧남새도 캐어 오리.
    집집 끼니마다 봄을 씹고 사는 마을,
    감았던 그 눈을 뜨면 마음 도로 애젓하오.

(다) 내 고장 칠월은
    청포도가 익어 가는 시절
    이 마을 전설이 주저리주저리 열리고

> 먼 데 하늘이 꿈꾸며 알알이 들어와 박혀,
> 하늘 밑 푸른 바다가 가슴을 열고
> 흰 돛단배가 곱게 밀려서 오면
> 내가 바라는 손님은 고달픈 몸으로
> 청포를 입고 찾아온다고 했으니
> 내 그를 맞아 이 포도를 따 먹으면
> 두 손은 함뿍 적셔도 좋으련.
> 아이야, 우리 식탁엔 은쟁반에
> 하이얀 모시 수건을 마련해 두렴.

01. 위 시 (가)~(다)의 공간적 배경이 환기하는 공통된 정서적 의미로 적절하지 못한 것은?
① 상실감과 소외감
② 풋풋한 인정
③ 포근한 안식
④ 평화로움

02. 위의 시 (가)~(다)에서 표현상 특징을 지적한 것으로 옳지 않은 것은?
① (가)는 아늑한 정서를 향토적 시어로 형상화하였다.
② (나)는 다양한 감각의 심상을 통해 고향을 묘사하고 있다.
③ (다)는 비유적 심상이 주류를 이루고 있다.
④ (가)는 쉬운 일상어들을 통해 구체적 심상을 드러내고 있다.

03. 다음 글의 밑줄 친 부분과 뜻이 가장 가까운 것은?

> 위에서 말한 인간의 두 가지 특징은, 그러나 극히 원초적(原初的)인 것에 불과하다. 우리는 보다 높은 차원의 특징을 찾아보아야 할 것이다. 그 높은 차원의 특징으로서 들어야 할 것은, 우선 인간이 언어를 가졌다는 것이다. 인간의 대뇌(大腦)에는 말을 하도록 작용하는 중추 신경(中樞神經)이 있다. 이 신경(神經)의 작용으로 발음 기관(發

音器官)을 움직여 서 말을 하게 되고, 또 청신경(聽神經)과 대뇌를 통하여 타인의 언어를 이해하는 것이다. 물론, 다른 동물도 자신의 소리로써 그 나름의 신호를 교환한다. 침팬지는 수십 종의 소리를 내어 동료(同僚)를 부르거나 탓하며, 경계(警戒), 공포(恐怖), 고통(苦痛), 경악기쁨, 슬픔 등을 표현한다고도 한다. 그러나 이것은 감정의 직접적 표현에 불과하다. 인간의 언어는 이러한 감탄사(感歎詞)가 아니라, 세분된 음성으로 의미있는 단어를 이루고, 이 단어들을 일정한 법칙(法則)에 따라 운용(運用)함으로써, 복잡한 의미를 자유롭게 표현하는 상징적(象徵的)인 것이다.

① 언어는 인간과 동물을 구별해 주는 기호 체계이다.
② 언어는 자연적 법칙에 따라 운용되는 규칙 체계이다.
③ 언어는 사물을 대신하여 그것을 나타내는 기호 체계이다.
④ 언어는 감정의 직접적 표현인 음성적 체계이다.

04. 다음 예시문이 좋은 문장이 될 수 없는 이유를 바르게 지적한 것은?

우리는 정말 앞으로 닥칠 현실에 그저 순응만 하는, 물결치는 대로 휩쓸려 떠내려가야만 할 것인가?

① 시제의 사용이 부적절하다.
② 평행 구조의 오용으로 성분의 호응이 이루어지지 않았다.
③ 반드시 필요한 성분을 생략하여 의미가 통하지 않는다.
④ 잘못된 어휘를 사용한 부분이 있다.

05. 다음 중 사회자의 역할이 보기와 같은 경우의 토의 유형은?

㉠ 주제를 잘 분석하여 전문가에 할당한다.
㉡ 연사의 발언이나, 전체적인 토의의 내용을 요약해 준다.
㉢ 청중에게 토의할 문제와 그 필요성을 알려 준다.
㉣ 연사들이 그 분야의 권위자임을 알려 준다.

① 심포지엄   ② 포럼
③ 패널   ④ 원탁 토의

※ 다음 글을 읽고 물음에 답하라.(06~07)

> [가] 글월 보고 무수히 이시니 ㉠깃거ᄒ며 보ᄂᆞᆫ 둣 든든 반가와 다시곰 보노라. 이번은 ㉡두어 날을 더 묵ᄂᆞᆫ 둣. ᄒ올니 나아갈 제 섭섭 덧업기ᄂᆞᆫ 흔가지니 출 아니 이심만 못ᄒ여 ᄒ노라. 후셰에나 서르 ᄠ여나ᄂᆞᆫ 일이 업시 살고져 ᄒ노라.
> [나] 몬졔ᄂᆞᆫ 창망듕 ㉢덧업시 돈녀오오니 그ᄯᅢ 심회야 어이 내내 뎍ᄉ오리잇가. 병환은 나날 낫ᄌ오셔 즉금은 거의 여샹ᄒ오신가 시브오니 흔힝 ᄒ오며 아ᄆᆞ라타 ㉣업ᄉ와 ᄒ오며 언제 다시 반가이 뵈올고 기ᄃᆞ리고 잇ᄉᆞᆸᄂᆡ이다.

06. 위의 글에서 15세기 당시의 표기로 바꿀 때, 어형이 변하지 않는 단어에 해당하는 것은?
① ㉠   ② ㉡
③ ㉢   ④ ㉣

07. 위의 글 [가]에 대한 설명으로 옳지 않은 것은?
① 형태의 생략으로 간결한 문체를 형성하고 있으며 구어체로 표현되어 자연스러운 느낌을 준다.
② 내용의 충실성이 강조되는 글에 속한다.
③ 어머니의 안타까운 마음이 8종성법 표기에 의해 나타나고 있다.
④ 인선 왕후가 숙휘 공주에게 보내는 글이다.

08. 다음 문장 중 어법을 고려하여 볼 때, 적절치 못한 것은?
① 철수야, 선생님께서 오라신다.

② 이 문제는 나 뿐만이 아니라 모두들 어려워하겠지.
③ 충무공은 뛰어난 전략가이다.
④ 선생님, 선생님 댁은 전철역이 머셔서 불편하시겠습니다.

09. 순수한 우리말에 대한 설명으로 올바르지 않은 것은?
① 너볏하다 : 촛불이나 등잔불 따위의 불꽃이 바람에 쏠리다.
② 오라지다 : 죄인이 오라에 묶이다.
③ 어루쇠 : 구리 따위의 쇠붙이를 반들반들하게 갈고 닦아서 만든 거울
④ 가풀막지다 : 눈앞이 아찔하며 어지럽다.

10. 다음 밑줄 친 단어의 쓰임이 어법에 어긋나는 것은?
① 너는 엄청난 죄를 지었다. <u>그러므로</u> 법의 심판을 받아 마땅하다.
② 일을 얼른 마치세. <u>그러고 나서</u> 어디 가서 한잔하세.
③ 생명을 가진 자는 반드시 죽기 마련이며, <u>그럼으로</u> 우리는 모두 한정된 시간을 살고 있는 것이다.
④ "아휴, 젓가락 한 벌처럼 딱들어 맞는 짝꿍 같애. 나 <u>갈게</u>. 서로 잘해 봐." 라는 말을 남겨놓고 이모는 자리를 비켜주었다.

11. 다음 (   ) 안의 음운 현상과 관련이 깊은 것은?

> 이런 (   )의 형성은 매우 흥미 있는 현상으로서, 연구의 대상은 될 수 있지만, 연구의 방법으로 채택할 수 없음은 명심할 필요가 있다.

① 힝주쵸마 > 행주치마
② 짐츼 > 김츼
③ 눋웅지 > 누룽지
④ 굳흐다 > 같다

12. 다음 중 비유법에 대한 설명으로 옳지 않은 것은?
　　① 원관념을 보조 관념에 빗대어 표현하는 표현 기법이다.
　　② 보조 관념은 원관념과 유사성, 인접성이 있는 것이어야 한다.
　　③ 비유법의 표현 효과는 지시적, 축어적 의미로 나타난다.
　　④ 직유법, 은유법, 대유법, 풍유법 등이 있다.

13. 다음 밑줄 친 각 단어의 쓰임이 문장에서 가장 적절하게 쓰인 것은?
　　① 출근은 지하철 <u>사용</u>을 권장하고 지하철에서는 핸드폰 <u>이용</u>을 금지한다.
　　② 교통신호 <u>체계</u>만 바꾸어도 사고를 줄일 수 있다.
　　③ 공무원 윤리 규정의 <u>합법화</u>를 추진하고 있으며 낙태를 <u>입법화</u>하였다.
　　④ 그는 자신의 혐의를 부인했지만 그것을 <u>방증</u>할 만한 증거가 없었다.

14. 다음 작품에서 밑줄 친 '눈물'의 의미로 가장 적당한 것은?

> 님이여, 당신은 봄과 광명과 평화를 좋아하십니다.
> 약자의 가슴에 <u>눈물</u>을 뿌리는 자비의 보살이 되옵소서.
> 님이여, 사랑이여, 얼음 바다에 봄바람이여

　　① 체념과 회한　　　　② 위안과 연민
　　③ 자비와 사랑　　　　④ 애상과 비애

15. 다음 글에서 가장 강조하고 있는 것은?

> 　IMF 시대인 요즘은 절약과 절제가 필요한 시기입니다. 그렇게 생각하면 고액권 발생은 문제가 있습니다. 하지만 경제 규모의 확대와 원화의 가치 하락을 고려하면 고액권 발생이 필요할 듯합니다. 그래서 찬반 양측은 그 중간선인 5만 원권 발행을 생각해

보아야 합니다. 10만 원권 발행이 관철되지 않으면 차라리 1만 원권에 머무르겠다는, 전부 아니면 전무라는 식의 생각은 우리의 경제나 정신 건강에 해로울 뿐입니다.

① 과도한 소비를 억제하자 ② 변화를 두려워하지 말자
③ 중용의 태도를 갖자 ④ 지나친 고집은 건강에 해롭다.

16. 다음 문장의 밑줄 친 단어가 맞춤법에 어긋나는 것은?
① 이 과자는 <u>짭짤한</u> 맛이 일품이다.
② 그것을 <u>백분률</u>로 환산하면 78.5%이다.
③ 조카 선물로 장난감 <u>오뚝이</u>를 하나 샀다.
④ 철수와 <u>휴게실</u>에서 커피를 마시며 대화를 나누었다.

17. 다음 중 표준어로만 연결된 것은?
① 미쟁이 – 우레 – 아웅다웅 ② 남비 – 풋나기 – 오뚝이
③ 멋쟁이 – 우레 – 미루나무 ④ 사글세 – 숫당나귀 – 호루라기

18. 다음 작품에 대한 설명으로 옳은 것은?

"옥희야, 그런 걸 받아 오문 안 돼."
하고 말하는 어머니는 몹시 떨렸습니다. 나는 꽃을 그렇게도 좋아하는 어머니가 이 꽃을 받고 그처럼 성을 낼 줄은 참으로 뜻밖이었습니다. 어머니가 그렇게도 성을 내는 것을 보니까 그 꽃을 내가 가져왔다고 그러지 않고 아저씨가 주더라고 거짓말을 한 것이 참 잘 되었다고 나는 속으로 생각했습니다. 어머니가 성을 내는 까닭을 나는 모르지만 하여튼 성을 낼 바에는 내게 내는 것보다 아저씨에게 내는 것이 내게는 나았기 때문입니다. 한참 있더니 어머니는 나를 방 안으로 데리고 들어와서,

> "옥희야, 너 이 꽃 얘기 아무보구두 하지 말아라, 응."
> 어머니가 그 꽃을 곧 내버릴 줄로 나는 생각했습니다마는 내버리지 않고 꽃병에 꽂아서 풍금 위에 놓아 두었습니다. 아마 퍽 여러 밤 자도록 그 꽃은 거기 놓여 있어서 마지막에는 시들었습니다. 꽃이 다 시들자 어머니는 가위로 그 대는 잘라내 버리고 꽃만은 찬송가 갈피에 곱게 끼워 두었습니다.

① 주인공이 자기 자신의 이야기를 하고 있다.
② 부수적 인물이 주인공을 관찰하고 있다.
③ 화자가 작품 밖에서 관찰하고 있다.
④ 작가가 전지적 관점에서 말하고 있다.

19. 다음 밑줄 친 부분의 뜻과 같이 쓰인 것은?

> 이 가구는 많은 사람의 손을 거쳐 만들어졌다.

① 사기꾼의 손에 놀아나다.
② 농사철에는 손이 부족하다.
③ 집안의 운명은 나의 손에 달려 있다.
④ 일제의 손에 빼앗겨 국권을 잃은 지 36년!

20. 다음에 드러난 상황을 한자성어로 바꿀 때 가장 적절한 것은?

> 도덕성을 생각하면 돈을 못 벌고, 돈을 벌자니 도덕성이 걸린다.

① 進退兩難　　　　② 前無後無
③ 左衝右突　　　　④ 兩者擇一

고용노동직 적중모의고사

한국사

01. 정약용의 실학사상에 대한 설명으로 옳지 않은 것은?
① 지전설을 주장한 이익과 홍대용의 성리학적 세계관을 비판하였다.
② 공동경작하고 노동량에 따라 소득을 분배하는 공동 농장 제도를 주장하였다.
③ 향촌 단위의 방위 체제와 민본적 왕도 정치를 주장하였다.
④ 자영농을 바탕으로 한 군사·교육 제도의 개혁을 주장하였다.

02. 다음의 사건 중에서 외국인 고문이 파견되게 되는 계기가 된 사항들은?

| ㉠ 을미사변 | ㉡ 아관 파천 | ㉢ 제1차 한일 협약 | ㉣ 을사조약 |

① ㉠, ㉢
② ㉡, ㉢
③ ㉡, ㉣
④ ㉠, ㉣

03. 다음은 5·16 군사 정변을 일으킨 일부 군인들이 내세운 공약이다. 이를 토대로 5·16 군사정변 이후에 대한 추정으로 옳은 것은?

1. 반공을 국시의 제1로 삼고 지금까지 형식적이고 구호에만 그친 반공 체제를 재정비 강화한다.
2. 유엔 헌장을 준수하고 국제적 협약을 충실히 수행할 것이며, 미국을 비롯한 자유우방과의 유대를 더욱 공고히 한다.
3. 사회의 모든 부패와 구악을 일소하고 퇴폐한 국민 도의와 민족정기를 다시 바로 잡기 위하여 청신한 기풍을 진작한다.
4. 절망과 기아선상에서 허덕이는 민생고를 시급히 해결하고 국가 자주 경제 재건에 총력을 경주한다.

5. 이와 같은 우리의 과업이 성취되면 참신하고 양심적인 정치인들에게 언제든지 정권을 이양하고 우리들 본연의 임무에 복귀할 준비를 갖춘다.

① 주한 미군 철수를 요구하였으며 평화 통일 정책이 적극적으로 추진되었다.
② 4·19 혁명의 이념을 계승하였다.
③ 박정희를 비롯한 군인들은 모두 군으로 복귀하였다.
④ 경제 개발 5개년 계획이 실시되었다.

04. 다음과 같은 사항을 주장한 단체는?

㉠ 국가 재정을 공고히 하고 예산을 국민에게 공표할 것
㉡ 중대 범죄의 공판, 언론·집회의 자유를 보장할 것,
㉢ 외국의 하원을 모방한 민회 설치할 것

① 보안회
② 신민회
③ 독립협회
④ 황국협회

05. 우리나라 청동기 시대의 사실로 옳은 것을 모두 고르면?

㉠ 최초로 농경이 시작되었다.
㉡ 고인돌이 만들어진 것으로 보아 지배층이 등장했음을 알 수 있다.
㉢ 반달 모양의 돌칼을 사용하였다.
㉣ 빗살무늬 토기를 사용하였다.
㉤ 벼농사가 시작되었다.

① ㉠, ㉢, ㉤
② ㉠, ㉡, ㉢
③ ㉡, ㉣, ㉤
④ ㉡, ㉢, ㉤

06. 조선시대 성리학자인 '이이'와 관련이 없는 것은?

① 시급한 민생문제해결을 위해 현실에 적극 참여하고 개혁을 모색하는 과정에서 자연스레 의리와 실사가 결합되어야 한다고 주장하였다.
② 성리학을 집대성하여 그 학설이 임진왜란 후 일본에 크게 알려졌으며 '동방의 주자'라고 불릴 정도였다.
③ 선조로부터 탕평일임자로 선임되었으나 동인·서인간의 대립이 더욱 격화되면서 그도 중립적인 입장을 유지할 수 없게 되었다.
④ 29세에 응시한 문과 전시(殿試)에 이르기까지 아홉 차례의 과거에 모두 장원하여 '구도장원공(九度壯元公)'이라 일컬어졌다.

07. 다음은 초기 국가에 대한 설명이다. 바르게 설명된 것은?

① 부여 – 지리적 이점으로 일찍 중국 문화를 수용하였다.
② 고구려 – 왕 아래 마가, 우가, 저가, 구가 등의 관리가 있었다.
③ 옥저 – 골장제가 있었으며 '무천'이라는 제천 의식이 있었다.
④ 동예 – 5곡이 잘 되었고 고구려에 공납을 바쳤다.

08. 다음은 일제 강점기 저술된 역사서 가운데 일부이다. 이 글에 나타난 역사 연구의 경향은?

> ㉠ 옛 사람이 말하기를, 나라는 멸망할 수 있으나 그 역사는 결코 없어질 수 없다고 했으니, 이는 나라가 형체라면 역사는 정신이기 때문이다. 이제 우리나라의 형체는 없어져 버렸지만, 정신은 살아남아야 할 것이다. 이 때문에 나는 우리나라의 역사를 쓰는 것이다. 정신이 살아 있으면 형체도 부활할 때가 있을 것이다.
> ㉡ 역사란 무엇인가, 인류 사회는 '아(我)와 비아(非我)의 투쟁'이 시간부터 발전하며 공간부터 확대하는 정신적 활동 상태의 기록이니…

① 우리 역사의 세계사적 보편성을 강조하였다.

② 식민 사학의 정체성 이론을 반박하였으며 우리 역사의 타율성을 강조하였다.
③ 개별 사실의 철저한 고증을 강조하였다.
④ 민족독립운동의 일환으로 민족정신을 일깨우려 하였다.

09. 발해에 관한 다음 설명으로 옳지 않은 것은?
① 발해는 선왕 때 영토를 더욱 확장하여 5경 15부 62주를 두었다.
② 발해의 중앙관제는 당 제도를 채택했으나 운영면에 있어서 독자성이 있었다.
③ 발해 문화는 고구려 문화의 기반 위에 당 문화를 흡수하였다.
④ 발해는 선왕 때 장문휴를 보내 흑수부 말갈을 치고 산동을 공략하였다.

10. 다음 역대 왕조의 시책 중 중앙집권을 위한 노력이 올바르게 연결되지 않은 것은?

┌───┐
│ ㉠ 통일 신라 - 전국을 9주 5소경으로 나누고 외사정을 두었다. │
│ ㉡ 통일 신라 - 녹읍을 폐지하였다.   │
│ ㉢ 고려 - 서경제도를 실시하였다   │
│ ㉣ 조선 - 직전제를 실시하였다.   │
└───┘

① ㉠, ㉡   ② ㉡
③ ㉢   ④ ㉠, ㉣

11. 우리나라 고대사회의 문화재에 대한 설명으로 옳은 것은?
① 석왕사 응진전 - 고려시대의 대표적인 주심포 건축양식으로 웅장하고 장엄하다.
② 정림사지 5층 석탑 - 조화와 균형의 미를 강조하던 신라 중대에 만들어졌다.

③ 쌍봉사 철감선사 승탑 – 승려의 묘탑으로 신라 하대 선종의 영향으로 만들어졌다.
④ 강서대묘의 사신도 – 주로 돌무지무덤에서 발견되며 도교의 영향이 보인다.

12. 우리나라의 빗살무늬토기와 관계가 있는 내용을 모두 고른 것은?

㉠ 청동기시대의 대표적인 유물에 해당한다.
㉡ 주로 V자가 모양으로 밑이 뾰족하고, 간혹 도토리형이나 긴 달걀형도 있다.
㉢ 주로 구릉지대에서 생활하던 사람이 사용했다.
㉣ 북유럽지방으로부터 시베리아 동부지방의 이르는 각지에서도 발견되고 있다.
㉤ 이 토기가 발견되는 곳에 뗀석기도 함께 출토되는 곳이 있다.

① ㉡, ㉣, ㉤
② ㉠, ㉣, ㉤
③ ㉠, ㉢, ㉤
④ ㉠, ㉡, ㉣

13. 다음 내용은 고조선의 사회상을 보여주는 자료이다. 이를 통해 알 수 있는 고조선의 생활상을 잘못 설명한 것은?

사람을 죽인 자는 사형에 처하고, 남에게 상해를 입힌 자는 곡식으로 배상하며, 남의 물건을 훔친 자는 그 집의 노비로 삼되, 단 속죄하려면 50만전을 바쳐야 한다. 때문에 죄를 짓는 것을 수치로 여겨 남의 물건을 훔치지 않으므로 문을 걸어 둘 필요가 없었고, 부인들은 정절을 지켜 음란하지 않았다.

– 한서지리지 –

① 인간의 생명이 존중되었다.
② 사유재산제도가 있었다.
③ 가부장적 사회였다.
④ 평등한 사회였다.

14. 북한이 다음과 같은 어려움을 극복하고자 취한 정책에 대한 설명으로 옳은 것은?

> • 1970년대 인민 경제 발전 7개년 계획을 추진하였으나 자본의 축적과 기술 발전이 낙후되어 경제의 질적 발전에 한계가 있었다.
> • 1970년대 후반부터 1990년대 중반까지 제2차, 3차 7개년 계획을 시행하였으나 철저한 계획 경제와 지나친 자립 경제 정책은 오히려 경제 발전을 더디게 하였다.

① 대중의 정신력에 호소하여 노동력을 최대한으로 동원하는 천리마운동을 전개하였다.
② 사회주의 헌법을 공포하여 김일성의 유일 지도 체제를 명확히 하였으며 3대 혁명 소조 운동, 3대 혁명 붉은기 쟁취 운동 등을 전개하였다.
③ 모든 농지를 협동 농장화 하였으며, 개인 상공업을 없애고 사유제를 일체 인정하지 않았다.
④ 합작 회사 경영법(합영법)을 제정하고, 경제 특구를 지정하여 외국 자본을 유치하고자 하였다.

15. 우리나라 경제상황에 대해 다음과 같은 인식을 가졌던 정치세력에 대한 설명으로 옳은 것은?

> 저들의 물화는 대부분이 수공생산품이라 그 양이 무궁한 데 반하여 우리의 물화는 대부분이 백성들의 생명이 달린 것이고, 땅에서 나오는 것으로 생산량이 제한되어 있습니다.

① 별기군 창설에 적극 참여하였다.
② 급진적 방법으로 정권을 획득하였다.
③ 흥선대원군의 서원 철폐를 반대하였다.
④ 집강소를 설치하여 개혁을 추진하였다.

16. 다음 자료와 관련된 당시의 상황을 설명한 것으로 옳지 않은 것은?

> (가) 우리는 피로써 건립한 독립국과 정부가 이미 존재하였음을 다시 선언한다. 5천년의 주권과 3천만의 주권을 쟁취하기 위하여는 자주의 정치활동을 옹호하고 외래의 탁치 세력을 배격함에 있다.
> — 신탁 통치 반대 국민 총동원 위원회 성명서 —
>
> (나) 3상회담의 결정은 현하 국제정서뿐 아니라 조선 국내정세에 비추어 조선 민족의 이익을 존중하는 가장 적절한 국민적, 국내적 해결이며 세계의 평화 유지와 인류의 민주주의화에 최적의 결정이라고 확신한다.
> — 조선인민공화국 중앙 인민위원회의 결의 —

① 당시의 중도세력은 대부분 (나)의 의견에 적극 찬성하였다.
② (가)를 지지하는 세력과 (나)를 지지하는 세력 간에 갈등이 심화되었다.
③ (가)는 신탁통치를 우리 민족의 자주적 역량을 무시한 처사로 보고 있다.
④ (나)는 잠정적인 신탁통치가 독립 국가 건설에 도움이 된다고 주장하고 있다.

17. 다음은 대한민국의 건국과정을 순서대로 나열한 것이다. 이를 분석한 것 중 역사적 사실과 일치하는 것은?

(가) 미국과 소련의 군정	(나) 모스크바 3국 외상 회의
(다) 신탁통치 반대운동	(라) 미·소 공동 위원회
(마) 유엔에서 남북한 총선거 결의	(바) 5·10 총선거 실시

① (가) : 미군정은 임시정부의 정통성을 인정하였다.
② (다) : 공산주의자들은 신탁통치안에 대해 처음부터 찬성하였다.
③ (라) : 미·소공동위원회의 결정대로 신탁통치가 실시되었다.
④ (마) : 남북한 총선거는 북측의 반대로 실시되지 못하였다.

18. 다음의 사료를 읽고 유추할 수 없는 것은?

> 신라 진평왕 때 승려 원광이 일러 준 다섯 가지 계율로서 사군이충(事君以忠), 사친이효(事親以孝), 교우이신(交友以信), 살생유택(殺生有擇), 임전무퇴(臨戰無退)가 있다.

① 화랑도의 정신적 바탕이 되었다.
② 공동체사회의 이념 위에 불·유·도교를 수용하여 구성한 충효의 실천윤리이다.
③ 향촌자치와 향촌의 의례를 규정하였다.
④ 이를 계승한 화랑도의 정복활동으로 삼국통일의 기초가 되기도 하였다.

19. 다음 중 백제 중흥기에 있었던 사실이 아닌 것은?

① 수도를 사비로 옮기고 국호를 남부여라 하였다.
② 불교를 국가의 정신적 지주로 삼는 한편 일본에 전하기도 하였다.
③ 신라와 함께 고구려를 쳐서 한강 유역을 수복하였다.
④ 왕인·아직기 등의 학자를 일본에 보내 일본 문화에 많은 영향을 주었다.

20. 다음의 역사적인 사실들이 일어난 순서가 올바르게 연결된 것은?

㉠ 3·15 부정 선거	㉡ 유신 헌법 제정
㉢ 사사 오입 개헌	㉣ 5·16 혁명

① ㉠ - ㉡ - ㉢ - ㉣   ② ㉢ - ㉠ - ㉣ - ㉡
③ ㉣ - ㉢ - ㉡ - ㉠   ④ ㉣ - ㉠ - ㉢ - ㉡

영어

01. 다음 밑줄 친 부분의 뜻풀이로 알맞은 것을 고르면?

> While relief workers rushed to get food and medical supplies to the survivors to stave off starvation and disease, local officials were preparing makeshift graves even as unclaimed bodies remained on streets and shorelines.

① make the most of
② take the edge off
③ keep back
④ root out

※ 다음 글을 읽고 빈 곳에 들어갈 알맞은 것을 고르시오. (02~03)

> The plot was thickening rapidly in the murder mystery movie my grandmother was watching. The phone rang ; it was my uncle asking for a family recipe. "Call me back in five minutes." Grandma said. She found the recipe and returned to the movie. The murderer was about to be revealed as the phone rang again. "Get your pencil ready!" Grandma snapped. "Yes, M'am!" said the surprised saleswoman at the other end. "This is the easiest order I've taken all day."

02. When the first phone rang, _____.

① the writer's grandmother was cooking
② the murder mystery returned to its normal situation
③ the writer's grandmother was so shocked by the phone
④ the movie was getting more and more interesting and confused

03. When the second phone rang, _____.

① the fortunate saleswoman took order from the writer's grandmother
② the writer's grandmother thought it was from the writer's uncle
③ the writer's grandmother was so surprised that she said no sense
④ the writer's uncle had already got his pencil ready

04. 다음 단어의 뜻풀이가 잘못된 것은?

① spectator : a person who watches a show, game, sport, etc.
② tissue : the material that the bodies of animals and plants are made of
③ sentimental : showing gentle feelings such as sympathy, love, happy memories, etc.
④ prehistoric : of the time after history was written down

05. 다음 글의 밑줄 친 부분 중 어법상 어색한 것은?

> Picasso created over 6,000 paintings, drawings and sculptures. Today ① <u>a 'Picasso' costs</u> several million pounds. Once, when the French Minister of Culture was visiting Picasso,' the artist ② <u>accidentally spilt some paint</u> on the Minister's trousers. Picasso apologized and ③ <u>want</u> to pay ④ <u>for them to be cleaned</u>, but the Minister said, "Non! Please, Monsieur Picasso, just sign my trousers!"

06. 다음 밑줄 친 곳의 표현을 ( ) 안의 내용으로 바꾼 것이다. 옳지 않은 것은?

① A policeman <u>came down</u> heavily on young criminals. (=scolded)

② We arrived there to the minute.(=instantly)
③ The apartment is very conveniently laid out. (=designed)
④ Translate next page word for word.(=literally)

07. 다음 문장의 밑줄 친 빈칸에 들어갈 내용으로 알맞은 것은?

> Good manners around the house are the _____ of good business and social manners. If you forget the errand your mother asked you to do after school, you're apt to forget the boss's instruction, too. There's no better place to brush up on manners than in your own _____.

① origin-company
② forerunner-home
③ springboard-school
④ beginning-country

08. 다음 밑줄 친 곳에 들어갈 알맞은 것은?

> Many groups of young people volunteer to teach, without pay, the people of the poor communities how to read and write, how to take care of their water supply and how to better care for their farms and animals. Thus the formerly hopeless members of the communities see that all is not lost. They become _____ when they realize that they themselves can help make a better future.

① less discouraged
② more interested in making money
③ less satisfied with themselves
④ more disappointed

09. 글의 흐름으로 보아 주어진 문장이 들어가기에 가장 적절한 곳은?

On it, people place things they don't want to lose.

In many homes, the refrigerator door is the family bulletin board. (①) These may include the phone number of the local police or of a favorite baby sitter. (②) Also kept there are reminders, including notes about social vents. (③) Finally, the refrigerator is a favorite spot to display things. (④) These may include such as a child art work.

※ 다음 글을 읽고 물음에 답하시오. (10~11)

A man walked into a bar and asked for a glass of water. The girl behind the bar suddenly pulled out a gun and shot him dead. Why? The reader is asked to offer a reasonable explanation for the strange happening. All sort of suggestions are made: she recognized him as a dangerous criminal on the run ; she thought he was about to attack her ; she misheard what he said ; asking for a glass of water had a special code meaning for her ; and so on. All these explanations Ⓐ assume that the gun was used deliberately to harm the man. It is very easy to be blocked by this very obvious idea. In fact the explanation is that the man had a bad attack of hiccups, which is why he asked for a glass of water. The girl behind the bar was actually trying to help him, because she knew that a sudden fright could cure hiccups. Unknown to her, the gun happened to be loaded that day.

10. What caused the tragic incident?

① The girl had psychological problems.
② The girl thought the man was going to attack her.
③ The girl didn't know the gun was loaded that day.
④ The girl was startled by the man s sudden movements.

11. 위 글의 밑줄 친 Ⓐ assume과 같은 뜻으로 쓰인 것은?

① He assume a well-informed manner but in fact he knows very little.
② If you assume his innocence, who do you think the criminal is?
③ Although she was ill, she assume an air of cheerfulness.
④ He will assume the directorship of the project.

12. 다음 글의 흐름으로 보아 밑줄 친 부분을 가장 잘 고친 것은?

> We are looking for a radio D.J. to host a morning radio talk show. The applicant must be an individual who will have finished all schooling by the start of the job in March of next year. Experience is preferred. Both men and women are welcome to apply. Those interesting might apply in person at the address below. Or you can call us at 587-4834. All applications must be received by November 30.

① Those interested
② Of those interested
③ For those who are interested
④ Those to interest

13. 다음 문장의 빈칸에 들어갈 말로 가장 적절한 것은?

> It's been a while since Tim played in a football game. He asks his coach why he hasn't been given the chance to play. Coach Rose talks about how nice Tim is, how hard he has been working, how much he has improved, and so on. _____, Tim interrupts him and says, "I wish you'd stop beating around the bush."

① However
② Moreover

③ Indeed   ④ In addition

14. 다음 글의 제목으로 알맞은 것은?

> In the business world, one of the most important elements for success is the relation-ships you have with others. You may have been a good student and you may be a diligent worker, but you still need friends and contacts. If you don't have these, you may not even be able to find a job. And if you don't have good relationships since you've found a job, you may not be able to move up in the company. Good friends and contacts influence how much money you make too. So establishing good relationships is extremely important for people who want to succeed in business.

① The Most Important Elements for Success
② The Way to Establish Good Relationships
③ The Key to Making More Money
④ The Importance of Relationships in Business

15. 다음 글에서 밑줄 친 these의 의미로 가장 적절한 것은?

> In ancient times, people believed that many different gods and spirits lived in the world. There were gods of war and thunder, the sea, wine and hunting. The Sun and the Moon were gods too. Stories that tell of the gods are called these. Some of these tell of extraordinary human beings called heroes who performed great deeds. Others tell of the magic the gods played on human beings. Almost all countries have these, but those of Greece and Rome have become the most familiar.

① fable   ② story

③ myth ④ ballad

16. 다음 주어진 문장에 이어질 글의 순서가 가장 적절한 것은?

> The conflict between government and Journa- lists arises from the different roles they play in society. Government has the job of conducting foreign policy.

(A) If they always sought government permission before publishing information they would be able to print or broadcast only what the government wanted to appear in the media.
(B) Journalists, however, see their role as investigating and giving information to the public.
(C) To do so effectively, government officials sometimes prefer not to give out information or even to lie.

① (A) - (C) - (B) ② (B) - (A) - (C)
③ (B) - (C) - (A) ④ (C) - (B) - (A)

17. 다음 글을 쓴 목적으로 가장 적절한 것은?

> As you know, I have lived in this apartment for the last ten years and the lease has been renewed three times. The rent has risen each time, but always until now, by a reasonable amount. One hundred percent, though, is an absolute scandal, and I am not prepared to pay such a large increase. It is wrong to ask the tenants to pay a large increase when nothing has been done to improve the condition of the apartments. In fact, the front entrance is a disgrace. I am sure it is hardly ever cleaned.

① 항의　　　　　　　② 감사
③ 사과　　　　　　　④ 문안

18. 다음 글의 어조로 가장 적절한 것은?

> In Tuesday's newspaper, there was an article titled "Madonna, the $60 Million Woman," Everyone knows that she is a very rich woman. On the same page is an article about the salaries of college professors, who earn much less. Is it true that madonna is much more important to society than a college professor? She entertains people, and they buy her CDs, play them a few times, and then forget them. What do professors do? They produce cures for cancers, they add to our knowledge, they train people to work for society. It seems that the more people earn, the less they help society.

① critical　　　　　　② instructive
③ descriptive　　　　　④ humorous

19. 다음의 우리말을 영어로 올바르게 옮긴 것은?

> 인터넷 사용법을 익히는 데 그는 1주일이 걸렸다.

① It took a week to master how to use the internet.
② It took him a week to master how to use the internet.
③ It took a week to master the way to repair the internet.
④ It took him a week to master the way how to learn the internet.

20. 다음 A, B의 대화에서 밑줄 친 부분에 들어갈 알맞은 말은?

> A : How are you doing on your novel?
> B : Not so well, I'm afraid.
> A : What's the trouble?
> B : I can't think of an ending. _____.

① It would be excellent
② I'm at a standstill
③ I know you don't care
④ It's exciting

행정법총론

01. 행정처분과 관련한 다음 설명 중 옳지 않은 것은? (다툼이 있는 경우 판례에 의함)

① 행정청이 토지구획정리사업의 환지예정지를 지정하고 관련인들에게 지장물의 자진이전을 요구, 응하지 않자 지장물의 이전에 대한 대집행을 계고하고, 대집행영장을 통지한 사안에서, 위 계고처분 등은 위법하다.

② 공동주택의 입주자대표회의 회장의 임기만료에 따른 후임 회장의 선출이 부적법하여 효력이 없게 된 사안에서, 차기 회장이 적법하게 선출될 때까지 전임 회장이 일정한 범위 내에서 대표자 직무를 계속 수행할 수 있고, 입주자대표회의의 당사자능력이 소멸하는 것은 아니다.

③ 행정처분의 효력정지 기간이 이미 경과하였다면, 집행정지결정의 취소를 구할 이익이 없다.

④ 대한주택공사의 아파트 분양원가 산출내역에 관한 정보는, 그 공개로 위 공사의 정당한 이익을 현저히 해할 우려가 있어 비공개대상정보에 해당한다.

02. 행정처분에 대한 판례의 입장이 아닌 것은?

① 징계 요구에 의하여 행정청이 일정한 행정처분을 하였을 때 비로소 이해관계인의 권리관계에 영향을 미칠 뿐, 징계 요구 자체만으로는 징계 요구 대상 공무원의 권리·의무에 직접적인 변동을 초래하지도 아니하므로, 행정청 사이의 내부적인 의사결정의 경로로서 '징계 요구, 징계 절차 회부, 징계'로 이어지는 과정에서의 중간처분에 불과하여, 감사원의 징계 요구와 재심의결정이 항고소송의 대상이 되는 행정처분이라고 할 수 없다.

② 법관이 이미 수령한 수당액이 위 규정에서 정한 정당한 명예퇴직수당액에 미치지 못한다고 주장하며 차액의 지급을 신청함에 대하여 법원행정처장이 거부하는 의사를 표시했더라도, 그 의사표시는 명예퇴직수당액을 형성·확정하는 행정처분이 아니라 공법상의 법률관계의 한쪽 당사자로서 지급의무의 존부 및 범위에 관하여 자신의 의견을 밝힌 것으로 행정처분에 해당한다.

③ 행정청이 자신과 상대방 사이의 법률관계를 일방적인 의사표시로 종료시켰다고 하더라도 곧바로 의사표시가 행정청으로서 공권력을 행사하여 행하는 행정처분이라고 단정할 수는 없다.

④ 행정청이 침해적 행정처분을 하면서 당사자에게 사전통지를 하거나 의견제출의 기회를 주지 아니하였다면, 사전통지나 의견제출의 예외적인 경우에 해당하지 아니하는 한, 처분은 위법하여 취소를 면할 수 없다.

03. 행정절차법상 사전통지에 대한 설명으로 옳지 않은 것은?(다툼이 있는 경우 판례에 의함)

① 산업기능요원에 대하여 한 산업기능요원 편입취소처분은, 행정처분을 할 경우 '처분의 사전통지'와 '의견제출 기회의 부여'를 규정한 행정절차법 제21조 제1항, 제22조 제3항에서 말하는 '당사자의 권익을 제한하는 처분'에 해당한다.

② 취급관계행정청이 당사자에게 의무를 과하거나 권익을 제한하는 처분을 할 때에는 당사자 등에게 처분의 사전통지를 하고 의견 제출의 기회를 주어야 한다.

③ 민원사무를 처리하는 행정기관이 민원 1회 방문 처리제를 시행하는 절차의 일환으로 민원사항의 심의·조정 등을 위한 민원조정위원회를 개최하면서 민원인에게 회의일정 등을 사전에 통지하지 아니하였다 하더라도, 이러한 사정만으로 곧바로 민원사항에 대한 행정기관의 장의 거부처분에 취소사유에 이를 정도의 흠이 존재한다고 보기는 어렵다.
④ 행정청이 침해적 행정처분을 하면서 당사자에게 사전통지를 하거나 의견 제출의 기회를 주지 아니하였다면, 사전통지나 의견 제출의 예외적인 경우에 해당하더라도, 처분은 위법하지 않다.

04. 행정의 일반원칙 중 신뢰보호의 원칙에 대한 설명으로 옳지 않은 것은?
① 행정지도나 법령해석은 신뢰보호에서 말하는 선행 조치 또는 공적인 견해 표명에 포함되지 않는다.
② 신뢰보호의 원칙은 행정절차법 등 실정행정법규정에 명문규정을 두고 있다.
③ 신뢰보호의 원칙은 법률적합성의 원칙에 반한다.
④ 계획보장청구권은 신뢰보호의 원칙을 적용한 예이다.

05. 통고처분에 대한 설명으로 옳지 않은 것은? (다툼이 있는 경우 판례에 의함)
① 조세범처벌절차법에 의하여 범칙자에 대한 세무관서의 통고처분은 행정소송의 대상이 아니다.
② 통고처분을 받은 자가 그 처분에 대하여 이의가 있는 때에는 이를 이행하지 않음으로써 고발에 의하여 법원의 심판을 받을 수 있게 되는 것으로서 위 통고처분이 위법함을 이유로 한 행정소송은 부적법하다.
③ 성업공사는 세무서장으로부터 의뢰받은 국세압류재산의 공매에 관하여 세무서장의 지휘감독을 받지 아니하고 자기의 권한으로 공매를 할 수 있으므로 공매처분무효확인소송에 있어서 공매처분을 대행한 성업공사의 피고적격을 긍정한 것은 정당하다.

④ 건설부장관이 공유수면 매립면허 기간 안에 그 공사를 준공하지 못한 원고에게 한 위 법조에 의한 공유수면매립에 관한 면허 실효의 통지가 행정처분이 될 수 없다하여 동 실효통고(처분)의 취소를 구하는 본건 원고의 소를 각하한 원심조치는 위법하다.

06. 사인(私人)의 공법행위에 관한 설명으로 옳지 않은 것은?
① 행정행위의 신청행위가 이에 해당한다.
② 하자가 있는 경우에는 당해 행위가 행정행위의 전제조건으로 되는 때에만 행정행위의 효력에 영향을 미치지 않게 된다.
③ 특별한 다른 법률규정이 없으면 민법규정이 적용된다.
④ 사법적 효과의 발생을 목적으로 하는 행위는 이 개념에서 제외된다.

07. 원칙적으로 행정행위의 무효원인에 해당되지 않는 것을 모두 고른 것은?

┌─────────────────────────────────────┐
│ ㉠ 면직 후 공무원으로서 행한 행위   │
│ ㉡ 행정행위의 내용이 미풍양속에 위반한 행위   │
│ ㉢ 행정행위의 내용이 실현 불능한 행위   │
│ ㉣ 행정기관의 무권한 행위   │
│ ㉤ 임면권자가 아닌 사람이 의원면직처분을 한 행위 │
└─────────────────────────────────────┘

① ㉠, ㉢, ㉣   ② ㉠, ㉡
③ ㉢, ㉣   ④ ㉡, ㉤

08. 행정행위의 성질에 관한 설명 중 옳지 않은 것은?
① 행정행위는 위법한 경우에도 중대한 하자가 있음으로써 절대무효인 경우를 제외하고 유효적법상의 추정을 받는다.

② 법령에 근거가 없어도 이를 행할 수 있다.
③ 행정행위의 내용은 행정청의 자력으로 강제 실현할 수 있다.
④ 행정행위는 일정한 기간이 경과한 후에는 그 효력이 확정된다.

09. 행정정보공개에 대한 설명으로 옳지 않은 것은? (다툼이 있는 경우 판례에 의함)

① 공개청구한 정보 중 개인의 성명은 비공개에 의하여 보호되는 개인의 사생활 등의 이익이 국정운영의 투명성 확보 등의 공익보다 더 중요하지 않으므로 비공개대상정보에 해당한다고 한 것은 위법하다.
② 지방자치단체의 업무추진비 세부항목별 집행내역 및 그에 관한 증빙서류에 포함된 개인에 관한 정보는 '공개하는 것이 공익을 위하여 필요하다고 인정되는 정보'에 해당하지 않는다.
③ 대한주택공사의 아파트 분양원가 산출내역에 관한 정보는, 그 공개로 위 공사의 정당한 이익을 현저히 해할 우려가 있다고 볼 수 없어 비공개대상정보에 해당하지 않는다.
④ '망인들에 대한 독립유공자서훈 공적심사위원회의 심의·의결 과정 및 그 내용을 기재한 회의록' 등은 '공개될 경우 업무의 공정한 수행에 현저한 지장을 초래한다고 인정할 만한 상당한 이유가 있는 정보'에 해당한다.

10. 현행법상 지방자치단체가 처리할 수 있는 사무에 해당하는 것을 모두 고른 것은?

> ㉠ 상수도의 신설·개축 및 수선과 이의 유지·관리 사무
> ㉡ 외교, 국방, 사법, 국세 등 국가의 존립에 필요한 사무
> ㉢ 우편, 철도 등 전국적 규모의 사무
> ㉣ 물가정책, 금융정책, 수출입정책 등 전국적으로 통일적 처리를 요하는 사무
> ㉤ 노인·아동·장애인·청소년 및 여성의 보호와 복지증진의 사무

① ㉠, ㉢, ㉣ 　　　　　　　　② ㉠, ㉤
③ ㉢, ㉣ 　　　　　　　　　　④ ㉠, ㉡, ㉤

11. 다음은 강제징수에 관한 설명이다. 이 중 옳지 않은 것은?
① 행정법상 금전급부의무가 이행되지 않은 경우의 강제집행방법이다.
② 그 절차로 독촉·재산의 압류·압류재산의 환가처분·환가대금의 배분으로 이루어진다.
③ 강제징수절차에 하자가 있을 때는 행정심판 또는 행정소송에 의하여 그 효력을 다툴 수 있다.
④ 국세징수법상의 강제징수는 어떤 분야에서나 공법상 금전급부의무불이행의 모든 경우에 적용된다.

12. 국민권익위원회의 고충민원 처리 등에 관한 설명 중 옳지 않은 것은?
① 접수된 고충민원은 이첩이나 이송하는 경우에는 미리 신청인에게 그 사유와 이첩이나 이송되는 기관에 대하여 안내하여야 한다.
② 권익위원회는 접수된 고충민원이 관계 행정기관 등에 이송할 수 없는 경우에는 그 고충민원을 각하할 수 없다.
③ 권익위원회가 조사하는 것이 적절하지 않다고 인정하는 사항에는 위원회에서 각하한 민원을 다시 제기한 경우도 해당된다.
④ 권익위원회에 대하여 고충민원을 제기한 신청인은 다른 권익위원회에 대하여도 고충민원을 신청 할 수 있다.

13. 공공기관의 정보공개에 관한 법률상 정보공개에 관한 설명으로 옳지 않은 것은? (다툼이 있는 경우 판례에 의함)
① 국민의 정보공개청구는 정보공개법 제9조에 정한 비공개 대상 정보에 해당

하지 아니하는 한 원칙적으로 폭넓게 허용되어야 하지만, 실제로는 해당 정보를 취득 또는 활용할 의사가 전혀 없이 정보공개 제도를 이용하여 사회통념상 용인될 수 없는 부당한 이득을 얻으려는 경우 정보공개청구권의 행사를 허용하지 아니하는 것이 옳다.
② 공공기관의 정보 공개에 관한 법률 제6조 제1항은 "모든 국민은 정보의 공개를 청구할 권리를 가진다."고 규정하고 있는데, 여기에서 말하는 국민에는 자연인은 물론 법인, 권리능력 없는 사단·재단도 포함된다.
③ 구 공공기관의 정보공개에 관한 법률 제9조 제1항 제7호에서 비공개대상 정보로 정하고 있는 '법인 등의 경영·영업상 비밀'은 '타인에게 알려지지 아니함이 유리한 사업활동에 관한 일체의 정보' 또는 '사업활동에 관한 일체의 비밀사항'을 의미하는 것이다.
④ 공공기관의 정보공개에 관한 법률의 입법 목적, 정보공개의 원칙 등을 고려하면, 법원 이외의 공공기관이 정보공개법 제9조 제1항 제4호에서 정한 '진행 중인 재판에 관련된 정보'에 해당한다는 사유로 정보공개를 거부하기 위해서는 반드시 그 정보가 진행 중인 재판의 소송기록 자체에 포함된 내용이어야 한다.

14. 행정심판에 대한 설명으로 옳지 않은 것은? (다툼이 있는 경우 판례에 의함)
① 복효적 행정행위, 특히 제3자효를 수반하는 행정행위에 대한 행정심판청구에 있어서 그 청구를 인용하는 내용의 재결로 인하여 비로소 권리이익을 침해받게 되는 자는 그 인용재결에 대하여 다툴 필요가 없으므로 당연히 항고소송의 대상이 되지 않는다.
② 대통령의 처분 또는 부작위에 대하여는 다른 법률에서 행정심판을 청구할 수 있도록 정한 경우 외에는 행정심판을 청구할 수 없다.
③ 행정심판 청구인이 경제적 능력으로 인해 대리인을 선임할 수 없는 경우에는 행정심판위원회에 국선대리인을 선임하여 줄 것을 신청할 수 있다.
④ '행정심판'은 행정심판법에 따른 일반행정심판과 이에 대한 특례로서 다른 법률에서 사안의 전문성과 특수성을 살리기 위하여 특히 필요하여 일반행정

심판을 갈음하는 특별한 행정불복절차를 정한 경우의 특별행정심판을 뜻한다.

15. 거부처분이 판결로 취소된 경우 행정청이 판결의 취지에 따라 이전의 신청에 대한 처분을 해야 하는 것은 판결의 어떠한 효력에 속하는가?
① 확정력
② 기속력
③ 집행력
④ 불가변력

16. 법규명령에 대한 설명으로 옳은 것은? (다툼이 있는 경우 판례에 의함)
① 헌법재판소의 결정에 의하면 법칙의 위임은 법률에서 형벌의 종류만 명백히 규정하도록 하고 있다.
② 입법권의 위임은 그 기준의 명확성이 요구되나 대상이 한정되어야 할 필요는 없다.
③ 위법한 법규명령에 대하여는 누구나 취소소송을 제기하여 다툴 수 있다.
④ 위임명령은 상위법의 폐지에 의하여 소멸된다.

17. 우리나라의 행정상 손실보상제도에 관한 설명으로 옳지 않은 것은?
① 손실보상에 관한 헌법규정에 따라 다수의 개별법이 공용수용에 고나한 법적 근거·요건과 그에 따르는 손실보상규정을 두고 있다.
② 법률에서 공용수용을 규정하면서 그에 따른 보상규정을 두고 있지 아니한 경우 재산권의 침해를 입은 개인이 직접 헌법 제23조 제3항을 근거로 하여 보상을 청구할 수 있다는 데에는 다툼이 없다.
③ 헌법상의 보상기준에 관하여는 완전보상설과 상당보상설이 대립하고 있다.
④ 재산권보상에 있어서 개발이익을 환수하는 제도로서는 토지초과이득세와 개발부담금제도를 들 수 있다.

18. 개인정보보호법의 주요 내용에 대한 설명으로 옳지 않은 것은?

① 개인정보를 수집, 이용하거나 제3자에게 제공할 경우에는 정보주체에게 알리고 동의를 얻도록 하였다.
② 개인정보보호법은 공공부문의 개인정보 처리원칙 등을 규정하고, 개인정보 침해로 인한 국민의 피해 구제를 강화하여 국민의 사생활의 비밀을 보호하며, 개인정보에 대한 권리와 이익을 보장하려는 목적에서 제정되었다.
③ 개인정보 보호 원칙에 따라 개인정보처리자는 정보주체의 사생활 침해를 최소화하는 방법으로 개인정보를 처리하여야 한다.
④ 주민등록번호 등 법령에 따라 개인을 고유하게 구별하기 위해 부여된 고유식별정보는 원칙적으로 처리를 금지하였다.

19. 손실보상과 관련한 다음 설명 중 옳지 않은 것은? (다툼이 있는 경우 판례에 의함)

① 중앙토지수용위원회로부터 골재 가격을 손실보상금으로 하는 취지의 재결을 받고 손실보상금을 공탁한 다음, 골재 소유자와 골재를 甲 공사비용으로 임시장소로 이전해 두기로 합의하였는데, 골재를 모두 멸실시킨 사안에서, 甲 공사에 손해배상책임이 있다고 본 원심판결에 법리오해의 위법이 있다.
② 제방부지 및 제외지가 법률 제2292호 하천법 개정법률 시행일(1971. 7. 20.)부터 법률 제3782호 하천법 중 개정 법률의 시행일(1984. 12. 31.) 전에 국유로 된 경우, 명시적인 보상규정이 없더라도 관할관청이 소유자가 입은 손실을 보상하여야 한다고 보는 것이 타당하다.
③ 공익상 필요에 의한 사유로 인하여 면허어업을 제한하는 등의 처분을 받았거나 어업면허 유효기간의 연장이 허가되지 아니함으로써 손실을 입은 자는 행정관청에 대하여 보상을 청구할 수 있으므로, 면허어업에 대한 손실이 보상되는 경우는 구 수산업법 제34조 제1항 제1호 내지 제5호의 사유로 인한 때에 한정된다.
④ 손실보상을 할 의무가 있는 사업시행자가 손실보상의무를 이행하지 아니한

채 공유수면에서 허가어업을 영위하던 어민들에게 그 어업을 영위할 수 없는 피해를 입힐 수 있는 공유수면매립공사를 시행하였다 하더라도 그로 인한 불법행위는 그 사업 착수만으로 바로 성립한다.

20. 영조물에 관한 설명으로 타당하지 않은 것은?
① 광의의 영조물이란 국가 등 행정주체가 그 목적을 달성하기 위하여 제공하는 인적·물적 시설의 종합체를 의미한다.
② 협의의 영조물은 넓은 의미의 영조물 가운데 주로 정신·문화적 또는 진료적 목적에 계속적으로 제공되는 것을 말한다.
③ 영조물은 국가 등 행정주체가 그 목적을 달성하기 위하여 제공하는 인적·물적 시설의 종합체로서 행정조직의 일부분이다.
④ 영조물은 공적 목적에 봉사하기 위한 것이기는 하지만 반드시 영조물의 계속성이 요구되는 것은 아니다.

노동법개론

01. 「근로기준법」상 상시 4명 이하의 근로자를 사용하는 사업장의 임금과 관련한 설명으로 옳지 않은 것은?
① 임금을 체불할 경우 체불사업주 명단 공개에 포함된다.
② 임금을 지급하는 때에는 근로자에게 임금의 내역 등을 적은 임금명세서를 교부하여야 한다.
③ 부득이한 사유로 사업이 불가하여 노동위원회의 승인을 받은 경우에는 기준에 못 미치는 휴업수당을 지급할 수 있다.
④ 임금은 매월 1회 이상 일정한 날짜를 정하여 지급하여야 하나, 임시로 지급하는 임금, 수당 등은 예외로 한다.

02. 「노동조합 및 노동관계조정법」상 근로시간 면제 등에 대한 설명으로 옳지 않은 것은?

① 조합원 규모별 근로시간면제 한도는 조합원 수 300명 미만을 파트타임으로 할 경우 그 인원은 풀타임으로 사용할 수 있는 인원의 2배를 초과 할 수 없다.
② 근로시간면제심의위원회를 근로시간면제자에 대한 근로시간 면제 한도를 정하기 위하여 경제사회노동위원회에 둔다.
③ 노동조합의 업무에 종사하는 근로자의 정당한 노동조합 활동을 제한해서는 안 되며 근로시간 면제 한도를 초과하는 내용을 정한 단체협약은 그 부분에 한정하여 무효로 한다.
④ 근로자는 단체협약으로 정한 경우 사용자나 노동조합으로부터 급여를 지급받으면서 근로계약 상의 근로를 제공하지 않고 노동조합의 업무에 종사할 수 있다

03. 「노동조합 및 노동관계조정법」상 노동조합의 해산에 관한 설명으로 옳지 않은 것은? (다툼이 있는 경우 판례에 의함)

① 노동조합으로서의 활동을 1년 이상 하지 않은 경우로서 행정관청이 노동위원회의 의결을 얻은 경우에는 해산한다.
② 총회의 해산결의로 노동조합이 해산한 때에는 그 대표자는 해산한 날부터 15일 이내에 행정관청에게 신고하여야 한다.
③ 노동조합설립총회 참석자 가운데 업소 비근무자인 무자격자가 끼어 있어 그 노동조합의 해산을 명하는 것은 재량권의 범위를 일탈한 것이 아니다.
④ 노동조합의 조직형태 변경을 허용하고 있는 것은 노동조합의 해산·청산과 신설 절차를 밟지 않고 조직형태를 변경할 수 있도록 함으로써 노동조합을 둘러싼 종전의 재산상 권리·의무나 단체협약의 효력 등의 법률관계가 새로운 조직형태의 노동조합에 그대로 유지·승계될 수 있도록 하기 위한 것이다.

04. 「근로기준법」상 해고 예고의 예외가 되는 근로자의 귀책사유에 해당하지 않는 것을 모두 고른 것은?

> ㉠ 제품 등을 불법 반출한 경우
> ㉡ 영업용 차량 운전 중 교통사고를 일으킨 경우
> ㉢ 회계담당 직원이 근로자의 근무상황 실적을 조작한 경우
> ㉣ 사업장의 기물을 업무상 파손하여 손해를 끼친 경우
> ㉤ 집단행동을 주도한 경우

① ㉡, ㉢, ㉣
② ㉠, ㉣
③ ㉢, ㉣
④ ㉡, ㉣, ㉤

05. 「최저임금법령」상 최저임금의 적용을 위한 임금의 환산에 관한 설명으로 옳지 않은 것은?

① 생산고에 따른 임금지급제의 임금은 그 임금 산정기간의 임금 총액을 그 임금 산정기간 동안의 총 근로시간 수로 나눈 금액을 시간에 대한 임금으로 한다.
② 근로자가 받는 임금이 둘 이상의 임금으로 되어 있는 경우 통합하여 유리한 규정에 의거하여 환산한 금액의 합산액을 그 근로자의 시간에 대한 임금으로 한다.
③ 최저임금의 적용 대상이 되는 근로자의 임금을 정하는 단위기간이 최저임금의 단위기간과 다른 경우 해당 근로자의 임금을 최저임금의 단위기간에 맞추어 환산한다.
④ 주 단위로 정해진 임금은 그 금액을 1주의 최저임금 적용기준 시간 수인 1주 동안의 소정근로시간 수와 「근로기준법」 제55조제1항에 따라 유급으로 처리되는 시간 수를 합산한 시간 수로 나눈 금액이다.

06. 「노동조합 및 노동관계조정법」상 노동조합의 단체교섭과 관련한 설명으로 옳지 않은 것은?

① 공동교섭대표단의 구성에 합의하지 못할 경우에 노동위원회는 해당 노동조합의 신청에 따라 조합원 비율을 고려하여 이를 결정할 수 있다.
② 공동교섭대표단에 참여할 수 있는 노동조합은 그 조합원 수가 교섭창구 단일화 절차에 참여한 노동조합의 전체 조합원 100분의 10 이상인 노동조합으로 한다.
③ 노동조합의 교섭요구·참여 방법, 교섭대표노동조합 결정을 위한 조합원 수 산정 기준은 종사근로자인 비조합원을 포함한 기준으로 한다.
④ 교섭대표 노동조합을 결정함에 있어 교섭요구 사실, 조합원 수 등에 대한 이의가 있는 때에는 노동위원회로 제기 한다.

07. 「노동조합 및 노동관계조정법」상 조합원의 부당노동행위에 대한 설명으로 옳지 않은 것은? (다툼이 있는 경우 판례에 의함)

① 사용자가 근로자를 해고함에 있어서 표면적으로 내세우는 해고사유와는 달리 실질적으로 근로자의 정당한 조합 활동을 이유로 해고한 것으로 인정되는 경우에는 그 해고는 부당노동행위이다.
② 대부분이 조합원 자격이 없는 '항상 사용자의 이익을 대표하여 행동하는 자'에 해당한다며 이들에게 노동조합 탈퇴를 요구한 행위가 부당노동행위에 해당한다.
③ 회사 대표이사가 노동조합 위원장, 부위원장 및 조합원에게 해고 또는 불이익한 대우를 하겠다는 의사표시를 하였으나 이를 현실화하지 않았다면 노동조합 및 노동관계 조정법 제81조 제1호에서 정한 부당노동행위에 해당하지 않는다.
④ 근로자를 해고한 회사가 실질적으로 폐업한 경우에는 부당노동행위에 대한 구제신청의 이익이 있다.

08. 「근로기준법」상 근로시간에 대한 설명으로 옳지 않은 것은?

① 정산기간을 평균하여 1주간에 12시간을 초과하지 않는 범위에서 근로시간을 연장할 수 있다.
② 연장 근로를 하는 근로자의 건강 보호를 위하여 건강검진 실시 등 고용노동부장관이 정하는 바에 따라 적절한 조치를 하여야 한다.
③ 3개월 이내의 탄력적 근로시간제는 15세 이상 18세 미만의 근로자와 임신 중인 여성 근로자도 적용한다.
④ 1일의 근로시간은 휴게시간을 제외하고 8시간을 초과할 수 없으나 당사자 간에 합의하면 1주간에 12시간을 한도로 근로시간을 연장할 수 있다.

09. 「근로기준법」상 연차 유급휴가에 대한 설명으로 옳지 않은 것은? (다툼이 있는 경우 판례에 의함)

① 근로기준법 제60조 제1항이 규정한 유급 연차휴가는 1년간 70% 이상 출근한 근로자에게 부여된다. 이 경우 근로자가 1년간 70% 이상 출근하였는지는 출근일 수를 기준으로 판단하여야 한다.
② 근로기준법이 규정하는 연차휴가수당은 근로자가 1년간을 계속 근로한 경우 9할 이상 출근하였을 때에 비로소 지급받을 수 있는 것으로서 다른 특별한 정함이 없는 이상 연차휴가는 1년간의 근로에 대한 대가이다.
③ 퇴직 전 3월중에 연차유급휴가 임금을 받은 경우에도 3월간의 액을 3월간의 임금총액에 산입하여 평균임금을 산출한다.
④ 연차유급휴가일의 산정과 퇴직금 산정에 있어서의 근속기간의 인정은 별개의 문제이다.

10. 「근로기준법」상 연차 유급휴가 사용에 대한 설명으로 옳지 않은 것은?

① 연차 유급휴가는 근로자가 그 사용 시기를 정하여 사용자에게 통보하도록 서면으로 촉구하여야 한다.
② 연차 유급휴가의 사용 촉진함에도 불구하고 근로자가 휴가를 사용하지 않

아 소멸된 경우에는 사용자는 그 사용하지 않은 휴가에 대하여 보상할 의무가 없다.
③ 사용자는 근로 기간이 1년 미만인 근로자를 포함하여 모든 근로자에게 유급휴가의 사용을 촉진하여야 한다.
④ 최초 1년의 근로기간이 끝나기 3개월 전을 기준으로 10일 이내에 사용자가 근로자 별로 사용하지 않은 휴가 일수를 알려주어야 한다.

11. 「노동조합 및 노동관계조정법」상 근로시간면제심의위원회에 관한 설명으로 옳지 않은 것은?

① 위원회는 재적위원 과반수의 출석과 출석위원 과반수의 찬성으로 의결한다.
② 위원회 위원은 「고용노동법」에 따른 경제사회노동위원회 위원장이 위촉한다.
③ 위원회는 근로자를 대표하는 위원과 사용자를 대표하는 위원 및 공익을 대표하는 위원 각 5명씩 성별을 고려하여 구성한다.
④ 위원회는 근로시간 면제 한도를 심의·의결하고, 3년마다 그 적정성 여부를 재심의 하여 의결할 수 있다

12. 「근로기준법령」상 대통령령으로 정하는 근로계약에 관한 중요한 서류에 해당하는 것을 모두 고른 것은?

㉠ 임금의 결정·지급방법	㉡ 승인·인가에 관한 서류
㉢ 연소자의 증명에 관한 서류	㉣ 해고·퇴직에 관한 서류
㉤ 승급·감급·징계에 관한 서류	㉥ 근로계약서 및 임금대장

① ㉡, ㉢, ㉣
② ㉠, ㉡
③ ㉢, ㉣, ㉤
④ ㉠, ㉢, ㉣, ㉥

13. 「최저임금법」상 최저임금의 적용 제외 인가 기준에 관한 다음 설명 중 (   ) 안에 들어갈 내용으로 옳은 것은?

> 정신 또는 신체 장애인으로서 담당하는 업무를 수행하는 경우에 그 정신 또는 신체의 장애로 같거나 유사한 직종에서 최저임금을 받는 다른 근로자 중 가장 낮은 근로능력자의 평균작업능력에도 미치지 못하는 사람을 말하며 작업능력은 (㉠) 제43조에 따른 (㉡)의 의견을 들어 판단하여야 한다.

	㉠	㉡
①	장애인 건강권 및 의료접근성 보장에 관한 법률	한국장애인복지공단
②	장애인고용촉진 및 직업재활법	한국장애인고용공단
③	장애인기업활동 촉진법	한국장애인고용공단
④	장애인복지법	장애인복지공단

14. 「노동조합 및 노동관계조정법」상 근로시간 면제와 관련한 설명으로 옳지 않은 것은? (다툼이 있는 경우 판례에 의함)

① 근로시간 면제 대상으로 지정된 근로자는 고시된 근로시간 면제 한도를 초과하지 않는 범위에서 임금의 손실 없이 사용자와의 협의·교섭, 고충처리, 산업안전 활동 등의 일정한 업무와 건전한 노사관계의 발전을 위한 노동조합의 유지·관리업무를 할 수 있다.

② 근로시간 면제자에게 지급하는 급여는 근로제공의무가 면제되는 근로시간에 상응하는 것이어야 한다.

③ 단순히 노조전임자에 불과할 뿐 근로시간 면제자로 지정되지 않은 근로자에게 급여를 지원하는 행위는 부당노동행위가 아니다.

④ 근로시간 면제자에 대한 급여 지급이 과다하여 부당노동행위에 해당하는지는 근로시간 면제자가 받은 급여 수준이나 지급 기준이 그가 근로시간 면제자로 지정되지 아니하고 일반 근로자로 근로하였다면 해당 사업장에서 동종 혹은 유사 업무에 종사하는 동일 또는 유사 직급·호봉의 일반 근로자의 통상 근로시간과 근로조건 등을 기준으로 받을 수 있는 급여 수준이나 지급 기

준을 사회통념상 수긍할 만한 합리적인 범위를 초과할 정도로 과다한지 등의 사정을 살펴서 판단하여야 한다.

15. 「노동조합 및 노동관계조정법」상 부당노동행위의 구제와 관련한 설명으로 옳지 않은 것은?

① 노동조합 및 노동관계조정법에 의해 설립된 노동조합이 아니더라도 부당노동행위에 대한 구제 신청을 노동위원회에 할 수 있다.
② 부당노동행위에 대한 구제 신청은 부당노동행위가 있은 날부터 3개월 이내에 행하여야 한다.
③ 재심은 구제명령서를 송달을 받은 날부터 10일 이내에 중앙노동위원회에 신청할 수 있다.
④ 해고된 종사근로자인 조합원이 노동위원회에 부당노동행위의 구제신청을 한 경우에는 중앙노동위원회의 재심판정이 있을 때까지는 종사근로자로 본다.

16. 「근로기준법」상 근로시간과 관련한 설명으로 옳지 않은 것은? (다툼이 있는 경우 판례에 의함)

① 근로자가 작업시간 도중에 실제로 작업에 종사하지 않은 대기시간이나 휴식·수면시간이라 하더라도 근로자에게 자유로운 이용이 보장된 것이 아니라 실질적으로 사용자의 지휘·감독을 받고 있는 시간이라면 근로시간에 포함된다고 보아야 한다.
② 근로시간 면제자가 근로시간 중에 노동조합의 유지·관리 등의 활동을 하는 것을 허용하는 행위는 부당노동행위에 해당하지 않는다.
③ 구 근로기준법(1997. 3. 13. 법률 제5309호로 제정되기 전) 제42조, 제43조, 제55조에 정한 기준 근로시간 범위 안에서 사용자와 근로자 사이의 약정 근로시간을 초과하는 근로는 근로기준법 제46조에서 말하는 시간외근로에 해당하므로, 법조에 정한 할증임금을 지급하여야 한다.
④ 근로시간은 근로자가 사용자의 지휘·감독을 받으면서 근로계약에 따른 근

로를 제공하는 시간 즉 실제 근로시간을 말한다.

17. 「최저임금법」상 최저임금의 효력에 관한 설명으로 옳지 않은 것은?
① 근로자의 사정으로 소정근로시간 또는 소정의 근로일의 근로를 하지 않은 사유로 근로하지 않은 시간에 대한 임금을 지급할 것을 강제하는 것은 아니다.
② 임금에는 매월 1회 이상 정기적으로 지급하는 임금을 산입한다.
③ 근로계약 중 최저임금액에 미치지 못하는 임금은 무효이며 무효로 된 부분은 최저임금액과 동일한 임금을 지급하기로 한 것으로 본다.
④ 복리후생을 위한 성질의 임금으로서 통화 이외의 것으로 지급하는 임금은 매월 1회 이상 정기적으로 지급하는 임금에 산입한다.

18. 「근로기준법령」상 상시 4명 이하의 근로자를 사용하는 사업장에 대한 설명으로 옳은 것은?
① 연장근로, 야간근로 또는 휴일근로를 시킨 경우에는 그 시간수를 임금대장에 기재하여야 한다.
② 근로시간이 4시간인 경우에는 30분 이상의 휴게시간을 근로시간 도중에 주어야 한다.
③ 상시 4명 이하의 근로자를 사용하는 사업장의 근로자에 대하여 임금대장에 근로시간수를 기재하여야 한다.
④ 사용기간이 30일 미만인 일용근로자에 대해 생년월일, 사원번호 등 근로자를 특정할 수 있는 정보를 적지 않을 수 있다.

19. 「근로기준법령」상 임금에 대한 설명으로 옳지 않은 것은?
① 통상임금은 시간급 및 일급은 제외한 주급 또는 월급을 말한다.
② 평균임금을 조정하는 경우 그 근로자의 직종과 같은 직종의 근로자가 없는

때에는 그 직종과 유사한 직종의 근로자를 기준으로 한다.
③ 쟁의행위기간의 임금 총액을 계산할 때에는 임시로 지급된 임금 및 수당과 통화 외의 것으로 지급된 임금은 포함하지 않는다.
④ 보상금 등을 산정할 때 적용할 평균임금은 그 근로자가 소속한 사업장에서 같은 직종의 근로자에게 지급된 통상임금의 1명당 1개월 평균액이 질병이 발생한 달에 지급된 평균액보다 100분의 5 이상 변동된 경우에는 그 변동 비율에 따라 인상되거나 인하된 금액으로 하여야 한다.

20. 「노동조합 및 노동관계조정법령」상 근로시간면제심의위원회의 위원에 대한 설명으로 옳지 않은 것은?
① 전국적 규모의 노동단체가 추천 할 수 있는 위원은 해당 단체의 현직 임원도 해당한다.
② 위원회의 간사는 경제사회노동위원회 소속 직원 중에서 경제사회노동위원회 위원장이 지명한다.
③ 위원회에 근로시간 면제 제도에 관한 전문적인 조사·연구업무를 수행하기 위하여 전문위원을 둘 수 있다.
④ 보궐위원의 임기는 전임자 임기의 남은 기간으로 하되 잔여임기가 끝난 경우 후임자가 위촉 여부와 관계없이 그 직무를 수행할 수 없다.

4 적중모의고사

국 어

01. 다음 글은 어떤 주제문을 구체화한 것인가?

> 순화란 잡것을 걸러서 순수하게 한다는 뜻이며, 우리말을 잡스럽게 어지럽히는 온갖 독소들을 제거하여 깨끗하고 아름답게 가꾸자는 것이 국어 순화의 본뜻이다. 우리말의 발달을 해치는 외국말, 저속하고 틀린 말, 까다롭고 어려운 한자말들을 솎아내거나 줄이고, 바르고 쉽고 아름다운 말로 바꾸어 가는 것이 국어 순화인 것이다.

① 국어 순화의 길은 고유어를 되도록 많이 쓰는 것이다.
② 국어 순화의 길은 표준어를 사용하여 정확하게 발음하는 것이다.
③ 국어 순화는 외래어를 사용하지 말자는 것이다.
④ 국어 순화는 우리말을 순수하게 가꾸자는 것이다.

02. 다음 중 문장의 호응이 가장 자연스러운 것은?
① 할아버님은 자신의 글이 신문에 실리는 것을 불쾌하게 생각하셨다.
② 우리가 명심해야 할 점은 자신의 현재 위치를 자각하고 거기에서 최선을 다해야 한다.
③ 글쓰기를 멈추었을 때, 시간은 이미 자정을 넘는다.
④ 폭넓은 독서와 부지런한 운동은 훌륭한 인간을 만드는 기본적인 요소이다.

03. 다음 내용과 관련이 있는 한자성어는?

> 주머니 속에 넣은 뾰족한 송곳은 감추려 해도 그 끝이 주머니를 뚫고 비어져 나오는 것처럼 재능이 뛰어난 사람은 자연스레 드러나기 마련이다.

① 囊中之錐 ② 囊中取物
③ 郎中吹泰 ④ 郎中支出

04. 다음 중 고유어의 풀이가 옳지 않은 것은?
① 가웃 : 되, 말, 자의 수를 셀 때 그 단위의 약 반에 해당하는 분량
② 고갱이 : 초목의 줄기 속에 있는 연한 심, 사물의 알짜가 되는 속내
③ 바투 : 잔치나 제사를 지낸 후 몫몫이 담아 여러 사람에게 돌리는 음식
④ 변죽 : 그릇 따위의 가장자리

05. 다음 작품에서 밑줄 친 ㉠에 대한 설명으로 옳은 것은?

> ㉠ 각셜 길동이 제적을 극진히 밧드러 삼상을 맞치민 모든 영웅을 모화 무예를 닉히며 농업을 힘쓰니 병정량죡ᄒ지라. 왕이 치국삼년의 산무도적ᄒ고 도불습유ᄒ니 가위 틱평세계러라.

① 글의 첫머리에 쓰이며, 제문에서 쓰는 '유세차(維歲次)'와 유사한 뜻이다.
② 하나의 사건을 서술하다가 다른 한 쪽에서 일어나는 사건을 서술할 때 머리에 쓰는 말이다.
③ 하나의 사건을 마무리하고, 다른 사건을 서술할 때 머리에 쓰는 말이다.
④ 독자의 흥미를 끌기 위해 주의를 환기시키는 말이다.

06. 다음 내용과 같은 뜻을 내포하고 있는 속담에 해당하는 것은?

> 급하다고 하여 억지로 할 수 없으며 새로운 탄생과 생명을 맞이하기 위한 보이지 않는 노력과 분투가 있어야 한다.

① 춥지 않은 소한(小寒) 없고 추운 대한(大寒) 없다.
② 춥기가 사명당 갇힌 방이다.
③ 더우면 물러서고 추우면 다가든다.
④ 겨울 지나지 않고 봄이 오랴!

07. 다음 글이 완결성을 갖추기 위해서 (   ) 안에 들어가야 할 내용으로 가장 옳은 것은?

> 모든 말은 소리, 뜻 그리고 문법의 요소로 이루어진다. 우선 소리는 공기를 타고 전파되어 듣는 이의 귓전을 울려 준다. 이 때 소리는 뜻을 담아서 운반하는 그릇(형식)의 구실을 한다. 이런 구실을 하는 소리가 없으면 우선 말의 형식이 존재하지 않는다. 뜻은 소리를 통하여 전달되는 말의 내용이다. 우리가 전달하고자 하는 생각이나 느낌이다. 이 뜻이 담기지 않은 소리는 빈소리에 불과하고 말이 되지 못한다.
> (   )

① 낱말 뜻의 생성 과정
② 문법의 특성과 기능
③ 말의 형식과 내용
④ 언어의 종류와 종류별 특성

08. 다음 속담의 풀이가 잘못된 것은?

① 봉사 문고리 잡기 : 소경이 문고리를 찾기 어렵듯 아주 어려운 일을 두고 이르는 말이다.
② 도랑치고 가재 잡기 : 일의 순서가 그릇됨을 비유하는 말이다.
③ 반풍수 집안 망친다. : 서툰 재주를 함부로 부리다가 도리어 일을 그르치게

됨을 이르는 말이다.
④ 밤새도록 물레질만 하겠다. : 밤새 쉬지 않고 노력함을 이르는 말이다.

※ 다음 글을 읽고 물음에 답하라.(09~10)

> ㉠ 차돌에 바람이 들면 백리를 날아간다는 우리 속담이 있거니와, 늦바람이란 참으로 무서운 일이다. 아직 지조를 깨뜨린 적이 없는 이는 만년을 더욱 힘쓸 것이니 사람이란 늙으면 더러워지기 마련이기 때문이다. 아직 철이 안든 탓으로 바람이 났던 이들은 스스로의 후반을 위하여 번연히 깨우치라, 한일합방 때 자결한 지사인 황매천은 정탈(定奪)이 매운 분으로 매천필하무완인(梅泉筆下無完人)이란 평을 듣거니와 그 ㉡ 매천야록에 보면 민 충정공, 이용익 두분의 초년 행적을 헐뜯은 곳이 있다.

09. 위 글의 밑줄 친 ㉠이 뜻하는 바로 가장 적절한 것은?
① 절개와 변절은 관점의 차이에서 비롯된다.
② 절개가 있던 사람이 변절하면 더 타락한다.
③ 변절은 누구에게나 가능성이 있다.
④ 변절은 급속도로 이루어진다.

10. 위 글의 밑줄 친 ㉡으로 미루어 민충정공과 이용익 두 분의 초년 행적을 포괄할 수 있는 것으로 적절한 것은?
① 남에게 비판받을 만한 일을 했음을 알 수 있다.
② 남과 다름없이 평범한 인물이었음을 알 수 있다.
③ 도리와 절조에 무관심했음을 알 수 있다.
④ 도리와 절조에 대한 기준이 없었음을 알 수 있다.

11. 다음 예문에서 밑줄 친 낱말의 뜻을 올바르게 설명한 것은?

> 그 아이는 매우 반지빠르다.

① 몸매가 날씬하고 행동이 날렵하다.
② 허술한 데가 없고 민첩하다.
③ 교만스러운 데가 있어 얄밉다.
④ 성질이 부드럽고 친절하며 세밀하여 융통성이 없다.

12. 다음 내용과 가장 관계가 깊은 것은 무엇인가?

> 비교와 대조의 방법은 언어적 유사성, 형태적 유사성, 종류 또는 특성 면에서의 차이, 정도 면에서의 차이 등을 밝히는 데 주로 사용된다.

① 음운
② 개념
③ 음절
④ 형태소

※ 다음 글을 읽고 물음에 답하라. (13~15)

> 孔공子ᄌᆞㅣ 曾증子ᄌᆞ 두려 닐러 ᄀᆞᆯ오샤디, 몸이며 얼굴이며 머리털이며 ᄉᆞᆯ흔 父부母모ᄭᅴ ㉠ 받ᄌᆞ온 거시라, 敢감히 헐워 샹히오디 아니홈이 효도ᄋᆡ 비르소미오, 몸을 ㉡ 셰워 道도를 行ᄒᆡᆼᄒᆞ야 ㉢ 일홈을 後후世셰에 베퍼 뻐 父부母모를 ㉣ 현뎌케 홈이 효도ᄋᆡ ㉤ ᄆᆞᄎᆞᆷ이니라.

13. 위 글의 주제로 알맞은 것은?
① 신체건강(身體健康)
② 효(孝)의 방법(方法)
③ 입신양명(立身揚名)
④ 효(孝)의 시종(始終)

14. 위 글의 밑줄 친 ㉠ 중 '즈오'가 높이는 대상에 해당하는 것은?
① 孔공子즈
② 曾증子즈
③ 父부母모
④ 독자(讀者)

15. 위 글의 밑줄 친 ㉡~㉤ 중 파생어가 아닌 것은?
① ㉡ - 셰워
② ㉢ - 일홈
③ ㉣ - 현뎌케
④ ㉤ - 닷춤

16. 다음 문장에서 어법상 불필요한 의미의 중복 없이 올바르게 된 문장은?
① 공사장에서는 마지막 끝마무리를 마치었다.
② 그는 그와 나 사이에 피차 손해 볼 일은 하지 않았다.
③ 박은식 선생은 민족의 자존심이자 민족의 횃불이셨다.
④ 그는 아무도 돌봐주지 않았지만 스스로 자라나 성장하였다.

17. 다음 글의 표현 내용으로 보아 글의 결론 부분에 올 적당한 것은?

> 낙엽 타는 냄새같이 좋은 것이 있을까? 갓 볶아 낸 커피의 냄새가 난다. 잘 익은 개암 냄새가 난다. 갈퀴를 손에 들고는 어느 때까지든지 연기 속에 우뚝 서서, 타서 흩어지는 낙엽의 산더미를 바라보며 향기로운 냄새를 맡고 있노라면, 별안간 맹렬한 생활의 의욕을 느끼게 된다.

① 낙엽에서 인생의 무의미와 허무를 느끼는 것은 부인할 수 없다.
② 꿈을 상실했을 때 인간은 오히려 생활에 애착을 느낀다.
③ 낙엽을 태우는 사소한 일반사에서 도피하지 않으면 안 된다.
④ 가을을 맞이하면 방랑자처럼 여행을 하고 싶은 충동이 생긴다.

※ 다음 시를 읽고 물음에 답하라. (18~20)

> 폭포는 곧은 절벽을 무서운 기색도 없이 떨어진다.
>
> 규정할 수 없는 물결이
> 무엇을 향하여 떨어진다는 의미도 없이
> 계절과 주야를 가리지 않고
> ㉠ 고매한 정신처럼 쉴 사이없이 떨어진다.
>
> 금잔화도 인가도 보이지 않는 밤이 되면
> 폭포는 곧은 소리를 내며 떨어진다.
> 곧은 소리는 소리이다.
> 곧은 소리는 곧은
> 소리를 부른다.
>
> 번개와 같이 떨어지는 물방울은
> 취할 순간조차 마음에 주지 않고
> ㉡ 나타와 안정을 뒤집어 놓은 듯이
> 높이도 폭도 없이
> 떨어진다.

18. 위 시에 관한 설명으로 가장 거리가 먼 것은?
　① 평범한 일상어의 산문적 진술
　② 이상세계에 대한 동경과 좌절
　③ 구체적 사물에서 추상적 의미 추구
　④ 사람들이 취해야 할 행동 양식 제시

19. 위 시에서 밑줄 친 ㉠ '고매한 정신' 의 원관념으로 적당한 것은?
　① 절벽　　　　　　　② 물결
　③ 의미　　　　　　　④ 소리

20. 위 시의 밑줄 친 ⓒ과 상통하는 의미의 시구가 들어 있는 연은?
① 1연　　　　　　　　　② 2연
③ 3연　　　　　　　　　④ 4연

한국사

01. 다음은 조선 후기의 상업과 무역 활동을 나타낸 지도이다. 지도를 통해 파악할 수 있는 사실로서 옳은 것을 모두 고르면?

> ㉠ 청과는 개시무역, 일본과는 후시 무역이 활발하였다.
> ㉡ 장시 중 광주의 송파장, 은진의 강경장, 덕원의 원산장, 창원의 마산포장 등은 상업의 중심지로 발돋움 하였다.
> ㉢ 만상과 내상 및 송상은 국제 무역에서 두드러진 활동을 벌였다.
> ㉣ 육상 교역은 활발하였으나, 포구에서의 해상 교역은 미미하였다.

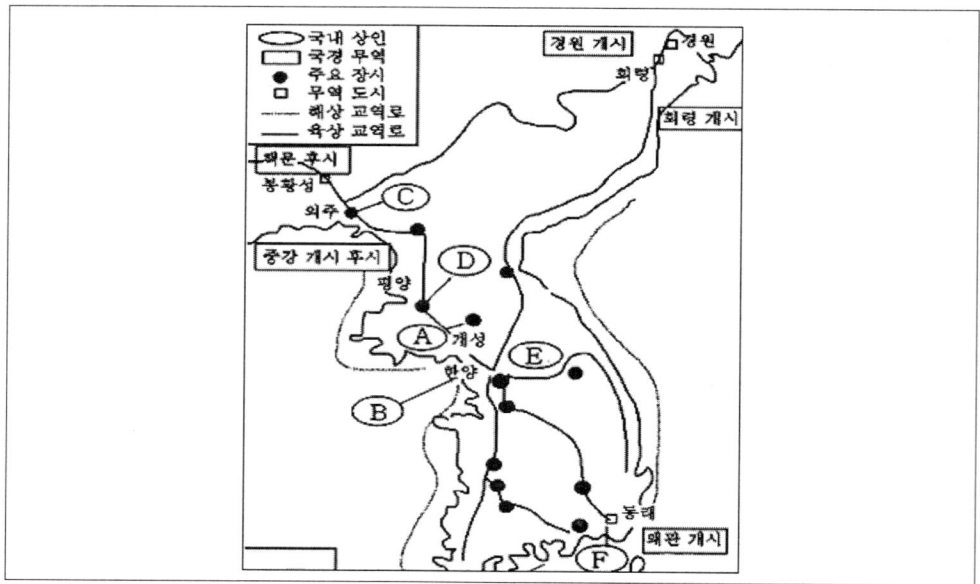

① ㉠, ㉡　　　　　　　　　　② ㉠, ㉢
③ ㉠, ㉣　　　　　　　　　　④ ㉡, ㉢

02. 다음 자료를 참고로 하여 추론한 내용으로 옳지 않은 것은?

> 우리는 무기 휴회된 미·소 공동 위원회가 재개될 기색도 보이지 않으며, 통일 정부를 고대하나 여의케 되지 않으니, 우리는 남쪽만이라도 임시 정부 혹은 위원회 같은 것을 조직하여 38이북에서 소련이 철퇴하도록 세계 공론에 호소하여야 할 것이니 여러분도 결심하여야 될 것이다.

① 38선을 경계로 남한에는 미군이, 북한에는 소련군이 진주해 있는 상태임을 알 수 있다.
② 제1차 미·소 공동 위원회가 결렬된 이후 위와 같은 주장이 나왔다.
③ 중도 정치 세력들은 북한과의 협상을 통해 남북 분단을 막으려고 하였다.
④ 북한은 단독정부 수립을 반대하면서 미군정과의 대화에 적극 협력하였다.

03. 갑신정변(1884년)과 갑오농민전쟁(1894년)의 공통점과 차이점에 대한 설명으로 옳은 것은?
① 갑신정변은 근대개혁을 주목적으로 하였으나, 갑오농민전쟁은 일본에 대한 반침략투쟁을 주목적으로 하였다.
② 갑신정변은 지주·상인층을 주력군으로, 갑오농민전쟁은 소농·빈농층을 주력군으로 하여 근대변혁을 이룩하고 반침략투쟁을 전개하였다.
③ 갑신정변과 갑오농민전쟁은 근대개혁을 달성하고 동시에 외세의 침략에 저항하려 한 점에서는 공통되지만, 근대국가건설의 주도층이나 그 달성방법을 달리 설정하였다.
④ 갑신정변과 갑오농민전쟁은 모두 신분제도의 폐지와 지주제도의 개혁을 추구하였다.

04. 미군정기(1945~1948)에 일어난 사건 중 시대 순으로 바르게 연결된 것은?

① 이승만 귀국 – 남로당 건설 – 9월 총파업
② 입법의원 의원선거 – 제2차 미소공동위원회 개최 – 한국문제의 유엔 이관
③ 중경임시정부 요인 귀국 – 한민당 결성 – 제1차 미소공동위원회 개최
④ 인민공화국 급조 – 이승만의 6·3정읍 발언 – 민주주의 민족전선 결성

05. 다음에서 설명하고 있는 시기에 대한 내용으로 옳은 것은?

> 근래 노론, 소론, 남인의 삼색(三色)이 날이 갈수록 더욱 사이가 나빠져 서로 역적이라 모함하니 이 영향이 시골에까지 미치게 되어 하나의 싸움터를 만들었다. … (중략) … 대체로 당색이 처음 일어날 때에는 미미하였으나 자손들이 그 조상의 당론을 지켜 200년을 내려오면서 마침내 굳어져 깨뜨릴 수 없는 당이 되고 말았다.… 근래에 와서 사색이 모두 진출하여 오직 벼슬만 할 뿐, 예부터 저마다 지켜온 의리는 쓸모없는 물건이 되었고, 사문(斯文)을 위한 시비와 국가에 대한 충역은 모두 과거의 일로 돌려버리니…
> – 택리지 –

① 특정 가문이 권력을 독점하였다.
② 진관체제를 복구하여 속오군 체제를 만들었다.
③ 특정 붕당이 5군영을 정치적 목적으로 이용하였다.
④ 비변사가 국정 전반을 총괄하는 기구가 되었다.

06. 청동기문화가 한반도에 전래되어 사회변동에 미친 영향이 아닌 것은?

① 청동기 소유자는 정복과 약탈로써 경제적인 부를 누릴 수 있었다.
② 고조선과 같은 정치적 사회로 발전하는 요인이 되었다.
③ 농경이 시행되고 벼농사가 확대되어 농업의 비중이 커졌다.
④ 농구는 신석기시대와 달리 청동으로 제작되었다.

07. 부여와 고구려의 혼인 풍습이었던 형사취수제에 관한 설명으로 옳지 않은 것은?

① 고구려의 이러한 혼인풍속은 대외적으로 노획품과 전쟁포로, 노예, 공납 등의 물질적인 증대를 가져왔다.
② 사별한 미망인의 재산인 가축 떼의 분리나 분산을 막고자 하였다.
③ 사회적 분화를 촉진시켰으며, 친족집단의 공동체적 관계는 해체되어 갔다.
④ 부(富)의 지위가 아버지 중심의 가부장적인 상속제도로 확립되어 갔다.

08. 우리나라 고대국가의 성립과정에 관한 설명으로 옳은 것만 묶은 것은?

㉠ 고구려는 밖으로 부여 및 중국세력과 끊임없이 항쟁을 벌이면서 국가기반을 마련했다.
㉡ 부여는 같은 부여족 계통인 고구려와 우호관계를 맺어 중국세력의 침략에 공동으로 대처하였다.
㉢ 백제는 베와 철을 낙랑군에 수출하고 대신 낙랑의 무기와 농구를 들여와 국가체제를 이루는데 성공하였다.
㉣ 신라는 김씨가 왕위를 독점·세습하고 왕호를 마립간으로 칭하게 되면서 국가체제를 갖추었다.

① ㉠, ㉡, ㉢　　② ㉡, ㉢, ㉣
③ ㉠, ㉣　　④ ㉡, ㉣

09. 다음은 우리나라 전근대 사회의 토지제도를 설명한 것이다. 이를 근거로 하여 왕·관료·농민 사이의 관계를 바르게 추론한 것은?

㉠ 신라는 귀족에게 녹읍을 지급하였다.
㉡ 고려는 문무 관료에게 전지와 시지를 지급하였다.
㉢ 조선 세조대에는 현직관료에게만 전지를 지급하였다.
㉣ 조선 성종대에는 관수관급제를 시행하였다.

① 왕이 관료에게 수조지를 준 것은 왕토사상에 입각하여 모든 토지가 왕의 것이었기 때문이다.
② 관료가 수조권을 받은 토지 중에는 사실상 농민의 사유지인 경우가 많았을 것이다.
③ 관료의 수조권은 후대로 갈수록 강화되어 농민의 소유권마저 빼앗아갔다.
④ 왕은 관료와 농민이 수조율을 둘러싸고 갈등을 빚을 때마다 관료의 편에 서서 문제를 해결하려 하였다.

10. 고려시대의 향·소·부곡에 대한 설명으로 바르지 않은 것은?
① 향·소·부곡 등은 고려시대에 처음 나타났으며 무신 집권기에는 부곡민의 수가 이전보다 늘어났다.
② 고려 중기 이후 고려 군현제의 변동으로 인한 수취체제가 점차 변질되면서 부곡집단은 고유의 성격을 탈피하여 점차 소멸하였다.
③ 천민 중 노비의 처지가 가장 열악하였으며, 부곡민이 국가와 왕실에 공을 세우면 현으로 승격되기도 하였으나 부곡민은 결코 양인이 될 수 없었다.
④ 부곡은 현보다 큰 지역단위를 이루기도 하였는데 향·소·부곡 중에는 일반 군현보다 인구가 많은 것도 있었다.

11. 다음은 조선시대 토지제도 변화과정을 정리한 글과 이것을 도표화한 것이다. 도표의 ㉮ 시기에 토지세습으로 인해 새로 관직에 나간 관리에게 줄 토지부족 현상을 초래한 토지로만 바르게 묶인 것은?

- 고려 말에 제정되어 조선 초에 실시된 과전법은 받은 사람이 죽거나 반역을 하면 반환하도록 정해져 있었으나, 죽은 관료의 가족들이 생계를 유지할 수 있도록 다시 지급하여 세습이 가능하였다.
- 15세기 후반에는 직전법으로 바꾸어 현직 관리에게만 수조권을 지급하였다.
- 성종 때 지방 관청에서 그 해의 생산량을 조사하여 거두고 관리에게 나누어 주는 방식(관수관급제)으로 바꾸었다.

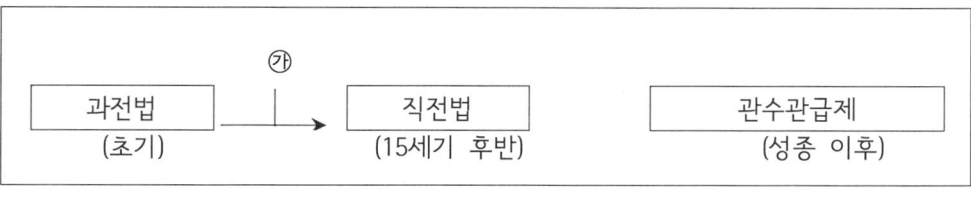

① 사원전, 수신전   ② 수신전, 휼양전
③ 민전, 공신전   ④ 공신전, 사원전

12. 조선왕조가 세워진 배경으로 옳은 항목으로만 바르게 연결된 것은?

> ㉠ 권문세족의 대토지 독점에 따른 폐단
> ㉡ 왜구와 홍건적 침입에 따른 군인들의 활동 증가
> ㉢ 불안한 생활에 대한 농민들의 불만 증가
> ㉣ 신진 성리학자들의 대두
> ㉤ 명의 지원
> ㉥ 호족들의 강력한 지지
> ㉦ 권문세족의 지지와 결탁

① ㉠, ㉡, ㉢, ㉣   ② ㉠, ㉡, ㉣, ㉥
③ ㉠, ㉢, ㉣, ㉦   ④ ㉣, ㉤, ㉥, ㉦

13. 조선시대의 관료제도 중 고려시대에는 볼 수 없었던 것들로만 짝지어진 것은?

> ㉠ 자기 출신지의 수령으로 임명되지 않았다.
> ㉡ 부자나 형제가 같은 관청에 임명되지 못한다.
> ㉢ 대간이 관리임명동의권이라 할 수 있는 서경의 권한을 가졌다.

① ㉠, ㉡   ② ㉠, ㉢

③ ㉡, ㉢   ④ ㉠, ㉡, ㉢

14. 조선시대의 향청에 대한 설명으로 옳지 않은 것은?
① 향청에는 지방양반의 명단인 향안이 비치되어 있었다.
② 향청의 임원은 향안에 올라 있는 양반만이 될 수 있었다.
③ 수령을 보좌하고 풍속을 바로 잡으며 향리를 규찰하는 임무를 맡았다.
④ 중앙과의 연락을 위하여 서울에는 경저리를, 감영에는 영저리를 파견하였다.

15. 다음 글에서 밑줄 친 '이 무덤' 과 관련한 설명으로 옳은 것은?

> 지금까지 이 무덤은 고려산 북쪽 줄기의 능선상에 1기만이 독립하여 세워졌던 것으로 알려져 있는데, 이번 조사에서 고려산 북쪽 능선의 해발 20~30m 높이의 대지 위에 일직선상으로 여러 기가 더 세워져 있는 것을 확인하였다. 가로가 6.5m, 세로가 5.2m, 두께가 1.2m이고, 무게가 50톤 가량 되는 대형 화강암 판석을 채석하여 1.5km 내지 4.5km 거리인 이 곳 고려산 줄기의 20~30m 능선까지 운반하여 높이 1.4m의 두 개의 돌기둥 위에 올려 세운다는 것은 어려운 일이었을 것이다.

① 이 무덤 속에서는 주먹도끼, 찍개 등의 사냥 도구와 덧무늬 토기가 함께 발견되었다.
② 이 무덤은 청동기 시대의 대표적인 양식으로 지배층의 정치권력과 경제력을 반영하고 있다.
③ 이 무덤의 규모로 볼 때 당시에 이미 중앙 집권적 고대 사회가 형성되었음을 알 수 있다.
④ 우리나라에서 이러한 무덤이 만들어진 시기에 중국은 위·진·남북조의 분열 시대였다.

16. 대동법에 대한 설명으로 옳지 않은 것은?
① 대동법 실시는 공인이라는 어용상인을 중심으로 한 상업자본을 발전시켰다.
② 대동법은 대토지를 소유한 양반토호와 공물을 대납하면서 이익을 취하던 방납인들에게는 매우 불리한 제도였기 때문에 반대가 심했다.
③ 대동법을 관할하는 관청을 선혜청이라 하였으며 대동법의 실시로 인하여 원칙적으로 공납제도는 폐지되었다.
④ 대동법은 효종대의 김육의 주장에 따라 일시에 전국적으로 실시되었다.

17. 친일 반민족 행위자 재산의 국가 귀속에 관한 특별법 제정의 목적이 아닌 것은?
① 일본 제국주의의 식민통치에 협력하고 우리 민족을 탄압한 반민족행위자가 그 당시 친일반민족행위로 축재한 재산을 국가에 귀속시키기 위함이다.
② 일본제국주의를 위해 행한 친일반민족행위의 진상을 규명하여 역사의 진실과 민족의 정통성을 확인하고 사회정의 구현에 이바지함을 목적으로 한다.
③ 선의의 제3자를 보호하여 거래의 안전을 도모함으로써 정의를 구현하고자 함이다.
④ 민족의 정기를 바로 세우며 일본제국주의에 저항한 3. 1운동의 헌법이념을 구현함을 목적으로 한다.

18. 조선 후기 경세치용의 실학은 농촌문제의 해결을 지주 중심이 아닌 토지 경작자인 농민을 중심으로 생각하였다. 이러한 정약용의 여전제를 바르게 설명한 것은?
① 국가에서 토지를 공유하여 농민에게 일정한 면적의 토지를 나누어 주자는 것이다.
② 농가생활을 유지하는데 필요한 최소한의 영업전의 소유를 확보토록 하자는 것이다.

③ 한 개인이 소유하는 토지면적의 상한선을 설정하여 토지의 집중을 막자는 것이다.
④ 한 마을을 단위로 토지를 공동 경작하여 노동량을 기준으로 수확을 분배하자는 것이다.

19. 다음 내용과 관련이 있는 역사적 사실에 해당하는 것은?

> - 세계 만국이 공인한 자주독립제국이다.
> - 정치는 만세불변의 전제정치이다.
> - 법률을 제정하여 그 반포와 집행을 명하고 대사·특사·감형·복권 등을 명한다.
> - 각 조약체결 시 국가에 사신을 파견하고 선전, 강화 및 제반조약을 체결한다.

① 근대적 입헌의회 민주정치로의 개혁을 시도하였다.
② 전라도 일대에 집강소를 설치하여 폐정개혁안을 실천하였다.
③ 국권회복, 공화정체의 국민국가를 수립하고자 하였다.
④ 양전사업을 실시하여 지계를 발급하였다.

20. 다음과 같은 조선시대의 정책을 실현하기 위한 시책으로 보기 어려운 것은?

> 고려 말에 국가 재정이 파탄에 이르고 민생이 피폐했던 경험을 교훈 삼아, 조선 초기에는 국력을 증진하고 민생을 안정시키는 방향으로 경제 구조를 대폭 개편하였다. 그리하여 조선은 처음부터 농본주의 경제 정책을 실시하였다. 농업중심의 경제 구조를 가진 조선 사회에서 농업이 발달하고 농민의 생활이 안정되어야 국가 재정이 유지될 수 있었기 때문이다.

① 새로운 농업 기술과 농기구를 개발하여 민간에 보급하였다.
② 재해를 당한 농민에게는 일정 기간 조세를 감면해 주었다.
③ 토지 개간과 양전 사업을 적극적으로 추진하였으나 수공업과 상업을 국가

가 통제하여 자유로운 활동을 억제하였다.
④ 농업 생산력을 높이기 위하여 농사직설, 금양잡록과 같은 중국의 농서를 적극 도입하였다.

영 어

01. 다음 글을 토대로 ㉠과 ㉡에 들어갈 내용으로 옳은 것은?

> Tom is making a telephone call. Susan, his partner is receiving the call. Susan answers the phone. Tom asks for Carol. Carol is not in the house. Tom wants to leave the message: "There's a school picnic tomorrow. The class meeting will be at the Golden Gate Park at 10 A. M."

Tom : Hello, _____㉠_____
Susan : Sorry, she is not in the house at the moment.
Tom : _____㉡_____
Susan : Of course.
Tom : Tell her there's a school picnic tomorrow. We will meet at the Golden Gate Park at 10 A. M.

① ㉠ : Remember me to Susan.
　㉡ : Can you put me through to her?
② ㉠ : Is Susan in?
　㉡ : Can Susan go on a picnic?
③ ㉠ : May I speak to Carol?
　㉡ : Can I leave a message?
④ ㉠ : Please say hello to Susan.
　㉡ : Give my regards to her.

02. 다음 글의 제목으로 알맞은 것은?

If you ask most children what their favorite treat is, they will answer "Ice cream." There is nothing like delicious ice-cream cone on a hot, summer day. Every year Americans eat more than four billion ice-cream cons. Did you know that the Ice-cream cone was invented by accident? St Louis was having a world's fair in 1904. Ice-cream was a big seller. One person selling Ice-cream ran out of dishes and didn't know what to do. Luckily, a person nearby, who was selling waffles, suggested rolling a waffle and putting the ice-cream inside. It was an instant success.

① Ice Cream and Waffles
② The St. Louis world's Fair
③ The First Ice-cream Cone
④ Ice Cream in the Summer

03. 다음 글의 밑줄 친 곳에 들어갈 알맞은 것은?

Psychologists tell us that to be happy we need a mixture of enjoyable leisure time and satisfying work. I doubt that my great-grandmother, who raised 14children and took in laundry, had much of either. She did have a network of close friends and family, and maybe this is what fulfilled her. If she was happy with what she had, perhaps it was because she didn't expect life to be very different. We, _____, with so many choices and such pressure to succeed in every area, have turned happiness into one more thing we "must have." We're so self-conscious about our "right" to it that it's making us miserable. So we chase it and equate it with wealth and success, with out noticing that the people who have those things aren't necessarily happier.

① for example
② on the other hand
③ in addition to
④ in short

04. 다음 문장 중 어법상 가장 어색한 것은?

① He offered me a considerable sum, but which I declined.
② Is there any girl you know who deserves to marry the young man?
③ This is the same man that I saw in the train.
④ He who tries to please everybody pleases nobody.

05. 다음 글에 나오는 It(it)가 가리키는 것은?

> The average human being has about eighteen square feet of it. No, it's not an aluminum foil, that gets left in the kitchen. This stuff stays with you wherever you go. You wear it like clothes, but you never take it off, It is thinner than the thinnest cotton shirt-only one twentieth of an inch thick. Altogether, it weights about six pounds, and it is the largest organ of your body. It's not your heart, your lungs, or your stomach. But without it you would be able to see most of your other organs without an X-ray?

① head
② hair
③ skin
④ blood

06. 다음 글을 읽고 밑줄 친 부분에 들어갈 알맞은 것을 고르면?

> A primary problem encountered in treating drug addicts, alcoholics, and sociopaths is _____.

① their related sexual problems
② their contentedness with their present life-style
③ their lack of effective verbal communication skills
④ their consistently low IQ levels

07. 다음 글의 밑줄 친 부분과 같은 의미를 나타내는 것은?

> We should always <u>acknowledge</u> gifts promptly.

① admit the truth of
② express thanks for
③ show recognition of
④ accept the existence of

08. 다음 글을 읽고 결론에 해당하는 것을 고르면?

> Every problem contains secret elements of some creative potential either for yourself or someone else. What may be a problem to someone else can be a profitable business for others. Bankruptcy was such a horrible experience for one man that he decided to help others who were going through it. Today he is a counselor to those who are having to declare bankruptcy.

① One man's success is another man's happiness.
② One man's problem is another man's problem.
③ One man's opportunity is another man's problem.
④ One man's problem is another man's opportunity.

09. 다음 밑줄 친 두 단어의 의미가 적절히 연결된 것은?

> They should have known that political agreement can never be realized through murder and <u>intimidation</u>. The overwhelming desire among our people to see a just and lasting peace has to be <u>heeded</u>.

① terror − made nothing of
② threat − paid attention to
③ perturbation − got rid of
④ fright − taken charge of

10. 다음 문장의 밑줄 친 부분과 바꿔 쓸 수 있는 단어를 고르면?

> Don't make light of what your brother has accomplished as a service to the public.

① lighten
② explain
③ praise
④ despise

11. 다음 글의 밑줄 친 부분 중 가장 어색한 것은?

> Sheila is English teacher ㉠ whose voice is very husky, but she is one the very few teacher ㉡ whom I know can control their classes without raising her voice ㉢ that is an ability, ㉣ which children appreciate highly.

① ㉠
② ㉡
③ ㉢
④ ㉣

12. 다음 글에서 밑줄 친 These가 가리키는 것은?

> These were introduced in the United States in the 1970s. At first these did not become available everywhere at the same time. By the middle of the 1980s most parts of the United States had these and networks. And these brought one of the biggest changes in banking. These are computer terminals that people can use to make deposits or withdrawals and transfer funds. These are especially convenient for travelers, because many banks are part of large networks of these. This means that you can use one of these at a bank that is part of the network, even if it is not your own bank.

① high-speed modems
② mobile phones

③ vending machines　　　　④ automated teller machines

13. 다음 빈칸에 공통으로 들어갈 알맞은 전치사는?

> • He fainted and it was half an hour before he came _____ himself.
> • I was frozen _____ the bone.

① of　　　　　　　　　② to
③ for　　　　　　　　　④ with

14. 다음 빈칸에 들어갈 어구로 알맞은 것은?

> Since I left in such a hurry leaving all my household belongings in the old house, I had to buy _____.

① some furnitures　　　　② many new furnitures
③ much new furniture　　　④ much new furnitures

15. 다음 짝지은 문장의 뜻이 같지 않은 것은?

① I'm sorry I can't solve this problem.
　= I wish I could solve this problem.
② May I use your dictionary?
　= Would you mind my using your dictionary?
③ He had no friend with whom he could talk about the matter.
　= He had no friend to talk about the matter with.
④ She said to me, "You look tired. What did you do?"
　= She told me that I looked tired, and asked what I did.

16. 다음 글의 내용과 일치하는 것은?

Afterwards, of course, there were endless discussions about the shooting of the elephants. The owner was furious, but he was only an Indian and could do nothing. Besides, legally I had done the right thing, for a mad elephant has to be killed, like a mad dog, if its owner fails to control it. Among the Europeans opinion was divided. The older men said I was right, the younger men said it was a damn shame to shoot an elephant for killing a coolie, because an elephant was worth more than any coolie. And afterwards I was very glad that the coolie had been killed by the elephant; it put me legally in the right and it gave me a sufficient pretext for shooting the elephant. I often wondered whether any of the others grasped that I had done it solely to avoid looking like a fool.

① It was an Indian who shot the elephant.
② The writer was angry with the death of the elephant.
③ The death of the coolie gave the writer a pretext for shooting the elephant.
④ The younger Europeans were worrying that they couldn't stop the elephant from killing the coolie.

17. 다음 문장의 밑줄 친 빈칸에 공통적으로 들어갈 내용으로 옳은 것은?

AMDA is a humanitarian and non-profit organization. This organization's mission is to promote the health and well-being of poor people in Asia. These principles are expressed in its slogan "Better quality of life for a better future." MDA considers three main _____ to improving the quality of life of the poor people : war, natural disaster, poverty. Thus, AMDA projects seek to overcome these _____.

① obligations ② profits
③ incentives   ④ obstacles

고용노동직 적중모의고사

18. 다음 밑줄 친 부분 중 어법상 옳지 않은 것은?

> He was in <u>such an</u> ecstasy <u>of delight</u> that he <u>could get</u> <u>hardly</u> a wink of sleep.
>   ①   ②   ③   ④

19. 다음 글의 바로 다음에 올 내용으로 가장 자연스러운 것은?

> Men's clothes will continue to vary only slightly and within a narrow range depending on where they work. There are, to be sure, regional differences in what are considered suitable clothes. It is in the leisure or sports clothes that the greatest revolution has taken place. Last year the number of sports coats that were sold increased from 12.5 million to 13.4 million. Now, let us turn to the changes in the other sex's fashions.

① 여성 패션의 변화   ② 남녀 복장의 차이
③ 여성의 여가 선용   ④ 남성 패션의 지역적 편차

20. 주어진 문장이 들어가기에 가장 적절한 곳은?

> We have a second memory system, which is called the long-term memory.

> We have two different types of memory. One is for remembering things over a short period. (①) For example, we remember the beginning of a sentence until we have heard the end of it. (②) This type of memory is called short-term memory, because we use it for things we want to remember for a short time only. (③) The number of items we can remember at the same time in this way is extremely small, and we forget them quickly if our attention is diverted. (④) This is permanent store of learning. There is no obvious

> limit to the amount that can be stored in the long-term memory, but it is sometimes difficult to find the remembered item.

행정법총론

01. 공공기관의 정보공개와 관련한 다음 내용 중 옳은 것은? (다툼이 있는 경우 판례에 의함)
① 법인 등의 경영 및 영업상의 비밀은 국민에 의한 감시의 필요성이 크므로 공개하여야 한다.
② 교도관의 가혹행위를 이유로 형사고소 및 민사소송을 제기하면서 그 증명자료 확보를 위해 '징벌위원회 회의록' 등의 정보공개를 요청한 경우 공개하지 않아도 된다.
③ 정보공개청구의 대상이 이미 알려진 사항이거나 청구량이 많아 정상적인 업무수행에 현저한 지장을 초래할 경우 청구된 정보의 사본 또는 복제물의 교부를 제한할 수 있다
④ 국민의 정보공개청구권은 법률상 보장 받는 것으로 공공기관의 정보공개 거부는 정당화될 수 없다.

02. 다음은 학자와 그의 이론을 연결한 것이다. 틀린 것은?
① A. V. Dicey - 법의 지배원리
② Laférriere - 권력작용, 관리작용
③ O. Mayer - 자기확인설
④ J. Locke - 3권분립이론

03. 부담과 조건의 구별에 관한 다음 설명 중 옳지 않은 것은?

① 부담이란 행정행위의 주된 내용에 부가하여 행정객체에게 작위·부작위·수인·급부 등의 의무를 부과하는 것을 말한다.
② 부담은 행정행위의 효력을 처음부터 완전하게 발생시키는 점에서 정지조건과 구별된다.
③ 부담의 불이행에 의하여 당연히 행정행위의 효력이 소멸하는 것이 아니라는 점에서 해제조건과 구별된다.
④ 음식점영업허가를 하면서 사용건물의 결함이 시정되어야 한다는 부관을 붙인 경우에, 건물의 결함이 시정되기 전에는 영업허가의 효력이 발생되지 않는 것으로 볼 때는 부담에 해당한다.

04. 행정행위의 철회에 관한 다음 설명으로 옳지 않은 것은?

① 흠 없이 성립한 행정행위의 효력을 소멸시키는 행위이다. 따라서 흠 있는 행정행위를 소멸시키는 행정행위의 취소와 구별된다.
② 새로운 사정의 발생, 즉 공익상 행정행위의 효력을 더 이상 존속시킬 수 없는 경우에 행정행위를 철회하게 된다.
③ 행정행위의 철회의 경우 상대방에게 책임이 없는 한 법률에 따른 보상을 해 주어야 하며, 철회의 효과는 공익의 요구에 부합하기 위하여 원칙적으로 소급하여 발생한다.
④ 철회는 성질상 새로운 행정행위와 같은 것이라는 점에서 명문의 규정이 없는 한 원칙적으로 처분행정청만이 철회권을 가지며 감독청이나 법원은 철회권이 없다.

05. 다음 복효적 행정행위에 관한 설명 중 옳지 않은 것은?

① 동일인에게 수익적 측면과 부담적 측면이 존재하는 것으로 이중효과적 행정행위라고도 한다.
② 복효적 행정행위의 예로서는 건축허가, 공매처분, 수용재결, 당선인(합격

자)결정, 경원허가 등이 있다.
③ 행정처분절차에서 행정행위의 부담적 효과를 받는 자의 권익을 보호하기 위하여 의견청취 기타 청문절차를 거치게 할 필요가 있다.
④ 불이익을 받는 사람에게 소송의 당사자적격을 인정할 수 없다는 것이 통설이다.

06. 부패방지 및 국민권익위원회의 설치와 운영에 관한 법률상 국민권익위원회에 대한 설명으로 옳지 않은 것은?

① 위원회의 사무를 처리하기 위하여 위원회에 사무처를 두며 사무처장은 위원장이 지명한 부위원장이 겸직한다.
② 위원회는 위원장 1명, 부위원장 3명과 상임위원 3명을 포함한 15명의 위원으로 구성한다.
③ 위원장, 부위원장, 상임위원은 국무총리의 제청으로 대통령이 임명한다.
④ 위원장은 장관급 정무직과 부위원장은 차관급의 정무직으로 보한다.

07. 행정행위의 직권취소와 쟁송취소의 차이에 관한 다음 설명 중 옳지 않은 것은?

① 쟁송취소는 추상적 위법을 이유로 하나, 직권취소는 위법 외에 행정목적 실현상 또는 공익상 취소가 필요한가에 의해 결정된다.
② 쟁송취소에는 기간제한 규정이 있으나, 직권취소는 실정법에 기간제한 규정이 없다.
③ 쟁송취소의 효과는 원칙적으로 소급하나, 직권취소의 효과는 소급하지 않음이 원칙이다.
④ 쟁송취소는 적극적 변경이 허용되나, 직권취소의 경우에는 적극적 변경이 허용되지 않는다.

08. 행정지도에 관한 다음 내용 중 판례의 입장이 아닌 것은?

① 행정지도가 강제성을 띠지 않은 비권력적 작용으로서 행정지도의 한계를 일탈하지 아니하였다면, 그로 인하여 상대방에게 어떤 손해가 발생하였다 하더라도 행정기관은 그에 대한 손해배상책임이 없다.

② 행정청이 온천지구임을 간과하여 지하수개발·이용신고를 수리하였다가 행정절차법상의 의견 제출의 기회를 주지 않은 채 그 신고수리처분을 취소하고 원상복구명령의 처분을 한 경우, 사전통지 등을 하지 않아도 되는 행정절차법 소정의 예외에 해당한다고 볼 수 없어 그 처분은 위법하지 않다.

③ '컨테이너 운임 적용률 및 운송관리비 징수에 관한 합의' 중 운수회사들이 화주로부터 지급받는 컨테이너 운임의 적용률을 인상하는 내용의 합의 부분은 화물연대 파업사태를 해결하는 과정에서 정부의 행정지도가 있었다고 볼 여지가 있다.

④ 토지형질변경허가가 신청인이 행정청의 사전 행정지도에 의하여 제출한 각서의 내용을 형질변경허가신청 토지가 장차 택지개발사업지구에 편입·수용되는 경우 형질변경 이전의 상태를 기준으로 보상받겠다는 의사표시를 한 것으로 해석할 수 없다.

09. 공법 및 사법과 관련한 다음 설명 중 옳지 않은 것은?

① 국유재산의 매각관계는 공법관계이므로 당연히 공정력이 인정된다.
② 관리관계와 사법관계는 비권력관계라는 점에서 동일하다.
③ 행정법관계는 행정상의 법률관계 중 공법의 규율을 받는 관계를 말한다.
④ 행정사법은 주로 유도행정과 급부행정 등 복리행정의 영역에서 성립되고 있다.

10. 행정행위에 관한 다음 기술 중 타당하지 않은 것은?

① 행정행위란 본래 앵글로색슨의 법계의 관습법에서 부상된 것으로 오늘날 국제적으로 통용하는 개념으로 되었다.

② 행정행위란 행정법이 사인에 대하여 행하는 모든 행위를 지칭한다고 하는 설이 유력하다.
③ 행정행위는 19세기말 독일의 어떤 실정법에 규정되어 그 해석론으로 전개되었으며, 오늘날 세계 모든 국가의 실정법에 그것에 해당하는 개념이 설정되어 있다.
④ 행정행위의 본질적 요건은 그 행위의 주체가 상대방에 대하여 우월적 지위에 있다는 점에 있다.

11. 다음 행정벌과 형사벌의 구별에 관한 설명 중 옳지 않은 것은?
① 행정벌은 법규의 규정을 통하여 비로소 반사회성이 주어지는 법정범을 처벌하기 위한 것이고, 형사벌은 형사범을 처벌하기 위한 것이다.
② 행정범은 행정주체의 행정목적을 침해한 행위인데, 형사범은 사회생활을 함에 있어서 보호하지 않으면 안 될 법익을 현실적으로 침해한 행위이다.
③ 행정범과 형사범의 구별은 어느 정도 긍정하면서 양자간의 상대적·유동적 성질을 부인하지 않는 것이 국내의 다수견해이다.
④ 행정벌 법규와 형사벌 법규는 다 같이 행위규범과 재판규범을 아울러 규정하고 있는 것이 통례이다.

12. 행정조사에 대한 다음 설명 중 옳지 않은 것은?
① 조세·형사·교정 및 보안처분에 관한 사항 등에 대하여는 행정조사를 실시하지 않는다.
② 행정조사는 법령 등의 위반에 대하여 처벌을 강화하기 위하여 한다.
③ 법령 등의 위반에 대하여 혐의가 있는 경우는 수시조사에 의한 행정조사를 할 수 있다.
④ 행정조사 대상자는 지정된 출석일시에 출석하는 경우 업무 또는 생활에 지장이 있는 때에는 행정기관의 장에게 출석일시를 변경하여 줄 것을 신청할 수 있다.

13. 손실보상과 관련한 다음 내용 중 옳지 않은 것은? (다툼이 있는 경우 판례에 의함)

① 어업면허의 법적 성질(=특허) 및 해당 수면이 다른 법령에 의하여 어업행위가 제한 또는 금지되는 사유로 내수면어업개발촉진법에 의한 어업면허에 대한 면허기간의 갱신이 거절된 경우, 어업면허권자가 수산업법에 의한 손실보상청구권을 가질 수 없다.
② 토지소유자가 사업시행자로부터 공익사업법에 따른 잔여지 또는 잔여 건축물 가격감소 등으로 인한 손실보상을 받기 위해서는 공익사업법에 규정된 재결절차를 거친 다음 그 재결에 대하여 불복할 때 비로소 권리구제를 받을 수 있을 뿐이며, 특별한 사정이 없는 한 이러한 재결절차를 거치지 않은 채 곧바로 사업시행자를 상대로 손실보상을 청구하는 것은 허용되지 않는다.
③ 하천구역으로 편입되어 국유로 된 제외지의 구 소유자가 서울시를 상대로 제기한 손실보상금 청구가 채권양도 후 대항요건을 갖추기 전의 청구라는 이유로 기각되어 시효중단의 효력이 소멸하였다고 하더라도 그로부터 6월 내에 구 소유자의 승계인이 손실보상금을 청구한 이상, 구 소유자의 소제기로 인하여 시효가 중단된 것이 아니다.
④ 인근유사토지 보상사례의 가격이 개발이익을 포함하고 있어 정상적인 것이 아닌 경우라도 이를 수용대상토지의 보상액 산정에서 참작할 수 있다.

14. 행정심판법상 행정심판에 대한 설명으로 옳지 않은 것은? (다툼이 있는 경우 판례에 의함)

① 급여에 관한 결정 등에 관하여 이의가 있는 자는 '공무원연금급여 재심위원회'에 심사 청구와 행정심판법에 따른 행정심판을 청구할 수는 있다.
② 행정심판의 재결은 피청구인인 행정청을 기속하는 효력을 가지므로 재결청이 취소심판의 청구가 이유 있다고 인정하여 처분청에 처분을 취소할 것을 명하면 처분청으로서는 재결의 취지에 따라 처분을 취소하여야 하지만, 나아가 재결에 판결에서와 같은 기판력이 인정되는 것은 아니어서 재결이 확정된 경우에도 처분의 기초가 된 사실관계나 법률적 판단이 확정되고 당사자들이나 법원이 이에 기속되어 모순되는 주장이나 판단을 할 수 없게 되

는 것은 아니다.
③ 취소소송의 제소기간을 제한함으로써 처분 등을 둘러싼 법률관계의 안정과 신속한 확정을 도모하려는 입법 취지에 비추어 볼 때, 여기서 말하는 '행정심판'은 행정심판법에 따른 일반행정심판과 이에 대한 특례로서 다른 법률에서 사안의 전문성과 특수성을 살리기 위하여 특히 필요하여 일반행정심판을 갈음하는 특별한 행정불복절차를 정한 경우의 특별행정심판(행정심판법 제4조)을 뜻한다.
④ 민원사무처리법에 의하여 민원사무처리를 거부한 처분청이 민원인의 신청사항을 다시 심사하여 잘못이 있는 경우 스스로 시정하도록 한 절차이다. 따라서 이의신청을 받아들이지 않는 취지의 기각 결정 내지는 그 취지의 통지는, 종전의 거부처분을 유지함을 전제로 한 것에 불과하고 또한 거부처분에 대한 행정심판의 제기에도 영향을 주지 못한다.

15. 국가배상의 청구절차에 관한 다음 설명 중 판례의 태도가 아닌 것은?
① 수인이 공동으로 국가배상청구소송을 제기하는 경우에는 각자가 결정전치주의의 요건을 충족해야 한다.
② 결정전치주의의 요건은 사실심의 변론종결 전까지 갖추면 족하다.
③ 국가배상청구권의 소멸시효는 3년이다.
④ 국가배상청구소송에는 가집행선고를 붙일 수 없다는 특례는 평등원칙에 위배되는 것이 아니다.

16. 복효적 행정행위에 관한 설명으로 옳지 않은 것은? (다툼이 있는 경우 판례에 의함)
① 일정한 2중 효과적 행정행위의 경우 불이익을 받는 자의 청문제도의 채택이 바람직하다.
② 어느 일방에게는 권리·이익을 부여하나 타방에 대하여는 부담 내지 불이익을 주는 행정행위이다.

③ 이러한 행정행위의 예로서는 공매처분·수용재결·당선인의 결정·경원면허 등이 있다.
④ 불이익을 받은 제3자에게 소의 이익 내지 소송의 당사자 적격을 인정할 수 없다는 견해가 통설이다.

17. 현대 법치행정의 내용 및 특색이 아닌 것은?
① 법률유보의 범위를 확대시킨다.
② 반사적 이익의 확대, 법률상 이익의 축소경향이 있다.
③ 법률의 법규창조력을 확대·강화하는 추세에 있다.
④ 법치주의에서의 법의 개념은 성문법·불문법·신의성실·권리남용까지 포함되며 일정한 경우에는 행정규칙까지 포함시키는 경향이 있다.

18. 다음에서 주장하고 있는 내용과 그 내용을 주장한 사람이 잘못 연결된 것은?
① 헌법은 변하여도 행정법은 존속한다. - O. Mayer
② 영국에는 행정법은 존재하지 않는다. - Diecy
③ 자유의 역사는 그 많은 법이 절차적 보장의 역사이었다. - Jellinek
④ 행정은 지령에 구속된 국가기관 즉 행정청에 의한 집행행위이다. - Merkl

19. 건축허가와 건축신고에 대한 설명으로 옳지 않은 것은? (다툼이 있는 경우 판례에 의함)
① 가설건축물 존치기간을 연장하려는 건축주 등이 법령에 규정되어 있는 제반 서류와 요건을 갖추어 행정청에 연장신고를 한 때에는 행정청은 원칙적으로 이를 수리하여 신고필증을 교부하여야 하고, 법령에서 정한 요건 이외의 사유를 들어 수리를 거부할 수는 없다.

② 건축행정청은 하나 이상의 필지의 일부를 하나의 대지로 삼아 건축공사를 완료한 후 사용승인을 신청할 때까지 토지분할절차를 완료할 것을 조건으로 건축허가를 할 수 있다.
③ 인·허가의제 효과를 수반하는 건축신고는 일반적인 건축신고와는 달리, 특별한 사정이 없는 한 행정청이 그 실체적 요건에 관한 심사를 한 후 수리하여야 하는 이른바 '수리를 요하는 신고'로 보지 않는다.
④ 건축허가권자는 건축신고가 건축법, 국토의 계획 및 이용에 관한 법률 등 관계 법령에서 정하는 명시적인 제한에 배치되지 않는 경우에도 건축을 허용하지 않아야 할 중대한 공익상 필요가 있는 경우에는 건축신고의 수리를 거부할 수 있다.

20. 형식적 효력이 상위인 순으로 나열된 것은?
① UN헌장 – 헌법 – 대통령령 – 서울특별시 규칙 – 경기도 이천군 조례
② 헌법 – 대통령령 – UN헌장 – 경기도 이천군 조례 – 서울특별시 규칙
③ 헌법 – UN헌장 – 서울특별시 규칙 – 경기도 이천군 조례 – 대통령령
④ 헌법 – UN헌장 – 대통령령 – 경기도 이천군 조례 – 서울특별시 규칙

노동법개론

01. 「근로기준법령」상 체불임금과 관련한 설명으로 옳지 않은 것은?
① 임금 등을 체불할 경우 종합신용정보집중기관은 체불액 등에 관한 자료를 고용노동부장관에게 요구할 수 있다.
② 종합신용정보집중기관에게 제공하는 자료는 임금 등 체불자료 제공일 이전 3년 이내 임금 등을 체불하여 2회 이상 유죄가 확정된 자로서 임금 등 체불자료 제공일 이전 1년 이내 임금 등의 체불총액이 2천만원 이상인 체불사업주의 인적사항과 체불액 등에 관한 자료이다.

③ 임금 등 체불자료를 제공한 후에 체불사업주가 도산 등 사실 인정을 받은 경우 종합신용정보집중기관은 그 사실을 안 날부터 30일 이내에 체불액 등에 관한 자료 요구자에게 그 내용을 통지하여야 한다.
④ 체불사업주 명단을 공개할 경우 체불사업주에게 3개월 이상의 기간을 정하여 소명 기회를 주어야 한다.

02. 「근로기준법」상 체불사업주의 사망·폐업으로 임금 등 체불자료 제공의 실효성이 없는 경우 등 대통령령으로 정하는 사유에 해당하는 것을 모두 고른 것은?

> ㉠ 법인인 체불사업주가 실종선고를 받은 경우
> ㉡ 체불사업주가 임금 등 체불자료 제공일 전까지 체불 임금 등을 지급하지 않은 경우
> ㉢ 체불사업주가 사망한 경우
> ㉣ 체불사업주가 회생절차 개시 결정을 받은 경우
> ㉤ 체불사업주가 도산 등 사실 인정을 받은 경우

① ㉠, ㉣
② ㉡, ㉢
③ ㉠, ㉢, ㉤
④ ㉢, ㉣, ㉤

03. 「근로기준법」상 근로자의 임금에 대한 설명으로 옳은 것은? (다툼이 있는 경우 판례에 의함)

① 근로자가 임의의 날에 소정근로를 제공하기만 하면 그에 대하여 일정액을 지급받을 것이 확정되어 있으므로, 이러한 임금은 고정적 임금에 해당한다.
② 임금총액에는 사용자가 근로의 대상으로 근로자에게 지급하는 일체의 금품으로서, 근로자에게 정기적으로 지급되는 임금만 포함한다.
③ 퇴직급여 가입자인 근로자는 퇴직금제도에 따라 평균임금의 재산정을 통해 계산하는 방식으로 추가 퇴직금의 지급을 청구할 수는 있다.
④ 단체협약 등에 일정 근로시간을 초과한 연장근로시간에 대한 합의가 있다

거나 기본급에 수당을 포함한 금액을 기준으로 임금인상률을 정하였다면 포괄임금제에 관한 합의가 있다고 단정할 수 있다.

04. 「근로기준법」상 근로시간, 휴게와 휴일에 관한 규정 적용의 제외와 관련한 설명으로 옳지 않은 것은? (다툼이 있는 경우 판례에 의함)

① 토지의 경작·개간, 식물의 재식·재배·채취 사업, 그 밖의 농림 사업'에 종사하는 근로자에게는 적용하지 않는다.
② 사업의 종류에 관계없이 관리·감독 업무 또는 기밀을 취급하는 업무에 종사하는 근로자는 적용된다.
③ 감시 근로에 종사하는 사람으로서 사용자가 고용노동부장관의 승인을 받은 사람은 제외 된다.
④ 수산 동식물의 채취 및 양식 사업, 양잠, 수산 사업 업무에 종사하는 근로자는 적용 받지 않는다.

05. 「근로기준법」상 통상임금에 대한 설명으로 옳지 않은 것은? (다툼이 있는 경우 판례에 의함)

① 통상임금은 정기적·일률적으로 소정 근로의 양 또는 질에 대하여 지급하기로 된 임금으로서 실제 근무일이나 실제 수령한 임금에 구애됨이 없이 고정적이고 평균적으로 지급되는 일반임금을 말한다.
② 정근수당은 '일정기간의 계속근로'를 그 지급조건의 하나로 규정하고 있어 정근수당의 지급 여부는 결국 실제의 근무성적에 따라 좌우되게 되어 그것이 고정적인 임금이라고 할 수 없으므로 통상임금에 속한다고 할 수 없다.
③ 부양가족이 있는 근로자에게 지급된 가족수당과 상근자에게 제공되는 중식대는 통상임금에 포함된다.
④ 고열작업수당이 일정한 공정에 종사하는 모든 근로자들에 대해서 일정한 조건이 충족되면 일정한 금액이 매년 정기적·일률적으로 지급된 것으로서 통상임금에 포함된다.

06. 「노동조합 및 노동관계조정법」상 단체교섭과 관련한 설명으로 옳지 않은 것은?

① 교섭대표노동조합을 결정하여야 하는 교섭단위는 하나의 사업 또는 사업장으로 한다.
② 공동교섭대표단의 구성에 합의하지 못할 경우에 노동위원회는 해당 노동조합의 신청에 따라 조합원 비율을 고려하여 이를 결정할 수 있다
③ 교섭대표노동조합의 대표자는 교섭을 요구한 조합원을 위하여 사용자와 교섭을 체결할 권한을 가진다.
④ 교섭창구 단일화 절차에 참여한 모든 노동조합은 확정된 날부터 30일 이내에 교섭대표노동조합을 정하여야 한다.

07. 「노동조합 및 노동관계조정법령」상 근로시간면제심의위원회의 위원의 자격기준에 관한 설명으로 옳은 것을 모두 고른 것은?

> ㉠ 전국적 규모의 노동단체가 추천 할 수 있는 위원에는 해당 단체의 전직 임원은 해당하지 않는다.
> ㉡ 공익을 대표하는 위원으로 추천받을 수 있는 사람의 자격기준은 3급 공무원으로 있었던 자로서 노동문제에 관하여 학식과 경험이 풍부한 사람이다.
> ㉢ 전국적 규모의 노동단체가 추천 할 수 있는 위원에는 해당 단체의 현직 임원이 해당한다.
> ㉣ 공익을 대표하는 위원으로 추천받을 수 있는 사람의 자격기준은 노동 관련 학문을 전공한 학교 교원으로 3년 이상 근무한 경력이 있는 사람이 해당된다.
> ㉤ 노동문제 관련 전문가는 전국 규모의 경영자단체가 추천할 수 있는 위원의 자격에 해당한다.

① ㉠, ㉣
② ㉠, ㉡, ㉣
③ ㉢, ㉣
④ ㉡, ㉤

08. 「노동조합 및 노동관계조정법」상 쟁의행위에 대한 다음 설명 중 옳은 것은?

① 사용자의 점유를 배제하여 조업을 방해하는 형태의 쟁의행위는 인정되지 않는다.
② 사회질서에 위반된 쟁의행위는 가능하나 법령에 반하는 쟁의행위는 할 수 없다.
③ 조합원에 의하여 주도되는 쟁의행위를 할 수 있다.
④ 노동조합의 쟁의행위는 종사근로자인 조합원을 기준으로 조합원의 3분의 2의 찬성으로 결정하여야 한다.

09. 「최저임금법」상 최저임금에 대한 설명으로 옳지 않은 것은? (다툼이 있는 경우 판례에 의함)

① 근로자와 사용자가 최저임금의 적용을 위한 임금에 산입되지 않는 임금을 최저임금의 적용을 위한 임금의 범위에 산입하여 최저임금에 미달하는 부분을 보전키로 약정한 경우 그 임금 약정은 최저임금법에 반하여 무효이다.
② 최저임금액에 미달하는 금액을 임금으로 정한 근로계약 부분은 강행규정에 반하여 무효이다.
③ 통상임금이 최저임금액보다 적은 경우 최저임금법에서 정한 시급 최저임금액을 기준으로 연장근로수당 및 야간근로수당을 산정하여야 한다.
④ 최저임금액에 미달하는 임금 차액의 지급의무의 존재에 관하여 다툴 만한 근거가 있다면, 사용자가 그 임금을 지급하지 아니한 데에 상당한 이유가 있다고 보아야 하므로 사용자에게 구 최저임금법(법률 제11278호로 개정되기 전) 위반죄의 고의가 있었다고 인정하기 어렵다.

10. 「근로기준법」상 해고와 관련한 설명으로 옳지 않은 것은?

① 부당해고의 구제신청은 부당해고가 있었던 날부터 6개월 이내에 하여야 한다.
② 근로자에게 해고 예고를 할 경우 해고 사유와 해고 시기를 명시하여 한다.

③ 근로자를 해고 30일 전에 해고 예고를 하지 않은 경우에는 30일분 이상의 통상임금을 지급하여야 한다.
④ 사용자가 일시보상을 하였을 경우에는 근로자에 대하여 해고 등의 제한을 받지 않는다.

11. 「근로기준법」상 부당해고에 따른 구제명령에 대한 설명으로 옳은 것은?
① 노동위원회의 구제명령에 대한 효력은 중앙노동위원회에 대한 재심 신청이나 행정소송을 제기하지 않아도 정지되지 않는다.
② 중앙노동위원회의 구제명령에 대한 재심신청은 근로자만 할 수 있으며 재심판정서를 송달받은 날부터 15일 이내에 소를 제기하여야 한다.
③ 노동위원회는 구제명령을 받고 이행 기한까지 구제명령을 이행하지 않은 사용자는 2천만원 이하의 이행강제금을 부과 받는다.
④ 구제명령은 사용자와 근로자에게 각각 서면으로 통지하여야 한다.

12. 「근로기준법」상 임금 체불과 관련한 설명으로 옳지 않은 것은?
① 임금 체불자의 명단 공개 시에는 명단 공개 기준일 이전 3년간의 임금 등의 체불액 내역을 공개한다.
② 임금 등 체불자료를 받은 사람은 이를 체불사업주의 신용도·신용거래능력 판단과 관련한 업무 목적으로만 이용이 가능하다.
③ 열람이 가능한 공공장소에 임금 체불자의 명단을 공개할 경우 1년간 게시하는 방법으로 한다.
④ 체불사업주의 명단 공개 기준일 이전 3년 이내 임금 등을 체불하여 2회 이상 유죄가 확정된 되고 명단 공개 기준일 이전 1년 이내 임금 등의 체불총액이 3천만원 이상인 경우에는 체불사업주의 인적사항 등을 공개할 수 있다.

13. 「근로기준법」상 포괄임금제에 대한 설명으로 옳지 않은 것은?(다툼이 있는 경우 판례에 의함)

① 근로계약을 체결할 때에 기본임금을 미리 산정하지 않은 채 제수당을 합한 금액을 월급여액이나 일당임금으로 정하는 이른바 포괄임금제의 임금체계에 의한 임금 지급은 근로자에게 불이익이 없다.
② 포괄임금제에 의하여 임금지급계약을 체결하였다고 하더라도 단체협약이나 취업규칙에 비추어 근로자에게 불이익이 없고, 제반 사정에 비추어 정당하다고 인정될 때에는 그 계약은 유효하다.
③ 포괄임금제에 관한 약정이 성립하였는지는 근로시간, 근로형태와 업무의 성질, 임금 산정의 단위, 단체협약과 취업규칙의 내용, 동종 사업장의 실태 등 여러 사정을 전체적·종합적으로 고려하여 구체적으로 판단하여야 한다.
④ 근로시간의 산정이 어려운 등의 사정이 없음에도 포괄임금제 방식으로 약정된 경우라도 사용자는 근로기준법의 강행성과 보충성 원칙에 의해 근로자에게 그 미달된 법정수당을 지급할 의무가 없다.

14. 「최저임금법」상 최저임금에 대한 설명으로 옳지 않은 것은?

① 근로자의 생계비와 임금실태 등에 대하여 고용노동부장관은 매년 조사하여야 할 의무가 있다.
② 고시된 최저임금은 고시한 해당 연도의 3월 1일부터 그 효력이 발생한다.
③ 단순노무업무로 고용노동부장관이 정하여 고시한 직종에 종사하는 근로자는 최저임금액과 다른 금액으로 최저임금액을 정할 수 있다.
④ 최저임금의 결정과 그 내용에 대한 고시는 고용노동부장관이 하여야 한다.

15. 「노동조합 및 노동관계조정법」상 단체협약에 대한 설명으로 옳지 않은 것은? (다툼이 있는 경우 판례에 의함)

① 교섭대표노동조합과 사용자가 체결한 단체협약의 효력이 교섭창구 단일화 절차에 참여한 다른 노동조합에도 미치는 것을 정당화하는 근거가 된다.

② 단체협약 등 노사 간 합의에 의한 경우라도 타당한 근거 없이 과다하게 책정된 급여를 근로시간 면제자에게 지급하는 사용자의 행위는 노동조합 및 노동관계조정법 제81조 제4호 단서에서 허용하는 범위를 벗어난다.
③ 사용자는 노동조합 및 노동관계조정법 제29조의2 제1항이 정하는 바에 따라 교섭창구를 단일화 하지 않고 복수의 노동조합과 개별적으로 교섭을 진행하여 체결 시기와 내용 등을 달리하는 복수의 단체협약을 체결할 수 있다.
④ 노동조합원이 아닌 자에 대하여는 노동조합 및 노동관계조정법 제35조, 제36조에 의하여 단체협약의 효력이 확장되는 경우가 아니더라도 단체협약의 규범적 효력이 미친다.

16. 「노동조합 및 노동관계조정법」상 쟁의행위에 대한 설명으로 옳은 것은?
① 「방위사업법」에 의해 지정된 주요방위산업체에 종사하는 근로자 중 용수업무에 종사하는 근로자는 쟁의행위를 할 수 있다.
② 쟁의행위에 참가하여 근로를 제공하지 않은 근로자에 대하여는 무노동 무임금의 원칙에 따라 그 기간 중의 임금을 지급하지 않아도 된다.
③ 근로자는 쟁의행위 기간 중에는 현행범일지라도 이 법 위반을 이유로 구속되지 않는다.
④ 사업장의 안전보호시설에 대해 정상적인 유지·운영을 정지·폐지 또는 방해하는 행위에 대한 행위를 중지할 것을 통보하는 경우 행정관청은 노동위원회의 사전승인을 얻어야 한다.

17. 「근로기준법」상 근로시간에 대한 설명으로 옳지 않은 것은?
① 상시 30명 미만의 근로자를 사용하는 사용자는 근로자대표와 서면으로 합의한 경우라도 연장된 근로시간에 더하여 추가 근로시간을 연장할 수 없다.
② 연장근무는 15세 이상 18세 미만의 근로자에 대하여는 적용하지 않는다.
③ 근로일 종료 후 다음 근로일 시작 전까지 근로자에게 연속하여 11시간 이상의 휴식 시간을 주어야 한다.

④ 근로한 기간이 단위기간보다 짧은 경우의 임금은 그 단위기간 중 해당 근로자가 근로한 기간을 평균하여 1주간에 40시간을 초과하여 근로한 시간 전부에 대하여 가산임금을 지급하여야 한다.

18. 「근로기준법령」상 대통령령으로 정하는 휴일에 해당하지 않는 것을 모두 고른 것은?

㉠ 임기만료에 의한 선거의 선거일	㉡ 일요일
㉢ 광복절, 개천절 및 한글날	㉣ 1월 1일
㉤ 5월 5일 어린이날	㉥ 5월 8일 어버이 날

① ㉡, ㉣
② ㉠, ㉥
③ ㉡, ㉥
④ ㉣

19. 「최저임금법」상 최저임금위원회에 대한 설명으로 옳지 않은 것을 모두 고른 것은?

㉠ 위원장은 공익위원 중에서 위원회가 선출하며 부위원장은 위원장이 선임한다.
㉡ 위원회는 최저임금에 관한 심의 및 재심의 등의 기능을 수행한다.
㉢ 위원회는 총 30명의 위원으로 구성한다.
㉣ 위원의 임기는 3년이며, 연임이 불가능 하다.
㉤ 위원회에 관계 행정기관의 공무원 중에서 3명 이내의 특별위원을 둘 수 있다.

① ㉡, ㉢,
② ㉡, ㉣
③ ㉠, ㉡, ㉤
④ ㉠, ㉢, ㉣

20. 「근로기준법」상 근로자의 휴일과 관련한 설명으로 옳지 않은 것은?

① 연장근로 시 통상임금의 100분의 50 이상을 가산하여 지급하여야 한다.
② 야간근로 시 통상임금의 100분의 50 이상을 가산하여 지급하여야 한다.
③ 8시간을 초과한 휴일근로 시에는 통상임금의 100분의 50 금액 이상을 가산하여 근로자에게 지급하여야 한다.
④ 1주에 평균 1회 이상의 유급휴일을 보장하여야 하며 유급휴일은 1주 동안의 소정 근로일을 개근한 근로자에게 주어야 한다.

5 적중모의고사

국 어

※ 다음 글을 읽고 물음에 답하시오. (01~03)

북한에서는 문체를 혁명과 건설의 힘있는 무기로서 언어의 사회적 기능을 수행하기 위한 중요한 요소의 하나로 본다. 언어의 표현면에 관련된 모든 문제들이 문체를 통해서 반영된다고 생각하는 것이다. 이에 따라, 북한에서는 문화어의 문체는 간결성, 정확성, 명료성을 보장하고 말과 글을 통한 전투성과 호소성을 높이는 것이어야 한다고 본다. 실제로, 문체에 대하여 다음과 같이 권장하고 있을 정도인데 ㉠ <u>이러한 문체관은 물론, 이 글의 문체 자체가 남한에서는 보기 힘든 것이다.</u>

"계급적 민족적 원쑤들을 폭로하며 원쑤들에 대한 인민들의 증오와 적개심에 대하여 쓸 때에는 놈들의 가슴팍을 면바로 찌르는 서리발같이 날카롭고 예리한 문체로 써야 한다." 이 같은 기본 방침에 따라 북한에서는 주로 짧은 문장과 명령형, 선동형, 감탄형 등의 문체를 사용하여 전투적 성격을 뚜렷이 한다든가, ㉡ <u>직설적인 욕설과 격렬한 표현을 서슴지 않고 사용한다.</u> 반면에, 김일성, 김정일에 대해서 말을 할 때에는 이와는 대조적으로 과장된 극존대 표현을 사용한다.

01. 위 글은 북한의 문화어에 대한 내용이다. 문화어의 어떤 면을 설명하고 있는가?

① 문화어의 우수성과 특이성
② 문화어의 성격
③ 문화어란 무엇 인가에 대한 설명
④ 문화어의 문체상의 특징

02. 위 글의 밑줄 친 ㉠과 같은 문체관의 전제가 되는 것은 무엇인가?
① 언어는 역사의 흐름에 따라 변화한다.
② 언어는 인간의 행동과 사고 양식을 주조(鑄造)한다.
③ 언어는 사회 구성원에 의해 제약을 받는다.
④ 언어는 민족정신 함양의 수단이다.

03. 위 글에서 밑줄 친 ㉡을 뒷받침 할 수 있는 진술로 가장 적절한 것은?
① 문화어는 전투적인 성격을 뚜렷이 나타내는 언어이다.
② 북한말에서는 주어 또는 목적어가 누군가에 따라 표현이 달라진다.
③ 문화어는 직설적인 욕설과 극존대라는 대조적인 표현으로 나눠진다.
④ 북한말은 사회구성원에 의해 제약을 받지 않는 것이 특징이다.

04. 다음 글의 괄호 안에 들어갈 내용으로 가장 적절한 것은?

> 우리가 살아남고, 다음 세대들이 이 조그마한 행성 위에서 삶을 향유할 수 있게 하려면 탐욕이 아니라 자연의 순리가 사람살이의 척도가 되는 세상을 향해 조금이라도 나아가기를 염원하고 노력하는 수밖에 다른 선택이 없다. 대량생산과 소비체제, 장거리 유통구조, 거대산업과 권력의 중앙 집중, 관료주의 학교와 병원의 위계질서, 행형제도, 비대화하는 도시공간과 황폐화하는 농촌, 과학기계 영농, 자가용에 의존하는 교통체계 - 도대체 이런 것들이 지탱 가능한 생활방식인지 따져보아야 한다. 환경에 대한 인식이 높아진다 해도 그것을 자신의 일상생활과 관련짓지 못한다면 그런 인식은 헛된 것일 뿐이다. (   )

① 진정 생명가치를 인식하고 선양하려면 우리가 탐닉해 있는 문명의 안락과 편의를 많은 부분 포기할 필요가 있다.
② 많은 사람들은 아직도 자동차의 생태학적 부담을 인식하면서도 그것을 돌이킬 수 없는 운명이라고 생각하는지도 모른다.
③ 하기는 산업문화의 압력 밑에서 이것을 정면으로 파악하는 데 필요한 능력

과 용기를 가진다는 것이 쉽지는 않을 것이다.
④ 이제 우리는 이러한 문명을 그대로 두고도 환경 재난을 막을 수 있는 획기적인 방법을 찾아내는 그 누군가를 기대할 수 없다.

05. 다음 글 가운데 한글 맞춤법 규정에 어긋나지 않는 문장은?
① 내년에는 돈도 많이 벌고 우리 모두 다치지 말고 항상 건강하자.
② 여러분 모두 신나는 방학이 되길 바랍니다.
③ 선생님, 가족과 함께하는 즐거운 설날 되세요.
④ 고객님께서 고르신 양복과 구두는 모두 합쳐서 25만 원이십니다.

06. 다음 글에 드러난 필자의 문학관이라고 할 수 있는 것은?

> 지금, 우리나라의 시문(詩文)은 자기 말을 버리고 다른 나라의 말을 배워서 쓰니, 설사 비슷하다 하더라도 이것은 단지 앵무새가 사람의 말을 흉내 내는 것이다.
>
> — 김만중의 「서포만필」에서 —

① 구비문학의 중요성 옹호 ② 사대부 문학의 가치 인식
③ 국어로 쓴 국문학의 중요성 역설 ④ 문학 내용의 독창성 중시

07. 다음 시의 내용에서 연상되는 인물에 가장 가까운 것은?

> 폭포는 곧은 절벽을 무서운 기색도 없이 떨어진다.
> 규정할 수 없는 물결이
> 무엇을 향하여 떨어진다는 의미도 없이
> 계절과 주야를 가리지 않고,
> 고매한 정신처럼 쉴 사이 없이 떨어진다.
> 금잔화도 인가도 보이지 않는 밤이 되면

> 폭포는 곧은 소리를 내며 떨어진다.
> 곧은 소리는 소리이다.
> 곧은 소리는 곧은 소리를 부른다.
>
> 번개와 같이 떨어지는 물방울은
> 취할 순간조차 마음에 주지 않고
> 나타(懶惰)와 안정을 뒤집어 놓은 듯이
> 높이도 폭도 없이
> 떨어진다.

① 자신의 이익만 쫓다 색깔을 바꾸는 「꺼삐딴 리」의 '이인국 박사'
② 장돌뱅이로 자연의 일부가 되어 살아가는 「메밀꽃 필 무렵」의 '허생원'
③ 풍류를 즐기는 「구운몽」의 '성진'
④ 일제 치하에서 끝까지 지조를 지키다 죽는 「수라도」의 '오봉선생'

08. 다음 밑줄 친 부분의 발음이 틀린 것은?

① 희망을[히망을] 잃으면 모든 것을 잃는 것과 같다.
② 친구의[친구에] 집에 놀러 갔다.
③ 경희[경희]와 연극을 보러 갔다.
④ 현재 우리나라의 민주주의의[민주주이의] 발전은 80년대보다 발전하였다.

※ 다음 시를 읽고 물음에 답하시오. (09~10)

> 죽는 날까지 하늘을 우러러
> 한 점 부끄럼이 없기를,
> 잎새에 이는 ㉠ 바람에도
> 나는 괴로워했다.
> ㉡ 별을 노래하는 마음으로
> 모든 죽어가는 것을 사랑해야지..

ⓒ <u>그리고 나한테 주어진 길을</u>
걸어가야겠다.
오늘 밤에도 별이 바람에 스치운다.

09. 위 시의 밑줄 친 ㉠ '바람'과 이미지가 가장 가까운 시어가 들어 있는 작품에 해당하는 것은?

① 김수영의 「풀」
② 조지훈의 「낙화」
③ 유치환의 「바위」
④ 박목월의 「나그네」

10. 위 시의 밑줄 친 ⓛ과 ⓒ이 의미하는 바가 올바르게 연결된 것은?

	ⓛ	ⓒ
①	신비로운 환상	변함없는 일상의 길
②	순결하고 결백한 동심	희망찬 미래로의 길
③	이상을 염원하는 마음	순수한 영혼을 추구하는 길
④	경건하고 고고한 심정	고난과 역경의 길

11. 다음 중 속담과 뜻풀이가 바르게 연결된 것은?

① 가을에는 부지깽이도 덤빈다. → 매우 입맛이 당기어 많이 먹게 됨을 뜻한다.
② 남의 다리 긁는다. → 남의 재물을 거리낌 없이 마구 훔치거나 빼앗아 감을 뜻한다.
③ 개구리도 옴쳐야 뛴다. → 하던 일을 끝까지 추진하여 성공함을 뜻한다.
④ 벼린 도끼가 이 빠진다. → 공을 들여 잘 장만한 것이 오히려 빨리 못쓰게 됨을 뜻한다.

12. 다음의 순우리말에 대한 설명이 올바르지 않은 것은?

① 곰살궂다 : 성질이 부드럽고 다정하고 싹싹하다.
② 뜨악하다 : 마음이 선뜻 내키지 않거나 썩 미덥지 못하다.
③ 너스레 : 남을 놀리려고 수다스럽게 늘어놓은 말솜씨
④ 마구리 : 빈틈없이 아주 야무진 사람을 얕잡아 이르는 말이다.

※ 다음 시를 읽고 물음에 답하시오. (13~14)

(가) 벼는 서로 어우러져
　　 기대고 산다.
　　 ㉠ 햇살 따가워질수록
　　 깊이 익어 스스로를 아끼고
　　 이웃들에게 저를 맡긴다.
(나) 서로가 서로의 몸을 묶어
　　 더 튼튼해진 백성들을 보아라.
　　 ㉡ 죄도 없이 죄지어서 더욱 불타는
　　 마음을 보아라.
　　 벼가 춤출 때
　　 벼는 소리 없이 떠나간다.
(다) ㉢ 벼는 가을 하늘에도
　　 서러운 눈 씻어 맑게 다스릴 줄 알고
　　 바람 한 점에도
　　 제 몸의 노여움을 덮는다.
　　 저의 가슴도 더운 줄을 안다.
(라) 벼가 떠나가며 바치는
　　 이 넓디넓은 사랑
　　 ㉣ 쓰러지고 쓰러지고 다시 일어서서 드리는
　　 이 피묻은 그리움,
　　 이 넉넉한 힘……

13. 위 시에서 형상화되어 있는 '벼'의 내면적 덕성과 거리가 가장 먼 것은?

① 겸손(謙遜)　　　　　　② 관용(寬容)

③ 인내(忍耐)　　　　　　　　　④ 희생(犧牲)

14. 위 시에서 밑줄 친 ㉠~㉣ 중 '벼'를 '달관의 경지에 이른 사람'으로 비유하고 있는 것은?

① ㉠　　　　　　　　　　② ㉡
③ ㉢　　　　　　　　　　④ ㉣

15. 다음 글의 밑줄 친 부분이 말하고자 한 의도와 가장 가까운 것은?

> 千世(천세) 우·희미·리定(정)ㅎ·샨 漢水(한수) 北(북)에 累仁開國(누인개국)·ㅎ·샤 卜年(복년)·이 ㅈ:업·스니·니. 聖神(성신)·이 :니·ᅀᆞ샤·도 敬天勤民(경천근민)·ᄒᆞ샤·ᅀᅡ 더욱 구드·시·리이·다. ·금·하 아·ᄅᆞ쇼·셔. 落水(낙수)·예 山行(산행)·가이·셔·하나·빌미 드·니잇·가.

① 임금들은 부지런히 나라를 다스렸다.
② 놀기를 즐겨하지 말아라.
③ 조상들만 믿어서는 안 된다
④ 태강왕(太康王)의 고사를 타산지석(他山之石)으로 삼으라.

16. 다음 내용의 고사와 관련이 있는 한자성어에 해당하는 것은?

> 蜀漢(촉한)의 諸葛亮(제갈양)이 아끼던 장수 가운데 馬謖(마속)이라는 인물이 있었는데, 한때 마속이 방심하여 가정전투에서 크게 패하게 되자, 그 죄를 물어 마속의 목을 베면서 눈물을 흘렸다는데서 유래 하였다.

① 螢窓雪案(형창설안)　　　　② 守株待兎(수주대토)
③ 泣斬馬謖(읍참마속)　　　　④ 拈華微笑(염화미소)

※ 다음 글을 읽고 물음에 답하시오. (17~18)

> 동네 전체로는 이번 동란에 깨어진 자국이라곤 별로 없었다. 그러나 어쩐지 거기가 어려서 자란 옛 마을은 아닌 성싶었다.
> 뒷산 밤나무 기슭에서 성삼이는 발걸음을 멈추었다.
> 거기 한 나무에 기어올랐다. 뒤쪽 멀리서 '<u>요놈의 자식들이 또 남의 밤나무에 올라가는구나.</u>' 하는 혹부리 할아버지의 고함소리가 들려왔다. 그 혹부리 할아버지도 그새 세상을 떠났는지 몇 사람 만난 동네 늙은이 중에 뵈지 않았다.
> 성삼이는 밤나무를 안은 채 잠시 푸른 가을 하늘을 쳐다보았다. 흔들리지도 않은 밤나무 가지에서 남은 밤송이가 저 혼자 아람이 벌어 떨어져 내렸다.
> 임시 치안대 사무소로 쓰고 있는 집 앞에 이르니, 웬 청년 하나가 포승에 꽁꽁 묶이어 있다. 이 마을에서 처음 보다시피하는 젊은이라, 가까이 가 얼굴을 들여다보았다. 깜짝 놀랐다. 바로, 어려서 단짝 동무였던 덕재가 아니냐. 천태에서 같이 온 치안대원에게 어찌 된 일이냐고 물었다. 농민동맹 부위원장을 지낸 놈인데, 지금 자기 집에 잠복해 있는 걸 붙들어 왔다는 것이다.
> 성삼이는 거기 봉당 위에 걸터앉아 담배를 피워물었다. 덕재는 청단까지 호송하기로 되었다. 치안대원 청년 하나가 데리고 가기로 되었다. 성삼이는 다 탄 담배꽁초에서 새로 담뱃불을 댕겨 가지고 일어섰다.
> "이 자식은 내가 데리고 가지요."

17. 위 글에서 성삼이가 과거를 회상하게 되는 매개체에 해당하는 것은?

① 혹부리 할아버지　　② 담뱃불
③ 밤나무 기슭　　　　④ 포승

18. 위 글에서 밑줄 친 '<u>요놈의 자식들이 또 남의 밤나무에 올라가는구나.</u>'의 표현과 관계 깊은 것은?

① 과거의 환청　　② 감상적 태도
③ 현실인식　　　④ 친근감

19. 다음 중 밑줄 친 단어가 동음이의어에 해당하지 않는 것은?

① ㉠ 늘 속만 썩이던 막내딸이 철이 들었다.
  ㉡ 철쭉꽃이 철을 맞아 활짝 피었다.
② ㉠ 문에 빗장이 굳게 걸렸다.
  ㉡ 옷걸이에 많은 옷이 걸렸다.
③ ㉠ 입술이 마르고 심장이 탄다.
  ㉡ 그 아이는 부끄럼을 잘 탄다.
④ ㉠ 도배지가 떠서 새로 도배를 해야 한다.
  ㉡ 메주가 잘 떠서 곰팡이가 많이 생겼다.

20. 다음 중 '한국어'의 특질에 해당하는 것을 모두 고른 것은?

| ㉠ 감각어가 발달함 | ㉡ 접속사가 발달함 | ㉢ 높임법이 발달함 |
| ㉣ 조사와 어미가 발달함 | ㉤ 성(性)의 구별이 있음 | |

① ㉠, ㉡
② ㉠, ㉢, ㉣
③ ㉡, ㉢, ㉤
④ ㉢, ㉤

한국사

01. 다음에서 설명하는 조치가 시행된 왕의 시기 상황을 올바르게 설명한 것은?

㉠ 국역을 부담시키는 대신 육의전을 비록한 시전에 주어지던 자금의 대차권 및 자신들의 이익 보호권, 금난전권 등을 혁파하였다.
㉡ 서울 및 성저십리 지역 안에서 난전의 설치를 규제하는 대표적인 특권을 혁파하여 독점의 폐단을 시정하자, 특권상업체제는 서서히 변모하기 시작했다.

① 상평통보가 법화로서 채택되어, 처음으로 유통되기 시작하였다.
② 청나라로부터「고금도서집성」을 구해왔다.
③ 청계천을 준설하여 실업문제와 홍수문제를 해결하고자 하였다.
④ 군역제도 개선을 위하여 양역사정청을 설치하고 양인의 호구조사를 실시하였다.

02. 다음은 각 시대별 생활모습을 서술한 것이다. 시대 순으로 올바르게 나열한 것은?

> ㉠ 생산의 증가에 따라 빈부의 차이가 생겨 계급이 발생하였다.
> ㉡ 경제적 공동체로서 구성원이 평등한 사회였다.
> ㉢ 무리를 이루어 자연물을 채취하는 채집경제생활을 하였다.
> ㉣ 철제 농기구를 사용한 농업발달과 경제력이 증대되었다.

① ㉠ - ㉡ - ㉢ - ㉣
② ㉡ - ㉢ - ㉠ - ㉣
③ ㉢ - ㉠ - ㉡ - ㉣
④ ㉢ - ㉡ - ㉠ - ㉣

03. 다음과 같은 특산물이 생산되는 사회에 대한 설명으로 옳은 것은?

> ㉠ 단궁   ㉡ 과하마   ㉢ 반어피

① 매매혼의 일종인 민며느리제가 행하여졌다.
② 다른 부족의 생활권을 침범하지 못하게 하였다.
③ 도둑질한 자에게는 12배의 배상을 물게 하였다.
④ 철이 많이 생산되어 화폐처럼 사용하였다.

04. 고구려, 백제, 신라 삼국이 성립하던 시대의 사회적 특징에 해당하지 않는 것은?

① 삼국은 고대 왕국의 성립과 발전이 중국보다 늦었다.
② 삼국이 성립하면서 강한 부족은 우세한 경제적 지위를 가지고 일반 민중과 노비를 강력하게 지배하였다.
③ 삼국은 건국 시기, 경제발전 및 대외관계 등에서 같은 성격을 나타내면서 성장하였다.
④ 삼국은 연맹왕국의 단계를 거쳐 중앙집권국가로 발전하였다.

05. 다음 시기에 대한 설명으로 옳은 것은?

> ⊙ 신라의 한강 유역 차지
> ⓒ 북한산비, 창녕비, 마운령비, 황초령비의 건립

① 신라는 중국과 직접 교류하는 계기가 되었다.
② 백제는 요서, 산둥, 일본을 연결하는 고대 상업세력권을 형성하였다.
③ 고구려는 신라를 도와 왜구를 격퇴하였다.
④ 신라와 백제 사이에 나·제 동맹이 체결되었다.

06. 다음 내용과 같은 역사적 사실의 공통점이라고 할 수 있는 것은?

> ⊙ 김유신은 무열왕을 왕으로 추대하여 이때부터 진골이 왕이 되었다.
> ⓒ 문무왕 때에는 통일왕국을 이룩하였다.
> ⓒ 신문왕은 유교정치 이념을 확립하고 지방관을 파견하였다.

① 귀족 사회의 동요
② 율령과 제도의 정비
③ 농민생활의 안정
④ 전제왕권의 강화

07. 다음에서 설명하고 있는 정치세력에 대한 기술로서 적절한 것은?

- 주로 원의 세력을 배경으로 등장한 경우가 많았다.
- 가문을 기초로 삼아 종적인 가족관계가 횡적인 혼인관계를 통하여 세력범위를 넓혀갔다.
- 고관요직을 장악하고 거대한 농장을 소유하였다.

① 무신정변으로 몰락하였다.
② 경제적으로는 지방의 중소지주층 출신이 많았다.
③ 신분적으로 향리출신이 많았다.
④ 도평의사사를 독점하여 정권을 장악하였다.

08. 다음 중 고려시대에 관한 설명으로 옳지 않는 것은?

① 경종 때 시정전시과는 관직의 고하와 인품을 반영하는 한계가 있었다.
② 전 시대에 비해 혈족적 관념과 종교상의 제약에서 어느 정도 벗어났다.
③ 민전은 국가에서 개인의 매매·양도를 금지하였다.
④ 한인전은 하급관리의 자제로서 관직에 오르지 못한 사람에게 지급하였다.

09. 다음 내용은 조선전기 수취제도에 대한 설명이다. ㉮와 ㉯에 대한 설명으로 옳은 것은?

국가 재정을 위한 수취는 조·용·조를 기초로 하고 있었다. 즉, ㉮ <u>토지에 부과되는</u>, ㉯ <u>가호마다 부과되는</u>, 그리고 장남에게 부과되는 역 등이 국가재정의 기초였다.

① 호적은 ㉮의 징수를 위해, 양안은 ㉯의 징수를 위해 작성되었다.
② 전분 6등법, 연분 9등법 실시로 ㉯의 부담이 줄었다.
③ 소작농에게는 ㉮가 ㉯보다 부담이 더 컸다.
④ ㉯는 방납의 폐단으로 인해 부담이 가중되었다.

10. 다음 ㉮, ㉯와 같은 서술 방식의 역사책이 올바르게 연결된 것은?

> ㉮ 사마천의 「사기」에서 시작된 역사 서술 방식이다.
> ㉯ 군주와 관련된 사실들의 기록인 본기(本紀)와 신하들의 전기인 열전(列傳), 통치 제도·관직·문물·경제·지리·자연 현상 등을 내용별로 서술한 지(志)와 연표(年表)가 더해진다.

	㉮	㉯		㉮	㉯
①	고려사	삼국사기	②	고려사	고려사절요
③	삼국사기	고려사절요	④	삼국사기	조선왕조실록

11. 다음은 선사시대의 사회 변화를 설명한 것이다. 이 시기에 대한 설명으로 옳지 않은 것은?

> 농경의 발달에 따라 토지와 생산물에 대한 사유재산 개념이 발생하면서, 빈부의 차가 생기고 계급이 분화되었다.

① 직사각형의 지상형 움집을 지어 생활하였다.
② 남부 지역의 강가나 해안가에서 벼농사를 짓기도 하였다.
③ 세형동검이 비파형동검으로 발전하였다.
④ 민무늬토기, 미송리식 토기, 붉은간토기 등이 있었다.

12. 한말의 근대화 과정에 관한 다음 설명 중 옳은 것은?
① 갑오개혁 때 양력이 사용되고 우정국이 운영되었으며 홍범 14조에서 입법권의 독립과 민권의 확립이 제시되었다.
② 대한제국 때 지계를 발급하여 토지의 근대적 소유권제도로 발전시키려 하였다.
③ 갑신정변을 전후하여 교육입국조서를 발표하고 근대교육제도를 마련하였다.

④ 을미개혁 때 처음으로 신문을 발간하고 무기를 만들며 화폐도 주조하였다.

13. 다음의 연표에서 ㉣ 시기의 사실을 바르게 말한 것은?

1636	1708	1750	1811	1863
	㉠	㉡	㉢	㉣
병자호란	대동법 전국 실시	균역법 실시	홍경래의 난	대원군 집권

① 세도정치와 삼정의 문란
② 영·정조의 중흥정치로 사회 안정
③ 실학운동의 활발한 전개
④ 강화도조약으로 문호 개방

14. 다음의 내용과 관계가 깊은 독립군 단체는?

㉠ 북간도의 왕청현에 사관훈련소를 설치하였다.
㉡ 북간도 지방에서 청산리 대첩의 쾌거를 이룩하였다.

① 대한독립군
② 광복군 총영
③ 북로군정서
④ 서로군정서

15. 다음 설명 중 실학의 의의라고 볼 수 없는 것은?
① 사회체제의 개혁 생산력의 증대를 통해 근대사회를 지향하고 있었다.
② 피지배층의 처지를 대변하고 옹호하고자 하였다.
③ 우리 문화에 대한 독자적인 인식을 강조하였다.
④ 성리학을 전면적으로 부정하였다.

16. 다음은 고려와 조선의 법률이다. 이를 토대로 추론할 수 있는 사실로 옳은 것은

> ㉠ 고려 : 감금 중에 있는 사형수가 큰 죄나 반역죄가 아닐 경우 부모의 상을 당했을 때 7일간의 휴가를 준다. 70세 이상의 부모를 돌봐줄 사람이 없으면, 아들이 섬으로 귀양 갈 죄를 범했어도 집에서 부모를 봉양하게 한다.
> ㉡ 조선 : 아들과 손자, 아내와 첩 또는 노비로서 가장을 고발하는 사람은 반역죄와 역적죄를 제외하고 교형에 처한다.

① 충·효와 같은 유교 윤리와 유교사회 질서유지를 중시하였다.
② 신분에 따라 같은 범죄에도 처벌이 달랐으며 교화와 설득에 의한 민본주의를 지향하였다.
③ 불교 윤리의 영향으로 사형 제도가 폐지되었다.
④ 성문화된 법전에 의거하여 엄격한 법치주의를 지향하였다.

17. 다음에서 중석기시대의 특징만을 모두 고른 것은?

> ㉠ 빙하기가 지나고 기후가 따뜻해지면서 사냥 대상이 큰 동물에서 작고 빠른 동물로 바뀌었다.
> ㉡ 북부 사냥권에서 사용하던 잔석기가 보급된 것은 두 차례의 빙하기와 온난한 간빙기를 거치면서 사람과 동물의 이동으로 잔석기 제작기술의 여러 지역으로 퍼졌기 때문이다.
> ㉢ 공주 석장리 유적의 최상층에서도 잔석기적인 특징을 보이고 있다는 주장이 있다.
> ㉣ 언어를 사용하였고, 불도 이용할 줄 알았다.

① ㉠　　　　　　　　　② ㉠, ㉡
③ ㉠, ㉡, ㉢　　　　　 ④ ㉠, ㉡, ㉢, ㉣

18. 다음과 같은 구한말의 역사적 사실들이 공통적으로 추구하고자 했던 목표에 해당하는 것은?

| ㉠ 방곡령의 시행 | ㉡ 독립협회의 이권수호운동 |
| ㉢ 국채보상운동 | ㉣ 보안회의 황무지 개간권 반대운동 |

① 민족산업을 육성하고자 하였다.
② 외세의 경제적 침탈에 대항하였다.
③ 평등사회를 건설하고자 하였다.
④ 중앙과 지방의 균등한 발전을 추구하였다.

19. 일제시기에 전개된 다음과 같은 구호를 내세운 운동에 대한 설명으로 옳지 않은 것은?

> 내 살림은 내 것으로, 조선사람은 조선 것으로, 우리는 우리 것으로 살자.

① 노동자, 농민 중심의 경제적 구국운동이었다.
② 민족실력양성운동의 한 형태로 전개되었다.
③ 일본상품을 배격하고 국산품을 애용하자는 운동이었다.
④ 민족산업을 육성하여 민족경제의 자립을 도모하자는 운동이었다.

20. 다음 아래의 내용으로 보아 어느 시기의 무덤에 대한 설명인가?

> 인골이 머리를 동쪽으로 두고 있으며 음식을 담았던 그릇이 머리 곁에 놓여 있고 돌화살촉 한 묶음도 함께 매장 되어 있는 …

① 신석기시대 ② 전기 구석기시대
③ 후기 구석기시대 ④ 청동기시대

영어

01. 다음 글을 읽고 문법적으로 옳지 않은 부분을 고르면?

> A triangle is a musical instrument which ① <u>can be made</u> by ② <u>to bend</u> a steel rod into the shape of a triangle. Each of the angles of the triangle ③ <u>used</u> in the school orchestra ④ <u>measures</u> 60

02. 다음 주어진 문장의 뒤에 이어질 글의 순서로 가장 적절한 것은?

> Cancer is a group of diseases characterized by the uncontrolled growth and spread of abnormal cells.

> (가) For certain types of cancers, treatment with chemotherapy and radiation therapy may be used instead of or in combination with surgery. New therapies include inactivating damaged genes and boosting the immune system's ability to destroy cancerous cell.
>
> (나) The most effective way to lower the number of death, however, is to prevent cancer from developing by eating healthy food, exercising regularly, and early screening.
>
> (다) The treatment for cancer usually depends on the stage the disease has reached. Surgically removing tumors can be successful if the cancer has not yet spread to the vital parts like the lymph nodes.

① (가)-(나)-(다) ② (가)-(다)-(나)
③ (다)-(나)-(가) ④ (다)-(가)-(나)

03. 다음 글의 주제로 가장 적절한 것은?

　First, in the colonial era, the main goal of education was to train people for religious and moral purposes, and to promote good behavior. Later on, reformists such as Horace Mann called for public education for all, and professional training for teachers. As opposed to educators of the colonial period, later educators wanted this public education to be free from religion. Later in the 19th century, John Dewey began teaching the theory of 'learning by doing.' Even more importantly, he stressed that school was not just a period preparing for life, but was a period of life itself. Lastly, in the 20th century, the shift in population from the countryside to the cities made schools more concerned with social problems.

① schools in the colonial era
② changes in educational philosophy
③ the contributions of reformists
④ the most effective strategy of education

04. 다음 글의 제목으로 가장 알맞은 것은?

　All I want is fair treatment and equal rights. I feel I have a right to smoke while I work. Right now most companies are concerned only with the rights of nonsmokers and make no provisions at all for employees who smoke. Of course, I know that smoking is bad for my health but, after all, that is my problem. My smoking does not hurt anybody else but me. So, why don't they stop discriminating against smokers and just leave us alone?

① 흡연과 중독성
② 금연의 필요성
③ 흡연의 비경제성
④ 흡연자의 변명

05. 다음 문장에서 어법상 옳지 않은 부분을 찾는다면?

① Speaking with the police he reported ② his loss. He ③ stated that he was just losing ④ his clothes & bags minutes ago.

06. 다음 글을 읽고 빈 칸에 가장 적절한 것을 고르면?

There are rare instances when justice almost ceases to be an abstract conception. Reward or punishment are given quite independent of human interference. At such times, justice acts like a living force. When we use a phrase like " _____ ", we are in part admitting that a certain set of circumstances has enabled justice to act of itself.

① ① It serves him right
② No pains, no gains
③ The end justifies the means
④ A rolling stone gathers no moss

07. 다음 문장의 밑줄 친 부분이 어법상 잘못 쓰인 것은?

① The child had no friends to play with.
② The boy grew up to be a fine young man.
③ It is the most beautiful place I have never visited.
④ If winter comes, save a poet, spring is not far behind.

08. 다음 글의 주제로 가장 적절한 것은?

Hospices are a special type of healthcare institution. Hospices treat patients suffering from incurable diseases who are not expected to live for more than a year. Hospitals, however, aim to help patients recover from disease, and nursing homes provide long-term care for the handicapped and elderly. Also, the hospice's purpose is to help the dying and their families. In contrast, hospitals and nursing homes have limited resources for helping patient's families.

① Hospices can help patient's families.
② Patients may have curable or incurable diseases.
③ For long-time care, nursing homes are better than hospices and hospitals.
④ Hospices differ from hospitals and nursing homes in a few ways.

09. 다음 주어진 문장에 이어질 글의 순서가 올바르게 연결된 것은?

Free trade makes possible higher standards of living all over the globe.

(A) Free trade also makes the world economy more efficient, by allowing nations to capitalize on their strength.
(B) The case for free trade rests largely on this principle ; as long as trade is voluntary, both partners benefit.
(C) The buyer of a shirt, for example, values the shirt more than the money spent, while the seller values the money more.

① (A) - (C) - (B)   ② (B) - (A) - (C)
③ (B) - (C) - (A)   ④ (C) - (A) - (B)

10. 다음 밑줄 친 부분에 들어갈 가장 적절한 것을 고르면?

We've all been bored by the proud parents who talk on and on about their wonderfully talented son, never bothering to ask us about our equally special child. At some point the person who is talking has an obligation to turn the conversation around and ask ,"_____" "People will think you're fascinating," says Choke,"if you get them to talk about themselves." Ask questions. Discover the person's interests.

① Now, do you want me to talk about my husband?
② What do you think of my son?
③ Is there any question you want to ask me?
④ How are your children?

11. 다음 밑줄 친 부분이 가리키는 것은?

Albert Einstein once attributed the creativity of a famous scientist to the fact that he never went to school. and therefore preserved <u>the rare gift of thinking</u> freely. There is undoubtedly truth in Einstein's observation ; many artists and geniuses seem to view their schooling as a profit. But such a truth is not a criticism of schools. It is the function of schools to civilize, not to train explores. The social order demands unity and widespread agreement, both characteristics that are destructive to creativity. There will be conflict between the demands of society and the impulses of creativity and genius.

① impulse   ② creativity
③ conflict   ④ genius

12. 다음 글의 밑줄 친 부분에 들어갈 내용으로 가장 적당한 것은?

We may study forever, and we are never as learned as we would, When we have discovered a continent, or crossed a chain of mountains, it is only to find another ocean or another plain _____.

① contrary to our expectation ② upon the farther side
③ against our will ④ to our discouragement

13. 다음 A와 B의 밑줄 친 부분과 의미가 같은 것끼리 올바르게 연결된 것은?

A : The meeting was a striking contrast to the previous one.
B : It has rained for three days without letup.

	A	B		A	B
①	disagreeable	irresistibly	②	noticeable	incessantly
③	natural	heavily	④	disappointing	immediately

14. 다음 글의 밑줄 친 부분과 가장 가까운 뜻을 가진 단어는?

Many people have pointed out harmful effects that a working mother may have on family, yet there are many salutary effects as well.

① well-known ② hurtful
③ beneficial ④ conspicuous

15. 다음 밑줄 친 부분에 들어갈 가장 알맞은 것을 고르면?

> As we begin the decade of the 1990s, we find that the laser, like the computer, has become a commonplace item in our society. Still, how many of us really know what a laser is and what it is used for? The word itself is _____, a word formed from the first letters of other words.

① an antonym
② an acronym
③ an acrobat
④ a synonym

16. 다음 글을 읽고 밑줄 친 부분에 들어갈 알맞은 것을 고르면?

> A few minutes spent in conversation with a boresome person may seem like hours, while hours spent reading a favorite book may speed swiftly by. In childhood the days seem infinitely long, but in later years the weeks are too much short. Time does not seem to pass _____.

① at a constant rate
② but standstill
③ to slowly
④ at an irregular pace

17. 다음 본문의 빈 칸에 들어갈 내용으로 가장 적당한 것은?

> Language cannot be equated with communication. These two are partners in an enterprise of great extent and importance, yet it is a mistake to consider them (   ).

① antonymous
② synonymously
③ antonymously
④ synonymous

18. 다음 본문의 빈 칸에 들어갈 내용으로 가장 적당한 것은?

> Man is one of the most formidable of all animals and the only one who persistently chooses to attack his own species. Throughout history, he has never, except for short periods of time, dispensed with (   ).

① community living
② vigorous sports
③ happiness itself
④ fierce warfare

19. 주어진 문장과 뜻이 가장 가까운 것은?

> The landscape takes your breath away.

① The landscape is against your expectation.
② The landscape is beyond all description to you.
③ You feel sad when you see the landscape.
④ You lose your breath after you see the landscape.

20. 다음 대화의 빈 칸에 들어갈 알맞은 것은?

> A : We are going to miss you, Mary.
> B : _____
> A : Drop me a line when you get there.
> B : I sure will.

① Same here.
② Don't mention it.
③ No, not at all.
④ Never mind.

제 5회 - 행정법총론

행정법총론

01. 행정심판위원회의 구성에 대한 설명으로 옳지 않은 것은?
① 행정심판위원회의 회의는 위원장과 위원장이 회의마다 지정하는 8명의 위원으로 구성한다.
② 중앙행정심판위원회는 위원장 1명을 포함한 70명 이내의 위원으로 구성하되, 상임위원은 4명 이내로 한다.
③ 행정심판위원회는 구성원 과반수의 출석과 출석위원 과반수의 찬성으로 의결한다.
④ 중앙심판위원회 상임위원의 임기는 2년이며 연임할 수 없다.

02. 행정법이 성립하는 전제조건에 관한 설명 중 적합하지 않은 것은?
① 경찰국가사상
② 국민주권주의사상
③ 근세의 자연법사상에 근거를 둔 법치국가사상의 발달
④ E. Forsthoff의 "국가가 있는 곳에 행정이 있고, 행정이 있는 곳에 행정법이 있다."

03. 위임입법에 관한 다음 설명 중 옳지 않은 것은?
① 대법원규칙은 위임입법임과 동시에 법규명령이다.
② 중앙선거관리위원회 규칙은 위임입법·행정입법·법규명령이다.
③ 헌법재판소규칙은 위임입법·행정입법·법규명령이다.
④ 국회규칙은 위임입법·법규명령이지만, 행정입법은 아니다.

04. 쌍방적 행정행위에 관한 설명 중 옳지 않은 것은?
① 쌍방적 행정행위나 공법상 계약은 모두 상대방의 협력(동의·신청)이 없는 경우 무효 내지 불성립이 되어 이 한도 내에서는 구별의 실익이 적다.
② 쌍방적 행정행위는 보통의 경우 상대방의 신청·동의가 없는 경우에는 원칙적으로 무효이다.
③ 부담적 행정행위는 보통 신청에 의하여 행하여진다.
④ 일방적 행정행위는 행정주체의 단독행위라는 점에서, 쌍방적 행정행위와는 구별된다.

05. 다음 행정처분에 대한 설명으로 옳지 않은 것은? (다툼이 있는 경우 판례에 의함)
① 제1종 특수·대형·보통면허를 가진 자가 제1종 특수면허만으로 운전할 수 있는 차량을 운전하다 운전면허취소사유가 발생한 경우, 제1종 대형·보통면허도 취소한 처분은 위법하다.
② 이륜자동차를 음주 운전한 사유만으로 제1종 대형면허나 보통면허의 취소나 정지하는 처분은 위법하다.
③ 택시를 음주 운전하였다 하여 제1종 특수면허를 취소한 처분은 위법하다.
④ 제1종보통·대형·특수면허를 가진 자가 제1종보통·대형면허만으로 운전할 수 있는 12인승 승합자동차를 운전하다 운전면허취소 사유가 발생했다는 이유로 제1종특수면허도 취소한 처분은 위법이다.

06. 행정행위의 존속력에 관한 다음 설명 중 옳지 않은 것은?
① 불가쟁력과 불가변력을 합쳐서 존속력이라 한다.
② 불가쟁력은 절차적 효력인데 대하여, 불가변력은 실체적 효력에 속한다는 것이 다수설이다.
③ 불가쟁력은 특정 행정행위에 대해서만 발생하는데 대하여, 불가변력은 모든 행정행위에 대해서 발생한다.

④ 불가쟁력이 발생한 행정행위라도 불가변력이 없는 한 행정청이 직권으로 취소할 수 있다.

07. 행정행위의 부관에 대한 설명으로 옳지 않은 것은? (다툼이 있는 경우 판례에 의함)
① 공원관리청이 도시공원 또는 공원시설의 관리를 공원관리청이 아닌 자에게 위탁하면서 그 공원시설 등을 사용·수익할 권한까지 허용하고 있는 것은 상대방에게 권리나 이익을 부여하는 효과를 수반하는 수익적 행정행위로서, 이러한 재량행위에 있어서는 관계 법령에 명시적인 금지규정이 없는 한 행정목적을 달성하기 위하여 부관을 붙일 수 있다.
② 재량행위에 있어서는 관계 법령에 명시적인 금지규정이 없는 한 행정목적을 달성하기 위하여 조건이나 기한, 부담 등의 부관을 붙일 수 있고, 그 부관의 내용이 이행 가능하고 비례의 원칙 및 평등의 원칙에 적합하고 행정처분의 본질적 효력을 저해하지 않는다 해도 위법하다.
③ 수익적 행정처분에 있어서는 법령에 특별한 근거규정이 없다고 하더라도 그 부관으로서 부담을 붙일 수 있고, 그와 같은 부담은 행정청이 행정처분을 하면서 일방적으로 부가할 수도 있지만 부담을 부가하기 이전에 상대방과 협의하여 부담의 내용을 협약의 형식으로 미리 정한 다음 행정처분을 하면서 이를 부가할 수도 있다.
④ 지방자치단체장이 사업자에게 주택사업계획승인을 하면서 그 주택사업과는 아무런 관련이 없는 토지를 기부채납하도록 하는 부관을 주택사업계획승인에 붙인 경우, 그 부관은 부당결부금지의 원칙에 위반되어 위법하다.

08. 다음 중 행정규칙이 아닌 것을 모두 고른 것은?

㉠ 관청 내부의 사무분장 같은 조직 규칙
㉡ 상급관청의 훈령이나 통첩과 같은 근무 규칙

ⓒ 대법원 규칙이나 중앙선거관리위원회 규칙
ⓔ 국립대학교 학칙이나 도서관 규칙과 같은 영조물 규칙
ⓜ 건축위원회의 운영규칙

① ⓒ
② ㉠, ㉡, ㉰
③ ⓔ
④ ㉡

09. 행정행위의 직권취소가 제한되는 경우가 아닌 것은?

㉠ 신뢰보호의 이해관계가 공익보다 큰 경우
㉡ 행정청의 착오로 인한 경우
㉢ 장기간에 걸쳐 취소권의 행사가 없었던 경우
㉣ 행정쟁송의 제기기간이 경과하여 당사자가 더 이상 다툴 수 없는 경우
㉤ 행정심판의 재결행위가 대상인 경우

① ㉠, ㉢
② ㉠, ㉡, ㉤
③ ㉢, ㉣
④ ㉡, ㉣

10. 압류와 관련한 다음 내용 중 옳지 않은 것은?

① 급료·연금·봉급·퇴직연금 등은 2분의 1을 초과하여 압류할 수 없다.
② 체납자와 그 동거가족의 생활상 없어서는 안 되는 것은 압류할 수 없다.
③ 압류의 효력은 압류재산으로부터 생기는 천연과실 또는 법정과실에도 미친다.
④ 무효인 과세처분에 대하여 강제징수가 행하여졌을 때 민사소송에 의한 부당이득반환청구만을 제기할 수 있다.

11. 행정청의 처분 또는 부작위에 대한 심판청구에 대하여 국민권익위원회에 두는 중앙행정심판위원회에서 심리·재결하지 않는 것은?

① 감사원, 국가정보원장, 그 밖에 대통령령으로 정하는 대통령 소속기관의 장과 국회사무총장·법원행정처장·헌법재판소사무처장 및 중앙선거관리위원회 사무총장, 국가인권위원회 등
② 시·도의 관할구역에 있는 둘 이상의 지방자치단체·공공법인 등이 공동으로 설립한 행정청
③ 특별시장·광역시장·도지사·특별자치도지사 또는 특별시·광역시·도·특별자치도의 의회
④ 「지방자치법」에 따른 지방자치단체조합 등 관계 법률에 따라 국가·지방자치단체·공공법인 등이 공동으로 설립한 행정청

12. 서울특별시장의 건축에 관한 재결기관은 다음 중 어디가 되는가?

① 중앙행정심판위원회 ② 서울시행정심판위원회
③ 국토교통부행정심판위원회 ④ 국민권익위원회

13. 하자 있는 행정처분에 대한 설명으로 옳지 않은 것은? (다툼이 있는 경우 판례에 의함)

① 행정처분이 아무리 위법하다고 하여도 그 하자가 중대하고 명백하여 당연무효라고 보아야 할 사유가 있는 경우를 제외하고는 아무도 그 하자를 이유로 무단히 그 효과를 부정하지 못한다.
② 수익적 행정처분의 하자가 당사자의 사실은폐나 기타 사위의 방법에 의한 신청행위에 기인한 것이라면, 당사자는 처분에 의한 이익을 위법하게 취득하였음을 알아 취소가능성도 예상하고 있었을 것이므로 행정청이 이를 고려하지 않았다 하여도 재량권의 남용이 되지 않는다.
③ 행정처분이 정당한 것으로 인정되어 행정심판청구를 기각한 재결에 대한 항고소송은 원처분의 하자를 이유로 주장할 수 없고, 그 재결자체에 주체,

절차, 형식 또는 내용상의 위법이 있는 경우에 한한다.
④ 행정처분을 한 처분청은 그 처분에 하자가 있는 경우에는 별도의 법적 근거가 있어야 스스로 이를 직권으로 취소할 수 있다.

14. 행정처분과 관련한 다음 설명 중 옳지 않은 것은? (다툼이 있는 경우 판례에 의함)
① 위반행위에 대하여 시정명령이 아니라 건강식품법 및 그 시행령, 시행규칙에 따라 이 사건 부과처분을 한 것이 피고에게 주어진 재량권의 범위를 일탈하거나 피고가 그 재량권을 남용한 것에 해당한다고 볼 수 없다.
② 주주 丙 등이 주주총회결의 부존재 또는 취소사유가 존재한다고 주장하면서 乙 등에 대한 직무집행정지가처분을 구한 사안에서, 피보전권리가 소명되지 않았다고 보아 가처분신청을 기각한 원심결정은 법리오해의 위법이 없다.
③ 과세관청이 乙의 丁 명의 주식 취득에 대해 구 상속세 및 증여세법 제45조의2를 적용하여 乙을 상대로 증여세 부과처분을 한 사안에서, 위 주식의 명의신탁 당시 乙에게는 조세회피 목적이 없었다고 봄이 상당하여 위법이다.
④ 도시계획시설사업에 관한 실시계획의 인가 요건을 갖추지 못한 인가처분은 공공성을 가지는 도시계획시설사업의 시행을 위하여 필요한 수용 등의 특별한 권한을 부여하는 데 정당성을 갖추지 못한 것으로서 법규의 중요한 부분을 위반한 중대한 하자가 있다.

15. 통치행위에 관한 다음 설명 중 옳지 않은 것은?
① 정치적 성질을 가진 행위로서 법률적 측면을 갖지 않는 것이 특색이다.
② 행정소송에 대하여 열기주의를 취하고 있는 나라보다 개괄주의를 취하고 있는 나라에서 더 논의의 실익이 있다.
③ 프랑스에서는 행정법원인 국참사원의 판례를 통하여 인정되었다.
④ 통치행위는 자유재량행위이므로 사법심사의 대상에서 제외된다는 견해도

있다.

16. 공공기관의 정보공개에 관한 법률상 정보공개에 대한 설명으로 옳지 않은 것은? (다툼이 있는 경우 판례에 의함)

① 공공기관의 정보공개에 관한 법률 제10조 제1항 제2호는 정보의 공개를 청구하는 자는 정보공개청구서에 '공개를 청구하는 정보의 내용' 등을 기재할 것을 규정하고 있는바, 청구대상정보를 기재함에 있어서는 사회일반인의 관점에서 청구대상정보의 내용과 범위를 확정할 수 있을 정도로 특정함을 요한다.

② 국민의 정보공개청구권은 법률상 보호되는 구체적인 권리이므로, 공공기관에 대하여 정보의 공개를 청구하였다가 공개거부처분을 받은 청구인은 행정소송을 통하여 그 공개거부처분의 취소를 구할 법률상의 이익이 있다.

③ 고속철도 역의 유치위원회에 지방자치단체로부터 지급받은 보조금의 사용내용에 관한 서류 일체 등의 공개를 청구한 사안에서, 공개 청구한 정보 중 개인의 성명은 비공개에 의하여 보호되는 개인의 사생활 등의 이익이 국정운영의 투명성 확보 등의 공익보다 더 중요하여 비공개대상정보에 해당한다.

④ 공공기관의 정보공개에 관한 법률은 공공기관이 보유·관리하는 정보에 대한 국민의 공개청구 및 공공기관의 공개의무에 관하여 필요한 사항을 정함으로써 국민의 알 권리를 보장하고 국정에 대한 국민의 참여와 국정운영의 투명성을 확보함을 목적으로 한다.

17. 행정법의 법원에 관한 설명으로 옳은 것은?

① 혼인에 관한 관습법은 성문법에 대해 개폐적 효력을 갖는다.
② 국세기본법은 세법적용과 조세행정에 있어서 행정선례법의 존재를 인정하고 있다.
③ 입어권(入漁權)은 민중관습법이기 때문에 행정법의 법원으로 보기 어렵다는 것이 판례의 입장이다.

④ 조약을 국내에 적용하기 위해서는 반드시 국회에서 재적의원 과반수의 동의를 받아야 한다.

18. 다음과 같은 판례에 적용되는 행정법의 일반원칙은?

> 대법원은 "원고가 운전한 오토바이는 이륜자동차로서 제2종 소형면허를 가진 사람만이 운전할 수 있는 것이고, 이륜자동차의 운전은 제1종 대형면허와는 아무런 관련이 없는 것이므로 오토바이를 음주운전 하였음을 이유로 이륜자동차 이외의 다른 차종을 운전할 수 있는 제1종 대형면허를 취소한 피고의 이 사건처분은 위법하다."고 판시하였다.

① 비례의 원칙
② 필요성의 원칙
③ 신뢰보호의 원칙
④ 부당결부금지의 원칙

19. 무하자재량행사청구권에 대한 설명으로 옳지 않은 것은?
① 재량한계론의 발전에 따라 재량통제 법리의 하나로 등장하였다.
② 재량행위의 영역에서 공권의 성립을 인정한 점에서 큰 의미를 갖는다.
③ 행정청에 대하여 적법한 재량처분을 구하는 적극적 공권이 아니라, 단순히 위법한 처분을 배제하는 소극적·방어적 권리이다.
④ 재량권이 영으로 수축되는 경우에 개인은 행정청에 대하여 특정처분을 청구할 수 있게 된다는 점에서 행정개입청구권이 인정된다.

20. 행정법상의 기간을 일·주·월 또는 년으로 정한 경우 옳지 않은 것은?
① 초일은 어느 경우에도 항상 산입하지 않는다.
② 특별규정이 없으면 민법의 원칙에 따른다.
③ 말일이 공휴일이면 그 익일(翌日)에 만료된다.

④ 오전 0시부터 시작하면 초일불산입의 원칙을 적용하지 않는다.

노동법개론

01. 「근로기준법」상 이행강제금에 대한 설명으로 옳지 않은 것은?
① 이행강제금에 대한 부과·징수는 노동위원회가 하며 이행강제금은 2년을 초과하여 부과·징수하지 못한다.
② 이행강제금은 구제명령을 받은 후 이행 기한까지 구제명령을 이행하지 않은 사용자에게 부과한다.
③ 법령에 규정된 사유가 있는 경우 직권으로 이행강제금의 부과를 유예할 수 있다.
④ 지정된 기간에 이행강제금을 내지 않으면 근로기준법에 따라 징수한다.

02. 「근로기준법」상 부당해고에 대한 설명으로 옳은 것은? (다툼이 있는 경우 판례에 의함)
① 회사가 허위기재 사실을 알았더라면 근로자를 고용하지 않았을 것으로 보인다 하더라도 이미 고용된 이상 이를 해고사유로 들어 해고하는 것은 부당하다.
② 근로계약기간이 만료된 근로자에게 소정의 절차에 따라 근로계약이 갱신될 수 있으리라는 정당한 기대권이 인정되는 경우 사용자가 이에 위반하여 부당하게 계약갱신을 거절하는 것은 실질적으로 부당해고에 해당한다.
③ 단체협약서에 매년 단체교섭을 통하여 임금인상을 결정하여 시행하도록 되어 있어 이에 따라 매년 임금인상을 하여 왔다면 부당해고기간 동안의 근로자의 임금은 해고처분 당시 체결된 단체협약서에 따라 임금을 산정하여야 한다.
④ 사용자가 노동조합과의 협상에 따라 정리해고를 제한하기로 하는 내용의

단체협약을 체결하였다면 이는 근로조건 기타 근로자에 대한 대우에 관하여 정한 것으로 그에 반한 정리해고라 하더라도 정당한 해고이다.

03. 「근로기준법」상 임금에 대한 설명으로 옳지 않은 것은?
① 임금에 대한 채권은 3년간 행사하지 않으면 시효로 소멸하게 된다.
② 임금 지급은 매월 1회 이상 일정한 날짜를 정하여 지급하여야 한다.
③ 임금은 통화로 직접 근로자에게 그 전액을 지급하여야 하며 통화 외의 다른 재화로 임금을 지급할 수 없다.
④ 임금과 가족수당 계산의 기초가 되는 사항, 임금액 등 임금명세서를 임금을 지급할 때마다 적어야 하고 각 사업장별로 임금대장을 작성하여야 한다.

04. 「근로기준법」상 재해보상에 대한 설명으로 옳지 않은 것은?
① 요양 중에 있는 근로자에 대한 휴업보상은 그 근로자의 요양 중 평균임금의 100분의 50에 해당하는 금액을 보상하여야 한다.
② 근로자의 중대한 과실로 업무상 부상 또는 질병에 걸린 경우 노동위원회의 인정을 받으면 휴업보상과 장해보상의 예외가 인정된다.
③ 근로자가 업무상 사망한 경우 사망한 후 지체 없이 평균임금의 90일분을 장례비로 지급하여야 한다.
④ 장해보상은 근로자가 업무상 부상 또는 질병에 걸리고, 완치된 후 신체에 장해가 있는 근로자에게 보상하여야 한다.

05. 「근로기준법」상 취업규칙에 대한 설명으로 옳지 않은 것은?
① 취업규칙에서 정한 기준에 미달하는 근로조건을 정한 근로계약은 그 부분에 관하여는 무효로 한다.
② 취업규칙을 작성하여 고용노동부장관에게 신고하여야 하는 대상은 상시 5

명 이상의 근로자를 사용하는 사업장이다.
③ 취업규칙에는 업무의 시작과 종료 시각, 휴게시간, 휴일, 휴가 및 교대 근로에 관한 사항, 퇴직에 관한 사항 등이 기재되어야 한다.
④ 근로자에게 불리하게 취업규칙을 변경하는 경우에는 근로자의 과반수의 동의를 받아야 한다.

06. 「최저임금법령」상 사용자가 근로자에게 주지시켜야 할 최저임금의 내용에 해당하는 것을 모두 고른 것은?

> ㉠ 최저임금의 효력발생 연월일
> ㉡ 최저임금에 산입하는 임금의 내역
> ㉢ 적용 받는 근로자의 최저임금액
> ㉣ 시간당 최저임금의 금액
> ㉤ 해당 사업에서 최저임금의 적용을 제외할 근로자의 범위

① ㉠, ㉢
② ㉠, ㉢, ㉤
③ ㉢, ㉣
④ ㉡, ㉣, ㉤

07. 「노동조합 및 노동관계조정법」상 노동조합에 대한 설명으로 옳지 않은 것은? (다툼이 있는 경우 판례에 의함)

① 노동조합 설립신고가 행정관청에 의하여 형식상 수리되었더라도 실질적 요건이 흠결된 하자가 해소되거나 치유되는 등의 특별한 사정이 없는 한 이러한 노동조합은 노동조합법상 설립이 무효로서 노동3권을 향유할 수 있는 주체인 노동조합으로서의 지위를 가지지 않는다고 보아야 한다.
② 행정관청으로 하여금 설립신고를 한 단체에 대하여 노동조합 및 노동관계조정법 제2조 제4호 각 목에 해당하는지를 심사하도록 한 취지가 노동조합으로서의 실질적 요건을 갖추지 못한 노동조합의 난립을 방지하기 위함이다.

③ 교섭대표노동조합에는 노동조합 사무실을 제공하면서 교섭창구 단일화 절차에 참여한 다른 노동조합에는 물리적 한계나 비용 부담 등을 이유로 노동조합 사무실을 전혀 제공하지 않거나 일시적으로 회사 시설을 사용할 수 있는 기회를 부여하였다는 것은 차별에 해당한다.
④ 사용자의 공고에 대하여 노동조합이 이의를 신청하지 않은 경우 공고기간이 만료된 날을, 노동조합이 이의를 신청하여 사용자가 수정공고를 한 경우에는 수정공고기간이 만료된 날을 의미한다.

08. 「노동조합 및 노동관계조정법」상 노동조합으로 보지 않는 경우에 해당하는 것을 모두 고른 것은?

㉠ 노동조합 경비의 주된 부분을 사용자로부터 원조 받는 경우
㉡ 정치운동을 목적으로 하는 경우
㉢ 근로자의 이익을 대표하여 행동하는 사람의 참가를 허용하는 경우
㉣ 공제 등 기타 복리사업만을 목적으로 하는 경우
㉤ 근로자의 경제적·사회적 지위의 향상을 목적으로 하는 경우

① ㉠, ㉢　　　　　　　　　　② ㉠, ㉢, ㉤
③ ㉡, ㉢, ㉣　　　　　　　　　④ ㉠, ㉡, ㉣

09. 「노동조합 및 노동관계조정법」상 노동쟁의의 조정에 대한 설명으로 옳지 않은 것은?

① 중재에 의하여 해결하기로 한 경우 쟁의행위의 금지기간은 중재를 개시한 날부터 기산한다.
② 노동쟁의의 조정을 위한 조정위원회는 조정위원 3인으로 구성한다.
③ 노동쟁의에 대한 우선 조정은 국가와 방위산업체 노동쟁의만 해당한다.
④ 노동쟁의의 조정기간은 관계 당사자 간의 합의로 일반사업은 10일, 공익사업은 15일 이내에서 연장할 수 있다.

10. 「노동조합 및 노동관계조정법」상 노동쟁의의 중재와 관련한 설명으로 옳은 것은?

① 노동쟁의가 중재에 회부된 때에는 그 날부터 15일간은 쟁의행위를 할 수 없다.
② 노동위원회에 두는 중재위원회는 중재위원 3인으로 구성한다.
③ 중재는 노동위원회에 관계 당사자 중 어느 일방이 중재를 신청하면 개시된다.
④ 중재위원회의 위원장은 관계 당사자와 참고인 외의 사람에 대하여 회의 출석을 금할 수 있다.

11. 「근로기준법령」상 근로감독관에 대한 설명으로 옳지 않은 것은?

① 사용자와 근로자에 대하여 심문을 할 경우 근로감독관은 신분증명서와 고용노동부장관의 현장조사 또는 검진지령서를 제시하여야 한다.
② 사업장에서 근로기준법을 위반한 사실이 있는 경우 근로자는 그 사실을 근로감독관에게 통보할 수 있다.
③ 공무원만으로 근로감독관을 충원하기 곤란한 경우 일반직 6급 또는 7급 공무원으로서 고용노동부에서 근무한 경력이 1년 미만인 사람 중 고용노동부장관이 정하는 교육을 이수한 사람을 근로감독관으로 임명할 수 있다.
④ 근로감독관의 의무로는 직무상 알게 된 비밀을 엄수하여야 하나 근로감독관을 그만 둔 경우에는 적용받지 않는다.

12. 「근로기준법」상 벌칙과 관련한 설명으로 옳지 않은 것은?

① 구제명령의 재심판정을 이행하지 않은 사람은 1년 이하의 징역 또는 1천만원 이하의 벌금에 처한다.
② 퇴직 근로자에 대하여 금품 청산 지급 사유가 발생한 때부터 14일 이내에 모든 금품을 지급하여야 하며 위반 시 받는 벌칙은 상시 4명 이하의 근로자를 사용하는 사업장은 적용되지 않는다.
③ 법령이나 단체협약에 어긋나는 취업규칙의 변경 명령을 위반한 사람에 대

하여 500만원 이하의 벌금에 처한다.
④ 연장근로 시 통상임금의 100분의 50 이상을 가산하여 근로자에게 지급하여야 한다는 규정을 위반한 사람은 피해자의 명시적인 의사와 다르게 공소를 제기할 수 없다.

13. 「근로기준법」상 경영상 이유에 의한 해고의 제한과 관련하여 (　　) 안에 들어갈 내용이 바르게 연결된 것은?

> ㉮ 상시 근로자수가 99명 이하인 사업 또는 사업장 : (　　)명 이상
> ㉯ 상시 근로자수가 100명 이상 (　　)명 이하인 사업 또는 사업장 : 상시 근로자수의 10퍼센트 이상
> ㉰ 상시 근로자수가 (　　)명 이상 사업 또는 사업장 : 100명 이상

① ㉮ 10　㉯ 999　㉰ 1,000
② ㉮ 100　㉯ 100　㉰ 999
③ ㉮ 10　㉯ 100　㉰ 1,000
④ ㉮ 5　㉯ 100　㉰ 500

14. 「근로기준법」상 휴업수당에 대한 설명으로 옳지 않은 것은? (다툼이 있는 경우 판례에 의함)

① 사용자가 근로자에게 해고기간 중의 임금을 지급함에 있어 이익의 금액을 임금액에서 공제할 경우 근로자가 지급받을 수 있는 임금액 중 근로기준법 제38조 소정의 휴업수당의 한도에서는 이익공제의 대상으로 삼을 수 없다.
② 사용자의 고용의무 불이행을 이유로 손해배상을 구하는 경우와 같이 근로관계가 일단 해소되어 유효하게 존속하지 않는 경우라면 근로기준법 제46조가 정한 휴업수당에 관한 규정을 적용할 수 없다.
③ 근로자가 사용자의 귀책사유로 인하여 해고된 경우에도 휴업수당에 관한 근로기준법이 적용될 수 있다.
④ 사용자가 근로자의 취업규칙 위반을 이유로 해고 등의 징계조치를 취하여 근로자가 그 자리를 떠났다 하더라도 사용자는 해당 근로자에게 그로 인한

휴업수당을 지급할 의무가 있다.

15. 「노동조합 및 노동관계조정법」상 총회의 의결사항에 해당하는 것을 모두 고른 것은?

㉮ 연합단체의 가입에 관한 사항	㉯ 기금의 처분에 관한 사항
㉰ 조직형태의 변경에 관한 사항	㉱ 단체협약에 관한 사항

① ㉮, ㉯, ㉰   ② ㉯, ㉰
③ ㉮, ㉰, ㉱   ④ ㉮, ㉯, ㉰, ㉱

16. 「최저임금법」상 사용자에 대한 설명으로 옳지 않은 것은?
① 최저임금액보다 적은 임금을 지급하거나 최저임금을 이유로 종전의 임금을 낮춘 행위자를 벌할 뿐만 아니라 그 법인에도 해당 조문의 벌금형을 과한다.
② 이의 제기를 할 수 있는 사용자를 대표하는 사람은 전국적 규모의 사용자단체로서 고용노동부장관이 지정하는 단체의 대표자로 한다.
③ 사용자를 대표하는 사람은 고시된 최저임금에 이의가 있으면 고시된 날부터 30일 이내에 고용노동부장관에게 이의를 제기할 수 있다.
④ 사용자가 정당한 이유로 근로자에게 소정근로시간 또는 소정의 근로일의 근로를 시키지 않은 경우 근로하지 않은 시간에 대하여 최저임금을 지급할 것을 강제하지 않는다.

17. 「노동조합 및 노동관계조정법」상 대의원회에 대한 설명으로 옳은 것은?
① 대의원회는 회의개최일 10일전까지 그 회의에 부의할 사항을 공고하면 된다.
② 노동조합은 총회에 갈음할 대의원회를 규약으로 둘 수 있다.
③ 대의원회 회장은 대의원의 3분의 1 이상이 회의에 부의할 사항을 제시하

고 회의의 소집을 요구한 때에는 임시대의원회를 소집하여야 한다.
④ 노동조합의 대의원은 하나의 사업장을 대상으로 조직된 그 사업장에 종사하지 않은 조합원 중에서도 선출할 수 있다.

18. 「노동조합 및 노동관계조정법」상 노동조합에 대한 설명으로 옳지 않은 것은? (다툼이 있는 경우 판례에 의함)

① 노동조합활동으로 이루어진 선전방송이나 배포된 문서에 기재되어 있는 문언에 의하여 타인의 인격·신용·명예 등이 훼손 또는 실추되거나 그렇게 될 염려가 있는 것이라면, 그와 같은 행위는 노동조합의 정당한 활동범위에 속하는 것으로 볼 수 없다.
② 취업규칙에 대하여 과반수 노동조합의 동의를 받았더라도 기존의 근로계약은 유효하게 존속하고, 취업규칙에 따라 기존의 근로계약에서 정한 연봉액을 삭감할 수 없다.
③ 단체협약이 근로자의 근로조건을 유지·개선하고 복지를 증진하여 그 경제적·사회적 지위를 향상시킬 목적으로 근로자의 자주적 단체인 노동조합과 사용자 사이에 단체교섭을 통하여 이루어지는 것이므로, 그 명문의 규정을 근로자에게 불리하게 변형 해석할 수 없다.
④ 교섭창구 단일화 제도 하에서 교섭대표노동조합이 되지 못한 노동조합은 독자적으로 단체교섭권을 행사할 수 없다.

19. 「근로기준법」상 임금에 대한 설명으로 옳지 않은 것은? (다툼이 있는 경우 판례에 의함)

① 사용자가 일정한 자격을 가진 근로자에게 자격수당 등의 명목으로 금품을 지급하는 경우에, 그러한 자격의 유무 또는 내용이 근로자가 사용자에게 제공하는 소정근로의 질이나 내용에 영향을 미칠 수 있다면, 특별한 사정이 없는 한 소정근로의 가치 평가와 관련된 일정한 조건이라고 볼 수 있으므로, 자격수당 등의 명목으로 지급된 금품은 통상임금에 해당할 수 있다.

② 해고처분이 무효인 경우 근로자가 지급을 청구할 수 있는 임금은 근로기준법 제18조에서 규정하는 임금을 의미하므로 같은 법 제19조에서 말하는 평균임금산정의 기초가 되는 임금의 총액에 포섭될 임금이 전부 포함되고 통상임금으로 반드시 국한되는 것은 아니다.
③ 평균임금은 이를 산정하여야 할 사유가 발생한 날 이전 3개월 동안에 그 근로자에게 지급된 임금의 총액을 그 기간의 총일수로 나눈 금액을 말한다.
④ 노동조합과 체결한 단체협약에서 지급기준일 현재 재직 중인 근로자에게만 하기휴가비 및 설·추석상여금을 지급하도록 규정하고 있어, 甲 회사가 지급기준일 전에 퇴사한 근로자는 통상임금 지급 자격요건이 되지 않는다.

20. 「근로기준법」상 통상임금을 시간급 금액으로 산정할 경우 산정된 금액이 아닌 것을 모두 고르면?

> ㉮ 둘 이상의 임금으로 되어 있는 경우에는 제1호부터 제6호까지의 규정에 따라 각각 산정된 금액을 합산한 금액
> ㉯ 일급 금액으로 정한 임금은 그 금액을 1일의 소정근로시간 수로 나눈 금액
> ㉰ 1주의 통상임금 산정 기준시간 수에 1년 동안의 평균 주의 수를 곱한 시간을 6으로 나눈 시간으로 나눈 금액
> ㉱ 주급 금액으로 정한 임금은 그 금액을 1주의 통상임금 산정 기준시간 수(1주의 소정근로시간과 소정근로시간 외에 유급으로 처리되는 시간을 합산한 시간)로 나눈 금액
> ㉲ 도급 금액으로 정한 임금은 그 임금 산정 기간에서 임금 마감일이 있는 경우에는 임금 마감 기간을 제외한 총 근로 시간 수로 나눈 금액

① ㉮, ㉯, ㉰
② ㉰, ㉲
③ ㉮, ㉱
④ ㉯, ㉰, ㉱

6 적중모의고사

국 어

01. 다음 밑줄 친 단어의 한자어 표기가 올바르지 않은 것은?
① 흥부전은 해학(諧謔)이 넘치는 우리나라의 대표적인 고전이다.
② 자신을 비하(批下)하여 말하는 것은 결코 옳지 않다.
③ 우리나라는 자주국임을 대외적으로 천명(闡明)하였다.
④ 그를 죄인으로 간주(看做)해서는 안 된다.

02. 다음 내용과 관련한 설명으로 옳지 않은 것은?

> 등신불은 양자강 북쪽에 있는 정원사의 금불각 속에 안치되어 있는 불상의 이름이다. 등신 금불 또는 그냥 금불이라고 불렀다. 그러니까 나는, 이 등신불, 등신 금불로 불리는 불상에 대해 보고 듣고 한 그대로를 여기다 적으려 하거니와, 그보다 먼저 내가 어떻게 해서 정원사라는 먼 이역의 고찰을 찾게 되었는지 그것부터 이야기 해야겠다.

① 작품에 흔히 나타나는 도상학적 사물관이 나타나는데 불상을 통해 소설의 서사세계를 제시하고 있다.
② 주인공 '나'는 일제강점기 말 학도병으로 중국 북경을 거쳐 남경까지 끌려 갔는데 살생을 할 수 없다는 생각으로 군대에서 탈출한다.
③ 이 작품이 보여주는 이중적인 이야기 구조는 시간 이동이라는 특징을 보여

222

준다.
④ 이 작품은 1963년 정음사에서 간행된 단편집 「등신불」에 최초로 수록되었다.

03. 다음 시를 읽고 떠올릴 수 있는 것으로 거리가 먼 것은?

> 내 마음 속 우리 님의 고운 눈썹을
> 즈믄 밤의 꿈으로 맑게 씻어서
> 하늘에다 옮기어 심어 놨더니
> 동지 섣달 나는 매서운 새가
> 그걸 알고 시늉하며 비끼어 가네.

① 검푸른 겨울 하늘   ② 어여쁜 초승달
③ 자연의 질서   ④ 님을 사랑하는 심정

※ 다음 글을 읽고 물음에 답하시오. (04~05)

> (가) 멀리 노루 새끼 마음놓고 뛰어 다니는
>   아무도 살지 않는 그 먼 나라를 알으십니까?
>   그 나라에 가실 때는 부디 잊지 마셔요.
>   나와 같이 그 나라에 가서 <u>비둘기</u>를 키웁시다.
> (나) 강나루 건너서
>   밀밭 길을
>   구름에 달 가듯이
>   가는 <u>나그네</u>
> (다) 겨레와 더불어 푸르를
>   이 증언(證言)의 언덕 위에
>   감감히
>   하늘을 덮어
>   쌓이는 꽃잎, <u>꽃잎</u>

(라) 얇은 사(紗) 하이얀 고깔은
　　고이 접어 나빌레라
　　파르라니 깎은 머리
　　박사(薄紗) 고깔에 감추오고

04. 위의 시 (가)~(라)에서 형태와 율격 면에서 가장 구별되는 것은?
① (가)　　　　　　② (나)
③ (다)　　　　　　④ (라)

05. 위의 시 (가)~(라)에 밑줄 친 언어들 중 암시성이 가장 약한 것은?
① 비둘기　　　　　② 나그네
③ 꽃잎　　　　　　④ 고깔

※ 다음 글을 읽고 물음에 답하시오. (06~07)

　　옛말에 ㉠ "하루 책을 읽지 않으면 입속에 가시가 돋친다"라는 말이 있지만, 오늘날은 하루 책을 읽지 않으면 입에 가시가 돋치는 문제만에 그치는 것이 아니라, 오늘날처럼 생존 경쟁이 극심한 마당에 있어서 하루만큼 낙오(落伍)가 되어, 열패자(劣敗者)의 고배와 비운을 맛보지 않을 수 없게 될 것이다. 아무리 천재적인 지혜와 역량을 사진 사람이라 할지라도, 널리 남의 의견을 들어서 중지(衆智)를 모아 놓지 아니하면, ㉡ 자기 깜냥의 정와(井蛙)의 편견(偏見)으로 독선과 독단에 빠져 대사를 그르치는 일은 옛날부터 비일비재한 것이다.

06. 위 글에서 밑줄 친 ㉠에 해당하는 말을 한자로 바꿀 경우 옳은 것은?
① 一日不獨書 九中生荊棘
② 一日不讀書 口中生荊棘
③ 一日不讀署 口衆生荊棘
④ 一日不讀書 口中牲荊極

07. 위의 글에서 밑줄 친 ⓒ과 바꾸어 쓸 수 있는 한자성어로 옳은 것은?
① 臥薪嘗膽
② 刻舟求劍
③ 漁父之利
④ 井底之蛙

08. 다음 소설에 대한 설명으로 옳지 않은 것은?

> 길은 지금 산허리에 걸려 있다. 밤중을 지난 무렵인지 죽은 듯이 고요한 속에서 짐승 같은 달의 숨소리가 손에 잡힐듯 이 들리며, 콩포기와 옥수수 잎새가 한층 달에 푸르게 젖었다. 산허리는 온통 메밀밭이어서 피기 시작한 꽃이 소금을 뿌린 듯이 흐뭇한 달빛에 숨이 막힐 지경이다.

① 풍경묘사에 있어서 서정성이 돋보이며 낭만주의적 경향이 보인다.
② 대화보다는 배경과 분위기의 묘사로 사건을 전개시킨다.
③ 암시와 추리를 통해 주제를 간접적으로 부각시키고 있다.
④ 인간심리의 순수한 자연성을 표출시키고 있다.

09. 다음 글을 세 부분으로 나눌 때 바르게 연결된 것은?

> 성숙(成熟)한 인격(人格)에 이르는 길은 끝이 없는 도정(道程)이다. 끝이 없는 길이기에 종점(終點)을 경험할 수 없다. 어떤 일을 성취한 후에 성숙한 인간이 되었다고 생각하는 것은 어리석은 일이다. 그것은 마치, 2층 옥상에 올라가서 세상을 다 내다볼 수 있다고 자부하는 것과 흡사한 것이다. 그러므로 성숙한 인격에 이르기 위해서는 평생토록 인격 도야에 힘써야 한다.

① 단정 - 부연 - 결론
② 전제 - 강조 - 단정
③ 이유 - 근거 - 강조
④ 근거 - 이유 - 전제

※ 다음 글을 읽고 물음에 답하시오. (10~11)

> 덕기는 안마루에서, 내일 가지고 갈 새 금침을 아범에 시켜서 꾸리게 하고 축대 위에 섰으려니까, 사랑에서 조부가 뒷짐을 지고 들어오며 덕기를 보고,
> "얘, 누가 찾아왔나 보다. 그 누구냐? 대가리꼴 하고. 친구를 잘 사귀어야 하는 거야. 친구라고 찾아온다는 것이 왜 모두 그 따위뿐이냐?"
> 하고 눈사을 찌푸리는 못마땅하다는 잔소리를 하다가, 아범이 꾸리는 이불로 시선을 돌리며, 놀란 듯이
> "얘, 얘, 그게 뭐냐? 그게 무슨 이불이냐?"
> 하며 가서 만져 보다가,
> "당치 않은! 삼동주 이불이 다 뭐냐? 주속이란 내 낫세나 되어야 몸에 걸치는 거야. 가외 저런 것을, 공부하는
> 애가 외국으로 끌고 나가서 더럽혀 버릴 테란 말이냐? 사람이 지각 머리가…" 하며, 부엌 속에 쪽치고 섰는 손주며느리를 쏘아본다.
> 덕기는 조부의 꾸지람이 다른 데로 옮아간 틈을 타서 사랑으로 빠져 나왔다.
> 머리가 덥수룩하고 꼴이 말이 아니라는 조부의 말눈치로 보아서 김병화가 온 것이 짐작되었다.

10. 위 글에서 작가가 부각시키고자 하는 중심 요소에 해당하는 것은?
① 배경의 묘사 ② 인물의 성격
③ 갈등의 전개 ④ 사건의 실마리

11. 위 소설에 대한 설명으로 바르지 않은 것은?
① 조선일보에 연재된 가족사·세태 소설이다.
② 난삽하고 호흡이 긴 문체를 쓰고 있는 회장체 소설이다.
③ 주제는 일제 치하의 세대 간의 갈등 및 현실 대응이다.
④ 3인칭 관찰자 시점으로 쓰인 사실주의 소설이다.

12. 다음 주장이 범하고 있는 오류에 해당하는 것은?

> "상혁이는 어제 백화점에 가서 9만원이나 하는 운동화를 샀어. 상혁이는 낭비벽이 심한 아이임에 틀림없어!"

① 논점 일탈의 오류
② 인신공격의 오류
③ 성급한 일반화의 오류
④ 잘못된 유추의 오류

13. 다음 문장의 밑줄 친 단어가 한글 맞춤법에 어긋난 표현이 아닌 것은?
① 그는 그곳을 아무런 제지 없이 <u>자유로히</u> 제집 드나들 듯 하였다.
② 준비 기간이 짧긴 했지만 이번 시험은 <u>아뭏든</u> 잘 보았다.
③ 그 부부는 결혼한 지 10년이 넘었지만 <u>오손도손</u> 잘 지낸다.
④ <u>일찌기</u> 이런 일은 유래 없는 사건에 해당한다.

14. 다음 한자성어의 뜻풀이가 옳지 않은 것은?
① 自强不息(자강불식) : 여러 방면으로 널리 아나 정통하지 못함을 뜻한다.
② 麥秀之歎(맥수지탄) : 영화를 자랑하던 도읍에 보리만 무성하게 자라 있는 것을 보고 고국의 멸망을 탄식한 데에서 비롯된 말이다.
③ 螢窓雪案(형창설안) : 반딧불이 비치는 창과 눈에 비치는 책상이라는 뜻으로, 어려운 가운데서도 학문에 힘씀을 비유한 말이다.
④ 博而不精(박이부정) : 여러 방면으로 아는 것이 많으나 정통하지 못함을 이르는 말이다.

15. 고대문학에 대한 설명으로 옳지 않은 것은?
① 고대소설의 근원 설화가 형성되었으며 우리 고유의 시가인 향가가 발생하였다.

② 개인적이고 서정적인 문학에서 집단적·서사적인 문학으로 발전했다.
③ 종교의식과 관련이 깊은 원시 종합 예술에서 문학이 태동했다.
④ 고대가요는 배경 설화에 삽입되어 구비 전승되다가 한역(漢譯)으로 정착되었다.

16. 다음 글을 문맥에 맞게 순서가 바르게 배열된 것은?

> (가) 고창 갯벌은 서해안에 발달한 갯벌로서 다양한 해양생물의 산란 서식지며 어업인들의 삶의 터전으로 많은 혜택을 주어 왔다. 그러나 최근 축제식 양식과 육상에서부터의 오염원 유입 등으로 인한 환경 변화로 체계적인 이용 관리 방안이 지속적으로 요구돼 왔다.
> (나) 정부는 전라북도 고창 갯벌 앞 11.8㎢를 '습지보전법'에 의한 '습지보호지역'으로 지정고시한다고 3일 밝혔다. 우리나라에서 일곱 번째로 지정되는 고창 갯벌은 다양한 식물이 서식하고 천연기념물인 황조롱이와 멸종 위기종을 포함한 46종의 바다새가 서식하는, 생물 다양성이 풍부하며 보호 가치가 큰 지역으로 나타났다.
> (다) 정부는 이번 습지보호지역으로 지정된 고창 갯벌을 람사르 습지로 등록할 계획이며, 올해부터 2012년까지 제2차 연안습지 기초 조사를 실시하여 보전가치가 높은 갯벌뿐만 아니라 훼손된 갯벌에 대한 관리도 강화해 나갈 계획이다.
> (라) 습지보호지역으로 지정되면 이 지역에서 공유수면 매립, 골재 채취 등의 갯벌 훼손 행위는 금지되나, 지역 주민이 해오던 어업 활동이나 갯벌 이용 행위에는 특별한 제한이 없다.

① (다) - (가) - (나) - (라)
② (가) - (나) - (다) - (라)
③ (가) - (라) - (나) - (다)
④ (나) - (가) - (라) - (다)

17. 한글 맞춤법 규정상 두음법칙에 대한 설명으로 옳지 않은 것은?
① 모음이나 'ㄴ' 받침 뒤에 이어지는 '렬', '률'은 치열, 백분율처럼 '열'과 '율'로 적는다.
② 한자로 된 이름의 첫 글자에는 두음 법칙을 적용하는 것이 원칙이다.

③ 의존 명사로 쓰인 '里'와 '理'는 두음 법칙을 적용한다.
④ 한자음 '랴, 려, 례, 료, 류, 리'가 단어의 첫머리에 올 때는 역사, 이발과 같이 '야, 여, 예, 요, 유, 이'로 적는다.

18. 다음 신라 노래가 현대시에 전통으로 접맥되는 작품으로 옳은 것은?

> 오늘 이에 산화(散花)를 불러
> 뿌리온 꽃아 너는
> 곧은 마음의 명을 부리옵기에
> 미륵 좌주 뫼셔라.

① 김소월의 '진달래꽃'
② 조지훈의 '승무'
③ 박목월의 '산도화'
④ 서정주의 '국화 옆에서'

19. 다음 문장에서 밑줄 친 단어 '옹글다'의 쓰임이 문맥상 부자연스러운 것은?
① 그의 말솜씨가 여간 야무지고 <u>옹근</u> 것이 아니었다.
② 모든 일에 <u>옹글게</u> 생각하지 말고 바르게 생각하여라.
③ 나졸들은 세곡 <u>옹근</u> 스무 가마니까지 실어 갔다.
④ 그 북새통에도 이것들이 <u>옹글게</u> 남아 있구나.

20. 다음 문장 가운데 밑줄 친 단어가 맞춤법에 맞게 올바르게 된 것은?
① 농촌에서 풍요를 기원하는 잔치를 <u>벌이고</u> 있다.
② 갑론을박 논쟁을 <u>벌리고</u> 있다.
③ 얼굴을 몰라 볼 정도로 눈에 <u>띠게</u> 야위었다.
④ 우체국에 가서 편지를 <u>붙치기</u> 바란다.

한국사

01. 다음은 조선 후기 농업 경영상의 변화에 대한 설명이다. 문맥을 고려할 때, 괄호 안에 들어갈 내용으로 옳은 것은?

> (㉠)은 본래 엄격히 금지해 왔는데, 요즈음 소민들이 농사를 게을리 하고 이익을 탐하여 (㉡)을 행함에 그 형세가 해마다 늘어나서 지금은 여러 도에 두루 퍼지게 되었으니 모두 금하기 어렵습니다.
>
> －비변사등록－

	㉠	㉡		㉠	㉡
①	견종법	이앙법	②	이앙법	광작
③	이앙법	견종법	④	직파법	광작

02. 다음은 고려 말 전제 개혁 방법을 둘러싼 두 정치 세력의 주장이다. 이를 통해서 추론할 수 있는 사실로 적절한 것은?

> (가) 한 밭뙈기에 조세를 걷는 자가 여럿이 될 때, 각자가 가진 문서를 정확히 조사하여 원래의 주인을 가려 그 한 사람에게만 조세를 걷게 한다. 그리고 1년에 여러 번 걷지 못하도록 관에서 엄격히 감시해야 한다.
>
> (나) 지금까지 개인이 조세를 걷던 권한을 일단 모두 빼앗아야 한다. 그리고 양반들의 등급과 공로에 따라 경기도 지역에 한해서만 다시 땅을 나누어 주어 조세를 걷을 수 있도록 한다.

① (가), (나) 모두 지배층의 수조권 재조정 문제에 초점을 두었다.
② (가), (나) 모두 국가 재정 수입의 증대를 가져오기는 어려울 것이다.
③ (가)의 주장을 전개한 세력은 불교를 이념적 바탕으로 삼았다.
④ (나)의 주장을 전개한 세력은 이성계의 역성혁명을 반대하였다.

03. 고구려가 연맹왕국 단계에서 중앙집권국가로 성장하는 과정에서 나타난 사실로 옳은 것은?

① 평양으로 천도하여 한강유역을 차지하였다.
② 옥저를 정복하고 계루부 고씨에 의한 왕위 세습이 이루어졌다.
③ 왕 아래 상가·고추가는 사자·조의·선인 등의 관리를 두었다.
④ 제가들은 왕을 추대하거나 책임을 물어 왕을 축출하였다.

04. 고려의 성립이 중세사회로의 전환을 의미할 때, 고대사회와 비교하여 그 특징으로 볼 수 없는 것은?

① 지방호족 출신이 과거를 통하여 중앙관료로 진출하였다.
② 최승로 등 유학자들의 권유로 유교적 정치질서가 중시되었다.
③ 수도인 개경을 중심으로 하는 중앙귀족들의 세련된 문화가 발달하였다.
④ 독자적인 사회변동의 실현을 통하여 강력한 민족의식이 형성되었다.

05. 다음은 고려시대의 토지제도에 관한 설명이다. ㉠, ㉡에 들어갈 내용으로 알맞은 것은?

> 고려시대에는 문무 관리로부터 군인, 한인에 이르기까지 18등급으로 나누어 곡물을 수취할 수 있는 전지와 땔감을 얻을 수 있는 시지를 나누어주었다. 이 때 지급된 토지는 (㉠)만 갖는 토지였다. 관직 복무와 직역에 대한 대가로 지급되었기 때문에 이 토지를 받은 자가 죽거나 관직에서 물러날 때에는 토지를 국가에 반납하도록 하였다. 관리에게 보수로 주던 과전과 달리 문벌 귀족의 세습적인 경제 기반이 되었던 것은 (㉡)이었다. (㉡)은 5품 이상의 관료가 되어야 받을 수 있었다.

① ㉠ - 경작권, ㉡ - 공음전
② ㉠ - 소유권, ㉡ - 구분전
③ ㉠ - 수조권, ㉡ - 구분전
④ ㉠ - 수조권, ㉡ - 공음전

고용노동직 적중모의고사

06. 다음 자료와 관련한 설명으로 옳은 것은?

> 조선의 좌우합작은 민족 독립의 단계요, 남북통일의 관건인 점에 있어서 3천만 지상명령이며 국제 민주화의 필연적 요청이었음에도 불구하고 저간의 복잡다단한 내외 정세로 오랫동안 파란곡절을 거듭해오던 바, 10월 4일 좌·우 대표가 회담한 결과 좌측의 5원칙과 우측의 8원칙을 절충하여 7원칙을 결정하였다.

① 좌·우익은 합작의 필요성을 둘러싸고 날카롭게 대립하였다.
② 좌우합작운동은 미군정의 의지와는 무관하게 민족 운동 진영이 주도하였다.
③ 좌·우익은 반민족 행위자 처리 문제에는 의견의 일치를 보았다.
④ 좌익은 토지의 유조건 몰수가 지주의 이익을 대변하는 것이라며 반대하였다.

07. 고려시대의 조계종에 관한 설명으로 사실과 다른 것은?

① 선종을 중심으로 교종을 통합하려는 종파로 지눌에 의해 개창되었다.
② 이론과 실천을 강조하는 교관겸수를 제창하고 화쟁사상을 중시하였다.
③ 조계종은 무신정권의 정책적인 후원을 받아 독자적 세계를 개척해 나갔다.
④ 좌선 등 심성의 도야를 강조하여 불교에서 성리학으로 넘어가는 과도기적 역할도 수행하였다.

08. 고조선의 변천과정에서 나타난 위만정권에 대하여 다음과 같은 가설을 설정했을 때 이를 입증할 수 있는 근거로 보기 어려운 것은?

> B.C. 194년 진·한 교체기에 연나라에서 망명하여 후에 고조선의 준왕을 몰아내고 스스로 왕위에 오른 위만은 연나라에서 살던 고조선 사람이 아닐까?

① 위만은 그의 무리를 이끌고 고조선에 들어갈 때 상투를 틀고 조선옷을 입었다.
② 고조선의 준왕은 위만이 망명하자 곧 그를 신임하여 변경을 다스리는 책임

자로 임명하였다.
③ 위만은 준왕을 축출하고 왕이 된 이후에도 조선이란 국호를 계속 사용하였다.
④ 위만조선은 중국의 한과 한강 이남에서 성장하던 진과의 중계무역으로 번성하였다.

09. 다음 내용 중 임진왜란 이후에 변화된 모습이라고 볼 수 없는 것은?
① 국방체제가 제승방략체제에서 속오군체제로 바뀌었다.
② 양반의 수가 증가되고 상민과 노비의 숫자는 줄었다.
③ 영정법이 전분 6등, 연분 9등법으로 바뀌었다.
④ 대동법의 실시는 과세기준을 민호에서 토지의 결수로 바꾼 것이다.

10. 조선 후기 붕당정치에 대한 설명으로 옳지 않은 것은?
① 광해군 때 북인정권은 실리적 외교를 추구하였다.
② 인조 때 서인정권은 새로운 군영을 설치하고 남인과 공존관계를 유지하였다.
③ 현종 때 남인은 예송논쟁을 일으켜 서인과 대립한 끝에 집권하였다.
④ 효종 때 서인정권은 남인들과 공존하면서 북벌운동의 무모함을 비판하였다.

11. 다음 글에 나타난 정신과 맥락을 같이 하는 역사적 사실은?

> 서양 오랑캐가 침범해오는데 싸우지 않으면, 이는 그들과 화의하는 것이오, 화의를 주장함은 곧 나라를 팔아먹는 것이다(洋夷侵犯 非戰則和 主和賣國).
> － 丙寅作 辛未立 －

① 1860년대 통상개화론을 주장하였다.
② 1870년대에 들어온 「해국도지」와 「영환지략」의 영향을 받았다.

③ 1880년대에 소개된 「조선책략」의 내용을 옹호하였다.
④ 1890년대 을미사변을 계기로 항일 의병 운동을 일으켰다.

12. 다음과 같은 시기에 있었던 일로 보기 어려운 것은?

> 농민 생활이 악화되어 각 지방에서 유민이 증가하였다. 유민들 중 일부는 도적이 되어 양반들과 중앙 정부로 바치던 물품을 빼앗기도 하였으며, 이들이 도성에까지 출현하는 사건이 일어나기도 하였다. 그 중에도 명종 때 황해도와 경기도 일대에서 활동한 임꺽정이 대표적이다.

① 동전이 제대로 유통되지 않아 시중에서 동전 부족 현상이 나타났다.
② 지주제가 점차 확대되어 소작농으로 몰락하는 농민이 증가하였다.
③ 환곡제가 고리대화 되어 농민의 부담을 가중시켰다.
④ 방군수포가 행해져 농민의 군포 부담이 과중해졌다.

13. 다음에 열거하는 사건을 시기 순서대로 바르게 배열한 것은?

> ㉠ 미국의 수교요청으로 김홍집과 미국 해군제독 슈펠트 간에 조약이 체결되어 조선과 미국과의 수교관계가 시작되었다.
> ㉡ 일본 군함 운요호가 조선의 강화해협에 불법으로 침입하여 포격을 가하고 살육·방화·약탈을 자행하였다.
> ㉢ 독일인 오페르트는 프랑스 신부 페론과 함께 남연군의 무덤을 도굴하였다.
> ㉣ 아시아 함대 사령관 로저스가 이끄는 미군은 광성보를 점거하고 수자기를 탈취하였다.
> ㉤ 프랑스 극동함대가 강화도에 상륙하여 군기, 서적 등을 약탈하였다.

① ㉢ - ㉣ - ㉡ - ㉤ - ㉠
② ㉤ - ㉢ - ㉣ - ㉡ - ㉠
③ ㉤ - ㉣ - ㉢ - ㉡ - ㉠
④ ㉢ - ㉤ - ㉣ - ㉡ - ㉠

14. 다음의 내용과 관계가 있는 인물은?

> … 인간은 평등하게 창조된 것이며, 조물주에 의해 부여된 양양도할 수 없는 권리는 생명·자유·행복의 추구이다. … 만일 어떠한 정부라도 이러한 목적을 훼손하는 경우에는 그 정부를 교체하거나 폐쇄할 수 있는 권리를 갖고 있다.

① 박지원 ② 이이
③ 유성룡 ④ 정약용

15. 다음 내용과 같은 활동을 전개한 단체는?

> 19세기 후반에 창립 되어 과거의 개혁 세력과는 달리 민중과 개화운동을 결합시켜 근대적 민중운동을 전개 하였고 러시아 영사관에 머물러 있던 고종에게 환궁할 것을 호소하여 이를 결행하게 하였다.

① 황국협회 ② 헌정연구회
③ 일진회   ④ 독립협회

16. 다음의 사실들이 시대 순으로 맞게 배열된 것은?

> ㉠ 일반백성은 정전(丁田)의 경작자로서 국가에 조를 바쳐야 했다.
> ㉡ 군현제와 면리제가 정비됨에 따라, 농민들은 토호의 지배로부터 점차 벗어날 수 있었다.
> ㉢ 노비들은 사망한 그의 주인을 따라서 함께 순장되었다.
> ㉣ 토지를 잃은 농민은 권문세족의 농장에 투탁하였다.

① ㉠ - ㉡ - ㉢ - ㉣   ② ㉠ - ㉢ - ㉣ - ㉡
③ ㉢ - ㉠ - ㉡ - ㉣   ④ ㉢ - ㉠ - ㉣ - ㉡

17. 각 시대에 있었던 다음의 사실들이 공통적으로 추구하였던 것은?

- 신라 신문왕 때 녹읍을 폐지하고 관료전을 지급하였다.
- 발해에서는 인안, 대흥, 건흥 등 독자적인 연호를 사용하였다.
- 고려 광종 때 과거제도를 실시하여 인재를 채용하였다.

① 전제왕권을 강화 ② 민족의 자주성을 고취
③ 각종 제도를 정비 ④ 농민생활의 안정

18. 다음과 같은 기록이 남겨져 있는 사회의 모습으로 옳은 것은?

이 고을의 사해점촌을 조사해 보았는데 지형은 산과 평지로 이루어져 있으며 마을의 크기는 5,725보, 공연(孔烟)의 수는 합하여 11호가 된다. 3년간에 다른 마을에서 이사 온 사람은 둘인데 추자(追子)가 1명, 소자(小子)가 1명이었다.

① 호구조사는 20년마다 이루어졌다.
② 장례는 유교전통에 따라 치러졌다.
③ 자연재해 시 왕이 교체되기도 하였다.
④ 골품제도로 능력보다 신분이 중시되었다.

19. 다음과 같은 일본의 경제침탈에 대하여 우리는 어떻게 대응하였는가?

청·일전쟁 이후, 조선에 대한 내정간섭을 시작한 일본은 조세징수권과 해관세 수입을 담보로 차관을 제의하여 실현시켰고, 러·일전쟁 이후에는 화폐정리의 명목으로 차관을 강요하였다.

① 방곡령의 시행 ② 국채보상운동의 전개
③ 독립협회의 이권수호운동 ④ 물산장려운동의 전개

20. 다음에서 설명하는 사상과 관련된 것을 보기에서 고르면?

> 남송의 주희가 집대성한 것으로 종래 자구의 해석에 힘쓰던 사장 중심의 유학과는 달리 인간의 심성과 우주의 원리 문제를 철학적으로 탐구하는 신유학이다. 이 사상을 처음 고려에 소개한 사람은 충렬왕 때 안향이었다.

> ㉠ 소학, 주자가례를 중시하였다.
> ㉡ 이 사상을 수용한 세력은 권문세족과 불교의 폐단을 비판하였다.
> ㉢ 고려 태조가 추진한 북진 정책은 이 사상의 영향을 받은 것이다.
> ㉣ 묘청의 서경천도와 한양 명당설의 이론적 배경이 되었다.

① ㉠, ㉢
② ㉠, ㉡
③ ㉠, ㉣
④ ㉢, ㉣

영어

01. 다음 두 문장의 밑줄 친 곳에 공통으로 들어갈 가장 알맞은 단어는?

> • He set _____ on foot early the next morning for Paris.
> • I cannot figure _____ what the man is trying to say.

① of
② in
③ out
④ for

02. 다음 밑줄 친 단어와 반대되는 단어로 빈 칸을 채울 경우 옳은 것은?

> At the beginning the land was extremely <u>barren</u>, but after many years of hard work, it has finally become _____.

① fertile ② vain
③ vacant ④ empty

03. 다음 대화의 빈 칸에 들어갈 내용으로 적절하지 않은 것은?

> A : Could you help me carry this heavy bag?
> B : Why not?
> A : Thank you very much for your kindness.
> B : _____.

① It's my great pleasure. ② You're quite welcome.
③ Don't mention it. ④ Never mind.

04. 다음 밑줄 친 부분에 들어갈 가장 적절한 것을 고르면?

> Unlike ordinary parks, botanical gardens and arboretums are laid out with more than just the beauty of the landscape in mind. Although trees and shrubs may be interspersed throughout the area to enhance the pleasant surroundings, _____ . Often there are small, special gardens, such as rose gardens, rock gardens, or wildflower gardens contained within the larger botanical gardens. Many have sections devoted to plants of particular geographic origins, such as a tropical plant section, or an aquatic plant section.

① a botanical garden is not always judged by its origin and history
② plants are usually grouped according to their scientific relationships
③ many kinds of plants need certain climatic conditions at certain season
④ their maintenance requires good techniques and practices of cultivating plants

05. 다음 예문의 밑줄 친 조동사 'would'의 용법과 같은 것은?

> One who would succeed in life must work hard.

① He would not take the money, though he was poor.
② If you would be happy, be good.
③ He would be strong, when he was a sportsman.
④ He would often go fishing when young.

06. 다음 글의 빈 칸에 들어갈 알맞은 것은?

> I caught sight of her at the play and in answer to her beckoning I went over during the interval and sat down beside her. It was long since I had last seen her and if someone had not mentioned her name I hardly think I _____.

① would have recognized her
② would recognized her
③ wouldn't have recognized her
④ wouldn't recognized her

07. 다음 글의 요지로 알맞은 것은?

> Everyone will agree that in itself death control is desirable and good. It is good that babies should not die in infancy; it is good that men and women should enjoy longer life. But death-control can itself get out of control, and has posed us with the disastrous problem of overpopulation.

① 어린이는 오래 살아야 한다.
② 장수하는 것은 우리 모두의 희망이다.
③ 수명조절은 결국 바람직하지 못하다.
④ 현재 세계 인구는 과잉상태이다.

08. 다음 글의 밑줄 친 빈 칸에 들어갈 내용으로 옳은 것은?

In many countries, jogging is a very popular sport. Some people jog to lose weight. Others job because it feels good. But the best reason for jogging is for your health. Doctors say it _____.

① makes your heart stronger.   ② makes your heart weaker.
③ makes you go faster.   ④ makes you eat a lot.

09. 다음 대화의 밑줄 친 부분에 들어갈 내용으로 가장 적절한 것은?

A : Hi, Betty
B ; Hello, Susan. Long time no see.
    I heard that you were expecting
    Is that true?
A : Yes, that's true.
B ; Good for you! _____.
A : Around October 15.
B ; Really? That's just around the corner!

① When are we supposed to have the next conference?
② When does the meeting start?
③ When does your Thanksgiving Day sale end?
④ When is the blessed event?

10. 다음 중 밑줄 친 곳에 들어갈 내용으로 알맞은 것은?

The person who both smokes and drinks heavily may be greater risk of becoming ill _____ one who drinks like a fish but never smokes or who smokes like a chimney but never drinks.

① than
② less than
③ as
④ more than

11. 다음 글에서 글쓴이의 의도는 무엇인가?

> China has opened the world's first panda farm. It is home for five pandas. Research on panda breeding will be conducted there. The pandas are aged four to twelve years. They are fed twice a day. The pandas eat a mixture of corn and rice flour, milk, eggs, and sugar as well as bamboo leaves. The farm has a playground with a fountain. The pandas play and exercise there.

① to persuade
② to inform
③ to argue
④ to inquire

12. 다음 본문을 읽고 빈 칸에 들어갈 적합한 것을 고르면?

> The men in the crew met many hardships on their long trip into the North pole, and they were worried and discouraged. But whenever the captain appeared, their burden seemed easier and their hopes to be lifted. The captain is _____.

① worried and discouraged
② hopeful and optimistic
③ silent and pessimistic
④ harsh and generous

13. 다음 밑줄 친 It이 구체적으로 가리키는 것은?

> It has been valued by people for many centuries and today an average of

two million dollars worth of this drug is exported annually from Asian countries. To the plant which resembles the appearance of a man, certain medical beliefs sprang up long ago and still exists.

① herb
② ginseng
③ honey
④ potato

14. 다음 글을 가장 잘 요약한 것은?

The best equipment a young man can have for the battle of life is a conscience, common sense and good health. There is no friend so good as a good conscience. There is no enemy so dangerous as a bad conscience. Conscience makes us either kings or slaves.

① 양심을 지키는 것은 중요하다.
② 젊은이들은 거의 다 건강하다.
③ 바른 양심을 가지면 적이 없다.
④ 젊은이들은 좋은 시설에서 생활한다.

15. 다음 (   ) 안에 들어갈 알맞은 것은?

Reasonable discipline never did children any harm-in fact, fundamentally, they prefer it. The discipline should not be excessive -we do not want prohibition for prohibition's sake ; and it must not be (   ) it is no use forbidding a thing one day and allowing it the next.

① permanent
② unreasonable
③ capricious
④ extreme

16. 다음 대화의 밑줄 친 부분에 들어갈 내용으로 옳은 것은?

A : Well, I'm afraid I'd taken up too much of your time.
　　I'd better be going now.
B : Not at all. _____.

① Gain your time. I'm in no hurry
② Take your time. I'm in no rush
③ Save your time. I'm very busy now
④ Stay out of my way

17. 다음 글의 내용과 일치하는 것은?

Freedom is something that has been won very gradually. In ancient times, slaves lived and died wholly in the power of their masters, their lives being worth practically nothing. In the succeeding years men had to fight to gain their freedom.

① Freedom was won very abruptly by the slaves.
② Man's freedom has been won only after years of struggle.
③ Men fight so the slaves could get into power.
④ There was freedom even during the ancient times.

18. 다음 밑줄 친 부분에 들어갈 내용으로 알맞은 것은?

Although our country is a land of plenty, we still have much to do to assure to all of our people _____ to develop their _____ for group and community usefulness.

① obligations, interests　　　② capacities, interests

③ opportunities, capacities   ④ opportunities, ambition

19. 다음 두 문장의 의미가 같도록 밑줄 친 부분에 들어갈 알맞은 것은?

> His latest novel leaves no room for criticism.
> = His latest novel is _____ criticism.

① against   ② beyond
③ below   ④ about

20. 다음 글이 문맥에 맞도록 ( ) 안에 공통으로 사용할 수 있는 것은?

> The ( ) is the most useful all-around weapon devised by primitive man. It can kill an elephant or bring down a pigeon. Historically, the use of the ( ) might be said to be the turning point between the primitive and civilized man.

① boomerang   ② bow
③ gun   ④ bullet

행정법총론

01. 다음 중 하자의 승계가 부정되지 않는 경우는? (다툼이 있는 경우 판례에 의함)

① 재개발사업시행인가처분과 토지수용재결처분의 경우
② 병역법상의 보충역편입처분과 공익근무요원소집처분의 경우
③ 조세체납처분에 있어서의 독촉과 충당처분 상호간의 경우

④ 감사원의 변상판정과 소속장관의 변상명령의 경우

02. 통치행위에 관한 설명 중 옳지 않은 것은?
① 통치행위의 특징은 법적 판단이 불가능함으로 법치행정의 원칙과 사법심사의 대상에서 제외되는 점이다.
② 광의의 행정에는 통치행위도 포함된다.
③ 통치행위의 인정근거를 프랑스는 사법자제설, 영국은 대권행위설을 취한다.
④ 우리나라의 판례는 통치행위를 내재적 한계설에서 인정하고 있다.

03. 다음 중 영국의 행정절차에 관한 설명이 옳지 않은 것은?
① 영국 행정절차의 기본원리인 자연적 정의는 모든 국가권력의 적정한 행사의 필수적 기본원칙이다.
② 자연적 정의는 편견배제의 원칙과 쌍방청문의 원칙이라는 두가지 원칙으로 구성되어 있다.
③ 편견배제의 원칙이란 "누구도 변명기회 없이는 불이익을 받지 아니한다."는 원칙을 말한다.
④ 쌍방청문의 원칙이란 "쌍방 모두에 청문의 기회가 주어져야 한다."는 원칙을 말한다.

04. 건축허가와 건축신고에 대한 다음 설명으로 옳지 않은 것은? (다툼이 있는 경우 판례에 의함)
① 건축법 제14조 제2항에 의하여 인·허가가 의제되는 건축신고의 범위 등을 합리적인 내용으로 개정하는 입법적 해결책을 통하여 현행 건축법에 규정된 건축신고 제도의 문제점 및 부작용을 해소하는 것은 별론으로 하더라도, 건축법상 신고사항에 관하여 건축을 하고자 하는 자가 적법한 요건을

갖춘 신고만 하면 건축을 할 수 있고, 행정청의 수리 등 별단의 조처를 기다릴 필요는 없다

② 국토의 계획 및 이용에 관한 법률 제56조 제1항 제2호의 규정에 의한 토지의 형질변경허가는 그 금지요건이 불확정개념으로 규정되어 있어 그 금지요건에 해당하는지 여부를 판단함에 있어서 행정청에게 재량권이 부여되어 있다고 할 것이므로, 같은 법에 의하여 지정된 도시지역 안에서 토지의 형질변경행위를 수반하는 건축허가는 결국 재량행위에 속한다.

③ 국토의 계획 및 이용에 관한 법률에 의해 지정된 도시지역 안에서 토지의 형질변경행위를 수반하는 건축허가는 행정청에 재량권이 부여되어 있다 할 것이다.

④ 행정청이 상·하수도관로가 매설되어 있지 않는 등 도시기반시설이 미비하고 난개발 및 도시슬럼화를 방지하기 위한 계획적인 개발이 검토되고 있다는 이유로 토지의 형질변경행위를 수반하는 건축허가신청을 거부한 것은 그 처분에 재량권의 범위를 일탈·남용한 위법이 있다.

05. 효력발생 시기와 관련한 설명으로 옳지 않은 것은? (다툼이 있는 경우 판례에 의함)

① 조세법령불소급의 원칙은 그 조세법령의 효력발생 전에 완성된 과세요건 사실에 대하여 당해 법령을 적용할 수 없다는 의미일 뿐, 계속된 사실이나 그 이후에 발생한 과세요건 사실에 대한 새로운 법령 적용까지를 제한하는 것은 아니다.

② 판결 선고 후 판결문을 전자문서로 전산정보처리시스템에 등재하고 그 사실을 전자적으로 통지하였지만 등록사용자가 판결문을 1주 이내에 확인하지 아니한 경우 판결문 송달의 효력이 발생하는 시기는 등재사실을 등록사용자에게 통지한 날의 다음 날부터 기산하여 7일이 지난날의 오전 영시가 된다.

③ 신주발행무효의 소에 승계 참가하는 경우에 그 제소기간의 준수 여부는 승계참가시가 아닌 원래의 소 제기시를 기준으로 판단하여야 한다.

④ 법률불소급의 원칙에 대한 예외로서 납세의무자에게 불리하게 세법이 개정

된 경우에는 납세의무자의 기득권 내지 신뢰보호를 위하여 예외적으로 납세의무자에게 유리한 종전의 법률을 적용한다는 특별규정으로서 위 개정된 지방세법의 효력발생 이후에 비로소 과세요건사실이 발생한 경우에는 위 규정이 적용된다.

06. 행정심판법과 관련하여 행정심판위원이 사건의 심리 및 의결에서 제척되는 경우가 아닌 것은?
① 위원이 당사자의 대리인으로서 사건에 관여하지 않은 경우
② 위원이 사건의 당사자와 친족이거나 친족이었던 경우와 사건에 관하여 증언이나 감정(鑑定)을 한 경우
③ 위원이 사건의 대상이 된 처분 또는 부작위에 관여한 경우
④ 위원 또는 그 배우자나 배우자이었던 사람이 사건의 당사자이거나 사건에 관하여 공동 권리자 또는 의무자인 경우

07. 행정규칙에 관한 설명으로 옳지 않은 것은? (다툼이 있는 경우 판례에 의함)
① 법률에 의하여 허용되는 쌍방대리 형태의 촉탁행위에 대하여 '대부업자 등'의 금전대부계약에 따른 채권·채무에 관한 경우에는 행정규칙의 형식으로 일반적으로 공증인에게 촉탁을 거절하여야 할 의무를 부과하는 것이지만 '법률우위원칙'에 위배된다고 볼 수 없다.
② 행정규칙의 내용이 상위법령에 반하는 것이라면 법치국가원리에서 파생되는 법질서의 통일성과 모순금지 원칙에 따라 그것은 법질서상 당연무효이다.
③ 행정규칙은 상위법령의 구체적 위임이 있지 않는 한 행정조직 내부에서만 효력을 가질 뿐 대외적으로 국민이나 법원을 구속하는 효력이 없다.
④ 행정규칙은 특별한 규정이 없는 경우 관보에 게재, 기타 적당한 방법에 의해 피적용자(상대방)에게 도달됨으로써 효력이 발생한다.

08. 다음 허가와 관련한 설명으로 옳지 않은 것은?

① 대인적 허가는 상대방에게만 국한되고, 이전·상속될 수 없는 것으로 의사면허·운전면허 등이 있다.
② 허가대상인 행위를 허가를 받지 않고 행하더라도 사법상의 효력에는 영향이 없다.
③ 건축허가·공중목욕탕허가 등의 대물적 허가는 물건 등의 양수인·상속인에 대하여도 효과를 미친다.
④ 전당포영업허가·차량검사·고물상영업허가 등의 혼합적 허가는 이전·상속에 대하여 경찰관청의 허가를 받도록 하는 경우가 있다.

09. 행정행위의 하자에 대한 설명으로 옳지 않은 것은? (다툼이 있는 경우 판례에 의함)

① 주택재개발정비사업조합 설립인가처분의 취소소송에 대한 1심 판결 이후 정비구역 내 토지 등 소유자의 4분의 3을 초과하는 조합설립동의서를 새로 받았다고 하더라도, 위 설립인가처분의 하자가 치유된다고 볼 수 없다.
② 행정행위를 한 처분청은 그 행위에 하자가 있는 경우에는 별도의 법적 근거가 없더라도 스스로 이를 취소할 수 있다.
③ 선행행위와 후행행위가 서로 독립하여 각각 별개의 법률효과를 목적으로 하는 때에는 선행행위의 하자가 중대하고 명백하여 당연무효인 경우를 제외하고는 선행행위의 하자를 이유로 후행행위의 효력을 다툴 수 있다.
④ 조합설립 인가처분이 있은 이후에는 조합설립결의의 하자를 이유로 조합설립의 무효를 주장하는 것은 조합설립 인가처분의 취소 또는 무효확인을 구하는 항고소송의 방법에 의하여야 한다.

10. 다음 강제집행과 관련한 설명으로 옳지 않은 것은? (다툼이 있는 경우 판례에 의함)

① 하수급인에게 하도급대금에 대한 직접지급청구권이 있다는 이유만으로 그

하도급대금에 상당하는 원수급인의 도급인에 대한 공사대금채권에 관한 채권양도가 있다고 보거나 그 공사대금채권에 대한 제3자의 압류 등 강제집행이 제한된다고 할 수는 없다.

② 채무자가 사해행위 취소로 등기명의를 회복한 부동산을 제3자에게 처분하더라도 이는 무권리자의 처분에 불과하여 효력이 없으므로, 채무자로부터 제3자에게 마쳐진 소유권이전등기나 이에 기초하여 순차로 마쳐진 소유권이전등기 등은 모두 원인무효의 등기로서 말소되어야 한다. 이 경우 취소채권자나 민법 제407조에 따라 사해행위 취소와 원상회복의 효력을 받는 채권자는 채무자의 책임재산으로 취급되는 부동산에 대한 강제집행을 위하여 원인무효 등기의 명의인을 상대로 등기의 말소를 청구할 수 있다.

③ 채무자 회생 및 파산에 관한 법률 제141조 제3항에 의한 포괄적 금지명령은 회생절차개시 신청에 대한 결정이 있을 때까지 모든 회생채권자 및 회생담보권자에게 회생채권 및 회생담보권에 기한 강제집행 등의 금지를 명하는 것이므로, 포괄적 금지명령에 의하여 금지되거나 중지되는 '회생담보권에 기한 강제집행 등'에는 양도담보권 실행행위도 포함된다고 해석하여야 한다.

④ 의무를 명할 여유가 없거나 의무를 명하여서는 행정목적의 달성이 불가능할 때, 긴박한 사정에 직면한 때, 의무자의 신체·재산에 실력을 가할 필요가 있을 때, 집행벌의 방법으로 의무이행의 강제가 곤란 또는 불가능할 때에는 직접강제를 할 수 있다.

11. 행정처분의 집행정지에 관한 설명으로 옳지 않은 것은? (다툼이 있는 경우 판례에 의함)

① 행정소송법 제23조에 의한 행정처분의 집행정지는 이에 대한 본안소송이 법원에 제기되어 계속 중임을 요건으로 한다.

② 취소소송이 제기된 경우에 처분 등이나 그 집행 또는 절차의 속행으로 인하여 생길 회복하기 어려운 손해를 예방하기 위하여 긴급한 필요가 있다고 인정할 때에는 처분 등의 효력이나 집행 등의 정지를 결정할 수 있다. 여기서 집행정지의 요건인 '회복하기 어려운 손해'는 특별한 사정이 없는 한

금전으로 보상할 수 있는 손해로서, 사회관념 상 행정처분을 받고 있는 당사자가 참고 견딜 수 없거나 또는 참고 견디기가 현저히 곤란한 경우의 유형의 손해만을 말한다.
③ 집행정지결정의 효력은 결정 주문에서 정한 종기까지 존속하고, 그 종기가 도래하면 당연히 소멸한다. 따라서 효력기간이 정해져 있는 제재적 행정처분에 대한 취소소송에서 법원이 본안소송의 판결 선고 시까지 집행정지결정을 하면, 처분에서 정해 둔 효력기간은 판결 선고 시까지 진행하지 않다가 판결이 선고되면 그때 집행정지결정의 효력이 소멸함과 동시에 처분의 효력이 당연히 부활하여 처분에서 정한 효력기간이 다시 진행한다.
④ 행정소송법 제23조에 의한 집행정지결정의 효력은 결정 주문에서 정한 종기까지 존속하고, 종기가 도래하면 그 효력이 당연히 소멸함과 동시에 집행정지 되었던 행정처분의 효력이 부활한다.

12. 국가배상과 관련한 설명으로 옳지 않은 것은? (다툼이 있는 경우 판례에 의함)

① 공무원이 직무상 의무를 위반함으로써 피해자가 입은 손해에 대하여는 상당인과관계가 인정되는 범위 내에서 국가가 배상책임을 진다.
② 불법구금이나 고문을 당하고 공판절차에서 유죄 확정판결을 받았으며 수사관들을 직권남용, 감금 등 혐의로 고소하였으나 '혐의 없음' 결정까지 받은 경우에는 재심절차에서 무죄판결이 확정될 때까지 국가배상책임을 청구할 것을 기대하기 어렵다.
③ 재판에 대하여 불복절차 내지 시정절차 자체가 없는 경우에는 부당한 재판으로 인하여 불이익 내지 손해를 입은 사람은 국가배상 이외의 방법으로는 자신의 권리 내지 이익을 회복할 방법이 없으므로, 이와 같은 경우에는 배상책임의 요건이 충족되는 한 국가배상책임을 인정하지 않을 수 없다.
④ 행정절차는 그 자체가 독립적으로 의미를 가지는 것으로써, 관련 행정처분의 성립이나 무효·취소 여부 등을 따지지 않은 채 주민들이 일시적으로 행정절차에 참여할 권리를 침해받았다면 국가나 지방자치단체가 주민들에게 정신적 손해에 대한 배상의무를 부담한다.

13. 행정상 손실보상에 대한 설명으로 옳지 않은 것은?

① 행정상 손실보상은 토지수용·징발·농지매수 등과 같이 처음부터 상대방에게 손실을 발생시킬 권한을 행정기관에 부여한 것이다.
② 부담금 징수는 공공사업의 원인자, 손괴자 등에게 징수하는 것으로 행정상의 손실보상을 요한다.
③ 공용징수나 토지수용 등은 공익사업을 위한 토지 등의 취득 및 보상에 관한 법률의 원인이 된다.
④ 손실보상은 적법한 행정작용으로 인한 손실을 보상하는 제도인 점에서 위법행위로 인한 행정상의 손해배상과 구별된다.

14. 불심검문에 관한 설명으로 올바르지 않은 것은?

① 불심검문 시 답변을 거부하는 사람은 영장 없이 구속이 가능하다.
② 불심검문에 의한 질문은 행동자유의 일시 정지를 가져오나, 신체자유의 침해는 아니다.
③ 불심검문은 행정조사로 이루어지는 경우도 있고 행정상 즉시강제로 이루어지는 경우도 있다.
④ 불심검문은 경찰관직무집행법상의 대인적 강제수단이다.

15. 행정소송법상 집행정지에 대한 설명으로 옳지 않은 것은? (다툼이 있는 경우 판례에 의함)

① 행정소송에 있어서 본안판결에 대하여 상소를 한 경우에 소송기록이 원심법원에 있으면 원심법원이 규정에 의한 집행정지에 관한 결정을 할 수 있다.
② 집행정지의 요건인 '회복하기 어려운 손해'란 특별한 사정이 없는 한 금전으로 보상할 수 없는 손해이다.
③ 집행정지의 소극적 요건에 대한 주장·소명책임은 행정청에게 있다.
④ 국가가 가집행선고부 판결에 대하여 상소를 제기하면서 강제집행의 정지신청을 한 경우, 법원이 이를 인용하면서 담보제공을 명할 수 있다.

16. 행정청 권한의 한계에 관한 설명이 바르게 연결되지 않은 것은?
① 지역적 한계 – 세무서장의 권한은 관할구역 안에만 미친다.
② 대인적 한계 – 국방부장관은 군인·군무원에 대해서만 권한을 행사할 수 있다.
③ 사항적 한계 – 부령은 행정각부의 장관만이 발할 수 있다.
④ 지역적 한계 – 국무총리의 권한행사는 전국에 그 효력이 미친다.

17. 행정소송에 대한 설명으로 옳지 않은 것은? (다툼이 있는 경우 판례에 의함)
① 국세환급금결정을 항고소송의 대상인 처분으로 판례는 보지 않는다.
② 건축허가처분을 취소하는 재결은 항고소송의 대상이 될 수 있다.
③ 법령의 개정에 따라 퇴직연금 중 일부금액의 지급정지가 통보 되었을 때 이를 항고소송의 대상이 되는 처분이라고 판례는 보았다.
④ 신청권 유무와 관계없이 신청에 대한 행정청의 일방적 거부를 항고소송의 대상인 처분으로 판례는 보지 않는다.

18. 기간계산에 있어서 초일불산입의 원칙이 적용되는 것을 모두 고른 것은?

| ㉠ 연령계산 | ㉡ 국회의 회기 | ㉢ 민원사무처리기간 |
| ㉣ 행정심판의 제기기간 | ㉤ 계약상의 계약시간 | |

① ㉠, ㉡, ㉢
② ㉣, ㉤
③ ㉡
④ ㉢, ㉣

19. 불가변력과 불가쟁력과의 관계 및 차이에 관한 설명으로 옳은 것은?
① 양자는 상호의존적이다.
② 불가변력이 절차법적 효력이고, 불가쟁력은 실체법적 효력이다.

③ 불가변력이 발생한 행위는 행정행위의 상대방은 다툴 수 없다.
④ 불가쟁력은 일정요건 하에 모든 행정행위에 발생하는데, 불가변력은 일정한 행정행위에만 발생한다.

20. 국민권익위원회 설치 목적 및 구성에 관한 설명 중 옳지 않은 것은?
① 국무총리행정심판위원회의 구성에 관한 사항은 국민권익위원회의 설치와 운영에 관한 법률에서 정하는 바에 따른다.
② 위원장 및 부위원장은 국무총리의 제청으로 대통령이 임명하고, 상임위원은 위원장의 제청으로 대통령이 임명한다.
③ 고충민원의 처리와 이에 관련된 불합리한 행정제도를 개선하고, 부패의 발생을 예방하며 부패행위를 효율적으로 규제하도록 하기 위하여 설치한다.
④ 위원회는 필요하다고 인정하는 경우 공공기관의 장에게 부패방지를 위한 제도의 개선을 권고할 수 있다.

노동법개론

01. 「근로기준법」상 다음 법 규정의 (   ) 안에 들어갈 내용이 올바르게 연결된 것은?

> ㉠ 사용자는 근로자가 사망 또는 퇴직한 경우 그 지급 사유가 발생한 때부터 (   )일 이내에 임금, 보상금, 그 밖의 일체의 금품을 지급하여야 한다.
> ㉡ 사용자는 임금 및 급여의 전부 또는 일부를 그 지급 사유가 발생한 날부터 (   )일 이내에 지급하지 아니한 경우 그 다음 날부터 지급하는 날까지의 지연 일수에 대하여 연 100분의 40 이내의 범위에서 지연이자를 지급하여야 한다.

① ㉠ - 14 ㉡ - 7　　　　② ㉠ - 14 ㉡ - 14
③ ㉠ - 7 ㉡ - 7　　　　 ④ ㉠ - 7 ㉡ - 14

02. 「근로기준법」상 임금과 관련한 설명으로 옳지 않은 것은? (다툼이 있는 경우 판례에 의함)

① 이미 구체적으로 그 지급청구권이 발생한 임금은 근로자의 사적 재산영역으로 옮겨져 근로자의 처분에 맡겨진 것이기 때문에, 노동조합이 근로자들로부터 개별적인 동의나 수권을 받지 않는 이상, 사용자와 사이의 단체협약만으로 이에 대한 포기나 지급유예와 같은 처분행위를 할 수 없다.
② 사용자는 취업규칙의 작성 또는 변경에 관하여 해당 사업 또는 사업장에 근로자의 과반수로 조직된 노동조합이 있는 경우에는 그 노동조합, 근로자의 과반수로 조직된 노동조합이 없는 경우에는 근로자의 과반수의 의견을 들어야 한다.
③ 노사 간의 합의에 따라 근로기준법에 규정되지 않은 급여를 추가 지급하기로 한 경우 산정기준은 노사 합의 또는 근로기준법에 규정된 법정수당 등의 산정기준인 통상임금을 기준으로 하여야 한다.
④ 특정 임금 항목이 근로자가 소정근로를 했는지 여부와 상관없이 특정 시점에 재직 중인 근로자에게만 지급하는 임금인지를 판단할 때에는, 그에 관한 근로계약이나 단체협약 또는 취업규칙 등 규정의 내용, 사업장 내 임금 지급 실태나 관행, 노사의 인식 등을 종합적으로 고려해서 판단해야 한다.

03. 「노동조합 및 노동관계조정법」상 노동조합에 대한 설명으로 옳지 않은 것은?

① 근로자는 노동조합을 조직하거나 가입할 수 있으나 공무원과 교원은 노동조합에 가입할 수 없다
② 노동조합은 근로자들이 근로조건의 유지 및 개선 등 근로자의 경제적·사회적 지위 향상 도모에 목적을 둔 단체를 말한다.
③ 노동조합은 법인으로 할 수 있으며 대통령령이 정하는 바에 의하여 등기를 하여야 한다.
④ 법에 의해 설립된 노동조합만이 노동위원회에 노동쟁의의 조정 및 부당노동행위의 구제를 신청할 수 있다.

04. 「근로기준법령」상 평균임금 조정에 대한 설명으로 옳지 않은 것은?

① 평균임금은 같은 직종의 근로자가 없는 경우에는 그 직종과 유사한 직종의 근로자를 기준으로 조정한다.
② 제3회 이후의 평균임금을 조정하는 경우 변동 사유가 발생한 달의 다음 달 평균액이 산정기준이다.
③ 평균임금은 통상임금의 1명당 1개월 평균액이 질병이 발생한 달에 지급된 평균액보다 100분의 5 이상 변동된 경우 그 변동비율에 따라 인상한다.
④ 평균임금은 그 변동 사유가 발생한 달의 다음 달부터 적용한다.

05. 「노동조합 및 노동관계조정법」상 노동조합의 설립과 관련한 설명으로 옳은 것은

① 행정관청은 노동조합 설립신고서에 기재사항의 누락 등으로 보완이 필요한 경우 10일 이내의 기간을 정하여 보완을 요구하여야 한다.
② 노동조합은 설립신고 된 사항 중 주된 사무소 소재지가 변경된 때에는 그 날부터 30일 이내에 고용노동부장관에게 변경신고를 하여야 한다.
③ 노동조합 설립신고서는 고용노동부장관에게 접수하여야 하며 신고증은 7일 이내에 발급하여야 한다.
④ 공제 및 복리사업만을 목적으로 하는 경우 행정관청은 노동조합의 설립신고서를 반려하여야 한다.

06. 「노동조합 및 노동관계조정법」상 법인인 노동조합에 대한 설명으로 옳은 것은?

① 등기사항에 노동조합의 해산사유를 정하였더라도 등기사항에 명기하지 않아도 된다.
② 노동조합의 등기는 그 노동조합의 간사가 신청한다.
③ 법인인 노동조합이 주된 사무소를 다른 등기소의 관할 구역으로 이전한 경

우 해당 노동조합의 대표자는 그 이전한 날부터 3주 이내에 구소재지에서는 이전등기를 해야한다.
④ 노동조합을 법인으로 하려는 경우 주된 사무소 및 지소의 소재지를 관할하는 등기소에 등기하면 된다.

07. 「근로기준법」상 퇴직금에 대한 설명으로 옳지 않은 것은? (다툼이 있는 경우 판례에 의함)

① 최종 퇴직 시 발생하는 퇴직금청구권을 미리 포기하는 것은 강행법규인 근로기준법, 근로자퇴직급여 보장법에 위반되어 무효이다.
② 법에 정한 원칙에 따라 평균임금을 산정하였다고 하더라도, 근로자의 퇴직을 즈음한 일정 기간 특수하고 우연한 사정으로 인하여 임금액 변동이 있는 경우 통상적인 생활임금을 기준으로 퇴직금을 산출할 수 있다.
③ 근로시간 면제자의 퇴직금과 관련한 평균임금을 산정할 때에는 특별한 사정이 없는 한 근로시간 면제자가 단체협약 등에 따라 지급받는 급여를 기준으로 한다.
④ 퇴직한 근로자가 최저임금에 미달하는 임금을 받아왔던 경우에는 퇴직일 이전 3개월 동안 위 근로자에게 실제로 지급된 임금뿐만 아니라 당연히 지급되어야 할 임금 중 지급되지 않은 금액이 포함된 평균임금을 기초로 산정한 퇴직금을 지급할 의무가 있다.

08. 「근로기준법령」상 유족과 관련한 설명으로 옳지 않은 것은?

① 유족보상의 순위에도 불구하고 근로자가 유언이나 사용자에 대한 예고에 따라 유족 중의 특정한 사람을 지정한 경우 그에 따른다.
② 같은 순위의 유족보상 수급권자가 2명 이상인 경우 그 인원수에 따라 똑같이 나누어 유족보상을 한다.
③ 유족의 순위를 정하는 경우 부모는 양부모를 선순위로 친부모를 후순위로로 한다.

④ 근로자가 사망할 때 그가 부양하고 있던 배우자, 자녀, 부모, 손(孫) 및 조부모는 1순위에 해당하나 사실혼 관계에 있던 사람은 포함되지 않는다.

09. 「근로기준법」상 임금체불정보심의위원회에 대한 설명으로 옳은 것은?
① 위원회의 회의는 위원장을 포함한 재적위원 과반수의 출석으로 개의하고, 출석위원 2/3의 찬성으로 의결한다.
② 위원회의 구성·운영 등 필요한 사항은 고용노동부령으로 정한다.
③ 체불사업주의 인적사항 등에 대한 공개 여부를 심의하기 위하여 근로복지공단에 임금체불정보심의위원회를 둔다.
④ 위원회는 11명의 위원으로 구성하되 위원장은 고용노동부장장관이 된다.

10. 「근로기준법」상 18세 미만인 사람의 사용 금지 직종 중 고용노동부령으로 정하는 업무에 해당하는 것을 모두 고른 것은?

㉠ 고압작업	㉡ 고열작업
㉢ 잠수작업	㉣ 진동작업
㉤ 한랭작업	㉥ 낙하의 위험이 있는 장소에서의 작업

① ㉠, ㉡, ㉢ ② ㉢, ㉣, ㉥
③ ㉡, ㉤ ④ ㉠, ㉢

11. 「최저임금법」상 최저임금 적용을 위한 임금 환산 방법으로 옳지 않은 것은?
① 근로자가 받는 임금이 둘 이상의 임금으로 되어 있는 경우 해당 부분을 각각 해당 규정에 따라 환산한 금액의 합산액을 그 근로자의 시간에 대한 임금으로 한다.

② 생산고에 따른 임금지급제나 도급제로 정해진 임금은 그 임금 산정기간의 임금 총액을 그 임금 산정기간 동안의 총 근로시간 수로 나눈 금액을 시간에 대한 임금으로 한다.
③ 근로자의 임금을 정한 단위가 된 기간의 소정근로시간 수가 그 근로자에게 적용되는 최저임금액을 정할 때의 단위가 된 기간의 근로시간 수와 같은 경우 그 근로자의 임금을 시간에 대한 임금으로 환산한다.
④ 일(日) 단위로 정해진 임금은 그 금액을 1일의 소정근로시간 수로 나눈 금액이다.

12. 「근로기준법」상 평균임금의 계산에서 제외되는 기간이 아닌 것을 모두 고른 것은?

> ㉠ 「민방위기본법」에 따른 의무를 이행하기 위하여 휴직하거나 근로하지 못한 기간
> ㉡ 「노동조합 및 노동관계조정법」 제2조제6호에 따른 쟁의행위기간
> ㉢ 근로계약을 체결하고 수습 중인 근로자가 수습을 시작한 날부터 2개월 이내의 기간
> ㉣ 근로자의 귀책사유로 휴업한 기간

① ㉠, ㉢ ② ㉠, ㉡
③ ㉡, ㉣ ④ ㉢

13. 「최저임금법」상 최저임금에 대한 설명으로 옳지 않은 것은? (다툼이 있는 경우 판례에 의함)

① 최저임금액에 미달하는 임금 차액의 지급의무의 존재에 관하여 다툴 만한 근거가 있다면, 사용자가 그 임금을 지급하지 아니한 데에 상당한 이유가 있다고 보아야 하므로 사용자에게 구 최저임금법 위반죄의 고의가 있었다고 인정하기 어렵다.
② 상시로 연장근로와 야간근로까지 하고 그에 대한 수당을 받아온 점 등에 비추어 볼 때 중국인 근로자들이 근로기준법 및 최저임금법상의 근로자에

해당한다.
③ 지급된 임금이 최저임금에 미달하는지의 여부는 지급된 임금 중 '최저임금 산입 제외 임금'을 제외한 임금액과 최저임금액을 비교하여 판단하여야 한다.
④ 아파트관리를 영업으로 하는 회사의 취업규칙에서 "노동부고시에 의한 최저임금을 보장한다"고 규정한 경우 포괄임금제에 의하여 근로계약을 체결한 경비원들에 대한 관계에 있어서는 기본급을 노동부고시의 최저임금수준으로 지급한다는 의미이다.

14. 「노동조합 및 노동관계조정법규」상 공동교섭대표단 구성 결정신청과 관련하여 ( ) 안에 들어갈 내용으로 옳은 것은?

> 영 제14조의9제1항에 따라 공동교섭대표단 구성에 관한 결정을 신청하려는 노동조합은 공동교섭대표단 구성 결정 신청서에 해당 노동조합이 교섭창구단일화절차에 참여한 노동조합 전체 종사근로자인 조합원의 ( ) 이상인 노동조합이라는 사실을 증명할 수 있는 자료를 첨부하여 관할 노동위원회에 제출해야 한다.

① 100분의 1 ② 100분의 3
③ 100분의 10 ④ 100분의 5

15. 「노동조합 및 노동관계조정법」상 부당노동행위에 설명으로 옳지 않은 것은? (다툼이 있는 경우 판례에 의함)

① 특정 노동조합에 가입하려고 하거나 특정 노동조합과 연대하려고 하는 노동조합에 대한 부당노동행위로 인하여 특정 노동조합의 권리가 침해당할 수 있는 경우에는 그 특정 노동조합이 부당노동행위의 직접 상대방이 아닌 경우에는 자신의 명의로 부당노동행위에 대한 구제신청을 할 수 없다.
② 사용자가 근로자를 해고함에 있어서 근로자의 노동조합의 업무를 위한 정당한 행위를 그 실질적인 이유로 삼았으면서도 표면적으로는 다른 해고사

유를 들어 해고한 것으로 인정되는 경우에는 부당노동행위로 보아야 한다.
③ 근로자가 노동조합을 조직 또는 운영하는 것을 지배하거나 이에 개입하는 행위는 부당노동행위가 성립한다.
④ 고용주가 근로자에 대하여 형식적으로는 능력부족 명예훼손 등의 사유로 해고하였으나 그와 같은 해고사유가 인정되지 아니하고 실질적으로는 노조 활동을 저지 방해하려는 목적 하에 이루어진 것이라고 객관적으로 인정된 다면 이는 부당노동행위가 성립된다.

16. 「최저임금법령」상 최저임금과 관련한 설명으로 옳지 않은 것은?
① 사용자는 근로자에게 적용 받는 근로자의 최저임금액 등을 주지시켜야 할 의무가 있다.
② 근로자가 받는 최저임금의 시급은 2023년 현재 9,620원이다.
③ 최저임금위원회에 최저임금에 관한 심의를 요청은 매년 12월 31일까지 하여야 한다.
④ 사용자는 최저임금의 내용을 최저임금의 효력발생일 전날까지 근로자에게 주지시켜야 한다.

17. 「근로기준법」상 취업규칙에 대한 설명으로 옳지 않은 것은? (다툼이 있는 경우 판례에 의함)
① 취업규칙이나 상벌규정에서 징계사유를 정하면서 동일한 사유에 대하여 여러 등급의 징계가 가능한 것으로 정한 경우에 그중 어떤 징계처분을 선택할 것인지는 징계권자의 재량에 속한다.
② 취업규칙의 변경에 근로자의 동의가 필요한 경우에 노동조합이 없으면, 사용자 측의 개입이나 간섭이 배제된 상태에서 사업장 전체 또는 기구별·단위 부서별로 근로자 간에 의견을 교환하여 찬반의 의사를 모으는 회의방식 기타 집단적 의사결정 방식에 의하여 근로자 과반수의 동의를 받아야 한다.
③ 휴일근로수당으로 통상임금의 100분의 50 이상을 가산하여 지급하여야 하

는 휴일근로에는 주휴일 근로뿐만 아니라 단체협약이나 취업규칙 등에 의하여 휴일로 정하여진 날의 근로도 포함된다.
④ 근로자에게 불리한 내용으로 변경된 취업규칙은 집단적 동의를 받았다면 그보다 유리한 근로조건을 정한 기존의 개별 근로계약 부분에 우선하는 효력을 갖는다.

18. 「근로기준법」상 경영상 이유에 대한 설명으로 옳지 않은 것은? (다툼이 있는 경우 판례에 의함)

① 사용자가 경영상 이유에 의하여 근로자를 해고하려면 긴박한 경영상의 필요가 있어야 한다.
② 기업이 경영상의 사정에 의한 정리해고가 정당한 이유가 있다고 하기 위하여는 기업이 일정수의 근로자를 정리해고하지 않으면 경영악화로 사업을 계속할 수 없거나 기업재정상 심히 곤란한 처지에 놓일 개연성이 있을 긴박한 경영상의 필요성이 있어야 하는 것은 아니다.
③ 운송사업체에 있어서의 승무정지처분은 사용자가 경영권 행사의 일환으로 업무수행을 위하여 근로자에 대하여 행하는 업무명령인 승무지시의 소극적 양태라 할 것인바, 이러한 승무정지처분이 경영상의 필요나 업무수행의 합리적인 이유에 기인한 경우에는 이는 정당한 업무명령에 속한다.
④ 정리해고는 근로자에게 귀책사유가 없는데도 사용자의 경영상 필요에 의하여 단행되는 것으로서, 정리해고 대상과 범위, 해고 회피 방안 등에 관하여 노동조합의 합리적인 의사를 적절히 반영할 필요가 있다.

19. 「노동조합 및 노동관계조정법」상 단체교섭 및 단체협약에 대한 설명으로 옳은 것은?

① 단체협약의 유효기간은 5년을 초과하지 않는 범위에서 노사가 합의하여 정할 수 있다.
② 근로시간 면제 한도를 초과하는 내용을 정한 단체협약은 그 협약 자체 모

두를 무효로 한다.
③ 단체협약은 서면으로 작성하여 당사자 쌍방이 서명 또는 날인하여야 한다.
④ 당사자 쌍방이 새로운 단체협약을 체결하고자 단체교섭을 계속하였음에도 불구하고 새로운 단체협약이 체결되지 않은 경우 종전의 단체협약은 새로운 협약이 체결될 때까지 효력을 갖는다.

20. 「근로기준법령」상 과태료 부과 금액이 올바르게 된 것은?

법 제41조에 따른 근로자 명부 작성의무를 위반하여 근로자 명부를 작성하지 않은 경우	1차 위반	2차 위반	3차 이상 위반
	(㉮)	(㉯)	(㉰)

    ㉮ ㉯ ㉰   ㉮ ㉯ ㉰
① 50, 100, 200   ② 20, 30, 50
③ 50, 100, 300   ④ 30, 50, 100

적중모의고사

국 어

01. 다음 문장의 밑줄 친 부분이 맞춤법 상 어긋나는 것은?

① <u>첫돐</u>은 아기가 태어난 지 만 1년이 되는 날을 기념하는 것을 말한다.
② 요즘은 출가한 딸도 <u>으레</u> 친정 부모님을 모셔야 한다는 사실에 이의가 없다.
③ <u>아무튼</u> 이번 일은 자네에게 모두 일임하겠네.
④ 친구로부터 <u>적잖은</u> 도움을 받았다.

※ 다음 시(詩)를 읽고 물음에 답하시오. (02~03)

> 산새도 오리나무
> 위에서 운다.
> 산새는 왜 우노, 시메산골
> 영(嶺) 넘어가려고 그래서 울지.
>
> 눈은 내리네, 와서 덮이네.
> 오늘도 하룻길
> 칠팔십 리
> 돌아서서 육십 리는 가기도 했소.
>
> 불귀(不歸), 불귀, 다시 불귀,
> 삼수갑산(三水甲山)에 다시 불귀.

> 사나이 속이라 잊으련만,
>
> 십오 년 정분을 못 잊겠네.
> 산에는 오는 눈, 들에는 녹는 눈.
> 산새도 오리나무
> 위에서 운다.
> 삼수갑산(三水甲山)가는 길은 고개의 길.

02. 위 시에 대한 설명으로 옳지 않은 것은?
① 반복과 변조를 통하여 음악적 효과를 거두었다.
② 4음보의 율격을 사용하여 정형적 리듬을 창조하였다.
③ 일상생활에서 사용되는 어휘를 구사하였다.
④ 새로운 리듬을 창조하기 위하여 민요조 리듬을 변용하였다.

03. 위의 시에서 삼수갑산은 어떤 의미를 나타내고 있는가?
① 떠나야하는 상황　　　　② 지세가 험하고 교통이 불편함
③ 매우 험난하고 어려운 지경　④ 임에 대한 정분을 잊지 못하는 심정

04. 아래 글과 진술 방식이 같은 것은?

> 뒤에 물러 누운 어둑어둑한 산, 앞으로 질펀히 흘러내리는 검은 강물, 산마루로 들판으로 검은 강물 위로 모두 쏟아져 내릴 듯한 파아란 별들, 바야흐로 숨이 고비에 찬 이슥한 밤중이다. 강가 모래 벌엔 큰 차일을 치고, 차일 속엔 여인들이 자욱히 앉아 무당의 시나위 가락에 취해 있다. 그녀들의 얼굴들은 분명히 슬픈 흥분과 새벽이 가까워 온 듯한 피곤에 젖어 있다. 무당은 바야흐로 청승에 자지러져도 뼈도 혼령으로 화한 듯 가벼이 쾌자자락을 날리며 돌아간다.…….

① 무더기무더기 핀 진달래꽃이 분홍 무늬를 놓은 푸른 산들이 사면을 둘러

싼 가운데 소복이 일곱 집이 이 마을의 전부였다. 영마루에서 내려다보면 꼭 새둥우리 같았다. 마을 한 가운데는 한 그루 늙은 소나무가 섰고, 그 소나무를 받들어 모신 듯, 둘레에는 집집마다 울안에는 복숭아꽃이 활짝 피어 있었다.

② 날이 밝자 송영감은 열에 뜬 머리를 수건으로 동이고 일어나 앉아 애더러는 흙이길 왱손이를 부르러 보내 놓고, 왱손이 올 새가 바빠서 자기 손으로 흙을 이겨서 틀 위에 올려 놓았다. 송영감의 손은 자꾸 떨리었다.

③ 소월 시의 자연은 어느 작품을 막론하고 눈물, 이별, 체념, 정한 등의 정서로 뒤덮혀 있다. 반면에 지용 시의 자연은 이런 인간적인 정서가 말끔히 걷혀 있다.

④ 금요일을 자기 나라 글로 표기하자는 제안에 일본 목사가 무심코 "金曜日"이라고 썼더니 중국인이 그건 우리 글자라고 항의한다. 한국 목사는 또박또박 "금요일"이라고 써서 한국문화의 독자적 특성을 만천하에 떳떳하게 자랑할 수 있었다.

05. 다음과 같은 내용에 해당하는 비평은?

> 작품을 대할 때 떠오르는 생각이나 느낌을 일관된 논리나 철학의 정리 없이 오직 감상자의 주관을 중심으로 하여 나타내는 태도로 이는 전문적인 비평이라기보다는 예술 체험을 주제로 한 하나의 감상문, 수필이 된다.

① 신화비평 ② 분석비평
③ 인상비평 ④ 역사주의비평

06. 다음 글의 밑줄 친 부분에서 알 수 있는 것으로 가장 적절한 것은?

> 고기(古記)에 이렇게 전한다.
> 옛날에 환인(桓因) - 제석(帝釋)을 이름 - 의 서자(庶子) 환웅(桓雄)이 항상 천하에 뜻

> 을 두고 인간 세상을 몹시 바랐다. 아버지는 아들의 뜻을 알고 삼위태백(三危太白)을 내려다보니 <u>인간 세계를 널리 이롭게</u> 할만했다. 이에 천부인(天符印) 세 개를 주어, 내려가서 세상을 다스리게 하였다. 환웅은 그 무리 3천 명을 거느리고 태백산(太白山) 꼭대기 - 곧 태백산은 지금의 묘향산 - 의 신단수(神檀樹) 아래에 내려와서 이곳을 신시(神市)라 불렀다. 이 분을 환웅천왕(桓雄天王)이라 한다.

① 이윤 추구라는 자본주의적 세계관을 볼 수 있다.
② 특정 종족의 배타적 우월 의식에서 벗어날 수 있는 이념이다.
③ 고대에도 서자는 사회적 차별을 받았음을 알 수 있다.
④ 우리 민족의 영토 확장의 욕구를 알 수 있다.

07. 다음은 시나리오 용어에 대한 설명이다. 옳은 것은?

① 콘티뉴티(continuity) : 드라마에서 이야기를 전개하는 중간에 회상 장면으로 많이 사용된다.
② 나래타주(Narratage) : 무성영화 시절 많이 쓰던 기법으로 텔레비전 뉴스나 만화영화에도 사용되며 화면 중앙의 한 점으로부터 원형으로 퍼져 나가며 전체 화상을 떠오르게 하는 기법을 말한다.
③ D·E(Double-exposure) : 영화나 텔레비전 프로 제작 시 배우들의 옷이나 소품 등이 장면의 연계성을 유지할 수 있도록 작성하는 촬영용 대본을 줄여서 쓰는 말이다.
④ O·L(Over-lap) : 앞의 장면이 서서히 사라져가는 데 겹쳐서 다음 장면을 서서히 나오게 하여 점차 완전히 다음 장면이 되게 하는 기법으로 회상 또는 연속적인 사건의 진전을 신속히 나타낼 때 사용된다.

※ 다음 글을 읽고 물음에 답하시오. (08~09)

> (가) 狄人(적인)ㅅ 서리예 가샤 狄人(적인)이 ㉠ 굴외어늘, 岐山(기산) 올모샴도 하눓 뜨디시니.

野人(야인)ㅅ 서리예 가샤 野人(야인)이 굴외어늘, 德源(덕원) 올ᄆᆞ샴도 하ᄂᆞᇙ ᄠᅳ디시니.
(나) 굴허에 ᄆᆞᄅᆞᆯ 디내샤 도ᄌᆞ기 도라가니 半(반) 길 노ᄑᆡᆫᄃᆞᆯ ⓒ <u>년기</u> 디나리잇가.
石壁(석벽)에 ᄆᆞᄅᆞᆯ 올이샤 도ᄌᆞ골 다 자ᄇᆞ시니 ⓒ <u>현 번</u> ᄠᅱ운ᄃᆞᆯ ᄂᆞ미 오ᄅᆞ리잇가.
(다) ㉣ <u>ᄀᆞᄅᆞᆷ</u> ᄀᆞ새 자거늘 밀므리 사ᄋᆞ리로ᄃᆡ 나거ᅀᅡ ᄌᆞᄆᆞ니이다.
섬 안해 자싫 제 한비 사ᄋᆞ리로ᄃᆡ ᄲᅴ어ᅀᅡ ᄌᆞᄆᆞ니이다.

08. 위 글에서 밑줄 친 ㉠ ~ ㉣의 뜻풀이로 옳지 않은 것은?
① ㉠ - 대적하거늘 ② ㉡ - 남이
③ ㉢ - 천 번을   ④ ㉣ - 강가에

09. 위 글에 대한 설명으로 바르지 못한 것은?
① 서술의 초점이 주정적 정서의 표출에 있지 않고, 사건의 서술에 있다.
② 훈민정음으로 기록된 최초의 장편 서사시이다.
③ (가), (나), (다)는 본사(本詞)로 대구 형식이라는 악장 문학의 독특한 형식을 보여 주고 있다.
④ 방점과 모음조화 규칙이 소멸된 상태를 보여주고 있다.

10. 다음 (가) 시의 '차창'과 (나) 시의 '유리'의 기능을 가장 적절하게 설명한 것은?

(가) 새벽 시내버스는
<u>차창</u>에 웬 찬란한 치장을 하고 달린다.
엄동 혹한일수록
선연히 피는 성에꽃
어제 이 버스를 탔던
처녀 총각 아이 어른

미용사 외판원 파출부 실업자의
입김과 숨결이
간밤에 은밀히 만나 피워낸
번뜩이는 기막힌 아름다움
나는 무슨 전람회에 온 듯
자리를 옮겨 다니며 보고
다시 꽃 이피리 하나, 섬세하고도
차가운 아름다움에 취한다.

(나) 유리에 차고 슬픔 것이 어린다.
열없이 붙어 서서 입김을 흐리우니
길들은 양 언 날개를 파다거린다.
지우고 보고 지우고 보아도
새까만 밤이 밀려 나가고 밀려와 부딪히고,
물먹은 별이, 반짝, 보석처럼 백힌다.

	(가) 차창	(나) 유리
①	대상과의 단절을 암시	삶과 죽음의 경계
②	과거 회상의 매개체	죽음의 공포를 환기하는 존재
③	미래에 대한 희망의 암시	대상에 대한 그리움의 환기
④	세상을 보는 통로	단절과 만남의 경계

11. 다음 글의 진술 의도로 적절한 것은?

사람은 큰 체구를 가진 고등동물(高等動物)이지만, 강한 뿔이나 날카로운 이빨이나 발톱 같은 무기(武器)가 없고, 추위를 막는 털이나 질긴 가죽도 없으며, 레이더와 같은 감각기(感覺器)도 없고, 비둘기처럼 밝은 눈이나 개처럼 예민한 코도 가지지 못한 불완전한 동물이다. 그러나 인간이 이처럼 동물로서의 불리한 조건을 극복(克服)하고 고등 동물이 된 것은 그 까닭이 어디에 있는가?

① 문제 상황에 대한 해결책을 제공한다.

② 사물에 대한 이해를 바탕으로 지식을 제공한다.
③ 언어의 구조가 지닌 미적 즐거움을 제공한다.
④ 바람직한 삶의 방식을 보여준다.

12. 다음 밑줄 친 글과 같은 상투적인 관용 어구가 사용된 문장이 아닌 것은?

> 달 밝은 밤이면 으레 나섰던 그의 산책길에 풀벌레 소리가 멈춘 지 오래고, 그가 사색(思索)의 보금자리로 삼았던 외인 묘지(外人 墓地)는 계절 감각을 상실한 지 오래다.

① 언덕을 치달아 오르는 병사들의 사기는 마치 하늘을 찌를 듯했다.
② 늘그막에 아내와 사별한 노인의 얼굴에는 어쩔 수 없는 고독의 그림자가 짙게 드리워 있다.
③ 바다는 청록색의 손톱으로 여인의 허리처럼 휘어진 하이얀 모래벌을 연해 간지럽히고 있었다.
④ 땀을 비오듯 흘리면서 먹는 한여름 날의 칼국수 맛, 먹어 보지 않은 사람들은 그 맛을 모를 거야!

13. 다음 내용과 관계 깊은 한자 성어는?

> 그가 즐겨 거닐던 서강(西江) 일대에는 고층 건물이 즐비(櫛比)하게 들어서고, 창냇벌을 꿰뚫고 흐르던 창내가 자취를 감추어 버릴 만큼, 오늘날 신촌(新村)은 그 모습이 완전히 달라졌다.

① 창해일속(滄海一粟) ② 망운지정(望雲之情)
③ 수구초심(首邱初心) ④ 상전벽해(桑田碧海)

※ 다음 글을 읽고 물음에 답하시오. (14~15)

> 우리 부부는 숙명적으로 발이 맞지 않는 절름발이인 것이다. 나나 아내나 제 거동에 로직을 붙일 필요는 없다. 변해(辯解)할 필요도 없다. 사실은 사실대로 오해는 오해대로 그저 끝없이 발을 절뚝거리면서 세상을 걸어가면 되는 것이다. 그렇지 않을까?
> 그러나 나는 이 발길이 아내에게로 돌아가야 옳은가 이것만은 분간하기가 좀 어려웠다. 가야 하나? 그럼 어디로 가나?
> 이 때 뚜우 하고 정오 사이렌이 울었다. 사람들은 모두 네 활개를 펴고 닭처럼 푸드덕거리는 것 같고 온갖 유리와 강철과 대리석과 지폐와 잉크가 부글부글 끓고 수선을 떨고 하는 것 같은 찰나! 그야말로 현란을 극한 정오다.
> 나는 불현듯이 겨드랑이가 가렵다. 아하, 그것은 내 인공의 날개가 돋았던 자국이다. 오늘은 없는 이 날개, 머릿속에서는 ㉠ 희망과 야심이 (   ) 페이지가 딕셔너리 넘어가듯 번뜩였다.
> 나는 걷던 걸음을 멈추고 그리고 어디 한번 이렇게 외쳐 보고 싶었다.
> 날개야 다시 돋아라.
> 날자. 날자. 날자. 한번만 더 날자꾸나.
> 한번만 더 날아 보자꾸나.

14. 위 글의 밑줄 친 ㉠은 작중 화자인 '나'가 처한 현실을 표현한 것이다. 문맥상 (   ) 안에 들어가기에 가장 알맞은 말은?

① 충만(充滿)한   ② 말소(抹消)된
③ 공허(空虛)한   ④ 손상(損傷)된

15. 위 작품에 대한 설명으로 옳지 않은 것은?

① 주인공 '나'의 모순된 자아의식을 해부한 현대문학 최초의 사실주의의 작품에 해당한다.
② 이 작품은 1936년 조광지를 통해 발표 되었으며 내용의 난해함과 형식의 파격이 특징이다.
③ 현대소설의 심리주의와 상통하며 외국의 대표적인 작가로는 브르통, 엘뤼

아르 등이다.
④ 소설 인물의 성격 중에 개성적인 인물인 '그 사람만이 가지고 있는 독특한 개성과 특이성이 나타나는 인간형'과 일치하는 주인공이 설정되어 있다.

16. 다음 글을 근거로 추리하였을 때 가장 적절한 것은?

> "쯔쯔……. 저 좋은 목청도 흙 속에서 썩을랑가?"
> "서 서방이 죽으믄 자지러지는 상두가 못 들어서 서분을 기요."
> "할망구 들을라? 들으믄 지랄할 기다."
> "세상에 저리 신이 많으면서 자게 마누라밖에 없는 줄 아니 그것이 보통 드문 일가?"
> "신주 단지를 그리 위하까? 천생 연분이지 머."
> "소나아로 태이나 가지고 남으 제집 한 분 모르고 지내는 것도 뱅신은 뱅신이제?"

① 서 서방의 아내가 미칠 것이다.
② 불륜의 애정 사건이 전개될 것이다.
③ 여성을 주인공으로 내세우게 될 것이다.
④ 열부(烈夫)를 주제로 다루게 될 것이다.

17. 다음 숙어의 뜻이 서로 관계없는 것끼리 연결된 것은?
① 張三李四 － 樵童汲婦　　② 莫上莫下 － 難兄難弟
③ 吳越同舟 － 弱肉强食　　④ 目不識丁 － 一字無識

18. 두 개 이상의 단어로 이루어져 있으면서 그 단어들의 의미만으로는 전체의 의미를 알 수 없는 것을 관용구라 한다. 밑줄 친 내용 중에서 관용구가 아닌 것은?
① 이 비밀을 다른 사람에게 이야기하면 너는 <u>국물도 없다</u>.

② 이 소설은 그가 붓을 꺾기 전에 마지막으로 쓴 것이다.
③ 그 회사 주식을 샀다가 회사가 망하면서 깡통을 찬 사람들이 많다.
④ 가면무도회가 끝나자 참석자들은 저마다 쓰고 있던 가면을 벗었다.

19. 다음 내용에서 나타나는 공통된 음운 현상은?

> ㉠ 한아버지>할아버지   ㉡ 안음>아름
> ㉢ 지이산>지리산   ㉣ 얄리얄리 얄라셩

① 자음 동화
② 활음조 현상
③ 유성음화 현상
④ 모음조화

20. 다음은 하나의 문단을 구성하는 문장들을 순서 없이 늘어놓은 것이다. 이 문장들 중에서 주제문으로 가장 적합한 것은?

> ㉠ 불의 사용은 증기 엔진이라는 동력혁명에까지 영향을 미쳤다.
> ㉡ 불의 사용으로 인류는 다양한 음식문화를 발전시키게 되었다.
> ㉢ 불의 사용은 제련된 금속무기의 발달을 가져오게 하였다.
> ㉣ 불의 사용으로 인류는 문화사적 진보를 이루게 되었다.

① ㉠
② ㉡
③ ㉢
④ ㉣

한국사

01. 고대의 과학기술 발달에 대한 서술로 옳은 것은?
① 고구려에서는 천문도를 제작하지 않았으나, 고분 벽화의 별자리 그림을 통해서 그 정확한 천문관측술을 엿볼 수 있다.
② 부여 능산리에서 출토된 백제 금동 대향로는 백제의 금속공예 기술의 우수성을 잘 보여주는 작품이다.
③ 불국사 석가탑에서 출토된 무구정광대다라니경은 8세기 초에 제작된 세계 최초의 금속활자 인쇄물이다.
④ 삼국시대에는 척도를 사용하지 않아 수학이 발달하지 못하였다.

02. 다음 중 우리나라의 빗살무늬토기와 관계있는 것만 모두 고른 것은?

> ㉠ 청동기시대의 유물이다.
> ㉡ 주로 V자가 모양으로 밑이 뾰족하고, 간혹 도토리형이나 긴 달걀형도 있다.
> ㉢ 주로 구릉지대에서 생활하던 사람이 사용했다.
> ㉣ 북유럽지방으로부터 시베리아 동부지방의 이르는 각지에서도 발견되고 있다.
> ㉤ 토기가 발견되는 곳에 뗀석기도 함께 출토되는 곳이 있다.

① ㉠, ㉢, ㉤
② ㉠, ㉣, ㉤
③ ㉡, ㉣, ㉤
④ ㉠, ㉡, ㉣

03. 우리나라 공예 중 자기의 발달 순서가 올바르게 연결된 것은?

> ㉠ 신라 토기 ㉡ 상감청자 ㉢ 분청사기 ㉣ 순수청자 ㉤ 청화백자

① ㉠ - ㉡ - ㉢ - ㉣ - ㉤   ② ㉠ - ㉢ - ㉤ - ㉡ - ㉣
③ ㉠ - ㉣ - ㉡ - ㉢ - ㉤   ④ ㉤ - ㉢ - ㉡ - ㉣ - ㉠

04. 울주의 반구대 바위그림과 관련한 설명으로 옳지 않은 것은?
① 울주의 서각(바위그림)은 고래, 거북, 사슴 호랑이, 새 등의 동물과 작살이 꽂힌 고래, 덫에 걸린 동물 등의 그림이 새겨져 있다.
② 신석기대에 발생하여 지금까지도 전해 내려오는 애니미즘 사상을 엿 볼 수 있다.
③ 반구대 암각화는 사냥과 물고기 잡이의 성공과 풍성한 수확을 비는 염원을 표현하는 주술적인 성격을 띠고 있다.
④ 제25기법은 동물이나 식물성 물감으로 칠하거나 뿌려서 그렸다.

05. 다음은 선사시대에 대하여 설명한 것이다. 옳은 것은?
① 구석기시대 말기에 농경과 목축이 시작되었으며 계급이 발생하여 지배계급에 의한 지배가 시작되었다.
② 신석기시대에 들어와 식물의 채취와 물고기 잡이를 하였으며 활과 창을 고안하였다.
③ 마지막 빙하기가 끝난 이후부터 신석기시대가 시작되기 전까지를 중석기시대라고 한다.
④ 신석기시대에는 농경생활이 전업화 되었으며 석기를 나무나 뼈에 꽂아 쓰는 이음도구를 만들었다.

06. 다음 인물에 대한 설명으로 옳은 것은?

- 15년(서기 314) 봄 정월, 왕자 사유(斯由)를 세워 태자로 삼았다.
- 겨울 10월, 낙랑군을 침공하였다.

① 위·촉·오 삼국의 대립을 적절히 이용하여 오와 교류하였다.
② 한사군을 축출하고 서안평을 점령하였다.
③ 계루부 출신 고씨가 독점으로 왕위를 계승하였다.
④ 을파소의 건의로 진대법을 처음 실시하였다.

07. 조선후기 사회에서는 근대 지향적인 요소들이 많이 나타났다. 사실과 다른 것은?

① 상공업에 있어서는 영리성이 재고되어 이른바 도고라고 불리는 독점적 도매상인이 나타나고 있었다.
② 성리학적 가치체계와 주자가례에 의한 윤리규범이 재강조 되는 사회분위기였다.
③ 부의 축적에 따른 신분의 상승과 농민 분화로 인한 신분변동이 심해졌다.
④ 서얼과 노비에 대한 속박이 약해지고 세습적, 폐쇄적인 신분제가 퇴색되어 갔다.

08. 신라 하대의 사회변동에 대한 설명으로 옳은 것을 모두 고른 것은?

┌───┐
│ ㉠ 도당 유학생들의 반 신라적 움직임이 일어났다.
│ ㉡ 풍수지리설의 유행은 신라 정부의 권위를 약화시켰다.
│ ㉢ 선종사상에 대항하여 교종사상이 유행하였다.
│ ㉣ 지방호족들이 점차 중앙정부의 지배에서 벗어나기 시작하였다.
└───┘

① ㉠, ㉡, ㉣   ② ㉠, ㉢, ㉣
③ ㉠, ㉡, ㉢   ④ ㉡, ㉢, ㉣

고용노동직 적중모의고사

09. 다음은 삼국시대 역사편찬과 관련된 내용들이다. 옳은 것은?

> - 고구려는 일찍 역사서가 편찬되어 유기가 있었는데, 이것을 이문진이 간추려 신집을 편찬하였다.
> - 백제에서는 근초고왕 때 고흥이 서기를 편찬하였다.
> - 신라에서는 진흥왕 때 거칠부가 국사를 편찬하였다.

① 유교사관이 확립되어 합리적인 역사서가 편찬되었다.
② 삼국시대에 영토 확장 사업이 대단했음을 보여 주고 있다.
③ 국력이 번성하는 시기에 역사서의 편찬이 주로 이루어졌다.
④ 불교의 수용이 역사서 편찬의 유행에 많은 영향을 끼쳤다.

10. 다음은 고려시대 때의 보에 관한 설명이다. 옳지 않은 것은?
① 보는 귀족과 사원, 그리고 지방호족들이 서민들을 상대로 한 고리대금업이 성행하면서 발달하게 되었다.
② 보는 국가가 공공사업의 경비를 충당하기 위해 마련한 현재의 공공재단과 같은 성격이다.
③ 광학보는 승려들의 장학 재단으로 정종 때 만들어졌다.
④ 학보는 태학의 장학기금을 마련하기 위하여 광종이 서경에 설치한 학교재단이다.

11. 다음 글의 내용으로 보아 (   ) 안에 들어갈 내용으로 옳은 것은?

> 불교신앙의 하나로 위기가 닥쳤을 때를 대비하여 향나무를 바닷가에 묻었다가 이를 통하여 미륵을 만나 구원받고자 하는 염원에서 향나무를 땅에 묻는 활동을 매향(埋香)이라고 한다. 이 매향 활동을 하는 무리들을 (   )라고 하였다.

① 두레 　　　　　　　　　　　　② 향약

③ 향도					④ 동약

12. 조선 후기에 나타난 사상과 학문의 경향에 대한 설명으로 옳은 것을 모두 고른 것은?

> ㉠ 인간과 사물의 본성이 같은가 다른가에 대한 호락논쟁이 노론 지배층 내부에서 벌어졌다.
> ㉡ 소론은 성혼의 사상을 계승하고 양명학과 노장사상 등을 수용하는 등 탄력성을 보였다.
> ㉢ 양명학은 성리학의 교조화와 형식화를 비판하였으며, 지행합일을 근간으로 실천성을 강조하였다.
> ㉣ 실증적이고 객관적인 학문 방법론인 고증학이 청에서 들어와 역사학과 지리학에 큰 영향을 끼쳤다.

① ㉠, ㉡					② ㉡, ㉢, ㉣
③ ㉠, ㉡, ㉣				④ ㉠, ㉡, ㉢, ㉣

13. 고려시대 불교의 발달과 관련한 다음 내용이 시대 순으로 바르게 연결된 것은?

> ㉠ 승과제도를 실시하였다.
> ㉡ 라마 불교가 전래되어 폐해가 컸다.
> ㉢ 선종 중심으로 불교를 통합하려는 종파가 성립되었다.
> ㉣ 거란의 침입을 불력으로 물리치기 위해 대장경을 만들었다.

① ㉠ - ㉡ - ㉢ - ㉣			② ㉠ - ㉣ - ㉢ - ㉡
③ ㉢ - ㉡ - ㉠ - ㉣			④ ㉣ - ㉠ - ㉢ - ㉡

14. 다음 내용의 밑줄 친 ㉠과 ㉡ 세력에 대한 특징을 잘못 비교한 것은?

> 무신정권이 몽고의 침략을 효과적으로 막아 내지 못하여 전 국토가 유린되고 민생은 피폐해졌다. 이에 지방에서 성장한 ㉠ 신진사대부들이 ㉡ 권문세족과 대항하면서 개혁 정치를 추구하였다.

	㉠	㉡		㉠	㉡
①	지방향리 출신,	중앙귀족 출신	②	중소지주 출신,	대토지 소유
③	성리학적 이념,	불교세력과 연결	④	친원파,	친명파

15. 다음 글의 밑줄 친 ㉠, ㉡과 관련 있는 내용으로 바르게 연결된 것은?

> 고려 말 정치・사회적 혼란과 ㉠ 이민족의 침입이 계속되는 가운데 새로운 사회를 지향하는 신진 사대부와 신흥무인 세력이 대두되었다. 이들은 위화도회군을 계기로 정권을 장악한 다음, ㉡ 토지개혁을 기반으로 새 왕조를 창건하였다.

   ㉠   ㉡
① 홍건적, 현직 관리에만 토지 지급
② 왜구,   권문세력의 농장 몰수
③ 거란족, 토지의 사유화 보장
④ 왜구,   신진사대부의 경제적 기반 마련을 목적

16. 조선시대의 토지제도 변천을 설명한 것이다. 옳지 않은 것은?
① 과전법 : 여말 선초 실시되었던 토지제도로서 문무 직산관에게 18관품에 따라 수조권을 불하했던 것으로서 경기도에만 한정되었다.
② 직전법 : 세조 때 과전의 반납 시기를 사망 후에서 퇴직 후로 앞당긴 제도로서 전 지역의 현직 관리에게만 수조권을 인정하였다.
③ 관수관급제 : 성종 때 관에서 직접 조(租)를 수취하여(官收) 관리에게 지급하겠다(官給)는 제도로서 국가의 토지지배권을 강화하여 과전이 세습되어

사전화(私田化)되는 것을 막으려는 조치로 직전법을 바탕으로 실시되었다.
④ 녹봉제 : 명종 때 직전법마저 폐지하고(관리에게 과전을 지급하지 않음) 관리에게 오직 녹봉만을 지급하는 제도이다.

17. 다음은 조선 초 중앙집권 체제 기틀을 마련한 왕과 그의 업적을 연결한 것이다. 올바르게 연결된 것은?
① 태종 - 사병제도 폐지, 양반관료의 귀족화 현상
② 세종 - 집현전 육성, 호패법 시행, 국토 확장
③ 세조 - 왕권강화, 중앙집권과 부국강병 추구
④ 성종 - 신문고 설치, 경국대전 완성

18. 조선 초기의 토지제도 중 수등이척에 대한 설명으로 옳지 않은 것은?
① 토지의 등급을 매기는 데에 해마다 지방관리가 답사를 하여 풍흉의 정도를 결정한다.
② 전분6등법의 토지 측량법이다.
③ 조세부과의 공평성을 위하여 만들어졌다.
④ 6등전 1결의 면적은 1등전 1결의 면적보다 4배가 커진다.

19. 다음 설명의 ㉠과 ㉡에 들어갈 내용으로 적당한 것은?

새 왕조를 개창한 신진사대부는 향리를 배제하고 양반중심의 향촌사회를 확립하였다. 이 과정에서 고려의 사심관제도가 (㉠)와(과) (㉡)로(으로) 분화되었다.

	㉠	㉡		㉠	㉡
①	경재소	향·소·부곡	②	유향소	향리
③	경재소	유향소	④	향·소·부곡	유향소

20. 조선 후기 이앙법의 보급에 따른 영향이라고 볼 수 없는 것은?

① 종전에 비해 수확량이 배 이상 늘었다.
② 이앙법 보급으로 농민 1인이 경작할 수 있는 면적은 종래보다 많게는 5배까지 늘어났다.
③ 농민층의 계급분화가 일어났으며 지주계층과 전호계층의 구성비를 변화시켰다.
④ 소작료가 인하되었으며 일부 농민들이 지주가 되기도 하였다.

영 어

01. 다음 글을 읽고 밑줄 친 부분에 들어갈 가장 적당한 것을 고르면?

> Tax rates usually need to be raised. One would like at the same time to improve the distribution of income in the country, or at any rate not worsen it. Moreover, people's incomes provide the primary incentive togreater effort and output. If this incentive is too much reduced through taxation, the whole effort to raise output may _____.

① change 　　　② intensify
③ falter 　　　　④ strengthen

02. 다음 각 주어진 문장에서 밑줄 친 that과 같은 용법으로 쓰인 것은?

> In the year that my mother died, I was only 5 years old.

① I remember the day that she came.
② It was in this city that I married her.

③ It is no wonder that he has failed in his business.
④ Seoul is the city that I born in.

03. 우리말을 영어로 바르게 옮긴 것은?

> 그들이 무엇을 하고 있다고 생각하는가?

① What do you think are they doing?
② What do you think they are doing?
③ Do you think what they are doing?
④ Do you think what are they doing?

04. 다음 문장 중 나머지 셋과 같은 뜻이 아닌 것은?
① He was kind enough to show me the way.
② He was so kind as to show me the way.
③ He had the kindness to show me the way.
④ He was as kind a man as ever showed me the way.

05. 다음 문장의 빈 칸에 들어갈 알맞은 것은?

> He is already on the wrong side of forties. It's about time he _____ himself a wife.

① finds   ② should found
③ found   ④ had found

06. 다음 밑줄 친 곳에 들어갈 적당한 것은?

> Homeowners like to have their window frames and screens _____ of aluminum.

① to make
② made
③ to be made
④ making

07. 다음 대화의 밑줄 친 부분에 가장 적절한 것은?

> A : May I speak to Jennifer, please?
> B : I'm afraid she isn't here right now.
> A : Oh, I see. When do you expect her back?
> B : Probably in an hour. _____
> A : No, thanks. I'll call again.

① Will you call back?
② Who's calling, please?
③ Why don't you hang up?
④ May I take a message?

08. 다음 글은 무엇을 묘사하고 있는가?

> Early in the morning the train pulls into town. Tons of canvas are unrolled, men shout and strain, and the elephants help hoist the huge tent poles into place. Soon, what had previously been a vacant lot becomes a miniature canvas city.

① zoo
② theater
③ circus
④ jungle

09. 다음 글의 밑줄 친 부분에 들어갈 알맞은 것은?

> Mr. Young traveled a lot _____. He sold machines of various kinds to farmers. It was not really a very exciting job, but Mr. Young had always been interested in farming, and he was quite satisfied with his life.

① for pleasure
② to a tourist city
③ during holidays
④ on business

10. 다음 글의 내용이 풍자하고 있는 것은?

> A Pentagon official was conducting a briefing. "Reports of overspending in the military have been greatly exaggerated! Now," he concluded, "Don't forget to turn in those pencils when you leave they cost sixty eight dollars each."

① the high price of some pencils
② the overspending of the military
③ the exaggeration of the Pentagon reports
④ conducting a briefing

※ 다음 글을 읽고 물음에 답하라. (11~12)

> In most cases the treatment lies in fitting the patient with artificial lenses, designed to correct the particular error of refraction. The doctor treats and in most cases the patient is rewarded by an immediate improvement in vision. But in the meanwhile, what about nature and her healing process? Do the organs of sight tend to return to normal functioning as the result of the treatment with artificial lenses? The answer is No. So far from improving, eyes fitted with these devices tend to grow gradually (㉠) and to require gradually (㉡) lenses for

the correction of their symptoms.

11. 위 글의 ㉠과 ㉡에 들어갈 알맞은 것으로 짝지어진 것은?

	㉠	㉡		㉠	㉡
①	stronger	weaker	②	weaker	stronger
③	dimmer	brighter	④	brighter	dimmer

12. 위 글에서 필자가 말하고자 하는 내용으로 옳은 것은?

① The improvement of artificial lenses
② The various causes of defective vision
③ The advantage of medical treatment
④ The limit of medical treatment

13. 다음 글을 통해서 독자가 알 수 있는 사항이 아닌 것은?

> The day broke gray and dull. The clouds hung heavily, and there was a rawness in the air that suggested snow. A woman servant came into a room in which a child was sleeping and drew the curtains. She glanced mechanically at the house opposite, a stucco house with a portico, and went to the child's bed. "Wake up, Philip" she said. She pulled down the bed clothes, took him in her arms, and carried him downstairs. He was only half awake. "Your mother wants you," she said.

① 시간적 배경
② 날씨
③ 등장인물의 수
④ 유모의 성격

14. 다음 글을 읽고 빈 칸에 들어갈 알맞은 것을 고르면?

> That the essential cause of obesity is overeating is so well established that it seems hardly necessary to point out that the effective, safe method for taking off excess weight is to _____.

① eat only twice a day
② reduce food consumption
③ exercise violently
④ increase food consumption

15. 다음 글의 밑줄 친 부분에 담겨진 진정한 의미는?

> To writers, words on the page are never finished; each can be changed or rearranged. Writers must separate themselves from their own pages so that they can apply both their caring and their craft to their own work. They must accept the criticism of others but be suspicious of it ; they must accept the praises of others but be even more suspicious of it. Writes cannot depend on others. They must learn to be their own best enemy.

① 자기 작품에 대해 변명하기
② 자기 작품에 대해 비판하기
③ 다른 작가를 칭찬하기
④ 다른 작가와 경쟁하기

16. 다음 문장을 읽고 빈 칸에 들어갈 알맞은 것을 고르면?

> As men and beasts get used to each other, kindness and understanding may slowly develop on one side, trust on the other. Both sides would gain by it. "After all", says a zoo director, "the zoological garden is the only piece of 'wilderness' that most people will ever see ; While it does much to protect the animal, it performs a valuable service for _____ itself."

① an animal　　　　　② humanity
③ the plant　　　　　 ④ zoology

17. 다음 글의 주제로 가장 알맞은 것은?

> Efficient readers have developed their ability by extensive reading or by practicing the basic reading skills. They have a good vocabulary and - equally important - a good eye span, which enables them to see several words at a glance. They find important words, phrases, and thoughts quickly. They read rapidly, not word by word, and seldom have to reread a sentence or a paragraph. They concentrate, so as not to lose the drift of a passage.

① 책을 잘 읽는 사람은, 중요한 말이나 사실을 곧 발견하고, 낱말을 하나하나 빨리 읽어 나가는 능력을 갖고 있다.
② 책을 잘 읽는 사람은, 중요한 부분만을 골라내어, 요약할 수 있는 능력을 지니고 있다.
③ 책을 잘 읽는 사람은, 중요한 부분을 항상 다시 읽는 기본적인 독서법을 가지고 있다.
④ 책을 잘 읽는 사람은, 글의 흐름을 잘 따르면서, 글의 핵심이 되는 부분을 유의하며 읽는 힘을 가지고 있다.

18. 다음 글의 바로 앞에 올 문단의 내용으로 가장 자연스러운 것은?

> Another physical benefit takes longer to achieve, but it is well worth the effort, particularly for women. If done regularly and over a long period of time, exercise can help prevent osteoporosis, a gradual process of bone loss that occurs natural as people ago. This can be stopped by regular exercise. It actually helps increase bone mass, and is said to be the best preventive measure to avoid osteoporosis.

① 운동의 이로운 점   ② 뼈의 형성과정
③ 여성 질환의 종류   ④ 운동경기의 역사

19. 다음 글의 마지막 부분에 가장 알맞은 것은?

> The history of civilization is bound very closely to the progress of agriculture. Farming tends to keep people from wandering : thus wherever the ground was cultivated, _____.

① people needed plows   ② farmers fell short of food
③ foods were abundant   ④ villages turned up

20. 다음 글의 요지로 가장 알맞은 것은?

> More and more Americans are leaving the farm for life in the city. Many of today's farm-raised children, because of cars and good roads and television, have been in constant touch with life in towns and cities, and the advantages of city life have appealed to them. As a result of this movement of farmers to the cities, American agriculture is depressed.

① More and more Americans are moving to the cities.
② The advantages of city life are countless.
③ American agriculture is depressed
④ Farm raised children long for life in towns or cities.

행정법총론

01. 영업의 허가와 관련한 다음 설명으로 옳지 않은 것은? (다툼이 있는 경우 판례에 의함)
① 영업의 허가 어업면허, 부역 및 현품 부과 등은 공법행위에 속하고 법률행위적 처분 즉 영업허가 등은 원칙상 불요식행위에 해당한다.
② 영업양도는 양도자에 대한 영업허가 등을 취소함과 아울러 양수자에게 적법하게 영업을 할 수 있는 지위를 설정하여 주는 행위이다
③ 영업정지 처분이 당연무효의 하자가 있는 처분이 아닌 한 그 영업정지기간 중에 영업하였음을 사유로 한 영업허가취소처분은 당연무효가 아니다.
④ 금지된 특정용도 이외 용도로 제조·수입 등을 하는 영업을 하려는 경우에는 받지 않아도 된다.

02. 법치행정의 원리에 관한 다음 설명 중 옳지 않은 것은?
① 법률에 의한 행정은 법률우위와 법률유보를 그 내용으로 한다.
② 법에 의한 행정이 요구되는 이유는 행정의 자의방지와 행정의 예측성을 부여하기 위해서이다.
③ 법률유보원칙은 행정의 모든 영역에서 적용되나, 법률우위원칙의 적용영역에 관해서는 학설이 대립된다.
④ 오늘날 법률우위원칙은 헌법에 적합한 법률의 행정에 대한 우위를 뜻한다.

03. 행정입법에 관한 설명으로 옳지 않은 것은?
① 행정규칙의 외부효와 가장 관련이 깊은 것은 평등의 원칙이다.
② 감사원규칙은 헌법상의 명시적인 근거가 없다.
③ 행정규칙은 공포한 날로부터 20일이 경과해야 효력을 발생한다.

④ 일반적·추상적 규율로서의 법규명령은 취소소송의 대상이 되지 않는다.

04. 취소소송의 원고적격에 대한 설명으로 옳지 않은 것은? (다툼이 있는 경우 판례에 의함)
① 행정처분에 대한 취소소송에서 원고적격은 해당 처분의 상대방인지 여부가 아니라 그 취소를 구할 법률상 이익이 있는지 여부에 따라 결정된다.
② 학교법인에 의하여 임원으로 선임된 사람에게는 관할청의 임원취임승인신청 반려처분을 다툴 수 있는 원고적격이 있다.
③ 권리구제나 권리보호의 필요성이 인정된다면 예외적으로 그 제재적 조치의 상대방인 행정기관 등에게 항고소송 원고로서의 당사자능력과 원고적격을 인정할 수 있다.
④ 임차인대표회의도 구 임대주택법에 의해 보호되는 구체적이고 직접적인 이익이 있다 하더라도 행정청의 분양전환승인처분이 승인의 요건을 갖추지 못하였다면 그 취소소송을 제기할 원고적격이 없다.

05. 행위에 대한 다음 설명 중 가장 올바른 것은?
① 신뢰보호와 법적 안정성을 이유로 사실상 공무원의 행위도 유효한 것으로 다루게 한다.
② 행정청의 대리권이 없는 자가 행한 행정행위는 원칙적으로 당연무효가 아니다.
③ 행정기관의 내부에서 의사결정이 있었을 뿐이고, 외부에 표시되지 않은 경우의 행정행위도 유효하다.
④ 소정의 의사정족수에 미달된 합의기관의 행위는 중대한 흠이라고 할 수 없다.

06. 정부업무평가 기본법상의 내용으로 옳지 않은 것은?

① 정부업무평가위원회는 위원장 2명을 포함한 15명 이내의 위원으로 구성한다.
② 성과관리는 정책 등의 계획수립과 집행과정은 자율성을 부여하고 그 결과에 대하여는 책임이 확보될 수 있도록 해야 한다.
③ 정부업무평가위원회는 정부업무평가의 실시와 평가기반의 구축을 체계적·효율적으로 추진하기 위하여 국무총리 소속하에 둔다.
④ 자체평가는 국무총리가 중앙행정기관을 대상으로 국정을 통합적으로 관리하기 위하여 필요한 정책 등을 평가하는 것을 말한다.

07. 개인정보 보호법에 대한 내용으로 옳지 않은 것은?

① 개인정보처리자는 개인정보 수집에 동의하지 않는다는 이유로 정보주체에게 서비스의 제공을 거부해서는 안 된다.
② 개인정보 보호에 관한 사무를 독립적으로 수행하기 위하여 국무총리 소속으로 개인정보 보호위원회를 둔다.
③ 정보주체의 동의를 받은 경우 최소한의 개인정보 수집이라는 입증책임은 개인정보처리자가 부담한다.
④ 개인정보는 살아 있는 개인 또는 사자(死者)에 관한 정보로서 성명, 주민등록번호 및 영상 등을 통하여 개인을 알아볼 수 있는 정보의 총체를 말한다.

08. 행정청이 당사자에게 의무를 과하거나 권리를 제한하는 처분을 하는 경우에 대한 설명으로 옳지 않은 것은?

① 행정처분의 통지는 처분의 내용과 처분하고자 하는 원인이 되는 사실을 기재하여야 한다.
② 공공의 안전과 복리를 위하여 긴급히 처분할 필요가 있는 경우에는 사전통지를 생략할 수 있다.
③ 사전통지의무가 면제되는 경우라도 의견청취는 반드시 실시하여야 한다.

④ 처분의 방식은 신속을 요하거나 사안이 경미한 경우에는 구술 기타 방법으로 할 수 있다.

09. 취소소송의 제소기간에 대한 설명으로 옳은 것은? (다툼이 있는 경우 판례에 의함)
① 행정소송법에서 정한 행정심판을 거친 경우 제소기간의 특례가 적용되므로, 민원 이의신청에 대한 결과를 통지받은 날부터 취소소송의 제소기간이 기산된다고 할 수 있다.
② 행정청이 행정심판청구를 할 수 있다고 잘못 알려 행정심판을 청구한 경우 처분이 있음을 안 날로부터 제소기간이 기산된다.
③ 원고가 고의 또는 중대한 과실 없이 행정소송으로 제기하여야 할 사건을 민사소송으로 잘못 제기한 경우, 해당 소송이 이미 행정소송으로서의 전심절차 및 제소기간을 도과하였거나 행정소송의 대상이 되는 처분 등이 존재하지도 아니한 상태에 있는 등 행정소송으로서의 소송요건을 결하였다.
④ 동일한 처분에 대하여 무효확인의 소를 제기하였다가 그 처분의 취소를 구하는 소를 추가적으로 병합한 경우, 주된 청구인 무효확인의 소가 적법한 제소기간 내에 제기되었다 하더라도 추가로 병합된 취소청구의 소는 적법하게 제기된 것으로 볼 수 없다.

10. 대집행에 대한 설명으로 옳지 않은 것은?
① 행정청이 불법 건축물에 대한 철거를 하기 위한 적합한 강제수단은 대집행이다.
② 해산명령을 받은 집회자를 실력으로써 해산시키는 것을 대집행이라 한다.
③ 모든 제3자로 하여금 이를 이행하게 하고 그 비용을 의무자로부터 징수하는 것을 대집행이라 한다.
④ 대집행은 대체적 작위 의무의 불이행의 경우에 당해 행정청이 의무자가 행할 작위를 스스로 행한다.

11. 다음 허가에 관한 기술 중 옳지 않은 것은?
① 허가는 언제나 구체적 처분의 형식으로 행하여지므로 그 대상은 특정인이다.
② 상대방의 출원 없이 허가가 행해지는 경우도 있다.
③ 출원의 내용과 다른 허가도 가능하나 특허나 법률의 효력을 보완하는 인가와 구별된다.
④ 허가가 1인에게만 행하여짐으로써 사실상 독점적 이익을 받더라도 그 이익은 반사적 이익이다.

12. 공무원의 직무상 행위에 대한 설명으로 옳지 않은 것은? (다툼이 있는 경우 판례에 의함)
① 공무원이 직무를 수행하면서 근거되는 법령의 규정에 따라 구체적으로 의무를 부여받았어도 그것이 국민의 이익과는 관계없이 순전히 행정기관 내부의 질서를 유지하기 위한 것이라면 그 의무를 위반하여 국민에게 손해를 가하여도 국가 또는 지방자치단체는 배상책임을 부담하지 아니한다.
② 경찰관이 권한을 행사하여 필요한 조치를 취하지 아니하는 것이 현저하게 불합리하다고 인정되는 경우에는 그러한 권한의 불행사는 직무상의 의무를 위반한 것이 되어 위법하게 된다.
③ 관계공무원이 공익성, 합목적성의 인정·판단을 잘못하여 그 재량권의 범위를 넘어선 행정행위를 한 경우 직무상 불법행위에 해당한다.
④ 공무원의 직무행위 여부의 판단기준은 객관적·외형적으로 판단해야 하며 법령위반은 법규위반뿐만 아니라 행위가 객관적으로 부당함을 의미한다.

13. 행정처분이나 행정심판에 관한 다음 설명 중 옳지 않은 것은? (다툼이 있는 경우 판례에 의함)
① 항고소송은 다른 법률에 특별한 규정이 없는 한 원칙적으로 소송의 대상인 행정처분을 외부적으로 행한 행정청을 피고로 하여야 하고 다만 대리기관이 대리관계를 표시하고 피대리 행정청을 대리하여 행정처분을 한 때에는

피대리 행정청이 피고로 되어야 한다.
② 행정처분이나 행정심판 재결이 불복기간의 경과로 인하여 확정될 경우 그 확정력은, 그 처분으로 인하여 법률상 이익을 침해받은 자가 당해 처분이나 재결의 효력을 더 이상 다툴 수 없다는 의미일 뿐, 당사자들이나 법원이 이에 기속되어 모순되는 주장이나 판단을 할 수 없게 된다.
③ 청구인적격이 없는 자의 명의로 제기된 행정심판청구에 대하여 행정청이나 재결청에게 행정심판청구인을 청구인적격이 있는 자로 변경할 것을 요구하는 보정을 명할 의무가 없고, 행정심판절차에서 임의적인 청구인의 변경은 원칙적으로 허용되지 아니한다.
④ 행정청의 처분을 구하는 신청에 대하여 상당한 기간 처분 여부 결정이 지체되었다고 하여 곧바로 공무원의 고의 또는 과실에 의한 불법행위를 구성한다고 단정할 수는 없다.

14. 행정상 손해배상에 관한 다음 기술 중 옳지 않은 것은?
① 외국인도 상호의 보증이 있는 경우 국가배상을 청구할 수 있다.
② 헌법에도 국가·공공단체의 배상책임에 관하여 규정하고 있다.
③ 행정상 손해배상은 국가 등 행정기관의 위법한 행정작용으로 인해 국민에게 손해가 발생한 경우 배상해 주는 제도로 행정상의 손해배상은 정당한 배상이어야 한다.
④ 행정상 손해배상에 관하여는 국가배상법이 일반법적 지위를 가지며 손해배상청구권은 10년의 소멸시효기간을 가진다.

15. 행정안전부장관이 공무원채용시험 합격증을 고시과장으로 하여금 그 이름으로 발급케 한 것은 무엇에 해당하는가?
① 위임　　　　　　　　② 위임전결
③ 임의대리　　　　　　④ 내부위임

16. 행정법상 행정행위의 실현을 담보하는 수단에 관한 설명이 옳지 않은 것은?

① 행정강제는 의무불이행에 대해서 직접적으로 실력을 행사하여 장래에 그 의무이행의 실현을 확보하는 수단이다.
② 행정상 강제집행은 실력을 가하는 적극적 내용과 함께 행정객체의 수인의무를 포함하고 상대방의 저항을 배제하는 것을 내용으로 한다.
③ 최근에는 사회구조의 변화에 따라 행정작용이 복잡하고 다양해졌기 때문에 행정강제나 행정벌과 같은 전통적 수단만으로는 행정목적을 달성할 수 없는 상황에 이르게 되었다.
④ 행정행위의 실행수단으로서 민사상 강제집행의 수단은 그 활용의 필요성이 점점 멀어지고 있다.

17. 확인행위에 관한 다음 설명 중 옳지 않은 것은?

① 확인은 특정한 법률사실이나 법률관계의 존부(存否) 등을 확정하기 위한 인식표시 행위이다.
② 확인은 준사법작용으로 건축물의 위법성 확인, 행정소송의 확인 판결 등이 해당된다.
③ 확인은 기속행위에 속한다.
④ 확인은 당연히 구체적 처분의 형식으로 행하여진다.

18. 대집행에 대한 설명으로 옳지 않은 것은?

① 대집행이란 행정상 강제집행의 한 수단으로서 행정법상 대체적 작위의무에 대해서 인정된다.
② 장차 대집행요건을 갖추면 대집행 하겠다는 정지조건부 계고 또는 의무를 명함과 동시에 불이행시는 대집행 하겠다는 계고도 가능하다.
③ 행정대집행법상 대집행의 대상이 되는 의무는 행정대집행법(제2조)에 의하면, 행정처분의 형식으로 과하여지는 경우도 있지만 법령 등에 의하여 직

접 부과되는 경우도 포함한다.
④ 자기 집행과 타자 집행을 모두 대집행으로 보는 입법 예도 있지만, 타자 집행만을 대집행으로 보는 입법 예도 있다.

19. 행정청의 행정행위와 관련한 설명으로 옳지 않은 것은? (다툼이 있는 경우 판례에 의함)
① 행정청이 불특정 다수인을 상대로 의무를 부과하거나 권익을 제한하는 처분을 할 때 상대방에게 의견 제출의 기회를 주지 않아도 된다.
② 과징금 청구권에 관하여 회생계획인가결정 후에 한 부과처분은 부과권이 소멸된 뒤에 한 부과처분이어서 위법하다.
③ 행정청이 도시계획시설인 유원지를 설치하는 도시계획시설사업에 관한 실시계획을 인가하려면, 유원지의 개념인 '주로 주민의 복지향상에 기여하기 위하여 설치하는 오락과 휴양을 위한 시설'에 해당하여야 한다.
④ 행정청이 기반시설부담 구역 안에서 기반시설부담계획을 수립하여 기반시설부담개발행위를 하는 자에게 이에 소요되는 기반시설부담비용을 부담시키는 것은 위법이다.

20. 행정행위의 개념요소에 대한 설명 중 옳지 않은 것은?
① 행정행위는 행정주체의 행위로서 공무수탁사인의 행위도 포함된다.
② 구체적 사실을 규율하는 행위이므로 사실행위도 행정행위라고 할 수 있다.
③ 권력적 단독행위이므로 공법상 계약과 같은 비권력적 행위는 포함되지 않는다.
④ 행정기관과 기관 사이의 내부적 행위는 행정행위가 아니다.

노동법개론

01. 「근로기준법」상 연장근로에 대한 설명으로 옳은 것은?

① 사용자는 특별한 사정이 있으면 고용노동부장관과 근로자의 동의를 받아 근로시간을 연장할 수 있다.
② 당사자 간에 합가 있으면 1주간에 10시간을 한도로 근로시간을 연장할 수 있다.
③ 모든 사업장의 사업자는 연장된 근로시간을 초과할 필요가 있어 근로자대표와 서면으로 합의한 경우 연장된 근로시간에 더하여 1주간에 8시간을 초과하지 않는 범위에서 근로시간을 연장할 수 있다
④ 근로시간 연장 신청 시 "특별한 사정이 있는 경우"는 사람의 생명을 보호하거나 안전을 확보하기 위해 긴급한 조치가 필요한 경우도 포함한다.

02. 「근로기준법」상 취업규칙에 대한 설명으로 옳지 않은 것은? (다툼이 있는 경우 판례에 의함)

① 특정 시점이 되기 전에 퇴직한 근로자에게 특정 임금 항목을 지급하지 않는 관행이 있고, 취업규칙 등이 명시적으로 정하고 있지 않으면 해당 임금 항목의 통상임금을 배척할 수 있다.
② 취업규칙의 불이익한 변경이란 사용자가 종전 취업규칙 규정을 개정하거나 새로운 규정을 신설하여 근로조건이나 복무규율에 관한 근로자의 권리나 이익을 박탈하고 근로자에게 저하된 근로조건이나 강화된 복무규율을 일방적으로 부과하는 것을 말한다.
③ 노동조건에 관한 부분은 단체협약의 적용을 받고 있던 근로자의 근로계약 내용이 되어 그것을 변경하는 새로운 취업규칙이 체결·작성되지 않는 한 여전히 사용자와 근로자를 규율하게 된다.
④ 취업규칙 등에 휴직자나 복직자 또는 징계대상자 등에 대하여 특정 임금에 대한 지급 제한사유를 규정하고 있다 하더라도, 이는 해당 근로자의 개인

적인 특수성을 고려하여 임금 지급을 제한하고 있는 것에 불과하므로, 그러한 사정만을 들어 정상적인 근로관계를 유지하는 근로자에 대하여 그 임금이 고정적 임금에 해당하지 않는다고 할 수는 없다.

03. 「근로기준법」상 통상임금에 관한 설명으로 옳지 않은 것은?
① 통상임금을 일급 금액으로 산정할 때에는 시간급 금액에 1일의 소정근로시간 수를 곱하여 계산한다.
② 매 1개월마다 평균하여 1주간의 근로시간이 휴게시간을 포함하여 30시간을 초과한 시간은 통상임금의 100분의 50을 가산하여 지급하여야 한다.
③ 통상임금은 근로자에게 정기적이고 일률적으로 소정근로 또는 총 근로에 대하여 지급하기로 정한 시간급 금액, 일급 금액, 주급 금액, 월급 금액 또는 도급 금액을 말한다.
④ 근로자를 30일 전에 예고를 하지 않고 해고를 하였을 때에는 30일분 이상의 통상임금을 지급하여야 한다.

04. 「노동조합 및 노동관계조정법」상 조정 및 중재에 대한 다음 설명으로 옳은 것은?
① 노동쟁의를 해결하기 위하여 중재가 이루어진 경우 그 내용은 취업규칙과 동일한 효력을 가진다.
② 조정안이 관계 당사자에 의하여 수락된 때에는 조정서를 작성하고 조정위원회 위원장이 서명 또는 날인하여야 한다.
③ 중재재정은 서면으로 작성하여 이를 행하며 그 서면에는 효력발생 기일을 명시하여야 한다.
④ 노동위원회는 규정에 따른 조정의 종료가 결정되면 노동쟁의의 해결을 위한 조정은 종료된다.

05. 「노동조합 및 노동관계조정법」상 부당노동행위 구제신청 및 구제명령에 대한 설명으로 옳지 않은 것은? (다툼이 있는 경우 판례에 의함)

① 사용자의 부당노동행위에 대한 노동조합의 구제신청권은 노동조합 자체의 독자적 권한이라 할 것이므로 근로자 개인의 동의없이 그 구제신청을 제출하였다가 취하할 수 있다.

② 부당노동행위 구제신청을 하여 그 구제절차가 진행 중에 자신이 별도로 사용자를 상대로 제기한 해고등무효확인청구의 소에서 청구기각 판결이 선고되어 확정된 경우에 있어서는 사용자의 근로자에 대한 해고 등의 불이익처분이 정당한 것으로 인정되었다 할 것이어서 노동위원회로서는 그 불이익처분이 부당노동행위에 해당한다고 하여 구제명령을 발할 수 없다.

③ 부당노동행위 구제신청과 구제명령의 상대방인 사용자에는 사업주, 사업의 경영담당자 또는 그 사업의 근로자에 관한 사항에 대하여 사업주를 위해 행동하는 사람 모두가 포함된다.

④ 사용자로부터 해고된 근로자는 그 해고처분이 구 노동조합법상 부당노동행위에 해당됨을 이유로 같은 법에 의한 부당노동행위구제신청을 하면서 그와는 별도로 그 해고처분이 구 근로기준법상 부당해고에 해당된다 하더라도 같은 법에 의한 부당해고구제신청은 할 수 없다.

06. 「근로기준법」상 벌칙과 관련한 다음 설명 중 옳지 않은 것은?

① 구제명령을 내용으로 하는 재심판정을 이행하지 않으면 노동위원회의 고발이 있어야 공소를 제기할 수 있다.

② 야간 및 휴일 근로 시 통상임금의 100분의 50 이상을 가산하여 지급하는 규정을 위반한 사람은 피해자의 명시적인 의사와 관계없이 공소를 제기할 수 있다.

③ 근로감독관이 이 법을 위반한 사실을 고의로 묵과하면 3년 이하의 징역 또는 5년 이하의 자격정지 처벌을 받는다.

④ 근로자가 퇴직한 경우 임금, 보상금 등 모든 금품을 지급하여야 하는 사유가 발생한 때부터 14일 이내에 청산하여야 한다.

제 7회 - 노동법개론

07. 「근로기준법」상 사용자의 친족인 근로자 범위에 해당하는 것을 모두 고른 것은?

> ㉠ 사용자의 4촌 이내의 혈족
> ㉡ 사용자 배우자의 6촌 이내의 혈족
> ㉢ 사용자의 배우자
> ㉣ 사용자의 8촌 이내의 인척

① ㉠, ㉢　　　　　　　　② ㉠, ㉡, ㉣
③ ㉠, ㉣　　　　　　　　④ ㉢

08. 「근로기준법령」상 직장 내 괴롭힘에 대한 설명으로 옳지 않은 것은?

① 직장 내 괴롭힘을 신고한 근로자나 피해근로자에 대하여 해고나 불리한 처우를 할 수 없다.
② 직장 내 괴롭힘 행위자를 징계 또는 필요한 조치를 하되 징계 등의 조치를 하기 전에 그 조치에 대하여 피해근로자의 의견을 들어야 한다.
③ 직장 내 괴롭힘이 발생된 경우 당사자가 사용자에게 그 사실을 신고하여야 한다.
④ 직장 내 괴롭힘으로 피해를 입은 해당 피해근로자를 근무 장소를 변경하다든지, 유급휴가 명령 등 적절한 조치를 하여야 한다.

09. 「노동조합 및 노동관계조정법」상 단체협약에 대한 다음 설명으로 옳지 않은 것은?

① 단체협약을 체결한 경우 단체협약의 체결일부터 15일 이내에 행정관청에 신고하여야 한다.
② 단체협약의 해석에 관하여 요청을 받은 노동위원회는 그 날부터 30일 이내에 명확한 견해를 제시하여야 한다.

③ 사업장에 상시 사용되는 동종의 근로자 반수 이상이 하나의 단체협약의 적용을 받게 된 때에는 사업장에 사용되는 다른 동종의 근로자에 대하여도 당해 단체협약이 적용된다.
④ 단체협약에 정한 근로조건 기타 근로자의 대우에 관한 기준에 위반하는 근로계약 모두 무효로 한다.

10. 「노동조합 및 노동관계조정법」상 쟁의행위와 관련한 설명으로 옳지 않은 것은? (다툼이 있는 경우 판례에 의함)

① 부당한 요구사항을 제외하였다면 쟁의행위를 하지 않았을 것이라고 인정되는 경우에는 그 쟁의행위 전체가 정당성을 갖지 못한다고 보아야 한다.
② 근로를 불완전하게 제공하는 형태의 쟁의행위인 태업도 근로제공이 일부 정지되는 것이라고 할 수 있으므로, 무노동 무임금 원칙이 적용된다.
③ 자연감소에 따른 인원충원 등 쟁의행위와 무관하게 이루어지는 신규채용은 쟁의행위 기간 중이라 하더라도 가능하다.
④ 근로조건에 관한 주장의 불일치로 노동쟁의상태가 발생하여 근로자들이 노동쟁의발생신고를 하고 냉각기간을 거쳐 정당한 쟁의행위를 계속하고 있는 도중에 새로운 쟁의사항이 부가된 경우에는 다시 그 사항에 관하여 별도의 노동쟁의발생신고를 하고 냉각기간을 거쳐야 한다.

11. 「최저임금법」상 최저임금에 대한 다음 설명으로 옳지 않은 것은? (다툼이 있는 경우 판례에 의함)

① 지급된 임금이 최저임금에 미달하는지의 여부는 지급된 임금 중 '최저임금 산입 제외 임금'을 제외한 임금액과 최저임금액을 비교하여 판단하여야 한다.
② 외국인 근로자에 대하여도 국내의 근로자들과 마찬가지로 근로기준법상의 퇴직금 지급에 관한 규정이나 최저임금법상의 최저임금의 보장에 관한 규정이 그대로 적용된다.

③ 회사의 취업규칙에서 "노동부고시에 의한 최저임금을 보장한다"고 규정한 경우 포괄임금제에 의하여 근로계약을 체결한 경비원들에 대한 관계에 있어서는 기본급을 노동부고시의 최저임금수준으로 지급한다는 의미이다.
④ 최저임금 미달 여부는 매월 지급된 임금을 기준으로 판단하여야 하며 최저임금의 적용을 위한 임금산정 기준기간은 특별한 사정이 없는 한 1개월을 초과할 수 없다.

12. 「근로기준법령」에서 업무상 질병의 범위에 해당하는 것을 모두 고른 것은?

> ㉠ 업무상 과로 등으로 인한 뇌혈관 질병 또는 심장 질병
> ㉡ 습한 곳에서의 업무로 인한 렙토스피라증
> ㉢ 지상 작업으로 인한 눈떨림증
> ㉣ 강렬한 소음으로 인한 귀의 질병
> ㉤ 공구를 사용하는 업무로 인한 질병

① ㉠, ㉢
② ㉠, ㉢, ㉤
③ ㉠, ㉣
④ ㉠, ㉡, ㉣

13. 「근로기준법」상 연차 유급휴가에 관한 설명으로 옳지 않은 것은? (다툼이 있는 경우 판례에 의함)
① 근로자가 업무상의 부상 또는 질병으로 휴업한 기간은 출근한 것으로 보고 유급휴가를 적용한다.
② 규정에 의한 연차유급휴가는 근로자에게 일정기간 근로의무를 면제함으로써 정신적·육체적 휴양의 기회를 제공하고 문화적 생활의 향상을 기하려는 데 그 의의가 있다.
③ 유급휴가 일수의 최하 한을 상회하는 휴가를 규정한 경우 그 휴가를 소정의 월차유급휴가로 갈음할 수 있어 근로자가 취업규칙 등에 따른 휴가를

전부 사용하였다면 월차휴가에 충당되었다고 할 수 있다.
④ 1년간 80퍼센트 미만 출근한 근로자는 1개월 개근 시 1일의 유급휴가를 받는다.

14. 「노동조합 및 노동관계조정법」상 노동위원회에 관한 설명으로 옳지 않은 것은?

① 노동조합은 노동쟁의의 조정 및 부당노동행위의 구제 신청을 노동위원회에 할 수 있다.
② 노동조합의 결의 또는 처분이 노동관계법령 또는 규약에 위반된다고 인정할 경우 노동위원회의 의결을 얻어 그 시정을 명할 수 있다.
③ 노동위원회의 결정에 대한 불복절차 및 효력은 법 제69조와 제70조제2항을 준용한다.
④ 노동조합의 해산사유가 있는 경우 관할 노동위원회의 의결과는 관계없이 해산된 것으로 본다.

15. 「노동조합 및 노동관계조정법」상 긴급조정과 관련한 설명으로 옳지 않은 것은?

① 긴급조정 결정이 공표된 때에는 관계 당사자는 즉시 쟁의행위를 중지하여야 한다.
② 긴급조정 결정이 공표된 때에는 공표일로부터 20일이 지난 후에는 쟁의행위를 재개할 수 있다.
③ 긴급조정 통고를 받으면 중앙노동위원회는 지체없이 조정을 개시하여야 한다.
④ 긴급조정 결정을 하고자 할 때에는 미리 중앙노동위원회 위원장의 의견을 들어야 한다.

16. 「최저임금법령」상 다음 ( ) 안에 들어갈 과태료 부과 금액으로 옳은 것은?

법 제25조에 따른 임금에 관한 사항의 보고를 하지 않거나 거짓 보고를 한 경우	( )

① 30만원 ② 50만원
③ 100만원 ④ 200만원

17. 「근로기준법」상 심사와 중재에 대한 설명으로 옳지 않은 것은?

① 심사나 중재의 청구 또는 심사나 중재의 시작은 시효의 중단에 관하여는 재판상의 청구로 본다.
② 심사나 사건의 중재 청구가 있으면 고용노동부장관은 15일 이내에 하여야 한다.
③ 고용노동부장관이 기간 내에 심사 또는 중재를 하지 않거나 심사와 중재의 결과에 불복하는 사람은 노동위원회에 심사나 중재를 청구할 수 있다.
④ 필요에 따라 고용노동부장관의 직권으로 심사나 사건의 중재를 할 수 있다

18. 「최저임금법」상 최저임금위원회에 대한 설명으로 옳은 것은?

① 위원회의 근로자위원과 사용자위원 및 공익위원은 고용노동부장관의 제청에 의하여 대통령이 위촉한다.
② 매년 8월 5일까지 최저임금을 결정하여야 하며 최저임금의 결정에 관한 사항을 심의하여야 한다.
③ 사업주는 결정된 최저임금 안을 지체 없이 사업 또는 사업장의 종류별 최저임금안 및 적용 사업의 범위를 고시하여야 한다.
④ 최저임금 안에 대한 이의 제기는 이의 제기 대상 업종의 최저임금안의 요지 사항을 기록한 이의제기서를 위원회에 제출하여야 한다.

19. 「노동조합 및 노동관계조정법」상 1천만원 이하의 벌금에 해당하는 것을 모두 고른 것은?

> ㉠ 노동조합의 업무에만 종사하는 전임자가 급여 지급을 요구하고 이를 관철할 목적으로 쟁의행위한 사람
> ㉡ 징계 및 해고의 사유와 중요한 절차에 관한 사항을 위반한 사람
> ㉢ 안전보건 및 재해부조에 관한 사항을 위반한 사람
> ㉣ 근무시간 중 회의참석에 관한 사항을 위반한 사람
> ㉤ 규정에 의한 중재재정서의 내용을 준수하지 않은 사람

① ㉠, ㉡, ㉢
② ㉡, ㉣
③ ㉡, ㉢, ㉣, ㉤
④ ㉢

20. 「근로기준법」상 통상임금에 대한 설명으로 옳지 않은 것은? (다툼이 있는 경우 판례에 의함)

① 통상임금 재산정에 따른 근로자의 추가 법정수당 청구를 중대한 경영상의 어려움을 초래하거나 기업 존립을 위태롭게 한다면 기업 경영에 따른 위험을 사실상 근로자에게 전가하는 결과가 되더라도 배척되어야 한다.
② 통상임금은 평균임금의 최저한을 보장함과 아울러 근로기준법 소정의 시간외, 야간 및 휴일근로에 대한 가산수당이나 해고예고수당 등의 산정근거가 된다.
③ 임금이 통상임금에 속하기 위해서는 그것이 일률적으로 지급되는 성질을 갖추어야 한다.
④ 내부평가급에 대하여 1년을 지급 주기로 하는 임금으로서 정기성이 인정되고, 모든 직원에게 지급되는 점에서 일률성도 인정되며, 전년도 근무실적에 따라 당해 연도에 그 지급 여부나 지급액을 정한다는 점에서 고정성도 인정되어 통상임금에 포함된다.

8 적중모의고사

국 어

※ 다음 글을 읽고 물음에 답하시오. (01~02)

㉠ <u>둘하 노피곰 도두샤.</u> 어긔야
㉡ <u>머리곰 비취오시라</u>……
어긔야 어강됴리.
아으 다롱디리.
져재 ㉢ <u>녀러신고요</u>
어긔야, 즌듸를 드듸욜세라.
어긔야 어강됴리.
어느이다 노코시라.
어긔야 내 가논듸 ㉣ <u>졈그룰셰라.</u>
어긔야 어강됴리.
아으 다롱디리.

01. 위 글 ㉠ ~ ㉣에 대한 다음 풀이 중 가장 적절하지 않은 것은?

① ㉠ – 달님이시여　　② ㉡ – 멀리멀리
③ ㉢ – 여러 곳이군요.　　④ ㉣ – 저물까 두렵습니다.

02. 위 글에 대한 다음 설명 중 적절하지 않은 것은?

① 부역 나간 남편의 안전을 기원하는 노래이다.
② 백제의 서정 가요로 가사가 전하는 유일한 작품이다.
③ 달에게 소원 성취를 기원하는 우리의 전통적 풍속과 관련이 있다.
④ 시조 형식의 연원을 탐구하는 데 귀중한 자료이다.

※ 다음 글을 읽고 물음에 답하시오. (03~04)

까마득한 날에
하늘이 처음 열리고
어디 닭 우는 소리 들렸으랴.
모든 산맥(山脈)들이
바다를 연모(戀慕)해 휘달릴 때에도

차마 이 곳을 범(犯)하던 못하였으리라.
끊임없는 광음(光陰)을
부지런한 계절(季節)이 피어선 지고
큰 강물이 비로소 길을 열었다.

지금 눈 내리고
매화(梅花) 향기(香氣) 홀로 아득하니
내 여기 가난한 노래의 씨를 뿌려라.
다시 천고(千古)의 뒤에
백마(白馬) 타고 오는 초인(超人)이 있어
이 광야에서 목놓아 부르게 하리라.

03. 위 시의 시상 전개방식을 올바르게 설명한 것은?

① 공간적 이동의 방법을 써서 시상을 나열하였다.
② 감정의 흐름에 따라 시상을 점층적으로 전개하였다.
③ 과거와 미래를 대비시켜 현재의 고난을 강조하는 방법을 썼다.
④ 시간의 흐름에 따른 구성을 통해 시상을 발전적으로 전개시켰다.

04. 위 시와 윤동주의 '서시(序詩)'가 같은 시적 상황을 지녔다고 할 때, 이들 시에 대한 감상의 결과라고 보기 어려운 것은?

① '광야'는 남성적인 데 비해, '서시'는 여성적이고 운명애적이다.
② '광야'가 미래 지향적인 자세를 지닌 데 비해, '서시'는 현실 도피적이다.
③ 두 시 모두 준엄한 자기응시의 태도를 보이고 있다.
④ 두 시 모두 현실 인식을 창작 동기로 삼고 있다.

05. 다음 글에 나타난 인물의 성격 제시 방법을 바르게 설명한 것은?

> 일 년에 한두 번 방학 때만 오래간만에 만나는 터이나, 이 두 청년은 입심 자랑이나 하듯이 주고받는 말끝마다 서로 비꼬는 수작밖에 없건마는, 그래도 한 번도 정말 노해 본 일은 없는 사이이다. 중학에서 졸업할 때까지 첫째, 둘째를 겯고 틀던 수재이고, 비슷비슷한 가정 사정에서 자랐기 때문에 어린 우정일망정 어느덧 깊은 이해와 동정은 버리려야 버릴 수가 없는 것이었다. 이지적(理智的)이요 이론적(理論的)이기는 둘이 더하고 덜할 것이 없지마는, 다만 덕기는 있는 집 자식이요, 해사하게 생긴 그 얼굴 모습과 같이 명쾌한 가운데도 안존하고 순편한 편이요, 병화는 거무튀튀하고 유들유들한 맛이 있느니만큼 남에게 좀처럼 머리를 숙이지 않는 고집이 있어 보인다. 그 수작 붙이는 것을 보아도, 덕기 역시 넉넉한 집안에 파묻혀서 곱게 자라난 분수 보아서는 명랑하지 못한 성미이나, 병화는 이 이삼 년 동안에 더욱이 성격이 뒤틀어진 것을 덕기도 냉연히 바라보고 지내는 터이었다.

① 보여 주기 방법을 사용하였다. ② 객관적 시점으로 묘사하였다.
③ 서술자가 요약·설명하였다. ④ 독자의 상상에 의존하는 수법을 썼다.

06. 다음 글 중 밑줄 친 부분의 뜻으로 알맞은 것은?

> "대불이는 양 진사가 시키는 일이 번연히 잘못된 것이라는 것을 알고 웃전이 시키는대로 지악스럽게 <u>들때밑</u> 노릇을 해 왔으며······."

① 주인을 위하여 목숨을 바쳐 헌신하는 사람이라는 뜻이다.
② 권력이나 재물에 빌붙어 곧잘 아첨하는 사람이라는 뜻이다.
③ 세력이 있는 집의 오만하고 고약한 하인이라는 뜻이다.
④ 자신의 힘을 믿고 날뛰는 사람이라는 뜻이다.

07. 다음 내용이 논리적인 글이 되도록 순서로 바르게 배열한 것은?

> ㉠ 식민 지배를 공고히 하기 위해 일제는 '조선인들은 김정호와 대동여지도의 위대함을 알아보지 못하고 목판마저 불태워버린 미개한 민족'이라고 비난하며 진품의 존재를 숨겨왔던 것이다.
> ㉡ 그러나 연구 결과 김정호의 옥사설은 사실이 아닌 것으로 확인되었으며, 흥선대원군에 의해 불타 사라졌다던 대동여지도의 원판이 11장이나 발견되었다.
> ㉢ 최근까지도 이것은 사실로 받아들여지고 있었다.
> ㉣ 김정호가 대동여지도를 제작하자 흥선대원군은 김정호를 감옥에 가두고 지도의 판목은 압수해 불태웠다고 한다.
> ㉤ 이는 일제 강점기 때 조선 총독부가 발행한 『조선어독본』에 나와 있는 내용이다.

① ㉠ - ㉡ - ㉢ - ㉣ - ㉤
② ㉢ - ㉡ - ㉤ - ㉣ - ㉠
③ ㉣ - ㉤ - ㉢ - ㉡ - ㉠
④ ㉤ - ㉣ - ㉢ - ㉡ - ㉠

08. 다음 글에 대한 설명으로 옳지 않은 것은?

> 毗비盧로峰봉 上샹上샹頭두의 올라 보니 긔 뉘신고, 東동山산 泰태山산이 어ᄂ야 놉돗던고. 魯노國국 조븐 줄도 우리는 모ᄅ거든, 넙거나 넙은 天텬下하 엇찌ᄒ야 젹닷 말고. 어와 뎌 디위를 어이ᄒ면 알 거이고. 오ᄅ디 못ᄒ거니 ᄂ려가미 고이ᄒ가.

① 3·4(4·4)조의 연속체 장가이다.
② 송순의 '면앙정가'에 영향을 주었다.
③ 경기체가의 붕괴로 생겨난 장르이다.
④ 운문과 산문의 과도기적 장르이다.

09. 단어가 다음과 같이 바뀐 것에 대한 설명으로 옳지 않은 것은?

> ㉠ 빅셩 → 백성 ㉡ 니르다 → 이르다 ㉢ 뜯 → 뜻

① 단모음화 현상
② 두음 법칙
③ 끝소리 법칙의 변화
④ 단어의 의미변화

10. 다음 밑줄 친 단어의 의미 변화의 원인이 다른 것은?

① 철수는 담배를 <u>별로</u> 피우지 않는다.
② 감기에 걸려 자꾸 <u>코</u>가 흐른다.
③ <u>아침</u> 먹었니?
④ 김씨는 그 사업에서 큰 <u>출혈</u>이 있었다.

11. 다음 글의 ㉠~㉣ 중 나머지 셋과 시적 정서가 다른 것은?

> 갈아놓은 논고랑에 고인 물을 본다.
> 마음이 행복해진다.
> 나뭇가지가 꾸부정하게 비치고
> 햇살이 번지고
> 날아가는 새 그림자가 잠기고
> ㉠ <u>나</u>의 얼굴이 들어 있다.
> 늘 홀로이던 ㉡ <u>내</u>가
> 그들과 함께 있다.
> 누가 높지도 낮지도 않다.
> 모두가 아름답다.
> 그 안에 ㉢ <u>나</u>는 거꾸로 서 있다.
> 거꾸로 서 있는 모습이
> 본래의 ㉣ <u>내</u> 모습인 것처럼
> 아프지 않다.
> 산도 곁에 거꾸로 누워 있다.
>
> —이성선, '논두렁에 서서'—

① ㉠　　　　　　　　　　② ㉡
③ ㉢　　　　　　　　　　④ ㉣

12. 다음 중 "시를 쓰면 이미 시가 아니다."와 같은 수사법이 쓰인 것은?

① 네 아무리 기골이 장대하고 위풍이 있다 하나 언변이 없고 재주가 없다.
② 가루는 칠수록 고와지고, 말은 할수록 거칠어진다.
③ 핵전쟁의 위험이 커지면 커질수록 핵전쟁이 일어날 가능성은 작아진다.
④ 이제는 아득한 산꼭대기에 겨우 싸라기만큼이나 햇볕이 남아 있었다.

13. 다음 글의 제목과 관련하여 이 글에서 얻을 수 있는 교훈은?

> 음덕(陰德)
> 옛날 상국(相國) 황희(黃喜)가 아직 미천할 때의 일이다. 어디를 가다가 노상(路上)에서 쉬노라니, 농부 한 사람이 소 두 마리에 쟁기를 메어 밭을 갈고 있었다. 희(喜)는 묻기를, "그 두 마리 소 중에 어느 소가 밭을 잘 가나요?"라고 했다. 농부는 대답을 하지 않고 밭을 다 갈고 나더니 희(喜) 곁으로 와서 귀에 대고 조그만 목소리로, "이쪽 소가 잘 갑니다."라고 하였다. 희(喜)는 괴상히 여겨 묻기를, "그 말을 왜 귓가에 입을 대고 은근히 하시오?"라고 했더니, 농부는 말하기를, "비록 짐승일지라도 그 마음은 사람과 다를 것이 없답니다. 이쪽이 잘한다고 하면 저쪽은 일을 잘 못하는 것이 될테니, 그 소가 들으면 어찌 불평스러운 마음이 없겠소?"라고 하였다. 이 말을 듣고 희(喜)는 크게 깨달아 이로부터는 다시 남의 장점과 단점을 말하지 않았다 한다.

① 자기가 부리는 동물은 가족처럼 돌보아야 한다.
② 함부로 다른 사람의 잘못을 따져서는 안 된다.
③ 드러내지 않으면서 남을 배려할 줄 알아야 한다.
④ 일이 잘못된 것에 대해 남에게 그 탓을 돌려서는 안 된다.

14. 다음 속담 중 말의 순서를 바꿨을 때 순서가 바뀌어도 같은 뜻이 되는 속담은?

① 두부살에 바늘뼈 – 바늘뼈에 두부살
② 고래 싸움에 새우 등 터진다. – 새우 싸움에 고래 등 터진다.
③ 가는 말이 고와야 오는 말이 곱다. – 오는 말이 고와야 가는 말이 곱다.
④ 겨 묻은 개가 똥 묻은 개 나무란다. – 똥 묻은 개가 겨 묻은 개 나무란다.

15. 다음 글에서 문맥으로 보아 밑줄 친 ㉠~㉣과 바꾸어 쓸 수 없는 것은?

> 역의 대합실은 낮과 아침부터 서울과 부산과 호남선이 실어다 부친 승객으로 콩나물 동이를 이루었다. 보퉁이를 깔고 앉아 혹은 가마니폭을 자리삼아 앉았는 사람, 자는 사람, 그 중에도 ㉠ 절창(絕唱)은 투전판이 벌어져 있는 것이었다. ㉡ 내남없이 곳간차 꼭대기나마 타지 못한 사람들은 내리는 궂은 비처럼 우울한 얼굴들이었다. 조금 있다가 기관차가 무슨 생각으론지 혼자 달려가더니 난데없이 좋은 객차를 한목 다섯 칸이나 달아 가지고 온다. 그러나 촌 반늙은이 하나가 그 앞을 징검거리고 가더니 예전 같으면 '여보 영감상 우리 좀 탑시다.' 하는 쩨렷다. 손으로 자기를 가리키고 다시 찻간을 가리키고 하면서 ㉢ 근천스런 미소와 굽실거리기를 거듭한다.
> "옛날 상해 공동조계의 공원 문 앞에다 '지나인과 개는 들어오지 마라.' 쓴 푯말을 세운 것하구 ㉣ 상거가 어떨꾸?"
> "마마손님은 떡시루나 쪄 놓고 배송을 한다지만……."
> "찰 저렇게들 타지 못해 등쌀을 댈 것이 아니라 기관차 앞으로 찻길에서 가 늘비하니 드러눴어요."
>
> – 채만식, '역노' –

① ㉠ 절창(絕唱) – 압권(壓卷)   ② ㉡ 내남없이 – 너나 할 것 없이
③ ㉢ 근천스런 – 친근한   ④ ㉣ 상거 – 차이

16. 다음 글에 나타난 수령의 행태와 가장 가까운 것은?

> 오늘날 수령들은 옛날의 제후와 같아져 궁실과 수레, 의복과 음식, 그리고 좌우의 시종을 거느린 것이 마치 국군(國君)의 그것에 비길 만하다. 또 그들의 권능은 넉넉히 다른 사람을 경복(警服)할 만하고, 그들의 형률(刑律)과 위엄은 충분히 사람들을 두렵게 할 만하다. 결국 수령들은 오만스럽게 자신을 뽐내고, 태평스럽게 스스로 안일에 빠져서 자신이 목(牧)이라는 것을 망각하고 만다. 사람들이 분쟁을 일으켜 찾아가 판결을 구하면 번거로워하면서 "왜 이렇게 시끄러우냐?" 하고, 굶어 죽는 사람이 있으면 "제 스스로 죽은 것일 뿐이다."라고 한다. 곡식과 피륙을 바쳐서 섬기지 않으면 곤장을 치고 몽둥이질을 하여 피가 흘러서야 그친다. 날마다 거둬들인 돈꾸러미를 헤아려 낱낱이 기록하고, 돈과 피륙을 부과하여 전답과 주택을 장만하며, 권세 있는 재상가에 뇌물을 보내 뒷날의 이익을 기다린다. 이러고서야 백성이 목을 위하여 태어난 것이어니와, 어찌 이것이 타당한 이치이겠는가?

① 가렴주구(苛斂誅求) ② 환골탈태(換骨奪胎)
③ 자중지란(自中之亂) ④ 부화뇌동(附和雷同)

※ 다음 글을 읽고 물음에 답하시오. (17~18)

> (가) 불휘 기픈 남군 브르매 아니뮐씨, 곶 됴코 여름 하느니
> 시미 기픈 므른 フ무래 아니 그츨씨, 내히 이러 바르래 가느니.
> (나) 孟밍子주ㅣ フ르샤딕, 사, 이 道도ㅣ이시매 먹기를 비브르 ㅎ며 오술 덥게 ㅎ야 편안히 잇고, フ르치미 업스면 곧 즘승에 갓가오릴씨, 聖셩人인이 시름ㅎ믈 두샤 契셜로 ㅎ여곰 司ᄉ徒도롤 히이샤 フ르츄딕 人인倫륜으로 ㅎ시니, 아비와 아들이 親친홈이 이시며, 님금과 신해 義의ㅣ 이시며, 남진과 겨집이 글히요미 이시며, 얼운과 져므니 추례 이시며, 벋이 믿븀이 이슈미니라.
> (다) 萬里(만리)예 フ술홀 슬허 상녜 나그내 드외요니,
> 百年(백년)ㅅ 한 病(병)에 ᄒ올로 臺(대)예 올오라.
> 艱難(간난)에 서리 ᄀᆞᆮ흔 귀밑터리 어즈러우믈 심히 슬허 ᄒ노니,
> 늙고 사오나오매 흐린 숤 盞(잔)을 새려 머믈웻노라.
> (라) 적인(狄人)ᄉ 서리예 가샤 적인(狄人)이 글외어늘,

> 山(기산) 올ᄆ샴도 하놇 ᄠᅳ디시니.
> 野人(야인)ㅅ 서리예 가샤 野人(야인)이 ᄀᆞᆯ외어늘,
> 德源(덕원) 올ᄆ샴도 하놇 ᄠᅳ디시니.

17. 위의 글에서 언해본과 창작본의 구분이 옳게 된 것은?
① (가), (나) - (다), (라) ② (가), (다) - (나), (라)
③ (나), (라) - (가), (다) ④ (가), (라) - (나), (다)

18. 위의 글에서 훈민정음 창제 이후 최초로 번역된 문학에 속하는 것은?
① (가) ② (나)
③ (다) ④ (라)

19. 다음 문장에서 어법도 고려하여 가장 자연스럽게 된 것은?
① 할아버지, 아버지가 왔습니다.
② 철수는 철수의 형과 야구장에 갔다.
③ 사람은 그가 걸어온 이력에 따라 평가해야 한다.
④ 그는 위대한 민족 시인이라 말하였다.

20. 다음 글의 ㉠, ㉡에 들어갈 말이 모두 바르게 연결된 것은?

> 吾十有五而志于學하고 三十而立하고 四十而不惑하고 五十而 (㉠)하고 六十而 (㉡)하고 七十而從心所欲하되 不踰矩니라.

    ㉠   ㉡   ㉠   ㉡
① 耳順 弱冠   ② 耳順 知天命

③ 知天命　　耳順　　　　　　　④ 知天命　　光壽

한국사

01. 시대별로 유물이 출토된 지역이 올바르게 연결된 것을 모두 고른 것은?

> ㉠ 구석기 시대 - 충북 단양 금굴(뼈 두개골, 석기류), 평남 상원 검은모루동굴(동물뼈), 덕천 승리산 동굴(뼈, 두개골 조각품)
> ㉡ 신석기 시대 - 부산 동삼동(이른민무늬토기, 덧무늬토기), 서울 암사동(움집터)
> ㉢ 청동기 시대 - 경기 하남 미사(집터), 충북 예산군 능서리(대쪽모양의 청동기), 영암 지역(고인돌)

① ㉠, ㉡, ㉢　　　　　　　　② ㉠, ㉢
③ ㉡　　　　　　　　　　　　④ ㉡, ㉢

02. 다음은 초기 철기시대의 국가에서 나타난 정치제도에 대한 설명이다. 이를 통해 부여, 고구려, 전국에서 나타난 공통적인 특징을 추론하여 볼 때 알맞은 것은?

> ㉠ (부여는) 벼슬이 6개의 가축의 이름을 따라 마가, 우가, 저가, 구가, 견사, 대사자, 사자라 칭하고 … 제가들은 별도로 사출도를 주관하였는데, 큰 곳은 수천 가이며, 작은 곳은 수백 가였다.
> ㉡ (고구려는) 왕이 있고, 관직은 상가, 대로, 패자, 고추가, 주부, 우태, 승사자, 조의, 선인이 있었다. 왕의 종족은 고추가라 칭하며, 모든 대가들은 자체로 사자, 조의, 선인을 두었다.
> ㉢ (삼한은) 각기 장수가 있어 우두머리를 신지라 하고 그 다음을 읍차라 하였다. 진국은 목지국을 통치하였고, 관직은 위솔선읍군, 귀의후, 중랑장, 도위, 백장이 있었다.

① 왕을 중심으로 한 관직 제도가 마련되었다.
② 부족장이 자기 부족원을 통치하는 군장 국가이다.
③ 유교적 정치이념을 가진 국가가 출현하였다.
④ 부족장을 귀족으로 편입시킬 정치 제도가 마련되었다.

03. 다음 선사시대에 대한 설명으로 옳지 않은 것은?
① 구석기시대의 대표적인 유물에는 빗살무늬토기와 뗀석기, 뼈를 갈아서 만든 찍개나 주먹도끼 등이 대표적이다.
② 미송리식토기와 민무늬토기, 가락리식토기 등은 청동기시대의 대표적인 유물이다.
③ 신석기시대의 대외 교류와 관련된 지역은 우리나라의 남해안 지역과 일본의 규슈 지역이 대표적이라 할 수 있다.
④ 선사시대의 토기는 이른민무늬토기 - 빗살무늬토기 - 가락리식 토기 - 민무늬토기 순으로 발전해 왔다.

04. 다음은 조선 후기 사회를 설명한 것이다. 이러한 개혁내용과 거리가 먼 것은?

> 왜란과 호란의 시련을 겪은 조선왕조는 사회를 안정시키기 위하여 정치, 경제, 군사 등 여러 면에서 개혁을 추진하였다. 그러나 이러한 개혁은 당시 사회의 모순을 해결할 수 있는 근본적인 것이 되지는 못하였다.

① 풍년과 흉년, 토지의 비옥도를 기준으로 전세를 차등 있게 부과하였다.
② 지방의 특산물을 공물로 바치는 현물 대신 쌀로 바치게 하였다.
③ 군역 의무자가 현역에 복무하지 않는 대신에 바치는 군포를 1년에 2필에서 1필로 줄었다.
④ 훈련도감을 비롯한 5군영을 설치하고, 붕당정치의 폐단을 막기 위하여 탕평책을 실시하였다.

05. 삼국시대 고대 국가 체제를 완성시킨 왕들의 업적을 설명한 것이다. 옳지 않은 것은?

① 4세기 후반 고구려의 소수림왕은 태학을 설립하였다.
② 4세기 중반 백제의 근초고왕은 부자상속을 단행하였다.
③ 6세기 백제 성왕은 수도를 사비성으로 천도하여 체제정비를 하였다.
④ 6세기 신라 법흥왕은 율령반포와 백관공복을 제정하였다.

06. 다음과 같은 외교가 전개될 당시의 신라·백제·고구려 3국에 대한 설명으로 옳은 것은?

⊙ 고구려 + 신라 + 북중국(전진)   ⓒ 백제 + 왜(일본) + 남중국 (동진)

① 근초고왕은 중국의 요서 지방, 산둥 반도까지 상업의 세력권을 넓혔다.
② 진흥왕은 신라 최초로 소백산맥을 넘어 한강 상류를 점령하였다.
③ 장수왕은 남하정책의 일환으로 수도를 국내성에서 평양성으로 천도하였다.
④ 연개소문은 비사성에서 부여성까지 천리장성을 쌓기 시작하였다.

07. 3·1 운동 이후 임시정부 수립에 있어서 다음과 같은 이유에서 만주나 연해주가 임시정부의 적지라고 주장되었으나 결국 상하이로 귀착된다. 이와 가장 관계 깊은 임시 정부 활동을 추론한다면?

- 임시정부 수립의 주목적이 독립운동의 통합이었기 때문이다. 통합을 위해서라면 국외무장투쟁의 본거지인 만주나 연해주가 적절한 위치이다.
- 임시정부나 정부로서의 요건을 갖추려면 어느 정도의 영토와 국민의 주권을 확보해야 하는데, 그렇다면 국외에서 우리 민족이 밀집해 있는 만주나 연해주가 가장 유리한 위치이다.

① 연통제   ② 군자금 조달
③ 외교 활동   ④ 문화 활동

08. 다음과 같은 신라 하대에 있었던 움직임에 대하여 가장 반대하였던 계층은?

- 도당 유학생들은 능력 중심의 과거제도와 유교정치이념을 제시하였다.
- 학문성적에 따라 관리를 채용하는 독서삼품과를 마련하였다.

① 신분상승이 제한된 6두품
② 귀족과 사원의 노비로 전락한 농민
③ 선종과 결탁한 지방호족세력
④ 골품제에 집착한 중앙진골귀족

09. 다음 자료를 읽고 알 수 있는 임시정부의 활동 방향에 대한 설명으로 옳은 것은?

- 임시정부는 김규식을 파리강화회의에 파견하여 우리 민족의 독립을 주장하게 하였다.
- 국제 연맹과 워싱턴 회의에도 우리 민족의 독립 열망을 전달하게 하였다.
- 임시정부는 수립 직후 군사 활동을 전개하고자 하였으나, 중국영토 내에서 직접 군사 활동을 하는 데는 많은 제약과 한계가 있었다.
- 임시정부가 직접 무장 부대를 편성하여 항전을 주도적으로 전개한 것은 한국광복군이 창설된 이후였다.

① 임시정부는 외교적 노력만으로도 독립을 달성할 수 있다고 보았다.
② 임시정부의 위치는 무장 투쟁보다 외교 활동을 하기 적합한 것이다.
③ 임시정부의 외교적 노력이 성과를 거두어 국제적으로 공인을 받았다.
④ 임시정부는 초기부터 격렬한 무장 투쟁을 전개하여 큰 성과를 거두었다.

10. 다음은 고려후기 문학에 대한 설명이다. 옳지 않은 것은?

① 경기체가가 등장하였으며 신진사대부 계층의 생활상을 알 수 있는 관동별곡, 한림별곡 등의 작품이 있다.
② 한문학이 발달하였으며 이규보의 동명왕편을 비롯하여 이인로의 파한집에

는 세련된 한시가 수록 되어있다.
③ 향가가 크게 유행하여 서동요, 풍요, 도솔가, 헌화가 등 작품성이 뛰어난 향가들이 전해져오고 있다.
④ 이규보의 백운소설, 이제현의 역옹패설과 같은 시화집과 이제현의 익제난고, 이규보의 동국이상국집 등 시문집이 많이 나왔다.

11. 다음은 신채호가 「조선혁명선언」에서 당시의 어떤 경향을 비판한 것이다. 이러한 비판과 가장 가까운 것은?

> 일본 강도 정치하에서 문화 운동을 부르짖는 자는 누구인가? 문화도 산업과 문물의 발달된 총적(總積)을 가리키는 명사니, 경제 약탈의 제도 하에서 생존권이 박탈된 민족은 그 종족의 보전도 의문이거늘, 하물며 문화발전의 가능성이 있으랴?

① 우리는 정치적·경제적 각성을 촉구함.
② 우리는 단결을 공고히 함.
③ 우리는 기회주의를 일절 부인함.
④ 조선의 독립국임과 조선인의 자주민임을 선언하노라.

12. 다음은 통일 신라와 고려시대의 토지 제도를 간략히 서술한 것이다. 두 시대의 토지 제도를 비교해 볼 때 추정할 수 있는 것은?

> - 통일 신라 - 관리에게 관료전이라는 토지를 주는 한편, 귀족들의 녹읍을 폐지하였다. 일반 백성에게는 정전을 주어 경작하게 하고, 국가에 조를 바치게 하였으나 귀족들의 반발로 녹읍제가 부활되었다.
> - 고려 - 문무 관리로부터 국역을 담당한 군인·한인에 이르기까지 18등급으로 나누어 전지와 시지를 주었다. 관직 복무와 직역에 대한 반대급부로 지급된 전시과 제도는 토지에 대한 수조권을 지급한 것이다.

① 고려보다 신라의 농민 부담이 적었을 것이다.

② 신라나 고려시대에는 개인 소유의 토지가 없었을 것이다.
③ 국가의 토지 지배권은 고려시대에 더욱 강화되었을 것이다.
④ 두 시대에 관료들에게 지급된 토지는 세습되었을 것이다.

13. 조선 후기 공예나 예술분야에 대한 설명으로 옳지 않은 것은?
① 푸른 빛깔의 분청사기가 도자기의 주류를 이루었다.
② 별전 등의 금속 공예가 다양하게 발달되었다.
③ 인각 예술은 사대부의 취미로 발달하였으며 김정희가 유명하다.
④ 자기는 예술성과 실용성이 조화되는 특징을 이루고 있다.

14. 다음은 고려시대의 수취 제도이다. ㉠ ~ ㉣에 대한 설명으로 옳지 않은 것은?

> 고려시대 농민들 가운데 가장 많은 수를 차지한 것은 ㉠ 백정이다. 양인 신분에 속하지만 사실상 관직 진출의 길이 막혀 있었던 사람들이다. 이들은 조상 대대로 물려받은 토지에서 하루하루를 열심히 농사짓고 살았는데, 이들의 토지는 매매나 상속, 증여가 자유롭게 법적으로도 보장받는 ㉡ 농민의 개인 소유였다. 이들이 국가에 내는 세금의 종류는 토지 수확의 일부를 내는 (㉢), 특산물로 부담하는 (㉣), 대가를 주지 않고 나라 일에 동원되는 역이 있어 농민들에게는 큰 부담이었다.
> － 고려시대 사람들은 어떻게 살았을까 －

① ㉠ － 고려시대 백정은 도축업자를 뜻한다.
② ㉡ － 농민 소유의 토지를 민전이라고 한다.
③ ㉢ － 수확한 곡식의 일정량을 수취하는 전세를 말한다.
④ ㉣ － 지방 특산물을 거두는 공납을 말한다.

15. 조선시대 집현전에 관한 설명으로 올바르지 않은 것은?

① 고려 때의 수문관과 보문각의 후신이다.
② 대제학과 학사 등으로 구성되었다.
③ 경연·서연을 하며, 서적편찬 및 정치자문도 담당하였다.
④ 성종 때 금지되어 홍문관으로 부활되었다.

16. 일본은 우리민족의 의사와는 무관하게 청과 다음과 같은 내용의 조약을 맺고 독도를 일본의 영토로 편입하게 되는 행위를 가능하게 한 근거는?

- 토문강(두만강)이 청·한 양국의 국경임을 서로 확인한다.
- 청은 일본에게 만주의 안봉선 철도 부설권을 허용한다.
- 간도에 일본 영사관을 설치하여 한국 사람의 거주를 보장한다.

① 제1차 한·일 협약   ② 시모노세키 조약
③ 을사조약   ④ 통감부 설치

17. 김구의 다음과 같은 주장과 관련한 설명으로 옳지 않은 것은?

통일하면 살고 분열하면 죽는다는 것은 고금의 철칙이온데, 자기 세력의 연장을 위해서 민족 분단의 연장을 획책하는 것은 온 민족을 죽음의 구렁 속에 빠뜨리는 극악무도한 짓이노라. .... 지금 독립 정부의 수립이 당장에 가망 없다고 해서 단독 정부를 세울 수는 없는 것이다.

① 유엔 소총회에서 남한만의 총선거 실시를 결정하자 이를 반대하고 통일된 정부를 수립할 목적으로 주장하였다.
② 선거가 가능한 북한에서 총선거를 실시하여 민주정부를 수립할 것을 주장하였다.
③ 단독 정부 수립을 지지한 미군정과 우익단체들은 김구 일행의 방북을 반대

하였다.
④ 이승만 등 우익 세력이 모스크바 3국 외상 회의에 따른 신탁 통치 방안에 대해 반대 운동을 주도하였다.

18. 조선 후기 과학기술에 대한 설명으로 옳은 것은?
① 황윤석과 최석정은 지전설을 내세워 성리학적 세계관을 비판하였다.
② 허준은 「마과회통」을 저술하여 우리의 전통의학을 집대성하였다.
③ 박지원은 「임원경제지」라는 농업백과사전을 저술하였다.
④ 19세기 이제마는 「동의수세보원」에서 체질의학이론으로 사상의학을 확립하였다.

19. 양명학에 관한 내용으로 옳지 않은 것은?
① 주자학의 한계성을 극복·보완하려는 입장이었다.
② 유학의 범주를 크게 벗어나지 않았으므로 이단시 되지 않았다.
③ 18세기에 정제두에 의해서 학파가 형성되었다.
④ 후일 박은식, 정인보 등 국학자들에게 영향을 끼쳤다.

20. 다음의 글은 문호개방 이후 어떤 사실에 대한 공통된 입장을 표명한 것이다. 가장 관계가 깊은 것은?

㉠ 공장에서 생산되는 무한한 사치품과 땅에서 생산되는 유한한 곡물과의 교역은 경제적 파멸을 가져온다.
㉡ 지금은 우리들이 정신을 새로이 하고 충의를 떨칠 때이니, 국채 1300만원은 바로 우리 한(韓)제국의 존망에 직결된 것이다.

① 국왕의 아관파천
② 일본의 경제적 침투
③ 애국계몽운동의 전개
④ 친천수구정책의 횡포

01. 다음 내용으로 보아 10살 된 말은 사람의 나이 몇 살과 같은가?

> Horses don't live as long as people. A horse that lives to the age of thirty is very old. One year of a horse's life is equal to three years of a person's. A thirty-year-old horse is as old as a person who is ninety.

① ten-year-old child
② thirty-year-old person
③ three-year-old baby
④ twenty-year-old person

02. 다음 글을 읽고 밑줄 친 부분에 들어갈 알맞은 것을 고르면?

> Poetry has been regarded as something central to each man's existence, something which he is better off having and which he is spiritually impoverished _____.

① with
② always
③ for having
④ without

03. 다음 문장의 밑줄 친 부분 가운데 어법상 올바르게 쓰인 것은?

① It <u>needs hardly be said</u> that health is above wealth.
② You <u>had not better call</u> her up at this time of night.
③ It is quite natural that such a man <u>should succeed</u>.
④ He told me that I <u>may go</u> out.

04. 우리글을 영문으로 올바르게 옮긴 것은?

> 나는 그렇게 너그러운 사람을 전에 본 적이 없다.

① I met no so generous a man before now.
② Never saw I such a generous man before.
③ I did not ever see such a generous man before.
④ Never have I met such a generous man before.

05. 다음 글의 밑줄 친 manner와 같은 뜻으로 쓰인 것을 고르면?

> Solotin acted in a very cool manner.

① All manners of things were happening.
② He has an awkward manner.
③ Manners and money make a gentleman.
④ This picture is in the manner of Picasso.

06. 다음 글의 밑줄 친 부분에 들어갈 내용으로 알맞은 것은?

> _____, they say, is a matter of practice and exercise. If you have the desire, and if you really make a conscious effort, then you can quite easily improve your ability to remember things.

① Oblivion
② Intelligence
③ Wisdom
④ Memory

07. 다음 대화의 밑줄 친 부분에 들어갈 가장 알맞은 것은?

> A : What's the matter? Are you hurt?
> B : I slipped on the stairs and fell down. I think my arm is broken.
> A : Oh! _____ . Which arm is it?
> B : The left one. It hurts right here.
> A : Lee me see. I don't think it's broken but we are going to see the doctor right now.

① I hope so
② Never mind
③ I hope not
④ I am afraid not

08. 다음 밑줄 친 부분을 올바르게 바꾸어 쓴 것은?

> <u>As he has often deceived me</u>, I never believe him.

① Having often deceived me
② Having often been deceived by him
③ His having often deceived me
④ Having his often deceived me

09. 다음 문장이 같은 의미가 되도록 밑줄 친 부분에 들어갈 알맞은 것은?

> She lets me do the work by myself.
> ⇒ I _____ do the work by myself.

① am let
② was let to
③ let
④ am allowed to

10. 다음 글에서 밑줄 친 we make it so라고 생각한 이유는 무엇인가?

> Our life is not short, but we make it so. Just as great wealth is scattered in a moment when it comes into the hands of a bad owner, while wealth, however small, if it is entrusted to a good keeper, increases by use, so our life is long enough for him who uses in properly.

① 인생은 실제로 짧기 때문에
② 인생은 매우 길기 때문에
③ 인생을 즐기고 있기 때문에
④ 인생을 적절하게 활용하지 못하기 때문에

11. 다음 글에서 밑줄 친 부분의 의미는?

> If you have a dog that acknowledges you as its master, you are a very lucky person. No animal loves and honors its master as much as the dog. If you wish to earn the love of your dog, let me urge you never to whip him. A whipped dog is a frightened and unhappy animal. You can accomplish far more with your pet by kind words, or by gently scolding him, than by raising your hand to him.

① loving
② scolding
③ whipping
④ petting

※ 다음 글을 읽고 물음에 답하시오. (12~13)

> The history of life on earth has been a history of interaction between living things and their surroundings. To a large extent, the physical forms and the habits of the earth's vegetation and its animal life have been molded by the environment.

Considering the whole span of earthly time, the opposite effect, in which life actually modifies its surroundings, has been relatively slight. Only within the moment of time represented by the present century has one species acquired significant power to alter the nature of his world.

12. 위 글의 표제로 가장 알맞은 것은?

① The History of Life on Earth
② Man and His Nature on Earth
③ Living Things and Their Environment on Earth
④ The Man and Time on Earth

13. 위 글의 밑줄 친 부분은 무엇을 가리키는가?

① plant
② animal
③ vegetation
④ human being

14. 다음 빈 칸에 들어갈 가장 적절한 표현은?

Argument is often considered disrespectful in rigid families. Arguing, however, is a way of life with normal developing youths. In early adolescence they'll argue with their parents about anything. As they grow older, the quantity of argument decreases but the quality increases. Arguing is something that adolescents _____ in their family life.

① need to do
② must avoid
③ ought to stop
④ shouldn't develop

15. 글쓴이는 역사를 읽어야 하는 가장 큰 목적을 무엇이라 했는가?

One should read history not only to learn what rally happened at a particular time and place in the past but also to learn the way that men act in all times and places, especially now. History is the story of the events that led to the present. It is the present that interests us – that and the future. The future will be partly determined by the present.

① 미래에 슬기롭게 대처하기 위하여 ② 과거의 잘못을 알기 위하여
③ 과거 생활을 정확히 알기 위하여 ④ 현재의 행동양식을 알기 위하여

16. 다음 글의 내용과 일치하는 것은?

Many people suffer from a cold or cough in winter. There are many popular drugs available which can give you some relief. However, they may also cause some side effects. Specifically, they may make you feel sleepy and slow down your reactions. This could interfere with your ability to work or drive safely.

① A good medicine cannot cause unfavorable effects.
② Prevention is better than cure.
③ A good medicine tastes bitter.
④ Medicines may cause unwanted effects.

17. 다음 밑줄 친 부분에 들어갈 알맞은 것은?

What should be noticed also at such parties as I have described is that, behind the flippant gaiety of the superficial atmosphere, there is often a very serious intellectual interest. Serious topics are discussed ; and differences of opinion, _____ are often extreme, never lead to displays of bad temper.

① that 　　　　　　　② what
③ who 　　　　　　　④ which

18. 다음 밑줄 친 ( ) 안에 주어진 단어들의 알맞은 순서는?

> Long - distance calls can also be made from public telephones, but because these calls are expensive, they require a considerable amount of change such as nickles, dimes, and quarters. If you would like (pay, calling, are, to, you, the person) the charges, that is, if the person agrees, tell the operator that you want to make a collect call.

① the person you are calling to pay
② you are calling to pay the person
③ the person are calling to pay you
④ you pay calling to the person are

19. 다음 글의 빈 칸에 들어갈 내용으로 옳은 것은?

> As the quality of air is becoming poorer and poorer, private organizations are trying to make the air clearer. _____ their continued efforts, factories and cars are still producing too much dirty smoke or putting too many chemicals into the air. The time may soon come when we have to take an oxygen tank with us wherever we go.

① Because of 　　　　② According to
③ In spite of 　　　　④ In addition to

20. 다음 글의 내용을 가장 잘 요약한 것은?

> There are many kinds of work in life. We must choose them because our power and intelligence are limited. He who want to do everything will never do anything. We ought to decide upon a point of attack and concentrate our forces there. Once the decision is made, let there be no change unless a serious accident happens. Let's do our best to achieve our arm.

① Make hay while the sun shines.
② You can't eat your cake and have it.
③ Things done by halves can never be done.
④ A rolling stone gathers no moss.

행정법총론

01. 행정조사에 대한 다음 설명 중 옳은 것은?
① 조사원이 현장조사 중에 자료·서류·물건 등을 영치하는 때에는 조사대상자 입회 없이 가능하다.
② 당해 행정기관 내의 2 이상의 부서가 동일하거나 유사한 업무분야에 대하여 동일한 조사대상자에게 행정조사를 실시하는 경우에는 공동조사를 하여야 한다.
③ 조사원이 가택·사무실 또는 사업장 등에 출입하여 사무실 또는 사업장 등의 업무시간에 행정조사를 실시하는 경우 현장조사는 뜨기 전이나 해가 진 뒤에는 할 수 없다.
④ 조사원은 사전에 발송된 사항에 한하여 조사대상자를 조사하되, 사전 통지한 사항과 관련된 추가적인 행정조사가 필요할 경우 조사대상자에게 추가 조사의 필요성과 조사내용 등에 관한 사항을 반드시 서면으로 통보하여야 한다.

02. 국가배상책임에 대한 다음 설명 중 옳지 않은 것은? (다툼이 있는 경우 판례에 의함)

① 장교가 그의 소유 오토바이에 군부대 표시의 번호판을 달고 기름을 공급받아 군무수행을 하다가 오토바이 사고를 일으킨 경우에 국가배상책임을 부정하고 있다.
② 지방자치단체 소유의 임야에 무허가주택을 짓고 살고 있는 주민을 대상으로 한 통·반이 조직되고 주민세를 부과하는 등의 관리행정까지 실시해 왔다면 그 자치단체는 주민들의 복리를 위하여 주택가 내에 돌출하여 위험이 예견되는 자연암반을 사전에 제거하여야 할 의무를 부담한다.
③ 무장공비와 격투 중에 있는 청년의 동거인이 경찰에 구원의 요청을 하였음에도 즉시에 출동하지 않아 사살된 경우에 이에 대한 국가의 손해배상책임을 인정한다.
④ 공무원의 직무상 과실로 무효한 농지분배절차가 이루어져 그에 관한 소유권이전등기까지 넘겨진 경우, 이 등기를 믿고 이를 매수한 자는 그로 인한 손해의 배상을 직접 나라에 청구할 수 있다.

03. 다음은 행정규칙에 관한 설명이다. 옳지 않은 것은?

① 행정조직 내부규범이므로 국민에 대하여는 직접 효력을 미치지 못한다.
② 행정규칙의 제정에 있어서는 별도의 법률의 수권을 필요로 하지 않는다.
③ 행정규칙은 공포됨으로써 효력을 발생한다.
④ 행정규칙은 요식행위가 아니므로 구두로 발할 수도 있다.

04. 현행 행정심판법상 행정심판 청구인에 대한 설명으로 옳지 않은 것은?

① 법인이 아닌 사단 또는 재단으로서 대표자나 관리인이 정하여져 있는 경우에는 그 사단이나 재단의 이름으로 심판청구를 할 수 있다.
② 여러 명의 청구인이 공동으로 심판청구를 할 때에는 청구인들 중에서 3명 이하의 선정대표자를 선정할 수 있다.

③ 청구인이 사망한 경우에는 상속인이나 그 밖에 법령에 따라 심판청구의 대상에 관계되는 권리나 이익을 승계한 자가 청구인의 지위를 승계한다.
④ 무효등확인심판은 처분의 효력 유무 또는 존재 여부의 확인을 구할 법률상 이익이 있는 사람은 청구할 수 없다.

05. 행정규칙의 통제에 관한 설명이 타당하지 않은 것은? (다툼이 있는 경우 판례에 의함)
① 법규성을 인정하는 행정규칙의 경우는 그 내용이 위헌·위법적 요소가 있다면 사법부에 의한 위헌·위법명령심사제도의 대상이 된다.
② 개인택시면허처분을 위하여 그 면허순위에 관한 내부적 심사기준을 시달한 예규나 통첩에 불과한 '개인택시면허우선순위에 관한 국토해양부장관의 시달'은 행정소송의 대상이 되지 않는다는 것이 판례의 입장이다.
③ 전라남도교육위원회의 1990학년도 인사관리원칙(중등)은 중등학교교원 등에 대한 임용권을 적정하게 행사하기 위하여 그 기준을 미리 일반적·추상적 형태로 제한한 '조직내부의 사무지침'에 불과하지만, 헌법소원의 대상을 부정한 것이 헌법재판소의 판단이다.
④ 헌법재판소의 결정에 의하면, 서울대 1994학년도 신입생선발입시요강에 헌법소원의 대상성을 부정하였다.

06. 사인(私人)의 공법행위에 속하지 않는 것을 모두 고른 것은?

㉠ 공무원의 임명에 있어 상대방의 동의	㉡ 사인과 국가와의 공사도급계약
㉢ 해외여행을 위한 여권의 신청	㉣ 혼인신고
㉤ 지방자치단체가 지방채를 모집하는 경우	

① ㉠, ㉢ ② ㉡, ㉤
③ ㉣   ④ ㉠, ㉡

07. 공공기관의 정보공개에 관한 법률과 관련한 다음 내용 중 옳지 않은 것은? (다툼이 있는 경우 판례에 의함)
① 공공기관의 정보공개청구의 목적에 특별한 제한이 없으므로, 오로지 상대방을 괴롭힐 목적으로 정보공개를 구하고 있다는 등의 특별한 사정이 없는 한 정보공개의 청구가 신의칙에 반하거나 권리남용에 해당한다고 볼 수 없다.
② 청구취지의 변경이 없더라도 정보공개거부처분의 일부취소를 명할 수 있는 경우 및 공개청구의 취지에 어긋나지 않는 범위 안에서 비공개대상 정보에 해당하는 부분과 공개가 가능한 부분을 분리하여 공개 할 수 있다.
③ 공공기관의 정보공개에 관한 법률에 의한 정보공개청구는 군사기밀보호법에 의한 군사기밀 공개요청과 동일한 것으로 보아 공개 할 수 없다.
④ 국가정보원이 직원에게 지급하는 현금급여 및 월초수당에 관한 정보가 공공기관의 정보공개에 관한 법률의 비공개대상정보인 '다른 법률에 의하여 비공개 사항으로 규정된 정보'이므로 공개 할 수 없다.

08. 행정행위의 철회에 관한 다음 기술 중 옳지 않은 것은?
① 해당 행정행위를 한 행정청뿐 아니라 그 감독청 및 법원도 철회권자가 될 수 있다.
② 철회권의 근거에 관해 우리나라에서는 철회자유설이 다수설이다.
③ 법령에 철회의 절차에 관한 규정이 있으면 이에 따라야 한다.
④ 철회사유는 행정행위가 유효하게 성립된 후에 생긴 새로운 사유이다.

09. 다음은 행정지도에 관한 설명이다. 이 중 옳지 않은 것은?
① 행정지도는 그에 관한 개별적 근거 없이도 할 수 있다.
② 행정지도는 법규에 위반할 수 없다.
③ 위법한 행정지도로 국민이 손해를 입어도 국가배상책임이 인정될 수 없다.
④ 행정지도의 법적 성질은 비권력적 사실행위이다.

10. 행정행위의 취소에 관한 설명으로 옳은 것은? (다툼이 있는 경우 판례에 의함)

① 과세관청은 과세부과처분의 취소에 당연무효사유가 아닌 위법사유가 있는 경우에도 이를 다시 취소함으로써 원부과처분을 소생시킬 수 있다.
② 행정행위를 한 처분청은 그 행위에 하자가 있는 경우라 하더라도 별도의 법적 근거가 있어야만 스스로 이를 취소할 수 있다.
③ 행정처분의 하자가 당사자의 사실은폐나 기타 사위의 방법에 의한 신청행위에 기안한 것이라 하더라도 그 처분이 수익적 처분인 때에는 취소권제한의 법리가 적용되어야 한다.
④ 직권취소사유가 존재한다는 사정만으로 이해관계인에게 처분청에 대하여 그 취소를 요구할 신청권이 부여된 것으로 볼 수는 없다.

11. 행정법상의 금전급부의무를 행정법상의 의무자가 이행하지 않는 경우의 행정상 강제집행의 수단인 것은?

① 행정질서벌 ② 행정상 강제징수
③ 직접강제 ④ 행정상 즉시강제

12. 행정행위에 대한 다음 설명으로 옳지 않은 것은? (다툼이 있는 경우 판례에 의함)

① 행정청이 도로 일부를 침범하고 있는 건물 소유자들에게 도로법 제94조에 따라 변상금 부과처분을 한 사안에서, 위 도로가 도로법 적용을 받는 도로에 해당한다고 보아 변상금 부과처분이 적법하다고 본 원심판결에 법리를 오해한 위법이 있다.
② 개발제한구역 내 이축권에 터잡은 건축허가를 받은 자가 기존 건축물 멸실의무를 불이행한 경우라도 행정청이 철거명령을 발할 수 없어 철거명령은 절차상 위법하다.
③ 행정청이 침해적 행정처분을 하면서 당사자에게 구 행정절차법에서 정한

사전통지를 하거나 의견 제출의 기회를 주지 않은 경우, 처분은 위법하다.
④ 업무시설 및 근린생활시설의 신축을 위하여 행정청으로부터 도로점용허가를 받은 甲이 건축 경기 악화 등 부득이한 사정으로 착공하지 못하여 점용허가 받은 도로를 실제로 점용한 사실이 없다는 이유로 행정청의 점용료 부과처분이 위법하다고 볼 수 없다.

13. 행정상 손실보상제도와 관계가 없는 것은?

① 도지사가 위법하게 영업허가를 철회한 경우 손실보상을 해야 한다.
② 수용유사적 침해란 공용침해의 요건을 구비하였으나 보상규정을 결하고 있는 경우를 말한다.
③ 손실보상은 당해 재산권 자체에 내재하는 사회적인 제약에 해당하는 경우에는 인정되지 않는다.
④ 제약되는 재산권의 의미는 소유권에만 한정되지 않는다.

14. 행정입법에 관한 판례의 내용으로 옳지 않은 것은?

① 집행명령의 경우 근거법령인 상위법령이 개정되었다 하더라도 개정법령과 성질상 모순·저촉되지 아니하고 개정법령의 시행에 필요한 사항을 규정하고 있는 이상 그 집행명령은 개정법령의 시행을 위한 새로운 집행명령이 제정·발효될 때까지 여전히 그 효력을 유지한다.
② 조례가 집행행위의 개입 없이 그 자체로서 직접 국민의 구체적인 권리·의무나 법적 이익에 영향을 미치는 등의 법률상 효과를 발생하는 경우 그 조례는 항고소송의 대상이 되는 행정처분에 해당한다.
③ 법률이 고시의 형식으로 입법위임을 할 때에는 전문적·기술적 사항이나 경미한 사항으로서 업무의 성질상 위임이 불가피한 사항으로 한정한다.
④ 법률의 제정여부는 그 자체로서 국민의 구체적인 권리·의무에 직접적인 변동을 초래하는 것이기 때문에 법규명령의 입법부작위에 대하여 부작위위법확인소송으로 다툴 수 있다.

15. 행정관청의 권한의 대리에 관한 설명으로 옳지 않은 것은?
① 대리는 권한의 전부 또는 일부에 대해서 할 수 있다.
② 대리로 인하여 권한의 귀속 자체가 대리관청으로 이전되는 것은 아니다.
③ 대리는 법정대리를 의미하므로 반드시 법령의 근거가 요구된다.
④ 대리관청은 피대리관청을 위한 것임을 표시하고 자신의 이름으로 행한다.

16. 행정행위의 철회에 관한 다음 설명 중 옳지 않은 것은?
① 흠 없이 성립한 행정행위의 효력을 소멸시키는 행위이다. 따라서 흠 있는 행정행위를 소멸시키는 행정행위의 취소와 구별된다.
② 새로운 사정의 발생, 즉 공익상 행정행위의 효력을 더 이상 존속시킬 수 없는 경우에 행정행위를 철회하게 된다.
③ 철회는 성질상 새로운 행정행위와 같은 것이라는 점에서 명문의 규정이 없는 한 원칙적으로 처분행정청만이 철회권을 가지며 감독청이나 법원은 철회권이 없다.
④ 철회의 효과는 공익의 요구에 부합하기 위하여 원칙적으로 소급하여 발생한다.

17. 행정입법에 대한 통제방식 중 우리나라가 채택하고 있는 것은?
① 행정입법에 대한 국회의 승인 ② 위임명령에 대한 국회의 동의
③ 행정입법에 대한 행정절차   ④ 행정입법에 대한 국회의 개폐

18. 행정절차법의 규정 내용으로 옳지 않은 것은?
① 행정청에 대하여 처분을 구하는 신청은 원칙적으로 문서로 하여야 한다.
② 입법예고기간은 예고할 때 정하되, 특별한 사정이 없는 한 40일 이상으로 한다.

③ 청문주재자의 자격은 공무원이 아니어야 하며, 독립하여 직무를 수행한다.
④ 행정청은 청문을 실시하고자 하는 경우에 청문이 시작되는 날부터 10일 전까지 법이 정한 사항을 당사자에게 통지하여야 한다.

19. 행정절차법상 행정예고사무에 속하지 않는 것을 모두 고른 것은?

> ㉠ 법령 등의 단순한 집행을 위한 경우
> ㉡ 많은 국민의 이해가 상충되는 경우
> ㉢ 공공의 안전을 해할 우려가 있는 경우
> ㉣ 정책 등의 내용이 국민의 권리·의무 또는 일상생활과 관련이 없는 경우
> ㉤ 많은 국민에게 불편을 주는 경우
> ㉥ 국민의 의견수렴이 필요한 경우

① ㉠, ㉢, ㉥
② ㉠, ㉢, ㉣
③ ㉢, ㉣
④ ㉠, ㉡, ㉤

20. 다음 중 판례의 내용과 일치하지 않는 것은? (다툼이 있는 경우 판례에 의함)

① 공매기일·공매방법·공매장소를 가등기권자인 원고들에게 통지를 하지 아니하였다는 하자를 소위 공매절차에 있어서의 중대하고도 명백한 하자에 해당된다 할 수 없고 따라서 그와 같은 하자가 있다 하여 그 공매처분을 당연 무효라 할 수 없다.
② 건축사사무소의 등록취소 및 폐쇄처분에 관한 규정(1979. 9. 6. 건설부훈령 제447호) 제9조의 청문절차를 거치지 아니하고 한 건축사사무소등록취소처분은 위법한 처분이다.
③ 자동차운수사업법 제31조 등의 규정에 의한 사업면허의 취소 등의 처분에 관한 규칙(교통부령 제742호) 제5조 제1항에 의한 진술변명의 기회를 주지 않은 처분에 위법의 문제는 생기지 않는다.

④ 개인택시 운전자가 음주측정의 결과에 의하여 음주운전의 내용을 직접 확인한 경우라고 해도 관할 관청이 이를 이유로 개인택시운송사업면허를 취소함에 있어서 운전자의 의견을 듣지 아니한 것은 절차에 위법이 있다고 할 것이다.

노동법개론

01. 「근로기준법」상 근로계약에 관한 설명으로 옳지 않은 것은?
① 근로자와 사용자는 근로계약을 지키고 성실하게 이행할 의무를 진다.
② 근로계약 기간을 정하지 않은 경우에는 1년을 초과하는 계약기간을 주장할 수 있다.
③ 명시된 근로조건이 사실과 다를 경우 근로자는 근로조건 위반을 이유로 손해 배상 청구 및 즉시 근로계약을 해제할 수 있다.
④ 사용자는 근로계약의 불이행에 대한 위약금을 예정하는 계약을 체결할 수 없다.

02. 「근로기준법」상 유급휴가와 관련하여 다음 ㉠, ㉡의 ( ) 안에 들어갈 내용이 올바르게 연결된 것은?

> ㉠ 사용자는 계속해서 근로한 기간이 1년 미만인 근로자에게 1개월 개근 시 (　　)일의 유급휴가를 주어야 한다.
> ㉡ 사용자는 3년 이상 계속하여 근로한 근로자에게는 휴가에 최초 1년을 초과하는 계속 근로 연수 매 2년에 대하여 (　　)일을 가산한 유급휴가를 주어야 한다.

① ㉠ 3, ㉡ 1
② ㉠ 1, ㉡ 3
③ ㉠ 2, ㉡ 2
④ ㉠ 1, ㉡ 1

03. 「근로기준법」상 근로자 여부를 판단하는 기준에 대한 설명으로 옳지 않은 것은? (다툼이 있는 경우 판례에 의함)

① 근로자에 해당하는지는 계약의 형식보다 근로제공관계의 실질에 있어 근로자가 사업 또는 사업장에 임금을 목적으로 종속적인 관계에서 사용자에게 근로를 제공하였는지 여부에 따라 판단한다.
② 우편배달업무를 수행하는 다른 근로자인 상시위탁집배원·특수지위탁집배원과 본질적으로 같은 업무를 동일한 방식으로 처리한 점 등은 노무를 제공하는 근로자라고 판단하는 기준이다.
③ 기본급이나 고정급이 정하여졌는지, 근로소득세를 원천징수하였는지 등은 사용자가 임의로 정하였더라도, 그러한 점들이 인정되지 않는다면 근로자성이 부정된다.
④ 주식회사의 등기 임원이 아니면서 전무라는 직함으로 근무하다가 퇴직한 甲이 회사를 상대로 퇴직금 지급을 구한 사안에서, 제반 사정에 비추어 甲은 실질적으로 임금을 목적으로 종속적인 관계에서 사용자에게 근로를 제공하는 근로기준법상 근로자에 해당한다.

04. 「근로기준법령」상 상시 4명 이하의 근로자를 사용하는 사업장에 적용되는 규정에 대한 설명으로 옳지 않은 것은?

① 18세 미만의 근로자를 고용하는 사용자는 그 연령을 증명하는 가족관계기록사항에 대한 증명서와 친권자 또는 후견인의 동의서를 사업장에 갖추어 두어야 한다.
② 상시 4명 이하의 근로자를 사용하는 사업장의 근로자에 대해 근로시간수는 적지 않으나 연장근로, 야간근로 또는 휴일근로를 시킨 경우에는 그 시간수를 적어야 한다.
③ 사용자는 이 법의 시행에 관하여 노동위원회 또는 근로감독관의 요구가 있으면 지체 없이 필요한 사항에 대하여 보고하여야 한다.
④ 근로자의 안전과 보건에 관하여는 「산업안전보건법」에서 정하는 바에 따라야 한다.

05. 「근로기준법」상 연차휴가에 관한 설명으로 옳지 않은 것은? (다툼이 있는 경우 판례에 의함)

① 근로자가 부당해고로 인하여 지급받지 못한 임금이 연차휴가수당인 경우에도 해당 근로자의 연간 소정 근로일수와 출근일수를 고려하여 근로기준법 제60조 제1항의 요건을 충족하면 연차유급휴가가 부여되는 것을 전제로 연차휴가수당을 지급하여야 한다.
② 연차휴가를 사용할 권리는 근로자가 전년도에 출근율을 충족하면서 근로를 제공하면 당연히 발생하는 것으로서, 연차휴가를 사용할 해당 연도가 아니라 그 전년도 1년간의 근로에 대한 대가에 해당한다.
③ 연차휴가 미사용 수당이 매월 일정한 날짜에 정기적으로 지급되는 임금은 아니어서 임금은 매월 1회 이상 일정한 날짜를 정하여 지급하여야 한다는 근로기준법 제43조 제2항이 곧바로 적용될 수 없으므로 근로기준법 제109조 제1항, 제43조 제1항 위반이 성립하지 않는다.
④ 연차휴가를 사용할 권리는 근로자가 전년도에 출근율을 충족하면서 근로를 제공하면 당연히 발생하는 것으로서, 연차휴가를 사용할 해당 연도가 아니라 그 전년도 1년간의 근로에 대한 대가에 해당한다.

06. 「노동조합 및 노동관계조정법」상 부당노동행위에 관한 설명으로 옳지 않은 것은? (다툼이 있는 경우 판례에 의함)

① 노사 간 합의에 의한 경우 타당한 근거 없이 과다하게 책정된 급여를 근로시간 면제자에게 지급하는 사용자의 행위는 부당노동행위가 아니다.
② 노동조합이 총파업이 아닌 사내하청지회에 한정한 쟁의행위를 예정하고 지회에 소속된 조합원을 대상으로 찬반투표를 실시하여 그 조합원 과반수의 찬성을 얻어 쟁의행위를 하자 사업주가 쟁의 기간 중에 근로자를 신규 채용한 사안에서, 그 쟁의행위가 절차와 목적의 정당성이 없다며 사업주의 근로자 신규채용이 부당노동행위에 해당한다.
③ 부당노동행위에 대한 증명책임은 이를 주장하는 근로자 또는 노동조합에 있다.

④ 업무상의 명령이나 지휘·감독을 하는 등의 사항에 대하여 사업주로부터 일정한 권한과 책임을 부여받았으므로, 그 사업의 근로자에 관한 사항에 대하여 사업주를 위하여 행동하는 사람이 그 권한과 책임의 범위 내에서 사업주를 위하여 한 행위가 노동조합의 조직이나 운영 및 활동을 지배하거나 이에 개입하는 의사로 한 것으로 부당노동행위가 되는 경우 이러한 행위는 사업주의 부당노동행위로도 인정할 수 있다.

07. 「노동조합 및 노동관계조정법」상 공정대표의무에 대한 설명으로 옳지 않은 것은? (다툼이 있는 경우 판례에 의함)

① 교섭대표노동조합이 되지 못한 노동조합을 위 합의·협의 또는 심의결정에서 배제하도록 하는 것은, 교섭대표노동조합이 되지 못한 노동조합이나 그 조합원을 합리적 이유 없이 차별하는 것으로서 공정대표의무에 반한다.
② 공정대표의무는 단체교섭의 과정이나 그 결과물인 단체협약의 내용뿐만 아니라 단체협약의 이행과정에서도 준수되어야 한다.
③ 공정대표의무는 헌법이 보장하는 단체교섭권의 본질적 내용이 침해되지 않도록 하기 위한 제도적 장치로 기능하고, 교섭대표노동조합과 사용자가 체결한 단체협약의 효력이 교섭창구 단일화 절차에 참여한 다른 노동조합에도 미치는 것을 정당화하는 근거가 될 수 없다.
④ 교섭대표노동조합과 사용자는 교섭창구 단일화 절차에 참여한 노동조합 또는 그 조합원 간에 합리적 이유 없이 차별을 하여서는 안 된다.

08. 「노동조합 및 노동관계조정법」상 단체협약에 관한 다음 설명 중 옳지 않은 것은?

① 노동조합과 사용자 또는 사용자단체는 정당한 이유없이 교섭 또는 단체협약의 체결을 거부할 권리가 없다.
② 단체협약에 관한 사항은 총회의 의결사항에 해당한다.
③ 근로계약에 규정되지 않은 사항은 단체협약에 정한 기준에 의한다.

④ 사용자 또는 사용자단체와 단체협약을 체결할 권한을 가진 사람은 노동조합의 조합원이다.

09. 「최저임금법령」상 고용노동부장관의 권한을 지방고용노동관서의 장에게 위임할 수 없는 것은?
① 최저임금의 결정기준과 구분에 관한 사항
② 임금에 관한 사항 보고
③ 과태료의 부과 및 징수
④ 최저임금 적용 제외의 인가

10. 「근로기준법」상 근로계약에 대한 설명으로 옳지 않은 것은?
① 근로계약에 강제 저축 또는 저축금의 관리를 규정하는 계약을 체결할 수 없다.
② 근로계약에 관한 중요한 서류인 임산부와 18세 미만자를 오후 10시부터 오전 6시까지의 시간 및 휴일 근로에 따른 승인 및 인가에 관한 서류는 3년간 보존하여야 한다.
③ 18세 미만인 사람과 근로계약을 체결하는 경우 근로조건을 서면(전자문서를 포함)으로 명시하여 교부하여야 한다.
④ 근로계약은 근로자는 근로를 제공하고 사용자는 임금을 지급하는 것을 목적으로 체결된 계약이다.

11. 「근로기준법」상 서면합의에 관한 설명으로 옳은 것은?
① 상시 100명 미만의 근로자를 사용하는 사용자는 근로자대표와 서면으로 합의한 경우 연장된 근로시간에 더하여 1주 간에 8시간을 초과하지 않는 범위에서 근로시간을 연장할 수 있다.

② 근로자를 근로시킬 경우 기존의 임금 수준이 낮아지지 않도록 임금 항목을 조정하는 등의 근로자대표와의 서면합의로 임금보전방안을 마련한 경우 고용노동부장관에게 신고하여야 한다.
③ 3개월 이내의 탄력적 근로시간제는 사용자와 근로자대표와의 서면 합의에 따른다.
④ 근로자에게 대통령령으로 정하는 휴일을 유급으로 보장하여야 하므로 근로자대표와 서면으로 합의한 경우라도 특정한 근로일로 대체할 수 없다

12. 「최저임금법령」상 위원회 및 위원에 대한 설명으로 옳지 않은 것은?
① 근로자위원은 총연합단체인 노동조합에서 추천한 사람 중에서 제청한다.
② 근로자위원·사용자위원 및 공익위원은 고용노동부장관의 제청에 의하여 대통령이 임명한다.
③ 전문위원회의 구성은 위원회의 위원장이 위원 중에서 지명하는 사람으로 구성한다.
④ 최저임금위원회는 최저임금에 관한 심의의 권한을 갖는다.

13. 「노동조합 및 노동관계조정법」상 노동조합의 유지 및 관리에 대한 설명으로 옳지 않은 것은? (다툼이 있는 경우 판례에 의함)
① 공동교섭대표단의 통지가 있은 이후에는 그 공동교섭대표단 결정 절차에 참여한 노동조합 중 일부 노동조합이 그 이후의 절차에 참여하지 않았으면 교섭대표노동조합의 지위는 유지되지 않는다.
② 근로시간 면제 대상으로 지정된 근로자는 고시된 근로시간 면제 한도를 초과하지 아니하는 범위에서 건전한 노사관계의 발전을 위한 노동조합의 유지·관리업무를 할 수 있다.
③ 노동조합의 해산·청산과 신설 절차를 밟지 않고 조직형태를 변경할 수 있도록 함으로써 노동조합을 둘러싼 종전의 재산상 권리·의무나 단체협약의 효력 등의 법률관계가 새로운 조직형태의 노동조합에 그대로 유지·승계될

수 있도록 하기 위한 것이다.
④ 노동조합의 대의원을 직접·비밀·무기명 투표로 선출하여야 한다는 규정은 강행규정에 해당한다.

14. 「노동조합 및 노동관계조정법」상 용어의 뜻이 옳지 않은 것은?
① 쟁의행위는 파업이나 직장폐쇄 등으로 노동관계 당사자가 그 주장을 관철할 목적으로 행하는 행위를 말한다.
② 근로자는 임금이나 급료 등 이에 준하는 수입에 의해 생활하는 사람이다.
③ 노동쟁의는 노동조합과 사용자 간에 임금이나 근로시간 등 근로조건의 결정에 관한 주장의 불일치로 인하여 발생한 분쟁상태를 말한다.
④ 사용자는 사업주와 마찬가지로 운영하는 사업의 근로자에 관한 사항을 관할하는 사람이다.

15. 「근로기준법」상 근로제공의 의무에 대한 설명으로 옳지 않은 것은? (다툼이 있는 경우 판례에 의함)
① 근로시간 면제자에게 지급하는 급여는 근로제공의무가 면제되는 근로시간에 상응하는 것이어야 한다.
② 근로자가 근로계약에 의하여 사용자에게 부담하는 근로제공의무를 이행하지 못하게 된 경우 이를 정당화하기 위하여는 사용자의 사전 또는 사후의 승인을 요한다.
③ 근로시간 면제 제도는 근로시간 면제자로 하여금 근로제공의무가 있는 근로시간을 면제받아 경제적인 손실 없이 노동조합 활동을 할 수 있게 하려는 제도이다.
④ 노동조합 전임자는 사용자에 대하여 기본적 노사관계에 따른 근로자로서의 신분을 그대로 가지지만, 근로제공의무는 면제되지 않는다.

16. 「노동조합 및 노동관계조정법」상 근로시간에 대한 설명으로 옳지 않은 것은?

① 근로시간면제심의위원회에 근로시간 면제 제도에 관한 전문적인 조사 및 연구업무를 수행하기 위하여 전문위원을 둘 수 있다.
② 근로시간면제심의위원회 위원장이 통보한 근로시간 면제 한도를 경제사회노동위원회 위원장이 고시하여야 한다.
③ 근로시간 면제 한도를 초과하는 내용을 정한 단체협약 또는 사용자의 동의는 그 부분에 한정하여 무효로 한다.
④ 근로시간 면제 한도를 정하기 위한 심의 요청을 받으면 그 심의 요청을 받은 날부터 60일 이내에 심의해야 한다.

17. 「노동조합 및 노동관계조정법령」상 노동위원회 결정에 의한 공동교섭대표단의 구성과 관련한 설명으로 옳지 않은 것은?

① 공동교섭대표단 결정은 공동교섭대표단에 참여할 수 있는 모든 노동조합이 제출한 종사근로자인 조합원 수에 따른 비율을 기준으로 한다.
② 공동교섭대표단 구성에 참여하는 노동조합은 사용자와 교섭을 위해 노동위원회가 결정한 인원수에 해당하는 교섭위원을 선정하여 사용자에게 통지하여야 한다.
③ 공동교섭대표단의 대표자가 합의되지 않은 경우에는 종사근로자인 조합원 수가 가장 많은 노동조합의 대표자로 한다.
④ 공동교섭대표단에 참여하는 인원수를 결정하기 어려운 경우 7일의 범위에서 그 기간을 연장할 수 있다.

18. 「근로기준법」상 직접고용에 관한 다음 설명 중 올바르지 않은 것은?
(다툼이 있는 경우 판례에 의함)

① 사용사업주가 파견기간의 제한을 위반하여 해당 파견근로자로 하여금 대상 업무를 계속 수행하도록 한 경우에는 특별한 사정이 없는 한 그 파견기간 중 파견사업주가 변경되었다는 이유만으로 직접고용간주 규정의 적용을 배

제할 수는 없다.
② 직접고용간주 규정은 파견근로자보호법에서 정의하고 있는 '근로자파견'이 있고 그 근로자파견이 2년을 초과하여 계속되는 사실로부터 곧바로 사용사업주와 파견근로자 사이에 직접근로관계가 성립한다는 의미를 가진다.
③ 직접고용의무를 부담하는 사용사업주가 파견근로자를 직접고용하면서 앞서 본 특별한 사정이 없었다면 기간제 근로계약을 체결하는 경우 직접고용의무를 이행한 것이다.
④ 파견근로자는 사용사업주가 직접고용의무를 이행하지 않은 경우 사용사업주를 상대로 고용 의사표시를 갈음하는 판결을 구할 사법상의 권리가 있고, 판결이 확정되면 사용사업주와 파견근로자 사이에 직접고용관계가 성립한다.

19. 「근로기준법령」상 사용자의 친족인 근로자의 범위에 해당하지 않는 것을 모두 고른 것은?

┌───┐
│ ㉠ 사용자의 4촌 이내의 혈족   ㉡ 사용자의 배우자   ㉢ 사용자의 형제자매 │
│ ㉣ 사용자의 조부모   ㉤ 사용자의 8촌 이내의 인척   │
└───┘

① ㉣, ㉤   ② ㉢, ㉣
③ ㉤   ④ ㉢

20. 「최저임금법」상 근로감독관의 권한과 관련한 설명으로 옳지 않은 것은?
① 근로감독관은 「사법경찰관리의 직무에 관한 법률」로 정하는 바에 따라 사법경찰관리의 직무를 행한다.
② 근로감독관은 검사 등을 할 경우 신분을 표시하는 증표를 지니고 이를 관계인에게 내보여야 한다.
③ 근로감독관은 대통령령으로 정하는 바에 따라 이 법의 시행에 관한 사무를 관장한다.
④ 근로감독관은 권한을 행사하기 위하여 사업장에 출입하여 장부와 서류의 제출을 요구할 수 있다.

9 적중모의고사

국 어

01. 다음 내용과 관계있는 작품 및 지은이에 대한 설명으로 옳은 것은?

> 3.1운동 직후의 암울한 좌절적 분위기는 소설에서 우울하고 패배적인 분위기와 그러한 인물이 묘사되었다.

① 무정 - 우리나라 소설문학의 새로운 역사를 개척하였으며 한국 최초의 근대 장편소설을 쓴 소설가이다.
② 무녀도 - 고유의 토속성과 외래사상과의 대립을 통해 인간성의 문제를 다루었으며 순수문학과 신인간주의의 문학사상으로 일관해왔다.
③ 빈처 - 백조의 동인이며 염상섭과 함께 사실주의를 개척하고, 김동인과 더불어 한국 근대 단편소설의 선구자이다.
④ 표본실의 청개구리 - 한국 최초의 자연주의적인 소설로 평가 받고 있으며 자연주의 및 사실주의 문학을 작품에 보여준 최초의 소설가이다.

02. 다음 밑줄 친 곳에 공통적으로 쓰인 수사법은?

> "저 농군 여봅시. 검은 소로 밭츨 가니 컴컴ᄒ지 아니ᄒ지?"
> 농부 디답ᄒ디

> "그러키의 밝으라고 볏 다랏지오."
> "볏 다라시면 응당 더우려니?"
> "덥기의 셩의장 붓쳐지오."
> "셩의장 붓쳐시니 응당 츠지?"
> "츠기의 쇠게 양지머리 잇지오."

① 풍유법 ② 중의법
③ 활유법 ④ 대유법

03. 다음 글의 논증 방법에 해당하는 것은?

> 다독을 해야 한다.
> 아니다. 정독을 해야 한다.
> 아니다. 정독을 하면서도 다독을 해야 한다.

① 연역적 방법 ② 귀납적 방법
③ 변증법적 방법 ④ 두괄식 방법

04. 다음 (가) ~ (라)에서 장르의 발생 순서대로 바르게 배열된 것은?

> (가) 층암절벽상(層岩絶壁上)의 폭포수(瀑布水)는 콸콸, 수정렴(水晶簾) 드리운 듯 이 골물이 수루루루룩, 저 골 물이 한데 합수(合水)하여 청방져 지방져 소쿠라져 펑퍼져 넌출지고 방울져, 건너 병풍석(屏風石)으로 으르렁 콸콸 흐르는 물결이 은옥(銀玉)같이 흩어지니, 소부(巢父) 허유(許由) 문답하던 기산영수(箕山穎水)가 예 아니냐.
> (나) 생사(生死)길은
>   예 있으매 머뭇거리고,
>   나는 간다는 말도

못다 이르고 어찌 갑니까.
어느 가을 이른 바람에
이에 저에 떨어질 잎처럼

(다) 海東(해동) 六龍(육룡)이 ᄂᆞᄅᆞ샤 일마다
天福(천복)이시니
古聖(고성)이 同符(동부)ᄒ시니.

(라) 살어리 살어리랏다.
청산애 살어리랏다.
멀위랑 ᄃᆞ래랑 먹고
청산애 살어리랏다.
얄리얄리 얄랑셩 얄라리 얄라
우러라 우러라 새여.
자고 니러 우러라 새여
널라와 시름 한 나도
자고 니러 우니로라
얄리얄리 얄랑셩 얄라리 얄라

① (나) - (다) - (가) - (라) ② (다) - (나) - (라) - (가)
③ (가) - (나) - (다) - (라) ④ (나) - (라) - (다) - (가)

05. 다음 문장 중에 홑문장이 아닌 것은?

① 그는 마침내 대학에 합격을 하였다.
② 수남이는 사회의 일원으로 훌륭히 생활하고 있다.
③ 저 농구 선수는 키가 너무 크다.
④ 그는 사과를 얼마나 좋아합니까?

※ 다음 글을 읽고 물음에 답하시오. (06~07)

> 가던 새 가던 새 본다 믈 아래 가던 새 본다.
> 잉 무든 장글란 가지고 믈 아래 가던 새 본다.
>   ㉠
> 이링공 뎌링공 ㅎ야 나즈란 디내와숀뎌,
> 오리도 가리도 업슨 바므란 쏘 엇디 호리라.
>   ㉡
> 어듸라 더디던 돌코 누리라 마치던 돌코.
> 믜리도 괴리도 업시 마자셔 우니노라.
>   ㉢

06. 위 글에서 ㉠, ㉡, ㉢에 공통으로 들어갈 후렴구는?
① 어긔야 어강됴리 아으 다롱디리
② 얄리얄리 얄라셩 얄라리 얄라
③ 위 두어렁셩 두어렁셩 다링디리
④ 위 중즐가 大平盛大

07. 위 글에 대한 설명으로 바르지 못한 것은?
① 제목은 '정읍사'이며 모두 8연으로 이루어져 있다.
② 고려 속요이며 서정시이다.
③ 3·3·2조의 음수율과 3음보의 율격을 가지고 있다.
④ '서경별곡'과 함께 문학성이 뛰어난 속요로 평가된다.

08. 다음 문장에서 심상(이미지)의 전이 방식이 나머지 셋과 다른 하나는?
① 흔들리는 종소리의 동그라미 속에서
② 푸름 속에 펄럭이는 피깃발의 외침
③ 분수처럼 흩어지는 푸른 종소리
④ 꽃처럼 붉은 울음을 밤새 울었다.

※ 다음 글을 읽고 물음에 답하시오. (09~10)

> 죽는 날까지 하늘을 우러러
> 한 점 부끄럼이 없기를
> 잎새에 이는 바람에도
> 나는 괴로와했다.
>
> 별을 노래하는 마음으로
> 모든 죽어 가는 것을 사랑해야지
>
> 그리고 나한테 주어진 길을
> 걸어가야겠다.
>
> 오늘 밤에도 별이 바람에 스치운다.

09. 위 글의 주제(主題)로 가장 알맞은 것은?
 ① 도덕적 순결성의 지향 ② 인간성의 회귀
 ③ 자아성찰 ④ 세파의 극복

10. 위 시의 지은이 작품에 대한 설명으로 옳지 않은 것은?
 ① 십자가 : 자기희생의 이념을 표현한 그의 대표적 작품으로 순절정신과 속죄양 정신이 엿보인다.
 ② 자화상 : 양분된 자아로서 긍정과 부정을 거듭하다 화합하는 과정을 그리고 있다.
 ③ 조국 : 가얏고를 통하여 민족의 전통적인 정서를 표현하고 조국에 대한 애절한 사랑을 표현 하고 있다.
 ④ 또 다른 고향 : 자아 성찰적 태도로 이상 세계에 대한 동경을 노래하였고 청각적 심상의 중첩적 제시를 통해, 일제 강점 하에서의 현실적 불안감과 치열한 자기성찰 의지가 나타나 있다.

※ 다음 글을 읽고 물음에 답하시오. (11~12)

(가) '허생전'은 박지원의 기행록 '열하일기(熱河日記)' 가운데 '옥갑야화(玉匣夜話)'라는 부분에 들어 있다. 작자가 북경에서 돌아오는 도중 옥갑이라는 곳에서, 동행한 여러 비장(裨將)들과 더불어 밤새 나눈 이야기를 옮겨 적은 것이 '옥갑야화'이다. 역관(譯官)의 돈벌이가 그날 밤의 화제였고, 전대(前代)의 역관 변승업이 큰 부자가 된 이야기에 이르자, 작자는 이와 관련하여 윤영(尹映)이라는 노인에게서 들었다는 허생의 내력을 이야기하게 되었는데, 바로 이 부분이 '허생전'으로 불린다.

(나) 하루는 그 처가 몹시 배가 고파서 울음 섞인 소리로 말했다.
"당신은 평생 과거(科擧)를 보지 않으니, 글을 읽어 무엇합니까?"
허생은 웃으며 대답했다.
"나는 아직 독서를 익숙히 하지 못하였소."
"그럼 장인바치 일이라도 못 하시나요?"
"장인바치 일은 본래 배우지 않았는 걸 어떻게 하겠소?"
"그럼 장사는 못 하시나요?"
"장사는 밑천이 없는 걸 어떻게 하겠소?"
처는 왈칵 성을 내며 소리쳤다.
"밤낮으로 글을 읽더니 기껏 '어떻게 하겠소?' 소리만 배웠단 말씀이오? 장인바치 일도 못 한다, 장사도 못 한다면, 도둑질이라도 못 하시나요?"
허생은 읽던 책을 덮어 놓고 일어나면서,
"아깝다. 내가 당초 글 읽기로 십 년을 기약했는데, 인제 칠 년인걸……."
하고 휙 문 밖으로 나가 버렸다.

11. 위의 글 (가)에서 밑줄 친 '옥갑야화'의 구성 방식에 해당하는 것은?
① 복합 구성　　　　② 단순 구성
③ 평면적 구성　　　④ 피카레스크 구성

12. 위 글 (나)에서 '허생의 처'가 하는 역할로 보기 어려운 것은?
① 사건 전개의 실마리를 제공한다.

② 작가의 허구적 대리인으로 주제를 암시한다.
③ 허생의 비범함을 대조적으로 부각시킨다.
④ 유교적 질서의 붕괴를 암시한다.

13. 다음 밑줄 친 부분의 풀이로 알맞은 것은?

> 수필은 인생과 사물에 대한 개인의 느낌과 사색을 비교적 자유로운 형식으로 쓴 대화적 산문이다.

① 희곡적 구성으로 이루어지는 문학이다.
② 독자와의 교감을 중시하는 문학이다.
③ 극적 대화가 삽입되는 문학이다.
④ 대화체의 문체를 중시하는 문학이다.

14. 다음 외래어의 표기 중 올바르게 된 것은?
① file – 화일
② fry – 후라이
③ fighting – 파이팅
④ fantasy – 환타지

15. 다음 글에서 밑줄 친 ㉠ ~ ㉣을 나타내는 한자어와 그 한자에 대한 풀이가 잘못 된 것은?

> 우리로서는 이때에 봉정된 가무 백회의 내용이 관심사이다. 팔관회가 국선(國仙)에 의한 ㉠ 가무 백회(歌舞百戲)로 ㉡ 용천(龍天)을 환열(歡悅)시켜 복을 비는 것이 그 본질이라고 한다면, 조선조 ㉢ 구나(驅儺)에서도 처용가로써 ㉣ 양재(禳災)하고, 무당의 굿에서도 가무로써 이렇게 하는 것과 동일한 의례 형식이라 할 수 있겠다. 고려시대의 가무 백회를 집약해서 읊은 시에는 이색(李穡)의 '산대잡극(山臺雜劇)'이 있다.

오색 비단으로 장식한 산대의 모양은 봉래산과 같고, 바다에서 온 선인이 과일을 드린다. [헌선도(獻仙桃)와 같은 무악(舞樂)] 속악(俗樂)을 우리는 북과 징 소리는 천지를 진동하고, 처용의 춤추는 소맷자락은 바람에 휘날린다. (백희의 하나인) 솟대쟁이는 긴 장대 위에서 평지에서와 같이 재주를 부리고 폭발하는 불꽃이 번개처럼 번쩍인다.

이것이 그려 말 14세기 후반에 '산대 잡극'이라고 불리던 놀이 내용의 묘사인데, 채붕과 함께 가·악·무와 기이한 곡예(曲藝)가 관중의 이목을 즐겁게 하던 일종의 연희라고 할 수 있겠다.

① ㉠ 歌舞百戲 – 여러 가지 놀이의 총칭
② ㉡ 龍天 – 토속신
③ ㉢ 驅儺 – 궁중에서 악귀를 쫓기 위해 연말에 행한 연극
④ ㉣ 禳災 – 토속신에게 빌어서 재앙을 물리침

16. 다음 글을 당시의 현실을 풍자한 작품으로 볼 때, 밑줄 친 곳에 내포된 의미로 알맞은 것은?

"오죽이나 좋은 세상이여? 오죽이나……."
윤 직원 영감은 팔을 부르걷은 주먹으로 방바닥을 땅— 치면서 성난 황소가 영각을 하듯 고함을 지릅니다.
"화적패가 있너냐아? 부랑당 같은 수령(守令)들이 있너냐? 재산이 있대야 도적놈의 것이오, 목숨은 파리 목숨 같던 말세(末世)년 다— 지나가고오……자— 부아라, 거리거리 순사요 골골마다 공명헌 정사(政事), 오죽이나 좋은 세상이여……남은 수십만 명 동병(動兵)을 히여서, 우리 조선놈 보호히여 주니, 오죽이나 고마운 세상이여?……으응?……제 것 지니고 앉어서 편안하게 살 세상, 이걸 태평천하라구 하는 것이여, 태평천하!…… 그런데 이런 태평천하에 태어난 부잣집 놈의 자식이 더군다나 왜 지가 땅땅거리구 편안허게 살 것이지, 어찌서 지가 세상 망쳐 놀부랑당패에 참섭을 헌덤말이여, 으응?"

(중략)

> "이 태평천하에! 이 태평천하에……."
> 쿵쿵 발을 구르면서 마루로 나가고, 꿇어앉았던 윤 주사와 종수도 따라 일어섭니다.
> "……그놈이 만석꾼의 집 자식이, 세상 망쳐 놀 사회주의 부랑당패에 참섭을 히여? 으응, 죽일 놈! 죽일 놈!"

① 사회주의가 판치는 세상
② 전통적인 윤리가 붕괴된 세상
③ 관리들의 착취가 극심한 세상
④ 일제의 감시와 탄압이 심한 세상

17. 다음 중 표준어로만 짝지어진 것은?
① 사글세, 생각컨대, 짜장면
② 설거지, 전셋집, 허접쓰레기
③ 아지랭이, 멋쟁이, 먹거리
④ 우뢰, 웃통, 어리숙하다

18. 다음 글의 앞에 나왔을 내용으로 가장 적절한 것은?

> 가사가 처음부터 사대부층에 의하여 생성된 것은 아니었다. 고려말 나옹화상의 「서왕가」를 효시 작품으로 인정할 때, 가사는 고려 말 승려 계층에 의하여 형성되었다고 보아야 할 것이지만, 사대부 계층에 가사가 수용된 이후로 본격적인 창작이 이루어지고 가사가 널리 성행하게 되었다는 점에서 가사는 사대부층에 기반을 둔 조선 시대의 대표적인 문학 양식이라 보아도 무방할 것이다.

① 가사의 장르적 특성
② 조선 시대 사대부의 문학 활동
③ 가사 창작 계층의 변동 양상
④ 가사의 대표적인 창작 계층

19. 다음 단어의 발음이 어법에 맞게 표준발음으로 연결된 것은?
① 밝다[박다] - 눈요기[눈뇨기]
② 월요일[월료일] - 밟지[밥찌]
③ 공권력[공꿘녁] - 맑게[말게]
④ 늑막염[능마겸] - 부엌을[부어글]

20. 다음 중 조사의 쓰임이 다른 하나는?

① 여기가 너의 집<u>은</u> 아니지만 편히 지내라.
② 이번 경기는 우리 회사<u>에서</u> 우승을 했다.
③ 호젓한 오솔길을 둘<u>이서</u> 거닐었지.
④ 우리<u>가</u> 길러야 할 것은 자주적 기백이다.

한국사

01. 다음과 같은 유물들을 토대로 신석기시대의 생활상을 잘못 설명하고 있는 것은?

> 돌괭이, 돌보습, 빗살무늬토기, 가락바퀴, 뼈바늘

① 신석기인들은 원시적 수공업으로 의복이나 그물을 제작하였다.
② 신석기인들은 농경생활의 시작으로 빈부의 차이가 발생하였다.
③ 신석기인들은 정착생활을 하면서 식량의 저장이 가능하였다.
④ 신석기인들은 돌을 갈아서 만든 도구를 사용하였다.

02. 삼국의 대외관계와 대외정책에 대한 설명으로 옳은 것은?

① 백제 동성왕은 신라 왕족의 딸을 왕비로 맞아들여 나제동맹을 더욱 굳건히 다졌다.
② 고구려 미천왕은 5대 10국이라는 중국대륙의 분열상황을 틈타 낙랑군·대방군을 점령했다.
③ 신라는 진흥왕대에 금관가야를 정벌하고 가야지역을 석권했다.
④ 고구려와 수의 전쟁은 수나라의 선제공격으로 시작되었다.

03. 가야 연맹국가에 대한 설명으로 올바르지 못한 것은?

① 철과 토기의 나라였으나 연맹체를 형성하였으나, 중앙집권국가로 발전하지 못하였다.
② 백제·왜·중국과 무역을 활발히 하는 등 교역을 통하여 경제적으로 크게 번영하였다.
③ 연맹의 중심이 대가야에서 김해의 금관가야로 이동하였다.
④ 역사적으로 우리나라의 마지막 연맹국가로 낙동강 하류유역의 변한지역에서 성장하였다.

04. 고대사회의 발전과정에 있어서 한·일간의 관계를 설명한 것으로 옳지 않은 것은?

① 삼국은 일본에 불교와 유교를 전해 주었다.
② 7세기의 아스카문화는 주로 백제의 이주민에 의해서 건설되었다.
③ 반도의 이주민이 일본의 쿠유슈우(九州)지방 국가건설에 참여하였다.
④ 일본은 임나일본부를 설치하고 한반도의 남부지방을 한때 식민통치하였다.

05. 발해에 관한 다음의 내용들을 볼 때 옳지 않은 것은?

> ⊙ 무왕(武王) 때 일본에 보낸 국서에서 고려국을 자처하였다.
> ⓒ 발해의 오광찬이 신라의 최언위보다 빈공과 등제 서열을 올려 달라고 요구한 바 있었다.
> ⓒ 거란의 공경을 받은 발해가 원조를 요청하자 신라가 이에 응하였다.

① 고구려의 계승자라는 의식을 가졌다.
② 신라와의 동족 의식도 어느 정도 있었다.
③ 신라와의 문화적 대립 의식이 표출되었다.
④ 당의 빈공과 출신을 신라 6두품 출신보다 우대하였다.

06. 고려시대 농민에 대한 설명으로 옳은 것으로만 연결된 것은?

┌───┐
│ ㉠ 조세, 공납 등의 부담을 졌다.
│ ㉡ 국가로부터 일정한 직역을 부여받지 못한 백정이 주류를 이루었다.
│ ㉢ 촌을 단위로 취락을 이루고 토착향리를 통하여 국가의 지배를 받았다.
│ ㉣ 전호로서 자기 소유의 토지를 소유할 수 없었다.
│ ㉤ 주현군에 편제되어 지방의 방위와 노역에 동원되었다.
└───┘

① ㉠, ㉡, ㉢　　　　　　　　② ㉠, ㉡, ㉢, ㉤
③ ㉢, ㉣, ㉤　　　　　　　　④ ㉡, ㉢, ㉣

07. 다음 고려시대의 ㉠과 ㉡에 해당하는 계층이 올바르게 연결된 것은?

┌───┐
│ 　고려시대의 사회신분은 귀족과 ㉠ 중류층, 그리고 ㉡ 양인과 천민으로 구성되었다.
│ 귀족은 왕실과 함께 지배층으로서의 특권을 누리면서 각 분야에서 주도적 역할을 담당
│ 하였다.
└───┘

	㉠	㉡		㉠	㉡
①	수공업자	농민	②	백정	부곡민
③	향리	수공업자	④	시전상인	상민

08. 해방 직후 모스크바 3상회의 결정과 관련된 설명으로 옳지 않은 것은?
① 러시아(구 소련)가 4개국에 의한 신탁 통치안을 먼저 제시하여 미국이 이에 동의하였다.
② 일제가 나간 자리에 미군과 소련군이 들어오는 신탁통치에 대해 우익세력은 반대운동을 했다.
③ 임시정부를 수립하고, 5년 이내를 기한으로 미국, 영국, 소련, 중국이 신탁통치할 것을 결정했다.
④ 모스크바 3상회의 결정을 실천하기 위해 미·소공동위원회가 두 차례 열렸

지만 결국 실패하였다.

09. 다음 밑줄 친 전시과체제에 대한 설명으로 옳지 않은 것은?

> 고려시대는 전시과체제는 지배층의 경제적 기반을 위해 마련되었으며, 농민은 국가재정의 원천이 되었던 조세, 공납, 역을 부담하였다.

① 토지에 대한 수조권만을 지급하였다.
② 농민들에게는 민전을 지급하였다.
③ 관직이나 직역에 대한 반대급부로 지급하였다.
④ 문무양반관리 모두에게 전지와 시지를 지급하였다.

10. 다음은 고조선의 발전 과정이다. 시대 순으로 옳게 나열된 것은?

> ㉠ 한은 고조선의 일부 지역에 군현을 설치하여 지배하고자 하였으나 토착민의 강력한 반발에 부딪쳤다.
> ㉡ 고조선은 부왕, 준왕 같은 강력한 왕이 등장하여 왕위를 세습하였으며, 요서 지방을 경계로 하여 연나라와 대립할 만큼 강성하였다.
> ㉢ 위만은 준왕을 몰아내고 스스로 왕이 되었고 철기 문화를 본격적으로 수용하였다.
> ㉣ 1년에 걸쳐 한의 군대와 맞서 완강하게 대항하였으나 지배층의 내분이 일어나 멸망하였다.
> ㉤ 지리적인 이점을 이용하여 예나 진이 직접 중국의 한과 교역하는 것을 막고 중계무역으로 이득을 독점하려 하였다.

① ㉠ - ㉡ - ㉢ - ㉤ - ㉣
② ㉡ - ㉢ - ㉣ - ㉤ - ㉠
③ ㉡ - ㉢ - ㉤ - ㉣ - ㉠
④ ㉢ - ㉣ - ㉠ - ㉡ - ㉤

11. 다음 글에 나타난 역사 서술의 의도로 가장 적절한 것은?

> 왕이 국내의 남녀 15세 이상인 사람을 징발하여 궁실을 수리하니, 백성은 식량의 부족과 노역의 괴로움으로 인해 이리저리 떠돌아 다니게 되었다. 창조리가 간하되 "자연재해가 잇따라 닥치고 흉년이 들어 백성이 살기 어렵습니다. 대왕께서는 이를 생각하지 아니 하시고 사람들을 토목 공사에 몰아내어 괴롭게 하시니 백성의 부모된 뜻에 너무도 어긋납니다"라고 하였다. 왕이 노하여 말하되 "임금이란 백성이 우러러보는 바이다. 궁실이 웅대하고 수려하지 못하면 위엄을 보일 수 없다"고 하였다. 창조리는 "임금이 백성을 돌보지 아니하면 인이 아니요, 신하가 임금께 간하지 아니하면 충이 아닙니다. 신이 이미 국상의 자리에 있는 이상 간하지 않을 수 없습니다"라고 하였다. 왕은 웃으며 "국상이 백성을 위하여 죽으려 하는가? 다시 말이 없기를 바란다" 하였다. 창조리는 왕이 고치지 못할 것을 알고 또 자신에게 해가 미칠까 염려하여 물러나와, 여러 신하와 꾀를 모아 왕을 자리에서 몰아내고 을불(미천왕)을 만나 왕을 삼았다.
> ―「삼국사기」, 고구려 본기, 봉상왕―

① 역사는 통치의 거울로 교훈을 준다.
② 역사를 통해 과거 사실을 많이 알아야 한다.
③ 역사는 피지배층을 중심으로 서술해야 한다.
④ 역사 서술은 있는 그대로를 기록하는 것이다.

12. 다음은 대한제국 군대의 참령으로 시위연대 제1대 대장이었던 박승환이 자결 직전에 남긴 유언이다. 한말의 정치상황을 고려할 때 그가 순국하게 된 계기는?

> 군인으로서 나라를 지키지 못하고 신하로서 충성을 다하지 못하면 만 번 죽어도 아까울 것이 없다.

① 독립협회의 해산에 항의
② 의병을 진압해야 하는 책임감
③ 군대해산조치에 대한 저항
④ 을사조약을 막으려는 희생정신

13. 조선시대 유교적 민본주의에 관한 설명으로 옳지 않은 것은?

① 이러한 사상은 경제적으로는 농본주의라는 형태로 나타났다.
② 이러한 사상은 농업국가로서 국가재정의 원천을 확보하려는 의도를 내포하였다.
③ 오가작통법과 호패법의 실시는 이러한 사상에 바탕을 둔 사회제도였다.
④ 이러한 사상은 유교적 질서 안에서의 지배·피지배의 역할분담과 피지배층의 보호를 추구하였다.

14. 다음 글에 나타난 역사인식과 일치하지 않는 역사 연구 활동을 고르면?

> 역사가는 마치 사람이 꽃을 볼 때 린네나 온켄의 식물학적 분류를 생각하지 않고 기쁨을 느끼듯 이 개별적인 生 속에서 기쁨을 느끼는 것 외에 다른 아무런 목적도 가지지 않아야 한다. 다시 말해 어떻게 전체가 개별 속에 반영되는가를 생각함 없이 파악하도록 노력해야 한다.

① 고인돌을 무덤으로 만들어 사용한 사람의 사회적 지위는 무엇이었을까?
② 고인돌을 만들기 위해 동원된 사람의 숫자는 어느 정도였을까?
③ 고인돌을 만들기 위한 석재의 운반 거리는 어느 정도였을까?
④ 선사 시대에서 세계 대부분의 지역에서 나타난 거석문화와 우리나라의 고인돌에서 나타나는 공통점은 무엇인가?

15. 과전법의 내용 중에서 다음과 같은 역사 해석을 가능하게 한 근거로 제시할 수 있는 것은?

> 고려 말에 단행된 전제 개혁(과전법)으로 농민의 권익이 향상되었다. 이러한 개선은 개혁을 단행한 신진 사대부들이 농민층의 지지를 얻으려 했던 측면도 있지만, 기본적으로 고려 말에 계속된 내우외환에 대처해 싸운 농민들의 투쟁의 결과가 전제 개혁에 반영되었다고 할 수 있다.

① 경기는 사방의 근본이니 마땅히 과전을 설치한다.
② 무릇 경성에 거주하여 왕실을 시위하는 자는 전직, 현직을 막론하고 과전을 받는다.
③ 무릇 수전자가 죽은 후 그의 아내가 자식이 있고 수신(守信)하는 경우는 지아비의 과전 모두를 전수 받는다.
④ 전주가 전객의 경작지를 빼앗으면, 그 면적에 따라 태와 장으로 벌한다.

16. 삼국의 발전과정에서 나타난 다음 사실들이 공통적으로 시사하는 것은?

> ㉠ 고구려 태조왕 때 계루부 고씨의 왕씨 세습
> ㉡ 백제 고이왕 때 관제와 복식 제정
> ㉢ 신라 내물왕 때 왕위세습, 마립간 칭호 사용

① 고조선의 전통 계승 ② 족장의 지배력 강화
③ 연맹 왕국으로 발전 ④ 국왕 중심의 일원적 통치 질서 모색

17. 16세기 농민의 생활상과 관련된 내용을 바르게 서술한 것은?
① 농장이 확대되어 감에 따라 농민의 생활은 점차 나아졌다.
② 공납은 민호를 대상으로 한 것이며, 가장 무거운 부담이었다.
③ 빈민구제를 위해 실시된 환곡제도는 의창이 계속 주관하였다.
④ 방납제가 실시됨으로써 농민의 공납부담이 다소 완화될 수 있었다.

18. 다음 보기의 밑줄 친 ㉠과 ㉡에 해당하는 내용이 올바르게 연결된 것은?

> 개항 후 ㉠ 외국상품의 수입과 미곡의 유출에 대한 반발로 황해도 등지에서 일어난 역사적 사건과 ㉡ 차관 제공에 대항하기 위하여 운동이 전개되었다.

	㉠	㉡
①	방곡령 실시	국채보상운동
②	국채보상운동	물산장려운동
③	독립협회의 이권수호운동	동학농민운동
④	임오군란	갑신정변

19. 우리나라 최초의 근대적인 사회정치단체로써 밑줄 친 이권탈취를 저지하기 위한 활동을 한 중심단체는?

> 청·일전쟁 이후, 일본은 무역의 독점, 이권탈취, 금융지배, 차관제공, 토지약탈 등의 수법으로 우리나라의 경제를 잠식해 갔다.

① 신민회　　　　　　　　　② 대한협회
③ 독립협회　　　　　　　　④ 대한자강회

20. 다음은 조선시대의 문화유산들이다. 이와 관련된 설명으로 바르지 못한 것은?

> (가) 고려사, 고려사절요, 동국통감
> (나) 혼일강리역대국도지도, 동국여지승람, 팔도도
> (다) 조선경국전, 경국대전
> (라) 측우기, 규형, 인지의

① (가) - 16세기 이후에 편찬된 것으로 사림의 존화주의적 역사의식이 반영되어 있다.
② (나) - 중앙집권과 국방 강화를 위한 목적이었다.
③ (다) - 유교적 통치 질서와 문물제도가 완성되었음을 의미한다.
④ (라) - 부국강병과 민생 안정을 위하여 제작되었다.

제 9회 - 영어

01. 다음 밑줄 친 부분이 어법상 옳지 않은 것은?

Alexander Graham Bell ① received a patent ② in 1880 for ③ the ideas of using light ④ to relay sound via a telephone.

02. 다음 밑줄 친 부분 중 용법상 옳게 쓰인 것은?

① It needs hardly be said that health is above wealth.
② You had not better call her up at this time of night.
③ It is quite natural that such a man should succeed.
④ He told me that I may go out.

03. 다음 밑줄 친 부분과 뜻이 같은 것은?

The statistics do not take into account the lay off during the last ten day period of month.

① explain   ② consider
③ discount   ④ reject

04. 다음 글의 밑줄 친 부분에 들어갈 내용으로 알맞은 것은?

Low air pressure _____ people. It increases forgetfulness ; people leave more packages and umbrellas on buses and in stores on low-pressure days. There is a perfect weather for work and health. People feel best at a temperature of about 64 degrees with 65 percent humidity.

① encourages ② changes
③ depresses   ④ relaxes

05. 다음 글의 내용과 일치하지 않는 것은?

The growth of the feminist movement among the middle and lower class may be said to date from the popularization of the bicycle in the middle of the 1880's. The bicycle already before the motor-car was heard of took young women as well as their brothers out and about and away from the eyes of their parents. That meant the end of the Victorian idea that no young female went out in public without being accompanied by one of her elders. The bicycle became the symbol of feminist hopes. The bicycle also sounded the passing of the elaborate over-dressed fashions of the Victorian women.

① 여성운동은 자전거의 일반화와 더불어 발전되었다.
② 자전거는 자동차보다 먼저 등장했다.
③ 빅토리아시대의 여성들은 어떤 경우에라도 공공연하게 외출하지 않는 것이었다.
④ 자전거는 여권신장론자들의 희망이 되었다.

06. 다음 대화 중 어울리지 않는 것은?

① A : Do you mind if I join you?
   B : No, I don't
② A : I am sorry, I broke your glasses.

B : It doesn't matter.
③ A : How do you like your new job?
　　　B : Because I am very much interested.
④ A : Shall I wake you up tomorrow?
　　　B : Yes, please do.

07. 다음의 우리말을 올바르게 영작한 것은?

> 그것이 사실이든 아니든 간에 나는 그를 바보라고 생각한다.

① Be it true or not, I think of him as an idiot.
② It is true or not, I regard him as a fool.
③ Between true or not, I look on him a donkey.
④ I may be true or not, I consider him an ass.

※ 다음 글을 읽고 물음에 답하시오. (08~09)

> For any visitor to Paris, the café is a living theater and the perfect place to feel the heartbeat of the city. For most French, it would be easier to change their religion than their favorite café where they gather with friends at exactly the same time every day. Depending on the area, it can be a café pouring wake up brandies to workers at 4 a.m., the lunch spot for local merchants, a lively afternoon meeting ground for students, or a place to relax with colleagues on the way home from work.

08. 위 글은 무엇에 대해 말하고 있는가?
① Foreigners' misunderstanding about cafés.

② Typical food and drink at cafés.
③ Various functions of cafés.
④ The history of cafés.

09. 위 글의 내용으로 보아 다음 빈 칸에 들어갈 내용으로 옳은 것은?

> Those who usually go to café are _____.

① people who are too poor to eat in restaurants
② all kinds of people
③ mainly students and office workers
④ mainly tourists

10. 다음 글의 제목으로 가장 알맞은 것은?

> Britain consists of four countries : England, Scotland, Wales and Northern Ireland. London, the capital, is the center of government for Britain, but local authorities are partly responsible for education, health care, roads, etc. Laws are made by Parliament. Members of Parliament are elected by the people from a particular area.

① The Geography of Britain
② The Political System of Britain
③ How Laws are Made in Britain
④ The Responsibility of Local Authorities

11. 다음 글과 일치하는 내용을 보기에서 고르면?

It was A. D. 79 people lived on the hills surrounding Mount Vesuvius which was a volcano. The people remembered an earthquake which had happened seventeen years before. But in the rich trading town of Pompeii, it was easy to forget. On August 24th the mountain exploded. The cities of Pompeii were buried in ashes. That volcanic explosion ended a civilization completely. No one expected it to happen.

① 폼페이 사람들은 화산폭발에 대비하였다.
② 폼페이의 유적은 19C에 와서 발굴되었다.
③ 화산폭발 직전에 지진이 있었다.
④ 지진이 있고 나서 17년 후에 화산이 폭발하였다.

12. 다음 광고문에서 찾고 있는 자격으로만 묶인 것은?

I require a highly motivated, experienced personal assistant to manage me and my thriving professional medical practice. No previous experience in medical practice is required but you must be able to work under pressure, and have well developed interpersonal and communication skills. Word processing and general computer experience with an ability to work to high professional standards of accuracy are essential. If you have a sense of humor, a genuine interest in people and the desire to meet a challange, please send your CV to me.

① 의료경험, 컴퓨터 사용능력, 유능한 대인관계
② 침착성, 치밀성, 의료자격증
③ 인내심, 컴퓨터 사용능력, 유능한 대인관계
④ 유머감각, 의료자격증, 훌륭한 대화술

13. 다음 글에서 필자가 학생들에게 권장하는 것은?

> The ideals that children hold have important implications for their school experiences. Children who believe in the value of hard work and responsibility and who attach importance to education are likely to have higher academic achievement and fewer disciplinary problems than those who do not have these ideals. Such children are more likely to use their out of school time in ways that reinforce learning. For example, high school students who believe in hard work, responsibility, and the value of education spend more hours on homework than other students.

① 긍정적이고 적극적인 사고방식 ② 항상 열심히 공부하는 태도
③ 창의적이고 진취적인 생활태도 ④ 여가활동을 활발히 하는 자세

14. 다음 글에서 Dalai Lama가 요구하고 있는 것은?

> "My people are suffering terribly for want of basic things like food, shelter and the freedom to move about," Dalai Lama told Newsweek. "The problem is not religion, ideology or racism by the Chinese, but the fact that they treat us as inferiors. They have placed a heavy curtain between themselves and us from the top government down to the schools, where Chinese children are separated from Tibetans. I will not return until the people themselves say that they are satisfied with their society."

① 여행의 자유   ② 종교적 자유
③ 교육받을 기회   ④ 차별 철폐

15. 다음 글에서 교수는 학생들을 무엇에 비유하고 있는가?

> A professor was one day nearing the close of a history lecture and was

indulging in one of those rhetorical climaxes in which he delighted when the hour struck. The students immediately began to slam down the movable arms of their lecture chairs and to prepare to leave. The professor, annoyed at the interruption of his flow of eloquence, held up his hand : "Wait just one minute, gentlemen. I have a few more pearls to cast."

① 진주 ② 돼지
③ 금   ④ 당나귀

16. 다음 밑줄 친 곳에 들어갈 알맞은 것은?

Many Americans like to keep dogs as pets. Some dogs help with work on a farm. Others may help hunt wild animals. And many dogs are just nice to have in the house. Dogs are often called _____.

① man's best friends   ② farmers and hunters
③ man's worst enemies   ④ the most wild animals.

17. 다음 내용에서 광부들이 웃고 있었던 이유에 해당하는 것은?

Two miners trapped 114 feet underground for 24 days in a collapsed coal mine were rescued today. Both were muddy but smiling when, wrapped in white bed sheets, they were carried out of the mine on stretchers.

① They were muddy.
② They had been wrapped in sheets.
③ They had found coal.
④ They were rescued.

18. 다음 글로 보아 밑줄 친 부분에 들어갈 내용으로 알맞은 것은?

> In some ways I am like some of my college friends ; in some ways I am different. My parents really pushed me to go to college, although I had no burning desire to do so. Of course, now I am glad they did. They also wonder what good a degree in psychology is, but I accept the fact that parents often don't understand the interests and ambitions of their children.

> The author's parents _____.

① wanted him to go to college
② didn't want him to go to college
③ didn't care if he went to college
④ didn't know how to go to college

19. 다음 글의 밑줄 친 곳에 들어갈 알맞은 단어는?

> Most people envy a person who is able to skip a year of school. It means that he or she is intelligent enough to be able to go on to a higher level of instruction. But have you ever heard of anyone who skipped most grades? Well, in 1834, William Thompson, who was only ten years old, enrolled in college. This would be amazing enough in itself, but, even more amazing, Thompson graduated that very same year. He learned things twice as fast as people who were twice his _____.

① intelligence   ② age
③ parents   ④ grades

20. 다음 글의 주제로 가장 알맞은 것은?

> Many people believe that there are other forms if intelligent life in the universe. But no one has found proof of this. Scientists are trying to find signs of life from outer space. They have sent radio signals and rockets as messengers. They try to pick up any signals coming to Earth on radar and radio waves. But so far, no proof has been found.

① Famous people from outer space
② The ways scientists are looking for signs of life from outer space
③ Messages that scientists have received from outer space
④ Why people think there is life in outer space

행정법총론

01. 개인정보처리와 관련한 다음 설명 중 옳지 않은 것은? (다툼이 있는 경우 판례에 의함)

① '개인정보처리시스템'은 개인정보의 생성, 기록, 저장, 검색, 이용과정 등 데이터베이스시스템(DBS) 전체를 의미하는 것으로, 데이터베이스(DB)와 연동되어 개인정보의 처리 과정에 관여하는 웹 서버 등을 포함되지 않는다.
② 개인정보 보호법 제59조 제2호의 의무주체인 '개인정보를 처리하거나 처리하였던 자'는 제2조 제5호의 '개인정보처리자'에 한정되지 않고, 업무상 알게 된 제2조 제1호의 '개인정보'를 제2조 제2호의 방법으로 '처리' 하거나 '처리' 하였던 자를 포함한다.
③ 거짓이나 그 밖의 부정한 수단이나 방법으로 개인정보를 취득하거나 그 처리에 관한 동의를 받았는지를 판단할 때에는 개인정보처리자가 그에 관한 동의를 받는 행위 자체만을 분리하여 개별적으로 판단하여서는 안 된다.
④ 열람 또는 등사청구가 허용되는 범위 내에서 행해지는 실질주주명부의 열

람 또는 등사가 개인정보의 수집 또는 제3자 제공을 제한하고 있는 개인정보 보호법에 위반된다고 볼 수 없다.

02. 우리나라 행정법의 발달에 대한 설명 중 옳지 않은 것은?
① 오랫동안 중앙집권적인 전제군주 하에 있으므로 해서 행정법이 일찍 성립할 여지가 없었다.
② 우리나라가 일제의 식민지로 되면서부터 우리나라 행정법은 식민지 행정법으로 체계화되었다.
③ 당시 일본행정법은 영·미행정법을 본 딴 것이었으므로 우리 행정법도 그렇게 되었다.
④ 해방 후 정부를 수립한 우리나라는 행정법에 있어서도 근대입헌주의적 면모를 띠게 되었다.

03. 수리에 관한 설명으로 옳지 않은 것은?
① 타인의 행정청에 대한 행위를 유효한 것으로 수령하는 것을 말하며 각하는 수리하지 않겠다는 의사표시이다.
② 준법률적 행정행위의 하나로 수리는 도달이나 접수와 달리 형식요건을 갖추었다는 인식표시이다.
③ 수리의 효과는 행정청만을 구속하여 처리의무를 발생하게 한다.
④ 행정청은 수리 여부의 결정에 있어서 형식적 요건을 심사함에 그친다.

04. 재량행위에 대한 다음 설명 중 옳지 않은 것은? (다툼이 있는 경우 판례에 의함)
① 지방전문직공무원 채용계약 해지의 의사표시는 항고소송의 대상이 되는 처분의 성격을 가진다.

② 담당 공무원이 관계 법령에 규정되지 아니한 서류를 요구하여 신고서를 제출하지 못하였다는 사정만으로는 신고가 있었던 것으로 볼 수 없다.
③ 도시기본계획은 도시계획입안의 지침이 되는 것에 불과하여 일반 국민에 대한 직접적인 구속력은 없다.
④ 주택조합 해산인가의 유무에 따라 기본행위의 효력이 문제되는 것은 관련 법률과 관련한 공법상의 관계에서지 주택조합과 조합원, 또는 조합원들 사이의 내부적인 사법관계에까지 영향을 미치는 것은 아니다.

05. 재량행위에 대한 설명 중 옳지 않은 것은?
① 요건재량설은 행정법규요건에 재량이 인정된다고 본다.
② 요건재량설의 가장 큰 단점은 자유재량의 범위가 확대된다.
③ 효과재량설을 취하면 음식점영업허가는 자유재량행위로 볼 수 없다.
④ 오늘날은 급부행정 및 수익적 행위에도 기속이 있을 수 있다.

06. 정보공개입법과 행정절차법에 관한 설명 중 옳지 않은 것은? (다툼이 있는 경우 판례에 의함)
① 행정청은 행정처분기준설정(재량기준설정) 및 그 공개제도는 우리 행정절차법도 행정처분의 공표를 의무화하고 있다.
② 행정결정 근거자료의 사전개시제도는 우리 행정절차법은 당사자 등이 자기의 권리 또는 이익을 주장하거나 방어하기 위해 기록의 열람 또는 복사권을 인정하고 있다.
③ 행정처분의 이유부기의무의 일반화는 우리 행정절차법안도 이유부기를 의무화하고 있다.
④ 행정청의 행정문서에 대한 공개청구권을 인정하는 판례나 헌법재판소의 결정은 아직 없다.

07. 현행법상 심판청구의 재결에 대한 설명으로 옳지 않은 것은?

① 재결의 방식은 서면 또는 구술로 할 수 있으며 재결은 부득이한 사정이 있는 경우에는 위원장이 직권으로 30일을 연장할 수 있다.
② 재결기간은 피청구인 또는 위원회가 심판청구서를 받은 날부터 60일 이내에 하여야 한다.
③ 위원회는 심판청구의 대상이 되는 처분보다 청구인에게 불리한 재결을 하지 못한다.
④ 위원회는 심판청구가 적법하지 않으면 그 심판청구를 각하(却下)한다.

08. 허가에 관한 설명으로 가장 옳지 않은 것은?

① 상대방의 신청 없이도 가능하다는 점에서 인가와 구별된다.
② 허가의 효과는 제한되었던 자연적 자유의 회복이다.
③ 허가를 받지 않고 행한 행위는 당연 무효가 된다.
④ 허가는 원칙적으로 기속행위 또는 기속재량행위이다.

09. 행정법상의 신뢰보호의 원칙과 관련한 다음 내용 중 옳지 않은 것은?

① 신뢰보호의 원칙이 적용되는 영역으로는 적법한 수익적 행정행위의 취소 등이 있다.
② 신뢰보호의 원칙의 근거로는 법적 안정성을 들 수 있다.
③ 신뢰보호원칙은 행정법의 일반원칙으로서 효력이 있으므로 그에 위반한 처분은 위법을 구성하여 무효 또는 취소소송을 통하여 권리를 구제 받을 수 있다.
④ 신뢰보호의 원칙이 적용되기 위한 일반적인 요건으로는 선행조치, 행정의 편의, 인과관계, 보호가치가 있다.

10. 다음은 행정상 강제집행과 민사상 강제집행을 비교한 것이다. 잘못 대비된 것은?
① 대집행 — 민사상 대체집행
② 집행벌 — 민사상 간접강제
③ 강제집행 — 민사상 자력집행
④ 직접강제 — 부동산명도청구의 집행

11. 행정상의 강제집행의 근거법에 해당하는 것으로만 연결된 것은?
① 행정대집행법 — 소방법 — 국세징수법
② 행정절차법 — 행정소송법
③ 국세징수법 — 출입국관리법 — 관세법
④ 출입국관리법 — 경찰법 — 내국세법

12. 행정구제제도에 관한 설명 중 옳지 않은 것은?
① 사전적 권리구제제도로서는 행정절차, 청원, 옴부즈만제 등이 있다.
② 사후적 권리구제제도로서는 손해전보제도와 행정쟁송제도 및 정당방위 등을 들 수 있다.
③ 오늘날은 사전적 측면에서의 절차준수가 중요한 의미를 갖는다.
④ 행정구제제도에 관하여 실체적인 구제수단과 절차적인 구제수단으로 분류하는 견해도 있다.

13. 행정소송법상 행정처분에 대한 설명으로 옳은 것은? (다툼이 있는 경우 판례에 의함)
① 공법상의 계약, 징계의 의결 등과 같이 행정행위가 성립되지 않거나 행정행위가 아닌 것도 행정처분에 해당한다.
② 특허공무원의 특허에 관한 처분 등은 구제에 관한 특별 규정이 있는 처분으로 행정처분에 해당한다.

③ 토지대장 등에 등재 행위 등은 행정처분에 해당한다.
④ 검사의 불기소 처분은 행정행위에는 속하나 행정소송법상의 행정처분에는 속하지 않는다는 것이 통설이다.

14. 국민권익위원회에 대한 설명으로 옳지 않은 것은?
① 정당의 당원이거나 「공직선거법」에 따라 실시하는 선거에 후보자로 등록한 사람은 위원이 될 수 없다.
② 위원은 대통령령으로 정하는 특별한 이해관계가 있는 개인이나 법인 또는 단체의 임·직원이 될 수 없다.
③ 위원이 궐위된 때에는 지체 없이 새로운 위원을 임명하되 위원의 임기는 전임 위원의 잔여 임기로 한다.
④ 고충민원의 처리와 이에 관련된 불합리한 행정제도를 개선하고, 부패의 발생을 예방하며 부패행위를 효율적으로 규제하도록 하기 위하여 국무총리 소속으로 국민권익위원회를 둔다.

15. 공공기관의 정보공개에 관한 법률상 정보공개에 대한 설명으로 옳지 않은 것은?
① 정보공개의 청구를 받으면 그 청구를 받은 날부터 7일 이내에 공개 여부를 결정하여야 한다.
② 정보공개심의회는 위원장 1명을 포함하여 5명 이상 7명 이하의 위원으로 구성한다.
③ 정보공개를 청구할 수 있는 외국인은 국내에 사무소를 두고 있는 법인 또는 단체이다.
④ 공개될 경우 국가에 중대한 이익을 해할 우려가 있는 경우를 제외하고는 공공기관이 보유·관리하는 정보는 공개 대상이 된다.

16. 행정관청의 보조기관이 해당 행정관청의 이름으로 그 권한을 사실상 대리행사 하는 것은?

① 대결
② 내부위임
③ 위임전결
④ 대리

17. 행정행위에 대한 다음 설명 중 옳지 않은 것은?

① 불심검문, 신체의 수색은 행정조사에 해당한다.
② 유해음식물 무상 수거 등은 행정상 즉시 강제에 해당한다.
③ 행정행위의 형식 중 비권력 행위이면서 동시에 법적 행위인 것은 행정강제이다.
④ 물건의 영치는 의무의 존재와 그의 불이행을 전재로 하지 않는 행정상 즉시강제에 해당한다.

18. 행정처분과 관련한 다음 설명으로 옳지 않은 것은? (다툼이 있는 경우 판례에 의함)

① 행정청이 관내 택시업체에 대하여 도급제 운영금지를 골자로 하는 사업개선명령을 시달한 후 이를 위반한 택시운송사업자에게 택시 운행정지처분을 한 것은 적법하고 재량권을 일탈·남용한 경우에 해당하지도 않는다.
② 처분청이 처분 당시에 적시한 구체적 사실을 변경하지 아니하는 범위 내에서 단지 그 처분의 근거법령만을 추가·변경하거나 당초의 처분사유를 구체적으로 표시하는 것에 불과한 경우에는 새로운 처분사유를 추가하거나 변경하는 것이라고 볼 수 없다.
③ 구청장이 사회복지법인에 특별감사 결과 지적사항에 대한 시정지시와 그 결과를 관계서류와 함께 보고하도록 지시한 경우, 그 시정지시는 비권력적 사실행위로 행정처분에 해당하지 않는다.
④ 행정처분의 효력정지 기간이 이미 경과하였다면, 집행정지결정의 취소를 구할 이익이 없다.

19. 행정지도와 쟁송에 관한 설명으로 타당하지 않는 것은? (다툼이 있는 경우 판례에 의함)

① 민사소송상의 가처분의 허용성에 대하여 판례는 부정적 입장을 나타내고 있다.
② 처분개념의 쟁송법적 개념설에 의하면 행정지도를 대상으로 하여 집행정지 신청이 가능하다.
③ 권력적 성질을 갖는 행정지도가 국민의 기본권을 침해하게 되면 헌법재판소에 헌법소원을 제기할 수도 있다.
④ 대법원은 행정지도를 통해 불이익을 받게 되는 사람은 행정지도의 철회를 청구하는 내용의 이행소송이 가능하다고 보고 있다.

20. 통고처분에 대한 설명으로 옳지 않은 것은?

① 통고처분의 법적 성질은 준사법적 행정행위에 해당한다.
② 통고처분을 받은 사람은 이의가 있는 경우 행정소송을 제기 할 수 있다.
③ 통고처분을 받은 사람이 통고내용을 이행하지 않으면 당연 실효가 된다.
④ 고발에 의해 사법절차에 의한 구제가 가능하다.

노동법개론

01. 「노동조합 및 노동관계조정법」상 부당노동행위에 대한 설명으로 옳지 않은 것은? (다툼이 있는 경우 판례에 의함)

① 사용자가 연설, 사내방송 등을 종합하여 노동조합의 조직이나 운영 및 활동을 지배하거나 이에 개입하는 의사가 인정되는 경우라도 부당노동행위가 성립한다고 볼 수 없다.
② 노조전임자 급여 지원 행위는 별도로 노동조합의 자주성을 저해할 위험성이 있는지 가릴 필요 없이 그 자체로 부당노동행위이다.

③ 전국학습지산업노동조합은 '노동조합 및 노동관계조정법'이 정한 노동조합에 해당한다고 볼 수 없으므로 회사가 위 조합의 단체교섭요구에 응하지 않은 것을 부당노동행위로 볼 수 없다.
④ 구 지역 농업협동조합의 해산에 있어서 노동조합을 와해시킬 목적이 있었다고 하더라도 구 지역 농업협동조합과 신 지역 농업협동조합이 동일한 사업체라고 단정하기 어렵다는 이유로, 구 지역 농업협동조합의 해산이 부당노동행위에 해당하지 않는다.

02. 「근로기준법」상 근로계약과 관련한 설명으로 옳지 않은 것은?
① 근로자는 명시된 근로조건이 사실과 다를 경우 근로조건 위반을 이유로 손해의 배상을 청구할 수 있으며 즉시 근로계약을 해제할 수 있다.
② 근로자 명부와 법률로 정하는 근로계약에 관한 중요한 서류는 5년간 보존하여야 한다.
③ 근로계약에 관한 중요한 서류인 근로자 명부의 보존기간은 근로자가 해고되거나 퇴직한 날부터 기산한다.
④ 근로계약 불이행에 대한 위약금 또는 손해배상액을 예정하는 계약을 체결하지 못한다.

03. 「근로기준법령」상 과태료 부과와 관련한 설명으로 옳은 것은?
① 사용증명서 교부의무를 위반하여 사용증명서를 사실과 다르게 내어 주어 3차 위반한 경우의 부과 금액은 300만원이다.
② 위반행위자의 오류로 발생한 것이 인정되는 경우 과태료의 3분의 1 범위에서 그 금액을 줄여 부과한다.
③ 위반행위의 횟수에 따른 과태료의 가중된 부과기준은 최근 2년간 같은 위반행위로 과태료 부과처분을 받은 경우에 적용한다.
④ 가중된 부과처분을 하는 경우 가중처분의 적용 차수는 그 위반행위 전 부과처분 차수의 다음 차수로 한다.

04. 「최저임금법」상 최저임금에 관한 설명으로 옳지 않은 것은? (다툼이 있는 경우 판례에 의함)

① 개정 최저임금법이 특례 조항을 통해 생산고에 따른 임금을 최저임금에 산입할 수 없게 한 취지는, 최저임금액 이상의 임금을 받을 수 있도록 보장함으로써 보다 안정된 생활을 영위할 수 있도록 하려는 데에 있다.
② 최저임금에 대한 개별적인 동의나 수권을 받지 아니하였다 하더라도 노동조합이 변경협약만으로 그에 관한 권리를 포기하는 처분행위를 할 수 있다.
③ 최저임금의 적용을 받는 근로자에게 최저임금액 이상의 임금을 지급하여야 한다고 하여 곧바로 통상임금 자체가 최저임금액을 그 최하한으로 한다고 볼 수 없다.
④ 임금을 제외한 고정급이 최저임금에 미달하는 것을 회피할 의도로 사용자가 소정근로시간을 기준으로 산정되는 시간당 고정급의 외형상 액수를 증가시키기 위해 소정근로시간만을 단축하기로 합의한 경우, 강행법규인 최저임금법상 특례조항 등의 적용을 잠탈하기 위한 탈법행위이다.

05. 「근로기준법」상 단체협약에 대한 설명으로 옳지 않은 것은?

① 단체협약에 어긋나는 취업규칙은 변경할 수 있다.
② 근로자와 사용자는 단체협약을 지키고 성실하게 이행할 의무가 있다.
③ 단체협약에 특별한 규정이 있는 경우 임금의 일부를 공제하거나 통화 이외의 것으로 지급할 수 있다.
④ 여성은 단체협약이 있는 경우 1일에 2시간, 1주에 6시간, 1년에 150시간을 초과하는 시간외근로를 시키지 못한다.

06. 「근로기준법」상 통상임금과 관련한 설명으로 옳지 않은 것은?

① 통상임금에는 시간급 금액, 일급 금액, 주급 금액, 월급 금액 또는 도급 금액이 포함된다.
② 휴가를 근로자가 청구한 시기에 주어야 하고, 그 기간에 대하여는 취업규

칙 등에서 정하는 통상임금을 지급하여야 한다.
③ 매 1개월마다 평균한 1주간 근로시간이 48시간을 초과한 시간에 대해서는 통상임금의 100분의 50 이상을 가산하여 근로자에게 지급하여야 한다.
④ 통상임금을 일급 금액으로 산정할 때에는 시간급 금액에 1일의 소정근로시간 수를 곱하여 계산한다.

07. 「근로기준법」상 2년 이하의 징역 또는 2천만원 이하의 벌금형에 처하지 않는 사람을 모두 고른 것은?

> ㉠ 공민권 행사의 보장을 이행하지 않은 사용자
> ㉡ 행정소송을 제기하여 확정된 구제명령을 이행하지 않은 사람
> ㉢ 근로자의 취업을 방해하지 못한다는 규정을 취업 방해금지를 위반한 사람
> ㉣ 유족보상 규정을 위반한 사람
> ㉤ 휴게시간을 근로시간 도중에 주어야 한다는 규정을 위반한 사람.

① ㉡, ㉢
② ㉡, ㉣
③ ㉠, ㉤
④ ㉠, ㉤

08. 「최저임금법규」상 최저임금 안에 대하여 이의를 제기할 수 있는 사용자를 대표하는 단체의 장에 해당하지 않은 것은?

① 소상공인연합회
② 중소기업중앙회
③ 전국경영인연합회
④ 대한상공회의소

09. 「노동조합 및 노동관계조정법」상 노동위원회에 대한 설명으로 옳지 않은 것은?

① 노동위원회의 위원장은 노동위원회의 공익을 대표하는 위원 중에서 3인을

조정위원으로 지명할 수 있다.
② 행정관청은 노동조합의 규약이 노동관계법령에 위반한 경우 노동위원회의 의결을 얻어 그 시정을 명할 수 있다.
③ 노동위원회는 관계 당사자 쌍방의 신청이 있는 경우라도 단독 조정인은 조정을 할 수 없다.
④ 노동위원회는 노동쟁의의 조정신청 전이라도 당사자의 자주적인 분쟁 해결을 지원할 수 있다.

10. 「근로기준법」상 근로감독관에 대한 설명으로 옳지 않은 것은?
① 사업장에 대한 현장을 조사할 경우 현장조사서에 그 일시, 장소 및 범위를 분명하게 적어야 한다.
② 근로감독관은 임명이 해제된 경우 해제된 날부터 1년 동안 근로감독관의 직무를 수행할 수 없다.
③ 근로감독관으로 임명된 사람은 해당 전담반이 해체된 경우 근로감독관의 임명이 해제된 것으로 본다.
④ 근로조건의 기준을 확보하기 위해 고용노동부와 그 소속 기관에 근로감독관을 둔다.

11. 「근로기준법」상 근로시간에 대한 설명으로 옳지 않은 것은? (다툼이 있는 경우 판례에 의함)
① 노사 간에 실제의 연장근로시간과 관계없이 일정 시간을 연장근로시간으로 간주하기로 합의하였다면 사용자로서는 근로자의 실제 연장근로시간이 위 합의한 시간에 미달함을 이유로 근로시간을 다투는 것이 허용되지 않는다.
② 근로시간면제 심의위원회가 회의를 진행하다가 그날 자정을 넘겨 의결을 하였다고 하더라도 노동계 및 경영계 추천 위원이 가진 근로시간 면제한도에 관한 심의·의결권이 소멸된다고 할 수 없다.
③ 사용자와 근로자는 기준근로시간을 초과하지 않는 한 원칙적으로 자유로운

의사에 따라 소정근로시간에 관하여 합의할 수 있다.
④ 교육의 주체가 사용자가 아닌 경우 운수종사자에 대한 보수교육시간은 근로시간에 포함되지 않는다.

12. 「노동조합 및 노동관계조정법」상 근로시간면제심의위원회의 해산과 관련한 설명으로 옳지 않은 것은?

① 1년 이상 조합원으로부터 조합비를 징수한 사실이 없는 경우 노동조합으로서의 활동을 1년 이상 하지 않은 것으로 인정한다.
② 노동위원회가 노동조합 해산 의결을 할 때에는 해산사유 발생일 이후의 해당 노동조합의 활동을 고려하여야 한다.
③ 노동조합으로서의 활동을 1년 이상 하지 않은 것으로 인정되는 경우 해산사유에 해당한다.
④ 노동조합의 해산사유가 있는 경우 행정관청이 관할 노동위원회의 의결을 얻은 때에 해산된 것으로 본다.

13. 「근로기준법」상 벌칙과 관련한 설명으로 옳지 않은 것은?

① 근로자가 출산, 질병, 재해로 비용에 충당하기 위하여 임금 지급을 청구한 것을 이행하지 않을 경우 3천만원 이하의 벌금에 처한다.
② 사용자가 근로자를 폭행한 경우 이 법에서 정한 최고형인 5년 이하의 징역 또는 5천만원 이하의 벌금에 처한다.
③ 사업주의 대리인, 사용인, 그 밖의 종업원이 해당 사업의 근로자에 관한 사항에 대하여 위반행위를 하면 행위자를 벌하는 외에 그 사업주에게도 해당 조문의 벌금형을 부과하는 양벌 규정을 적용한다.
④ 행정소송을 제기하여 확정된 구제명령 또는 구제명령을 내용으로 하는 재심판정을 이행하지 않은 죄는 친고죄에 해당한다.

14. 「노동조합 및 노동관계조정법」상 쟁의행위와 관련한 설명으로 옳지 않은 것은?

① 필수유지업무의 정당한 유지·운영을 정지·폐지 또는 방해하는 행위는 쟁의행위로서 이를 행할 수 없다.
② 쟁의행위의 참가를 호소하거나 설득하는 행위로서 폭행·협박을 사용할 수 없다.
③ 노동조합은 사용자의 점유를 배제하여 조업을 방해하는 형태로 쟁의행위를 할 수 없다.
④ 주요방위산업체의 생산 업무에 종사하는 근로자는 쟁의행위를 할 수 없다.

15. 「근로기준법」상 심사와 중재에 관한 설명으로 옳은 것은?

① 심사나 중재의 청구와 심사나 중재의 시작은 시효의 중단에 관하여는 재판상의 청구로 본다.
② 고용노동부장관은 직권으로 심사나 사건의 중재를 할 수 없으며 노동위원회의 의결을 거쳐야 한다.
③ 업무상의 질병 또는 사망의 인정, 요양의 방법, 보상금액의 결정 등과 관련하여 이의제기가 있으면 근로감독관은 즉시 심사나 중재를 하여야 한다.
④ 심사와 중재의 결과에 불복하는 사람은 권익위원회에 심사나 중재를 청구할 수 있다

16. 「최저임금법」상 최저임금의 결정에 대한 설명으로 옳은 것은?

① 최저임금위원회는 최저임금에 관한 심의와 그 밖에 최저임금에 관한 중요 사항을 심의하기 위하여 고용노동부에 둔다.
② 재심의 요청을 받은 때에는 재심의에서 재적위원 과반수의 출석과 출석위원 과반수의 찬성으로 결정한다.
③ 최저임금의 효력발생 시기를 따로 정하지 않으면 고시된 최저임금은 다음 연도 3월 1일부터 효력이 발생한다.

④ 최저임금은 최저임금위원회가 결정하여 공표한다.

17. 「노동조합 및 노동관계조정법」상 조정위원회에 대한 설명으로 옳지 않은 것은?
① 조정위원회의 위원장 또는 단독조정인은 관계 당사자와 참고인 외의 사람의 출석을 금할 수 있다.
② 조정위원회는 조정의 이행방법에 관한 명확한 견해 제시 요청을 받은 경우 그 요청을 받은 날부터 7일 이내에 명확한 견해를 제시하여야 한다.
③ 노동쟁의의 조정을 위하여 조정위원회를 두며 조정위원회는 국무총리 산하에 둔다.
④ 근로자를 대표하는 위원 또는 사용자를 대표하는 위원의 불참 등으로 인하여 조정위원회의 구성이 어려운 경우 노동위원회의 공익을 대표하는 위원 중에서 3인을 조정위원으로 지명할 수 있다.

18. 「근로기준법」상 임금과 관련한 설명으로 옳지 않은 것은? (다툼이 있는 경우 판례에 의함)
① 근로계약에서 제공하기로 정한 근로 외의 근로를 특별히 제공함으로써 사용자로부터 추가로 지급받는 임금은 소정근로의 대가라 할 수 없으므로 통상임금에 속하지 않는다.
② 사용자와 근로자가 체결한 당해 약정이 그 실질은 임금을 정한 것에 불과함에도 불구하고 사용자가 퇴직금의 지급을 면탈하기 위하여 퇴직금 분할 약정의 형식만을 취한 것인 경우에는 실질적 퇴직금 분할 약정이 존재하지 않는다.
③ 연장근로에 대하여 통상임금의 50% 이상을 가산하여 지급하도록 한 근로기준법 규정은 연장근로에 대한 임금 산정의 최저기준을 정한 것이다.
④ 사용자가 근로관계를 해소하면서 향후 일정한 조건이 충족되면 근로자를 우선 재고용하기로 약정한 경우라도 사용자가 우선 재고용의무를 이행하지

않은 데 대하여 손해배상금을 청구할 수 없다

19. 「노동조합 및 노동관계조정법」상 긴급조정에 대한 다음 설명 중 옳지 않은 것은?
① 쟁의행위가 공익사업에 관한 것으로써 국민경제를 해할 경우에는 긴급조정의 결정을 할 수 있다.
② 중앙노동위원회의 위원장은 조정이 성립될 가망이 없다고 인정한 경우에는 공익위원의 의견을 들어 그 사건의 중재 여부를 결정하여야 한다.
③ 긴급조정의 결정이 공표된 때에는 공표일로부터 10일이 지나야 쟁의행위를 재개할 수 있다.
④ 긴급조정에 대한 중재 여부 결정은 통고를 받은 날부터 15일 이내에 하여야 한다.

20. 「근로기준법」상 재해보상과 관련한 설명으로 옳지 않은 것은?
① 요양 중에 있는 근로자는 그 근로자의 요양 중 평균임금의 100분의 60에 해당하는 금액을 휴업보상으로 받는다.
② 재해보상에는 요양보상, 휴업보상, 장해보상, 유족보상, 일시보상, 분할보상, 장례비 지원 등이 있다.
③ 보상을 받을 권리는 퇴직으로 인하여 변경되지 않으며 양도나 압류하지 못한다.
④ 근로자가 업무상 사망한 경우 사용자는 근로자가 사망한 후 30일 이내에 그 유족에게 평균임금 1,000일분의 유족보상을 하여야 한다.

10 적중모의고사

================= 국 어

01. 다음 글의 문학 장르로 알맞은 것은?

> 아내는 수저를 들려고 하다가 문득 상 위에 놓인 쪽지를 보았다. "왕후(王侯)의 밥, 걸인(乞人)의 찬 …… 이걸로 우선 시장기만 속여 두오."
> 낯익은 남편의 글씨였다. 순간(瞬間), 아내는 눈물이 핑 돌았다. 왕후가 된 것보다도 행복했다. 만금(萬金)을 주고도 살 수 없는 행복감에 가슴이 부풀었다.

① 1인칭 소설 ② 경수필
③ 3인칭 소설 ④ 중수필

02. 다음 글에 대한 설명으로 가장 적절한 것은?

> "어, 차마 못 보겠다. 내가 어사 된 것이 선영 덕택인 줄 알았더니, 예 와 보니 춘향 모 정성이 반이나 되겠구나. 저러헌 형상에 이 모양으로 들어가면, 저 늙은이 성질에 괴변이 날테니 잠시 속일 수밖에 없지."
> 어사또가 춘향 모를 속여 부르는디. 꼭 이렇게 부르것다.
> "이로너라. 이로너라. 게 아무도 없느냐?"
> 춘향 모 울다가 깜짝 놀라,
> "향단아. 이것이 뭔 소리다냐?"

> 향단이도 어찌 놀랬던지,
> "비 올라고 천둥헝개비요."
> "너의 애기씨 돌아가시게 되니. 성조 지신이 발동을 하였는가, 어느 놈이 술 담북 먹고 와서 오뉴월 장마에 토담 무너지는 소리를 허는지. 나가서 좀 보고 오너라."

① 함축적 대화를 통해 사건의 결말을 암시한다.
② 위기상황을 조성하여 극적 흥미를 유발시킨다.
③ 해학을 통해 심리적 긴장을 이완시킨다.
④ 방언을 구사하여 인물의 내면심리를 알게 한다.

03. 다음 설명과 관계 깊은 문학유파는?

> 1920년대 중반 이후 문단을 주도한 카프카의 계급주의 문학을 비판하고, 문학의 예술성을 주장 실천한 유파로서, 카프카의 계급주의 문학이 지나치게 이념을 노출시킨 데 대한 반발로 일어났다.

① 시문학파 ② 모더니즘파
③ 생명파   ④ 청록파

04. 다음 내용의 고사와 관련이 있는 한자성어에 해당하는 것은?

> 蜀漢(촉한)의 諸葛亮(제갈양)이 아끼던 장수 가운데 馬謖(마속)이라는 인물이 있었는데, 한때 마속이 방심하여 가정전투에서 크게 패하게 되자, 그 죄를 물어 마속의 목을 베면서 눈물을 흘렸다고 한다.

① 先公後私(선공후사) ② 股肱之臣(고굉지신)
③ 棟樑之材(동량지재) ④ 泣斬馬謖(읍참마속)

05. 다음은 일본, 중국의 대표적인 지명을 한글로 적은 것이다. 어법에 맞지 않은 것은?

① 도쿄[東京]
② 뻬이징[北京]
③ 오사카[大阪]
④ 상하이[上海]

※ 다음 글을 읽고 물음에 답하시오. (06~07)

(가) ㉠ 내가 그의 이름을 불러 주었을 때,
　　 ㉡ 그는 나에게로 와서
　　 ㉢ 꽃이 되었다.
(나) 내가 그의 이름을 불러 준 것처럼
　　 나의 이 빛깔과 향기(香氣)에 알맞은
　　 ㉣ 누가 나의 이름을 불러 다오.
　　 그에게로 가서 나도
　　 그의 ㉤ 꽃이 되고 싶다.
(다) 우리들은 모두 ㉥ 무엇이 되고 싶다.
　　 너는 나에게 나는 너에게
　　 잊혀지지 않는 하나의 ㉦ 눈짓이 되고 싶다.
(라) 내가 그의 이름을 불러 주기 전에는
　　 그는 다만
　　 ㉧ 하나의 몸짓에 지나지 않았다.

06. 위 시는 김춘수의 '꽃'을 순서 없이 배열한 것이다. 시상의 전개(起 - 承 - 轉 - 結)에 따라 바르게 연결된 것은?

① (가) - (나) - (다) - (라)
② (다) - (라) - (가) - (나)
③ (라) - (가) - (나) - (다)
④ (나) - (가) - (다) - (라)

07. 위 시의 밑줄 친 ㉠ ~ ㉧에서 '의미 있는 존재' 끼리 연결된 것은?

① ㉠ - ㉡ - ㉢
② ㉢ - ㉣ - ㉤
③ ㉥ - ㉦ - ㉧
④ ㉤ - ㉥ - ㉦

08. 다음 중 순우리말에 대하여 잘못 풀이하고 있는 것은?

① 무녀리 : 한 태의 새끼 중 맨 먼저 나온 새끼로 즉 언행이 좀 모자라는 사람을 비유한 말이다.
② 띠앗 : 재물이 자꾸 생겨 아무리 써도 줄지 않음을 이르는 말이다.
③ 미투리 : 삼·노·모시 따위로 삼는 신발을 이른다.
④ 손방 : 할 줄 모르는 솜씨를 나타낸다.

※ 다음 글을 읽고 물음에 답하시오. (09~10)

(가) 군(君)은 어비여,
　　신(臣)은 ㉠ <u>ᄃᆞᄉᆞ샬</u> 어ᅀᅵ여,
　　민(民)은 ㉡ <u>얼ᄒᆞ</u> 아ᄒᆡ고 ᄒᆞ샬디
　　민(民)이 ᄃᆞ살 알고다.
　　㉢ <u>구믈ᄉᆞ다히</u> 살손 물생(物生)
　　이흘 머기 다ᄉᆞ라.
　　이 ᄯᅡ홀 ᄇᆞ리곡 어듸 갈뎌 홀디
　　나라악 디니디 알고다.
　　아으, ㉣ <u>군(君)</u>다이 신(臣)다이 민(民)다이 ᄒᆞᄂᆞᆯᄃᆞᆫ
　　나라악 태평(太平)ᄒᆞ니잇다.

(나) 열치매
　　나타난 달이
　　흰구름 좇아 떠감이 아니아?
　　새파란 내(川)에
　　　기랑(耆郞)의 모양이 있어라!

> 이로 냇가 조약에
> 낭(郎)의 지니시던
> 마음의 끝을 좇과저.
> 아으, 잣(栢)가지 드높아
> 서리를 모르올 화랑장(花郞長, 花判)이여!

09. 위 글 (가)에서 ㉠ ~ ㉣의 뜻을 잘못 풀이한 것은?
① ㉠ - 사랑하실
② ㉡ - 어리석은
③ ㉢ - 꿈을 지니며
④ ㉣ - 임금답게

10. 위 글에서 (가)와 (나)의 어조가 차이를 보이는 이유와 관계없는 것은?
① 시적 대상이 다르기 때문에
② 창작동기가 다르기 때문에
③ 주제의식이 다르기 때문에
④ 시적 화자가 다르기 때문에

※ 다음 글을 읽고 물음에 답하시오. (11~13)

(가) ㉠'아들이 돌아온다. 아들 진수(鎭守)가 살아서 돌아온다. 아무개는 전사했다는 통지가 왔고, 아무개 아무개는 죽었는지 살았는지 통 소식이 없는데, 우리 진수는 살아서 오늘 돌아오는 것이다.'
생각할수록 어깻바람이 날 일이었다. 그래 그런지 몰라도, ㉡박만도(朴萬道)는 여느 때 같으면 아무래도 한두군데 앉아 쉬어야 넘어설 수 있는 용머리재를 단숨에 올라채고 만 것이다. 가슴이 펄럭거리고 허벅지가 뻐근했다. 그러나 그는 고갯마루에서도 쉴 생각을 하지 않았다. 들 건너 멀리 바라보이는 정거장에서 연기가 몰씬몰씬 피어오르며, 삐익 —— 하고 기적 소리가 들려 왔기 때문이다. 아들이 타고 내려올 기차는 점심때가 가까워서야 도착한다는 것을 모르는 바 아니었다. 해가 이제 겨우 산등성이 위로 한 뼘 가량 떠올랐으니, 오정이 되려면 아직 차례 먼 것이다. 그러나 그는 공연히 마음이 바빴다.

(나) 여기저기서 다이너마이트 튀는 소리가 산을 흔들어 댔다. 앵앵앵 —— 하고 공습경보가 나면 일을 하던 손을 놓고 모두 굴 바닥에 납작납작 엎드려 있어야 했다. 비행기가 돌아갈 때까지 그러고 있는 것이었다. 어떤 때는 근 한 시간 가까이나 엎드려 있어야 하는 때도 있었는데, 차라리 그것이 얼마나 편한지 몰랐다. 그래서 더러는 공습이 있기를 은근히 기다리기도 했다. 때로는 공습경보의 사이렌을 듣지 못하고 그 냥 일을 계속 하는 수도 있었다. ⓒ 그럴 때는 모두 큰 손해를 보았다고 야단들이었다. 어떻게 된 셈인지 사이렌도 미처 불기 전에 비행기가 산등성이를 넘어 달려드는 수도 있었다. 그럴 때는 정말 질겁을 하는 것이었다. 가장 많이 손해를 입는 것도 그런 경우였다. 만도가 한쪽 팔뚝을 잃어버린 것도 바로 그런 때의 일이었다. 여느 날과 다름없이 굴속에서 바위를 허물어 내고 있었다. 바위 틈서리에 구멍을 뚫어서 다이너마이트 장치를 하는 것이었다. 장치가 다 되면 모두 바깥으로 나가고, 한사람만 남아서 불을 당기는 것이었다. 그리고 그것이 터지기 전에 얼른 밖으로 뛰어 나와야 되었다. 만도가 불을 당기는 차례였다. 모두 바깥으로 나가 버린 다음 그는 성냥을 꺼내었다. 그런데 웬 영문인지 기분이 께름직 했다. 모기에 물린자리가 자꾸 쑥쑥 쑤시는 것이었다. 긁적긁적 긁어 댔으나 도무지 시원한 맛이 없었다. 그는 이맛살을 찌푸리면서 성냥을 득 그었다. ⓔ 그래 그런지 몰라도 불은 이내 픽 하고 꺼져 버렸다. 성냥 알맹이 네개째에사 겨우 심지에 불이 당겨졌다. 심지에 불이 붙은 것을 보자, 그는 얼른 몸을 굴 밖으로 날렸다. 바깥으로 막 나서려는 때였다. 산이 무너지는 듯한 소리와 함께 사나운 바람이 귓전을 후려갈기는 것이었다. 만도는 정신이 아찔하였다. 공습이었던 것이다. 산등성이를 넘어 달려든 비행기가 머리 위로 아슬아슬하게 지나는 것이었다. 미처 정신을 차리기도 전에 또 한 대가 뒤따라 날아드는 것이 아닌가? 만도는 그만 넋을 잃고 굴 안으로 도로 달려 들어갔다. 달려 들어가서 굴 바닥에 아무렇게나 팍 엎드려 버리고 말았다. 그 순간이었다. 쾅! 굴 안이 미어지는 듯 하면서 다이너마이트가 터졌다. 만도의 두 눈에서 불이 번쩍 났다.

11. 위 글 전체에 나타난 만도의 의식구조를 가장 잘 서술한 것은?

① 일제 징용에서 한 쪽 팔을 잃게 되자 일본에 대한 증오심을 갖게 된다.
② 일제의 강제 징용에 대한 피해 의식을 가지고 있다.
③ 강제노역을 조금이나마 쉽게 해주는 연합군의 공습에 찬사를 보내고 있다.
④ 참담한 현실에 대한 반항 없이 묵묵히 순응해 나가고 있다.

12. 역사적 현실을 고려할 때 위 글 (나)에서 '만도'가 처한 상황을 가장 잘 나타낸 속담에 해당하는 것은?

① 고래 싸움에 새우등 터진다.
② 자라보고 놀란 가슴 솥뚜껑 보고 놀란다.
③ 재수 없는 놈 자빠져도 코가 깨진다.
④ 설마가 사람 잡는다.

13. 위 글의 밑줄 친 ㉠~㉣에 대한 설명으로 옳지 않은 것은?

① ㉠ : 독자의 호기심을 부추기는 의도적 장치로써 사건 전개의 방향을 암시해 준다.
② ㉡ : 인물의 심리 상태를 잘 나태주고 있다.
③ ㉢ : 환경이 인간을 지배한다는 설을 뒷받침 해준다.
④ ㉣ : 다이너마이트에 불을 붙이는 것을 매우 달가워하지 않음을 나타낸다.

14. 다음 (가)~(다)는 '춘향가'에서 옮겨 온 부분이다. 이 부분과 관련되는 판소리 용어를 찾는다면?

> (가) 어사또 들은 척 아니 혀고, 부채를 거꾸로 쥐고 부채 꼭지로 운봉 옆구리를 쿡 찌르며, "여보, 운봉 영감! 거 갈비 한 대 주." 운봉이 깜짝 놀래며, "허어, 그분이 갈비를 달래면 익은 소갈비를 달래지, 사람의 생갈비를 달랜단 말이오? 얘, 여봐라! 저 냥반께 상에 갈비한 대 갖다 드려라." "어허, 거 그만 두시우. 얻어먹고 다니는 사람이 남의 수고까지 빌릴 것 없지. 내 손으로 갖다 먹지요."
>
> (나) 통인이 지필묵 갖다 어사또 앞에 노니, 어사또 일필휘지(一筆揮之)하야 글 지어 운봉 주며, "운봉은 밖으로 나가 조용헌 틈을 타서 한 번 떼 보시오. 자, 나는 갑니다." 운봉이 맡아 밖에 나와 떼어 보니, 글이 문장이요, 글씨 또한 명필이라.
>
> (다) 그 때야 춘향 모난 어사또가 사윈 줄은 알았으나, 간밤에 사위를 너무 괄시헌 가남이 있어, 염치 없어 못 들어 가고 삼문 밖에서 눈치만 보다, 춘향 입에서 우리 어머니 소리가 나니, '옳지 인자 되얐다.' 허고 떠들고 들오난디,

① 창 ② 추임새
③ 발림 ④ 아니리

15. 다음 글과 같은 표현기교를 사용하지 않은 것은?

> 나는 향기로운 님의 말소리에 귀먹고, 꽃다운 님의 얼굴에 눈 멀었습니다.

① 펜은 칼보다 강하다.
② 오늘 밤에도 별이 바람에 스치운다.
③ 정작으로 고와서 서러워라.
④ 나는 아직 기다리고 있을 테요, 찬란한 슬픔의 봄을

16. 다음 중 어법에 맞고 의미가 분명한 문장은?
① 내가 내려간 곳은 제주도의 서귀포다. 그 곳에서 내가 그림을 그리고 있는 동안 한국민속촌에 견학을 하러 갈 것이라는 것을 생각하고 있었다.
② 태양이 머리 위에서 녹아 흘러거리는 아스팔트 위로 똑바로 걸어가려 애쓰고 있다. 호흡은 끈적끈적한 황 냄새를 유발시키며, 머리를 혼돈으로 몰고 나온다.
③ 소설은 현실에서 제재를 취하지만, 현실 자체를 그대로 전하는 것은 아니다. 현실적인 제재에 허구성을 가미하여, 현실을 새롭게 해석할 수 있도록 재구성하는 것이다.
④ 우리는 글을 읽을 때에는 의식하고 읽을 수도 있지만, 잠재적으로나마 어떤 목적을 가지게 마련이다. 그리고 올바른 목적을 위해서는 읽는 목적을 항상 의식해야 한다.

17. 다음 (가)와 (나)를 읽고 나서 예측할 수 있는 것끼리 짝지어진 것은?

> (가) 이상이나 문화나 다 같이 사람이 추구하는 대상이 되는 것이요, 또 인생의 목적이 거기에 있다는 점에서는 동일하다. 그러나 이 두 가지가 완전히 일치되는 것은 아니다. 그 차이점은 여기에 있다. 즉, 문화는 인간의 이상이 이미 현실화된 것이요, 이상은 현실 이전의 문화라 할 수 있을 것이다.
> (나) 어쨌든, 이 두 가지를 추구하여 현실화시키는 데에는 지식이 필요하고, 이러한 지식의 공급원(供給源)으로는 다시 서적이란 것으로 돌아오지 않을 수가 없다. 문화인이면 문화인일수록 서적 이용의 비율이 높아지고, 이상이 높으면 높을수록 서적 의존도 또한 높아지는 것이다.

> ㉠ 선진국은 후진국보다 서적이 많을까?
> ㉡ 문화와 이상의 차이는 무엇일까?
> ㉢ 지식은 문화 발전에 어떻게 이바지하는가?
> ㉣ 성공한 사람은 독서량이 상당하겠지?

① ㉡, ㉢
② ㉠, ㉢
③ ㉠, ㉡
④ ㉠, ㉣

18. 다음 글에서 밑줄 친 '病'과 가장 관계가 깊은 것은?

> 江湖에 病이 깁퍼 竹林의 누엇더니, 關東 八百里에 方面을 맛디시니

① 醉生夢死
② 泉石膏肓
③ 先病者醫
④ 臥薪嘗膽

19. 훈민정음 28자모 중 현재는 24자모만 사용하고 있다. 4자모가 없어진 순으로 바르게 배열된 것은?

① ㅿ → ㆁ → ㆍ → ㆆ
② ㆁ → ㆆ → ㅿ → ㆍ

③ · → ㆆ → △ → ㅇ　　　　　　④ ㆆ → ㅅ → ㅇ → ·

20. 다음 시에 영향을 미친 서구의 문예사조는?

> 아아, 날이 저문다, 서편 하늘에, 외로운 강물 위에, 스러져 가는 분홍빛 놀……. 아아 해가 저물면 해가 저물면, 날마다 살구나무 그늘에 혼자 우는 밤이 또 오건마는, 오늘은 4월이라 파일날, 큰 길을 물밀어 가는 사람소리는 듣기만 하여도 흥성스러운 것을, 왜 나만 혼자 가슴에 눈물을 참을 수 없는고?

① 낭만주의　　　　　　　　② 상징주의
③ 주지주의　　　　　　　　④ 고전주의

한국사

01. 다음의 역사적인 사실들을 순서에 따라 바르게 나열된 것은?

> ㉠ 한 개의 큰 석기를 가지고 여러 용도에 사용하였다.
> ㉡ 쐐기 등을 대고 간접적으로 떼어 내는 규칙적인 돌날격지를 만들었다.
> ㉢ 큰 몸돌에서 떼어 낸 격지들을 가지고 잔손질을 하여 석기를 만들었다.
> ㉣ 바닥의 모양이 둥글거나 모가 둥근방형·반지하 형태의 집을 짓고 살았다.
> ㉤ 한 개 또는 여러 개의 석기를 나무나 뼈에 꽂아 쓰는 이음도구를 만들었다.

① ㉠ - ㉢ - ㉣ - ㉡ - ㉤　　　② ㉠ - ㉢ - ㉡ - ㉤ - ㉣
③ ㉢ - ㉣ - ㉡ - ㉤ - ㉠　　　④ ㉢ - ㉠ - ㉡ - ㉤ - ㉣

02. 다음 글의 밑줄 친 ㉠과 관계 깊은 유물과 ㉡의 계기가 되었던 역사적 사실이 올바르게 연결된 것은?

> 우리나라의 청동기는 처음에는 ㉠ 북방계통의 영향을 받았으나 차츰 ㉡ 독자적인 발달을 이룩하였다. 청동기문화를 바탕으로 우리 민족 최초의 국가가 성립되었다.

	㉠	㉡
①	비파형동검	위만조선의 성립
②	미송리식토기	북방민족과의 접촉
③	바퀴날토기	환웅부족의 정복 활동
④	명도전	고구려의 건국

03. 다음 내용을 통해 파악할 수 있는 조선초기의 지도와 지리서 편찬의 궁극적 목적으로 옳은 것은?

> • 팔도도는 압록강 이북까지도 상세히 기록하였다.
> • 동국여지승람에 군현의 연혁, 지세, 인물, 풍속, 산물, 교통이 상세히 수록되어 있다.
> • 팔도지리지에는 전국 8도의 지리, 역사, 정치, 사회, 경제, 사업, 군사, 교통 등의 내용이 실려 있다.

① 중앙집권과 국방의 강화
② 향토의 문화적 유산을 정리 보존
③ 농본주의에 따른 농업 장려
④ 상업 활동의 편의를 제공하기 위한 조치

04. 다음의 역사적인 사실들이 순서대로 바르게 연결된 것은?

> ㉠ 후백제의 완산주 천도   ㉡ 왕건의 송악 천도   ㉢ 후고구려 건국
> ㉣ 고창(안동) 전투   ㉤ 경애왕 피살

① ㉡ - ㉠ - ㉢ - ㉣ - ㉤   ② ㉠ - ㉡ - ㉣ - ㉤ - ㉢
③ ㉠ - ㉢ - ㉡ - ㉤ - ㉣   ④ ㉡ - ㉣ - ㉠ - ㉢ - ㉤

05. 다음 내용은 국가의 어떤 통치기구의 기능에 관한 설명이다. 그 기능을 설명한 것으로 올바르지 않은 것은?

> ㉠ 통일신라시대 집사부(執事部)의 기능으로 화백회의 기능과는 대립되는 것이었다.
> ㉡ 당(唐)나라 상서성(尙書省)의 기능으로 문하성(門下省)의 기능과는 구별되었다.
> ㉢ 프랑스에서는 나폴레옹시대에 이러한 기능을 수행하는 기구들이 정비되었다.

① 공산주의 국가에서는 당(黨)도 이러한 기능을 수행하고 있다.
② 민주국가에서는 정당이 정부에 대하여 이런 기능을 수행한다.
③ 국가는 이런 활동을 수행할 때 공익성과 효율성을 중시해야 한다.
④ 조선시대의 과거제도는 이러한 기능을 수행할 유능한 인재 등용을 위한 것이다.

06. 다음은 국가의 발전 단계를 나타낸 것이다. ㉠ 국가에 관한 설명으로 옳은 것은?

> 군장국가 → (㉠) → 중앙집권국가

① 국왕이 출현하고, 국가조직이 갖추어졌다.
② 율령을 반포하여 통치체제를 정비하였다.
③ 불교를 수용하여 국민의 사상적 통일을 꾀하였다.
④ 활발한 정복활동을 통해 영역국가로 발전하였다.

07. 묘청의 서경천도운동에 대한 설명으로 옳지 않은 것은?
① 전통적인 문벌귀족이 지방 신진세력의 중앙 진출을 억제한 것이 하나의 원

인이 되기도 하였다.
② 풍수지리설 등 전통사상에 대한 유교사상의 승리를 가져왔다.
③ 이 운동을 진압한 무신세력들에 의하여 무신정변이 일어나는 배경이 되었다.
④ 북진, 자주정책과 사대, 보수 세력과의 충돌이었다.

08. 고려시대의 중앙관제를 도표화 한 것에 대한 설명으로 옳지 않은 것은?

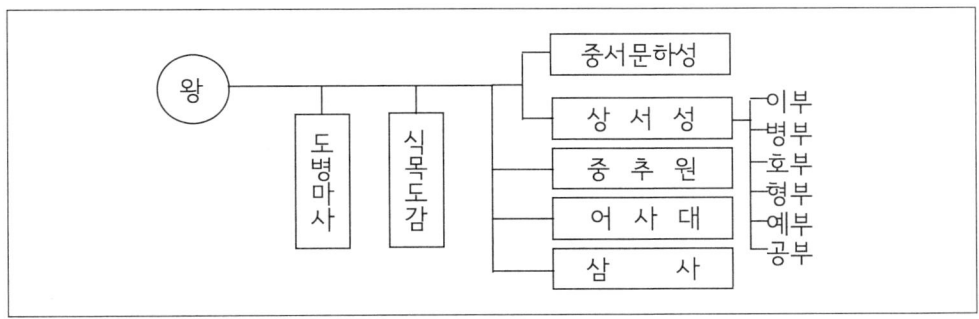

① 도병마사와 식목도감은 양부의 고관으로 구성되었다.
② 어사대는 관리규찰과 언관의 역할을 수행하였다.
③ 6부의 서열을 당·송과 달리하였다.
④ 당의 3성6부제를 처음으로 받아들였다.

09. 다음 자료에 나타난 세력이 추구한 목표와 가장 관계 깊은 것은?

- 청에 행하던 조공의 허례를 폐지한다.
- 인민평등의 권리를 내세워 능력에 따라 관리를 임명한다.
- 지조법을 개혁하여 국가 재정을 넉넉히 한다.
- 대신과 참찬은 의정부에 모여 정령을 의결하고 반포한다.
- 의정부, 6조 외의 불필요한 기관을 없앤다.

① 반외세를 실현하고자 하였다.   ② 전제 왕권의 강화를 목표하였다.

③ 근대 국민 국가 건설을 지향하였다. ④ 농민의 토지소유를 실현하려 하였다.

10. 고려의 국경선이 압록강 입구에서 동해안의 도련포까지 확장되었을 무렵의 동아시아 정세로 옳은 것은?

① 고려는 송의 문물을 수입하면서 거란과 거리를 두었다.
② 여진족의 압력으로 고려의 북진정책이 좌절되었다.
③ 고려는 쌍성총관부를 공격하여 철령 이북을 수복하였다.
④ 거란은 정안국을 끌어들여 송과 고려를 견제하였다.

11. 고려시대에 비해 조선시대는 향리의 권한이 매우 약화되었다고 볼 수 있는데 그 근거가 되는 것은?

┌───┐
㉠ 속현의 실제 행정은 지방향리가 담당하였다.
㉡ 지방 사무는 토착향리들이 향역으로 세습하면서 담당하였다.
㉢ 향촌의 덕망 있는 인사들이 유향소를 구성하여 수령을 보좌하였고 지방행정에 참여하였다.
㉣ 향리에게는 외역전과 같은 토지가 지급되어 생활기반이 마련되었다.
㉤ 모든 지방행정 단위에는 중앙의 6조에 상응하는 6방의 조직이 갖추어져 있었다.
└───┘

① ㉠, ㉡, ㉢ ② ㉠, ㉡, ㉣
③ ㉡, ㉢, ㉣ ④ ㉡, ㉢, ㉤

12. 다음 내용을 종합하여 볼 때, 대한민국 정부의 통일정책으로 옳은 것은?

- 7·4 남북 공동성명의 발표
- 6·23 선언의 발표
- 상호불가침협정 체결의 제안
- 한민족 공동체 통일방안의 제기

① 북한의 내부 붕괴를 통한 흡수 통일
② 1국 2연방 체제에 의한 민족 통일의 추진
③ 자주, 평화의 원칙에 의한 통일 국가의 수립
④ 주변 강대국의 보장에 의한 중립국 형식의 통일

13. 고려시대의 문화와 문학에 대한 설명으로 옳지 않은 것은?

① 초조대장경, 팔만대장경은 부처의 힘으로 국난을 극복하고자 만든 것이다.
② 한림별곡, 청산별곡은 신진사대부의 생활상을 반영한 향가형식의 경기체가이다.
③ 정토종, 보현십원가는 불교의 대중화에 공헌하였다.
④ 국선생전, 죽부인전은 사물을 의인화한 설화문학으로, 한문학의 새로운 경향으로 나타났다.

14. 다음은 각 왕조에서 시행되었던 제도들을 설명한 것이다. 옳은 것은?

┌───┐
│ ㉠ 통일신라시대 : 몇 개의 촌락을 관장하는 촌주를 두어 일반 백성을 다스리게 하였다.
│ ㉡ 고려시대 : 지방관이 파견되지 않는 속현이 있었고, 향·소·부곡도 광범위하게 존재하였다.
│ ㉢ 조선 초기 : 북방 영토를 개척하는 과정에서 그 지역사람들을 관리로 등용하는 토관제도를 운영하였다.
│ ㉣ 조선 중기 : 사림들이 구성한 유향소에 대해 지방관청과 유기적 관계를 가지는 방향으로 그 활동을 인정하였다.
└───┘

① 토착세력을 회유하여 집권체제의 안정을 도모하였다.
② 조세와 공물의 징수를 원활히 하고자 하였다.
③ 중앙과 지방의 문물교류를 촉진시키고자 하였다.
④ 중앙귀족의 출신지역에 대한 연고를 인정하였다.

15. 다음은 우리나라의 각 시대 별로 존재하였던 토지제도를 설명한 것이다. 이로써 알 수 있는 왕, 관료, 농민 사이의 관계를 바르게 설명한 것은?

> ㉠ 신라는 귀족에게 녹읍을 지급하였다.
> ㉡ 고려는 문무 관료에게 전시와 시지를 지급하였다.
> ㉢ 조선의 세조 때에는 현직관료에게만 전지를 지급하였다.
> ㉣ 조선의 성종 대에는 관수관급제를 시행하였다.

① 왕이 관료에게 수조지를 준 것은 실제로 국가의 모든 토지가 왕의 것이었기 때문이었다.
② 관료의 수조권은 후대로 갈수록 강화되어 농민의 소유권마저 빼앗아 갔다.
③ 왕은 관료와 농민이 수조율을 둘러싸고 갈등을 빚을 때마다 관료의 편에 서서 문제를 해결하였다.
④ 왕에 대한 충성의 대가로 관료가 수조권을 받은 토지 중에는 사실상 농민의 사유지인 경우가 많았다.

16. 조선시대 서원의 기능과 영향에 대한 설명으로 적절하지 못한 것은?
① 향촌자치와 성리학적 윤리의 보급이 활발해졌다.
② 민본사상의 심화로 농민생활의 안정에 기여하였다.
③ 향촌사회에서 사림의 지위를 강화시키는 역할을 하였다.
④ 양반이 각종 부담으로부터 벗어나는 방편으로 악용되기도 하였다.

17. 다음은 조선시대 방위체제의 변천과정을 나타낸 것이다. 이에 대한 설명으로 올바른 것은?

> ㉠ 진관체제 → ㉡ 제승방략체제 → ㉢ 속오군체제

① ㉠에서 ㉡으로 바뀌게 된 것은 임진왜란에 대비하기 위한 것이었다.
② ㉡에서 ㉢으로 바뀌게 되면서 노비의 지위가 향상되었다.
③ ㉡에서 ㉢으로 바뀌는 것은 양인개병제에서 용병제로의 전환을 의미한다.
④ ㉢은 각 지역의 군사를 적의 침입지점으로 모으는 제도이다.

18. 조선 후기 상인들의 활동내용에 대한 설명으로 옳은 것은?

㉠ 내상 : 인삼을 재배하고 대외무역에 관여하였다.
㉡ 경강상인 : 한강을 근거지로 하여 미곡, 소금, 어물 등을 거래하였다.
㉢ 중도아 : 장시를 통해 생산자와 소비자를 연결시켰다.
㉣ 객주, 여각 : 상품의 매매, 운송, 보관, 숙박, 금융 등의 영업을 담당하였다.

① ㉠, ㉡
② ㉡, ㉣
③ ㉠, ㉡, ㉢
④ ㉡, ㉢, ㉣

19. 다음 내용에서 실학자들과 그의 주장이 바르게 연결된 것은?

㉠ 정약용 : 자영농을 바탕으로 농병일치의 군사조직과 사농일치의 교육제도를 확립해야 한다.
㉡ 이익 : 나라가 빈곤하고 농촌이 피폐한 것은 양반제도, 노비제도, 과거제도, 사치와 미신숭배 때문이다.
㉢ 유형원 : 농민생활의 안정을 바탕으로 향촌단위의 방위체제를 강화하자.
㉣ 유수원 : 사·농·공·상의 직업적 평등화와 전문화가 이루어져야 한다.
㉤ 박지원 : 수레와 선박의 이용을 늘리고, 절약보다 소비를 권장하자.

① ㉠, ㉢
② ㉡, ㉣
③ ㉢, ㉤
④ ㉠, ㉡, ㉣

20. 다음 글은 조선 혁명 선언문이다. 이 글에서 신채호가 주장한 독립운동 방법은?

> (가) 검열 압수 중에 몇몇 잡지를 가지고 '문화운동'의 목탁으로 떠들며, 강도의 비위에 거스르지 아니할 만한 언론이나 주창하여 이를 문화 발전 과정으로 본다면, 그 문화발전이 도리어 조선의 불행인가 하노라. 이상의 이유에 따라 … 강도 정치 하에서 기생하려는 주의를 가진 자는 다 우리의 적임을 선언하노라.
>
> (나) 아! 과거 수십 년 역사야말로 용기 있는 자로 보면 침 뱉고 욕할 역사요, 어진 자로 보면 상심할 역사가 될 뿐이다. 그리고도 나라가 망한 수많은 해외 망명 지사들의 사상이, 무엇보다도 먼저 '외교'가 그 제1장 1조가 되며, 국내 인민의 독립운동을 선동하는 방법도 '미래의 미일 전쟁, 러일 전쟁 등기회'가 대개 천편일률적 문장이었고, 최근 3·1 운동에 일반 인사의 '평화 회의 국제 연맹'에 대한 과신이 도리어 2천만 민중의 용기 있게 분발하는 의기를 쳐 없애는 매개가 될 뿐이었다.

① 참정권운동 ② 사회주의혁명
③ 민중직접혁명 ④ 외교 활동

영 어

01. 다음 문장 중 밑줄 친 부분이 어색한 것은?

> ① He who reads a book twice with speed is ② not necessarily a better reader ③ than him who reads ④ but once with care.

02. 다음 문장을 수동태로 올바르게 바꾼 것은?
① You must send for a doctor at once.
→ A doctor must be sent for at once by you.

② I saw him enter the room.
　→ He was seen enter the room by me.
③ All the students ought to observe the rules.
　→ The rules ought to observe by all the students.
④ Don't forget my words.
　→ Let my words be not forgotten.

※ 다음 글을 읽고 물음에 답하시오. (03~04)

> Probably the most famous film commenting on twentieth-century technology is Modern Times, made in 1936. Charlie Chaplin was motivated to make the film by a reporter who, while interviewing him, happened to describe working conditions in industrial Detroit. Chaplin was told that healthy young farm boys were lured to the city to work on automotive assembly lines. Within four or five years, these young men's health was destroyed by the stress of work in the factories. Scenes of factory interiors account for less than one-third of the footage of Modern Times, but they contain some of the film's most pointed social commentary as well as its funniest comic situations. No one who has seen the film can ever forget Chaplin vainly trying to keep pace with the fast-moving conveyor belt, almost losing his mind in the process. Clearly, Modern Times has its faults, but it remains the best film treating technology withing a social context. It does not offer a radical social message, but it accurately reflects the sentiments of many who felt they were helpless victims of an over-mechanized world.

03. The author's main purpose in writing the passage is _____.

① criticize the factory system of the 1930s
② describe an important film
③ explain Chaplin's style of acting

④ discuss how film reveals the benefits of technology

04. According to the passage, Chaplin got the idea for the film Modern Times from _____.
① a newspaper article
② a scene in a movie
③ a job he had once held
④ a conversation with a reporter

05. 다음 글에서 인생이 따분하다고 느끼는 사람은 어떤 사람인가?

> The average man finds life very uninteresting as it is. And I think that the reason why he finds it uninteresting is that he is always waiting for something to happen to him instead of setting to work to make things happen. For one person who dreams of earning fifty thousand pounds, hundreds of people dream of being left fifty thousand pounds.

① 수동적인 사람
② 적극적인 사람
③ 능동적인 사람
④ 물욕이 큰 사람

06. 다음 글의 밑줄 친 부분에 들어갈 말이 순서대로 바르게 연결된 것은?

> ㉠ How did you come _____ such an expensive car?
> ㉡ This custom comes _____ from our ancestors.
> ㉢ She will come _____ a large fortune when her father dies.

① up - by - with
② by - down - into
③ in - by - for
④ by - up - from

07. 다음 대화의 빈 칸에 들어갈 내용으로 가장 적절한 것은?

> A : Could you help me carry this heavy bag?
> B : Why not?
> A : Thank you very much for your kindness.
> B : _____.

① It's my great pleasure
② You're quite welcome
③ Don't mention it
④ Never mind

08. 다음 글의 필자의 심정으로 가장 알맞은 것은?

> My supervisor walked into my office one day and told me there would be an audit of my department in two weeks. I almost fainted. I'd never be able to return all that money I had spent privately before the investigation. That night I cried until the tears wouldn't come anymore. I went to church, lit a candle and tried to pray, but it was useless. I felt so guilty and full of self hated that I couldn't find solace in religion I didn't sleep for days. I barely functioned at work.

① 고독감
② 배신감
③ 모멸감
④ 불안감

09. 다음 우리말을 영어로 올바르게 표현한 것은?

> 건강은 아무리 주의해도 지나치지 않다.

① We cannot be careful of our health.
② We cannot be too careful of our health.

③ Our health is too important for us to be careful.
④ Our health is more important than anything else.

10. 다음 글의 제목으로 가장 알맞은 것은?

> The first thing that comes to mind is the difference in size of my grandfather's family and mine. He was one of ten children. I am one of three. Anybody with ten children today would be viewed as strange, antique, or even worse, unpatriotic —"You are contributing to the depletion of resources and overpopulation of our country!" A large number of children are no longer needed to carry on the work of the family and no longer a source of security or pride. Today, in our urban lifestyles, they are simply economic burdens, costing tens of thousands of dollars to house, feed, and clothe.

① Overpopulation
② How to Lead a Decent Life
③ Family : Then and Now
④ Security and Pride

11. 다음 글은 무엇에 관한 내용인가?

> Praise is a kind of offering a gift. Alomst all love poems consist of praise and lament. The lament is affecting, but soon becomes tiresome. Praise is pleasing because almost all men and women, even the most arrogant, have some sort of inferiority complex. The loveliest woman has doubts as to her intelligence; the cleverest distrusts her physical charms. It is delightful to reveal the many lovable qualities of a person who is unaware of possessing them or regards them as unimportant. Certain shy and melancholy women blossom like flowers in the sun when they are admired, and there is no limit to a man's appetite for praise.

① praise
② lament
③ pleasure
④ intelligence

※ 다음 글을 읽고 빈 칸에 들어갈 알맞은 내용을 고르시오. (12~13)

> Dried foods take up less room and weigh less than the same food packed in cans or frozen, and they do not need to be stored in special conditions. For these reasons they are invaluable to climbers, explorers and soldiers in battle, who have little storage space. They are also popular with housewifes because it takes so little time to cook them. Usually it is just a case of replacing the dried - out moisture with boiling water.

12.

> Dried foods _____.

① are not so heavy as canned or frozen ones
② are often packed in cans or frozen
③ are much cheaper than canned or frozen ones
④ need more storage space than canned one

13.

> Housewifes like dried foods because they _____?

① taste better
② can be easily cooked
③ can be preserved by boiling in water
④ look fresh and appetizing when cooked

14. 다음 빈 칸에 들어갈 가장 알맞은 것은?

> Although we think of Latin America as a region where people speak Spanish,

many Latin Americans can't understand a word of Spanish. Although we think of Latin America as a tropical region, parts of it are temperate. Other parts are distinctly cold and unpleasant. Many of the cities of Latin America are stylish and modern. But there are areas where people live about as primitive a life as you can imagine. Yet most of us know nothing of these _____.

① problems ② results
③ contrasts ④ changes

15. 다음 중 주제로 가장 알맞은 것은?

There is growing evidence that the earth is warming because of carbon dioxide in the atmosphere. Carbon dioxide is released when fossil fuels are burned. Rising temperature could melt polar ice caps, raise sea levels and flood coastal areas. We'll have to reduce carbon dioxide emissions by developing alternative energy sources such as solar power and wind energy to replace fossil fuels.

① 해수면의 상승 ② 대기오염
③ 지구 온난화 현상 ④ 이산화탄소의 피해

16. 이 글의 제목으로 가장 알맞은 것은?

Of all the professions the practice of medicine makes the greatest demand for a strong, sound body. In some lines of work a man with even severe physical defects can, through careful living, be successful. Good health, however, is essential to the physician in order that he may withstand the long periods of strain, the irregular hours for meals and sleep, the bad weather he is often forced to go out in, and the dangers of infection.

① Characteristics of a Successful Physician
② Difficulties a Physician often Faces
③ Disadvantages of Beings a Physician
④ Relationship between a Physician and a Patient

17. 다음 글의 내용과 일치하는 것은?

> New born babies sleep 17 to 18 hours a day. By age ten, this has dropped to 9 to 10 hours, and it continues declining during adolescence. Two - thirds of adults sleep seven to eight hours per night, while one - fifth of adults sleep less than six hours. sleep less than six hours. For the average adult, then, seven or eight hours a night is "normal". But is it necessary? Psychologist Wilse Webb has found that those who naturally sleep less than six hours a night are happier, better adjusted, and more active than longer sleepers.

① 수면시간은 나이에 비례한다.　② 수면시간은 길수록 좋다.
③ 적게 자는 사람이 더 활동적이다.　④ 수면은 습관의 반영이다.

18. 다음 단락의 제목으로 알맞은 것은?

> Coffee is grown in an area about 20° on either side of the equator. It can grown from sea level to about 2,000 meters, but the highest quality coffee is produced at about 1,500 meters. It needs an average temperature of about 77°F and an annual rainfall of one to two meters.

① How to Grow the Coffee Plant
② The History of Coffee
③ Where the Coffee Plant Grows
④ What Coffee Tastes Like.

※ 다음 글을 읽고 물음에 답하시오. (19~20)

> A lot of people who want to preserve the natural environment are unhappy about the oil exploration off the American coast. In 1969, a large oil spill off the california coast killed thousands of birds and nearly destroyed the beaches. Oil spills are inevitable if oil is to be found beneath the Atlantic. Environmentalists do not see fish breeding happily near the drilling platforms or children swimming in beaches covered with oil. Yet government officials who are faced with short energy supplies say we have no choice but to explore off shore oil, by taking the risk of environmental destruction.

19. 위의 글은 무엇에 관한 내용인가?
① 해저탐험 ② 에너지 개발
③ 자원고갈 ④ 환경파괴

20. 위 글에 나타난 정부의 입장은 무엇인가?
① 환경보호를 위해서는 해상 유전개발을 삼가야 한다.
② 가능한 한 대서양 연안에서 유전개발을 해야 한다.
③ 환경을 파괴해서라도 필요한 에너지를 개발해야 한다.
④ 체계적이고 과학적인 유전발굴을 해야 한다.

행정법총론

01. 행정법상 신뢰보호의 원칙과 관련한 내용으로 옳지 않은 것은? (다툼이 있는 경우 판례에 의함)
① 신뢰보호의 원칙은 행정청이 공적인 견해를 표명할 당시의 사정이 그대로 유지됨을 전제로 적용되는 것이 원칙이므로, 사후에 그와 같은 사정이 변

경된 경우에는 그 공적 견해가 더 이상 개인에게 신뢰의 대상이 된다고 보기 어려운 만큼, 특별한 사정이 없는 한 행정청이 그 견해표명에 반하는 처분을 한 경우 신뢰보호의 원칙에 위반된다.
② 조세에 관한 법규·제도는 신축적으로 변할 수밖에 없다는 점에서 납세의무자로서는 특별한 사정이 없는 한 현재의 세율이 장래에도 그대로 유지되리라고 기대하거나 신뢰할 수는 없으며, 토지에 대한 투기적 수요를 억제함으로써 토지의 가격안정을 꾀하며 나아가 국민경제의 건전한 발전을 도모하고 국토의 균형 있는 이용·개발과 보전을 실현하기 위한 공익목적이 더 중대한 사정 등에 비추어 보면, 이 사건 부칙조항이 구 소득세법의 시행 전에 비사업용 토지를 취득하였다가 그 시행 후에 그 토지를 양도하여 얻은 차익에 대하여 구 소득세법을 적용하도록 규정하였다고 하여 신뢰보호의 원칙에 위배된다고 볼 수 없다.
③ 동사무소 직원이 행정상 착오로 국적이탈을 사유로 주민등록을 말소한 것을 신뢰하여 만 18세가 될 때까지 별도로 국적이탈신고를 하지 않았던 사람이, 만 18세가 넘은 후 동사무소의 주민등록 직권 재등록 사실을 알고 국적이탈신고를 하자 '병역을 필하였거나 면제받았다는 증명서가 첨부되지 않았다'는 이유로 이를 반려한 처분은 신뢰보호의 원칙에 반하여 위법하다
④ 학생들의 교육환경과 인근 주민들의 주거환경 보호라는 공익이 숙박시설 건축허가신청을 반려한 처분으로 그 신청인이 잃게 되는 이익의 침해를 정당화할 수 있을 정도로 크므로, 위 반려처분이 신뢰보호의 원칙에 위배되지 않는다.

02. 공무원의 임용에 관한 판례의 내용으로 옳지 않은 것은?
① 임용결격자가 공무원으로 임용되어 사실상 근무하여 왔다고 하더라도 피임용자는 퇴직급여청구권을 행사할 수 없다.
② 공무원임용결격사유가 있는지의 여부는 채용후보자명부에 등록한 때가 아닌 임용당시에 시행되던 법률을 기준으로 판단하여야 한다.
③ 국가가 공무원임용결격사유가 있는 자에 대하여 당초의 임용처분을 취소함에 있어서는 신의칙 내지 신뢰보호의 원칙을 적용할 수 없고, 그러한 의미의

취소권은 시효로 소멸되는 것도 아니다.
④ 임용 당시 임용결격사유가 있었다고 하더라도 국가의 과실에 의하여 결격자임을 밝혀내지 못하였다면 그 임용행위는 당연무효라고 볼 수 없다.

03. 행정행위를 기속행위와 재량행위로 구별하는 필요성이라고 볼 수 있는 것은?
① 행정소송과 민사소송의 관할을 구별하기 위하여
② 공법상의 이익과 사법상의 이익을 구별하기 위하여
③ 행정소송에 있어서 심사 대상의 한계를 없애기 위하여
④ 행정주체의 자의적 권한행사를 막기 위하여

04. 행정처분취소와 관련한 설명으로 옳지 않은 것은? (다툼이 있는 경우 판례에 의함)
① 철거 및 원상복구명령이 취소소송의 대상이 되는 독립한 행정처분이 아니라고 보아 그의 취소를 구하는 소가 부적법하다고 판단한 것은 정당하고, 거기에 취소소송의 대상이 되는 행정처분에 관한 법리를 오해하였던 위법사유가 없다.
② '1건의 교통사고로 인하여 2인 이하가 중상을 입은 때'를 위반차량 운행정지처분의 대상으로 규정한 것은 위법으로 이 사건 처분을 취소한 것은 정당하다. 처분을 취소한 것은 정당하고, 거기에 상고이유에서 주장하는 바와 같은 위임입법의 한계에 관한 법리오해 등의 위법이 없다.
③ 우선순위결정이 잘못되었다는 이유로 종전의 어업권면허처분이 취소되면 행정청은 종전의 우선순위결정을 무시하고 다시 우선순위를 결정한 다음 새로운 우선순위결정에 기하여 새로운 어업권면허를 할 수 있다.
④ 교도소장이 수형자 甲을 '접견내용 녹음·녹화 및 접견 시 교도관 참여대상자'로 지정한 행위는 행정청의 공법상 행위로서 항고소송의 대상이 되는 '처분'이 아니다.

05. 행정행위의 구성요건적 효력에 관한 설명 중 옳지 않은 것은?
① 당연 무효인 경우 구성요건적 효력은 인정되지 않는다.
② 구성요건적 효력의 인정근거는 권한·관할분배에서 찾는다.
③ 공정력과 같이 상대방 및 관계인에 대한 구속력이다.
④ 타 행정기관 또는 법원에 대한 구속력이다.

06. 하자 있는 행정처분에 대한 설명으로 옳은 것은? (다툼이 있는 경우 판례에 의함)
① 행정행위를 한 처분청은 그 행위에 하자가 있는 경우에는 별도의 법적 근거가 없으면 스스로 이를 취소할 수 없다.
② 하자 있는 행정행위에 있어서 하자의 치유는 행정행위의 성질이나 법치주의의 관점에서 볼 때 원칙적으로 허용된다.
③ 행정처분에 하자 등이 있다고 하더라도 취소해야 할 공익상 필요가 당사자가 입을 불이익을 정당화할 만큼 강한 경우라도 취소할 수 없다.
④ 하자 있는 행정처분이 당연 무효가 되기 위해서는 그 하자가 중대할 뿐만 아니라 명백한 것이어야 한다.

07. 행정청의 처분 및 부작위에 대한 심판기관이 다른 것은?
① 국무총리나 행정 각 부 장관
② 국회사무총장·법원행정처장
③ 헌법재판소사무처장
④ 대통령 직속기관의 장

08. 행정행위의 부관의 일종인 부담에 관한 설명 중 옳지 않은 것은?
① 주로 수익적 행정행위에 붙여진다.
② 본체인 행정행위의 효과는 부담에 관계없이 확정된다.
③ 다른 부관인 조건과의 구별이 불명확할 때에는 부담으로 추정한다.

④ 그 존속 여부가 주된 행정행위에 의존하는 것은 아니다.

09. 행정행위의 무효와 취소의 구별 실익에 대한 다음 설명 중 옳지 않은 것은?
① 취소는 취소소송·무효 등 확인소송에 의해 가능하다.
② 취소는 제소기간·행정심판전치주의 등에 제한이 있으나 무효는 제소기간·행정심판전치주의 제한이 없다.
③ 무효는 하자의 승계를 인정하지 않는다.
④ 처음부터 무효이기 때문에 법원은 독자적 판단으로 무효임을 인정할 수 있으므로 공정력을 부인한다.

10. 압류와 관련한 설명으로 옳은 것은? (다툼이 있는 경우 판례에 의함)
① 체납세액과 압류재산의 시가 사이에 현저한 차이가 있어도 그것만으로 압류처분이 당연 무효라 할 수 없다.
② 압류처분과 공매처분은 개별의 처분으로 압류처분이 당연 무효인 경우를 제외하고는 공매처분의 취소소송에 있어서 압류처분의 위법을 주장할 수 없다.
③ 상속인이 상속 재산의 한도 내에서 승계한 피상속인의 체납국세의 납부의무를 이행하지 않은 경우 상속인의 고유재산에 대해서는 압류할 수 없다.
④ 압류금지재산은 그 소유자가 법인인 경우도 포함된다.

11. 행정대집행에 관한 설명으로 옳지 않은 것은?
① 대집행의 비용은 의무자로부터 징수한다.
② 대집행의 대상은 행정법상의 대체적 작위의무에 한한다.
③ 대집행의 요건은 계고할 때 이미 충족되어야 한다.

④ 대집행권자는 처분청 및 상급감독청이다.

12. 소청심사제도와 관련한 다음 설명 중 옳지 않은 것은?

① 소청심사청구 제기기간은 처분사유 설명서가 교부되는 징계처분, 면직처분 등의 처분사유 설명서를 받은 날로부터 15일 이내에 청구하여야 한다.
② 정당법에 따른 정당의 당원은 소청심사위원회의 위원이 될 수 없다.
③ 인사혁신처에 설치된 소청심사위원회는 위원장 1명을 포함한 상임위원 5명과 비상임위원 7명으로 구성한다.
④ 소청심사의 대상은 징계처분, 그 밖에 의사에 반하는 불리한 처분, 부작위 등이 있다.

13. 현행 국가배상법 상의 내용과 일치하지 않은 것은?

① 외국인이 피해자인 경우에는 상호의 보증이 있는 때에 한하여 적용하는 상호주의를 채택하고 있다.
② 피해자가 손해를 입은 동시에 이익을 얻은 경우에는 손해배상액에서 그 이익에 상당하는 금액을 빼는 손익상계 규정이 명시 되어 있다.
③ 불법행위로 인한 손해배상의 청구권은 피해자나 그 법정대리인이 그 손해 및 가해자를 안 날로부터 3년간 행사하지 않으면 시효로 인하여 소멸한다.
④ 국가나 지방자치단체는 공무원이 직무를 집행하면서 고의 또는 과실로 법령을 위반하여 타인에게 손해를 입혀 손해배상의 책임이 있는 경우 그 손해를 배상하여야 한다고 규정하고 있다.

14. 행정심판의 재결에 관한 설명 중 옳지 않은 것은?

① 행정심판 청구가 이유가 없으면 기각한다.
② 무효확인심판의 청구가 이유 있다고 인정하면 처분을 취소 또는 다른 처분

으로 변경한다.
③ 행정심판법은 행정청에 대한 재심사청구를 인정하나 특별법상으로는 재심청구가 인정된 예가 없다.
④ 행정심판의 재결은 불가쟁력·불가변력·구속력을 발생한다.

15. 행정상의 강제집행에 관한 설명으로 옳지 않은 것은?

① 행정객체의 행정법상의 의무의 불이행을 전제로 이루어진다.
② 행정상 필요한 상태를 실현시키는 작용이므로 행정상의 즉시강제와 다를 것이 없다.
③ 의무자의 신체·재산에 실력을 가함으로써 장래에 그 의무를 이행시키거나 이행이 있는 것과 같은 상태를 실현시키는 작용이다.
④ 민사소송에 있어서는 달리 채무명의 없이도 자력집행을 할 수 있다.

16. 다음은 행정기관에 대한 설명이다. 옳지 않은 것은?

① 국방안전보장회의는 합의제 행정관청이 아니다.
② 정부조직법은 권한배분단위로서의 행정기관의 개념을 채택한다.
③ 행정관청은 행정주체를 위해 의사 결정·표시할 권한을 가진 행정기관이다.
④ 부, 처, 청은 행정사무의 분배단위로서의 행정기관 개념에 입각한 것이다.

17. 행정상 대집행에 관한 설명으로 옳지 않은 것은?

① 대집행의 실행행위는 권력적 사실행위로서의 성질을 갖는다.
② 대집행의 주체는 당해 행정청이 되나, 대집행의 실행행위는 행정청에 의한 경우 이외에 제3자에 의해서도 가능하다.
③ 의무자는 대집행의 실행행위에 대해서 수인의무를 진다.
④ 대집행의 소요비용은 행정청이 스스로 부담한다.

18. 자동차의 주차 위반 및 견인조치와 관련한 다음 설명으로 옳지 않은 것은? (다툼이 있는 경우 판례에 의함)
① 주차 위반 자동차를 견인하는 것은 도로교통법 제35조에 근거를 둔 것으로 직접강제의 일종이라고 할 수 있다.
② 정류지임을 표시하는 기둥이나 표지판이 당해 도로를 관리하는 관리주체의 의사에 반하여 설치되었다는 특별한 사정이 없는 한, 버스여객자동차의 정류지임을 표시하는 기둥이나 표지판이 설치된 곳으로부터 10m 이내인 곳에 차를 주차하는 경우에도 금지조항을 위반한 것이다.
③ 주차 위반으로 차가 도로교통에 위험을 일으키거나 방해가 발생한 경우에 비례원칙이 적용된다.
④ 자동차는 철길 또는 가설된 선에 의하지 않고 원동기를 사용하여 운전되는 차를 말하는 것으로 견인되는 자동차는 자동차의 일부라 보지 않는다.

19. 국세기본법에 의한 행정심판 중 행정소송 제기를 위하여 의무적으로 거치도록 되어 있는 것은?
① 심사청구 또는 심판청구　　② 심사청구 및 심판청구
③ 이의신청 또는 심판청구　　④ 이의신청, 심사청구 및 심판청구

20. 과태료의 부과절차에 관한 다음의 기술 중 옳지 않은 것은?
① 과태료는 원칙적으로 과태료에 처할 사람의 주소지를 관할하는 지방법원이 결정으로써 과한다.
② 과태료에 처한 사람이 소정기한까지 과태료를 불납한 경우에는 법원은 노역장 유치를 명할 수 있다.
③ 각 개별법에서 행정기관의 부과결정을 전치시키는 경우가 많은 바, 이는 국민편의와 과태료 규정의 실효성을 확보하기 위함이다.
④ 각 개별법이 행정기관으로 하여금 부과·징수하게 한 경우 이에 대한 불복은 행정심판이나 행정소송을 제기하여야 한다.

노동법개론

01. 「근로기준법」상 해고예고 예외 규정과 관련하여 근로자가 고의로 사업에 막대한 지장을 초래하거나 재산상 손해를 끼친 경우로서 고용노동부령으로 정하는 사유에 해당하지 않는 것을 모두 고른 것은?

> ㉠ 영업용 차량을 타인에게 대리운전 하게 하여 교통사고를 일으킨 경우
> ㉡ 회계담당자가 허위 서류 등을 작성하여 사업에 손해를 끼친 경우
> ㉢ 제품을 불법으로 입출 또는 반출한 경우
> ㉣ 불법 집단행동을 주도하여 사업에 막대한 지장을 가져온 경우

① ㉠, ㉣
② ㉡, ㉢
③ ㉢
④ ㉠, ㉡, ㉣

02. 「근로기준법」상 근로계약에 관한 설명으로 옳지 않은 것은?

① 근로계약이 미성년자에게 불리하다고 인정하는 경우 이를 해지할 수 있는 사람은 친권자와 후견인만 가능하다.
② 근로계약을 체결할 경우 근로자에게 법 제60조에 따른 연차 유급휴가를 명시하여야 한다.
③ 근로자에게 정당한 이유 없이 해고, 휴직 등 그 밖의 징벌을 하지 못한다.
④ 민간 사업자 외에 지방자치단체도 근로계약의 당사자가 될 수 있다.

03. 「노동조합 및 노동관계조정법」상 노동조합의 대의원회에 대한 설명으로 옳지 않은 것은?

① 대의원의 임기는 3년을 초과할 수 없다.
② 노동조합의 대의원은 사업장에 종사하는 조합원에서 선출하는 사람과 외부

에서 영입하는 사람으로 구성한다.
③ 대의원은 조합원이 직접·비밀·무기명에 의한 투표로 선출한다.
④ 노동조합은 규약으로 대의원회를 둘 수 있다.

04. 「근로기준법」상 부당해고와 관련한 설명으로 옳지 않은 것은? (다툼이 있는 경우 판례에 의함)

① 근로자가 부당해고 구제신청을 할 당시 이미 정년에 이르거나 근로계약기간 만료, 폐업 등의 사유로 근로계약관계가 종료하여 근로자의 지위에서 벗어난 경우라도 노동위원회의 구제명령을 받을 이익이 있다.
② 근로계약이 갱신될 것이라는 정당한 기대권이 인정된다는 이유로, 공단이 계약 갱신을 거절한 것은 부당해고에 해당한다.
③ 근로자가 부당해고로 인하여 지급받지 못한 임금이 연차휴가수당인 경우 사용자의 부당해고로 근로자가 출근하지 못한 기간은 연간 소정근로일수 및 출근일수에 모두 산입되는 것으로 보아야 한다.
④ 부당해고를 이유로 복직 시까지의 임금 및 미지급 임금에 대하여 근로기준법 제36조에서 정한 '그 지급 사유가 발생한 때'라 함은 사망 또는 퇴직의 효력이 발생한 때를 의미하므로 해고가 무효로 된다.

05. 「노동조합 및 노동관계조정법」상 노동조합의 총회 소집에 대한 설명으로 옳지 않은 것은?

① 노동조합의 총회 소집권자가 없는 경우에 소집권자의 지명을 요구한 때에는 행정관청은 15일 이내에 회의의 소집권자를 지명하여야 한다.
② 조합원의 3분의 1 이상이 회의 부의할 사항을 제시하고 회의의 소집을 요구한 때에는 임시총회를 지체없이 소집하여야 한다.
③ 총회는 회의 개최일 7일전까지 그 회의에 부의할 사항을 공고하고 규약에 정한 방법에 의하여 소집하여야 한다.
④ 노동조합이 동일한 사업장의 근로자로 구성된 경우가 아니면 규약으로 총

회의 공고기간을 단축할 수 있다.

06. 「근로기준법」상 체불사업주의 명단 공개와 관련한 설명 중 옳지 않은 것은?

① 체불사업주의 명단 공개는 공개 기준일 이전 3년간의 임금 등의 체불액에 관한 사항이다.
② 고용노동부에 두는 임금체불정보심의위원회는 체불사업주의 인적사항 등에 대한 공개 여부를 심의한다.
③ 체불사업주의 명단 공개의 구체적인 내용, 기간 및 방법 등 명단 공개에 필요한 사항은 대통령령으로 정한다.
④ 체불사업주의 명단 공개는 관보에 싣거나 인터넷 홈페이지 등 열람이 가능한 공공장소에 2년간 게시한다.

07. 「노동조합 및 노동관계조정법」상 단체교섭의 당사자에 대한 설명으로 옳은 것은? (다툼이 있는 경우 판례에 의함)

① 노동조합의 대표자 또는 수임자가 단체교섭의 결과에 따라 사용자와 단체협약의 내용을 합의한 후 다시 협약안의 가부에 관하여 조합원총회의 의결을 거쳐야 한다.
② 교섭창구 단일화 절차를 통하여 결정된 교섭대표노동조합의 대표자는 모든 교섭요구노동조합 또는 그 조합원을 위하여 사용자와 단체교섭을 진행하고 단체협약을 체결할 권한이 있다
③ 노동조합 대표자가 단체교섭 개시 전에 총회를 통하여 교섭안을 마련하거나 단체교섭 과정에서 조합원의 총의를 계속하여 수렴할 수 없다.
④ 노동조합의 하부단체인 분회나 지부는 독자적인 규약 및 집행기관을 가지고 독립된 조직체로서 활동을 하는 경우라도 단체교섭과 단체협약을 체결할 수 없다.

08. 「근로기준법」상 휴업수당에 대한 설명으로 옳지 않은 것은?

① 평균임금의 100분의 70에 해당하는 금액이 통상임금을 초과하는 경우 통상임금을 휴업수당으로 지급할 수 있다.
② 통상임금을 휴업수당으로 지급하는 경우 통상임금에서 휴업한 기간 중에 지급받은 임금을 뺀 금액을 지급하여야 한다.
③ 기준에 못 미치는 휴업수당을 지급할 수 있는 경우는 부득이한 사유로 사업 중단을 노동위원회의 승인을 받은 경우이다.
④ 사용자가 휴업기간 동안 근로자에게 평균임금의 100분의 70 이상의 수당을 지급하여야 하는 경우는 근로자의 귀책사유로 휴업하는 경우이다.

09. 「노동조합 및 노동관계조정법」상 노동조합의 규약에 관한 설명 중 옳지 않은 것은?

① 노동조합의 규약이 노동관계법령에 위반한 경우 노동위원회의 의결 없이도 시정명령을 할 수 있다.
② 규약 위반으로 시정명령을 받은 노동조합은 정당한 사유가 있는 경우에는 그 기간을 연장할 수 있으나 30일 이내에 이를 이행하여야 한다.
③ 노동조합은 노동조합의 규약이 정하는 의무를 성실하게 이행해야 한다.
④ 노동조합의 규약 위반 시 시정명령은 이해관계인의 신청이 있는 경우에 한한다.

10. 「근로기준법」상 체불임금에 대한 설명으로 옳지 않은 것은? (다툼이 있는 경우 판례에 의함)

① 사용자가 임금지급을 위하여 최선의 노력을 다하였으나 경영부진으로 인한 자금사정의 악화 등으로 도저히 임금 지급기일을 지킬 수 없었던 불가피한 사정이 인정되는 경우 임금체불의 죄책을 물을 수 없다.
② 경영부진을 이유로 근로자들을 권고사직 시키는 등 인원감축에 치중하였을 뿐, 퇴직 근로자들에 대한 임금이나 퇴직금 등의 청산을 위한 장래의 변제

계획이 구체적으로 제시된 바가 없는 경우 임금체불로 본다.
③ 사용자가 퇴직 근로자에게 퇴사 후 14일 이내에 임금지급기일연장의 합의 없이 체불임금 등을 지급하지 않고 그 기간 이후 체불임금을 지급하여 합의한 경우에는 근로기준법 제109조를 위반했다고 볼 수 없다.
④ 근로자들의 퇴사일로부터 14일이 경과한 날 이전에 회사가 '파산선고'를 받은 경우, 그 회사의 대표이사에게 임금 등 체불로 인한 근로기준법 제109조 제1항의 죄책을 물을 수 없다.

11. 「최저임금법」상 최저임금위원회의 회의와 관련한 설명으로 옳은 것은?

① 위원회의 회의는 재적위원 3분의 1 이상이 소집을 요구하는 경우 고용노동부장관이 소집한다.
② 위원장은 공익위원 중에서 위원회가 선출하고 위원회 회의의 의장이 된다.
③ 위원회의 회의 소집이 필요한 경우 고용노동부장관이 소집한다.
④ 위원회의 회의는 법으로 따로 정하는 경우에는 재적위원 과반수의 출석과 출석위원 과반수의 찬성으로 의결한다.

12. 「노동조합 및 노동관계조정법」상 단체협약에 대한 다음 설명 중 옳지 않은 것은?

① 단체협약에 그 유효기간이 경과한 후에도 새로운 단체협약이 체결되지 않은 때에는 새로운 단체협약이 체결될 때까지 종전 단체협약의 효력을 존속시킨다는 취지의 별도의 약정이 있는 경우 그에 따른다.
② 단체협약에 3년을 초과하는 유효기간을 정한 경우에 그 유효기간은 3년으로 한다.
③ 단체협약의 유효기간은 3년을 초과하지 않는 범위에서 노사가 합의하여 정할 수 있다.
④ 새로운 단체협약이 체결되지 않거나 별도의 약정이 없는 경우 종전의 단체협약은 그 효력만료일부터 1월까지 효력을 갖는다.

13. 「노동조합 및 노동관계조정법」상 단체협약의 해지와 관련한 다음 설명 중 ( ) 안에 들어갈 내용으로 옳은 것은?

> 단체협약에 대해 별도의 약정이 있는 경우에는 그에 따르되, 당사자 일방은 해지하고자 하는 날의 ( )월 전까지 상대방에게 통고함으로써 종전의 단체협약을 해지할 수 있다.

① 1 ② 3
③ 6 ④ 9

14. 「근로기준법」상 구제명령과 관련한 내용으로 옳지 않은 것은?
① 노동위원회는 구제명령을 하는 경우 근로자에게만 서면으로 통지하고 사용자에게는 통지하지 않아도 된다.
② 해고에 대한 구제명령만을 할 때 근로자가 원직복직을 원하지 않으면 근로자가 해고기간 동안 근로를 제공하였더라면 받을 수 있었던 임금 상당액 이상의 금품을 근로자에게 지급하도록 명할 수 있다.
③ 해고의 경우 원직복직이 불가능한 경우 구제명령을 하여야 한다.
④ 노동위원회는 심문을 끝내고 부당해고가 성립한다고 판정하면 사용자에게 구제명령을 하여야 한다.

15. 「최저임금법」상 최저임금 적용에 관한 설명으로 옳지 않은 것은? (다툼이 있는 경우 판례에 의함)
① 노동조합 측과 단체교섭을 진행하였으나 타결이 이루어지지 않으면 최저임금 적용은 임금협상이 끝날 때까지 최저임금 적용을 유예하여야 한다.
② 외국인 근로자는 국내의 근로자들이 적용받는 근로기준법상의 퇴직금 지급에 관한 규정이나 최저임금법상의 최저임금의 보장에 관한 규정이 적용되지 않는다.

③ 최저임금액에 미달하는 임금 차액의 지급의무의 존재에 관하여 다툴 만한 근거가 있다면, 사용자가 그 임금을 지급하지 않은 데에 상당한 이유가 있다고 봄이 타당하다.
④ 아파트관리를 영업으로 하는 회사의 취업규칙에서 "노동부고시에 의한 최저임금을 보장한다"고 규정한 경우 포괄임금제에 의하여 근로계약을 체결한 경비원들에 대한 관계에 있어서는 기본급을 노동부고시의 최저임금수준으로 지급한다는 의미가 아니고 제 수당을 포함한 총급여액을 노동부고시의 최저임금수준으로 지급한다는 의미이다.

16. 「노동조합 및 노동관계조정법」상 쟁의행위에 대한 설명으로 옳은 것은?
① 쟁의행위가 적법하게 수행될 수 있도록 지도와 관리 및 통제를 할 책임은 사업주에게 있다.
② 쟁의행위는 조합원의 투표에 의해 조합원 3분의 2의 찬성으로 결정한다.
③ 조합원은 노동조합에 의하여 주도되지 않은 쟁의행위를 할 수 없다.
④ 사업장의 안전보호시설이 정상적인 운영에 방해하는 쟁의행위는 노동위원회의 의결을 얻어 사업주는 그 쟁의행위를 중지할 수 있다.

17. 「최저임금법」상 수습 근로자의 최저임금액에 대한 설명 중 (   ) 안에 들어갈 내용으로 옳은 것은?

> 최저임금법」 제5조제2항 본문에 따라 (㉠)년 이상의 기간을 정하여 근로계약을 체결하고 수습 중에 있는 근로자로서 수습을 시작한 날부터 (㉡)개월 이내인 사람에 대해서는 시간급 최저임금액에서 100분의 10을 뺀 금액을 그 근로자의 시간급 최저임금액으로 한다.

① ㉠ - 1, ㉡ - 6
② ㉠ - 3, ㉡ - 3
③ ㉠ - 2, ㉡ - 6
④ ㉠ - 1, ㉡ - 3

18. 「근로기준법」상 임금과 관련한 설명 중 옳지 않은 것은? (다툼이 있는 경우 판례에 의함)
   ① 노사합의에서 정기상여금은 그 자체로 통상임금에 해당하지 않는다는 전제에서 정기상여금을 통상임금 산정 기준에서 제외하기로 합의하고 이를 기초로 임금수준을 정한 경우, 근로자 측이 정기상여금을 통상임금에 가산하고 이를 토대로 추가적인 법정수당의 지급을 청구할 수 없다.
   ② 임금협정에 따라 甲 회사가 연장근로수당과 야간근로수당 명목으로 지급하는 돈은 실제 연장근로시간이나 야간근로시간의 수와 상관없이 운행실적에 따라 산출된 노선수당을 미리 합의한 비율대로 나누어 역산하는 방식으로 결정될 뿐이다.
   ③ 근로자는 사용자에게 퇴직연금의 부담금 명목으로 공제된 금액 상당의 미지급 임금과 그에 대한 지연손해금을 청구하고, 퇴직금제도에 따라 평균임금의 재산정을 통해 계산하는 방식으로 추가 퇴직금의 지급을 청구할 수 있다.
   ④ 일용직 인력공급의 경우 그 특성상 외형상으로는 인력공급업체가 임금을 지급하거나 해당 근로자들을 지휘·감독한 것으로 보이는 사정이 있다고 하더라도 이는 실질적으로 업무의 편의 등을 위해 인력공급업체와 인력을 공급받는 업체 사이의 명시적·묵시적 동의하에 구상을 전제로 한 임금의 대위지급에 해당한다.

19. 「노동조합 및 노동관계조정법」상 노동조합의 제한과 금지와 관련한 설명으로 옳지 않은 것은?
   ① 사업장의 안전보호시설에 대하여 정상적인 유지·운영을 방해하는 쟁의행위는 노동위원회의 의결을 얻어 그 행위를 중지할 것을 통보할 수 있으나 승인을 얻지 못한 때에는 그 통보는 그때부터 효력을 상실한다.
   ② 철도사업, 도시철도사업 및 항공운수사업 등 필수유지업무의 정당한 유지·운영을 정지하는 쟁의행위를 할 수 없다.
   ③ 방산물자의 완성에 필요한 제조·가공·조립·가스취급 등의 업무에 종사하

는 사람은 쟁의행위를 할 수 없다.
④ 노동조합의 쟁의행위는 그 조합원의 직접·비밀·무기명투표에 의한 조합원 과반수의 찬성으로 결정하는 경우 조합원 수 산정은 비종사근로자를 포함한 조합원을 기준으로 한다.

20. 「근로기준법」상 임금채권의 우선변제에 대한 설명으로 옳지 않은 것은?

① 재해보상금은 사용자의 총재산의 담보권에 따라 담보된 채권은 조세·공과금 및 다른 채권에 우선하여 변제받는다.
② 임금과 재해보상금은 저당권에 따른 담보권에 우선하는 조세·공과금에 대하여는 우선하여 변제받지 못한다.
③ 임금은 사용자의 총재산에 대하여 질권에 따라 담보된 채권 외에는 조세·공과금 및 다른 채권에 우선하여 변제되어야 한다.
④ 최종 3개월분의 임금은 담보권에 따라 담보된 채권, 조세·공과금 및 다른 채권에 우선하여 변제되어야 한다.

수 록 과 목
국어/한국사/영어/행정법총론/노동법개론

정답 및 해설 ········

제 1회 정답 및 해설
제 2회 정답 및 해설
제 3회 정답 및 해설
제 4회 정답 및 해설
제 5회 정답 및 해설
제 6회 정답 및 해설
제 7회 정답 및 해설
제 8회 정답 및 해설
제 9회 정답 및 해설
제10회 정답 및 해설

정답 및 해설

국 어

```
01. ④  02. ②  03. ④  04. ③  05. ③
06. ④  07. ①  08. ②  09. ②  10. ②
11. ①  12. ③  13. ①  14. ②  15. ①
16. ③  17. ④  18. ④  19. ③  20. ②
```

01. ① 구렛나루 → 구레나룻 : 귀밑에서 턱까지 잇따라 난 수염
② 치루다 → 치르다 : 주어야 할 돈을 주다의 의미이며, '치르고, 치러, 치렀다'로 써야 한다.
③ 개거품 → 게거품 : 사람이나 동물이 몹시 괴롭거나 흥분했을 때 입에서 나오는 거품 같은 침을 이르는 말이다.
④ ㉠ 목매다 : 끈이나 줄 같은 것으로 높은 곳에 목을 걸어 매달다. 또는 어떤 일이나 사람에게 전적으로 의지하다.
㉡ 목메다 : 기쁨이나 설움 따위의 감정이 북받쳐 솟아올라 그 기운이 목에 엉기어 막히다.

02. (가) 이광수의 「무정」
(나) 김유정의 「만무방」
(다) 이상의 「날개」
② 김유정의 「만무방」은 1930년대 강원도 산골마을을 배경으로 일제강점기 농촌사회에 가해지는 상황의 가혹함과 그 피해를 여실히 보여주는 작품이나 우리나라 근대문학 사상 최초의 장편소설은 이광수의 「무정」이다.

03. ④ 가상공간의 언어사회에서 만들어진 일부 단어들은 국어사전에 당당히 등재되기도 하는데 그 예로 '고려대 한국어대사전'에 "게시판에서는 초딩 수준의 누리꾼들이 악성 댓글을 남발했다."가 실려 있다.

04. 예문은 김수영의 '폭포'라는 참여시이다.
③ '곧은 소리'는 '정의의 소리', '양심의 소리'의 뜻으로 부정적 현실에 타협하지 않는 지사적인 목소리로 현실 안주 자세에 대한 정신적 각성을 촉구하고 있다.

05. ① 얕은수로 남을 속이려 한다는 뜻으로 실제로 보람도 없을 일을 공연히 형식적으로 하는 체하며 부질없는 짓을 비유적으로 이르는 말이다.
② 언 발에 오줌을 누어 봤자 효력이 없다는 뜻으로, 임시변통은 될지 모르나 결국엔 사태가 더 나빠짐을 비유적으로 이르는 말이다.
③ 사물의 전체는 알지 못하고 일부분만을 가지고 그것이 전체인 양 말한다는 뜻으로 대중음악에 대한 음악학자와 사회학

자의 서로 다른 관점으로 인해 그들의 편견과 비협력으로 인해 대중음악의 본질보다는 어느 한 일면만 보게 된다는 것을 지적한 글이다.

④ 개에게 쫓기던 닭이 지붕으로 올라가자 개가 올라가지 못하고 지붕만 쳐다본다는 뜻으로, 애써 하던 일이 실패로 돌아가거나 남보다 뒤떨어져 어찌할 도리가 없게 됨을 비유적으로 이르는 말이다.

06. ④ ㉢은 "밥을 먹었니?"에 대한 대답이다.

07. 바로 앞 문장에 '빈한하여 가진 것이 없다.'라고 한 것은 욕심이 없음을 뜻한다.

08. ② 아궁이에 불을 <u>댕겼다</u>.

09. ① [내까] '까'가 된소리
② '바닷물'은 '바다'와 '물'이 결합한 새로운 말로 'ㄴ' 소리가 덧나서 [바단물]이 되므로 사이시옷을 적는 경우이다.
③ [부시똘] '똘'이 된소리
④ [나무까지] '까'가 된소리

10. 말음법칙(끝소리 규칙) : 음절의 끝소리(종성) 자리에 원칙상 19개의 자음 중에서 'ㄸ, ㅃ, ㅉ'을 제외한 16개 자음이 올 수 있으나 발음상 실제로는 7개의 자음(ㄱ, ㄴ, ㄷ, ㄹ, ㅁ, ㅂ, ㅇ)만이 올 수 있다는 법칙을 말한다.
㉠ 음절의 끝자리 'ㅂ, ㅍ' → 'ㅂ'으로 소리 예) 잎 → [입]
㉡ 음절의 끝자리 'ㄷ, ㅅ, ㅆ, ㅈ, ㅊ, ㅌ, ㅎ' → 'ㄷ'으로 소리 예) 낮 → [낟]
㉢ 음절의 끝자리 'ㄱ, ㄲ, ㅋ' → 'ㄱ'으로 소리 예) 밖 → [박]

11. ① 轉交(전교) : 서류나 편지를 다른 사람을 거쳐서 받는 것을 말하며 편지 겉봉에 쓰는 말이다.

12. ㉠ 식민지 치하에 사는 지식인의 고뇌와 부끄러운 삶에 대한 자신의 심리적 동요와 갈등을 의미한다.
㉢ 어둡고 암담한 시대적 상황을 의미한다.

13. ① 우승은커녕 입상도 못했다. → '커녕'은 조사로 앞말에 붙여 쓴다.
② '따위'는 의존 명사로 앞말에 띄어 쓴다.
③ 붓, 종이, 벼루, 먹 들이 문방사우이다 → '들'은 하나의 사물 뒤에 쓰일 때에는 붙여 쓰면서 접미사가 되고, 둘 이상의 사물 뒤에는 띄어 쓰면서 의존 명사가 된다.
④ 가든지 말든지 마음대로 해라 → '대로'는 체언 뒤에 쓰면 붙여 쓰면서 조사가 되고, 용언 뒤에 쓰면 띄어 쓰면서 의존 명사가 된다.

14. '핫'은 옷 따위에 솜을 넣었음을 나타내는 접두사로 여기서의 '핫바지'는 솜을 넣어 만든 바지를 말한다.

15. ㉠은 역설적 표현으로 모순형용표현법이다. 모순형용은 수식하는 말과 수식을 받는 말이 서로 모순되는 표현을 말한다.
① 외로운과 황홀한이 서로 모순된 역설적 표현으로 모순형용표현법이다.

16. 작품은 병자호란 후 봉림대군(효종)이 소현세자와 함께 청으로 볼모로 잡혀갈 때의 자신의 서글픈 심경을 노래한 것이다.

17. ① 수양대군의 정변에 대하여 수양대군을 섬길 수 없다는 지조를 드러낸 성삼문의 작품이다,
② 이색의 작품으로 고려 말 유신으로서 기

우러져 가는 고려왕조에 대한 어두운 심경을 노래했다.
③ 유응부의 작품으로 세조의 정변으로 인한 인재들의 희생을 개탄한 것이다.
④ 김상헌의 작품으로 병자호란 뒤 척화파였던 작자가 봉림대군, 소현세자와 함께 청나라로 볼모로 잡혀 갈 때의 심경을 노래한 것이다.

18. 인용문은 일부의 사례만을 제시하거나 불확실한 자료만을 가지고 바로 어떤 결론을 도출하는 데서 발생하는 논리적 오류인 성급한 일반화의 오류에 해당된다.
① 상대방도 자기와 마찬가지 상황이므로 자기의 입장이 정당화된다고 주장하는 오류인 피장파장의 오류에 해당한다.
②, ③ 상대방의 말이나 행동의 본래 의도를 잘못 해석하거나 확대 해석하고 주장하는 의도 확대의 오류에 해당한다.

19. 예문은 아주 태평한 시절을 나타내고 있다.
① 강구연월 : 태평성대의 평화로운 풍경
② 태평성대 : 어진 임금님이 나라를 잘 다스려 살기 좋은 세상이나 시대
③ 강호연파 : 강이나 호수 위에 안개처럼 보얗게 이는 물결, 또는 자연의 풍경
④ 비옥가봉 : 집집마다 덕행이 있어 표창할 만하다. 즉, 살기 좋은 시대

20. ① 進步的(진보적) ↔ 퇴보적
③ 革新的(혁신적) ↔ 보수적
④ 高踏的(고답적) ↔ 현실적

한국사

01. ④ 02. ④ 03. ③ 04. ④ 05. ④
06. ② 07. ③ 08. ② 09. ③ 10. ①
11. ② 12. ④ 13. ④ 14. ④ 15. ①
16. ④ 17. ④ 18. ③ 19. ③ 20. ③

01. 농경·정착 생활을 하면서부터 농경과 관련된 자연물이나 자연환경에 경외감을 갖게 되었으며, 아울러 풍요로운 결실에 대한 기원을 올리게 되었다.

02. (가) : 박은식은 독립운동가로 「조선혼사상」을 저술하여 근대사연구에 공헌하였다. 임시정부 제2대 대통령을 지냈으며 만민공동회와 대한매일신보에도 참여하였다. 「한국통사」와 「한국독립운동지혈사」를 통해 일본제국주의의 침략상을 비판하였다. 그 외 저서로 「안중근전」, 「이준전」 등이 있다.
① 이윤재, 이병도 등이 청구학회의 한국사 왜곡에 맞서 진단학회를 조직하였고 조선사편수회는 일본 총독부가 설립한 단체이다.
②, ③ 신채호

03. 조선은 유교정치를 표방하여 억불책을 태종대에는 더욱 강화하였으나 (가) 세종대왕은 왕실의 기우·명복 등을 위한 불사는 계속 이루어졌고 소헌왕후를 위한 내불당을 세우기도 하였다.

04. 실결이 줄어든 원인으로는 전란으로 땅이 황폐화 되고 토지대장의 소실로 토지의 누락, 궁방전, 둔전 등의 면세지 증가와 양반은 세

금을 줄이고 중간관리는 횡령을 위해 조작한 은결의 증가 때문이었다.
④ 조선 후기에는 실결은 줄었지만 이앙법, 이모작의 일반화, 수리시설의 확대, 정부의 개간사업 장려 등으로 생산력은 오히려 증가 되었다.

05. 조선 전기의 신분제도
㉠ 양인 : 양반, 중인, 상민
㉡ 천인 : 노비
㉢ 상민 : 농민은 출세에 법적 제한은 없으나 실제로는 관료 진출이 불가능하였고, 조세, 공납, 역 등의 국가 의무를 지고 있었다. 공장과 상인은 농민보다 천시되었고 낮은 군직과 특수 잡직이 허용되었다.

① 중인 출신들이 많았다.
② 매매, 상속, 증여의 대상은 노비들이다.
③ 고장과 상인들이다.
④ 농민들이 해당되었다.

06. 이항로·최익현은 대표적인 위정척사세력이며, 전봉준·손병희는 동학농민세력으로 이들은 모두 천주교를 배척하고, 서양·일본 세력이 침투하려는 것을 막으려 하였다.

07. 16세기 사림들은 단군보다 기자를 더 높이 숭상하면서 기자조선에 대한 연구에 심화하였고, 이러한 존화주의적 의식은 우리 민족의 자존적인 소중화(小中華) 의식이었다.

08. ㉡ 세종 때 최윤덕, 이천, 김종서 등은 여진족 토벌 후 4군 6진을 설치하였다.
㉠ 선조 때 이순신은 거북선을 사용하여 왜군의 침입에 맞서 대승을 거두었다.
㉣ 효종 때 병자호란 이후 청에 대한 반감으로 북벌이 대두 되었고 북벌론 주장은 임경업, 송시열, 송준길, 이완 등이 대표적이다.
㉢ 고종 때 프랑스군을 양헌수는 정족산성에서, 한성근은 문수산성에서 격퇴시킨 병인양요(1866)이다.

09. ㉠ 서경과 간쟁 : 어사대+중서 문화성의 낭사
㉢ 풍기단속, 감찰 : 어사대

10. ① 묘청의 서경천도운동을 역사상 일천 년래 제일대 사건이고 우리 역사의 흐름을 바꿔놓은 결정적 사건이었다고 신채호가 그의 저서 「조선사연구초」에서 평가하였으며 김부식이 패하고 묘청이 이겼더라면 조선사가 독립적, 진취적으로 진전되었을 것이라고 한탄하였다.

11. ① 농장이 확대되어 감에 따라 농민들은 대부분의 토지를 상실하고 소작농으로 전락하여 농민들의 생활은 점차 어려워졌다.
② 공납은 호구를 기준으로서 책정되어 고려시대 이후 조선 16C 까지도 농민의 가장 큰 부담이 되었다.
③ 빈민구제를 위해 실시된 환곡제도는 의창에서 상평창이 그 기능을 계속하였다.
④ 방납제가 실시됨으로써 농민의 공납 부담을 더욱 가중시켰다.

12. 원효 : 불교 이해의 기준을 확립하고, 불교 대중화를 위해 정토종 보급하였다, 「금강삼매경론」, 「대승기신론소」 등을 저술하였다.

13. ㉢ 신분제도는 엄격하였으나 신분 이동이 가능은 하였다. 양인은 과거 등을 통해서 신분 이동이 가능하였고, 천민도 재산으로 신분 상승이 가능하였다.

14. ④ 백제는 당시 일본과 긴밀한 관계를 맺으

면서 일본의 고대 문화 형성에도 많은 영향을 끼쳤다.

15. ㉠ 1457년 조선 세조 때 고려 팔만대장경을 보관하기 위해 건축한 조선 전기의 서고이다.
㉡ 1702년 숙종 때 장륙전을 완공 후 숙종이 직접 쓴 '각황보전'이라는 편액을 내린 후부터 각황보전이라 하였다.
㉢ 1308년 고려 충렬왕 때 건립, 국내에 현존하는 목조건물 가운데 건축 시기가 명확한 것 중 가장 오래된 건축물이다.
㉣ 1574년 선조 때 이황의 제자들과 유림들이 그의 학덕을 기리기 위해 설립하였다.

16. 대한자강회(1906~1907) : 헌정연구회를 모체로 장지연·윤효정 등에 의해 창립되어, 국권회복을 위한 실력양성운동 전개하였는데 그 활동의 일환으로 대한자강회 월보를 만들기도 하였다. 전국 각지에 지회 설치하였으며, 고종의 강제퇴위 반대시위 후 강제 해체되었다.
④ 신민회에 대한 설명이다.

17. 개화당(급진개혁파)의 활동 : 김옥균·박영효·서광범·홍영식 등이 대표 인물, 청의 간섭에 반발하여 자주 독립을 확립하려 하였으며 박문국·우정국 등을 설치하였다.

18. 유형원은 가정 내의 적서차별, 군대 편성 상 양천의 구별, 노비제도 자체 인정 등 한계성을 드러냈다.

19. ㉠ 1910년 ㉡ 1910년대 토지수탈

20. 일본은 한국사를 왜곡·서술하기 위해 조선고적조사위원회, 조선사편수회, 청구학회를 조직하였다.

영어

```
01. ③  02. ④  03. ③  04. ①  05. ①
06. ②  07. ①  08. ④  09. ②  10. ④
11. ②  12. ③  13. ②  14. ②  15. ②
16. ③  17. ③  18. ④  19. ①  20. ②
```

01. complain 불평하다 / in the past 과거에 / unsafe 불안한, 위험한 / efficient 유효한 / Inc.(=Incorporated) 법인 / efficiency 유효성, 능률 / take care of 처리(해결)하다 / permit 허가하다 / according to ~가 말한 바에 의하면 / safe 안전한 / industrial waste 산업폐기물

① 배수방식
② 정부의 승인
③ 폐기물처리를 위한 안전한 방법
④ 그 프로그램에 대한 정부의 지원

「그녀는 과거에 정부가 안전하지 못한 방법을 사용한 회사에 허가를 해준 것에 대해 불평한다. Newton이 말한 바에 따르면, Waste System 법인은 산업 쓰레기를 유효하고 안전하게 처리하는 방법을 개발했고, 그것에 관해 일반인들에게 알리기를 원한다. "Waste System 법인은 안전과 유효성에 관해 많은 돈을 투자한다. 그러나 우리는 우리의 계획을 지지해줄 정부가 있다면, 한층 더 많이 쓰레기를 안전하고 유효하게 처리할 수 있을 것이다."」

02. plenty 많음 / complicated 복잡한 /

flexible 구부리기 쉬운 / confusion 혼란

「우리는 시골에 있는 농장에서 살고 있다. 그 곳은 많은 공간과 신선한 공기들이 있다. 도시의 사람들은 이곳저곳으로 바쁘게 움직인다. 그러나 우리는 여기에서 덜 복잡한 삶을 영위하고 있다. 우리의 스케줄은 상당히 유동적이다. 우리는 여기에서 덜 시끄럽고 혼란스럽다. 우리는 나무들과 물과 가까이 살고 있다.」

03. homebody 가정적인 사람 / kid 아이 / inexperience 무경험 / have trouble ~ing ~하는데 어려움을 겪다 / make an effort 노력하다 / local 지방의 / behave 행동하다 / accept 받아들이다 / expect 기대하다 / swallow 제비

「Jane과 Mary는 평생 동안 거의 가정적으로 살아왔다. 그들의 아이들이 성장한 후에 그들은 세계일주 여행을 떠나기로 결정했다. 물론, 그들은 경험이 없는 여행자들이었기에 외국의 관습을 받아들이는데 어려움을 겪었다. 안내원은 그들에게 지방주민들의 관습을 따르려고 노력해야 하고, 자국에서처럼 외국에서 행동하지 말아달라고 충고했다. 일단 그들은 이런 충고를 따르기 시작하자 그들은 훨씬 더 재미있는 여행을 즐길 수 있었다.」

① 어려울 때 친구가 진정한 친구이다.
② 미인은 겨죽 한 꺼풀, 즉 외모가 전부는 아니다.
③ 로마에 가면 로마법에 따르라.
④ 제비 한 마리가 왔다고 여름이 온 것은 아니다.

04. 「A : 당신은 이번 주말에 무엇을 할 겁니까?
B : 그것은 날씨에 달려 있다. 만약 좋은 날씨라며 낚시하러 갈 겁니다.
A : 만약 비가 온다면 무엇을 할 것인가요?
B : 그러면 나는 집에 머물 것입니다.」

② 아, 그럼 하이킹하러 갈게요.
③ 아니요, 전 계획이 하나도 없어요.
④ 저는 비를 매우 좋아합니다.

05. 부사의 최상급에는 the를 쓰지 않는다.
② Where do you think he is living now?
③ The girl who I thought was honest deceived me.(관계대명사의 삽입절)
④ We entered into the conversation.

06. environmentally friendly 환경 친화적인 / perspective 전도, 전망 / prospect 견지(해), 올바른 관점 / outlook, point of view 원경, 경치 / distant view 원근 · 투시화법

「만일 당신이 사람들에게 그들은 어떤 동물을 가장 미워하거나 두려워하느냐고 물어보면, 아마 다음과 같은 동물들이라고 듣게 될 것이다; 스컹크, 박쥐, 뱀 및 쥐 같은 것 말이다. 하지만 이런 동물 들 중 일부는 새로이 존중을 얻고(받고) 있다. 스컹크는 그 지독한 냄새 때문에 대부분의 사람들이 두려워한다. 하지만 최근에 사람들은 스컹크에 대한 그들의 생각을 다시 하기 시작했다. "스컹크는 매우 유용한 동물입니다."라고 Briggs박사는 말한다. "그들은 시궁쥐, 생쥐와 딱정벌레는 잡아줍니다. 그들은 해충의 방제로 멋집니다." 많은 사람들은 또한 박쥐도 무서워한다. 하지만 최근 박쥐는 모기를 먹어치우기 때문에 더욱 인기를 얻게 되었다. "박쥐는 모기를 없애주는 환경 친화적인 수단의 하나입니다."라고 Austin

교수는 말한다.」
① 동물사육의 환경 친화적인 방법
② 새로운 관점으로의 동물의 초대
③ 가장 사랑받는 동물의 종류들
④ 미움을 받는 동물의 제거

07. cheap 값이 싼 / exist 존재하다 / rarely 드물게 / pollution 오염

「사람들은 삶이 과거보다 나아졌다고 생각하는 것을 좋아한다. 공기가 깨끗했고, 사람들은 더욱 친절했고, 삶은 더욱 안전했고, 확실히 물가는 쌌다. 그러나 그 좋은 옛 시절이 정말 좋았던가? 아마도 그렇지 않을 것이다. 많은 오늘날의 문제들도 그 때에 존재했고, 오늘날 거의 직면하지 않은 문제들이 그 당시에 있었다.」

② 미래에는 삶이 더 나아질 것이다.
③ 인생은 항상 문제가 있었다.
④ 과거에는 오염이 없었다.

08. extremely 아주, 극도로 / executive 늘, 항상 / polite 공손한 / refreshment 원기회복

「아랍인들은 곧바로 말하는 태도를 극도로 나쁘게 생각한다. 심지어 공적인 업무에 바쁘더라도 공손함과 신선함을 위하여 항상 여분의 시간을 가진다. 비록 당신이 바쁜 업무 중이더라도 친절을 위해서 시간을 가져야 한다.」

① 언제나 침묵하는
② 빈둥빈둥 시간을 보내는
③ 절대 먼저 말을 꺼내는

09. 「미국 사람들은 대략 1920년경 오렌지를 마시기 시작했다. 그 후로 사람들은 더 많이 마시게 되었다. 그러한 이유로 오렌지 재배사업이 미국에서 육성하는 사업이 되었다.」

① 전혀 그렇지 않다
③ 말하자면
④ 그럼에도 불구하고

10-11.
「A : 저 사람이 새로운 동숙인이군.
B : 그래. 그가 너를 대단히 좋아하는 것이 분명해. 너는 그를 좋아하니?
A : 그는 멋진 사람이지만 내가 기대했던 사람은 아니야.
B : 너는 어떤 점을 기대했는데?
A : 나는 약간은 지적이고 나이도 좀 더 든 사람을 생각했었는데.
B : 그 사람이 적합한 동숙인이 아니라고 생각하니?
A : 글쎄……
B : 이봐! 무엇이 문제야. 내가 너에게 무언가를 숨기고 있다고 생각하니?
A : 물론 그렇지는 않아. 그러나 네가 나에게 주의를 주었더라면 더 친밀하게 되었을 텐데.」

10. ① 나는 그가 나를 좋아하게 될 거라고 기대해요.
② 나는 그를 좋아하게 될 거라고 기대해요.
③ 네, 하지만 이렇게 빨리 만날 줄 몰랐어요.

11. ① 느낌이 좋지 않나요?
③ 우린 여전히 친구잖아, 안 그래?
④ 제가 어떻게 하면 좋을까요?

12. storing 저장 / complicate 복잡한 / calculator 계산기 / detector 발견자

「정보를 모으고 저장하는 것 외에 컴퓨터는 또한 사람들이 행한다면 몇 개월이 걸릴지도

모르는 복잡한 문제들을 해결할 수 있다.」

13. Expo 박람회 / currently 현재 / take place 일어나다 / organizer 주최자 / claim 주장하다 / attract 끌어당기다

    「현재 Curran홀에서 개최하고 있는 컴퓨터 박람회는 전 세계에 있는 사람들로부터 흥미를 끌고 있다. 박람회 주최자인 Al Onlein은 "우리는 최신의 컴퓨터 공업기술을 보유하고 있다. 컴퓨터에 <u>관심 있는 사람은 누구든지 여기에서 어떤 것을 발견할 수 있을 것이다.</u>"라고 말한다. Onlein은 오늘날 컴퓨터 없이 학교, 가정, 사무실에서 발견할 수 있는 것은 거의 불가능하다고 주장한다.」

    ① 엑스포는 알 온라인의 것이다.
    ② 엑스포는 컴퓨터 과학자들을 위한 것이다.
    ③ 엑스포는 컴퓨터 사업을 위한 것이다.
    ④ 엑스포에 가기 위해 컴퓨터 전문가가 될 필요는 없다.

14. fashion 패션, 스타일 양식, 유행, 형성하다, 만들다, 적응시키다 / vessel 그릇, 용기 / filter 필터, 여과기 거르다. 여과하다 / measure 크기, 측정, 단위, 분량 / stupid 어리석은 / wise 현명한

    「Zeus가 인간을 만든 후에 Hermes에게 인간들에게 지성을 주도록 했다. Hermes는 그것(=지성)을 잴 수 있는 그릇을 만들어서 모든 사람들에게 똑같은 분량의 지성을 부어넣었다. 그 분량은 몸집이 작은 사람을 가득 채우기에 충분했으며, 따라서 그들(=몸집이 작은 사람들)은 <u>현명</u>해졌다. 그러나 그 분량은 몸집이 큰 사람들의 몸 전체에 스며들기에는 너무 작아서 그들은 약간 <u>어리석은</u> 사람들이 되고 말았다.」

15. circulating library 이동도서관

    「<u>이것</u>은 평범한 사람들의 교사이다. (비쳐)
    <u>이것</u>은 세계의 거울이다. (제임스 엘리스)
    <u>이것</u>은 최대의 정보와 최소의 논평이 되어야 한다. (콥덴)
    <u>이것</u>은 최고 수준의 이동도서관이다.」

16. clue 실마리, 이야기줄거리 / event 사건, 결과, 종목 / solar system 태양계

    「달이 약 45억 년 전에 지구의 생성과 비슷한 방법으로 형성되었으며, 19세기에 Darwin이 주장했던 것처럼 달이 지구의 일부가 결코 아니었음에 대해서는 이제 거의 의심의 여지가 없다. 그러나 달의 기원이 무엇이었든 간에, 그것(=달)이 태양계 생성의 초기에 발생했던 사건들에 대한 단서를 쥐고 있다는 데에는 의심의 여지가 없다.」

    ① 다윈은 지구가 달의 일부라고 주장했다.
    ② 달은 지구로부터 약 450만년 전에 떨어져 있었다.
    ③ 달은 우리에게 태양계 초기에 무슨 일이 일어났는지 가르쳐 줄 수 있다.
    ④ 달의 기원에 대해서는 의심의 여지가 없다.

17. producer 생산자, 프로듀서 / goods 상품 / supply 공급 / demand 수요

    「이 법칙에 따르면, 상품가격의 변화는 수요와 공급의 변화를 일으킨다. 상품가격의 인상은 공급(생산자가 만드는 상품의 수)을 증가시킨다. 생산자는 그 상품으로 더 비싼 가격을 받을 수 있을 때 더 많은 상품을 제작할 것이다.」

18. objective 목적 / protect 보호하다 / vital 생명의, 기운찬, 치명적인 / domestic 가정의, 국내의 / supply 공급 / capability 가능

성 / crisis 위기 / dependence 의존 / protection 보호 / involve 감싸다, 수반하다

「외국 수입품에 대한 일부 세금의 목적은 국가 방위에 중대한 상품을 생산하는 산업을 보호하는 것이다. 예컨대 국내산 석유, 천연가스, 또는 철강 산업은 국가 방위에 대한 중대성 때문에 보호를 필요로 할 수도 있다. 보호가 없다면 그러한 산업들은 외국과의 경쟁에 의해 약화될 수도 있다. 그러면, 국제적 위기 상황에서, 국가는 국가 안위에 필수적인 물품이 공급 부족 상태에 처해 있음을 발견할 수 도 있다.
→ 해외 수입에 대한 지나친 의존은 국가 스스로가 위기에 처해 자기 방어 능력을 약화시킬 수 있다」

19. perish 멸망하다 / exist 존재하다 / grant 허락하다 / refuse 거절하다 / guilt 죄 / mutual 서로의, 상호간의 / independent 독립한

「인류는 상호간의 도움을 중지한다면 죽을 것이다. 우리는 상호간의 도움 없이는 존재할 수 없다. 도울 수 있는 능력을 가지고 있는 사람이 죄책감 없이 도와주지 않는 사람은 없다.」perish 멸망하다

20. utterance 말, 말하는 능력 / direct one's efforts at~ing ~하는 쪽으로 노력을 기울이다

「물론 여러분은 단어와 발음을 연습해야 하지만 여러분은 완전한 대화 능력의 숙달을 목표로 삼아야 한다. 즉 일상대화에서 여러분에게 전달된 말을 이해하여야 하고, 영어 화자가 여러분의 이야기를 이해할 수 있도록 말을 할 수 있어야 한다.」

행정법총론

01. ④ 02. ② 03. ④ 04. ④ 05. ③
06. ④ 07. ③ 08. ③ 09. ④ 10. ④
11. ② 12. ④ 13. ③ 14. ③ 15. ④
16. ③ 17. ③ 18. ② 19. ③ 20. ①

01. ① 대판 1998.5.22, 98다2242
② 대판 2012.4.26, 2011두2521
③ 대판 2001.9.14, 2001다40879
④ 하천구역으로 편입되어 국유로 된 제외지의 구 소유자가 서울시를 상대로 제기한 손실보상금 청구를 채권양도 후 대항요건이 구비되기 전의 청구로 보아, 그 청구가 기각되어 시효중단의 효력이 소멸하였다고 하더라도 그로부터 6월 내에 구 소유자의 승계인인 위 토지에 관한 권리의 매수인이 손실보상금을 청구한 이상, 구 소유자의 소제기로 인하여 시효가 중단되었다고 봄이 타당하다(대판 2009.2.12, 2008두20109).

02. 국가배상법은 공무원의 직무상 불법행위로 인한 국가배상(동법 제1조)과 영조물의 설치·관리의 하자로 인한 국가배상(동법 제5조)에 대해 규정하고 있으나, 헌법은 제29조에서 공무원의 직무상 불법행위로 인한 국가배상에 대해서만 규정하고 있다.
① 공무를 위탁받은 사인이 직무를 집행하면서 고의 또는 과실로 법령을 위반하여 타인에게 손해를 입힌 때에는 이 법에 따라 그 손해를 배상하여야 한다(국가배상법 제2조).
③ 공무원에게 고의 또는 중대한 과실이 있으면 국가나 지방자치단체는 그 공무원

에게 구상할 수 있도록 하여 책임을 묻고 있다.
④ 직무행위의 범위를 정함에 있어서 외형설을 취할 경우 국가배상책임은 오히려 확대된다.

03. ① 행정처분의 직접 상대방이 아닌 제3자라도 행정처분으로 인하여 법률상 보호되는 이익을 침해당한 경우에는 취소소송을 제기하여 당부의 판단을 받을 자격이 있고, 여기에서 말하는 법률상 보호되는 이익은 처분의 근거 법규 및 관련 법규에 의하여 보호되는 개별적·직접적·구체적 이익을 말한다(대판 2016.11.25, 2014두5316).
② 행정처분의 무효확인 또는 취소를 구하는 소에서, 비록 행정처분의 위법을 이유로 무효확인 또는 취소 판결을 받더라도 처분에 의하여 발생한 위법상태를 원상으로 회복시키는 것이 불가능한 경우에는 원칙적으로 무효확인 또는 취소를 구할 법률상 이익이 없고, 다만 원상회복이 불가능하더라도 무효확인 또는 취소로써 회복할 수 있는 다른 권리나 이익이 남아있는 경우 예외적으로 법률상 이익이 인정될 수 있을 뿐이다(대판 2016.6.10, 2013두1638).
③ 건축허가의 취소처분이 확정되면 건축은 불가능해지게 되어 건축을 전제로 한 산지전용허가도 아무런 의미가 없게 되므로 이러한 경우에 산지전용허가 취소를 기다리지 않고 산지전용허가가 당연히 취소되는 것으로 의제하여 산지전용허가의 효력을 소멸시키려는 데에 취지가 있다. 이러한 규정은 목적사업의 시행에 필요한 행정처분을 받은 사람이 스스로 취소한 경우에도 그 취지에 비추어 마찬가지로 유추 적용된다(대판 2014.9.4, 2014두267).
④ 대판 2015.9.10, 2013추517

04. 처분성 인정여부에 관한 판례
㉠ 처분성을 긍정한 경우
- 지방의회의 의장 선거
- 지방의회의장에 대한 불신임의결
- 문화재에 대한 보호구역지정처분
- 행정청의 입찰자격제한조치
- 공용개시의 표시
- 노동조합규약의 변경보완시정명령
- 주차금지·좌회전금지 등 교통표지
- 컴퓨터 등 자동기기에 의한 행정결정
- 영업허가 갱신신청에 대한 거부행위
- 공무원 면접시험의 면접불합격 결정행위
- 단수처분
- 소속장관의 변상명령
- 주택건설사업계획의 승인
- 개별공시지가
- 대한주택공사(현 토지주택공사)가 시행한 택지개발사업 및 이에 따른 이주대책에 관한 처분
- 폐기물처리업허가 전의 사업계획에 대한 부적정통보
- 국유재산 무단점유자에 대한 변상금 부과처분
- 지방의회의원의 징계의결
- 국립대학 내의 징계행위
- 대집행계고
- 용도지역변경행위
- 민방위경보 재거부처분
- 정보제공신청에 대한 거부행위
- 공무원 견책처분
- 국유재산사용료의 부과처분

- 분교를 폐교하는 도의 조례
- 도시계획결정
- 경정처분
- 대학교원의 임용권자가 임용기간이 만료된 조교수에 대하여 재임용을 거부하는 취지로 한 임용기간만료의 통지(대판 2004.4.22, 2000두7735, 전합)
- 지적공부, 소관청의 지목변경신청 반려행위(대판 2004.4.22, 2003두9015, 전합)

ⓒ 처분성을 부정한 경우
- 행정청간 국유재산의 이관결정
- 검찰총장의 재항고기각결정
- 토지대장·가옥대장 등에의 등재
- 정년퇴직통보
- 환지계획결정
- 감사원의 심사청구의 결정 및 그 통지
- 병역법상 군의관의 신체등위 판정
- 자체완성적 사인의 공법행위인 신고나 수리행위
- 당연퇴직의 인사명령
- 행정지도
- 교통법규위반에 대한 벌점부과행위
- 교통경찰관의 교통사고조사서
- 공정거래위원회의 고발조치 및 고발의결
- 보류처분
- 기획재정부장관의 예산편성지침통보
- 국세환급금결정·거부결정
- 장관의 소속공무원에 대한 경고
- 공장입지기준확인
- 정부투자기관(한국전력공사)의 입찰자격 제한조치
- 대학입시기본계획 내의 내신성적산정지침
- 국유재산매각신청에 대한 거부
- 국유잡종재산인 임야의 대부 및 그 대부의 취소
- 위법건축물에 대한 단수·단전화 조치에 대한 요청행위
- 성업공사(현 자산관리공사)의 공매결정·통지
- 산업재해보상보험법령에 의하여 노동부장관(현 고용노동부)이 보험가입대상자에 대하여 한 보험관계성립통지
- 행정청간의 협의
- 고충심사결정
- 검사의 불기소처분·공소제기
- 통고처분

05. 의무를 명하는 행위(하명)와 대집행계고는 양자가 서로 독립하여 별개의 효과를 목적으로 하는 것으로서, 선행행위인 하명이 당연무효가 아닌 한 선행행위인 하명의 하자(취소사유)는 후행행위인 계고에 승계되지 않는다(대판 1998.9.8, 97누20502).

06. 부담은 다른 부관과는 달리 주된 행정행위의 효력발생이나 소멸과 관련되는 것이 아니기 때문에 부담이 부과되어도 주된 행정행위의 효력은 처음부터 유효하게 발생하고, 부담의 불이행이 있다하여도 당연히 주된 행정행위의 효력이 소멸되는 것도 아니다.

07. ① 동법 제5조제1항
② 동법 제9조제1항제5호
③ 공공기관의 정보공개에 관한 법률은 청구권의 불복구제절차로서 이의신청·행정심판·행정소송 등을 규정하고 있으나, 이의신청이나 행정심판을 행정소송의 전심절차로 규정하지 않았다. 따라서 행정소송을 제기하기 위해서 이러한 절차를 거칠 필요 없이 곧바로 행정소송법이 정하는 바에 따라 행정소송을 제기할 수 있

다(공공기관의 정보공개에 관한 법률 제20조 제1항).
④ 동법 제20조제2항

08. 직위해제처분과 직권면직처분 사이에는 흠의 승계를 부정한다. 즉, 구 경찰공무원법 제50조 제1항에 의한 직위해제처분과 같은 제3항에 의한 면직처분은 후자가 전자의 처분을 전제로 한 것이기는 하나 각각 단계적으로 별개의 법률효과를 발생하는 행정처분이어서 선행 직위해체처분의 위법사유가 면직처분에는 승계되지 아니한다 할 것이므로 선행된 직위해제처분의 위법사유를 들어 면직처분의 효력을 다툴 수는 없다(대판 1984.9.11, 84누191).

09. 행정유보 : 행정권이 법률의 수권 없이 스스로 활동할 수 있는 행정의 고유한 영역을 말하는데, 구체적으로 행정유보의 문제는 일정한 경우에 법률의 위임 없이도 행정기관이 명령을 제정할 수 있는가의 문제로 나타난다. 행정유보에는 ㉠ 일정한 사항에 대하여 법률의 개입을 배제하고 행정권에 배타적 입법권을 인정하는 '배타적 행정유보'(㉣ 프랑스 제5공화국 헌법상 독립명령) ㉡ 법률의 부재시에는 명령이 제정될 수 있고, 명령이 제정된 경우에도 언제든지 법률의 개입을 인정하는 '허용적 행정유보'가 있다. 배타적 행정유보는 헌법적 근거를 요한다. 따라서 우리나라에서는 현행 헌법상 허용적 행적유보만이 문제된다.

10. ④ 조례가 집행행위의 개입 없이도 그 자체로서 직접 국민의 구체적인 권리의무나 법적 이익에 영향을 미치는 등의 법률상 효과를 발생하는 경우 그 조례는 항고소송의 대상이 되는 행정처분에 해당하고, 이러한 조례에 대한 무효확인소송을 제기함에 있어서 행정소송법 제38조 제1항·제13조에 의하여 피고적격이 있는 처분 등을 행한 행정청은 행정주체인 지방자치단체 또는 지방자치단체의 내부적 의결기관으로서 지방자치단체의 의사를 외부에 표시할 권한이 없는 지방의회가 아니라, 지방자치단체의 집행기관으로서 조례로서의 효력을 발생시키는 공포권이 있는 지방자치단체의 장이다(대판 1996.9.20. 95누8003).

11. ① 대판 1987.10.28, 86누460
② 법인세법상 과소신고가산세는 과세의 적정을 기하기 위하여 납세의무자인 법인으로 하여금 성실한 과세표준의 신고를 의무지우고 이를 확보하기 위하여 그 의무이행을 해태하였을 때 가해지는 일종의 행정벌의 성질을 가진 제재라고 할 것이고, 이와 같은 제재는 납세의무자가 그 의무를 알지 못하는 것이 무리가 아니었다고 할 수 있어서 그를 정당시할 수 있는 사정이 있을 때 또는 그 의무의 이행을 그 당사자에게 기대하는 것이 무리라고 하는 사정이 있을 때 등 그 의무해태를 탓할 수 없는 정당한 사유가 있는 경우에는 이를 과할 수 없다 할 것이다(대판 1992.10.23, 92누2936).
③ 대판 1976.9.14, 75누255
④ 대판 1989.2.14, 87누1121

12. 행정청은 당사자에게 의무를 과하거나 권익을 제한하는 처분을 하는 경우, 즉 부담적(침익적) 처분을 하는 경우에는 미리 일정 사항을 당사자 등에게 통지하여야 하나(행정절차법 제21조제1항), 복효적 행정행위에서 권익을 침해받는 제3자에게 사전통지

를 하도록 의무화하고 있지는 않다.

13. 행정쟁송 : 행정의 공권적 작위나 부작위를 전제로 하여 그것이 위법하거나 부당하다고 주장하는 자의 청구에 의하여 행정 기관이 재심사하는 절차. 행정 심판법이 규정하는 행정 심판으로 복심적 쟁송에 해당한다.

14. ① 대판 2022.9.7, 2020두40327
    ② 대판 2013.11.14, 2011두28783
    ③ 행정청의 재량권은 법령에서 개별적 수권이 없는 경우에도 행정목적(공익) 실현을 위하여 탄력적으로 행사할 수 있다. 예컨대, 산림훼손은 국토 및 자연의 유지와 수질 등 환경의 보전에 직접적으로 영향을 미치는 행위이므로, 법령이 규정하는 산림훼손 금지 또는 제한지역에 해당하는 경우는 물론 금지 또는 제한지역에 해당하지 않더라도 허가관청은 산림훼손허가신청 대상토지의 현상과 위치 및 주위의 상황들을 고려하여 국토 및 자연의 유지와 환경의 보전 등 중대한 공익상 필요가 있다고 인정될 때에는 허가를 거부할 수 있고, 그 경우 법규에 명문의 근거가 없더라도 거부처분을 할 수 있다(대판 1995.9.15. 95누6113).
    ④ 대판 2020.6.11, 2020두34384

15. ④ 재산권의 객관적 가치의 보상은 대물적 보상의 이념이다. 생활보상은 재산권 외에 생활이익에 대한 이념이 포함된다.

16. ① 행정절차법 제21조제2항
    ② 동법 제29조
    ③ 행정청은 직권으로 또는 당사자의 신청에 따라 여러 개의 사안을 병합하거나 분리하여 청문을 할 수 있다(동법 제32조).
    ④ 동법 제37조제1항

17. ③ 등재사실을 통지한 날부터 2주 이내(재결서 외의 서류는 7일 이내)에 확인하지 아니하였을 때에는 등재사실을 통지한 날부터 2주가 지난 날(재결서 외의 서류는 7일이 지난 날)에 도달한 것으로 본다.

18. ② 우리의 경우, 하자의 치유가 어느 시점까지 허용될 수 있는가의 문제와 관련하여 다수설·판례는 쟁송제기 이전까지만 가능한 것으로 보고 있다.

19. ① 대판 2012.6.14, 2010두19720
    ② 대판 2015.3.26, 2014두42742
    ③ 지방병무청장이 보충역 편입처분을 받은 자에 대하여 복무기관을 정하여 공익근무요원 소집통지를 한 이상 그것으로써 공익근무요원으로서의 복무를 명하는 병역법상의 공익근무요원 소집처분이 있었다고 할 것이고, 그 후 지방병무청장이 공익근무요원 소집대상자의 원에 의하여 또는 직권으로 그 기일을 연기한 다음 다시 공익근무요원 소집통지를 하였다고 하더라도 이는 최초의 공익근무요원 소집통지에 관하여 다시 의무이행기일을 정하여 알려주는 연기통지에 불과한 것이므로, 이는 항고소송의 대상이 되는 독립한 행정처분으로 볼 수 없다(대판 2005.10.28, 2003두14550).
    ④ 대판 2008.1.31, 2005두8269

20. ① 항고소송은 원칙적으로 소송의 대상인 행정처분 등을 외부적으로 그의 명의로 행한 행정청을 피고로 하여야 하는 것으로서, 그 행정처분을 하게 된 연유가

상급행정청이나 타행정청의 지시나 통보에 의한 것이라 하여 다르지 않고, 권한의 위임이나 위탁을 받아 수임행정청이 자신의 명의로 한 처분에 관하여도 마찬가지이다. 그리고 위와 같은 지시나 통보, 권한의 위임이나 위탁은 행정기관 내부의 문제일 뿐 국민의 권리의무에 직접 영향을 미치는 것이 아니어서 항고소송의 대상이 되는 행정처분에 해당하지 않는다(대판 2013.2.28, 2012두22904).
② 대판 2017.11.9, 2017두47472
③ 대판 2017.10.12, 2017두48956
④ 대판 2018.6.28, 2015두47737

노동법개론

01. ② 02. ① 03. ③ 04. ④ 05. ①
06. ③ 07. ④ 08. ② 09. ① 10. ④
11. ② 12. ② 13. ① 14. ③ 15. ④
16. ② 17. ④ 18. ② 19. ② 20. ③

01. ② 임금은 통화(通貨)로 직접 근로자에게 그 전액을 지급하여야 한다. 다만, 법령 또는 단체협약에 특별한 규정이 있는 경우에는 임금의 일부를 공제하거나 통화 이외의 것으로 지급할 수 있다.

02. ① 법 제104조
    ② 법 제27조
    ③ 법 제94조
    ④ 법 제14조

상시 4명 이하의 근로자를 사용하는 사업 또는 사업장에 적용하는 법 규정(제7조 관련)

구 분	적 용 법 규 정
제1장 총칙	제1조부터 제13조까지의 규정
제2장 근로계약	제15조, 제17조, 제18조, 제19조제1항, 제20조부터 제22조까지의 규정, 제23조제2항, 제26조, 제35부터 제42조까지의 규정
제3장 임금	제43조부터 제45조까지의 규정, 제47조부터 제49조까지의 규정
제4장 근로시간과 휴식	제54조, 제55조제1항, 제63조
제5장 여성과 소년	제64조, 제65조제1항·제3항(임산부와 18세 미만인 자로 한정한다), 제66조부터 제69조까지의 규정, 제70조제2항·제3항, 제71조, 제72조, 제74조
제6장 안전과 보건	제76조
제8장 재해보상	제78조부터 제92조까지의 규정
제11장 근로감독관 등	제101조부터 제106조까지의 규정
제12장 벌칙	제107조부터 제116조까지의 규정(제1장부터 제6장까지, 제8장, 제11장의 규정 중 상시 4명 이하 근로자를 사용하는 사업 또는 사업장에 적용되는 규정을 위반한 경우로 한정한다)

03. ③ 15세 미만인 사람(초·중등교육법에 따른 중학교에 재학 중인 18세 미만인 사람을 포함)은 근로자로 사용하지 못한다. 다만, 대통령령으로 정하는 기준에 따라 고용노동부장관이 발급한 취직인허증을 지닌 사람은 근로자로 사용할 수 있다.

04. ④ 상시 근로자수가 99명 이하인 사업 또는

사업장이 10명 이상, 상시 근로자수가 100명 이상 999명 이하인 사업 또는 사업장은 상시 근로자수의 10퍼센트 이상, 상시 근로자수가 1,000명 이상 사업 또는 사업장은 100명 이상 해고 하려면 최초로 해고하려는 날의 30일 전까지 고용노동부장관에게 신고하여야 한다.

05. ① 대판 2020.2.6, 2015다233579, 233586
② 건설업에서 2차례 이상 도급이 이루어지고 건설업자가 아닌 하수급인이 그가 사용한 근로자에게 임금을 지급하지 못하였다면, 하수급인의 직상 수급인은 자신에게 귀책사유가 있는지 여부 또는 하수급인에게 대금을 지급하였는지 여부와 관계없이 하수급인과 연대하여 하수급인이 사용한 근로자의 임금을 지급할 책임을 부담한다(대판 2019.10.31, 2018도9012).
③ 근로형태나 업무의 성격상 연장·야간·휴일근로가 당연히 예상된다고 하더라도 기본급과는 별도로 연장·야간·휴일근로수당 등을 세부항목으로 나누어 지급하도록 단체협약이나 취업규칙, 급여규정 등에 정하고 있는 경우에는 포괄임금제에 해당하지 아니한다(대판 2020.2.6, 2015다233579, 233586).
④ 휴일근로수당으로 통상임금의 100분의 50 이상을 가산하여 지급하여야 하는 휴일근로에는 근로기준법 제55조 소정의 주휴일 근로뿐만 아니라 단체협약이나 취업규칙 등에 의하여 휴일로 정하여진 날의 근로도 포함된다(대판 2020.6.25, 2016다3386).

06. ① 교섭대표노동조합 결정 절차(교섭창구 단일화 절차)에 참여한 모든 노동조합은 자율적으로 교섭대표노동조합을 정하려는 경우 확정 또는 결정된 날부터 14일 이내에 자율적으로 교섭대표노동조합을 정한다.
② 교섭대표노동조합을 결정하여야 하는 단위(교섭단위)는 하나의 사업 또는 사업장으로 한다.
④ 단체협약의 당사자는 단체협약의 체결일부터 15일 이내에 이를 행정관청에게 신고하여야 한다.

07. 근로시간면제자에 대한 근로시간 면제 한도를 정하기 위하여 (㉠ 근로시간면제심의위원회)를 「경제사회노동위원회법」에 따른 (㉡ 경제사회노동위원회)에 둔다.

08. ① 대판 1990.12.26, 90누2116
② 노동조합의 조직이나 운영을 지배하거나 개입하려는 사용자의 부당노동행위에 의해 노동조합이 설립된 것에 불과하거나, 노동조합이 설립될 당시부터 사용자가 위와 같은 부당노동행위를 저지르려는 것에 관하여 노동조합 측과 적극적인 통모·합의가 이루어진 경우 등과 같이 해당 노동조합이 헌법 제33조 제1항 및 그 헌법적 요청에 바탕을 둔 노동조합 및 노동관계조정법(이하 '노동조합법'이라고 한다) 제2조 제4호가 규정한 실질적 요건을 갖추지 못하였다면, 설령 설립신고가 행정관청에 의하여 형식상 수리되었더라도 실질 요건이 흠결된 하자가 해소되거나 치유되는 등의 특별한 사정이 없는 한 이러한 노동조합은 노동조합법상 설립이 무효로서 노

동3권을 향유할 수 있는 주체인 노동조합으로서의 지위를 가지지 않는다고 보아야 한다(대판 2021.2.25, 2017다5161).
③ 대판 1996.12.20, 95누18345
④ 대판 2014.2.13, 2011다78804

09. ① 사용자는 근로자대표와의 서면합의에 의하여 월차유급휴가일 또는 규정에 의한 연차유급휴가일에 갈음하여 특정 근로일에 근로자를 휴무시킬 수 있다."고 규정하고 있는데, 위 법률 규정의 입법 취지에 비추어 볼 때 연월차유급휴가를 토요일 휴무로 대체하기 위해서는 반드시 근로자대표의 서면합의를 통해서만 가능하다(대판 2011.7.14, 2011다23149).
② 대판 2011.10.13, 2009다86246
③ 대판 1993.4.27, 92다37161, 전합
④ 대판 1991.7.26, 90다카11636

10. ④ 고용노동부장관은 매년 8월 5일까지 최저임금을 결정하여야 한다. 이 경우 고용노동부장관은 최저임금위원회에 심의를 요청하고, 위원회가 심의하여 의결한 최저임금 안에 따라 최저임금을 결정하여야 한다.

11. ② 평균임금은 이를 산정하여야 할 사유가 발생한 날 이전 3개월 동안에 그 근로자에게 지급된 임금의 총액을 그 기간의 총일수로 나눈 금액을 말한다.
③ 근로란 정신노동과 육체노동 모두를 말한다.
④ 1주는 휴일을 포함한 7일을 말한다.

12. ② 종사근로자인 조합원이 해고되어 노동위원회에 부당노동행위의 구제신청을 한 경우에는 중앙노동위원회의 재심판정이 있을 때까지는 종사근로자로 본다.

13. ① 누구든지 직장 내 괴롭힘 발생 사실을 알게 된 경우 그 사실을 사용자에게 신고할 수 있다.

14. ③ 15세 이상 18세 미만인 사람의 근로시간은 1일에 7시간, 1주에 35시간을 초과하지 못한다.

15. ① 근로기준법 제25조 제1항의 규정 내용과, 자신에게 귀책사유가 없음에도 경영상 이유에 의하여 직장을 잃은 근로자로 하여금 이전 직장으로 복귀할 수 있는 기회를 보장하여 해고 근로자를 보호하려는 입법 취지 등을 고려하면, 사용자는 근로기준법 제24조에 따라 근로자를 해고한 날부터 3년 이내의 기간 중에 해고 근로자가 해고 당시에 담당하였던 업무와 같은 업무를 할 근로자를 채용하려고 한다면, 해고 근로자가 반대하는 의사를 표시하거나 고용계약을 체결할 것을 기대하기 어려운 객관적인 사유가 있는 등의 특별한 사정이 있는 경우가 아닌 한 해고 근로자를 우선 재고용할 의무가 있다(대판 2020.11.26, 2016다13437).
② 사용자가 경영상의 이유에 의하여 근로자를 해고하고자 하는 경우에는 긴박한 경영상의 필요가 있어야 하고, 해고를 피하기 위한 노력을 다하여야 하며, 합리적이고 공정한 기준에 따라 그 대상자를 선정하여야 하고, 해고를 피하기 위한 방법과 해고의 기준 등을 근로자의 과반수로 조직된 노동조합 또는 근

로자대표와 성실하게 협의하여 한다(대판 2006.1.26, 2003다69393).
③ 사용자가 자신의 귀책사유에 해당하는 경영상의 필요에 따라 개별 근로자들에 대하여 구 근로기준법(2007. 4. 11. 법률 제8372호로 전부 개정되기 전) 제45조 제1항에 의한 휴업을 실시한 경우, 그 휴업 역시 구 근로기준법(2007. 1. 26. 법률 제8293호로 개정되기 전) 제30조 제1항에서 정한 '휴직'에 해당하는 불이익한 처분에 해당한다(대판 2009.9.10, 2007두10 440).
④ 대판 2001.11.13, 2001다27975

16. ① 대판 2019.2.14, 2015다66052
② 회사가 노동조합 측과 정리해고에 관한 합의 도출을 위하여 성실하고 진지한 노력을 다하였는데도 노동조합 측이 합리적 근거나 이유제시 없이 정리해고 자체를 반대하고 불법적인 쟁의행위에 나아감으로써 합의에 이르지 못하였으므로, 이는 노동조합이 사전합의권을 남용하거나 스스로 사전합의권 행사를 포기한 경우에 해당한다는 이유로 甲회사의 乙에 대한 정리해고를 무효라고 볼 수 없다(대판 2012.6.28, 2010다38007).
③ 대판 2021.2.25, 2017다51610
④ 대판 2006.2.24, 2005도8606

17. ① 근로기준법에서 정하는 기준에 미치지 못하는 근로조건을 정한 근로계약은 그 부분에 한정하여 무효이다.
② 근로계약을 체결할 때에 근로자에게 임금, 소정근로시간, 제55조에 따른 휴일, 제60조에 따른 연차 유급휴가, 그 밖에 대통령령으로 정하는 근로조건의 사항을 명시하여야 한다.
③ 사용자는 근로자 명부와 대통령령으로 정하는 근로계약에 관한 중요한 서류를 3년간 보존하여야 한다.

18. ② 근로자를 대표하는 근로자위원은 9명, 사용자를 대표하는 사용자위원 9명, 공익을 대표하는 공익위원 9명의 위원으로 구성한다.

19. ② 노동조합은 그 규약이 정하는 바에 의하여 법인으로 할 수 있다.

20. ③ 근로자를 해고(경영상 이유에 의한 해고를 포함)하려면 적어도 30일 전에 예고를 하여야 한다.

정답 및 해설

국 어

01. ④ 02. ② 03. ① 04. ③ 05. ①
06. ④ 07. ③ 08. ④ 09. ④ 10. ③
11. ① 12. ② 13. ③ 14. ② 15. ④
16. ② 17. ④ 18. ④ 19. ④ 20. ①

01. ④ '끌밋하다'는 '훤칠하고 시원스럽게 잘 생기다'라는 뜻이고, '너스레'는 '남을 놀리려고 수다스럽게 늘어놓은 말솜씨'를 뜻한다.

02. 제시된 가사는 박인로의 「누항사」 중 제일 첫 번째 서사이다. 조선 후기 가사문학의 전개에 가장 중요한 구실을 한 사람은 노계 박인로이다. 송강 정철을 정점으로 한 전기 가사문학이 관념적 양반세계를 그리고 있다면, 그의 작품에는 당대의 구체적인 현실인식이 사실적으로 담겨 있으며 형식적으로도 파격이 나타나 있다.

03. ㉠ 단편집 「잘난 사람들」의 작가는 채만식이다.

04. 윤선도의 「어부사시사」는 춘하추동 사계절을 각 10수씩 읊은 총 40수의 연시조로 3장 6구의 시조형식에 후렴구를 첨가하였다. ③ '지국총 지국총 어사와'는 노 젓는 소리의 음을 빌려 한자로 나타낸 것으로 작품에 리듬감과 생동감을 불어넣고 있다.

05. 한식(寒食)의 유래와 관계 깊은 가요로 한식은 동지로부터 105일째 되는 날에 찬밥을 먹는 것을 말하며 그 기원은 중국 진나라 개자추가 망명중인 왕자를 따라다니며 뒷바라지했는데 이윽고 왕자가 진나라에 돌아와 왕이 되었으나 망명시절의 개자추의 충성을 미처 깨닫지 못했다가 후에 깨달아 개자추를 찾았으나 노모와 깊은 산속으로 들어가 나오지 않자 최후의 수단으로 산에 불을 놓아 개자추가 나오길 바랐으나 나오지 않고 불에 타 죽고 말았다. 후세인들이 그의 충성을 높이 사 이날 하루를 불을 피우지 않고 찬밥을 먹게 되었다고 한다.

06. ④ 이인직의 「혈의 누」(1906)는 자주 독립 사상과 신교육 사상, 새로운 결혼관 고취 등을 주제로 한 우리나라 최초의 신소설로 청·일 전쟁으로 부모와 헤어진 옥련이 구완서의 도움을 받아 미국 유학을 가서 신여성이 된다는 내용으로 정치소설로 볼 수는 없다.

07. ㉠, ㉣은 화자의 개입이고 ㉡은 서술자와 인물의 시점이 일치한다.

08. (가) 김춘수의 「나의 하느님」(〈타령조 기타〉)에 실림
(나) 김영랑의 「두견」
(다) 주요한의 「불노리」(1919)
(라) 윤동주의 「쉽게 쓰여진 시」

주요한은 1920년대, 김영랑은 1930년대, 윤동주는 1940년대, 김춘수는 1950년대 이후부터 활동하기 시작하였다.

09. 동의를 얻기 위한 호소보다 행동으로 옮기게 하는 호소 중 후자의 경우는 강한 어필이 필요하므로 행동으로 옮기게 하기 위해 하는 설득이 감정에 호소하는 정도가 더 높아야 한다.

10. ③ 추구하는 이상이 실현되면 그 이상의 것이 다시 이상이 되므로, 인생의 완성이란 없다.

11. 직유법은 원관념을 표현하기 위하여 보조관념을 제시할 때, 그 두 관념을 '마치, 같이, 처럼, 듯이' 같은 유사성을 나타내는 말로 연결하는 비유법이다.

12. 인용문은 아버지가 그린 그림인지, 다른 사람이 그린 그림을 아버지가 소장하고 있다는 의미인지 관형격 조사 '의'에 의한 중의적으로 해석이 되는 문장이다.
② 나의 추억이 그녀와 나와의 추억인지 나만의 추억인지 중의적으로 해석된다.

13. "孔子曰 三人行에 則必有俄師라 하시니 是故로 弟子 不必不如師요 師不必賢於弟子라. 聞道 有先後하고 術業이 有專攻이니 如是而已니라." 즉, 공자 말씀하시되, '세 사람이 가는 데에 곧 반드시 나의 스승이 있다.'고 하시니, 이런 까닭으로 제자라고 해서 반드시 스승만 못하란 법이 없고 스승이라고 해서 반드시 제자보다 어진 것이 아니다.

14. 독서의 과정
㉠ 판독 : 축자적 읽기, 글자를 소리 나는 대로 읽는 과정
㉡ 이해 : 글의 문맥적 의미나 구조를 파악하는 과정
㉢ 해석 : 의미의 재구성을 통해 주제를 파악하는 과정
㉣ 반응 : 글의 내용을 수용하거나 비판하는 과정

15. ④ 직·간접 경험을 통해 구조화된 지식 체계로, 글을 이해, 해석하는 데 기여한다.

16. (가) 김현승의 「눈물」
(나) 김수영의 「눈」
(다) 정지용의 「바다2」
(라) 신동엽의 「껍데기는 가라」

(나)는 '눈'과 '가래'의 대비를 통하여 순수한 삶에 대한 소망을 노래하고 있다.

17. ④ 고유어나 외래어 뒤에 결합한 '量'에는 두음 법칙을 적용하여 적어야 하며 한자어 뒤에서는 산소량과 같이 '량', 고유어, 외래어 뒤에서는 구름양, 알칼리양과 같이 '양'으로 표기한다.

18. 만해 한용운의 "알수 없어요"에서의 님의 표상은 오동잎, 푸른하늘, 향기, 시내, 저녁놀 등이다.

19. '곤혹스럽다'는 곤란한 일을 당하여 어찌할 바를 모르는 상태에 있다는 의미인데 ④는 곤란한 일을 당한 것이 아니므로 '혼란스러웠다'로 바꿔야 한다.

20. ①은 '손님이 도리어 주인 행세를 한다' 라는 뜻의 한자성어이다.

한국사

01. ② 02. ② 03. ① 04. ③ 05. ①
06. ④ 07. ① 08. ② 09. ④ 10. ③
11. ③ 12. ④ 13. ④ 14. ③ 15. ②
16. ② 17. ① 18. ④ 19. ② 20. ④

01. 임정의 대통령인 이승만이 국제연맹에 대한 민국을 위임 통치해줄 것을 청원하는 청원서(1919)이다. 이로 인해 독립운동가들의 비판이 이어졌으며 신채호 등은 이를 규탄하기도 했다.

02. 청동기 시대의 미송리식 토기에 관한 설명으로 평북 의주 미송리 동굴에서 처음 발견되었는데 이 시대에는 반달 돌칼 등을 이용해 곡식을 자르는데 사용하기도 했다.

    ① 구석기시대 ③, ④는 신석기시대에 관한 설명이다.

03. ① 고려시대 정율 지대인 타조법에서 조선시대에 와서는 작인들에게 유리한 정액지대인 도조법이 등장했음을 알 수 있고 이는 전근대적인 지주제의 해체과정으로 볼 수 있다.

04. ㉠ 1927 ㉡ 1919 ㉢ 1907 ㉣ 1922

05. 신라의 중앙정부의 지배는 강력하게 미치지 못하여 지방주민들은 직접 국가의 통치를 받지 못하고, 집단별로 국가에 예속되는 형태를 띠었다. 또한 발해도 지방행정의 중심을 15부에 두고 지역적인 소수민족의 전통을 배려하였다.

06. 대한국제 : 일종의 헌법으로 대한제국이 전제정치국가이며, 황제권은 무한함을 강조하여 모든 권한을 집중시켰다.

07. 경제적으로 부를 축적한 지주농민들은 납속·족보 위조와 양반신분을 사들이는 등으로 신분상승을 꾀하여 양반 지배체제가 동요되었다.

08. 제시문은 건국준비위원회(1945.8)에 대한 설명으로 3개 조항은 강령이다.

    ① 위원장 여운형(중도좌익), 부위원장 안재홍(민족주의자) 등이 중심이 되어 결성되었다.
    ③ 송진우 등 우익이 불참하여 국민들의 폭넓은 지지를 얻지 못했다.
    ④ 좌익 주도의 건국 준비 위원회는 1945년 9월 6일, 조선 인민 공화국을 선포하였으나 미군정은 이를 인정하지 않았고 우익 세력 강화를 도모할 방법으로 좌우 합작위원회를 만들었다.

09. 기독교 인사의 신사참배 강요에 대한 반대의 글이다.

10. ③ 중상주의 실학자인 박제가가 「북학의」라는 책에서 주장한 것으로 청의 선진문물을 보고 돌아온 후 청과 당시 조선을 비교 상공업의 발전을 위해서는 청의 선진문물을 받아들여야 한다고 주장했으며 소비와 생산과의 관계를 우물물에 비유하여 생산을 권장하기 위하여 소비를 장려했다. 또한, 놀고먹는 양반들은 상업에 종사해야 한다고 주장하였다.

11. ㉠ 4.19 : 1960년, 4월 19일 장기 집권한 이승만정권의 반부정 반정부 항쟁이다.
    ㉡ 5.16 : 1961년 5월 16일 민주당 정권의 짧은 국정운영 기간에 보여준 실정이 계기가 되어 일으킨 군사 쿠데타이다.
    ㉢ 10.26 : 1979년 10월 26일 장기 집권한 박정희 정권에 대한 권력투쟁으로 빚어진 대통령 시해 사건이다.
    ㉣ 5.18 : 10.26 사태로 정권을 잡은 전두환 정권의 계엄령 철폐와 퇴진을 요구한 민주화운동이다.
    이로 볼 때 사건이 일어나게 된 원인이 모두 평화적 정권 교체가 이루어 지지 않음으로써 발생한 사건들이다.

12. 조선혁명선언 : 독립운동의 주체세력으로 민중을 강조하고 민중의 직접 혁명에 의해서 독립이 가능하다고 주장하였다(무정부주의적 투쟁). 역사의 주체는 민중이고, 사회의 불평등 제거를 주장하였다.

13. 보기는 시대별 구휼제도를 열거한 것이다.

14. 독립은 달성하지 못했으나 훗날 광복의 발판이 되었음은 물론 더욱더 활발한 독립운동을 전개하게 된 계기가 되었다.

15. 서유구의 「임원경제지」는 조선 후기 농업경영·기술혁신을 종합하여 생산력 제고와 경영형 부농의 경영원리를 바탕으로 한 임노동 하의 지주제를 구상하여 체계화하였다.
    ② 이앙법에 따른 광작이 가능해져 가난한 소작농민들은 소작지를 얻기가 더 어려워졌다.

16. 중국으로부터 전래된 세계지도는 세계관 확대에 영향을 주었다.

17. 일제말기인 1944년에 "정신대"를 만들어 여자들을 강제로 동원, 위안부로 삼았고 또한 이시기에는 민족말살 통치시기로 우리말·우리역사교육이 금지되었으며 창씨개명도 강요당했다.
    ② 1912~1918년
    ③ 1920~1933년
    ④ 1920년

18. 조선건국의 역사적 의의
    ㉠ 조선의 건국은 신진사대부 세력이 부패한 권문세족을 타도하고 새로운 왕조를 세운 역성혁명이었다.
    ㉡ 귀족정치에서 관료정치로의 전환을 가져왔다.
    ㉢ 중세사회에서 근세사회로의 전환을 가져왔다.
    ㉣ 이로써 15세기의 약 100년간 정치의 안정을 가져와 유교적 민족국가의 성립 및 민족문화의 형성을 보게 되었다.
    ㉤ 이는 민중에 바탕을 둔 시민혁명과는 그 성격이 다르다.

19. 6·29 선언(1987) : 1987년 6월 항쟁 결과, 직선제로 개헌되었다.

20. ① 유수원
    ② 정약용
    ③ 이익
    ④ 박지원 : 「한민명전의」에서는 한전론의 중요성을 강조하고 「과농소초」에서는 농업생산력을 높이는 문제에 관심을 쏟은 바 있었다. 또한 청의 선진문물을 받아들여야 한다는 상공업진흥에도 관심을 쏟았고 수레·선박의 이용이나 화폐의 유통의 필요성을 강조하여 양반문벌제도의

비생산성을 비판하였다.

영어

```
01. ②  02. ①  03. ④  04. ④  05. ④
06. ②  07. ③  08. ③  09. ④  10. ④
11. ③  12. ④  13. ②  14. ②  15. ③
16. ②  17. ③  18. ④  19. ③  20. ④
```

01. steadily 끊임 없이 / increment 증가, 이익 / imperceptible 눈에 보이지 않는, 감지할 수 없는 / substantial 상당한, 중요한 / direction 감독 / trivial 사소한

「지난 20년 간 미국인이 그들의 직업에 사용하는 시간의 양은 끊임없이 증가했다. 매년 그 변화는 미미했으나, 9시간 정도, 즉 하루에 1시간을 약간 넘는 정도에 이르렀다. 어떠한 한 해를 기준해서 볼 때, 그러한 소폭의 <u>증가</u>는 감지되기 쉽지 않았을 것이다. 그러나 20년간에 걸쳐 축적된 증가는 <u>상당한</u> 것이었다.」

02. intervention 중재, 개입, 조정 / exercise 훈련 / veto 거부권 / council 회의 / presence 주둔 / legitimate 합법적인, 정당한

「유엔의 중재가 효과적이기 <u>위해서는</u> 유엔은 각 측의 견해와 군사적 지위를 고려해야 할 뿐 아니라 미국과 소련 사이의 합의도 구해야만 한다. 이것은 단지 소련이 안전 보장 이사회에서 거부권을 행사할 수 있다는 점 때문만은 아니며, 그들이 그 지역에 현존하고 적법한 이해관계를 갖고 있다는 사실 때문이기도 하다.」

03. hart 심장 / throughout ~의 전체에 걸쳐 / artery 동맥 / vessel 혈관 / cell 세포 / vein 정맥 / waste product 노폐(배설)물 / carbon dioxide 이산화탄소 / pass from ~로부터 미끄러지다.

「심장은 혈액을 몸 전체에서 보내는 중앙펌프의 역할을 한다. 심장을 떠난 대동맥은 점점 더 작아지는 동맥을 통해 혈액을 몸 전체로 운반한다. 가장 작은 혈관이라 할지라도 한 세포가 통과할 정도만큼의 충분한 넓이를 가진다. 혈액은 정맥을 통해 다시 심장으로 되돌아온다. 혈액은 심장에 들어갈 때까지 더 작은 정맥으로부터 더 큰 정맥으로 흐른다. 산소와 영양물은 혈액을 통해 몸 전체의 세포에 공급된다. 그리고 이산화탄소와 같은 노폐물은 몸 세포에서 혈관을 통해 빠져 나간다.」

04. the Kyoto Protocol to the Framework Convention on Climate Change 기후변화에 관한 기본협약 교토의정서 / fossil fuel 화석연료 / take effect 발효되다(=come into operation) / unanimously 만장일치로 / exhaust 고갈시키다

「만일 기후변화에 관한 기본협약 교토의정서가 <u>발효되면</u> 화석연료를 사용하는 것이 더욱 어려워질 것이다.」

① 만장일치로 동의하다
② ~에 큰 영향을 미치다
③ 전체적으로 소진되다

05. ④ '…을 포함해서'라고 할 때는 including를 써야 하고 '실종된'이라는 의미의 영어 단어는 missing이지 수동형의 be missed라는 표현을 사용하지 않는다.

06. organized 조직적인 / lying 거짓말을 하는

/ shamelessly 파렴치한, 추잡한 / dictator 독재자 / nor period 기간 보다 / organized lying 조직적인 거짓말 / the world history 세계사 / dictator 멸렬하다

「세기 역사상 어떤 시대에도 현 시대의 정치·경제적인 독재자들에 의해서만큼 파렴치하게 <u>조직적인 거짓말</u>이 행해지지 않았다.」

07.
　　　　　(A)
「토니네 차에 진흙이 많이 묻어 있다. 어머니는 여러 번 토니에게 세차를 하라고 말씀하신다. 그러나 토니는 장마철이기 때문에 세차를 해도 소용이 없다고 우긴다. 그의 가족이 EXPO를 보러갈 준비를 할 때 어머니는 토니에게 내일 돌아 올거니까, 갈 필요가 없다고 말씀하신다.
　　　　　(B)
어머니 : 저런, 차 좀 보렴. 도무지 몇 번이나 말해야 되니?
토　니 : 알아요, 하지만 이틀에 한 번씩 비가 오는 걸요. <u>또 지저분해질 거예요.</u>
어머니 : 무슨 말인지 알겠구나. 그럼 난 EXPO엔 널 데리고 가지 않아야겠구나.
토　니 : 어머니, 정말 가고 싶어요.
어머니 : 무슨 말이니? 우리는 내일 돌아와야 하니까, 너는 집에 있는 게 좋겠구나.」

① 또 엉망이 될 거예요.
② 그게 필요하다고 생각하세요?
③ 그 차를 보관해야 하나요?
④ 꼭 해야 하나요?

08. auction 경매 / take place 발생하다 / finan-cially 재정적으로 / opaque 불투명한, 명확하지 않은 / government-run 국영의 / behemoth 거인, 가업 / transparent 투명한 / slanting 경사진 / obscure 불분명한, 모호한 / vulnerable 상처입기 쉬운

「만일 경매가 진행되면 경매에서 이긴 자는 Gazprom이라는 재정적으로 <u>불투명한</u> 대형 국영 천연 가스사가 될 것임이 분명하다.」

09-10.
data processing 자료처리 / opening 결원 / M.B.A.(Master of Business Administration) 경영학 석사 / M.H.A.(Master of Hospital Administration) 병원행정석사 / track record 업무실적 / warrant 보증하다 / supplement 부록 / equipment 장비 / datum 자료

「이번에 평생직장을 마련하십시오!
　시장은 변하고 있고, 성장하고 있으며, 우리의 진로를 이동시키고 있습니다! 지금 병원 자료 처리 분야에서 선두 주자 대열에 끼일 수 있는 흥미롭고 전문적인 기회를 여러분에게 제공합니다. 우리 이스턴 리전에서는 이번에 두 자리의 공석이 생겼습니다. 다음 요건을 갖춘 인정받은 전문인을 초빙 합니다 :
경영학 혹은 관련 분야 학사 학위 : 경영학 석사나 병원 행정학 석사 우대함.
병원 재무 자료 처리 장비나 서비스 판매에서의 영업 실적.
우리는 근무 시간을 도전적이고 보람 있는 근무에 바칠 용의가 있는 이 분야의 지도자를 찾고 있음.」

09.. 「광고에 나와 있는 지위에 지원하는데 필수 조건이 아닌 것은?」

① 경영학 학위
② 병원 재정 데이터 처리 장비에서 검증된 능력과 성능
③ 이 직업 기회가 주어진다는 것을 보증하기 위해 충분한 시간을 투자하고 싶은 욕망
④ M.B.A. 나 M.H.A.

10. 「이 광고는 아마도 대도시 신문의 경제면에서 발견될 것이다.」

① 일요 잡지의 부록
② 뉴tm 잡지
④ 건강 잡지

11. 「A : 저는 당신의 사무실에 처음 가봤어요.
    B : 그래요? 구경시켜 드리지요.」

① 그렇습니까?
② 그래? 한번 보자.
④ 그래? 나 좀 나가볼게

12. Court trial 법정재당 / witness 목격자 / distract 산만하게 하다

「오늘날, 많은 주가 T.V 법정재판 방영을 허용한다. T.V에서 재판을 다루는 것이 법정 제도에 관해 대중에게 알릴 최고의 방법이라 생각하는 것 같다. 하지만 나는 생각이 다르다. 공정한 재판은 T.V 카메라가 돌아가는 동안 불가능하다. 판사, 배심원, 목격자들은 저녁 뉴스를 위해 자신들이 녹화되고 있는걸 알면 재판은 집중될 수 없을 것이다. 많은 목격자들은 T.V 재판에 등장하는 것을 원하지 않을 것이다. T.V 카메라는 이제 재판이 아니라 모의재판에만 사용하자.」

13. charge 고발 / claim 주장하다 / former 이전의 / conviction 유죄의 판결

「B. 한 회사는 전직 엔지니어 2명이 회사를 떠날 때 영업 비밀을 훔쳤다고 주장했다.
A. 형사 고발에 직면하여, 그들은 단순히 자신들의 컴퓨터 파일을 복사했다고 말했다.
C. 그러나 배심원단은 동의하지 않았고, 형사 상고법원은 이 판결을 지지했다.」

문제제기, 상대방의 주장, 법원의 판결 순서로 문장이 연결되어야 한다.

14. 가정법 과거완료의 개념과 형태를 묻는 문제이다.

If I had not been busy, I would have gone there.
⇒ Had I not been busy, I would have gone there.

15. dweller 거주자 / cave-dweller 동굴인 / irregularly 불규칙한 / guess 추측하다 / sundial 해시계 / divided 분할된

「오래 전에 살았던 동굴인들은 시계를 거의 사용하지 않았다. 해가 뜨면 일어나고 어두워지면 잠자리에 들었다. 배고프면 먹고 아마 시간에 대해 관심이 없었던 것 같다. 문명이 발전하고 무리를 지어 살기 시작하면서 시간을 물어보고 계산하는 것이 중요해졌다. 처음엔 사람들이 태양을 보면서 시간을 예측했음에 틀림없다. 해가 서쪽에서 낮아지면 어두워지고 일을 마칠 시간이었다. 시간을 알게 되는데 다음 단계는 태양에 의해 만들어진 그림자를 사용하는 것이었다. 공터 위에 선 곧은 막대기 하나가 필요한 것 전부였다. 그림자는 정오 때 가장 짧았고 아침과 늦은 오후에 가장 길었다. 그림자 길은 동일한 부분으로 나누어 하루의 시간을 알았다. 어느 부분이 그림자 끝 부분과 가장

가까운지를 관찰해서 이런 계획은 해 시계의 개발을 낳았고 하루는 12시간으로 나누어 졌고, 일출과 일몰로 그래서 한낮은 6번째 시간에 맞추었다.」

① 동굴 거주자들은 불규칙하게 살았다.
② 그들은 해가 서쪽에서 낮게 떠 있는 것을 보았을 때, 어두워졌다고 추측했다.
③ 태양의 그림자는 오전에 가장 길었지만 늦은 오후에 가장 짧았다.
④ 고대 해시계에서는 하루를 12개의 동일한 시간으로 나누었고, 따라서 여섯 번째 시간은 한낮을 의미했다.

16. involve 관련시키다 / inductive 귀납적인 / logic 논리 / deductive 연역적인 / accuracy 정확, 정밀 / principle 원리원칙 / conclusion 결말

「위에서 설명한 과학적 방법은 주로 귀납적 논리를 수반한다. 이런 종류의 논리에서는 한 가지 실험이나 사건에 대한 반복된 관찰이 필요하다. <u>여러 가지 다른 예들을 관찰함으로써 과학자는 일반적인 결론을 끌어낼 수 있다.</u> 그러나 과학자들은 연역적 논리도 사용할 수 있다. 연역적 논리를 사용하여 과학자는 특정 사례와 관련된 결론을 이끌어 내기 위해서 이미 알려진 과학적 원리나 규칙으로부터 추론을 한다. 연역적 논리로 도달한 결론의 정확성 여부는 사용된 원리와 규칙들의 정확성 여부에 달여 있다.」

17. temptation 유혹 / be subject to … 받기 쉽다 / theme 제목 / susceptible 느끼기 쉬운, 걸리기 쉬운 / dispose 배치하다, 처분하다

「A : 사람은 유혹을 받기 쉽다.
B : 학교에서 무슨 과목을 공부하십니까? (subject 과목)
C : 당신의 행동이 사람의 비웃음을 받게 할 것이다.(subject A to B를 받게 하다)」

18. dissolve 녹이다, 용해시키다 / gradually 차차 / residue 찌꺼기 / imperceptible 미세한 / lumpy 딱딱한 / immediately 즉시 / fragrant 냄새가 좋은 / spectacularly 볼만하게 / opaque 불투명한

「설탕은 <u>점차</u> 물에 녹았다. : 마지막으로 남은 것은 유리 바닥에 거의 <u>감지할 수 없는</u> 잔여물뿐이었다.」

19. fluid 분비액 / infection 감염 / synthetic 합성의 / amplify 확대하다, 자세히 진술하다 / swallow 삼키다 / wriggle 꿈틀거리다 / in place 결정된 장소에 / remain 머무르다, 남다

「극심한 화상 피해자에게는 분비액 손실, 세균의 감염, 또는 그 두 가지로 인해 곧바로 죽음의 위협이 뒤따르게 된다. 그것이 신체에 새로운 피부가 날 때까지 상처를 즉시 보호하는 것이 중요한 이유인 것이다. 현재는 대부분의 미세한 상처를 깨끗이 치료하는 데 충분한 50일까지 적소에 <u>잔류</u>하게 되는 합성물질이 있다.」

20. involve ~인 체 하다 / community 사회, 공동 사회

「인간은 아무리 <u>자연의 일부가 아닌</u> 체하고 싶어도 자연의 일부다. 이 지구상에서 건강하게 살기 위해서는 그는 또한 자연과 더불어 살아야 한다. 우리는 인간 사회의 일부일 뿐만 아니라 자연인 전체 사회의 일부가 되

어야 한다.」

행정법총론

01. ② 02. ② 03. ③ 04. ① 05. ③
06. ① 07. ① 08. ④ 09. ④ 10. ③
11. ② 12. ④ 13. ① 14. ④ 15. ④
16. ① 17. ④ 18. ④ 19. ② 20. ②

01. 법규 명령 형식의 행정규칙의 성질에 대하여 우리 대법원 판례는 그 법규 명령의 형식이 대통령령(시행령)인 경우에는 법규성을 인정하여 행정청에 재량권이 없다고 보았다(대판 1997.12. 26, 97누15418).

02. ② 행정소송에서는 사정판결이 취소소송에서만 인정되지만, 행정심판에서는 사정재결이 취소심판과 의무이행심판에서 인정된다.

03. 공무수탁 사인도 행정청에 포함되는 결과(행정절차법 제2조제1호) 공무수탁 사인의 행위는 행정청의 행위로서 행정행위가 될 수 있다.

04. ① 공공기관이 공개청구의 대상이 된 정보를 공개는 하되, 청구인이 신청한 공개방법 이외의 방법으로 공개하기로 하는 결정을 하였다면, 이는 정보공개청구 중 정보공개방법에 관한 부분에 대하여 일부 거부처분을 한 것이고, 청구인은 그에 대하여 항고소송으로 다툴 수 있다(대판 2016.11.10, 2016두44674).
② 대판 2007.6.15, 2006두15936
③ 대판 2006.8.24, 2004두2783
④ 대판 2012.6.28, 2011두16735

05. ① 부관이 무효인 경우에 그 본체인 행정행위에 어떠한 영향을 미치는가에 대하여는 견해가 갈리고 있다. 즉 이에 대하여는 ㉠ 부관의 무효는 본체인 행정행위에는 영향이 없는 것으로 당해행위는 부관없는 단순행정행위로 된다는 설 ㉡ 부관의 무효는 행정행위자체를 무효로 한다는 설 ㉢ 원칙적으로 부관없는 단순행정행위가 되는 것이나, 부관이 그 행위에 있어 없어서는 안 될 본질적인 요소를 이루는 것인 때에는, 부관의 무효는 본체인 행위 그 자체를 무효로 한다는 설

② 징계원인이 있는 경우에 어떤 종류의 징계를 할 것인지는 원칙적으로 징계권자의 재량적 판단에 속한다(대판 1997.1. 25, 76누235).

③ 현재로서 철회에 관한 통칙적 규정이 없기 때문에 처분청이 철회권을 행사하기 위해서는 개별적인 법률의 근거가 있어야 하는가가 문제된다. 이에 대해서는 근거불요설·근거필요설·제한적긍정설 등이 대립되고 있는 바, 근거불요설이 다수설·판례의 입장이다(대판 2002.11.26, 2001두2874).

④ 판례는 문교부장관(현 교육부)의 교과서 검정에 관한 처분과 관련하여 법원이 교과서의 저술내용이 교육에 적합한지의 여부를 심사할 수 없다고 보았다(대판 1988.11.8, 86누618).

06. ① 원심이 국가로서 가집행선고부 판결에 기한 강제집행의 정지신청을 한 신청인에게 위와 같이 담보를 제공할 것을 조건으로 강제집행의 일시정지를 명한 것

은 인지 첨부 및 공탁 제공에 관한 특례법 제3조의 법리를 오해한 위법이 있다고 하지 않을 수 없다(대판 2010.4.7, 2010부1).
② 대판 2008.5.6, 2007무147
③ 대판 2005.12.12, 2005무67
④ 대판 2012.2.1, 2012무2

07. 행정소송법에서 명문으로 무명항고소송(의무이행소송)을 인정하고 있지 않을 뿐만 아니라 판례도 현행 행정법상 허용되지 않아 부정적 입장을 취하고 있다.

08. 서리는 피대리청의 구성원이 궐위되어 있는 경우의 대리이나, 서리는 행정청의 지위에 있는 자에게 사고가 있는 경우의 대리와는 달리 대리되는 자가 없는 점에 그 특징이 있다. 그러나 피대리청의 지위에 있지 않는 자의 행위가 피대리청의 행위로서의 효과를 발생하는 점은 일반의 대리와 같다.

09. ④ 해당 행위에 대한 청구권이 없는 경우 행정청은 사인의 신청에 대하여 법적인 처리의무는 없다. 그러나 법률에 그에 대한 처리결과를 사인에게 통지할 것을 규정한 경우도 있으므로, 행정청이 어떠한 의무도 부담하지 않는 것은 아니다.

10. ① 국가배상청구권의 성격과 책임의 본질, 소멸시효제도의 존재이유 등을 종합적으로 고려한 입법재량 범위 내에서의 입법자의 결단의 산물인 것으로 국가배상청구권의 본질적인 내용을 침해하는 것이라고는 볼 수 없고 기본권 제한에 있어서의 한계를 넘어서는 것이라고 볼 수도 없으므로 헌법에 위반되지 않는다(헌재 96헌바24, 1997.2.20).

② 운전부주의로 탑승한 청소부를 차 밖으로 추락시킨 구청청소차 운전사에 대한 직권면직처분은 법률상의 요건이나 절차에 위배한 처분이라 할 수 없다고 하여 공무원으로 보았다(대판 1984.5.29, 84누199).
③ 대법원은 피해자의 선택청구에 대해 고의·중과실의 경우는 인정하였다.(대판 1996.2.15, 95다38677).
④ 헌법 제37조 제2항에서 규정하고 있는 기본권 제한입법에 있어서의 과잉입법금지의 원칙에 반할 뿐 아니라, 권력을 입법·행정 및 사법 등으로 분립한 뒤 실질적 의미의 사법작용인 분쟁해결에 관한 종국적인 권한은 원칙적으로 이를 헌법과 법률에 의한 법관으로 구성되는 사법부에 귀속시키고 나아가 국민에게 그러한 법관에 의한 재판을 청구할 수 있는 기본권을 보장하고자 하는 헌법의 정신에도 충실하지 못한 것이다(헌재 91헌가7, 1995.5.25).

11. ② 판례는 국무총리훈령인 개별토지가격합동조사지침(현재, 폐지 됨)의 법규성을 인정했지만, 이를 위임명령으로 본 것이 아니라 집행명령으로 보았다. 개별토지가격합동지침(국무총리훈령 현재는 폐지) 제6조는 개별 토지 가격 결정 절차를 규정하고 있으면서, 그 중 제3호에서 산정된 지가의 공개·열람 및 토지소유자 또는 이해관계인의 의견접수를 그 절차의 하나로 규정하고 있는 바, 위 지침은 부동산 가격공시 및 감정평가에 관한 법률 제10조의 시행을 위한 집행명령으로서 법률보충적인 구실을 하는 법규적 성질을 가지고 있는 것으로 보아야 할 것이므로, 위 지침에 규정된 절차에 위배하여 이루

어진 지가결정은 위법하다(대판 1994.2. 8, 93누111).
③ 대판 1995.6.30, 93추83

12. ④ 일반적·추상적 규범정립행위나 사실행위 등은 행정행위가 아니다. 행정행위는 구체적 사실에 관한 법집행행위이며 권력적 단독행위이기 때문이다.

13. ① 대집행의 주체는 의미를 부과한 행정청만이 된다.

14. ④는 공제설(소극설)에 대하여 가하여지는 비판의 내용이다. 기관양태설은 실질적 의미의 행정개념을 부정한다.

15. ④의 경우, 부관없는 행정행위로 보아 본체인 행정행위는 유효하다.

16. 헌법 제29조의 손해배상청구권으로 볼 경우 과실책임을 따르나, 국가배상법 제3조의 경우로 보면 무과실책임이 되므로 학설상 대립이 있다.

17. ④ 특허가 공익재량행위라고 하더라도 재량의 일탈·남용이 되면 역시 위법이 된다.

18. ④ 변상금의 체납 시 국세징수법에 의하여 강제징수토록 하고 있는 점 등에 비추어 보면 국유재산의 관리청이 그 무단점유자에 대하여 하는 변상금부과처분은 순전히 사경제 주체로서 행하는 사법상의 법률행위라 할 수 없고 이는 관리청이 공권력을 가진 우월적 지위에서 행한 것으로서 행정소송의 대상이 되는 행정처분이라고 보아야 한다(대판 1988.2.23, 87누1046).

19. ① 그 부작위가 위법함의 확인을 구하는 청구는 과거의 역사적 사실관계의 존부나 공법상의 구체적인 법률관계가 아닌 사실관계에 관한 것들을 확인의 대상으로 하는 것이거나 행정청의 단순한 부작위를 대상으로 하는 것으로서 항고소송의 대상이 되지 않는다(대판 1990.11.23, 90누3553).
② 우리판례는 일관되게 무명항고소송을 부정하고 있다.
③ 대통령의 계엄선포행위는 고도의 정치적, 군사적 성격을 띠는 행위라고 할 것이어서, 그 선포의 당, 부당을 판단할 권한은 헌법상 계엄의 해제요구권이 있는 국회만이 가지고 있다 할 것이고 그 선포가 당연무효의 경우라면 모르되, 사법기관인 법원이 계엄선포의 요건 구비여부나, 선포의 당, 부당을 심사하는 것은 사법권의 내재적인 본질적 한계를 넘어서는 것이 되어 적절한 바가 못 된다(대판 1979.12.7, 79초70).
④ 임용신청자가 임용거부처분이 재량권을 남용한 위법한 처분이라고 주장하면서 그 취소를 구하는 경우에는 법원은 재량권남용 여부를 심리하여 본안에 관한 판단으로서 청구의 인용 여부를 가려야 한다(대판 1991.2.12, 90누5825).

20. 무효선언을 구하는 취소소송도 형식상 취소소송인 이상, 취소소송에 관한 각 규정이 적용된다는 것이 판례의 태도이다. 따라서 행정소송법상 제소기간이 동일하게 적용된다고 한다.

넘어서는 것이 되어 적절한 바가 못 된다(대판 1979.12.7, 79초70).
④ 임용신청자가 임용거부처분이 재량권을 남용한 위법한 처분이라고 주장하면서 그 취소를 구하는 경우에는 법원은 재량권남용 여부를 심리하여 본안에 관한 판단으로서 청구의 인용 여부를 가려야 한다(대판 1991.2.12, 90누5825).

20. 무효선언을 구하는 취소소송도 형식상 취소소송인 이상, 취소소송에 관한 각 규정이 적용된다는 것이 판례의 태도이다. 따라서 행정소송법상 제소기간이 동일하게 적용된다고 한다.

노동법개론

01. ③	02. ④	03. ①	04. ③	05. ②
06. ④	07. ②	08. ③	09. ④	10. ①
11. ③	12. ④	13. ①	14. ②	15. ③
16. ①	17. ③	18. ④	19. ③	20. ②

01. ① 근로기준법상 우선변제청구권이 있는 임금채권자가 경매절차개시 전에 경매 목적 부동산을 가압류한 경우에는 경락시까지 우선권 있는 임금채권임을 소명하지 않았다고 하더라도 배당표가 확정되기 전까지 그 가압류의 청구채권이 우선권 있는 임금채권임을 입증하면 우선배당을 받을 수 있다(대판 2002.5.14, 2002다4870).
② 근로자가 임금채권 우선변제권을 사용자의 일부 재산에 대하여만 선택적으로 행사하는 것이 사회생활상 용인될 수 없을 만큼 부당하여 권리남용으로 평가될 수 있는 경우에는 후순위저당권자의 대위에 관한 정당한 기대를 침해한 한도에서 임금채권 우선변제권이 배제되거나 제한될 수 있다(대판 2006.12.7, 2005다77558).
③ 대판 2007.7.12, 2005다39617
④ 임금채권의 우선변제권은 이른바 법정담보물권으로서 담보물권의 일반적인 실행절차에 의하여 우선적으로 만족을 얻을 수 있는 정도 이상의 효력을 가진다고는 할 수 없는 것이므로 이는 채무자의 재산에 대하여 강제집행을 하였을 경우에 그 강제집행에 의한 환가금에서 일반채권에 우선하여 변제받을 수 있음에 그치는 것이다(대판 1994.12.9, 93다61611).

02. ④ 사용자는 근로자가 근로시간 중에 선거권, 그 밖의 공민권 행사 또는 공의 직무를 집행하기 위하여 필요한 시간을 청구하면 거부하지 못한다.

03. ① 노동조합은 설립 신고된 사항 중 대표자의 성명·명칭·주된 사무소의 소재지·소속된 연합단체의 명칭에 변경이 있는 때에는 그 날부터 30일 이내에 행정관청에게 변경신고를 하여야 한다.

04. ③ 사용자는 임금을 지급하는 때에는 근로자에게 임금의 구성항목·계산방법, 제43조제1항 단서에 따라 임금의 일부를 공제한 경우의 내역 등 대통령령으로 정하는 사항을 적은 임금명세서를 서면(전자문서 포함)으로 교부하여야 한다.

05. ⓒ 보완을 요구하였음에도 불구하고 20일 이내에 보완을 하지 않은 경우와 주로

정치운동을 목적으로 하는 경우, 노동조합 설립신고서 반려사유에 해당한다.

06. ④ 2025년도에 적용되는 최저임금은 시간급 10,030원이다.

07. ② 근로시간을 산정하는 경우 작업을 위하여 근로자가 사용자의 지휘·감독 아래에 있는 대기시간 등은 근로시간으로 본다.

08. ① 3개월을 초과하는 탄력적 근로시간제를 적용할 경우 특정한 주의 근로시간은 52시간을, 특정한 날의 근로시간은 12시간을 초과할 수 없다.
② 3개월을 초과하는 탄력적 근로시간제의 경우 근로자대표와 사용자의 서면 합의가 있어야 하고, 3개월 이내의 탄력적 근로시간제는 취업규칙에서 정하는 바에 따른다.
④ 3개월 이내의 탄력적 근로시간제는 취업규칙 규정에 따를 경우 특정한 주의 근로시간은 48시간을 초과할 수 없고 근로자대표와의 서면 합의가 있으면 48시간을 초과할 수 없다.

09. ④ 친권자나 후견인은 미성년자의 근로계약을 대리할 수 없다.

10. ① 복수 노동조합의 설립이 현재 전면적으로 허용되고 있을 뿐 아니라 교섭창구 단일화 제도가 적용되고 있는 현행 노동조합 및 노동관계조정법 하에서 복수 노동조합 중의 어느 한 노동조합은 원칙적으로 스스로 교섭대표노동조합이 되지 않는 한 독자적으로 단체교섭권을 행사할 수 없다(대판 2021.2.25, 2017다51610).

② 대판 1969.5.13, 68누163
③ 대판 1979.12.11, 76누189
④ 대판 1992.12.22, 91누6726

11. 임신 중인 여성 근로자가 유산의 경험 등 (대통령령)으로 정하는 사유로 휴가를 청구하는 경우 출산 전 어느 때 라도 휴가를 나누어 사용할 수 있도록 하여야 한다. 이 경우 출산 후의 휴가 기간은 연속하여 (45)일 이상이 되어야 하고 한 번에 둘 이상 자녀를 임신한 경우에는 (60)일 이상이 되어야 한다.

12. ① 대판 1994.5.24, 93다31979
② 대판 2005.9.9, 2004다41217
③ 대판 2021.8.19, 2017다56226
④ 휴일근로수당으로 통상임금의 100분의 50 이상을 가산하여 지급하여야 하는 휴일근로에는 같은 법 제55조 소정의 주휴일 근로뿐만 아니라 단체협약이나 취업규칙 등에 의하여 휴일로 정하여진 날의 근로도 포함된다(대판 2019.8.14, 2016다9704, 9711).

13. ① 정신장애나 신체장애로 근로능력이 현저히 낮은 사람에 대한 최저임금 적용 제외의 인가 기간은 1년을 초과할 수 없다.

14. ② 노동조합의 결의 또는 처분이 노동관계 법령 또는 규약에 위반된다고 인정할 경우에는 행정관청은 노동위원회의 의결을 얻어 그 시정을 명할 수 있다.

15. ㉤ 업무상과 업무 외의 재해부조에 관한 사항

대통령령으로 정하는 근로조건
1. 취업의 장소와 종사하여야 할 업무에 관한

⑨ 출산전후휴가·육아휴직 등 근로자의 모성 보호 및 일·가정 양립 지원에 관한 사항
㉚ 안전과 보건에 관한 사항
㉛ 근로자의 성별·연령 또는 신체적 조건 등의 특성에 따른 사업장 환경의 개선에 관한 사항
㉜ 업무상과 업무 외의 재해부조에 관한 사항
㉝ 직장 내 괴롭힘의 예방 및 발생 시 조치 등에 관한 사항
㉞ 표창과 제재에 관한 사항
3. 사업장의 부속 기숙사에 근로자를 기숙하게 하는 경우에는 기숙사 규칙에서 정한 사항

16. ① 근로감독관은 사업장, 기숙사, 그 밖의 부속 건물을 현장조사하고 장부와 서류의 제출을 요구할 수 있으며 사용자와 근로자에 대하여 심문할 수 있다.

17. ③ 상시 30명 미만의 근로자를 사용하는 사업장의 연장 근로에 대하여 근로자대표와 서면으로 합의한 경우 및 법령에 의하여 변경되는 경우, 법 제51조제2항, 제51조의2제1항, 같은 조 제2항 단서, 같은 조 제5항 단서, 제52조제1항, 같은 조 제2항제1호 단서, 제53조제3항, 제55조제2항 단서, 제57조, 제58조제2항·제3항, 제59조제1항 또는 제62조에 따른 서면 합의로 변경되는 경우 등이 단체협약 또는 취업규칙의 변경 등 대통령령으로 정하는 사유로 인하여 변경되는 경우에 해당한다.

18. ④ 노동조합의 임원 자격과 임기는 규약으로 정하되 임기는 3년을 초과할 수 없다.

19. ③ 상시 근로자수가 1,000명 이상인 사업장에서 경영상의 이유로 100명 이상을 1개월 동안에 해고하려면 최초로 해고하려는 날의 30일 전까지 고용노동부장관에게 신고하여야 한다.

20. (노동조합의 대표자)는 조합원 또는 대의원의 (3분의 1) 이상(연합단체인 노동조합에 있어서는 그 구성단체의 3분의 1 이상)이 회의에 부의할 사항을 제시하고 회의의 소집을 요구한 때에는 지체없이 임시총회 또는 임시대의원회를 소집하여야 한다.

정답 및 해설

국 어

01. ① 02. ③ 03. ③ 04. ② 05. ①
06. ① 07. ③ 08. ② 09. ① 10. ③
11. ② 12. ③ 13. ② 14. ③ 15. ②
16. ② 17. ③ 18. ② 19. ② 20. ①

01. (가) 이호우 「살구꽃 핀 마을」
    (나) 김상옥 「사향」
    (다) 이육사 「청포도」
    위 작품 모두 상실감과 소외감은 찾아볼 수 없다.

02. (다) 시각적 이미지가 주류를 이루고 있다.
    예) 청색 : 청포도, 하늘, 푸른 바다, 청포
    흰색 : 돛단배, 은쟁반, 하얀 모시수건

03. 밑줄 친 부분은 ①의 '인간과 동물을 구별'에 초점을 둔 것이 아니라, 인간의 언어 자체의 성격에 대한 진술이다. ②에서는 '자연적 법칙'이 틀렸고, ④는 동물의 '소리'에 대한 설명이다.

04. 평행 구조의 오용. '순응만 하는' 부분과, '떠내려가야만 할' 부분을 같은 구조로 통일 시켜야 한다. 예) 떠내려가기만 하는 생활을 ~

05. ② 포럼 : 공개토론회로 청중의 참여가 이루어지는 토의형식
    ③ 패널 : 각자 다른 의견을 가진 몇 명(4~8명)이 선발되어 공개석상에서 사회자의 지도아래 토의하고 청중으로부터 질의를 받는 토의형식
    ④ 원탁토의 : 10명 정도의 참가자 전원이 상호대등한 관계에서 자유롭게 서로 의견을 교환하는 좌담형식

06. ② 두어 ③ 덛업시 ④ 업스바

07. '내간'은 17C에 해당하는 작품으로 7종성법이 쓰였다(덧업시→덛업시).

08. ② 체언 '나' 뒤의 '뿐'은 조사로 체언에 붙여 쓴다.

09. ① 너볏하다 : 몸가짐이나 행동이 번듯하고 의젓하다는 뜻이며 촛불이나 등잔불 따위의 불꽃이 바람에 쏠린다. 라는 뜻을 나타내는 우리말은 "홀치다."이다.

10. ③ 생명을 가진 자는 반드시 죽기 마련이며, <u>그러므로</u> 우리는 모두 한정된 시간을 살고 있는 것이다.
    '그러므로'는 '그렇다' 또는 '그러다(그렇게 하다)'의 줄기 '그러-'에 까닭을 나타내는 씨끝 '-므로'가 결합한 형태이다. 이 말은 '

그러니까, 그렇기 때문에, 그러하기 때문에, 그리 하기 때문에' 등의 의미를 가진다. 따라서 '그러므로'로 적어야 한다.

11. ① 민간어원 : 언어학적으로 어원을 설명하는 것이 아니라, 주로 어형과 의미의 우연한 유사성을 가지고 어원을 설명하려 것으로 민간에서 속설로 믿어지고 있는 어원을 말한다.
② 부정회귀 : 주로 방언에 나타나는 현상으로 방언을 고상하게 하려는 의도나 방언적·비속어적인 것을 바로 잡으려다 비롯된 현상이다.
③ 호전 : 한 단어의 어떤 음소가 의미의 분화를 가져옴이 없이 비슷한 다른 음소로 교체되는 현상을 말한다.
④ 오분석 : 언어의 구조를 잘못 인식하고 분석하여 언어의 어형까지 바꾸는 현상을 말한다.

12. ③ 비유의 표현 효과는 구체화를 통한 함축성에 있다.

13. ① 출근은 지하철 이용을 권장하고 지하철에서는 핸드폰 사용을 금지한다.
③ 공무원 윤리 규정의 입법화를 추진하고 있으며 낙태를 합법화하였다.
④ 그는 자신의 혐의를 부인했지만 그것을 반증할 만한 증거가 없었다.

14. 관형절 '약자의 가슴에 눈물을 뿌리는'의 수식을 받는 것은 '자비'로 동격절이 된다.

15. 어느 한쪽으로 치우침이나 과부족이 없는 중용(中庸)의 태도를 강조하고 있다.

16. 모음이나 'ㄴ' 받침 뒤에 이어지는 한자음 '렬', '률'은 '열, 율'로 적는다.

예) 백분률 → 백분율, 비률 → 비율

17. ① 미쟁이 → 미장이, 아웅다웅은 새롭게 추가된 표준에 해당한다.
② 남비 → 냄비, 풋나기 → 풋내기
④ 숫당나귀 → 수탕나귀

18. ② 보기의 작품은 주요섭의 단편소설 「사랑방 손님과 어머니」로 주인공인 '옥희'의 시선에서 바라본 1인칭 관찰자 시점의 소설이다.

19. 밑줄 친 부분에서 손은 사람의 손과 같이 활약한다는 뜻에서 일할 수 있는 사람이나 품을 뜻한다.
①은 수완이나 잔꾀, ③은 힘이나 역량, ④에서는 소유나 권력의 범위를 의미한다.

20. ① 진퇴양난 : 이러지도 저러지도 못하는 난처한 처지에 놓임.
② 전무후무
③ 좌충우돌
④ 양자택일

한국사

01. ④	02. ②	03. ④	04. ③	05. ④
06. ②	07. ①	08. ④	09. ④	10. ③
11. ③	12. ①	13. ④	14. ④	15. ③
16. ①	17. ④	18. ③	19. ④	20. ②

01. ④ 자영농을 바탕으로 병농일치의 군사 교육과 사농일치의 교육 제도를 강조한 사람은 중농학파의 유형원이다.

02. 아관 파천(1896)을 계기로 러시아는 알렉

셰프를 파견하였고, 제1차 한일협약(1904. 8)을 계기로 일본은 메가다와 스티븐슨를 파견하였다. 최초의 고문 파견은 임오군란 후 청이 파견한 마젠창과 뮐렌도르프이다.

03. 경제개발 5개년 계획은 박정희대통령이 정권을 잡은 후 1962년부터 실시되었다.

04. 독립협회가 만민 공동회에서 헌의6조를 결의, 국정의 자주 노선을 요구하였다.

05. ④ 청동기 시대에는 고인돌과 함께 벼농사가 시작되었고, 농기구의 경우 여전히 석제 농기구(반달 돌칼)가 사용되었다.
    ㉠, ㉢은 신석기시대이다.

06. ②는 이황에 대한 설명으로 그의 주리론은 우리나라 뿐 아니라 일본의 성리학에도 큰 영향을 미쳤다.

07. ② 부여의 정치제도이다.
    ③ 옥저는 골장제라는 장례풍습이 있었으며 무천은 동예의 제천의식이다.
    ④ 고구려에 공납을 바친 부족 국가는 옥저이다.

08. ㉠ 박은식의 조선혼사상
    ㉡ 신채호의 낭가사상
    ㉠, ㉡ 모두 민족사관에 입각한 민족독립운동의 일환으로 민족정신을 일깨우려 하였다.

09. ④ 8C 초 무왕 때의 사실이다.

10. ㉢ 서경제도는 고려와 조선시대 때 관리의 임명이나 법령의 제정 등에 있어 대간의 합의가 있어야 하는 신권에 의한 왕권 견제의 성격을 띤다.

11. ① 석왕사 응진전은 원의 영향을 받은 다포 양식이다.
    ② 정림사지 5층 석탑은 백제의 전형적인 탑이다.
    ③ 신라 말에 선종의 유행으로 승려들의 사리를 봉안하는 승탑, 즉 부도가 유행하였다.
    ④ 강서대묘의 사신도는 도교의 영향을 받은 벽화로 굴식돌방무덤에서 발견되었다.

12. 빗살무늬토기는 신석기시대의 대표적인 유물이며 빗살무늬토기인은 강가에서 생활(수변지역)하였고 웅기 굴포리에서는 구석기·신석기 유물이 동시에 발견되었다.

13. 고조선의 8조법을 통해 알 수 있는 점은 사회질서가 엄격하고 사형집행 기관이 있었으며 생명을 중시하였고 곡물이 화폐 역할을 겸하고 사유재산을 인정하였다는 점과, 노비가 존재한 신분제도와 부인들의 정조를 강조한 점으로 보아 가부장적인 사회였음을 알 수 있다.

14. ④ 1980년대 이후 북한의 경제는 전반적으로 침체되어갔다. 이에 중국식 개방정책을 부분적으로 원용하여 합영법과 합작법을 제정, 외국 기업과의 합작·자본 도입을 추진하였다.

15. 제시문은 개항 당시 개항을 반대했던 최익현이 주장한 것으로 이들 유생들은 대원군의 서원 철폐에 반대하였다.

16. ① 신탁통치에 대한 좌·우익의 극한 대립에 그 파국을 막기 위한 노력으로 중도세력이 폭넓게 형성하였는데 중도세력은 (나)의 의견에 적극 찬성한 것이 아니라 좌우 합작운동을 전개(여운형, 김규식)하였다.

제 3회 정답 및 해설(영어)

17. ① 미군정은 임시정부와 건국 준비위원회 모두 안정하지 않았다.
② 공산주의 진영은 처음에는 반탁운동을 벌였다.
③ 미·소공동위원회의 회의 결렬로 신탁통치가 실시되었다.

18. 화랑도의 세속오계(世俗五戒)에 관한 내용으로 ③은 조선시대의 향촌자치와 관련이 있다.

19. ④ 왕인·아직기 등의 학자를 일본에 보내 일본 문화에 많은 영향을 준 것은 4세기 중엽 근초고왕 때의 사실이다.

20. ⓒ 1954 ㉠ 1960 ⓔ 1961 ⓛ 1970

영 어

01. ③	02. ④	03. ②	04. ④	05. ③
06. ②	07. ②	08. ①	09. ④	10. ③
11. ②	12. ①	13. ①	14. ④	15. ③
16. ④	17. ①	18. ①	19. ②	20. ②

01. relief 구호 / stave off 막다(=keep back, prevent) / starvation 굶주림 / makeshift 임시변통의, 일시적인 / grave 무덤 / unclaimed 신원이 확인되지 않은 / shoreline 해안선, 물가 / make the most of ~을 최대한으로 이용하다 / take the edge off ~을 무디게 하다, 기세를 꺾다 / root out 근절하다

「구호 대원들이 기근과 질병을 막기 위해 생존자에게 분주히 먹을 것과 의약품을 가져다주는 사이 그 지역 공무원들은 신원이 확인되지 않은 시체는 거리와 해안에 그대로 방치되어 있어 임시 묘지를 준비하고 있었다.」

02-03.
plot 음모, 계략 / thickening 두껍게 함, 질어짐 / recipe 조리법 / a murder mystery 수수께끼의 살인사건 / call back 나중에 다시 전화하다 / be revealed (비밀)누설하다 / be about to 막 ~하려 하다. / snap 날카롭게(엄하게) 말하다 / saleswoman 여 판매원

「수수께끼의 살인사건 영화에서 그 음모가 매우 빠르게 질어감을 할머니께서 보고 있을 때 전화가 울렸다. 삼촌이 가정 조리법에 대해 물었다.
"5분 후에 다시 전화해라." 할머니께서 말했다.
그녀는 조리법을 찾았고 다시 영화 앞으로 돌아왔다.
그 살인자가 막 비밀을 누설하려고 할 때 다시 전화가 울렸다.
"연필 준비해라(받아쓸 준비해라)." 할머니는 날카롭게 말했다.
"예, 어머니." 놀라면서 말한 여판매원은 끝으로 한마디 덧붙였다.
"제가 오늘 받았던 주문 중에 이번 주문이 가장 쉽습니다."」

02. 첫 번째 전화가 울렸을 때, 영화는 점점 더 흥미로워지고 혼란스러워 지고 있었다.
① 그 작가의 할머니는 요리를 하고 있었다.
② 살인 미스터리가 정상으로 돌아왔다.
③ 글쓴이의 할머니는 전화에 매우 충격을 받았다.

03. 두 번째 전화가 울렸을 때, 그 작가의 할머

니는 그것이 그 작가의 삼촌으로부터 온 것이라고 생각했다

① 그 운 좋은 여점원은 그 작가의 할머니로부터 주문을 받았다.
③ 작가의 할머니는 너무 놀라서 말도 안 된다고 했다.
④ 그 작가의 삼촌은 이미 연필을 준비해 놓으셨다.

04. spectator 구경꾼 / tissue 조직 / sentimental 감상적인 / prehistoric 역사 이전의(역사가 써지기 이전), 선사시대의

④ post-historic

05. minister 장관 / minister of culture 문화부 장관 / spill 흘리다 spill-spilt-spilt / A Picasso 피카소의 한 작품

「피카소는 6,000점 넘는 그림과 조각품을 만들었다. 오늘날 피카소의 한 작품은 수백만파운드가 넘는다. 한 번은 프랑스 문화부 장관이 피카소를 방문하고 있을 때, 피카소가 실수로 장관의 바지에 페인트를 떨어뜨렸다. 피카소가 사과하고 세탁비를 지불하려 했을 때 장관은 "그냥 바지에 싸인만 해주시죠."라고 말했다.」

③ went to

06. scolded 꾸짖다 / to the minute 정각에 / instantly 즉시 / designed 계획된 / literally 글자 뜻 그대로

① 경찰이 젊은 범죄자들을 심하게 <u>꾸짖었다</u>.
② 우리는 <u>정각</u>에 거기에 도달했다.
③ 그 아파트는 편리하게 <u>설계되었다</u>.
④ 다음 페이지를 <u>문자 그대로</u> 해석하라.

07. forerunner 선구자, 전조, 예보 / errand 심부름, 사명 / brush up 다듬다, 더욱 연마하다 / springboard 출발점, 도약대

「가정에서의 훌륭한 예절은 훌륭한 비즈니스와 사회 예절을 위한 <u>본보기</u>가 된다. 방과 후에 심부름을 해달라는 어머니의 부탁을 망각한다면, 당신은 사장님의 지시사항도 망각하기 쉽다. 예절을 더욱 다듬기 위하여 당신 자신의 <u>가정</u>보다 더 훌륭한 장소는 없다.」

08. volunteer 지원자 / realize 실현하다, 깨닫다 / discouraged 낙담, 낙심한 /

「한 많은 젊은 사람들이 보수도 받지 않고 가난한 사회 출신 사람들에게 읽고 쓰는 법, 물의 공급을 관리하는 법, 그리고 자신들의 농장과 동물들을 관리를 더 잘 하는 법을 가르치려고 자원한다. 그래서 이전에 절망적이었던 사회 구성원들이 모든 것이 상실된 것은 아니라는 사실을 안다. 그들은 그들 스스로가 더 좋은 미래를 만드는 것에 도움을 줄 수 있다는 사실을 깨달을 때 덜 낙심하게 된다.」

① 덜 낙담한
② 돈벌이에 더 관심이 있는.
③ 자기 만족도가 낮은.
④ 더욱 실망한

09. refrigerator 냉장고 / bulletin board 게시판 / include 포함하다 / spot 장소 / display 전시하다

「많은 가정에서 냉장고는 가족 게시판이 되고 있다. 지역경찰서나 마음에 드는 Baby sitter 전화번호, 또한 사회행사 쪽지나 잊어서는 안 되는 것들이 적혀 있다. 냉장고는 물건을 전시하기 좋은 장소이기도 하다. "냉장고 위에 사람들은 <u>잃어버리고 싶지 않은 것들을 놓아둔다</u>." 이런 것에는 자녀

의 미술작품 같은 것도 포함될는지 모른다.」

10-11.

reasonable 분별 있는 / suggestion 시사, 암시 / recognize 알아보고 / mishear 잘못 알아듣다 / assume 추정하다, ~을 맡다, ~띠다, ~을 취하다 / deliberately 신중히 / block 방해하다, ~의 장애가 되다 / obvious 명백한 / hiccup 딸꾹질 / load 탄환을 재다 / startle 깜짝 놀라다 / innocence 결벽, 무죄 / cheerfulness 기분 좋음 / directorship 지도자의 직(임기)

「한 남자가 술집 안으로 걸어 들어와 물 한 잔을 청했다. 카운터의 소녀가 갑자기 총을 꺼내들고 그를 쏘아 죽였다. 왜일까? 독자는 그 괴이한 사건에 대해 그럴듯한 설명을 제시해 달라는 요청을 받는다. 모든 종류의 답이 제시된다. 그녀는 그를 경찰에 쫓기는 위험한 범인으로 알았다. 그녀는 그가 한 말을 잘못 들었다. 물 한잔을 청하는 것은 그녀에게 특별한 암호의 의미를 갖고 있었다. 등등. 이러한 모든 설명들은 총이 그 남자를 해치기 위해 고의로 사용된다는 것을 Ⓐ <u>가정한다</u>. 이 매우 분명한 생각으로 인해 방해를 받기가 매우 쉽다. 실제로 설명은, 그 남자는 심하게 딸꾹질을 하고 있었고 그것이 그가 물 한 잔을 청한 이유라는 것이다. 카운터의 소녀는 갑자기 (사람을) 놀라게 하면 딸꾹질을 멈추게 할 수 있다는 것을 알고 있었기 때문에 실제로는 그를 도우려고 했다. 하지만 그녀가 모르게 총알이 그날 우연히 장전되어 있었던 것이다.」

10. 무엇이 비극적인 사건을 일으켰는가?
① 그 소녀는 심리적인 문제가 있었다.
② 그 소녀는 그 남자가 자신을 공격할 것이라고 생각했다.
③ 소녀는 그날 총이 장전된 것을 몰랐다.
④ 그 남자의 갑작스러운 움직임에 소녀는 깜짝 놀랐다.

11. ① 그가 그 프로젝트의 책임자를 <u>맡을</u> 것이다.
② 당신이 그의 결백을 <u>추정</u>한다면, 범인은 누구라고 생각합니까?
③ 그녀는 병이 났음에도 불구하고 명랑한 <u>체하고</u> 있다
④ 그는 박식한 태도를 <u>취하</u>지만 사실 아는 것은 거의 없다.

12. host 주최하다 / applicant 응시자.

「아침라디오 토크쇼를 진행할 디제이를 찾습니다. 지원자는 내년 삼월에 그 일을 시작함으로 모든 학업을 끝내야 할 분입니다. 경험자 우대함. 남녀 가능. <u>관심 있는 분들</u>은 아래 주소로 직접 응시하거나, 전화 587-4834. 모든 지원서는 11월 30까지」
⇒ those (who are) interested.

① 관심 있는 사람들
② 관심 있는 사람들 중에서
③ 관심 있으신 분들을 위해.
④ 관심 있는 사람

13. beat around the bush 둘러서 이야기하다 / Moreover 더욱이 / Indeed 참으로 / In addition 게다가

「Tim이 축구를 시작한지는 꽤 되었다. 팀은 자기 코치에게 왜 게임을 할 기회를 주지 않는지 물었다. 로지코치는 팀이 훌륭하고, 열심히 하며, 많이 향상됐으며, 등으로 이야기를 해준다. <u>하지만</u>, 팀은 코치를 말을 가로 막으며, "둘러서 이야기 하지마세요."라고 말한다.」

14. element 요소 / establish 정립하다. 세우다

    「사업의 세계에서 성공을 위한 가장 중요한 요소 중 하나는 타인과 갖게 되는 관계이다. 여러분이 훌륭한 학생이자, 부지런한 직원이였을 수 있지만, 여전히 친구나 인간관계가 필요하다. 이런 것이 없으면, 직장을 찾지 못할 수도 있다. 그리고 직장을 얻은 후 좋은 인간관계를 맺지 못하면 회사에서 승진 할 수 없을지도 모른다. 좋은 친구나 인간관계가 얼마나 돈을 버느냐에도 영향을 준다. 그래서 좋은 관계를 정립하는 것이 사업계에서 성공하려는 사람들에게 매우 중요하다.」

    ① 성공을 위한 가장 중요한 요소
    ② 좋은 관계를 맺는 방법
    ③ 더 많은 돈을 버는 비결
    ④ 비즈니스에서 관계의 중요성

15. perform 수행하다 / deed 행위 / fable 우화 / myth 신화

    「옛날엔, 사람들은 많은 여러 신들과 영혼이 세상에 존재했다고 믿었다. 전쟁, 천둥, 바다, 포도주, 사냥신 들이 있었다. 해와 달도 신이었다. 신에 관해 언급하는 이야기는 이것으로 불렸다. 이것의 일부는 위대한 과업을 성취한 영웅으로 불리는 특별한 사람에 대해서 언급한다. 또 어떤 것은 신이 인간에게 행한 마술도 언급한다. 거의 모든 국가가 이것을 갖고 있지만, 그리스 와 로마의 이것이 가장 유명하다.」

16. 「정부와 언론인 사이의 갈등은 사회에서 행하는 다른 역할에서 생겨난다. 정부는 외국 정책을 수행하는 일을 한다.」
    (C) 효과적으로 하기 위해선, 정부관리들은 정보가 노출되지 않기를 바라고 심지어 거짓말도 한다.
    (B) 하지만, 언론인들은 조사하고 대중에게 정보를 주는 것을 그들의 역할로 보고 있다.
    (A) 만일 그들이 정보를 출판하기 전에 정부허가를 받아야 한다면, 정부가 미디어에서 원하는 것만을 출판, 방송 할 수 있을 것이다.」

17. lease 임대차계약 / renew 갱신하다 / tenant 세입자

    「아시는 것처럼, 지난 10년 동안 이 집에서 살아왔으며 임대차계약이 세 번이나 갱신되었지요. 임대료 매년 인상되었지만, 항상 지금까지 적정수준으로 올랐지요. 하지만, 100%인상은 말도 안 되며, 그런 큰 금액을 지불할 준비가 되어있지 않습니다. 아파트 상태를 개선하기 위한 아무런 조치가 없는 가운데 큰 인상을 세입자에게 요구하는 것은 부당합니다. 실제로 입구 쪽은 지저분하고 정돈이 되어있지 않군요.」

18. article 기사 / much less 훨씬 적게 / critical 비판적인 / instructive 교훈적인 / descriptive 묘사적인 / humorous 우스운

    「화요일 신문에 "6천만 달러의 여인 마돈나"라는 제목의 기사가 실렸다. 그녀가 부자라는 것은 모든 사람이 알고 있다. 신문 같은 면에 수입이 훨씬 적은 대학교수의 봉급에 관한 기사도 실렸다. 마돈나가 대학교수보다 사회에 더 중요인물인 것이 사실인가? 그녀는 사람들에게 즐거움을 주고, 그들은 그녀의 CD를 사고, 몇 번 들어보고는 잊어버린다. 대학교수는? 그들은 암 치료법을 개발하고 우리의 지식을 늘려주고, 사회를 위해 일하도록 훈련시켜준다. 사람들이 수입

이 많으면 많을수록 사회봉사는 그 만큼 더 적은 것처럼 보인다.」

19. ② It take 사람 시간 to- "사람이 -하는데 시간이 걸리다."
④ the way how to-는 사용할 수 없으며 learn the internet "인터넷을 배우다" 라는 말도 어색하다.

20. at a standstill 진퇴양난(= predicament, quandary, deadlock, impasse, dilemma.

「A : 소설은 잘 쓰고 있나요?
B : 유감이지만, 잘 안 되고 있어요.
A : 무슨 일 있어요?
B : 결말이 안 나요 _____.」

① 아주 좋을 것 같아요
② 꼼짝도 못 하겠어요 (진퇴양난이에요)
③ 네가 신경 쓰지 않는 거 알아
④ 흥미로운걸

행정법총론

01. ④ 02. ② 03. ④ 04. ① 05. ④
06. ② 07. ④ 08. ② 09. ① 10. ②
11. ④ 12. ② 13. ④ 14. ① 15. ②
16. ④ 17. ② 18. ② 19. ④ 20. ④

01. ① 대판 2010.6.24, 2010두1231
② 대판 2007.6.15, 2007다6291
③ 대판 2007.11.30, 2006무14
④ 공공기관의 주택정책에 대한 국민의 참여와 그 운영의 투명성을 확보할 수 있는 계기가 될 수 있는 점 등 여러 사정들을 감안하여 보면, 위 정보를 공개함으로 인하여 피고의 정당한 이익을 현저히 해할 우려가 있다고 볼 수 없다(대판 2007.6.1, 2006두20587).

02. ① 대판 2016.12.27, 2014두5637
② 명예퇴직수당 지급대상자로 결정된 법관에 대하여 지급할 수당액은 명예퇴직수당규칙 제4조 [별표 1]에 산정 기준이 정해져 있으므로, 위 법관은 위 규정에서 정한 정당한 산정 기준에 따라 산정된 명예퇴직수당액을 수령할 구체적인 권리를 가진다. 따라서 위 법관이 이미 수령한 수당액이 위 규정에서 정한 정당한 명예퇴직수당액에 미치지 못한다고 주장하며 차액의 지급을 신청함에 대하여 법원행정처장이 거부하는 의사를 표시했더라도, 그 의사표시는 명예퇴직수당액을 형성·확정하는 행정처분이 아니라 공법상의 법률관계의 한쪽 당사자로서 지급의무의 존부 및 범위에 관하여 자신의 의견을 밝힌 것에 불과하므로 행정처분으로 볼 수 없다(대판 2016.5.24, 2013두14863).
③ 대판 2015.8.27, 2015두41449
④ 대판 2016.10.27, 2016두41811

03. ① 대판 2002.9.6, 2002두554
② 대판 2012.12.13, 2011두29144
③ 대판 2015.8.27, 2013두1560
④ 행정청이 침해적 행정처분을 하면서 당사자에게 사전통지를 하거나 의견 제출의 기회를 주지 않았다면, 사전통지나 의견 제출의 예외적인 경우에 해당하지 아니하는 한, 처분은 위법하여 취소를 면할 수 없다(대판 2016.10.27, 2016두41811).

04. ① 행정지도나 법령해석 등의 행정청의 행정

작용도 신뢰보호에서 말하는 선행 조치에 포함된다는 것이 일반적인 입장이다.

05. ① 대판 1980.10.14, 80누380
② 대판 1976.1.27, 75누40
③ 대판 1989.10.13, 89누1933
④ 건설부장관이 공유수면 매립면허 기간 안에 그 공사를 준공하지 못한 원고에게 한 위 법조에 의한 공유수면매립에 관한 면허 실효의 통지가 행정처분이 될 수 없다하여 동 실효통고(처분)의 취소를 구하는 본건 원고의 소를 각하한 원심조치는 정당하다(대판 1969.7.22, 69누46).

06. ② 행정행위의 필요적 전제요건인 경우에는 (광업권설정출원, 행정심판의 청구 등) 그 하자의 정도에 따라 행정행위의 효력에 영향을 미치게 된다.

07. 행정행위의 무효원인 : 정당한 권한을 가지지 아니한 행정기관의 행위, 내용이 불분명·불능인 행위, 형식상·절차상 하자가 있는 행위 등이 있다.

㉠, ㉢, ㉣은 무효원인에 해당하고 ㉡은 행정행위의 취소원인, ㉤은 취소사유의 하자에 해당한다.

08. ② 우리나라는 행정법의 기본원리로 법치주의를 채택하고 있으므로 법령의 근거 없이 특별한 경우를 제외하고는 행정행위를 행할 수 없다.
행정행위의 특성 : 법적합성, 공정성, 자력집행성, 확정력, 행정쟁송절차의 특수성 등

09. ① 고속철도 역의 유치위원회에 지방자치단체로부터 지급받은 보조금의 사용 내용에 관한 서류 일체 등의 공개를 청구한 사안에서, 공개 청구한 정보 중 개인의 성명은 비공개에 의하여 보호되는 개인의 사생활 등의 이익이 국정운영의 투명성 확보 등의 공익보다 더 중요하여 비공개대상정보에 해당한다(대판 2009.10.29, 2009두14224).
② 대판 2003.3.11, 2001두6425
③ 대판 2007.6.1, 2006두20587
④ 대판 2014.7.24, 2013두20301

10. ㉠ 특별시·광역시에서 처리하는 사무에 해당하며 ㉣은 지방자치단체의 고유 사무에 해당한다.
나머지는 중앙정부의 사무에 해당한다.

11. ④ 각 개별법에 명문규정이 없는 경우에는 행정상 금전급부의 불이행을 민사소송법상 강제집행에 의한다는 견해와 공법규정의 흠결로 보아 국세징수법을 적용해야 한다는 견해의 대립이 있으나, 국세징수법에 의한다는 명문이 있을 때만 적용된다고 봄이 타당하다.

12. ② 권익위원회는 접수된 고충민원을 관계 행정기관 등에 이송할 수 있다. 다만, 관계 행정기관 등에 이송하는 것이 적절하지 아니하다고 인정하는 경우에는 그 고충민원을 각하할 수 있다.

13. ① 대판 2014.12.24, 2014두9349
② 대판 2003.12.12, 2003두805
③ 대판 2014.7.24, 2012두12303
④ 공공기관의 정보공개에 관한 법률의 입법 목적, 정보공개의 원칙, 비공개대상정보의 규정 형식과 취지 등을 고려하면, 법원 이외의 공공기관이 정보공개법 제9

조 제1항 제4호에서 정한 '진행 중인 재판에 관련된 정보'에 해당한다는 사유로 정보공개를 거부하기 위해서는 반드시 그 정보가 진행 중인 재판의 소송기록 자체에 포함된 내용일 필요는 없다(대판 2011.11.24, 2009두19021).

14. ① 복효적 행정행위, 특히 제3자효를 수반하는 행정행위에 대한 행정심판청구에 있어서 그 청구를 인용하는 내용의 재결로 인하여 비로소 권리이익을 침해받게 되는 자는 그 인용재결에 대하여 다툴 필요가 있고, 그 인용재결은 원처분과 내용을 달리하는 것이므로 그 인용재결의 취소를 구하는 것은 원처분에는 없는 재결에 고유한 하자를 주장하는 셈이어서 당연히 항고소송의 대상이 된다(대판 2001.5.29, 99두10292).
② 행정심판법 제3조제2항
③ 행정심판법 제18조의2
④ 대판 2014.4.24, 2013두10809

15. ② 행정소송법 제30조제2항은 "판결에 의하여 취소되는 처분이 당사자의 신청을 거부하는 것을 내용으로 하는 경우에는 그 처분을 행한 행정청은 판결의 취지에 따라 다시 이전의 신청에 대한 처분을 하여야 한다."고 하여 명문규정을 두고 무효 등 확인소송 및 부작위위법확인소송의 경우에 준용하고 있다. 이를 판결의 기속력 내지 구속력이라고 한다.

16. ① 헌법재판소의 결정은 형벌의 종류 및 상한을 명백히 규정하여야 한다(헌결 1991.7.8, 91헌가4)고 판시 하였다.
② 법규명령의 제정은 상위법령의 직접적이고 개별적, 구체적 위임이 있어야 하므로 행정입법으로 정할 대상을 특정사항으로 한정할 것과 기준의 명확성이 요구 된다.
③ 우리나라는 법규명령에 대한 사법적 통제와 관련하여 구체적 규범통제가 규정되어 있기 때문에 법규명령 자체에 대한 취소소송은 허용되지 않는다.

17. ②는 헌법 규정의 성질에 대한 직접효력설에 관한 설명이다. 다만, 학설·판례는 위헌무효설, 유추적용설 등으로 대립한다.

18. ① 개인정보 보호법 제17조제3항
② 개인의 자유와 권리를 보호하고 나아가 개인의 존엄과 가치를 구현하려는 것이다(동법 제1조).
③ 동법 제3조제6항
④ 동법 제24조

19. ① 대판 2012.4.13, 2010다94960
② 대판 2011.8.25, 2011두2743
③ 대판 2002.12.26, 2002다14983
④ 손실보상을 할 의무가 있는 사업시행자가 손실보상의무를 이행하지 아니한 채 공유수면에서 허가어업을 영위하던 어민들에게 그 어업을 영위할 수 없는 피해를 입힐 수 있는 공유수면매립공사를 시행하였다 하더라도 그로 인한 불법행위는 그 사업 착수만으로 바로 성립하지 않고, 그 사업으로 인하여 실질적이고 현실적인 침해가 발생하였을 때에 비로소 성립한다(대판 2004.12.23, 2002다73).

20. ④ 영조물은 계속적 시설체이다. 반면에 공기업은 계속적 사업만이 아니라 일시적 사업도 포함한다.

노동법개론

01. ③	02. ①	03. ③	04. ④	05. ②
06. ③	07. ④	08. ③	09. ①	10. ③
11. ②	12. ④	13. ②	14. ③	15. ①
16. ③	17. ④	18. ②	19. ①	20. ④

01. ③은 휴업수당(법 제46조)에 대한 내용으로 상시 4명 이하의 근로자를 사용하는 사업 또는 사업장에는 적용되지 않는다.

02. ① 조합원 규모별 근로시간면제 한도는 조합원 수 300명 미만을 파트타임으로 사용할 경우 그 인원은 풀타임으로 사용할 수 있는 인원의 3배를 초과 할 수 없다.

03. ①, ② 법 제28조
③ 노동조합설립총회 참석자 34명 중 업소 비근무자인 무자격자 2명이 끼어 있다 하더라도 이것만을 이유로 그 노동조합의 해산을 명하는 것은 피고 서울특별시장이 가진 재량권의 범위를 일탈한 것이다(대판 1971.3.30, 71누9).
④ 대판 2018.1.24, 2014다203045

04. 해고 예고의 예외가 되는 근로자의 귀책사유
1. 납품업체로부터 금품이나 향응을 제공받고 불량품을 납품받아 생산에 차질을 가져온 경우
2. 영업용 차량을 임의로 타인에게 대리운전하게 하여 교통사고를 일으킨 경우
3. 사업의 기밀이나 그 밖의 정보를 경쟁관계에 있는 다른 사업자 등에게 제공하여 사업에 지장을 가져온 경우
4. 허위 사실을 날조하여 유포하거나 불법 집단행동을 주도하여 사업에 막대한 지장을 가져온 경우
5. 영업용 차량 운송 수입금을 부당하게 착복하는 등 직책을 이용하여 공금을 착복, 장기유용, 횡령 또는 배임한 경우
6. 제품 또는 원료 등을 몰래 훔치거나 불법 반출한 경우
7. 인사·경리·회계담당 직원이 근로자의 근무상황 실적을 조작하거나 허위 서류 등을 작성하여 사업에 손해를 끼친 경우
8. 사업장의 기물을 고의로 파손하여 생산에 막대한 지장을 가져온 경우
9. 그 밖에 사회통념상 고의로 사업에 막대한 지장을 가져오거나 재산상 손해를 끼쳤다고 인정되는 경우

05. ② 근로자가 받는 임금이 둘 이상의 임금으로 되어 있는 경우 해당 부분에 대하여 각각 해당 규정에 따라 환산한 금액의 합산액을 그 근로자의 시간에 대한 임금으로 한다.

06. ③ 노동조합의 교섭요구·참여 방법, 교섭대표노동조합 결정을 위한 조합원 수 산정 기준은 종사근로자인 조합원을 기준으로 한다.

07. ① 대판 2017.11.14, 2017두52924
② 대판 2011.9.8, 2008두13873
③ 대판 2004.8.30, 2004도3891
④ 근로자를 해고한 회사가 실질적으로 폐업하여 법인격까지 소멸됨으로써 그 복귀할 사업체의 실체가 없어졌다면 기업의 존재를 전제로 하여 기업에 있어서의 노사의 대립관계를 유지하는 것을 목적으로 하는 부당노동행위 구제신청의 이익도 없다(대판 1991.12.24, 91누2762).

08. ③ 15세 이상 18세 미만의 근로자와 임신 중인 여성 근로자에 대하여는 3개월 이내의 탄력적 근로시간제든 3개월을 초과하는 탄력적 근로시간제든 모두 적용하지 않는다.

09. ① 근로기준법 제60조 제1항이 규정한 유급 연차휴가는 1년간 80% 이상 출근한 근로자에게 부여된다. 이 경우 근로자가 1년간 80% 이상 출근하였는지는, 1년간의 총 역일에서 법령·단체협약·취업규칙 등에 의하여 근로의무가 없는 것으로 정해진 날을 뺀 일수 중 근로자가 현실적으로 근로를 제공한 출근일수의 비율, 즉 출근율을 기준으로 판단하여야 한다(대판 2017.5.17, 2014다232296, 232302).
② 대판 1991.11.12, 91다14826
③ 대판 1969.3.4, 68다2152
④ 대판 1997.9.30, 97다6322

10. ③ 사용자는 유급휴가(계속하여 근로한 기간이 1년 미만인 근로자의 유급휴가는 제외)의 사용을 촉진하여야 한다.

11. ② 위원회 위원은 「경제사회노동위원회법」에 따른 경제사회노동위원회 위원장이 위촉한다.

12. ⓒ 승인·인가에 관한 서류는 삭제되었다.
ⓗ 승급·감급에 관한 서류만 해당된다.

대통령령으로 정하는 근로계약에 관한 중요한 서류에 ㉠, ㉢, ㉣, ㉫과 임금계산의 기초에 관한 서류, 고용에 관한 서류, 휴가에 관한 서류, 서면 합의 서류, 연소자의 증명에 관한 서류가 있다.

13. 정신 또는 신체 장애인으로서 담당하는 업무를 수행하는 경우에 그 정신 또는 신체의 장애로 같거나 유사한 직종에서 최저임금을 받는 다른 근로자 중 가장 낮은 근로능력자의 평균작업능력에도 미치지 못하는 사람을 말하며 작업능력은 (「장애인고용촉진 및 직업재활법」) 제43조에 따른 (한국장애인고용공단)의 의견을 들어 판단하여야 한다.

14. ① 대판 2018. 4.26, 2012다8239
② 대판 2016.4.28, 2014두11137
③ 단순히 노조전임자에 불과할 뿐 근로시간 면제자로 지정된 바 없는 근로자에게 급여를 지원하는 행위는 그 자체로 부당노동행위가 된다(대판 2018.5.15, 2018두33050).
④ 대판 2016.4.28, 2014두11137

15. ① 노동조합 및 노동관계조정법에 의하여 설립된 노동조합이 아니면 노동위원회에 노동쟁의 조정 및 부당노동행위의 구제를 신청할 수 없다.

16. ①, ④ 대판 2020.8.20, 2019다14110, 14127, 14134, 14141
② 대판 2018.4.26, 2012다8239
③ 구 근로기준법(1997. 3. 13. 법률 제5309호로 제정되기 전의 것) 제42조, 제43조, 제55조에 정한 기준 근로시간 범위 안에서 사용자와 근로자 사이의 약정 근로시간을 초과하는 근로(이른바 법내 초과근로)는 근로기준법 제46조에서 말하는 시간외근로에 해당하지 아니하므로, 그에 대하여는 그 법조에 정한 할증임금을 지급할 필요가 없다(대판 1998.6.26, 97다14200).

17. ④ 식비, 숙박비, 교통비 등 근로자의 생활

보조 또는 복리후생을 위한 성질의 임금으로서 통화 이외의 것으로 지급하는 임금과 통화로 지급하는 임금의 월 지급액 중 해당 연도 시간급 최저임금액을 기준으로 산정된 월 환산액의 100분의 7에 해당하는 부분은 매월 1회 이상 정기적으로 지급하는 임금에 산입하지 않는다.

18. ① 연장근로, 야간근로 또는 휴일근로를 시킨 경우에는 그 시간수를 임금대장에 기재하지 않아도 된다.
③ 상시 4명 이하의 근로자를 사용하는 사업장의 근로자에 대하여 임금대장에 근로시간수를 기재하지 않아도 된다.
④ 사용기간이 30일 미만인 일용근로자에 대해서는 생년월일, 사원번호 등 근로자를 특정할 수 있는 정보를 적지 않을 수 있다는 규정은 상시 4명 이하의 근로자를 사용하는 사업장뿐만 아니라 모든 사업장에 적용된다.

19. ① 통상임금은 근로자에게 정기적이고 일률적으로 소정근로 또는 총 근로에 대하여 지급하기로 정한 시간급 금액, 일급 금액, 주급 금액, 월급 금액 또는 도급 금액을 말한다.

20. ④ 보궐위원의 임기는 전임자 임기의 남은 기간으로 하되 임기가 끝났더라도 후임자가 위촉될 때까지 계속하여 그 직무를 수행한다.

정답 및 해설

국어

01. ④	02. ④	03. ①	04. ③	05. ③
06. ④	07. ②	08. ④	09. ②	10. ①
11. ③	12. ②	13. ④	14. ③	15. ③
16. ③	17. ②	18. ②	19. ②	20. ③

01. 제시된 글은 홍종선의 「남북한 언어 어떻게 통일할 것인가」의 일부분으로 우리말을 순수하게 가꾸자는 것이 주제문이다.

02. ① 자신의 → 당신의
② ~해야 할 점은 ~이다.
③ 시제의 불일치

03. ① 낭중지추(囊中之錐) : 출전 <사기> 평원군 열전에 나오는 말로 유능한 사람은 겉으로 드러내지 않아도 자연히 드러나기 마련이라는 뜻으로 동의어로는 추처낭중(錐處囊中)이 있다.
② 낭중취물(囊中取物) : 주머니 안에 든 물건을 얻는다는 뜻으로 곧 손쉽게 얻을 수 있음을 뜻한다.

04. ㉠ 바투 : 거리가 썩 가깝게
㉡ 반기 : 잔치나 제사를 지낸 후 몫몫이 담아 여러 사람에게 돌리는 음식

05. '각설', '차설' 등은 고대소설에서 사건의 마무리와 새로운 사건의 시작을 알리는 상투적인 문구로 이런 상투적인 문구는 사건의 필연성을 저해하지만 다음에 전개될 이야기의 궁금증을 풀어주는 수단으로 쓰였다.

06. ① 대한(大寒)보다 소한(小寒) 추위가 더 강하다는 뜻의 속담이다.
② 일본에 끌려간 조선 포로를 구하러 간 사명당과 관련이 있는 속담으로 가장 추운 것을 강조한 속담이다.
③ 알아서 적절하게 행동함을 이르는 속담이다.
④ 세상일에는 다 일정한 순서가 있는 것처럼 추운 날이 지나야 따뜻한 날이 온다거나 시련의 시간을 견뎌야 좋은 날이 온다는 의미 이상의 뜻을 품고 있는 말로 봄이 오기까지 그저 기다리거나 시간을 보내기만 하면 되는 것이 아니라 새로운 탄생과 생명 맞이하기 위한 보이지 않는 노력과 분투가 있어야 한다는 뜻의 속담이다.

07. 본문은 문법의 특성과 기능에 대한 설명이다.

08. ② 가재잡고 도랑을 친다는 뜻으로 일의 순서가 그릇됨을 나타내는 말이기도 하며 1석2조의 뜻으로도 쓰인다.
④ 밤새도록 물레질만 하겠다 : 원 계획이 있

475

는데 딴 일만 하게 될 때 이르는 말이다.

09. 조지훈의 「지조론」 중 일부로 허술한 데가 없고 야무진 사람일수록 한번 타락하면 걷잡을 수 없게 된다는 말이다.

10. "~초년 행적을 헐뜯은 곳이 있다"에서 비판받을 만한 일을 했음을 알 수 있다.

11. 반지빠르다
  ㉠ 못된 것이 언행이 교만스러워서 얄밉다.
  ㉡ 어중간하여 쓰기에 거북스럽다.

12. ①, ③, ④는 음성을 나타내는 것이고, 이러한 음성을 청각적으로 듣고 머릿속에 정리되는 생각을 개념이라 한다. 지문은 이러한 개념에 대한 설명이다.

13. 본문은 소학언해 중 효경을 언해한 것이다.

14. 즙 → 조오는 행위의 대상인 객체, 즉 부모에 대한 공손선어말어미다.

15. 어근 + 접사를 파생어라 하며 현더케 : 현더ㅎ(어간) + 게(연결어미) ⇒ 현더케로 자음이 축약되었다.

16. ① '마지막'과 '끝마무리'가 중복
    ② '나와 그 사이에'와 '피차'가 중복
    ④ '자라나'와 '성장'이 중복

17. 이효석의 수필 '낙엽을 태우면서'에서 인용된 글로 낙엽을 제재로 하여 낙엽을 태우면서 느끼는 일상생활의 보람을 주제로 하고 있다.

18. 제시된 시의 주제는 바람직하고 엄격한 현실 대응 정신을 나타내고 있는 시이다. 이상 세계에 대한 동경과 좌절은 낭만적 경향의 시에 나타난다.

19. 고매한 정신의 원관념은 폭포의 물결이며 물결은 곧고 품격 있는 고매한 정신을 추구하는 모습이다.

20. ㉡은 나태와 안정을 부정하는 것으로 3연은 "곧은 소리"와 상통한다고 볼 수 있다.

한국사

01. ④ 02. ④ 03. ③ 04. ② 05. ①
06. ④ 07. ④ 08. ③ 09. ② 10. ①
11. ② 12. ① 13. ① 14. ④ 15. ②
16. ④ 17. ② 18. ④ 19. ④ 20. ④

01. ㉠ 대청무역은 개시 무역이 활발했고, 후시 무역이 발달하였다. 그리고 대일 무역은 개시 무역이 활발했다.
    ㉢ 포구에서의 상행위 발달은 전국적인 유통망을 형성하였다.

02. 이승만의 정읍 발언에서 남한의 단독정부 수립을 주장하였다.

03. ① 동학농민전쟁은 중국의 태평천국혁명, 인도의 세포이 농민항쟁과 더불어 제국주의 세력의 침략에 반대하여 일어난 19세기 아시아 3대 농민전쟁 가운데 하나였다.
    ② 근대화정책의 실시로 피해를 보던 서울의 상인과 빈민들도 개화파와 일본에 대해 강한 적대감을 품고 개화파를 공격하였다. 그리고 개화파들은 자신들의 개혁을 지지해 줄 농민층 또는 도시 상공인 층의 지지를 모으기 위한 구체적 시도를 하지 않았다.
    ④ 개화파의 개혁구상은 당시의 사회모순의

핵이었던 지주제를 부정하는 것이 아니라, 오히려 지주층의 기득권을 유지하고, 이들의 부르조아화를 지향함으로써 농민들의 지향과는 합치될 수 없었다. 더구나 농민들의 눈에 비추어 볼 때 개화파는 실제에 있어 자신들의 생활기반을 위협하고 있었던 일본제국주의 세력과 밀착되어 있었다.

04. ① 이승만의 귀국(1945. 10. 16) → 남로당 건설(1946. 11. 3) → 9월 총파업(1946. 9)
② 입법의원 의원선거(1946. 12. 12) → 제2차미소공동위원회(1947. 5. 21) → 한국문제의 유엔 이관(1947. 9. 23)
③ 중경임시정부요인귀국(1945. 11. 23.) → 한민당 결성(1945. 9. 16) → 제1차 미소공동위원회 개최(1946. 3. 26)
④ 인민공화국 급조(1945. 9. 6) → 이승만의 정읍발언(1946. 6. 3) → 민주주의 민족전선 결성(1946. 2.15)

05. 택리지는 이중환이 영조(1751년) 때 붕당끼리 대립하는 당쟁이 치열한 시기에 현지를 답사하여 기록한 지리서로 탕평책은 특정 가문이 권력을 독점하는 일당전제정치의 폐단을 없애고자 영조 때 처음 실시하였다.
② 제승방략 체제가 임진왜란 때 큰 효과를 보지 못하자 선조가 다시 진관을 복구하고 속오법에 따라 군대를 편제하는 속오군 체제로 개편하였다.
③ 임진왜란 이후 중앙에 5군영을 설치하고 지방에는 속오군체제가 설치되었다.
④ 비변사가 정치를 주도한 것은 임진왜란 이후이다.

06. ④ 청동기는 제작에 필요한 원료수급과 제작공정상의 어려움과 함께, 강도는 높으나 탄력성이 크고 깨지기 쉬운 재질상의 문제 때문에 무기나 공구는 청동기로 제작되었지만, 일반생활과 생산에 쓰이는 도구가 청동으로 제작되는 예는 드물었다. 그래서 벌채용, 농경용, 어로수렵용 등의 실용도구는 대부분 청동기가 아니라 간석기였다.

07. ④ 부여·고구려의 습속인 형사취수는 당시 흉노족을 위시한 동북아시아 유목민 사회에 흔히 존재하였던 친족공동체적인 문화양식으로 재산상속과 유관한 것으로 이해한다. 이러한 풍속은 남편의 사별에 따른 미망인의 분립이나 친정집으로의 이동은 사람과 주 재산인 가축 떼의 분리나 분산을 막아 가정의 안정과 번영을 추구할 수 있다. 이러한 혼인풍속은 고구려의 대외적인 팽창으로 노획품과 전쟁포로, 노예, 공납 등의 물질적인 부의 증대를 가져왔고, 이는 5부내의 사회적 분화를 촉진시켰으며, 친족집단의 공동체적 관계는 해체되어 갔다. 이에 부의 지위가 아버지에서 아들로 이어지는 배타적인 상속제도가 확립되어 갔고, 귀인의 수절이 요구되어 졌으며, 단혼가족이 생산과 소비의 기본적인 단위가 되어가는 추세를 나타내었다.

08. ㉡ 부여는 북쪽의 유목민족과 남쪽의 고구려 사이에 끼어 압박을 받았으므로 중국과의 연결을 통하여 국가의 유지와 왕권의 신장을 도모하였다.

ⓒ 백제가 아니라 신라가 군장국가인 사로국 때를 설명하는 것이다.

09. 고대사회는 왕토사상이었지만 자영농이 다수 존재한 사회였으며 조선 성종대의 관수관급제는 관료의 수조권을 국가가 대행한 것으로 수조권은 후대로 갈수록 약화되었다. 농경 사회인 우리 사회는 토지를 매개로 왕, 관료, 농민의 관계가 연결되어 있다. 왕은 왕토사상에 입각하여 관료들이 국가에 충성을 하는 대가로 수조권을 주었고, 농민들에게는 경작권을 주었다. 그러나 실제로는 자기 토지를 가지고 있는 농민들이 많았으며 관료에게 주는 토지는 이들 농민의 토지에서 국가 대신 수조권을 대행하게 한 것도 많았다.

10. ① 향과 부곡은 삼국시대 이전에 발생, 소는 고려시대에 발생하였다. 무신집권기의 집권층은 백성의 전면적인 항쟁에 직면하여 무력으로 진압을 하기도 하였지만, 탐학한 지방관을 처벌하거나 부분적으로 신분해방을 약속할 수밖에 없었다. 따라서 백성은 항쟁의 성과로서 탐관오리의 제거와 생활안정을 위한 정부의 노력을 어느 정도 이끌어낼 수 있었고 또한 부곡제 지역이 소멸되기 시작하였다.

11. 과전법(1391) : 고려 후기 누적된 토지제도의 모순을 해결하기 위하여 실시하였다. 과전법은 국가의 재정기관과 조선건국에 참여한 신진사대부 세력의 경제적 기반을 확보하기 위하여 실시하였으며 병작반수의 금지와 경기도 지방에만 토지를 지급하였다. 사망 후에는 반납하였으며 수신전, 휼양전은 세습이 가능했다.

12. ⓜ 명과는 적대 관계였다.
ⓑ 고려 건국의 배경이다.
ⓐ 신진사대부들의 지지와 결탁이 조선 건국의 배경이다.

13. ① 상피제의 실시를 고려시대·조선시대로 보느냐에 대해서는 현재 두 설이 있다. 법제상은 고려시대부터 있지만 잘 적용이 되지 않았고, 조선시대에는 철저히 적용하였기 때문에 대개는 조선시대로 보고 있다. 경국대전에는 경관직과 외관직의 인사행정에는 반드시 상피제도를 적용하도록 명시되어 있다. 상피란 부자·형제·조부·종형제 따위 가까운 친척·인척은 동일한 관청에 함께 근무할 수 없고, 서로 피하여 타 관서에 근무해야 한다는 것이다. 관찰사·절도사·수령·첨사·만호·찰방 등 모두가 상피의 대상이었다. 상피할 때는 품계상 하위 관직자가 당연히 다른 관서로 피하여 근무처를 옮겼다. 만일 관찰사와 수령이 친척 사이라면 관찰사는 그냥 남아 있고 수령이 전보되었다.

14. ④ 향리 가운데 한 사람을 서울에 파견·상주시켜 자신의 고을의 공부 수납 및 중앙과의 연락을 맡도록 경저리를 두었고 감영에는 영저리를 두었는데 각 군현의 연락업무를 맡았다. 그리고 고을의 읍에는 읍리가 있었다.

15. 규모가 큰 무덤이고, 대형 화강암 판석을 두 개의 돌기둥 위에 올려 세운다는 말에서 고인돌이라는 것을 알 수 있다. 고인돌은 청동기 시대의 대표적인 무덤이다. 고인돌은 경제력이 있거나 정치권력을 가진 지배층의

무덤으로, 그 형태는 보통 네 개의 굄돌을 세워 돌방을 만들고 그 위에 거대하고 평평한 덮개돌을 얹어 놓은 것이 전형적이다. 그 외에도 받침돌을 두 개 만드는 경우도 있고, 여러 개를 만드는 경우도 있었으며 돌무지로 덮개돌을 받친 형태도 있었다. 고인돌은 우리나라 전역에 걸쳐 분포되어 있다. 규모가 큰 수십 톤 이상의 덮개돌을 채석하여 운반하고 무덤에 설치하기까지에는 많은 인력이 필요하였다.

① 주먹도끼와 찍개는 구석기 시대, 덧무늬 토기는 신석기 시대의 유물이다.
③ 청동기 시대에는 중앙 집권적 고대 사회가 형성되지 못했다.
④ 우리나라의 청동기시대는 서기 전 1000년경에 시작하였다. 위·진·남북조의 분열 시대는 서기 3~6세기이다.

16. ④ 대동법이 1608년 광해군 원년에 경기도에서 시행되었으나 전국적 보급이 1708년 숙종 때 완성된 것은 그동안 반발이 심했기 때문이다. 이원익·김육·조익 등은 강력히 대동법 실시 보급을 주장하였다. 그러나 양반·토호·방납인들은 김상헌·송시열 등을 움직여 대동미를 운송하기 위한 대책과 남방의 산물을 경중에서 구입하기 곤란하다는 이유로 반대하였다.

17. ② 일본제국주의를 위하여 행한 친일반민족행위의 진상을 규명하여 역사의 진실과 민족의 정통성을 확인하고 사회정의 구현에 이바지함을 목적으로 하는 것은 일제강점하의 반민족행위 진상규명에 관한 특별법의 제정의 목적에 해당한다.

18. 정약용의 여전제 : 정조 때 「정론」이라는 저서에서 주장한 것으로 30가구를 1여로 하여 마을 주민들이 여장의 지휘 하에 공동경작하고 노동량에 따라 소득을 분배하자는 제도이다.

19. 대한제국 개혁정치에 관한 내용으로 보기의 내용들은 경제적 개혁 중 양전사업에 관한 것이다.

20. ④ 세조 때 농사직설(정초), 성종 때 금양잡록(강희맹)은 중국의 농서가 아니라 조선시대의 농서이다.

영어

01. ③ 02. ③ 03. ② 04. ① 05. ③
06. ② 07. ② 08. ④ 09. ② 10. ④
11. ② 12. ④ 13. ② 14. ① 15. ④
16. ③ 17. ④ 18. ④ 19. ① 20. ④

01. remember me to~ ~에게 안부 전해주세요
put through ~를 전화로 연결하다

「톰은 전화를 걸고 있다. 수잔, 그의 파트너가 전화를 받고 있다. 수잔은 전화를 받는다. 톰은 캐롤을 찾는다. 캐롤은 집에 없어요. 톰은 메시지를 남기고 싶어 한다. 내일 학교 소풍이 있어요. 오전 10시에 금문공원에서 학급 모임이 있을 예정이다.」

「Tom : 여보세요, ㉠ Carol 있나요?
Susan : 미안하지만, 지금 집에 없어요.
Tom : ㉡ 메시지를 남겨도 될까요?
Susan: 네, 물론입니다.
Tom : 내일 학교 소풍이 있다고 전해주세요. 우리는 오전 10시에 금문공원에서 만날 거예요.」

① ㉠ : 수잔에게 안부 전해줘.
　㉡ : 그녀를 좀 연결해 줄래요?
② ㉠ : 수잔 있어요?
　㉡ : 수잔은 소풍을 갈 수 있나요?
④ ㉠ : 수잔에게 안부 전해 주세요.
　㉡ : 그녀에게 안부 전해 주세요.

02. favorite 좋아하는 것 / treat 한턱, 큰 기쁨 / delicious 맛있는 / billion 10억 / invent 발명하다 / by accident 우연히 / fair 박람회 / run out of 다 소모하다 / seller 팔리는 물건 / nearby 가까운 / nothing like ~보다 좋은 것은 없다 / an instant 순식간에

「만일 당신이 대부분의 아이들에게 가장 좋아하는 기호품이 무엇이냐고 물으면 아이들은 "아이스크림"이라고 대답할 것이다. 더운 여름날 아이스크림콘보다 좋은 것은 없다. 매년 미국인들은 40억개 이상의 아이스크림콘을 먹는다. 당신은 아이스크림콘이 우연히 발명된 것을 아십니까? St. Louis에서는 1904년 세계박람회를 개최했었다. 아이스크림은 잘 팔리는 물건이었다. 아이스크림을 파는 어느 한 상인은 접시가 다 바닥났다고 어찌할 바를 몰랐다. 운 좋게도 근처에서 와플을 팔던 상인이 와플을 말아서 그 속에 아이스크림을 넣으면 어떻겠냐고 제안했다. 그것이 순식간에 성공한 것이었다.」

① 아이스크림과 와플
② 성루이스 세계박람회
③ 최초의 아이스크림콘
④ 여름철의 아이스크림

03. psychologist 심리학자 / mixture 조화 / leisure 여가 / close 밀접한, 긴밀한 / great grandmother 증조모 / raise 기르다 / take in 빨래 감을 맡다 / laundry 세탁소 / fulfill (희망·기대 따위를) 충족시키다 / on the other hand 이와 반대로 / self-conscious 자기의식이 강한 / miserable 가련한 / chase 몰아내다 / equate 같게 하다 / example 예를 들면 / in addition ~에 더하여 / in short 결국, 요컨대

「심리학자들은 우리가 행복하기 위해서는 유쾌한 여가시간과 흡족한 일의 조화가 필요하다는 것을 우리에게 말한다. 나는 14명의 아이들을 기르고 세탁소에서 일하셨던 나의 할머니가 양쪽 모두 충분했는지 의심스럽다. 그녀는 가족과 친구들과 긴밀한 연락망을 가지고 있었기 때문에, 어쩌면 이것은 그녀를 충족시켰을 것이다. 만일 그녀가 지녔던 재산으로 행복했다면, 아마도 그것은 그녀가 매우 다른 인생을 기대하지 않았기 때문이었는지도 모른다. 이와는 반대로, 많은 선택들과 모든 분야에서 성공하기 위해 그러한 압력을 지닌 우리는 우리가 지녀야 하는 더 많은 것들에 행복을 첨가시켜 왔다. 우리는 우리를 비참하게 하는 것에 대한 우리의 권리에 관해서 매우 이기적이다. 그래서 우리는 그것을 몰아내고 그것들이 반드시 더 행복한 것이 아니라는 사람들을 주목함이 없이, 부와 성공과 그것을 같다고 여긴다.」

04. ① 관계대명사는 접속사 역할을 겸하므로 다른 접속사와 함께 사용할 수 없으므로 but을 삭제해야 옳은 문장이 된다.

「① 그는 나에게 많은 돈을 제시했지만 나는 그것을 거절했다.
② 당신이 알기에 그 젊은이와 결혼할 만한 자격이 있는 어떤 여자가 있느냐?
③ 이 사람은 내가 기차에서 만난 사람과

같은 사람이다.
④ 모든 사람을 기쁘게 하려는 자는 어느 누구도 기쁘게 하지 못 한다.」

05. average 보통 / human being 인간 / square feet 제곱 피트 / foil 박(箔) / stuff 물질 / thick 두께의 / altogether 요컨대 / cotton shirt 무명 와이셔츠

「보통 인간은 그것(피부)의 약 18제곱미터를 가진다. 그렇지 않다. 그것은 주방에 남겨진 알루미늄박이 아니다. 이 물질은 당신이 어디로 가든지 간에 당신과 함께 한다. 당신은 옷처럼 그것을 착용하고 있지만, 결코 그것을 벗길 수는 없다. 그것은 1인치 두께의 단지 20분의 1인 가장 얇은 무명와이셔츠보다 더 얇다. 요컨대 그것은 6파운드의 무게를 가지며 그것은 당신 신체의 가장 큰 기관이다. 그것은 당신의 심장, 폐, 위는 아니다. 그러나 그것이 없다면, 당신은 X-ray 없이도 당신의 다른 기관(器官)들을 대부분 볼 수 있게 될 것이다.」

06. ① 그들과 관련된 성문제이다.
③ 그들이 효율적인 의사소통 기술이 없다는 것이다.
④ 그들이 낮은 지능을 유지한다는 것이다.

「약물 중독자, 알코올 중독자, 반사회적 인격 장애자들을 다룰 때 직면하게 되는 기본적인 문제는 <u>그들이 현재 생활 방식에 만족하고 있다는 것이다.</u>」

07. acknowledge 인정하다, 고맙게 여기다 / promptly 신속하게, 즉석에서

「깜짝 선물은 언제나 <u>고맙다.</u>」

① 사실을 인정하다
② 감사를 표하다
③ ~을 인정하다
④ ~의 존재를 인정하다

08. contain 포함하다 / element 요인, 요소 creative 창조적인 / potential 가능성, 잠재력 / profitable 유리한 / bankruptcy 파산, 파탄 / horrible 끔찍한 / go through ~을 겪다 / declare 선언하다

「어떤 문제이든 당신 자신이나 그 밖의 다른 누군가에게 어떠한 창조적 잠재력을 발휘하게 하는 신비한 요소들을 가지고 있다. 어떤 사람에게 문제로 보이는 것이 다른 사람들에게 유익한 일이 될 수 있다. 파산의 쓰라린 경험을 하고 그러한 과정을 겪는 사람들을 돕겠다고 결심한 사람이 있다. 오늘날 그는 파산을 선언해야만 하는 사람들을 위한 상담자 역할을 하고 있다.」

① 한 사람의 성공은 다른 사람의 행복이다.
② 한 사람의 문제는 다른 사람의 문제이다.
③ 한 사람의 기회는 다른 사람의 문제이다.
④ 한 사람의 문제는 다른 사람의 기회이다.

09. intimidation 위협(= threat, menace) / heed 주의하다 / perturbation 동요(= agitation) / make nothing of 무시하다 / pay attention to 주의하다 / get rid of 제거하다 / fright 공포 / take charge of 감당하다

「그들은 정치적 합의는 살인과 <u>위협</u>을 통해서 결코 실현될 수 없다는 걸 알았다. 우리국민사이에서 정당하고 지속적인 평화를 보려는 압도적인 욕망에 <u>주의를 기울여야</u> 한다.」

10. make light of 경시하다(= despise = ignore / praise 칭찬 / despise 경멸(경

고용노동직 적중모의고사

시)하다

「너의 동생이 대중을 위해 봉사한 것을 <u>경시하지 마라.</u>」

11. their 그들의, 저 사람들의 / raise 높이다 / ability 능력 / appreciate 평가하다

   ⓒ은 I know가 삽입절이므로 주격인 who가 와야 한다.

   「실라는 매우 허스키한 목소리를 가진 영어 선생님이다. 그러나 그녀는 소리를 지르지 않고 반 아이들을 지휘할 수 있는 능력을 가진, 그래서 아이들이 높이 평가하는 몇 안 되는 선생님 중 한 분이다.」

12. available 이용할 수 있는 / deposit 예금 / withdrawal 인출 / transfer funds 자금 이체 / especially 특별히 / convenient 편리한

   「이것은 1970년대 미국에서 도입되었다. 처음에는 동시에 모든 곳에서 사용될 수는 없었다. 80년대 중반에 미전역에서 이것과 네트워크를 갖게 되었다. 이것이 은행업무의 가장 큰 변화 중 하나를 가져왔다. 이것은 예금, 인출, 자금 이체에 사용될 수 있다. 여행자에게 특히 편리하다. 왜냐하면 많은 은행들이 이들 거대한 네트워크의 일부이기 때문에. 이것은 여러분이 비록 그것이 여러분이 사용하는 은행이 아니라도 네트워크의 일부인 이것을 본 은행에서 사용할 수 있다.」

   ① 고속 모뎀
   ② 모바일 전화
   ③ 자동판매기
   ④ 현금 자동 입출금기

13. come to oneself 의식을 회복하다 / be frozen to 얼다.

   「• 그는 기절했고 의식을 회복하는 데 30분이 걸렸다.
   • 나는 뼈 속까지 얼었다.」

14. 단수 취급하는 집합명사 : furniture, clothing, merchandise, luggage
   ㉠ 수 : a piece of furniture
   ㉡ 양 : (little, some, much) furniture.

   「너무 급하게 집을 나서면서 집안 물건들은 다 옛집에 두고 왔기 때문에, 나는 <u>새 가구를 많이</u> 사야 했다.」

15. ① 죄송하지만 이 문제를 해결할 수 없습니다.
      내가 이 문제를 해결할 수 있으면 좋겠어.
    ② 당신의 사전을 사용해도 될까요?
      제가 당신의 사전을 써도 괜찮을까요?
    ③ 그에게는 그 문제에 대해 이야기할 친구가 없었다.
      그는 그 일에 대해 이야기할 친구가 없었다.
    ④ 그녀가 내게 말했다, "너 피곤해 보여. 무슨 짓을 한 거야?"
      그녀는 내가 피곤해 보인다고 말하며, 내가 무엇을 했냐고 물었다.
      = and asked me what I had done.

16. afterwards 후에, 나중에 / legally 법률적(합법적)으로, 법률상 / furious 노하여 펄펄 뛰는, 화내어 날뛰는, 격노한 / damn 저주받은, 너더리나는, 괘씸한, 얼토당않은 / a damn lie 새빨간 거짓말 / coolie 쿨리 (옛 인도와 중국의 하급 노동자) / pretext 구실, 핑계, 변명 / grasp 붙잡다, 움켜잡다, 터득, 이해하다 / solely 혼자서, 단독으로, 다만, 단지, 오로지

   「물론 그 후에, 코끼리의 사살에 관한 끊임없는 논의가 있었다. 소유주는 격노했으나

그는 인도인일 뿐 아무것도 할 수 없었다. 게다가, 나는 합법적으로 옳은 일을 했던 것인데 그것이 주인이 통제할 수 없다면 미친개의 경우처럼 미친 코끼리도 사살되어야 하는 것이었으니까 말이다. 유럽인들 사이에서는 의견이 나눠져 있었다. 나이 드신 분들은 내가 옳다고 말했고 젊은이들은 코끼리가 어떤 쿨리보다 더 가치가 있기 때문에 쿨리를 죽였다는 이유로 코끼리를 사살하는 것은 지독한 수치라고 말했다. 그리고 나중에 나는 그 쿨리가 그 코끼리에 의해 죽음을 당했다는 사실에 매우 기뻤다; 그것은 나를 법률상 정당하게 해 주었고 그것은 나에게 코끼리를 사살할 수 있는 충분한 구실을 주었다. 나는 종종 내가 단지 바보처럼(놀림감으로) 보이는 것을 피하기 위해서 그런 일을 했다는 것을 다른 어떤 누구도 이해할지의 여부가 궁금했다.」

① 토끼를 사살한 사람은 바로 인도인이었다.
② 글쓴이는 코끼리의 죽음에 분노했다.
③ 쿨리의 죽음이 글쓴이에게 코끼리를 사살할 구실을 주었다.
④ 젊은 유럽인들은 그들이 코끼리가 쿨리를 죽이는 것을 막을 없다는 것을 염려하고 있었다.

17. humanitarian 인도주의적인 / non-profit 비영리 / obligation 의무, 책임 / profit 이익 / incentive 자극, 격려금 / obstacle 장애

「AMDA는 인도주의적이며 비영리 단체이다. 이 기구의 임무는 아시아의 가난한자들의 건강과 복지를 향상하는 것이다. 이런 원칙들은 그 기관의 슬로건인 "보다 나은 미래를 위한 보다 좋은 삶의 질"에서 나타난다. AMDA는 가난한 사람들의 삶의 질을 향상하는데 세 가지 장애를 고려하고 있다; 전쟁, 자연재앙, 빈곤. 그래서, 이 기구의 프로젝트는 이 장애를 극복하려고 추구하고 있다.」

18. ④ hardly get으로 수정해야 옳다.
「그는 너무 기뻐서 한숨도 못 잤다.」

19. slightly 약간 / regional 지역적인 / revolution 혁신 / take place 발생하다.

「남성복은 단지 약간만 그리고 좁은 범위 내에서 어디서 근무하느냐에 따라 변화할 것이다. 확실히 어떤 것이 적합한 옷인지는 지역적인 차이가 있다. 가장 큰 혁신이 일어난 것은 레저와 스포츠의상에 있어서이다. 지난해 판매된 스포츠코트의 수는 천이백오십만에서 천삼백사십만으로 증가했다. 이제 여성패션의 변화를 살펴보자.」

20. short-term 단기간 / divert 전환하다 / obvious 명백한

「우리는 두 개의 다른 기억 형태를 갖고 있다. 하나는 단기간에 걸쳐서 사물을 기억하기 위한 것이다. ① 예를 들어, 우리 문장끝 부분을 들을 때까지 처음부분을 기억한다. ② 이런 기억 형태는 단기 기억이라 불린다, 왜냐하면 우리 단기간동안만 기억하고 싶은 것을 위해 그것을 사용하기 때문이다. ③ 이와 같은 식으로 동시에 우리의 기억할 수 있는 사물의 수는 극히 적고, 그것들은 우리의 집중력이 흩어지면 빨리 잊어버린다. ④ <u>우리는 또 다른 기억시스템을 가지고 있다. 그것은 장기간기억이라 불린다.</u> 이것은 학습의 영구적인 저장이다. 이런 장기기억체계에 저장될 수 있는 양에는 분명한 한계가 없지만 기억된 항목을

찾아내기가 가끔은 어렵다.」

행정법총론

```
01. ④  02. ④  03. ④  04. ③  05. ④
06. ③  07. ④  08. ②  09. ①  10. ①
11. ④  12. ②  13. ③  14. ①  15. ④
16. ④  17. ②  18. ③  19. ③  20. ④
```

01. ① 공개 여부는 공개를 거부할 만한 정당한 이익이 있는지 여부에 따라 결정되어야 하는바, 국민에 의한 감시의 필요성이 크고 이를 감수하여야 하는 면이 강한 공익법인에 대하여는 보다 소극적으로 판단하여야 한다(대판 2010.12.23, 2008두13101).
② 재소자가 교도관의 가혹행위를 이유로 형사고소 및 민사소송을 제기하면서 그 증명자료 확보를 위해 '징벌위원회 회의록' 등의 정보공개를 요청한 경우 징벌위원회 회의록 중 비공개 심사·의결 부분은 비공개사유에 해당하지만 징벌절차 진행 부분은 비공개사유에 해당하지 않는다(대판 2009.12.10, 2009두12785).
③ 정보공개청구의 대상이 이미 널리 알려진 사항이거나 청구량이 과다하여 정상적인 업무수행에 현저한 지장을 초래할 우려가 있더라도 청구된 정보의 사본 또는 복제물의 교부를 제한할 수는 없다(대판 2009.4.23, 2009두2702).
④ 공개청구의 대상이 되는 정보가 이미 다른 사람에게 공개되어 널리 알려져 있다거나 인터넷 등을 통하여 공개되어 인터넷검색 등을 통하여 쉽게 알 수 있다는 사정만으로는 소의 이익이 없다거나 비공개결정이 정당화될 수 없다(대판 2010.12.23, 2008두13101).

02. 권력분립
㉠ 3권 분립 : 몽테스키외(Montesquieu)
㉡ 2권 분립 : 로크(J. Locke)

03. ④ 행위의 효력과 관련되는 것으로 볼 때는 조건으로 보는 견해에 따른 입장이다.

04. ③ 행정행위의 철회의 경우 상대방에게 책임이 없는 한 법률에 따른 보상을 해 주어야 하는 것은 옳으나 하자와 관계없이 변화하는 사실에 근거한 철회는 장래효에만 인정한다.

05. 행정심판법과 행정소송법에서 직접 상대방 뿐만 아니라 행정심판 및 행정소송을 제기할 이익이 있는 자에게 행정심판의 청구인적격이나 행정소송의 원고적격을 인정하고 있다.

06. ③ 위원장 및 부위원장은 국무총리의 제청으로 대통령이 임명하고 상임위원은 위원장의 제청으로 대통령이 임명한다.

07. ④ 직권취소의 경우 새로운 내용으로 적극적 변경이 허용된다.

08. ① 대판 2008.9.25, 2006다18228
② 행정청이 온천지구임을 간과하여 지하수개발·이용신고를 수리하였다가 행정절차법상의 사전통지를 하거나 의견제출의 기회를 주지 아니한 채 그 신고수리처분을 취소하고 원상복구명령의 처분을 한 경우, 행정지도방식에 의한 사전고지나 그에 따른 당사자의 자진 폐공의 약속 등의 사유만으로는 사전통지 등을 하지 않

아도 되는 행정절차법 소정의 예외의 경우에 해당한다고 볼 수 없다는 이유로 그 처분은 위법하다(대판 2000.11.14, 99두5870).
③ 대판 2009.7.9, 2007두26117
④ 대판 1999.1.29, 97누3422

09. ① 국유재산의 매각 관계는 국고작용으로 공정력 등 행정법관계의 특성은 적용이 없다.

10. ① 행정행위는 대륙법계에서 유래된 개념으로 앵글로 색슨법계와는 관계가 적다.

11. 형사벌 법규는 행위규범을 생략하고 제재규범을 정립하는데 그치는 것이 보통이고, 행정벌 법규는 행위규범을 포함하고 있다.

12. ② 행정조사는 법령 등의 위반에 대한 처벌보다는 법령 등을 준수하도록 유도하는 데 중점을 두어야 한다.

13. ① 대판 1999.5.14, 98다14030
② 대판 2014.9.25, 2012두24092
③ 하천구역으로 편입되어 국유로 된 제외지의 구 소유자가 서울시를 상대로 제기한 손실보상금 청구가 채권양도 후 대항요건을 갖추기 전의 청구라는 이유로 기각되어 시효중단의 효력이 소멸하였다고 하더라도 그로부터 6월내에 구 소유자의 승계인이 손실보상금을 청구한 이상, 구 소유자의 소제기로 인하여 시효가 중단되었다(대판 2009.2.12, 2008두20109).
④ 대판 2010.4.29, 2009두17360

14. ① 급여에 관한 결정 등에 관하여 이의가 있는 자는 '공무원연금급여 재심위원회'에 심사를 청구할 수 있을 뿐이고, 행정심판법에 따른 행정심판을 청구할 수는 없다(대판 2019.8.9, 2019두38656).
② 대판 2015.11.27, 2013다6759
③ 대판 2019.4.3, 2017두52764
④ 대판 2012.11.15, 2010두8676

15. ① 대판 1971.11.15, 71다1952
② 대판 1994.2.25, 93다38444
③ 불법행위로 인한 손해배상의 청구권은 피해자나 그 법정대리인이 그 손해 및 가해자를 안 날로부터 3년간 이를 행사하지 아니하면 시효로 인하여 소멸한다.
④ 국가배상청구소송에는 가집행선고를 붙일 수 없는데, 헌법재판소는 그것이 평등원칙에 위배되는 것이라 하였다.

16. 행정처분의 상대방 아닌 제3자도 그 처분으로 인하여 법률상 보호되는 이익을 침해당한 경우에는 그 처분의 취소 또는 변경을 구하는 행정소송을 제기하여 그 당부의 판단을 받을 법률상 자격이 있다(대판 1983.7.12, 83누59).

17. ② 반사적 이익 영역을 축소시키고 법률상 이익을 확대시키는 것이 현대 행정법의 특징이다.

18. ③ 미연방 대법원 판사인 '프랭크 피터'의 말이다.

19. ① 대판 2018.1.25, 2015두35116
② 대판 2018.6.28, 2015두47737
③ 건축신고를 하려는 자는 인·허가의제사항 관련 법령에서 제출하도록 의무화하고 있는 신청서와 구비서류를 제출하여야 하는데, 이는 건축신고를 수리하는 행

정청으로 하여금 인·허가의제사항 관련 법률에 규정된 요건에 관하여도 심사를 하도록 하기 위한 것으로 볼 수밖에 없다. 따라서 인·허가의제 효과를 수반하는 건축신고는 일반적인 건축신고와는 달리, 특별한 사정이 없는 한 행정청이 그 실체적 요건에 관한 심사를 한 후 수리하여야 하는 이른바 '수리를 요하는 신고'로 보는 것이 옳다(대판 2011.1.20, 2010두14954, 전원합의체).
④ 대판 2019.10.31, 2017두74320

20. ④ 법령의 효력 순위는 조례 – 규칙의 순서이다.

노동법개론

01. ③ 02. ④ 03. ① 04. ② 05. ③
06. ④ 07. ④ 08. ① 09. ③ 10. ①
11. ④ 12. ③ 13. ④ 14. ② 15. ④
16. ② 17. ① 18. ③ 19. ④ 20. ③

01. ③ 임금 등 체불자료를 제공한 후에 체불사업주가 도산 등 사실인정을 받은 경우 고용노동부장관은 그 사실을 안 날부터 15일 이내에 체불액 등에 관한 자료 요구자에게 그 내용을 통지하여야 한다.

02. 체불사업주의 사망·폐업으로 임금 등 체불자료 제공의 실효성이 없는 경우 등 대통령령으로 정하는 사유"란 다음의 어느 하나에 해당하는 경우이다.
1. 체불사업주가 사망하거나 「민법」 제27조에 따라 실종선고를 받은 경우(체불사업주가 자연인인 경우만 해당)
2. 체불사업주가 법 제43조의3제1항에 따른 임금 등 체불자료 제공일 전까지 체불임금 등을 전액 지급한 경우
3. 체불사업주가 「채무자 회생 및 파산에 관한 법률」에 따른 회생절차개시 결정을 받거나 파산선고를 받은 경우
4. 체불사업주가 「임금채권보장법 시행령」 제5조에 따른 도산 등 사실 인정을 받은 경우
5. 체불자료 제공일 전까지 체불사업주가 체불 임금 등의 일부를 지급하고 남은 체불 임금 등에 대한 구체적인 청산 계획 및 자금 조달 방안을 충분히 소명하여 고용노동부장관이 체불 임금 등 청산을 위하여 성실히 노력하고 있다고 인정하는 경우

03. ① 대판 2018.7.12, 2013다60807
② 임금총액에는 사용자가 근로의 대상으로 근로자에게 지급하는 일체의 금품으로서, 근로자에게 계속적·정기적으로 지급되고 그 지급에 관하여 사용자에게 지급의무가 지워져 있으면 명칭 여하를 불문하고 모두 포함된다(대판 2021.6.24, 2016다200200).
③ 가입자인 근로자는 특별한 사정이 없는 한 퇴직일로부터 14일이 지난 후에는 사용자에게 직접 정당한 부담금액과 이미 납입된 부담금액의 차액 및 그에 대한 퇴직급여법에서 정한 지연이자를 지급할 것을 청구할 수 있을 뿐, 퇴직금제도에 따라 평균임금의 재산정을 통해 계산하는 방식으로 추가 퇴직금의 지급을 청구할 수는 없다(대판 2021.1.14, 2020다207444).
④ 단체협약 등에 일정 근로시간을 초과한

연장근로시간에 대한 합의가 있다거나 기본급에 수당을 포함한 금액을 기준으로 임금인상률을 정하였다는 사정 등을 들어 바로 위와 같은 포괄임금제에 관한 합의가 있다고 섣불리 단정할 수는 없다(대판 2020.2.6, 2015다233579, 233586).

04. ① 대판 2020.2.6, 2018다241083
② 사업의 종류에 관계없이 관리·감독 업무 또는 기밀을 취급하는 업무에 종사하는 근로자는 적용 받지 않는다.

05. ①, ④ 대판 2005.9.9, 2004다41217
② 대판 1996.5.10, 95다2227
③ 부양가족이 있는 근로자에게만 지급된 가족수당과 상근자에 한하여 현물로 지급되며 현물을 제공받지 않은 근로자에 대하여 그에 상당하는 금품이 제공되지 않은 경우의 중식대가 통상임금에 포함되지 않는다(대판 2003.4.22, 2003다10650).

06. ④ 교섭창구 단일화 절차에 참여한 모든 노동조합은 확정 또는 결정된 날부터 14일이 되는 날을 기한으로 하여 기한 내에 자율적으로 교섭대표노동조합을 정한다.

07. 위원회 위원의 자격기준
㉮ 근로자를 대표하는 위원으로는 전국적 규모의 노동단체가 추천하는 사람(법 제24조의2제5항제1호) 및 사용자를 대표하는 위원으로 전국적 규모의 경영자단체가 추천하는 사람(동법 동조제5항제2호)의 자격기준은 다음과 같다.
  1. 해당 단체의 전직·현직 임원
  2. 노동문제 관련 전문가
㉯ 공익을 대표하는 위원으로 경제사회노동위원회 위원장이 추천한 15명 중에서 제1호에 따른 노동단체와 제2호에 따른 경영자단체가 순차적으로 배제하고 남은 사람(동법 동조제5항제3호)의 자격기준은 다음과 같다.
  1. 노동 관련 학문을 전공한 자로서 「고등교육법」 제2조제1호·제2호·제5호에 따른 학교나 공인된 연구기관에서 같은 법 제14조제2항에 따른 교원 또는 연구원으로 5년 이상 근무한 경력이 있는 사람
  2. 3급 또는 3급 상당 이상의 공무원으로 있었던 자로서 노동문제에 관하여 학식과 경험이 풍부한 사람
  3. 그 밖에 제1호 및 제2호에 해당하는 학식과 경험이 있다고 인정되는 사\
㉠ 전국적 규모의 노동단체가 추천 할 수 있는 위원에는 해당 단체의 전직 임원은 해당한다.
㉢ 공익을 대표하는 위원으로 추천받을 수 있는 사람의 자격기준은 노동 관련 학문을 전공한 자로서 학교 교원으로 5년 이상 근무한 경력이 있는 사람이 해당된다.

08. ② 쟁의행위는 그 목적·방법 및 절차에 있어서 법령 기타 사회질서에 위반 되어서는 안 된다.
③ 조합원은 노동조합에 의하여 주도되지 않은 쟁의행위를 하여서는 안 된다.
④ 노동조합의 쟁의행위는 그 조합원의 직접·비밀·무기명투표에 의한 조합원 과반수의 찬성으로 결정하지 않으면 이를 행할 수 없으며 조합원 수 산정은 종사근로

자인 조합원을 기준으로 한다.

09. ① 대판 2007.1.11, 2006다64245
② 대판 2018.7.11, 2016다9261, 9278
③ 최저임금법에 의하여 최저임금의 적용을 위한 비교대상 임금 총액이 최저임금액으로 증액됨에 따라 비교대상 임금에 포함된 개개의 임금인 기본급, 근속수당, 주휴수당도 증액됨을 전제로 증액된 개개의 임금 중 통상임금에 해당하는 기본급, 근속수당을 기준으로 통상임금을 새롭게 산정한 다음 새롭게 산정된 통상임금을 기준으로 산정한 연장근로수당 및 야간근로수당과 실제로 지급된 각 수당과의 차액의 지급을 명하였어야 하는데도, 통상임금이 최저임금액보다 적은 경우에는 최저임금법에서 정한 시급 최저임금액을 기준으로 연장근로수당 및 야간근로수당을 산정하여야 한다고 본 원심판결에 법리오해 등의 잘못이 있다(대판 2017.12.28, 2014다49074).
④ 대판 2019.5.10, 2015도676

10. ① 부당해고 등의 구제신청은 부당해고 등이 있었던 날부터 3개월 이내에 하여야 한다.

11. ① 노동위원회의 구제명령, 기각결정 또는 재심판정은 제31조에 따른 중앙노동위원회에 대한 재심 신청이나 행정소송의 제기에 의하여 그 효력이 정지되지 않는다.
② 중앙노동위원회의 재심판정에 대하여 사용자나 근로자는 재심판정서를 송달받은 날부터 15일 이내에 「행정소송법」의 규정에 따라 소를 제기할 수 있다.
③ 노동위원회는 구제명령을 받고 이행 기한까지 구제명령을 이행하지 않은 사용자에게는 3천만원 이하의 이행강제금을 부과한다.

12. ③ 임금 체불자의 명단 공개는 관보에 싣거나 인터넷 홈페이지, 관할 지방고용노동관서 게시판 또는 그 밖에 열람이 가능한 공공장소에 3년간 게시하는 방법으로 한다.

13. ① 대판 1992.7.14, 91다37256
② 대판 1997.4.25, 95다4056
③ 대판 2020.2.6, 2015다233579, 233586,
④ 근로시간의 산정이 어려운 등의 사정이 없음에도 포괄임금제 방식으로 약정된 경우 그 포괄임금에 포함된 정액의 법정수당이 근로기준법이 정한 기준에 따라 산정된 법정수당에 미달하는 때에는 그에 해당하는 포괄임금제에 의한 임금지급계약 부분은 근로자에게 불이익하여 무효라 할 것이고, 사용자는 근로기준법의 강행성과 보충성 원칙에 의해 근로자에게 그 미달되는 법정수당을 지급할 의무가 있다(대판 2010.5.13, 2008다6052).

14. ② 고시된 최저임금은 다음 연도 1월 1일부터 효력이 발생한다.

15. ① 대판 2019.10.31, 2017두37772,
② 대판 2016.4.28, 2014두11137
③ 대판 2019.4.25, 2017두33510
④ 노동조합원이 아닌 자에 대하여는 노동조합 및 노동관계조정법 제35조, 제36조에 의하여 단체협약의 효력이 확장되

는 경우가 아닌 한 단체협약의 규범적 효력이 미치지 아니한다(대판 2007.6. 28, 2007도1539).

16. ① 「방위사업법」에 의해 지정된 주요방위산업체에 종사하는 근로자 중 전력, 용수 및 주로 방산물자를 생산하는 업무 종사자는 쟁의행위를 할 수 없다.
③ 근로자는 쟁의행위 기간 중에는 현행범인 경우 외에는 이 법 위반을 이유로 구속되지 않는다.
④ 사업장의 안전보호시설에 대하여 정상적인 유지·운영을 정지·폐지 또는 방해하는 행위에 대하여 그 행위를 중지할 것을 통보하는 경우 행정관청은 지체없이 노동위원회의 사후승인을 얻어야 한다.

17. ① 상시 30명 미만의 근로자를 사용하는 사용자는 대상 근로자의 범위와 연장된 근로시간을 초과할 필요가 있는 사유 및 그 기간을 근로자대표와 서면으로 합의한 경우 연장된 근로시간에 더하여 1주 간에 8시간을 초과하지 않는 범위에서 근로시간을 연장할 수 있다.

18. 대통령령으로 정하는 휴일
「관공서의 공휴일에 관한 규정」 제2조 각 호(제1호는 제외)에 따른 공휴일 및 같은 영 제3조에 따른 대체공휴일을 말한다.
1. 일요일
2. 국경일 중 3·1절, 광복절, 개천절 및 한글날
3. 1월 1일
4. 설날 전날, 설날, 설날 다음날 (음력 12월 말일, 1월 1일, 2일)
5. 삭제 <2005. 6. 30.>
6. 부처님오신날 (음력 4월 8일)
7. 5월 5일 (어린이날)
8. 6월 6일 (현충일)
9. 추석 전날, 추석, 추석 다음날 (음력 8월 14일, 15일, 16일)
10. 12월 25일 (기독탄신일)
10의2. 「공직선거법」 제34조에 따른 임기만료에 의한 선거의 선거일
11. 기타 정부에서 수시 지정하는 날

19. ㉠ 위원장과 부위원장은 공익위원 중에서 위원회가 선출한다.
㉢ 위원회는 근로자를 대표하는 위원 9명, 사용자를 대표하는 위원 9명, 공익을 대표하는 위원 9명으로 총 27명의 위원으로 구성한다.
㉣ 위원의 임기는 3년이며, 연임할 수 있다.

20. ③ 8시간을 초과한 휴일근로 시에는 통상임금의 100분의 100 금액 이상을 가산하여 근로자에게 지급하여야 한다.

정답 및 해설

국어

01. ④ 02. ② 03. ② 04. ① 05. ②
06. ③ 07. ④ 08. ③ 09. ① 10. ④
11. ④ 12. ④ 13. ① 14. ③ 15. ④
16. ③ 17. ③ 18. ① 19. ② 20. ②

01. 위 글은 북한 문화어의 특징 중 문체상의 특징을 설명하고 있는 남진우의 북한말과 글이라는 논설문의 일부로 문화어의 문체상의 특징으로 짧은 문장, 명령형, 선동형, 감탄형, 직설적인 욕설과 격렬한 표현을 대표적으로 들 수 있다.

02. 북한 문화어의 문체를 혁명과 건설의 힘 있는 무기로 보고 있음은 언어가 인간의 행동과 사고 양식을 주조하는 기능이 있음을 전제로 한 것이다.

03. 북한말은 북한이 원쑤들이라고 단정 지은 대상에 대해서는 "인민들의 증오와 적개심에 대하여 쓸 때에는 놈들의 가슴팍을 면바로 찌르는 서리발 같이 날카롭고 예리한 문체로 써야 한다."라고 하고 김일성, 김정일에 대한 말을 할 때에는 "위대한 수령님" 등의 과장된 극존대 표현을 사용하는 것은 주어, 또는 목적어가 누군가에 따라 표현이 달라진다는 것을 알 수 있다.

04. 삶을 향유하기 위해서는 자연의 순리가 사람살이의 척도가 되는 세상, 즉 환경을 중시하는 내용이다. 그러기 위해서는 문명의 혜택의 많은 부분을 포기해야 한다는 ①의 내용이 들어가야 한다.

05. ① '건강하다'는 형용사이므로 명령형이나 청유형으로 쓸 수가 없다. 그러므로 명령형이나 청유형은 동작을 나타내는 동사에서만 가능하고, 상태를 나타내는 형용사에서는 불가능하다.
③ '선생님'이 '즐거운 설날'이 될 수는 없기 때문에 틀린 표현이며 '선생님 설날 즐겁게 지내세요.'가 옳은 표현이다.
④ 25만 원의 주체는 '양복'과 '구두'이므로 물건이나 사물에는 높임법을 사용하지 않는다.

06. 김만중의 문학론
㉠ 우리의 사상과 감정은 우리말과 글로써 표현해야 한다고 주장했으며 정철의 「관동별곡」을 높이 평가하였다.
㉡ 소설의 효용성에 대한 긍정적 견해가 나타난다.

07. 김수영의 「폭포」는 현실에 대응하며 바르고

강직하게 양심에 전혀 부끄럼 없이 살고자 하는 정신을 보여 주는 것으로「수라도」의 '오봉선생이 일제하에서 끝까지 지조를 지키다 죽는 것'으로 이 시와 가장 연상이 되는 인물이라고 볼 수 있다.

08. 첫소리로 가지고 있는 음절의 'ㅢ'는 항상 [ㅣ]로 발음한다. 따라서 ③의 '경희'는 [경히]로 발음해야 옳다.

09. 윤동주의「서시」에서 '바람'은 폭력적이고 부정적인 시련을 의미하는 낱말로서 김수영의「풀」에서의 '바람'과 같은 이미지이다. 즉, '풀'은 끈질긴 생명력을 가진 존재로서 민중을 상징하고, '바람'은 풀을 억압하는 일체의 세력을 말한다.

10. ⓒ 별을 노래하는 마음은 이상 세계를 지향하는 순수한 마음을 나타내며 부끄럼 없는 삶에 대한 소망을 노래한 시이기 때문에 "신비로운 환상"은 거리가 멀다.
ⓒ 식민지라는 암담한 현실 속에서 지성인으로서 겪어야했던 정신적 고뇌와 아픔을 노래한 시로 "고난과 역경"의 길이라고 할 수 있다.

11. ① 가을걷이 때에는 일이 많아서 누구나 바빠 나서서 거들게 됨을 비유적으로 이르는 말이다.
② 기껏 한 일이 결국 남 좋은 일이 됨을 비유적으로 이르는 말 또는 자기가 해야 할 일을 모른 채 엉뚱하게 다른 일을 함을 비유적으로 이른다.
③ 뛰기를 잘하는 개구리도 뛰기 전에 옴츠려야 한다는 뜻으로, 아무리 급하더라도 일을 이루려면 그 일을 위하여 준비할 시간이 있어야 함을 비유적으로 이르는 말이다.

12. ④ 마구리는 물건의 양쪽 머리의 면을 말하며 모도리는 빈틈없이 아주 야무진 사람을 얕잡아 이르는 말이다.

13. (라)연에 잘 나타나 있는데 벼는 희생(벼가 떠나가며 바치는)과 인내(쓰러 지고 쓰러지고 다시 일어서서 드리는), 그리고 관용(이 넉넉한 힘)이 나타나 있다.

14. ⓒ은 세속적인 것에서 벗어나 자연의 질서에 순응하며 살아가는 벼의 모습을 나타낸 부분이다.

15. 하나라 태강왕이 백일동안 사냥 가서 할아버지인 우왕으로부터 폐위를 당하니 조상만 믿다가 왕위를 잃을지도 모르니 이를 타산지석으로 삼으시기 바랍니다.

16. ① 진나라 차윤은 비단 주머니에 반딧불을 잡아 넣어 비춰서 책을 읽어 벼슬이 상서랑이 되었고, 손강은 겨울 눈(雪)에 비춰서 책을 읽어 벼슬이 어사대부가 되었다는 고사에서 유래이다.
② 송나라 사람이 밭을 갈다가 토끼가 나무그루에 부딪쳐 목이 부러져 죽는 것을 보고, 그 뒤로는 농사짓는 일을 그만두고 나무그루만 지키고 있었다는 고사이다.
④ 석가가 영가산에서 설법한 때 연화를 따서 제자에게 보였는데 아무도 그 뜻을 해득하는 자가 없고, 다만 가섭만이 홀로 미소를 띠었으므로 석가가 그에게 불교의 진리를 일러주었다는 고사에서 유래한다.

17. 황순원의 작품인「학」으로 6·25동란을 배경으로 우정을 통한 인간성 회복을 그린 소

설로 과거의 회상은 "뒷산 밤나무 ~ 들려왔다." 까지이다.

18. 밑줄 친 부분은 현실이 아닌 과거를 회상하는 과정에서 들려오는 환청이다.

19. ① ㉠ '철'은 '사리를 분별할 수 있는 힘'을 뜻한다.
    ㉡ '철'은 '계절(季節)'을 뜻한다.
    ② ㉠ '걸렸다'는 '자물쇠나 문고리를 채우거나 빗장을 지르다.'라는 의미이다.
    ㉡ '걸렸다'는 '벽이나 못 따위에 어떤 물체를 떨어지지 않도록 매달아 올려놓다.'라는 의미이다.
    ③ ㉠ '탄다'는 '마음이 몹시 달다.'라는 의미로 쓰였다.
    ㉡ '탄다'는 '부끄럼이나 노여움 따위의 감정이나 간지럼 따위의 육체적 느낌을 쉽게 느끼다.'라는 의미로 쓰였다.
    ④ ㉠ '떠서'는 '착 달라붙지 않아 틈이 생기다.'라는 의미이다.
    ㉡ '떠서'는 '누룩이나 메주 따위가 발효하다'라는 의미이다.
    그러므로 ①, ③, ④는 동음이의어 관계에 있는 말이다.

20. 한국어는 접속사, 성의 구별이 없다. '그러나, 그리고, 그러므로' 등은 접속사가 아닌 접속부사이다.

한국사

01. ② 02. ④ 03. ② 04. ③ 05. ①
06. ④ 07. ④ 08. ③ 09. ④ 10. ①
11. ④ 12. ② 13. ① 14. ③ 15. ④
16. ① 17. ③ 18. ② 19. ① 20. ①

01. 자료는 정조의 신해통공(1791) 조치에 대한 설명이다.
    ① 상평통보는 인조 때 처음 주조하여 효종 때 널리 유통시켰고, 숙종 때 조세의 금납화가 촉진됨에 다라 일차적인 유통수단이 되었다.
    ② 정조는 중국 문화를 전반적으로 이해하기 위해 청으로부터 고금도서집성(5,022권)을 수입하였다.
    ③ 영조 때 청계천 준설(1760)을 통해 도성을 재정비 하였다.
    ④ 영조 때 균역법의 실시하기 위한 배경으로 양역사정청을 설치하고 호구조사를 실시하였다(1742).

02. ㉠ 청동기시대 ㉡ 신석기시대 ㉢ 구석기시대 ㉣ 철기시대의 각각의 특징을 나타낸 것이다.

03. 단궁, 과하마, 반어피는 동예의 중요한 특산물이다.
    ① 옥저에서 시행되었다.
    ② 동예의 책화이다.
    ③ 부여와 고구려에서 시행된 1책 12법에 대한 설명이다.
    ④ 삼한 중 변한시대의 특징이다.

04. 삼국은 당시 각기 다른 경제적 정치적 배경

에서 국가의 틀을 마련하였기 때문에 같은 성격의 국가를 성립시킨 것은 아니다.

05. 신라의 한강유역을 차지하면서 황해를 통해 중국과 직접 교류하는 계기가 되었고 삼국 간의 항쟁에서도 주도권을 쥐게 되는 결정적인 요인이 되었고 또한 점령지에는 북한산비 등 순수비를 건립하면서 위세를 과시했다.

06. 제시된 내용은 신라의 29대 무열왕부터 31대 신문왕까지 통일을 이루면서 전제왕권 강화를 위한 역사적 중요한 사실들이다.

07. ④ 권문세족들은 도평의사사라는 최고 권력기관을 통하여 주요 관직을 독점하는 등 정치권력을 행사했다.

08. 민전은 사적으로 소유권이 보장되어 매매나 증여·상속 등의 관리에 대한 처분은 소유주의 자유의사에 맡겨졌으나 사원에 토지를 기부하는 것을 금한다든가 수조지로 설정된 민전은 매매를 금하는 일부 제한 조치도 있었다.

09. ㉮는 전세(조), ㉯는 공물(특산물)에 각각 해당된다.
    ① 호적은 조를 징수하기 위해 양안은 역을 징수하기 위해 작성되었다.
    ② ㉮의 전세(조) 부담이 줄었다.
    ③ 소작농에게는 전세(조)의 부담은 줄었으나 공물(특산물)에 대한 부담은 더욱 가중되었다.

10. ㉮ 삼국사기는 대표적인 기전체 역사책이며 고려사는 편년체였지만 수정 작업을 통해 기전체로 완성되었다.
    ㉯ 고려사절요와 조선왕조실록은 편년체 역사 서술서이다.

11. 주어진 지문은 청동기시대에 관한 설명이다. 청동기시대에는 농업 생산력이 증대되면서 잉여물이 발생하였고 따라서 재산의 사유제가 나타나게 되었다. 사유제는 빈부의 차이를 가져왔고, 이를 계급이라고 한다.
    ③ 초기 철기시대에 비파형동검이 세형동검으로 발전하였다.

12. ① 을미개혁(1895) 때 양력을 사용하기 시작했으며 우정국 설치는 1884년, 홍범 14조는 갑오개혁(1895) 때 발표하였다.
    ② 대한제국은 광무개혁에서 근대적인 토지소유권제도라고 할 수 있는 지계(地契)를 발급하였다.
    ③ 교육입국조서는 갑오개혁 이후 1895년에 근대교육사상의 정립을 위해 고종이 발표하였다.
    ④ 1883년에 박문국에서 한성순보를 발간하고 기기창에서 신무기를 제조, 전환국을 세워 화폐를 주조 하였다. 을미개혁은 1895년에 을미사변 직후 김홍집내각이 실시한 개혁운동이다.

13. ②, ③은 실학운동이 가장 활발하였던 것은 18세기 영·조 때이다.
    ④ 강화도조약은 흥선대원군이 물러난 이후의 일이다.

14. 북로군정서는 김좌진 이범석 장군 등이 청산리 전투에서 크게 승리한 전투로도 유명한 단체로 대종교 등이 중심이 되어 조직한 중광단이 발전하여 북간도에서 1913년에 조직된 항일 단체이다.

15. 성리학의 모두를 부정한 것은 아니며 유교

의 충효사상과 국가체제는 긍정하였고 실학과 더불어 양명학 천주교 동학 등은 유교사회 질서의 모순을 극복하려는 시도에서 나타난 것이다.

16. ㉠ 고려 : 대가족 중심의 유교윤리 중시
㉡ 조선 : 강상죄, 유교사회질서 유지 목적

17. 중석기시대는 구석기시대에서 신석기시대로 넘어가는 과도기로 보통 길이 5cm 이하의 잔석기였다. 이 시대에도 물론 언어와 불을 사용하였지만 이는 중석기시대만의 특징은 아니다. 유적지로는 통영의 상노대도 패총, 거창 임불리 유적지, 공주 석장리 맨위 문화층, 홍천군 이화계리 등이 있다.

18. 1889년의 방곡령은 일본으로 곡물이 무제한 유출되는 것을 금지한 것이고 1890년 러시아화 프랑스의 이권 침탈을 제지시킨 독립협회 1904년 일본의 황무지 개간권 요구를 저지 시킨 보안회 1907년 대한매일신보가 후원한 국책보상운동 등은 경제적 구국운동이었다.

19. 조선물산장려회의 활동 내용으로 1922년 조만식 등이 주동이 되어 민족산업을 육성하여 민족의 자립을 기하려는 민족 운동으로 국산품 애용운동과 소비절약 운동을 실천하였는데 지주와 자본가인 박영효 등 친일파들이 적극 참여하면서 친일단체로 변질되었다.

20. 위의 내용으로 미루어 짐작컨대 신석기시대의 원시신앙을 말해주는 것으로서 태양숭배 사상이 깃들여 있음을 알 수 있다.

영어

01. ② 02. ④ 03. ② 04. ④ 05. ①
06. ① 07. ③ 08. ④ 09. ① 10. ③
11. ② 12. ② 13. ② 14. ③ 15. ②
16. ① 17. ④ 18. ④ 19. ② 20. ①

01. ② 영어에서 수단·방식을 나타내는 대표적 어구는 by~ing이다. 따라서 to bend를 bending으로 고쳐야 한다.

「트라이앵글은 강철막대를 삼각형으로 구부려서 제작될 수 있는 음악도구이다. 학교 관현악단에서 사용되는 트라이앵글의 각각은 60°이다.」

02. cancer 암 / cancerous 암의, 암에 걸린, 불치의 / uncontrolled 억제되지 않은, 방치된, 자유로운 / abnormal 보통과 다른, 비정상적인 / chemotherapy 화학 요법 / radiation therapy 방사선 요법 / in combination with ~와 결합(합동)하여, 짝지어, …와 공동(협력)하여 / inactivate 활발치 않게 하다, (혈청 등을) 비활성화하다 / boost 밀어 올리다, 후원하다, 밀어주다, 인상하다, 증가하다 / immune 면역의, 면제된, 면제의 / screening 심사, 선발, 집단 검진 / depend on 의존·의지하다, 믿다, 신뢰하다 / tumor 종양 / vital 생명의, 생명에 관한, 극히 중대한, 절대 필요한, 불가결한 / lymph node 림프마디, 임파절, 림프절

「암은 비정상적인 세포의 억제되지 않은 성장과 확산을 특징으로 하는 일단의 질병이다.

(다) 암의 치료는 대개 이 병이 도달한 단계

에 달려 있다. 암이 림프마디와 같은 생명유지에 필수적인 부분으로 아직 퍼져 나가지 않았다면 종양을 수술로 제거하는 것은 성공적인 수 있다.
(가) 어떤 유형의 암에 있어서는, 화학 요법과 방사선 요법이 수술 대신에 또는 수술과 합동으로 활용 가능할 수 있다. 새로운 요법에는 손상된 유전인자를 비활성화하고 암에 걸린 세포를 파괴할 수 있는 면역체계의 능력을 높이는 것을 포함한다.
(나) 하지만 사망건수를 더 낮추는 가장 효과적인 방법은 건강에 좋은 음식을 먹고, 규칙적으로 운동을 하며 조기 검진을 함으로써 암이 생기는 것을 예방하는 것이다. 」

03. promote 승진·진급시키다 / advance ↔ demote 촉진·장려·조장·조성하다 / stress 강조하다, 역설하다

「식민지 시대 맨 처음에는 교육의 주된 목표는 종교적이며 도덕(윤리)적 목적을 위해 사람들을 훈련시키고자 한 것과 선행(先行)을 장려하고자 한 것이었다. 후에는, 호러스 만과 같은 (교육)개혁가들은 모든 사람들을 위한 공교육(학교 교육)과 교사를 위한 전문적 훈련(교육)을 요구했다. 식민지 시대의 교육자들과는 반대 입장이었던, 후기 교육가들은 이러한 공교육이 종교로부터 자유롭기를 원했다. 19세기 후반, 죤 듀이는 '실천학습' 이론을 가르치기 시작했다. 더욱 중요하게는, 그가 학교란 삶(사회생활)을 준비하는 기간일 뿐만 아니라 삶 그 자체의 시기이기도 하다는 것을 강조했다는 점이다. 20세기에 마지막으로, 시골로부터 도시로의 인구의 이동은 학교들이 사회적 문제에 더욱 많은 관심을 갖도록 했다.」

① 식민지 시대의 학교들
② 교육철학의 변화
③ 개혁가들의 기여
④ 가장 효과적인 교육전략

04. equal 평등한 / be concerned with~ : ~에 관심을 가지고 있다 / make provision (for) 준비하다 / discriminating 차별적인

「내가 원하는 모든 것은 공정한 대우와 평등한 권리이다. 나는 내가 일을 하는 동안 담배를 피울 권리를 가지고 있다고 생각한다. 바로 지금 대부분의 회사들이 비흡연자들의 권리에만 관심을 가지고 있고 흡연하는 직원들에 대해서는 전혀 어떠한 준비도 하고 있지 않다. 물론 나는 흡연이 내 건강에 나쁘다는 것을 알고 있다. 그러나 결국 그것은 나의 문제인 것이다. 나의 흡연은 나 이외에 어떠한 사람에게도 해를 주지 않는다. 그래서 하는 말인데, 왜 그들은 흡연자들에 대한 차별대우를 중지하고 우리를 혼자 내버려두지 않는가?」

05. speak to~ : ~에게 이야기하다
① the police는 경찰 혹은 집합적 의미의 경찰관을 뜻하므로 with를 사용할 수 없다.
「그는 경찰에게 분실 사실을 이야기하면서, 몇 분 전 옷과 가방을 잃어버렸다고 진술했다.」

06. rare 유례가 없는 / instance 사례 / justice 정의 / cease 그만 두다 / abstract 추상적인 / conception 개념 / punishment 처벌 / independent of ~에 관계없이 / interference 방해 / phrase 문구 / circumstance

환경

「거기에는 정의가 거의 추상적인 개념으로 보지 않게 되는 유례없는 사례들이 있다. 보상이나 처벌은 인간의 간섭과 관계없이 주어진다. 그럴 때 마다 정의는 마치 살아있는 실체처럼 행동한다. 우리가 "고소하다"라는 문구를 사용할 때 우리는 얼마동안 어떤 일련의 환경 때문에 정의가 그 자체로서 행동하는 것이 가능하다는 것을 인정하는 것이다.」

① 꼴좋다, 고소하다.
② 고통 없이, 낙이 없다.
③ 목적은 수단을 정당화한다.
④ 구르는 돌에 이끼가 끼지 않는다.

07. ③ 긍정문은 현재완료 경험이므로 never가 아니라 ever가 와야 한다.

「① 그 아이는 함께 놀 친구가 없었다.
② 그 소년은 자라서 훌륭한 청년이 되었다.
③ 이곳은 내가 가본 곳 중에서 가장 아름다운 곳이다.
④ 시인은 말한다. 겨울이 오면 봄이 멀지 않았다고.」

08. hospice (말기환자를 위한) 요양병원 / incurable 불치의 / nursing home 간호요양원 / handicapped 심신장애의 / resource 자원, 재원

「Hospices(말기환자를 위한 요양병원)는 특별한 형태의 건강관리시설이다. 이 요양병원은 일년 이상 생존할 것이라고 기대할 수 없는 치유 불가능한 병을 앓고 있는 환자를 다룬다. 그러나 Hospital(일반병원)은 환자가 질병으로부터 회복하는 것을 도와주는 것을 목표로 하고 있고, nursing home(간호요양소)은 장애자들과 노인들에게 대한 장기치료를 제공한다. 또한 요양병원의 목적은 죽어가는 사람들과 그들의 가족을 도와주는 것이다. 대조적으로 일반병원과 간호요양소는 환자의 가족을 도와주는데 대한 재원을 제한시켜 왔다.」

① 호스피스는 환자의 가족을 도울 수 있다.
② 환자들은 치료 가능하거나 불치병에 걸릴 수 있다.
③ 장기요양에는 요양병원이 병원보다 낫다.
④ 호스피스는 병원, 양로원과는 몇 가지 면에서 다르다.

09. free trade 자유무역 / make possible 가능하게 하다 / all over the globe 전 세계에서 / efficient 능률적인, 효과 있는 / capitalize 자본화하다, 이용하다 / rest on~ ~에 의지하다 / principle 원리, 원칙

「자유무역은 전 세계의 더 높은 생활수준을 가능하게 한다(자유무역을 한다면 전 세계의 생활주준은 더 높이 향상될 수 있을 것이다).

(A) 자유무역은 또한 국가가 자신들의 힘을 이용할 수 있도록 하기 때문에 세계경제를 더욱 효과적이 되게 한다.

(C) 셔츠 판매인이 더 많이 돈을 높이 평가하는 동안, 예를 들면, 셔츠의 구매자는 내는 돈 이상으로 셔츠를 높이 평가한다.

(B) 자유무역을 하는 경우에는 다음의 원칙에 주로 의존한다. ; 즉 무역이 자발적으로 이루어지는 동안은 양쪽 상대국이 이익을 얻는다는 것이다.」

10. bother 괴롭히다, 귀찮게 하다 / obligation 의무, 책무, 은혜 / fascinate 매혹하다

「똑같이 특별한 우리들의 아이에 대한 질문

을 해서, 우리를 피곤하게 만드는 법이 절대 없으면서도, 훌륭한 재능을 지닌 자신들의 아들자랑을 쉬지 않고 늘어놓는 자부심에 넘친 부모를 우리 모두는 지겨워하고 있다. 어떤 특정 시점에서 말하고 있는 사람은 주변의 대화를 전환해야 할 의무감을 가지고 질문한다. "저한테 뭐 물어볼 거 없으세요?" Choke는 "당신이 사람들에게 그들 자신에 대해 말하게 한다면, 사람들은 당신에게 호감을 가질 것입니다."라고 말한다. 질문을 해라. 그 사람의 관심사를 파악하라.」

① 이제, 제 남편에 대해 말해드릴까요?
② 제 아들을 어떻게 생각하세요?
③ 나한테 묻고 싶은 거 있어요?
④ 아이들은 잘 지내?

11. attribute ~에 귀착시키다, ~의 탓으로 돌리다 / civilize 개화하다, 문명화하다 / rare 드문, 진귀한 / observation 관찰 / explore 탐험하다, 탐구하다 / characteristic 특질, 특성

「Albert Einstein은 예전에 이름난 과학자의 창조성을 그가 결코 학교를 다니지 않았기에 자유롭게 사고하는 드문 재능이 보존되었던 덕분으로 돌렸다. Einstein의 발언은 의심할 바 없이 사실이다 ; 많은 예술가들과 천재들은 그들의 학교교육을 이득으로 생각하는 것으로 보인다. 그러나 이러한 사실은 학교에 대한 비판이 아니다. 학교의 기능은 문명화시키는 것이지 탐구심을 가르치는 것은 아니다. 사회적 질서는 창조성에 파괴적인 두 특성의 조화와 광범위한 일치를 요구한다. 사회의 요구와 창조성과 재능의 충동 사이에서 갈등이 생길 것이다.」

12. 「우리는 영원히 공부해야 할지도 모르며 우리가 할 수 있는 한 결코 모든 것을 배울 수도 없다. 우리가 대륙을 발견하고 산맥을 가로지른 곳에서 더 멀리 있는 또 다른 대양과 평원을 발견할 뿐이다.」

① 우리의 예상과 달리
③ 우리의 의사에 반하여
④ 실망스럽게도

13. be a striking contrast to~ ~와는 현저하게 다르다 / striking 현저한, 현저히(= noticeable, remarkable, outstanding, distinguished) / letup 감소, 중지 / let up ~그치다, ~그만두다 / incessantly 끊임없이 / without letup 그침이 없이 / The rain never ~all night : 비가 밤새 내렸다.

「A : 회의는 이전 회의와는 현저히 달랐다.
 B : 비가 3일 동안 끊임없이 내렸다.」

14. salutary 유익한, 건전한, 건강에 좋은 / hurtful 마음을 상하게 하는 / beneficial 유익한 / conspicuous 뚜렷한

「많은 사람들은 일을 갖고 있는 엄마가 가족에 영향을 미칠 수 있는 해로운 영향에 대한 것을 지적해 왔다. 그러나 마찬가지로 유익한 영향도 많이 있다.」

15. decade 10년간 / commonplace 흔해빠진 말, 다반사 / item 항목, 품목 / antonym 반의어 / acronym 두문자어 / acrobat 곡예사 / synonym 동의어

「1990년대를 시작하면서 레이저가 컴퓨터와 마찬가지로 우리 사회에서 흔해빠진 품목이 되었다는 것을 우리는 알고 있다. 그럼에도 불구하고 얼마나 많은 사람들이 레이저가 무엇이고 어디에 쓰이는 것인지 실제로 알고 있는가? 그 단어 자체는 다른 단어들의

첫 문자들로부터 형성된 머리글자이다.」

16. boresome 지루한 / swiftly 빠르게 / infinitely 무한히 / standstill 정지

「지루한 사람과 대화를 나누면서 보낸 단 몇 분은 몇 시간처럼 느껴지지만, 좋아하는 책을 읽으면서 보낸 몇 시간은 순식간에 지나간다. 어린 시절에는 하루하루가 무한히 긴 것처럼 보이지만 나이가 더 든 후에는 몇 주도 너무나 짧다. 시간은 일정한 속도로 지나가는 것처럼 보이지 않는다.」

② 정지하여
③ 천천히
④ 불규칙적인 속도로

17. equate 같게 하다, 동일시 / enterprise 사업, 정신 / synonymous 동의어

「언어는 의사전달과 동일시 될 수 없다. 이 두 가지는 영역이 매우 넓고 중요한 일종의 사업에 있어서 동반자이기는 하지만 동일한 의미를 나타내는 것으로 생각하는 것은 잘못이다.」

18. formidable 엄청난 / persistently 끊임없게 / species 종족 / period 기간 / community living 지역사회 생활 / vigorous sports 활발한 운동들 / happiness itself 행복 그 자체 / fierce warfare 격렬한 전쟁

「인간은 모든 동물 중에서 가장 무서운 동물이며 끈질기게 자기의 종족을 공격하려 드는 유일한 동물이다. 역사를 통하여 짧았던 기간을 제외하고는 한 번도 잔인한 전쟁이 없었던 적은 없다.」

19. 「그 풍경은 형언할 수 없을 만큼 아름답다.」
① 그 풍경은 당신의 기대에 어긋난다.
② 그 풍경은 이루 다 말할 수 없다.
③ 당신은 그 풍경을 볼 때 슬프다.
④ 경치를 보고 나면 숨이 멎는다.

20. 「A: Mary, 당신이 떠나면 보고 싶을 거예요.
B: 저도 마찬가지예요.
A: 성공하면 몇 자 적어 보내주세요(성공하면 연락주세요).
B: 물론입니다.」

② 천만에요.
③ 아뇨, 전혀요.
④ 마음 쓰지 말아요.

행정법총론

01. ④	02. ①	03. ③	04. ③	05. ③
06. ③	07. ②	08. ①	09. ④	10. ④
11. ②	12. ①	13. ④	14. ②	15. ①
16. ③	17. ②	18. ④	19. ③	20. ①

01. ④ 중앙행정심판위원회 상임위원의 임기는 3년이며 1차에 한하여 연임할 수 있다.

02. ① 경찰국가는 인치주의로, 이에 대항하여 주장된 개념이 법치행정이다.

03. 행정입법 : 국가나 공공단체와 같은 행정주체가 일반·추상적 규율을 정립하는 작용인 데 반하여, 위임입법은 국회규칙, 대법원규칙, 헌법재판소규칙 등을 모두 포함하는 개념으로 행정입법보다 넓은 개념이다.

③은 위임입법·법규명령이지만 행정입법은 아니다.

04. ③ 부담적 행정처분은 신청 없는 독립적 행

정처분이다.

05. ① 제1종 특수·대형·보통면허를 가진 자가 트레일러를 운전하다가 운전면허취소사유가 발생한 경우에는 그 운전자가 가지고 있는 면허 중 특수면허에 대한 취소사유가 될 수 있을 뿐 제1종 보통면허나 대형면허에 대한 취소사유는 되지 아니한다(대판 1997.5.16, 97누1310).
② 이륜자동차로서 제2종 소형면허를 가진 사람만이 운전할 수 있는 오토바이는 제1종 대형면허나 보통면허를 가지고서도 이를 운전할 수 없는 것이어서 이와 같은 이륜자동차의 운전은 제1종 대형면허나 보통면허와는 아무런 관련이 없는 것이므로 이륜자동차를 음주 운전한 사유만 가지고서는 제1종 대형면허나 보통면허의 취소나 정지를 할 수 없다(대판 1992.9.22, 91누8289).
③ 특수면허가 제1종 운전면허의 하나인 이상 특수면허 소지자는 승용자동차로서 자동차운수사업법, 같은 법 시행령, 사업용자동차구조 등의 기준에 관한 규칙 등에 규정된 사업용자동차인 택시를 운전할 수 있다. 따라서 택시의 운전은 제1종 보통면허 및 특수면허 모두로 운전한 것이 되므로 택시의 음주운전을 이유로 위두 가지 운전면허 모두를 취소할 수 있다(대판 1996.6.28, 96누4992).
④ 제1종특수자동차운전면허는 승합자동차의 운전과는 아무런 관련이 없고, 또한 추레라와 레이카는 제1종특수자동차운전면허를 받은 자만이 운전할 수 있어 제1종보통이나 제1종대형자동차운전면허의 취소에 제1종특수자동차운전면허로 운전할 수 있는 자동차의 운전까지 금지하는 취지가 당연히 포함되어 있는 것은 아니다(대판 1998.3.24, 98두1031).

06. ③은 반대로 설명되었다. 불가변력은 특정 행정행위에 대해서만 발생하는데 대하여, 불가쟁력은 모든 행정행위에 대해서 발생한다.

07. ① 대판 2004.2.13, 2001다15828
② 재량행위에 있어서는 관계 법령에 명시적인 금지규정이 없는 한 행정목적을 달성하기 위하여 조건이나 기한, 부담 등의 부관을 붙일 수 있고, 그 부관의 내용이 이행 가능하고 비례의 원칙 및 평등의 원칙에 적합하며 행정처분의 본질적 효력을 저해하지 아니하는 이상 위법하다고 할 수 없다(대판 2009.10.29, 2008두9829).
③ 대판 2009.2.12, 2008다56262
④ 대판 1997.3.11, 96다49650

08. ㉢은 법규명령에 속한다.

09. ㉡ 행정처분에 하자가 있다는 이유로 이를 취소하기 위해서는 취소해야 할 공익상 필요와 당사자가 입게 될 기득권과 신뢰보호 및 법률생활안정의 침해 등 불이익을 비교·교량한 후 공익상 필요가 당사자가 입을 불이익을 정당화할 만큼 강할 경우 행정청의 취소가 가능하다.
㉣ 쟁송기간의 경과로 인하여 불가쟁력이 발생하여도 행정청은 직접 이에 구속되지는 않으며, 불가변력이 발생하지 않는 경우에는 직권취소가 가능하다.

10. ④ 무효확인소송이나 행정소송에 의한 부당

이득반환청구의 소를 제기할 수 있다.

11. ② 시·도의 관할구역에 있는 둘 이상의 지방자치단체·공공법인 등이 공동으로 설립한 행정청의 처분 또는 부작위에 대한 심판청구에 대하여는 시·도지사 소속으로 두는 행정심판위원회에서 심리·재결한다.

12. 행정청의 처분 또는 부작위에 대한 행정심판의 청구를 심리·재결하기 위하여 해당 직근 상급행정기관 소속으로 행정심판위원회에서 둔다고 규정되어 있어 서울특별시장의의 직근 상급행정기관은 중앙행정심판위원회이다.

13. ① 대판 1994.11.11, 94다28000,
    ② 대판 2008.11.13, 2008두8628
    ③ 대판 1989.1.24, 88누3314
    ④ 행정처분을 한 처분청은 그 처분에 하자가 있는 경우에는 원칙적으로 별도의 법적 근거가 없더라도 스스로 이를 직권으로 취소할 수 있다(대판 2006.6.30, 2004두701).

14. ① 대판 2014.10.6, 2014두37863,
    ② 주주 丙 등이 주주총회결의 부존재 또는 취소사유가 존재한다고 주장하면서 乙 등에 대한 직무집행정지가처분을 구한 사안에서, 피보전권리가 소명되지 않았다고 보아 가처분신청을 기각한 원심결정에 법리오해의 위법이 있다(대판 2014.7.11, 2013마2397).
    ③ 대판 2014.5.16, 2014두786
    ④ 대판 2015.3.20, 2011두3746

15. ① 통치행위는 법률문제와 정치문제의 혼성 영역이다.

16. ① 대판 2007.6.1, 2007두2555
    ② 대판 2010.12.23, 2008두13392
    ③ 고속철도 역의 유치위원회에 지방자치단체로부터 지급받은 보조금의 사용 내용에 관한 서류 일체 등의 공개를 청구한 사안에서, 공개 청구한 정보 중 개인의 성명은 비공개에 의하여 보호되는 개인의 사생활 등의 이익이 국정운영의 투명성 확보 등의 공익보다 더 중요하여 비공개대상정보에 해당한다(대판 2009.10.29, 2009두14224).
    ④ 대판 2018.11.29, 2016두45165

17. ② 국세기본법 제18조제3항 공유수면법 제6조 등을 예로 들 수 있다.

18. 제시된 판결문은 부당결부에 해당하므로 부당결부금지원칙에 위반된다(대판 1992.9.22, 91누8289).

19. ③ 하자 없는 재량행사를 청구할 수 있는 권리라 함은 재량권의 유월·남용을 하여서는 아니 된다는 법리를 전제로 하여 인정되는 절차적 공권으로서 재량행사의 상대방 기타 이해관계인이 행정청에 대하여 흠 없는 재량권을 행사하여 줄 것을 청구할 수 있는 적극적인 권리를 말한다.

20. ① 예외적으로 초일을 산입하는 경우(당일주의)로는 오전 영시부터 기산하는 경우, 연령계산의 경우, 기타 법령에 특별한 규정이 있는 경우(예 국회법상 기간계산(국회회기계산·국회의원임기), 민원사무처리기간, 호적상 각종신

고기간, 형사소송법상 공소시효계산, 형기계산 등).

노동법개론

01. ④ 02. ② 03. ③ 04. ① 05. ②
06. ② 07. ② 08. ④ 09. ③ 10. ③
11. ④ 12. ② 13. ① 14. ④ 15. ④
16. ③ 17. ② 18. ① 19. ④ 20. ②

01. ④ 지정된 기간에 이행강제금을 내지 않으면 국세 체납처분의 예에 따라 징수할 수 있다.

02. ① 회사가 허위기재 사실을 알았더라면 근로자를 고용하지 않았을 것으로 보여지는 한 이를 해고사유로 들어 해고하는 것이 부당하다고는 할 수 없다(대판 2000.6.23, 98다54960).
② 대판 2011.10.27, 2010두17205
③ 단체협약서에 매년 단체교섭을 통하여 임금인상을 결정, 시행하도록 되어 있어 이에 따라 매년 임금인상을 하여 왔다면 부당해고기간 동안의 근로자의 임금도 해고처분 이후에 체결된 단체협약서에 의하여 인상된 임금에 따라 산정하여야 한다(대판 1993.9.24, 93다2173).
④ 사용자가 노동조합과의 협상에 따라 정리해고를 제한하기로 하는 내용의 단체협약을 체결하였다면 특별한 사정이 없는 한 단체협약이 강행법규나 사회질서에 위배된다고 볼 수 없고, 나아가 이는 근로조건 기타 근로자에 대한 대우에 관하여 정한 것으로서 그에 반하여 이루어지는 정리해고는 원칙적으로 정당한 해고라고 볼 수 없다(대판 2014.3.27, 2011두20406).

03. ③ 임금은 통화로 직접 근로자에게 그 전액을 지급하여야 한다. 다만, 법령 또는 단체협약에 특별한 규정이 있는 경우에는 임금의 일부를 공제하거나 통화 이외의 것으로 지급할 수 있다.

04. ① 요양 중에 있는 근로자에 대한 휴업보상은 그 근로자의 요양 중 평균임금의 100분의 60에 해당하는 금액을 보상하여야 한다.

05. ② 상시 10명 이상의 근로자를 사용하는 사용자는 취업규칙을 작성하여 고용노동부장관에게 신고하여야 한다.

06. 사용자가 근로자에게 주지시켜야 할 최저임금의 내용
  1. 적용을 받는 근로자의 최저임금액
  2. 법 제6조제4항에 따라 최저임금에 산입하지 아니하는 임금
  3. 법 제7조에 따라 해당 사업에서 최저임금의 적용을 제외할 근로자의 범위
  4. 최저임금의 효력발생 연월일

07. ① 대판 2021.2.25, 2017다51610
② 대판 2014.4.10, 2011두6998
③ 교섭대표노동조합에는 노동조합 사무실을 제공하면서 교섭창구 단일화 절차에 참여한 다른 노동조합에는 물리적 한계나 비용 부담 등을 이유로 노동조합 사무실을 전혀 제공하지 않거나 일시적으로 회사 시설을 사용할 수 있는 기회를 부여하였다고 하여 차별에 합리적인 이유가 있다고 볼 수 없다(대판 2018.8.

30, 2017다218642).
④ 대판 2016.2.18, 2014다11550

08. 노동조합으로 보지 않는 경우
가. 사용자 또는 항상 그의 이익을 대표하여 행동하는 자의 참가를 허용하는 경우
나. 경비의 주된 부분을 사용자로부터 원조를 받는 경우
다. 공제·수양 기타 복리사업만을 목적으로 하는 경우
라. 근로자가 아닌 자의 가입을 허용하는 경우
마. 주로 정치운동을 목적으로 하는 경우

09. ③ 국가·지방자치단체·국공영기업체·방위산업체 및 공익사업에 있어서의 노동쟁의의 조정은 우선적으로 취급하고 신속히 처리하여야 한다.

10. 중재의 개시
1. 관계 당사자의 쌍방이 함께 중재를 신청한 때
2. 관계 당사자의 일방이 단체협약에 의하여 중재를 신청한 때

11. ④ 근로감독관은 직무상 알게 된 비밀을 엄수하여야 하며 근로감독관을 그만 둔 경우에도 직무상 알게 된 비밀을 엄수하여야 할 의무가 있다.

12. ② 퇴직 근로자 또는 사망한 근로자에 대하여 금품을 청산하여야 하는 지급 사유가 발생한 때부터 14일 이내에 임금, 보상금, 그 밖의 모든 금품을 지급하여야 한다. 이를 위반한 경우 3년 이하의 징역 또는 3천만원 이하의 벌금에 처하며 모든 사업 또는 사업장에 적용된다.

13. ㉮ 상시 근로자수가 99명 이하인 사업 또는 사업장 : 10명 이상
㉯ 상시 근로자수가 100명 이상 999명 이하인 사업 또는 사업장 : 상시 근로자수의 10퍼센트 이상
㉰ 상시 근로자수가 1,000명 이상 사업 또는 는 사업장 : 100명 이상

14. ① 대판 1991.6.28., 90다카25277
② 대판 2020.11.26., 2016다13437
③ 대판 1991.12.13.,90다18999
④ 사용자가 근로자의 취업규칙 위반을 이유로 해고 등의 징계조치를 취하여 근로자가 그 자리를 떠난 때에는 사용자는 해당 근로자에게 그로 인한 휴업수당을 지급할 의무가 없다(대판 1986.10.14, 86도611).

15. 총회의 의결사항
1. 규약의 제정과 변경에 관한 사항
2. 임원의 선거와 해임에 관한 사항
3. 단체협약에 관한 사항
4. 예산·결산에 관한 사항
5. 기금의 설치·관리 또는 처분에 관한 사항
6. 연합단체의 설립·가입 또는 탈퇴에 관한 사항
7. 합병·분할 또는 해산에 관한 사항
8. 조직형태의 변경에 관한 사항
9. 기타 중요한 사항

16. ③ 사용자를 대표하는 사람은 고시된 최저임금 안에 대하여 이의가 있으면 고시된 날부터 10일 이내에 대통령령으로 정하는 바에 따라 고용노동부장관에게 이의를 제기할 수 있다.

17. ① 대의원회는 회의개최일 7일전까지 그 회

의에 부의할 사항을 공고하고 규약에 정한 방법에 의하여 소집하여야 한다.
③ 노동조합의 대표자는 대의원의 3분의 1 이상이 회의에 부의할 사항을 제시하고 회의의 소집을 요구한 때에는 지체없이 임시대의원회를 소집하여야 한다.
④ 하나의 사업장을 대상으로 조직된 노동조합의 대의원은 그 사업장에 종사하는 조합원 중에서 선출하여야 한다.

18. ① 노동조합활동으로 이루어진 선전방송이나 배포된 문서에 기재되어 있는 문언에 의하여 타인의 인격·신용·명예 등이 훼손 또는 실추되거나 그렇게 될 염려가 있고, 또 선전방송이나 문서에 기재되어 있는 사실관계의 일부가 허위이거나 표현에 다소 과장되거나 왜곡된 점이 있다고 하더라도, 선전방송이나 문서를 배포한 목적이 타인의 권리나 이익을 침해하려는 것이 아니라 노동조합원들의 단결이나 근로조건의 유지 개선과 근로자의 복지증진 기타 경제적, 사회적 지위의 향상을 도모하기 위한 것이고, 또 선전방송이나 문서의 내용이 전체적으로 보아 진실한 것이라면, 그와 같은 행위는 노동조합의 정당한 활동범위에 속하는 것으로 보아야 한다 (대판 2017.8.18., 2017다227325).
② 대판 2019.11.14., 2018다200709
③ 대판 2018.11.29., 2018두41532
④ 대판 2020.10.29., 2019다262582

19. ① 대판 2020.6.25., 2015다61415
② 대판 1993.12.21., 93다11463
③ 대판 2019.6.13., 2015다65561
④ 노동조합과 체결한 단체협약에서 지급기준일 현재 재직 중인 근로자에게만 하기휴가비 및 설·추석상여금을 지급하도록 규정하고 있는 사안에서, 甲 회사가 지급기준일 전에 퇴사한 근로자에 대하여는 지급기준일 전에 근로를 제공하였다고 하더라도 하기휴가비 등을 전혀 지급하지 않은 점 등에 비추어 위 하기휴가비 등은 단체협약에 의하여 근로자가 소정근로를 했는지와 관계없이 지급기준일에 재직 중인 근로자에게만 지급하기로 정해져 있는 임금으로서, 위와 같은 불확실한 조건이 지급의 자격요건이 되는 것이므로 통상임금의 징표로서 고정성이 결여되었다(대판 2014.2.13., 2011다86287

20. ㉰ 1주의 통상임금 산정 기준시간 수에 1년 동안의 평균 주의 수를 곱한 시간을 12로 나눈 시간으로 나눈 금액
㉱ 도급 금액으로 정한 임금은 그 임금 산정 기간에서 도급제에 따라 계산된 임금의 총액을 해당 임금 산정 기간(임금 마감일이 있는 경우에는 임금 마감 기간을 말한다)의 총 근로 시간 수로 나눈 금액

정답 및 해설

국 어

01. ② 02. ④ 03. ③ 04. ③ 05. ④
06. ② 07. ④ 08. ② 09. ① 10. ②
11. ④ 12. ③ 13. ③ 14. ① 15. ②
16. ④ 17. ③ 18. ① 19. ② 20. ①

01. ② 자신을 비하(卑下)하여 말하는 것은 결코 옳지 않다.

02. 김동리의 등신불은 1961년 11월 사상계(101호)에 발표하였기 때문에 최초 수록은 사상계이다.

03. 서정주의 '동천'
㉠ 성격 : 상징적
㉡ 제재 : 고운 눈썹(초승달), 매서운 새
㉢ 주제 : 절대적 가치에 대한 외경
㉣ 해설 : 이 시의 핵심적 이미지는 '눈썹'과 '새'이다. 겨울 하늘에 차갑게 걸려 있는 눈썹 같은 초승달과 그 결을 비껴 가듯 날고 있는 한 마리 새의 모습을 통해 범접할 수 없는 절대적 가치에 대한 외경을 다루고 있다.

04. (다)는 이영도의 현대시조인 '낙화'로 정형시이고, 나머지는 자유시이다.

05. ① 비둘기 : 평화
② 나그네 : 체념과 달관의 경지
③ 꽃잎 : 원관념은 '눈송이'로 호국 영령을 상징

06. ② 一日不讀書 口中生荊棘(일일부독서 구중생형극) : 추구에 수록 되어 있는 글로, 추구는 오언 명구를 가려 편찬한 조선시대 초학 교재이다. 좋은 시구를 익힘으로써 아동들의 정서 함양과 사고력 발달 및 시부(詩賦)의 이해와 문장력 향상)에 그 목적을 둔 것으로 안중근 의사가 옥중에서 쓴 글로도 유명하다.

07. ① 臥薪嘗膽(와신상담) : 목적 달성을 위해 갖은 고초를 참아내며 노력함을 뜻한다.
② 刻舟求劍(각주구검) : 칼을 찾으려 물 위의 배에다 표시한다는 뜻으로 즉 사람이 미련하여 시류의 흐름을 모르고 융통성이 없음을 나타낸다.
③ 漁父之利(어부지리) : 쌍방이 싸우는 바람에 제3자가 힘들이지 않고 이득을 얻는다는 뜻이다.
④ 井底之蛙(정저지와) : 우물 안의 개구리와 같은 좁은 소견을 나타내는 말로 중국 장자의 추수편에 나오는 말이다.

08. 위 소설은 이효석의 '메밀꽃 필 무렵'으로

대화에 의해 허생원의 젊었을 때의 추억담과 동이의 출생과 성장을 알게 해준다.

09. ㉠ 단정 : 성숙한 ~ 경험할 수 없다.
    ㉡ 부연 : 어떤 ~ 흡사한 것이다.
    ㉢ 결론 : 그러므로 ~ 한다.

10. 염상섭의 '삼대'의 발단 부분으로 인물 제시에 초점을 맞추고 있다.

11. ④ 전지적 작가 시점의 사실주의 소설이다.

12. ① 논점 일탈의 오류 : 어떤 주제에서 다른 주제로 화제를 전환해 논점에서 벗어난 오류를 말한다.
    ② 인신공격의 오류 : 논제와 상관없이 선입견에 의해 발화자를 비판하는 오류를 말한다.
    ③ 성급한 일반화의 오류 : 특수한, 부분적인 상황을 예로 들어 전체가 그러하다고 판단하는 오류에 해당한다.
    ④ 잘못된 유추의 오류 : "오래된 술일수록 맛과 향이 좋다."와 같이 유사한 부분을 근거로 나머지를 추론하는 오류이다.

13. ① 그는 그곳을 아무런 제지 없이 <u>자유로이</u> 제집 드나들 듯 하였다.
    ② 준비 기간이 짧긴 했지만 이번 시험은 <u>아무튼</u> 잘 보았다.
    ③ 오손도손은 2011년 새롭게 추가된 표준어에 해당한다.
    ④ <u>일찍이</u> 이런 일은 유래 없는 사건에 해당한다.

14. ① 自强不息(자강불식) : 스스로 힘써 행하여 쉬지 않음을 뜻한다.

15. ② 초기의 집단적이고, 서사적인 문학에서 개인적이고 서정적인 문학으로 발전했다.

16. 글의 순서 문제는 먼저 단락 내용을 압축해 보는 것이 우선이다.
    (가) 고창갯벌은 환경변화로 체계적 이용방안이 지속적으로 요구되어 왔다.
    (나) 고창 갯벌은 습지 보호 지역으로 지정 고시했다. 보호가치가 큰 지역이다.
    (다) 정부는 훼손된 갯벌에 대한 관리도 강화해 갈 계획이다.
    (라) 습지 보호 지역은 훼손 행위는 금지되나, 어업활동, 갯벌이용 행위에는 제한이 없다.
    따라서 지정고시한다는 (나) 글이 맨 처음 와야 하고 (다)가 결론으로 맨 뒤에 와야 한다.

17. ③ '몇 리냐?'와 같이 의존 명사로 쓰인 '里'와 '理'는 비록 단어의 첫머리에 쓰이긴 했으나 실질적으로는 항상 어떤 말의 뒤에 나오므로 두음 법칙을 적용하지 않는다.

18. 인용된 작품은 '도솔가'로서 '산화 공덕'의 노래이다. 김소월의 진달래꽃은 행위적 측면해서 '나 보기가 역겨워 가시는 님에게 뿌리는 산화 공덕의 고귀한 애정이 엿보이는 작품이다.

19. 옹글다
    ㉠ 물건이 깨져 조각나거나 손상나지 않고 원래대로 있다.
    ㉡ 조금도 축가거나 모자라지 않는다.
    ㉢ 매우 실속 있고 다부지다.
    ① → ㉢, ③ → ㉡, ④ → ㉠

20. ② 갑론을박 논쟁을 <u>벌이고</u> 있다.

③ 얼굴을 몰라 볼 정도로 눈에 띄게 야위었다.
④ 우체국에 가서 편지를 부치기 바란다.

한국사

```
01. ②  02. ①  03. ②  04. ③  05. ④
06. ④  07. ②  08. ④  09. ③  10. ④
11. ④  12. ①  13. ②  14. ④  15. ④
16. ④  17. ①  18. ④  19. ②  20. ②
```

01. 조선 정부는 이앙법이 가뭄을 만나면 농사를 망친다는 생각 때문에 ㉠ 이앙법을 금지하였으나, 이앙법은 농사가 쉽고 생산량이 많아서 농민들이 계속 행하였고, 또한 이앙법은 노동력이 절감되어 ㉡ 광작을 유발하게 됨으로써 경영형 부농이 나타나기도 하였고 한편으로는 농민의 계층분화를 유발하였다.

02. 고려 말 권문세족이 부패하면서 같은 토지에 여러 명의 수조권자가 제각기 조세를 거두는 현상이 발생함으로서 농민의 조세 부담은 이중, 삼중으로 가중되었다.
(가) 고려 말 온건파 사대부의 개혁론
(나) 혁명파 사대부의 개혁론이다. 두 세력은 이성계의 역성혁명에 대한 입장도 달랐지만, 전제 개혁 방법도 이처럼 서로 달랐다. 그러나 양자 모두 궁극적으로는 지배층의 수조권을 재조정하는 문제에 초점을 맞추었을 뿐이며, 농민에 대한 토지의 재분배 문제는 언급하지 않았다. 이러한 점이 고려 말 전제 개혁의 한계라고 할 수 있다. 마련하기 위하여 작성되었으며, 특히 노동력이 철저하게 파악되었다.
② 양자 모두 농민의 생활을 어느 정도 안정시키는 효과가 있기 때문에 국가 재정 수입의 증대에 기여할 수 있다.
③ (가)의 주장을 전개한 온건파 사대부의 이념은 혁명파 사대부와 마찬가지로 성리학이었다.
④ 혁명파 사대부는 이성계의 역성혁명을 지지하였다.

03. 고대사회의 성립
㉠ 군장국가(부족국가)
㉡ 청동기문화 수용 : 각 부족이 독립적으로 존재
㉢ 연맹왕국(부족연맹제)
㉣ 철기문화의 수용 : 우세한 부족장이 연맹장으로 성장
㉤ 중앙집권국가(고대국가)
㉥ 철기문화의 보급 : 족장은 왕의 지배 하로 들어감
① 427년 장수왕이 도읍지를 평양으로 천도 하였다.
② 고구려의 5부족을 중앙행정단위인 5부로 통합하고 중앙집권국가를 확립한 시기는 2세기 태조 때이다.
③ 고구려의 초기 정치제도인 부족연맹체제 시기이다.
④ 부족연맹체제 시기이다.

04.

신라(고대사회)	고려(중세사회)
•진골귀족 중심	•호족 중심
•신분본위의 폐쇄적 사회	•능력본위의 개방적 사회
•불교 중심	•유·불 융합
•수도 중심의 귀족 문화	•귀족문화와 지방문화가 함께 발달

•민족의식이 약함(보수적 사회)	•민족의식이 강함(진취적 사회)
•귀족적 사회	•귀족적·관료적 사회

05. ㉠ 수조권 ㉡ 공음전

 구분전은 고려시대 때 군인 유족 및 퇴역군인에게 지급되었던 토지이다.

06. 제시된 자료는 좌우합작 7원칙이다.
 ① 해방 후 극좌, 극우의 어느 한쪽에 의한 통일을 반대하는 좌우합작운동을 뒷받침하는 중도적 정치세력이 비교적 폭넓게 형성되어 있었다.
 ② 제1차 미소 공동위원회가 결렬(1946.3)된 후 미군정은 한국의 건국에 있어서 좌우합작으로 미소공동위원회를 다시 열어 한국임시정부 수립문제를 해결하기 위하여 정책적으로 지원하였다.
 ③ 친일파 문제에 대하여 좌익은 친일파의 완전 박멸을 주장하였고, 우익은 특별법을 구성하여 처리하자고 주장하였다.
 ④ 좌익은 유조건 몰수가 지주의 이익을 위해 인민경제를 희생시키는 것이라 하여 반대하였다.

07. ② 교리는 이론과 실천의 양면을 강조하는 교관겸수를 제창하고 원효의 화쟁사상을 중시하는 것은 대각국사 의천의 천태종을 설명한 것이다.

08. 제시문은 위만이 연나라에 살던 고조선 사람이라는 것이 가설이다. 따라서 위만집권 전후기에 이와 관계가 깊은 근거를 고르면 된다.
 ④ 고조선이 한무제의 침략을 받아 멸망한 원인이다.

09. ③ 전분 6등, 연분 9등법이 영정법으로 바뀌어 갔다.

10. ④ 효종 때 남인은 서인이 주도하는 정국에도 꾸준히 진출하여, 서인정권이 추구한 북벌운동의 무모함을 비판하였다.

11. 흥선대원군의 척화비(위정척사사상) : 정학과 정도를 지키고 사학과 이단을 물리친다는 뜻이다. 성리학을 수호하고 성리학 이외의 모든 사상을 배척하고 반외세성격을 띠었다.

 ①, ②, ③은 개화사상이다.

12. 조선 후기 전황 : 조선후기에 화폐의 유통이 활발해 지면서 화폐의 발행량이 상당히 늘어났는데도, 시장에서 제대로 유통되지 않아 시중에서 동전부족 사태가 발생하였는데 이는 지주나 대상인들이 화폐를 고리대나 재산 축적에 이용하였기 때문이었다.

 ②, ③, ④는 조선 중기의 상황이다.

13. ㉠ 조·미 수호 통상조약(1882)
 ㉡ 운요호 사건(1875)
 ㉢ 오페르트 도굴사건(1868)
 ㉣ 신미양요(1871)
 ㉤ 병인양요(1866)

14. 정약용
 ㉠ 「여유당전서」를 저술(방대한 내용을 담은 500여 권의 백과전서)
 ㉡ 여전제 주장
 ㉢ 정전제 주장
 ㉣ 향촌단위의 방위체제 강화 주장
 ㉤ 민본주의적 왕도정치의 개선방안을 제시

15. 독립협회(1896. 7~1898. 2)
 ㉠ 조선 말기의 정치·사회단체, 1896년(고

종 33년) 7월에 만들어져 정부의 외국 의존정책에 반대하는 개화지식층이 우리나라의 자주독립과 내정개혁을 표방하여 활동하였다.

ⓒ 독립신문을 발간하여 민중계몽에 나서고 있던 서재필을 중심으로 이상재·이승만·윤치호 등이 적극 참여했으며, 정부 요인들도 다수 참가했었다.

ⓒ 초기에는 토론회·연설 등 민중계몽운동에 힘써서 많은 젊은이들을 모았으며, 나중에는 정치문제에 관심을 표명하고 실천에 옮기게 되었다.

16. ㉠ 통일신라시대, ㉡ 조선시대, ㉢ 초기 국가시대, ㉣ 고려 말

17. 신라의 녹읍 폐지, 발해의 독자적 연호 사용, 고려의 과거제 실시는 왕권강화 정책이다.

18. 민정문서(신라장적) : 통일신라시대 경덕왕 때 작성한 것으로 3년마다 촌락의 면적 호구(戶口), 인구(人口), 삼밭, 뽕나무, 잣나무, 호두나무, 소, 말 등이 자세히 기록되어 있다. 이 시대에는 불교전통에 따랐으며 골품제도가 유지되어 신분이 중시되었다

19. 국채보상운동(1907) : 일제의 차관 제공에 의한 예속화 정책에 저항한 운동

20. 성리학은 충렬왕 때 원에서 전래되었으며 신진사대부들이 수용하였으며 전래 당시에는 실천을 중시하였다.

영 어

01. ③ 02. ① 03. ④ 04. ② 05. ②
06. ① 07. ③ 08. ① 09. ④ 10. ①
11. ② 12. ② 13. ② 14. ① 15. ③
16. ② 17. ② 18. ③ 19. ② 20. ②

01. set out 출발하다(depart) / figure out = make out 이해하다

「·그는 다음날 아침 일찍 걸어서 파리로 출발했다.
·그가 무슨 말을 하려는지 알 수 없다.」

02. barren 척박한, 메마른 / fertile 비옥한 / vain 무익한 / vacant 비어 있는 / empty 쓸데없는

「처음에는 땅이 매우 척박했지만, 수년간의 노력 끝에, 마침내 비옥해졌다.」

03. '감사하다'는 대답 : Don't mention it, Not at all, You are welcome, my pleasure, The pleasure is mine.

「A : 이 큰 백 좀 옮겨주시겠습니까?
B : 그러지요.
A : 당신의 친절에 감사드립니다.
B : _____.」

① 오히려 제가 기쁩니다.
② 천만에요.
③ 천만에요.
④ 상관없습니다.

04. botanical gardens 식물원 / arboretum 수목원, 삼림 공원, 식물원 / lay out 설계, 계획하다 / shrub 관목, 떨기나무 / intersperse 흩뜨리다, 산재시키다 / enhance 높이

다, 강화하다 / wildflower 들꽃, 야생초 / contain 포함하다, 억제하다 / section 부분, 구분 / aquatic 물의, 물속에 사는

「평범한 공원과는 달리, 식물원과 수목원은 단순히 경치의 아름다움 이상의 것을 염두에 두고 설계된다. 비록 나무과 관목들이 유쾌한 주변 환경을 한껏 강화하기 위해서 해당 전지역에 걸쳐 사이사이에 산재될 수 있을 지라도, <u>식물들은 대개 그들의 과학적 관계에 따라 그룹이 형성된다</u>. 흔히 보다 큰 식물원 내에 들어있는 장미정원, 암석정원 또 들꽃정원과 같은 작고 특수한 정원들이 있다. 많은 정원들은 열대식물 구역 또는 수생식물 구역과 같은 특정한 지리적 기원을 둔 식물들을 주제로 한 구역을 갖추고 있다.」

① 식물원은 늘 그 기원과 역사로 판단되는 것만은 아니다.
② 식물들은 대개 그들의 과학적 관계에 따라 그룹이 형성된다.
③ 많은 종류의 식물은 일정한 계절에 일정한 기후조건을 필요로 한다.
④ 그들의 유지는 식물을 재배하는 훌륭한 기법과 숙련을 요한다.

05. 예문의 would는 소망을 나타내는 의미로 wish to와 같다.

「인생에서 성공하고자 하는 사람은 열심히 일해야 한다.」

① 가난했지만 그는 돈을 받으려 하지 않았다. (과거의 고집)
② 행복하고자 하거든 선해야 한다. (wish to)
③ 그가 운동선수였을 때는 강했을 것이다. (과거의 추측)
④ 젊었을 때 그는 종종 낚시를 가곤 했다. (과거의 불규칙적인 습관)

06. beckoning 손짓하다, 손짓으로 부르다 / beside ~와 비교하여 / mentioned 언급한 / recognize 인지하다, 인정하다

「연극에서 그녀가 눈에 띄었고, 손짓하는 그녀의 말에 대답하기 위해 나는 중간 중간 그쪽으로 가서 그녀 옆에 앉았다. 누군가 그녀의 이름을 언급하지 않았다면 나는 <u>그녀를 거의 알아보지 못했을 것이다</u>.」

가정법 과거완료. Hardly는 부정어로 I don't think that~ : 여기서 not는 that 이하를 부정한다.

07. desirable 바람직한 / infancy 유년기 / disastrous 비참한, 재앙 / overpopulation 인구과잉

「모든 사람들이 죽음을 조정하는 것이 본래 바람직하고 좋은 것임을 동의할 것이다. 어린이들이 유아시절에 죽지 않은 것, 성인 남녀들이 장수를 즐기는 것은 좋은 일이다. 그러나 사망 억제는 스스로 통제 불능이 되어 인구과잉이라는 재앙을 우리에게 가져다준다.」

08. 「많은 나라에서 조깅은 가장 인기 있는 운동이다. 어떤 사람은 몸무게를 줄이기 위해 조깅한다. 다른 사람들은 그것이 좋게 느껴지기 때문에 조깅한다. 그러나 조깅하는 가장 큰 이유는 건강을 위해서다. 의사들은 조깅이 <u>심장을 더 강하게 만들어 준다</u>고 말한다.」

① 심장을 더 강하게 만들어 준다.
② 심장을 약하게 만들어 준다.
③ 더 빨리 갈 수 있게 해준다.

④ 많이 먹게 된다.

09. expecting 임신한 / blessed event 아기의 출생, 태어난 아이

「A : 안녕, 베티.
B : 안녕, 수잔. 오랜만이네. 난 네가 출산할 것이라고 들었어. 그게 사실이니?
A : 맞아, 그건 사실이야.
B : 잘 됐으면 좋겠어! <u>출산일이 언제지?</u>
A : 10월 15일경이야.
B : 정말? (출산일이) 임박했구나!」

① 다음 회의는 우리 언제 열기로 되어 있지?
② 회의는 언제 시작되죠?
③ 추수감사절 세일은 언제 끝나지?

10. 「흡연과 음주를 모두 심하게 하는 사람은 술은 물고기처럼 마시지만 담배는 피우지 않는 사람, 굴뚝처럼 담배를 피우지만 술은 마시지 않는 사람<u>보다</u> 병에 걸릴 위험이 더 클 수 있다.」
greater와 연관된 비교구문을 요한다.

11. 「중국은 세계에서 첫 번째 펜더 농장을 개방했다. 그곳에는 다섯 마리 펜더가 있다. 펜더 사육에 대한 연구가 거기에서 행해질 것이다. 그 펜더들은 4~12년생이다. 하루에 두 번씩 먹이를 준다. 그들은 대나무 잎사귀는 물론 옥수수 가루와 쌀가루, 우유, 달걀과 설탕을 혼합한 것을 먹는다. 농장에는 분수가 있는 놀이터가 있다. 펜더들은 그 곳에서 놀고 운동한다.」

① 설득하기 위해
② 알리기 위해
③ 주장하기 위해
④ 조사하기 위해

12. discourage 낙담하다 / burden 부담, 괴로움 / optimistic 낙관적 / generous 너그러운 / harsh 가혹한

「선원들은 오랜 북극 탐험에 많은 어려움을 겪었다. 그리고 그들은 걱정하고 낙담하였다. 그러나 선장이 나타날 때마다 그들의 짐은 더 가벼워 보였고 그들의 희망은 고무되었다. 선장은 <u>희망적이고 낙관적이다.</u>」

① 근심 걱정과 낙담적
② 희망과 낙관적
③ 침묵과 비관적
④ 가혹하고 너그러운

13. average 평균 / drug 약제 / export 수출하다 / resemble ~와 닮다 / appearance 외관 / ginseng 인삼

「수세기 동안 사람들은 <u>그것을</u> 귀하게 여겨 왔다. 오늘날에도 매년 평균 200만 달러 상당의 이 약제가 아시아 국가들로부터 수출된다. 사람의 외모를 닮은 이 식물에 있어서 어떤 의학적 믿음이 오래 전부터 퍼졌고 아직도 믿고 있다.」

14. equipment 장비, 설비 / conscience 양심

「젊은 사람이 인생이란 전쟁터에서 가질 수 있는 최상의 무기는 양심, 상식, 건강이다. 건전한 양심만큼 좋은 친구는 없다. 나쁜 양심만큼 위험한 적은 없다. 양심은 우리를 왕으로도 만들고 노예로도 만든다.」

15. reasonable 정당한, 합리적인 / discipline 규율 / fundamentally 본질적으로 / prefer ~을 좋아하다 / excessive 과도한 / prohibition 금지 / forbidding 싫은 / permanent 불변의

/ unreasonable 비합리적인 / capricious 변덕스러운 / extreme 극심한, 심한

「합리적인 규율은 어린이들에게 전혀 해가 되지 않는다. 사실 기본적으론 어린이들도 그것을 좋아한다. 규율은 지나치지 않아야 한다. 우리는 금지를 원치 않는다. 그것은 변덕스러워서는 안 된다. 하루는 어떤 것을 금지했다가 다음에는 그것을 허락하는 것은 아무 소용이 없다.」

16. take time 시간을 벌다. 시간의 여유를 가지다.

    「A : 이거 참, 시간을 너무 많이 끈 것 같군요.
    지금 가는 것이 좋겠군요.
    B : 전혀 그렇지 않습니다. 여유 있게 계세요. 저는 서둘 일이 없습니다.」

    ① 시간을 내세요. 바쁘지 않아요.
    ③ 시간을 절약하시오. 나는 지금 매우 바쁩니다.
    ④ 내 일에 방해하지 마라.

17. gradually 점차, 차례로 / wholly 전적으로 / practically 사실상 / abruptly 뜻밖의 / struggle 노력하다

    「자유는 매우 더디게 쟁취되어온 어떤 것이다. 옛날에 노예들은 그들 주인들의 지배 하에서 전적으로 살기도 하고 죽기도 했다. 그들 삶은 실제적으로 아무 가치도 없었다. 여러 해가 지나면서 사람들은 자유를 얻기 위해 싸워야만 했다.」

    ① 자유는 노예들에 의해 매우 갑작스럽게 얻어졌다.
    ② 인간의 자유는 수년간의 투쟁 끝에 쟁취되었다.
    ③ 남자들은 노예들의 권력을 잡기 위해 싸운다.
    ④ 고대 시대에도 자유가 있었다.

18. plenty 다량, 풍요 / assure ~에게 보증하다 / obligation 의무 / capacity 능력, 용량

    「우리나라는 풍요의 땅이지만, 집단이나 사회에 이익이 되도록 그들의 능력을 개발하도록 하기 위하여, 우리 국민 모두에게 기회를 보장해 주기 위하여 우리는 여전히 해야 할 일이 많다.」

19. against ~와 비교하여 / beyond ~을 넘어서 / below ~의 아래에

    「그의 최신 소설은 비평의 여지가 없다.」
    leave no room for : ~에 대해 ~할 여지가 없다.

    ① His latest novel is against criticism
    「그의 최신 소설은 비평에 반대한다.」
    ③ His latest novel is below criticism
    「그의 최신 소설은 평이 좋지 않다.」
    ④ His latest novel is about criticism.
    「그의 최근 소설은 비평에 관한 것이다.」

20. weapon 무기 / primitive 원시시대의 / Historically 역사상 / civilized 문명화 된 / bullet 탄알

    「활은 원시인에 의해 만들어진 가장 유용한 만능무기이다. 그것은 코끼리를 죽일 수 있거나 비둘기를 떨어뜨릴 수 있다. 역사적으로 보아 활의 사용은 원시인과 문명인 사이의 전환점이라고 일컬어지고 있다.」

행정법총론

```
01. ③  02. ①  03. ③  04. ④  05. ④
06. ①  07. ①  08. ④  09. ③  10. ④
11. ②  12. ④  13. ②  14. ①  15. ④
16. ③  17. ①  18. ②  19. ④  20. ①
```

01. ③ 판례는 조세체납처분에 있어서의 독촉과 충당처분 상호간의 경우는 하자 승계를 인정하고 있다.

02. 통치행위의 특징 : 법적 판단이 가능함에도 불구하고 법치행정의 원칙과 사법심사 대상에서 제외되는 점에 있다고 볼 수 있다.

03. 편견배제의 원칙은 "누구든 자기 사건에 재판관이 될 수 없다"는 원칙을 말한다.

04. ① 대판 2011.1.20, 2010두14954, 전합
 ② 대판 2005.7.14, 2004두6181
 ③ 대판 2012.12.13, 2011두29205
 ④ 행정청이 상·하수도관로가 매설되어 있지 않는 등 도시기반시설이 미비하고 난개발 및 도시슬럼화를 방지하기 위한 계획적인 개발이 검토되고 있다는 이유로 토지의 형질변경행위를 수반하는 건축허가신청을 거부한 사안에서, 그 처분에 재량권의 범위를 일탈·남용한 위법이 없다(대판 2010.2.25, 2009두19960).

05. ① 대판 2002.7.26, 2001두11168
 ② 대판 2014.12.22, 2014다229016
 ③ 대판 2003.2.26, 2000다42786
 ④ 법률불소급의 원칙에 대한 예외로서 납세의무자에게 불리하게 세법이 개정된 경우에는 납세의무자의 기득권 내지 신뢰보호를 위하여 예외적으로 납세의무자에게 유리한 종전의 법률을 적용한다는 특별규정으로서 위 개정된 지방세법의 효력발생 이후에 비로소 과세요건사실이 발생한 경우에는 위 규정이 적용될 여지가 없다(대판 2001.12.14, 2001두5101).

06. ① 위원이 당사자의 대리인으로서 사건에 관여하거나 관여하였던 경우이다.

07. ① 법률에 의하여 허용되는 쌍방대리 형태의 촉탁행위에 대하여 '대부업자 등'의 금전대부계약에 따른 채권·채무에 관한 경우에는 행정규칙의 형식으로 일반적으로 공증인에게 촉탁을 거절하여야 할 의무를 부과하는 것이어서 '법률우위원칙'에 위배되어 무효라고 보아야 한다(대판 2020.11.26., 2020두42262).
 ②, ③ 대판 2020.11.26., 2020두42262

08. 허가의 종류
 ㉠ 대인적 허가 : 운전면허·의사면허·대서업인가 등
 ㉡ 대물적 허가 : 건축허가·차량검사·택시미터검사·공중목욕탕 영업허가 등
 ㉢ 혼합적 허가 : 전당포영업허가·고물상영업허가·숙박업허가·석유 및 가스사업허가 등

09. ① 대판 2010.8.26, 2010두2579
 ② 대판 2014.11.27, 2013두16111
 ③ 선행행위와 후행행위가 서로 독립하여 각각 별개의 법률효과를 목적으로 하는 때에는 선행행위의 하자가 중대하고 명백하여 당연무효인 경우를 제외하고는 선행행위의 하자를 이유로 후행행위의 효력을 다툴 수 없다(대판 2004.6.10, 2002두12618).

④ 대판 2010.4.8, 2009다27636

10. ① 대판 2003.4.22, 2001다20363
② 대판 2017.3.9, 2015다217980
③ 대판 2011.5.26, 2009다90146
④ 의무를 명할 여유가 없거나 의무를 명하여서는 행정목적의 달성이 불가능할 경우는 행정상 즉시강제의 대상이다.

11. ① 대결 2013.3.28, 2012아43
② 취소소송이 제기된 경우에 처분 등이나 그 집행 또는 절차의 속행으로 인하여 생길 회복하기 어려운 손해를 예방하기 위하여 긴급한 필요가 있다고 인정할 때에는 처분 등의 효력이나 집행 등의 정지를 결정할 수 있다. 여기서 집행정지의 요건인 '회복하기 어려운 손해'라 함은 특별한 사정이 없는 한 금전으로 보상할 수 없는 손해로서, 금전보상이 불능인 경우 내지는 금전보상으로는 사회관념 상 행정처분을 받고 있는 당사자가 참고 견딜 수 없거나 또는 참고 견디기가 현저히 곤란한 경우의 유형, 무형의 손해를 말한다(대결 2012.2.1, 2012무2).
③ 대결 2022.2.11, 2021두40720
④ 대결 2013.4.26. 2013무4

12. ① 대판 2007.12.27, 2005다62747
② 대판 2019.1.31, 2016다258148
③ 대판 2003.7.11, 99다24218
④ 행정절차는 그 자체가 독립적으로 의미를 가지는 것이라기보다는 행정의 공정성과 적정성을 보장하는 공법적 수단으로서의 의미가 크므로, 관련 행정처분의 성립이나 무효·취소 여부 등을 따지지 않은 채 주민들이 일시적으로 행정절차에 참여할 권리를 침해받았다는 사정만으로 곧바로 국가나 지방자치단체가 주민들에게 정신적 손해에 대한 배상의무를 부담한다고 단정할 수 없다(대판 2021.7.29, 2015다221668).

13. ②의 부담금이란 관계인에게 공공사업의 경비충당을 목적으로 경비를 강제적으로 부과 징수하는 것이다. 이는 공공사업의 원인자, 손괴자 등에게 징수하는 것이므로 손실보상을 요하지 않는다.

14. ① 권력적 사실행위(물리적·집행적 사실행위)인 즉시강제에 항거하는 경우 직접적 실력행사가 가능하지만 영장 없는 체포·구속은 헌법정신에 반한다.

15. ① 대판 2008.5.6, 2007무147
② 대판 2012.2.1, 2012무2
③ 대판 2005.12.12, 2005무67
④ 원심이 국가로서 가집행선고부 판결에 기한 강제집행의 정지신청을 한 신청인에게 위와 같이 담보를 제공할 것을 조건으로 강제집행의 일시정지를 명한 것은 인지 첩부 및 공탁 제공에 관한 특례법 제3조의 법리를 오해한 위법이 있다고 하지 않을 수 없다(대판 2010.4.7, 2010부1).

16. ③은 형식적 한계가 문제되는 경우이다.

17. ① 대판 1994.12.2, 92누14250
② 행정소송법 제19조
③ 판례는 법령의 개정에 따라 퇴직연금 중 일부금액의 지급정지가 통보된 경우 이를 항고소송의 대상이 되는 처분이라고 보지 않는다(대판 2004.7.8, 2004두244).

④ 대판 2007.10.11, 2007두1316

18. 기간의 계산에 있어서는 초일불산입의 원칙이 적용되는데, 예외적으로 ㉠, ㉡, ㉢과 호적법상 각종 신고기간은 형사소송법상 공소시효와 구속기간은 초일부터 계산한다.
㉣과 ㉤은 초일을 기간에 산입하지 않는다.

19. 불가쟁력은 절차법적 효력이므로 불가쟁력이 발생한 행위가 당연히 불가변력을 발생시키는 것이 아니며, 불가변력이 발생한 행위가 당연히 불가변력을 가지는 것은 아니므로 양자는 상호의존적이라 할 수 없다. 불가변력은 실체법적 효력이다. 또한 불가변력이 발생한 행위는 행정행위의 상대방은 불가쟁력이 발생하지 않는 한 쟁송으로 그 효력을 다툴 수 있다.

20. ① 국무총리행정심판위원회는 중앙행정심판위원회로 변경되었으며 중앙행정심판위원회의 구성에 관한 사항은 「행정심판법」에서 정하는 바에 따른다(부패방지 및 국민권익위원회의 설치와 운영에 관한 법률 제13조).

노동법개론

```
01. ②  02. ③  03. ①  04. ②  05. ④
06. ③  07. ①  08. ④  09. ②  10. ④
11. ③  12. ②  13. ④  14. ②  15. ①
16. ③  17. ④  18. ②  19. ③  20. ④
```

01. ㉠ 사용자는 근로자가 사망 또는 퇴직한 경우에는 그 지급 사유가 발생한 때부터 (14)일 이내에 임금, 보상금, 그 밖의 모든 금품을 지급하여야 한다. 다만, 특별한 사정이 있을 경우에는 당사자 사이의 합의에 의하여 기일을 연장할 수 있다.
㉡ 사용자는 제36조에 따라 지급하여야 하는 임금 및 「근로자퇴직급여 보장법」 제2조제5호에 따른 급여(일시금만 해당)의 전부 또는 일부를 그 지급 사유가 발생한 날부터 (14)일 이내에 지급하지 않은 경우 그 다음 날부터 지급하는 날까지의 지연 일수에 대하여 연 100분의 40 이내의 범위에서 「은행법」에 따른 은행이 적용하는 연체금리 등 경제 여건을 고려하여 대통령령으로 정하는 이율에 따른 지연이자를 지급하여야 한다.

02. ① 대판 2013.4.11, 2012다05505
② 법 제94조제1항
③ 노사 간의 합의에 따라 근로기준법에 규정되지 않은 급여를 추가 지급하기로 한 경우 산정기준은 노사 합의에서 정한 바에 의하면 되고, 반드시 근로기준법에 규정된 법정수당 등의 산정기준인 통상임금을 기준으로 하여야 하는 것은 아니다(대판 2017.5.17, 2014다232296, 232302).
④ 대판 2021.12.16, 2016다7975

03. ① 근로자는 자유로이 노동조합을 조직하거나 이에 가입할 수 있다. 다만, 공무원과 교원에 대하여는 따로 법률로 정한다.

04. ② 제2회 이후의 평균임금을 조정하는 때에는 직전 회의 변동 사유가 발생한 달의 평균액을 산정기준으로 한다.

05. ① 행정관청은 노동조합 설립신고서 또는

규약이 기재사항의 누락 등으로 보완이 필요한 경우에는 대통령령이 정하는 바에 따라 20일 이내의 기간을 정하여 보완을 요구하여야 한다.
② 노동조합은 설립신고 된 사항 중 주된 사무소의 소재지나 명칭, 대표자의 성명, 소속된 연합단체의 명칭에 변경이 있는 때에는 그 날부터 30일 이내에 행정관청에게 변경신고를 하여야 한다.
③ 고용노동부장관, 특별시장·광역시장·특별자치시장·도지사·특별자치도지사 또는 시장·군수·구청장은 설립신고서를 접수한 때에는 3일 이내에 신고증을 교부하여야 한다.

06. ① 노동조합의 법인 등기사항에는 명칭, 주된 사무소의 소재지, 목적 및 사업, 대표자의 성명 및 주소, 해산사유를 정한 때에는 그 사유를 명기하여야 한다.
② 노동조합의 등기는 그 노동조합의 대표자가 신청한다.
④ 노동조합을 법인으로 할 경우 그 주된 사무소의 소재지를 관할하는 등기소에 등기해야 한다.

07. ① 근로기준법 및 근로기준법 시행령 등이 정한 원칙에 따라 평균임금을 산정하였다고 하더라도, 근로자의 퇴직을 즈음한 일정 기간 특수하고 우연한 사정으로 인하여 임금액 변동이 있었고, 그 때문에 위와 같이 산정된 평균임금이 근로자의 전체 근로기간, 임금액이 변동된 일정 기간의 장단, 임금액 변동의 정도 등을 비롯한 제반 사정을 종합적으로 평가해 볼 때 통상의 경우보다 현저하게 적거나 많게 산정된 것으로 인정되는 예외적인 경우라면, 이를 기초로 퇴직금을 산출하는 것은 근로자의 통상적인 생활임금을 기준으로 퇴직금을 산출하고자 하는 근로기준법의 정신에 비추어 허용될 수 없다(대판 2020.6.25, 2018다292418).
② 대판 2018.7.12, 2018다21821, 25502
③ 대판 2018.4.26, 2012다8239
④ 대판 2014.10.27, 2012다70388

08. ④ 근로자가 사망할 때 그가 부양하고 있던 배우자(사실혼 관계에 있던 사람을 포함), 자녀, 부모, 손(孫) 및 조부모가 1순위에 해당한다.

09. ① 위원회의 회의는 위원장을 포함한 재적위원 과반수의 출석으로 개의하고, 출석위원 과반수의 찬성으로 의결한다.
③ 체불사업주의 인적사항 등에 대한 공개여부를 심의하기 위하여 고용노동부에 임금체불정보심의위원회를 둔다.
④ 위원장 1명을 포함한 11명의 위원으로 구성하되 위원장은 고용노동부차관이 된다.

10. ㉠, ㉡, ㉢, ㉣, ㉤, ㉥은 임신 중인 여성을 사용 금지하는 직종에서 고용노동부령으로 정하는 업무에 해당하고 ㉠, ㉢ 18세 미만의 사람을 사용 금지하는 직종에서 고용노동부령으로 정하는 업무에 해당한다.

11. ③ 근로자의 임금을 정한 단위가 된 기간의 소정근로시간 수가 그 근로자에게 적용되는 최저임금액을 정할 때의 단위가 된 기간의 근로시간 수와 다른 경우에는 그 근로자의 임금을 시간에 대한 임금으로 환산한다.

12. ㉢ 근로계약을 체결하고 수습 중에 있는 근로자가 수습을 시작한 날부터 3개월 이

ⓒ 내의 기간
ⓔ 사용자의 귀책사유로 휴업한 기간

13. ① 대판 2019.5.10, 2015도676
② 대판 2006.12.7, 2006다53627
③ 대판 2018.6.19, 2014다44673
④ 아파트관리를 영업으로 하는 회사의 취업규칙에서 "노동부고시에 의한 최저임금을 보장한다"고 규정한 경우 포괄임금제에 의하여 근로계약을 체결한 경비원들에 대한 관계에 있어서는 기본급을 노동부고시의 최저임금수준으로 지급한다는 의미가 아니고 제 수당을 포함한 총급여액을 노동부고시의 최저임금수준으로 지급한다는 의미로 새김이 타당하다(대판 1993.5.27, 92다33398).

14. 영 제14조의9제1항에 따라 공동교섭대표단 구성에 관한 결정을 신청하려는 노동조합은 별지 제7호의5서식의 공동교섭대표단 구성 결정 신청서에 해당 노동조합이 교섭창구단일화절차에 참여한 노동조합 전체 종사근로자인 조합원의 (100분의 10) 이상인 노동조합이라는 사실을 증명할 수 있는 자료를 첨부하여 관할 노동위원회에 제출해야 한다.

15. ① 특정 노동조합에 가입하려고 하거나 특정 노동조합과 연대하려고 하는 노동조합에 대한 부당노동행위로 인하여 특정 노동조합의 권리가 침해당할 수 있는 경우에는 그 특정 노동조합이 부당노동행위의 직접 상대방이 아닌 경우에도 자신의 명의로 부당노동행위에 대한 구제신청을 할 수 있다(대판 2022.5.12, 2017두54005).
② 대판 1992.2.28, 91누9572
③ 대판 2013.1.10, 2011도15497
④ 대판 1977.8.23, 77다220

16. ③ 고용노동부장관은 매년 3월 31일까지 최저임금위원회에 최저임금에 관한 심의를 요청하여야 한다.

17. ① 대판 2018.5.30, 2014다9632
② 대판 2012.6.28, 2010다17468
③ 대판 2020.6.25, 2016다3386
④ 근로자에게 불리한 내용으로 변경된 취업규칙은 집단적 동의를 받았다고 하더라도 그보다 유리한 근로조건을 정한 기존의 개별 근로계약 부분에 우선하는 효력을 갖는다고 할 수 없다(대판 2022.1.13, 2020다232136).

18. ① 법 제24조제1항
② 기업이 경영상의 사정에 의하여 근로자를 해고하는 이른바 정리해고가 근로기준법 제27조 제1항에 규정된 정당한 이유가 있다고 하기 위하여는 기업이 일정수의 근로자를 정리해고하지 않으면 경영악화로 사업을 계속할 수 없거나 적어도 기업재정상 심히 곤란한 처지에 놓일 개연성이 있을 긴박한 경영상의 필요성이 있어야 하는 것이다(대판 1990.1.12, 88다카34094).
③ 대판 1994.8.12, 94누1890
④ 대판 2012.6.28, 2010다38007

19. ① 단체협약의 유효기간은 3년을 초과하지 않는 범위에서 노사가 합의하여 정할 수 있다.
② 근로시간 면제 한도를 초과하는 내용을 정한 단체협약 또는 사용자의 동의는 그 부분에 한정하여 무효로 한다.
④ 당사자 쌍방이 새로운 단체협약을 체결하

고자 단체교섭을 계속하였음에도 불구하고 새로운 단체협약이 체결되지 아니한 경우에는 별도의 약정이 있는 경우를 제외하고는 종전의 단체협약은 그 효력만료일부터 3월까지 계속 효력을 갖는다.

20. 법 제41조에 따른 근로자 명부 작성의무를 위반한 경우
    ㉠ 근로자 명부를 작성하지 않은 경우 : 1차 위반 30만원, 2차 위반 50만원, 3차 이상 위반 100만원
    ㉡ 근로자 명부에 기재하여야 할 사항의 일부를 적지 않거나 변경내용을 지체 없이 정정하지 않은 경우 : 1차 위반 20만원, 2차 위반 30만원, 3차 이상 위반 50만원

정답 및 해설

국 어

01. ① 02. ② 03. ③ 04. ① 05. ③
06. ④ 07. ④ 08. ③ 09. ④ 10. ④
11. ② 12. ③ 13. ③ 14. ② 15. ①
16. ② 17. ③ 18. ④ 19. ② 20. ④

01. 첫돓 → 첫돌

02. 김소월의 「산」: 어떤 요소가 반복되고 있는 가를 알아보기 위해 분위기에 맞게 속으로 몇 번 읽어 본다. 그러면 7·5조가 바탕이 된 3음보의 율격임을 알 수 있다. 따라서 반복과 변조를 통하여 민요적 리듬이 중심이 된 새로운 리듬이 창조된 것이다.

03. 삼수갑산 : 함경남도에 있는 삼수와 갑산을 이르는 말로 원 뜻은 지세가 험하고 교통이 불편하여 가기 어려운 곳이라는 뜻이나 이 시에서는 몹시 어려운 지경을 비유하여 나타내고 있다.

04. 글의 진술방식은 분석, 묘사, 분류, 예시, 정의, 비교와 대조, 유추, 서사, 과정, 인과 등이 있으며 지문은 대상의 감각적 인상을 있는 그대로 생생하게 언어로써 그려내는 묘사에 해당한다.

① 묘사, ② 서사, ③ 비교, ④ 대조

05. ① 신화비평 : 신화, 전설, 제사의식 등에 나타난 인간의 원초적인 경험의 유형인 원형이 작가에 의해 어떻게 재현되는 가를 탐구하는 비평으로 원형비평, 민속학적 비평이라고도 한다.

② 분석비평 : 신비평이라고도 하며 언어의 기능을 분석하여 그 뉘앙스를 극도로 존중하고 세밀하게 작품 중의 요소를 지적해 가는 비평이다. 사회·정치적 입장을 배격하고 형식 기교상의 선입관을 일체 배제한다.

④ 역사주의비평 : 비평 중 가장 오래된 방법으로 문학작품이 형성되어 온 역사적·사회적 배경을 찾아보는 방법이다.

06. ④ 널리 인간세계를 이롭게 한다. 즉 차별 없는 세상을 이룩한다는 홍익인간은 우리나라 건국 시조인 단군 건국이념이기도 하다.

弘(넓을 홍), 益(더할 익), 人(사람 인), 間(틈 간)

07. ① 콘티뉴티(continuity) : 영화의 촬영 대본으로, '콘티'라고도 한다. 신(scene)을 컷별로 구분하여 촬영 계획을 구체적으로 짜 놓은 촬영용 대본을 말한다.

② 내러타주(Narratage) : narration과 momtage(몽타주)와의 합성어로서 화면 밖의 소리로 해설을 넣는 수법이다. 회상 장면에 많이 쓰인다. ②의 내용은 아이리스 인(iris -in)에 대한 설명이다.
③ D·E(double exposure) : 이중 노출로서 하나의 화면에 다른 화면이 동시에 나타나는 것을 말한다. 겹치는 것(O·L)이 아니라, 좌우로 또는 상하로 나타난다. (예) 전화 거는 쌍방을 보여줄 때)

08. 현번 : '몇 번을'의 뜻이다.

09. 표기상의 특징
㉠ 표음적 표기가 원칙이나, 받침에 'ㅌ, ㅍ, ㅈ, ㅊ, ㅿ' 등의 표의적 표기도 일부 나타난다.
㉡ 'ㄱ, ㄷ, ㅂ, ㆆ, ㅿ, ㅅ' 등의 사잇소리는 엄밀한 원칙 아래 사용되었다.
㉢ 모음조화 규칙이 철저히 지켜졌다.
㉣ 한자에 주음(主音)을 하지 않아 국한문 혼용체의 문체를 보인다.
㉤ 방점이 사용되었다.

10. (가) 최두석의 '성에꽃'으로 80년대 시대적 아픔을 노래하였으며, 차창은 동시대 서민들의 삶과 자기반성의 통로라 볼 수 있다.
(나) 정지용의 '유리창'으로 유리창은 창안과 창밖을 단절시키는 동시에 연결시켜주는 매개 역할이라 할 수 있다.

11. 제시된 글은 인간의 특징이 무엇인지 알아보기 위하여, 또 알려 주기 위하여 쓴 글이다. 이해를 바탕으로 한 지식 전달이 이 글을 쓴 의도인 것이다.

12. 참신성을 잃어버린 상투적 관용 어구를 찾으면 된다.
① 「하늘을 찌를 듯했다」, ② 「고독의 그림자」, ④ 「땀을 비 오듯 흘리면서」가 각각 관용 표현에 해당한다. ③은 개인의 독창적인 비유가 돋보이는 문장이다.

13. ① 창해일속(滄海一粟) : 큰 바다에 던져진 한 알의 좁쌀이란 뜻으로 '매우 작음' 또는 '보잘 것 없는 존재'를 비유하는 말이다.
② 망운지정(望雲之情) : 자식이 객지에서 고향의 어버이를 생각하는 마음을 이른다.
③ 수구초심(首邱初心) : 여우가 죽을 때, 머리를 제 살던 굴 쪽으로 두고 죽는다는 이야기에서 '고향을 그리워하는 마음'을 비유한 말이다.
④ 상전벽해(桑田碧海) : 뽕밭이 변하여 푸른 바다가 된다는 뜻으로 '세상일이 덧없이 바뀜, 변천이 심함'을 비유한 말이다.

14. 이상의 「날개」 : ㉠의 '희망과 야심이 ( ) 페이지'는 주인공이 처한 절망적인 현실을 의미하는 것으로, 이는 모든 희망과 야심이 사라진 상태를 가리킨다. 문맥으로 보아 ④의 '손상된'은 어느 정도 가능하나 의미가 ②에 비해 너무 미약하다. 희망이나 야심이 손상된 정도가 아니라 완전히 사라진 상태이기 때문이다. ①은 그 문장 끝의 '번뜩였다'에 집착하면 답으로 고를 가능성이 있다. 이 문장은 그 동안 완전히 상실했던 희망과 야심이 하나하나 되살아나고 있음을 뜻하기 때문이다. ③의 '공허(空虛)한'은 희망이나 야심과는 어울리지 않는 말이다.

15. 이상의 「날개」는 현대인의 삶과 자아 분열의 의식 내면에 대한 성찰을 그린 한국 현

대문학의 최초의 심리주의 소설로 일컬어지고 있다.

16. 윗글은 박경리 '토지(土地)'의 일부이다. '저리 신이 많으믄서 자게 마누라밖에 없는 줄 아니 그것이 보통 드문 일가?'와 '소나아로 태이나 가지고 남으 제집 한 분 모르고 지내는 것도 뱅신은 뱅신이제?'에서 불륜의 사건이 드문 일이 아님을 시사하여 불륜의 사건이 현실성을 지닐 수 있게 해주고 있다.

17. ① 장삼이사(張三李四), 초동급부(樵童汲婦) : 특별히 신분을 일컬을 정도가 못되는 사람, 평범한 사람, 어중이 떠중이를 이른다.
② 막상막하(莫上莫下), 난형난제(難兄難弟) : 낫고 못하고를 가리기 어려울 만큼 서로 차이가 거의 없음을 이른다.
③ 오월동주(吳越同舟) : 아무리 소원한 사이라도 이익을 위해서는 협력함을 이른다.
약육강식(弱肉强食) : 약한 것이 강한 것에게 먹힘을 이른다.
④ 목불식정(目不識丁), 일자무식(一字無識) : 글자를 전혀 모름, 아는 것이 없음(무지)을 이른다.

18. ④에서 '독재자는 위선의 가면을 벗었다.'라고 할 경우는 '국물도 없다, 깡통을 차다, 붓을 꺾다'와 같이 단어들의 의미만으로 전체의 의미를 알 수 없는 관용구에 해당되나 ④는 말 그대로 가면을 벗는 것이기 때문에 단어들의 의미만으로 전체의 의미를 알 수 있다.

19. 활음조[유포니(euphony)] 현상
㉠ 음조를 매끄럽게 하기 위하여 'ㄴ'이 유음인 'ㄹ'로 바뀌는 유포니(예 한아버지>할아버지, 안음>아름, 대노>대로)
㉡ 모음 충돌(hiatus)을 피함으로써 말하기에 편하고 듣기 좋게 하려는 데서 일어나는 유포니(예 그양>그냥, 지이산>지리산)
㉢ 'ㄹ'소리 등이 이어져 듣기 좋은 효과를 가질 때도 활음조라 한다(예 얄리얄리 얄라셩 등).

20. 순서 없이 늘어놓은 문장들 중에서 주제문을 찾아낼 수 있는가를 알아보는 문제로, 먼저 제시된 문장들을 하나하나 검토하여 일반적 진술에 해당하는 문장과 구체적 진술에 해당하는 문장으로 구분해 보아야 한다. 그러면 ㉢의 '문화사적 진보'에 ㉠, ㉡, ㉢이 속하는 글임을 알 수 있다.

한국사

01. ② 02. ③ 03. ③ 04. ③ 05. ③
06. ② 07. ② 08. ① 09. ③ 10. ④
11. ③ 12. ④ 13. ② 14. ③ 15. ④
16. ② 17. ③ 18. ① 19. ③ 20. ④

01. ① 고구려에서는 별자리를 그린 천문도가 만들어졌고 고분벽화에도 별자리 그림이 남아 있다.
③ 무구정광대다라니경은 현존하는 세계 최고의 목판인쇄물이다.
④ 고구려의 고분이나 천장 구조, 백제의 정림사지 5층 석탑, 신라의 황룡사 9층 목탑 등의 조형물에 수학적 지식이 활용되어 높은 수준으로 발달했음을 알 수 있다.

02. 빗살무늬토기인은 물가지역에서 생활(수변

지역)하였고 웅기 굴포리에서는 구석기·신석기 유물이 동시에 발견된다.

03. 신라 토기(5세기) – 순수청자(고려 초) – 상감청자(고려) – 분청사기(조선 초) – 청화백자(조선 후기)

04. ④ 우리나라에서는 현재까지 물감으로 그린 암각화는 발견되지 않았다.

05. 중석기시대
   ㉠ 시기 : 마지막 빙하기가 끝난 이후부터 신석기 시작 전까지의 시기를 말한다.
   ㉡ 특징
      ⓐ 큰 짐승 대신에 토끼, 여우, 새 등 작고 빠른 짐승을 잡기 위해 활 등을 사용하였다.
      ⓑ 이 시기의 석기들은 더욱 작게 만들어진 잔석기로서, 한 개 내지 여러 개의 석기를 나무나 뼈에 꽂아 쓰는 이음도구(톱, 활, 창 등)를 만들었다.
      ⓒ 따뜻한 기후로 식물들이 번성하게 되면서, 이 시기 사람들은 식물의 채취와 물고기 잡이를 하였다.

06. 사유(斯由)는 고구려 고국원왕으로 미천왕의 아들이다. 고구려 미천왕은 중국 5호 16국의 혼란기를 이용하여 311년에 서안평을 점령하고, 313년에 낙랑을 축출하여 고구려가 대제국으로 성장할 수 있는 영토적 기반을 확보하였다.
   ① 동천왕 시기이다.
   ③ 계루부 출신 고씨가 왕위 계승권을 독점한 것은 태조왕 때이다.
   ④ 고국천왕 때 진대법이 처음 실시되었다.

07. 조선 후기에는 도고의 출현에 의한 상업 활동과 부의 축적에 따른 양인들의 신분의 상승과 농민 분화로 인한 신분변동이 심했으며 서얼과 노비에 대한 속박이 약해지고 세습적, 폐쇄적인 신분제가 퇴색되어 갔다. 또한 조선 후기에는 성리학적 인성론이나 자연관을 벗어나 새로운 세계의 합리적인 인식이 등장함으로써 근대적 인간관과 세계관이 탐색되었다.

08. 신라 하대는 중대 무열계가 단절되고 내물계가 부활되었으며, 왕권쟁탈전과 6두품 귀족이 지방의 호족세력 및 사원세력과 연결하여 골품제에 반항하면서 반신라적 활동을 하였다.
   ㉢ 문항의 경우 교종사상에 대항하여 선종사상이 유행하였다.

09. 역사상으로 볼 때 역사편찬은 나라마다 번성기에 편찬되어 왕권이 강화되었음을 알 수 있는데 삼국시대의 역사편찬은 현재 모두 전해지고 있지 않다.

10. 보는 공공사업의 경비를 충당하기 위해 마련한 일종의 공공재단으로 귀족, 사원, 지방호족 등에 의한 고리대업이 성행하게 되면서 보가 발달하게 되었다.

   보의 종류
   ㉠ 학보 : 국자감 학생의 장학 기금을 마련하기 위해 태조가 서경에 둔 학교 재단이다.
   ㉡ 광학보 : 정종 때 승려의 면학을 위해 만든 재단(승려의 장학)이다.
   ㉢ 팔관보 : 팔관회 개최의 경비를 조달하기 위한 재단이다.
   ㉣ 경보 : 불경의 간행 경비를 마련하기 위한 재단이다.
   ㉤ 제위보 : 광종 때 빈민구제의 기금 마련을

위한 재단이다.
ⓑ 금종보 : 법화사의 범종이다.

11. 향도는 신라시대 화랑도 집단의 조직이었음을 알 수 있고 고려시대에 들어와 불교의 제를 모시는 공동체로 유지되다 불교의 쇠퇴에 따라 종교성을 잃어 갔다. 조선시대에 와서는 자치적인 촌락공동체로 조직되었고 특히 향도는 두레라는 새로운 노동조직을 발생시켰다.

12. ㉠ 호락논쟁 : 인간과 사물의 본성이 같은가 다른가의 문제를 둘러싸고 집권층 노론을 중심으로 전개되었는데 본성이 다르다는 인물성이론을 주장한 충청도 지역의 호론과 본성이 같다는 인물성동론을 주장한 서울·경기지역의 낙론사이의 논쟁이다. 호론은 위정척사사상으로 낙론은 북학사상으로 연결되었다.
ⓒ 소론 : 성혼과 윤증의 사상을 계승하였다. 주자중심의 성리학을 절대시한 노론과는 달리 양명학과 노장사상을 수용하였으며 성리학 이해의 탄력성을 보였다.
ⓒ 양명학 : 경기도 지방을 중심으로 소론계열학자와 불우한 종친출신의 학자들 사이에서 연구되었으며 18C초 정제두에 의해 체계화되었다. 지행합일의 실천성을 중시하였으며 강화학파와 이건창, 박은식, 정인보 등 국학자에 영향을 주었다.
ⓔ 고증학 : 청나라의 고증학은 실사구시를 내세워 학문연구에서 실증적 방법을 강조하였으며 실학사상의 형성에 일정한 영향을 끼쳤다.

13. 고려의 불교는 국가의 보호를 받으면서 크게 융성하였다. 고려 중기에는 의천에 의하여 천태종이 성행하였고, 후기에는 지눌에 의하여 조계종이 크게 발전하였다. 또한 대장경의 조판과 사원 건축 등 불교문화가 융성하였다.
㉠ 고려 광종(고려 초기) ⓒ 고려 말 ⓒ 고려 후기 ⓔ 고려 고종(고려 중기)

14. 고려 말 몽고의 침략 이후 지방에서 성장한 신진 사대부들이 친원파였던 권문세족에 대항하면서 성리학에 입각한 새로운 개혁정치를 추구하였다.

15. 왜구의 잦은 침입은 신진사대부와 신흥무인 세력을 등장시켰고 조선 왕조를 개창하기 위해 토지개혁을 단행하여 새왕조 창건의 주축이 된 신진사대부의 경제적 기반을 마련하였다.

16. ② 직전법은 세조(1466)때 실시한 것으로 경기도의 현직관리에게만 수조권을 인정하였다.

17. 집권 체제의 정비
㉠ 태조 : 새 왕조의 기틀은 개국 공신인 정도전이 저술한 조선경국전, 경제문감 등에 나타나 있는데, 그 내용은 민본적 통치규범을 마련하고 불씨잡변을 통해 불교를 비판, 성리학적 통치 이념을 확립하였다.
ⓒ 태종 : 관제 개혁, 사원전과 사원노비의 제한, 양전사업 실시, 호패법 시행, 사병제도의 폐지, 신문고 설치 등 국가 기반을 확고히 하였다.
ⓒ 세종 : 집현전 육성, 유교 정치 실현, 국토 확장, 한글창제 등
ⓔ 단종 : 양반관료의 귀족화 현상
ⓜ 세조 : 왕권강화, 중앙집권 정책, 부국강병 정책 추진

ⓑ 성종 : 경국대전 완성, 집권 체제 정비, 유교적 법치주의 국가의 면모확립

18. 조선 초기의 전세의 경우 수확의 10분의 1을 거두었던 것을 15세기 중엽 세종 때 전분6등법과 연분9등법으로 시행하였다. 전분6등법은 토지를 6등급으로 나누고 등급에 토지를 측량하는 자의 길이를 달리하여 전세부과의 형평을 추구한 것이다. 이를 수등이척이라 하며, 이에 따라 6등전 1결의 면적은 1등전 1결의 면적보다 약 4배가 커진다. 그러나 같은 1결이라도 전세의 부과액은 등급에 관계없이 동일하다는 점에 주의하여야 하는데 품질이 나쁜 토지는 1결당 면적을 그만큼 크게 잡아서 품질이 좋은 토지 1결에서 나오는 수확량과 일치하도록 조정했기 때문이다.

19. 지방관제
    ㉠ 관찰사 : 전국을 8도로 나누고, 각 도에는 관찰사를 두었다. 관내 군현의 목민관인 수령들을 지휘·감독케 하였다.
    ㉡ 수령 : 직접 관내의 주민들을 다스리는 지방관이었고, 이들의 가장 중요한 직무는 조세와 공물의 징수였다.
    ㉢ 향리 : 수령을 보좌하도록 모든 지방행정 단위에는 중앙의 6조에 상응하는 6방 조직이 편제되어 토착향리들이 향역을 세습하면서 담당하였다.
    ㉣ 면·리·통 : 군현 아래에 두고, 향촌 주민 중에서 그 책임자를 선임하여 수령의 정령을 집행하게 하였다. 따라서 국가의 통치권이 향촌의 말단에까지 미칠 수 있었다.
    ㉤ 양반중심의 향촌사회 확립 : 새 왕조를 개창한 신진 사대부는 이제까지 군현의 지배권을 가지고 있던 향리를 배제하고,

양반중심의 향촌사회를 확립하였다. 이 과정에서 고려의 사심관제도는 경재소와 유향소로 분화·발전하게 되었다.

20. 이앙법 실시 후 변화
    ㉠ 수확량 배 이상 증가
    ㉡ 노동력 감소
    ㉢ 광작 가능 : 1인의 경작 가능 면적이 5배 증가
    ㉣ 농민의 계층변화 발생 : 소득증가에 따른 경영형 부농 증가
    ㉤ 1년 이모작 가능 : 농민 소득증대 기여
    ㉥ 저수지 대량 축조

영 어

01. ③ 02. ① 03. ② 04. ④ 05. ③
06. ② 07. ④ 08. ② 09. ④ 10. ②
11. ② 12. ④ 13. ② 14. ② 15. ④
16. ② 17. ④ 18. ① 19. ④ 20. ③

01. taxation 과세, 징세, 세제 / falter (활동 등이) 약해지다, 주춤하다, 꺾이다, 비틀거리다, 중얼거리다 / intensify 세게 하다, 강렬하게 하다

「세율은 흔히 인상되어 질 필요가 있다. 동시에 누구나 국내의 소득 분배가 개선되기를 원하며, 적어도 나빠지지는 않기를 바란다. 게다가, 사람들의 소득은 더 많은 노력과 생산에 주요한 동기를 제공해 준다. 만일 이런 동기가 과세(課稅)로 인해서 지나치게 감소된다면, 생산을 증가하려는 모든 노력이 약해질 수 있다.」

02. 주어진 문장의 that은 그 선행사가 때를 나

타내는 when에 해당된다.

「나의 어머니가 돌아가셨던 그 해는 나는 겨우 5살이었다.」

① 「그녀가 왔던 날을 기억한다.」는 뜻으로 관계부사 when에 해당된다.
② 「나는 그녀와 이 도시에서 결혼했다.」로 It~that의 강조용법
③ 「그가 사업에 실패한 것은 당연하다.」로 It 가주어 that 이하는 진주어
④ 「서울은 내가 태어난 도시이다.」로 관계부사 where에 해당된다.

03. 간접의문문에 관한 문제이다. 이때는 의문문이 종속절을 이끈다. 어순은 의문사+S+V 순이다.

(Do you Know?) + (What is this?)
⇒ Do you know what this is? 「이것이 무엇인지 너는 아느냐?」

그러나 주절의 동사가 think, suppose, imagine, believe, guess 등일 때는 의문사가 문두로 나간다.

(Do you think?) + (Who is he?)
Who do you think he is?
Who do you imagine has made me come here?
「나를 여기에 오게 한 사람이 누구라고 생각하느냐?」

04. ①, ②, ③ 그는 친절하게도 나에게 길을 가르쳐 주었다.
④ 그는 나에게 길을 알려준 것처럼 친절한 사람이었다.

$\left[\begin{array}{l}\text{have+the+추상명사+to 부정사~}\\ \text{so+형용사+that~}\\ \text{so+형용사+as to~}\\ \text{형용사 enough to~}\\ \text{부사+동사}\end{array}\right\}$ 아주~ 하게도 ~하다

05. It is [high, about] time that+주어+과거동사 또는 should+원형동사가 쓰이며 '이미~해야 했는데' 지금하지 않고 있으니 '당장~해야 한다.' 라는 뜻이다.

on the wrong side of forties : 40고개를 넘어
on the right side of forties : 40고개를 넘기지 않고

「그는 이미 40고개를 넘어 있다. 그 스스로가 아내를 찾아야 할 때이다.」

06. made of aluminum에서의 of는 재료를 표시하는 전치사이다.

「집 소유자들은 그들의 창문틀과 방충망이 알루미늄으로 만들도록 주문하기를 좋아한다.」

07. right now 지금 곧, 바로 지금 / I see 몰랐던 사실을 알았을 때 / hang up 전화를 끊다

「A : 제니퍼 좀 바꿔 주시겠습니까?
B : 유감스럽게도 그녀는 방금 나갔는데요.
A : 예, 알겠습니다. 그녀가 언제 돌아올 것 같습니까?
B : 아마 한 시간쯤 지나서요. 전할 말씀이 있으십니까?
A : 아니오. 감사합니다. 다시 전화하겠습니다.」

① 다시 전화해 주시겠습니까?
② 누구세요?
③ 전화 좀 끊어 주시겠습니까?

08. pull into ~로 들어가다 / canvas 서커스, 덮개, 텐트 / ton 적재, 톤 / tons of 아주 많은 무게 / unroll 말린 것을 펼치다. / shout 고함치다 / strain 잡아당기다 / hoist 끌어올리다 / pole 천막의 버팀목 / previously 예비적으로,

사전에 / vacant lot 빈터, 공지 / miniature 소형의, 작은

「아침 일찍 열차가 마을 안으로 들어왔다. 아주 많은 무게의 텐트가 펼쳐졌고 사람들은 고함치며 잡아당겼다. 그리고 코끼리의 도움으로 거대한 텐트의 버팀목을 지정된 장소로 끌어올렸다. 사전에 준비되어졌던 작은 서커스촌이 되었다.」

09. 「영씨는 사업차 여행을 많이 하였다. 그는 농부들에게 다양한 종류의 기계를 판매하였다. 실제로 그것이 그다지 흥미로운 일은 아니었지만, 영씨는 항상 농사일에 관심을 가지고 있었으므로 자신의 삶에 상당히 만족해했다.」

① 재미로
② 관광도시로
③ 휴일동안

10. Pentagon 미국 국방성 / overspending 예산낭비 / military 군의, 군대의, 군사상의 / the military 군인, 군대, 군부 / turn in = hand in 제출하다 / satire 풍자, 풍자문학

「미국방성의 한 관리가 브리핑을 하고 있었다. "군부의 예산낭비에 관한 보도들은 너무 과장되어 있습니다. 자 여러분" 그는 끝을 맺으면서 이렇게 말했다. "자리에서 일어날 때 잊지 말고 연필을 놓고 가십시오. 한 자루에 68불을 지불했으니까요."」

본문의 내용은 군부의 예산낭비를 풍자한 것이다.
① 몇몇 연필들의 높은 가격
② 군부의 예산낭비
③ 국방성 보고들의 과장
④ 브리핑을 주재하는 것

11.–12.
treatment 치료법, 치료 / artificial 인공의 / refraction 굴절 / immediate 즉시의, 바로 / fitted 모양에 꼭 맞게 만들어진 / gradually 차차 / symptom 징후, 조짐

「대부분의 경우 치료법은 특별히 잘못된 굴절을 정정하기 위해 고안된 안경을 환자에게 맞추는 데 있다. 의사가 치료하면 대부분의 경우 환자는 시력이 즉시 개선된다. 그러나 자연의 법칙과 자연적인 치료과정은 어떠한가? 시력 안경으로 인한 치료 결과로서 정상기능으로 돌아오는가? 대답은 아니다. 개선되기는커녕 이런 고안품들로 맞춘 시력은 점점 ㉠ 약해지고 그러한 증상을 교정하기 위해서 점점 도수 ㉡ 높은 렌즈가 필요하다.」

11. 답을 접근하는 방법으로는 So far from improving이다. 개선되기는커녕 시력은 점점 weaker되고 렌즈는 점점 stronger진다.

12. 이 글의 요지는 시력이 좋지 않은 환자는 안경을 통해 교정하지만 시력은 개선되기는커녕 점점 나빠진다는 내용으로 의학적 처방의 한계를 설명하고 있다.

① 인공 렌즈의 개선
② 시력 결함의 다양한 원인
③ 의학적 치료의 이점
④ 치료의 한계

13. gray 회색의, 잿빛의, 음침한 / dull 무딘, 흐릿한 / portico 현관 / stucco 치장용 회반죽/ rawness 생것, 날것, 설익음, 냉습

「어두운 잿빛 하늘에 먼동이 텄다. 구름이 나직이 끼고 몹시 쌀쌀해서 곧 눈이라도 내릴 것 같았다. 어린 아이가 자고 있는 방

에 들어가 커튼을 젖혔다. 유모는 현관이 딸린 맞은 편 회벽 집을 기계적으로 힐끗 쳐다보고는 곧장 아이가 자고 있는 침대로 다가갔다.
"자, 그만 일어나요, 필립" 이렇게 말하며 이불을 들치고 아이를 안아 올리더니 아래층으로 내려갔다. 아이는 아직도 잠이 덜 깨어 있었다. "엄마가 오라고 하시는 구나."」

① The day broke : 시간적 배경,
② The clouds hung heavily, and there was a rawness in the air that suggested snow : 날씨
③ woman servant, Philip : 등장인물

14. obesity 비만 / point out 지적하다 / take off 없애다, 제거하다. / method 방법, 수단

「비만의 주요인은 과식이라는 것이 매우 잘 알려져 있으므로, 과다한 체중을 줄이는 효과적이고 안전한 방법은 음식 섭취량을 줄이는 것임을 굳이 지적할 필요는 없을 것 같다.」

① 하루에 두 끼 식사
③ 격렬한 운동
④ 음식 섭취량을 늘리는 것

15. rearrange 재정리하다, 다시 배열하다 / separate~ from … ~을 …와 분리시키다 / craft 재주, 기교 / caring 정성, 돌봄, 근심, 걱정 / suspicious 의심 많은, 수상한

「작가들에 있어서 작품 속에 단어들은 결코 완성된 것이 아니다. 각 단어는 바뀔 수도 있고 재배열될 수도 있다. 작가들은 그들의 정성과 기교 모두를 자신들의 작품에 쏟아 부을 수 있도록 스스로를 그들 자신의 작품으로부터 분리시켜야 한다. 그들은 다른 이들의 비평을 수용해야 하지만 그것을 의심해야 한다. 그들은 다른 이들의 칭찬을 받아들여야 하지만 더더욱 그것을 의심해야 한다. 작가들은 다른 이들의 비평에 의존해서는 안 된다. 그들은 스스로가 최상의 적이라는 것을 배워야 한다.」

16. be used to=get used to ~에 익숙하다 / trust on the other=trust(may develop) on the other / after all 결국

「사람과 동물이 서로 친숙해짐에 따라, 한쪽 편에 대해 친절과 이해가 점점 쌓여가고, 다른 편에 대해 신뢰가 쌓여 간다. 양편이 그것으로 인해 이익을 얻을 것이다. "결국, 동물원은 대다수 사람들이 볼 수 있는 황야의 일부분이다. 그것은 동물들을 보호하기 위해 많은 것을 하고 있는 반면 그것은 인간 스스로를 위해 값비싼 봉사를 수행한다."고 동물원 관리자는 말한다.」

17. extensive 넓은, 광범위한 / span 한 뼘, 짧은 기간 / paragraph 절, 항, 단락 / drift 표류, 경향, 추세

「유능한 독서가는 다양한 독서를 통해서 또 기본적인 독서법을 익혀서 자신들의 능력을 향상시켜 왔다. 그들은 좋은 어휘력을 가지고 있고, 그리고 그에 못지않은 몇 개 단어들을 한눈에 볼 수 있는 좋은 시야를 가지고 있다. 그들은 중요한 단어, 구 그리고 사상들을 빠르게 찾아낸다. 그들은, 낱말 하나 하나를 읽지 않고, 빠르게 읽어나가고 그리고 문장이나 절을 거의 다시 읽는 법이 없다. 그들은 문맥을 놓치지 않기 위해 정신을 집중한다.」

18. osteoporosis 골다공증 / physical 육체의,

신체의 / preventive measure 예방책 / process 진전, 과정

「또 하나 육체에 도움이 되는 것은 달성하기에 좀 더 오랜 시간이 걸리지만, 특히 여성들에겐 노력할 만한 충분한 가치가 있다. 규칙적으로 오랜 기간 운동을 하게 되면, 나이가 들어감에 따라 자연적으로 뼈가 점차 약해지는 과정인 골다공증을 예방할 수 있다. 이것은 규칙적인 운동으로 예방할 수 있다. 운동을 하면 실제로 뼈의 질량이 늘어나는데 도움이 되고 골다공증을 피할 수 있는 가장 좋은 예방책이라고 한다.」

19. agriculture 농업 / be bound to 명사 : ~와 관계가 있다 / farm 농지, 경작하다, 농사짓다 / farming 농사일, 농사 / cultivate 경작하다, 개발하다

「문명의 역사는 농업발전과 밀접한 관계가 있다. 농사는 사람들이 방황하는 것을 막아 주어 땅이 경작되는 곳은 어디에나 <u>마을이 생겨났다</u>.」

① 사람들은 쟁기가 필요했다.
② 농부들은 식량이 부족했다.
③ 음식은 풍부했다.

20. appeal 애원하다, 호소하다, 흥미를 돋우다 소원, 항소 / constant 끊임없는, 계속하는, 부단한 / agriculture 농업, 농학 / depress 내리누르다, 저하시키다, 기를 꺾다

「점점 더 많은 미국인들이 도시에서 살기 위하여 농촌을 떠나고 있다. 오늘날 농촌에서 자라난 많은 어린이들이 자동차와 훌륭한 도로 그리고 TV 때문에 도시생활과 끊임없는 접촉을 하고 있고, 도시생활의 여러 가지 이점들이 그들의 마음을 움직여 왔다. 농부들이 도시로 이주한 결과로 미국의 농업이 쇠퇴하고 있다.」

① 점점 더 많은 미국인들이 도시로 이주하고 있다.
② 도시생활의 이점들은 무한하다.
③ 미국 농업이 쇠퇴하고 있다.
④ 농촌에서 자라난 많은 어린이들은 도시생활을 갈망한다.

행정법총론

01. ④	02. ③	03. ③	04. ④	05. ①
06. ④	07. ④	08. ③	09. ③	10. ②
11. ①	12. ③	13. ②	14. ④	15. ①
16. ④	17. ①	18. ②	19. ④	20. ②

01. ② 대판 2020.3.26, 2019두38830
③ 대판 1995.11.24, 95누9402
④ 화학물질 관리법상 '취급제한물질'을 금지된 특정용도 이외 용도로 제조·수입 등을 하는 영업을 하려는 경우, 같은 법 제34조 제1항 본문에서 정한 환경부장관의 허가를 받아야 한다(대판 2013.9.12, 2012도15043).

02. 법률우위원칙 : 모든 행정영역에서 적용되나, 법률유보원칙의 적용영역에 대해서는 침해유보설, 권력행정유보설, 사회적 유보설, 중요사항유보설, 전부유보설 등 학설이 대립된다.

03. ③ 행정규칙은 직접적인 법적 외부효를 갖지 않기 때문에 공포는 요건이 아니다. 다만, 고시와 훈령의 경우 대부분 관보에 의해서 대외적으로 공표되고 있다. 그러

나 이는 효력요건이 아니다.

04. ① 대판 2019.8.30, 2018두47189
② 대판 2007.12.27, 2005두9651
③ 대판 2018.8.1, 2014두35379
④ 임차인대표회의도 당해 주택에 거주하는 임차인과 마찬가지로 임대주택의 분양전환과 관련하여 그 승인의 근거 법률인 구 임대주택법에 의하여 보호되는 구체적이고 직접적인 이익이 있다고 봄이 상당하다. 따라서 임차인대표회의는 행정청의 분양전환승인처분이 승인의 요건을 갖추지 못하였음을 주장하여 그 취소소송을 제기할 원고적격이 있다고 보아야 한다(대판 2010.5.13, 2009두19168).

05. ②는 원칙상 무효이다.
③은 부존재이다.
④는 주체상 무효이다.

06. ④ 자체평가는 중앙행정기관 또는 지방자치단체가 소관 정책 등을 스스로 평가하는 것을 말하고 국무총리가 중앙행정기관을 대상으로 국정을 통합적으로 관리하기 위해 필요한 정책 등을 평가하는 것은 특정평가이다.

07. ④ 개인정보란 살아 있는 개인에 관한 정보로서 성명, 주민등록번호 및 영상 등을 통하여 개인을 알아볼 수 있는 정보(해당 정보만으로는 특정 개인을 알아볼 수 없더라도 다른 정보와 쉽게 결합하여 알아볼 수 있는 것을 포함)를 말한다(법 제2조).

08. ③ 당사자가 의견진술의 기회를 포기한다는 뜻을 명백히 표시한 경우에는 의견청취를 아니할 수 있다.

09. ① 행정소송법에서 정한 행정심판을 거친 경우의 제소기간의 특례가 적용된다고 할 수도 없으므로, 민원 이의신청에 대한 결과를 통지받은 날부터 취소소송의 제소기간이 기산된다고 할 수 없다(대판 2012.11.15, 2010두8676).
② 취소소송은 원칙적으로 처분 등이 있음을 안 날부터 90일 이내에 제기하여야 하나, 행정청이 행정심판청구를 할 수 있다고 잘못 알려 행정심판의 청구를 한 경우에는 그 제소기간은 행정심판 재결서의 정본을 송달받은 날부터 기산하여야 한다(대판 2006.9.8, 2004두947).
③ 대판 2020.10.15, 2020다222382
④ 동일한 처분에 대하여 무효확인의 소를 제기하였다가 그 처분의 취소를 구하는 소를 추가적으로 병합한 경우, 주된 청구인 무효확인의 소가 적법한 제소기간 내에 제기되었다면 추가로 병합된 취소 청구의 소도 적법하게 제기된 것으로 본다(대판 2005.12.23, 2005두3554).

10. ② 해산명령이 있었음으로 즉시강제는 될 수 없고, 또한 비용징수에 관한 것이 없으므로 대집행이 될 수 없으며 행정청이 의무자의 신체나 재산에 직접적으로 실력을 가함으로써 의무의 이행이 있는 것과 동일한 상태를 실현하는 작용이므로 직접강제에 해당한다.

11. ① 야간통행금지의 해제와 같이 불특정 다수인을 상대로 하는 일반허가도 가능하다.

12. ① 대판 2015.5.28, 2013다41431
② 대판 2017.11.9, 2017다228083

③ 행정법규가 행정청으로서 지켜야 할 일정한 준칙을 규정함에 불과하고 그 범위 안에서 행정청의 재량에 일임하여 그 법규가 정하는 행정목적의 달성을 위하여 객관적으로 구체적 타당성에 적합하도록 하는 이른바 편의재량(공익재량, 합목적재량)의 경우에는 공익상의 필요, 합목적성의 여부는 행정청의 자유재량에 따라 결정하고 그에 적합하다고 인정되는 처분을 선택하는 것이므로, 그 경우에 한 처분에 있어 관계공무원이 공익성, 합목적성의 인정·단을 잘못하여 그 재량권의 범위를 넘어선 행정행위를 한 경우가 있다 하더라도 공익성 및 합목적성의 적절 여부의 판단 기준은 구체적 사안에 따라 각각 동일하다 할 수 없을 뿐만 아니라, 구체적인 경우 어느 행정처분을 할 것인가에 관하여 행정청 내부에 일응의 기준을 정해 둔 경우 그 기준에 따른 행정처분을 하였다면 이에 관여한 공무원에게 그 직무상의 과실이 있다고 할 수 없다(대판 2002.5.10, 2001다62312).

13. ① 대판 2018.10.25, 2018두43095
② 일반적으로 행정처분이나 행정심판 재결이 불복기간의 경과로 인하여 확정될 경우 그 확정력은, 그 처분으로 인하여 법률상 이익을 침해받은 자가 당해 처분이나 재결의 효력을 더 이상 다툴 수 없다는 의미일 뿐, 더 나아가 판결에 있어서와 같은 기판력이 인정되는 것은 아니어서 그 처분의 기초가 된 사실관계나 법률적 판단이 확정되고 당사자들이나 법원이 이에 기속되어 모순되는 주장이나 판단을 할 수 없게 되는 것은 아니다(대판 2004.7.8, 2002두11288).
③ 대판 1999.10.8, 98두10073
④ 대판 2015.11.27, 2013다6759

14. ④ 행정상 손해배상에 관하여는 국가배상법이 일반법적 지위를 가지며 손해배상청구권은 피해를 안 날부터 3년, 불법행위가 있는 날부터 10년의 소멸시효기간을 가진다.

15. 권한의 위임 : 행정청이 그의 권한의 일부를 다른 행정기관(수임기관)에게 이전하여 수임기관의 권한으로 행사하도록 하는 것을 말한다.
① 공무원채용시험 합격증의 발급권한이 고시과장에게 이전된 것으로 위임이다.

16. ④ 행정상 강제수단의 미비로 새로운 의무 확보 수단이 증가하고, 부족 시 민사강제에 의존하는 경우가 많이 있다.

17. ① 확인은 판단의 표시이다.

18. ② 대집행을 하려면 상당한 이행 기한을 정하여 그 기한까지 이행되지 아니할 때에는 대집행을 한다는 뜻을 미리 문서로써 계고하여야 한다. 원칙상 정지조건부 계고는 금지다.

19. ① 대판 2014.10.27, 2012두7745
② 대판 2013.6.27, 2013두5159
③ 대판 2015.3.20, 2011두3746
④ 행정청이 기반시설부담 구역 안에서 기반시설부담계획을 수립하여 기반시설부담개발행위를 하는 자에게 기반시설을 설치하거나 그에 필요한 용지를 확보하도록 하거나 이에 소요되는 기반시설부담비용을 부담시킬 수 있다(대판 2014.

20. ② 행정행위는 구체적 사실에 관한 법집행 행위이며 권력적 단독행위이므로 일반·추상적인 규범정립행위, 사실행위, 공법상 계약 등은 행정행위가 아니다.

노동법개론

01. ④ 02. ① 03. ② 04. ③ 05. ④
06. ② 07. ① 08. ② 09. ④ 10. ④
11. ③ 12. ④ 13. ① 14. ④ 15. ②
16. ③ 17. ② 18. ① 19. ③ 20. ①

01. ① 사용자는 특별한 사정이 있으면 고용노동부장관의 인가와 근로자의 동의를 받아 근로시간을 연장할 수 있다.
② 사용자와 근로자 당사자 간에 합의가 있으면 1주간 12시간을 한도로 근로시간을 연장할 수 있다.
③ 상시 30명 미만의 근로자를 사용하는 사용자는 연장된 근로시간을 초과할 필요가 있는 사유 및 그 기간에 대하여 근로자대표와 서면으로 합의한 경우 연장된 근로시간에 더하여 1주간 8시간을 초과하지 않는 범위에서 근로시간을 연장할 수 있다

02. ① 특정 시점이 되기 전에 퇴직한 근로자에게 특정 임금 항목을 지급하지 않는 관행이 있더라도, 단체협약이나 취업규칙 등이 그러한 관행과 다른 내용을 명시적으로 정하고 있으면 그러한 관행을 이유로 해당 임금 항목의 통상임금성을 배척함에는 특히 신중해야 한다(대판 2021.12.16, 2016다797).
② 대판 2022.4.14, 2021다280781
③ 대판 2011.7.28, 2009두2665
④ 대판 2019.8.14, 2016다9704, 9711

03. ② 매 1개월마다 평균하여 1주간의 근로시간이 휴게시간을 제외하고 40시간을 초과한 시간에 대해서는 통상임금의 100분의 50 이상을 가산하여 근로자에게 지급하여야 한다.

04. ① 노동쟁의를 해결하기 위하여 중재가 이루어진 경우 그 내용은 단체협약과 동일한 효력을 가진다.
② 조정안이 관계 당사자에 의하여 수락된 때에는 조정위원 전원 또는 단독조정인은 조정서를 작성하고 관계 당사자와 함께 서명 또는 날인하여야 한다.
④ 노동위원회는 규정에 따른 조정의 종료가 결정된 후에도 노동쟁의의 해결을 위하여 조정을 할 수 있다.

05. ① 대판 1979.2.13, 78다2275
② 대판 1996.4.23, 95누6151
③ 대판 2022.5.12, 2017두54005
④ 사용자로부터 해고된 근로자는 그 해고처분이 구 노동조합법(1996. 12. 31. 법률 제5244호 부칙 제3조로 폐지되기 전의 것)상 부당노동행위에 해당됨을 이유로 같은 법에 의한 부당노동행위구제신청을 하면서 그와는 별도로 그 해고처분이 구 근로기준법상 부당해고에 해당됨을 이유로 같은 법에 의한 부당해고구제신청을 할 수 있다(대판 1998.5.8, 97누7448).

06. ② 야간 및 휴일 근로 시 통상임금의 100분

의 50 이상을 가산하여 근로자에게 지급하여야 한다는 규정을 위반한 사람에 대하여는 피해자의 명시적인 의사와 다르게 공소를 제기할 수 없다.

07. 사용자의 친족인 근로자의 범위 : 사용자의 배우자, 사용자의 4촌 이내의 혈족, 사용자의 4촌 이내의 인척

08. ③ 직장 내 괴롭힘 발생 사실을 알게 된 경우 누구든지 그 사실을 사용자에게 신고할 수 있다.

09. ④ 단체협약에 정한 근로조건 기타 근로자의 대우에 관한 기준에 위반하는 취업규칙 또는 근로계약의 부분은 무효로 한다.

10. ① 대판 2011.1.27, 2010도11030
② 대판 2013.11.28, 2011다39946
③ 대판 2008.11.13, 2008도4831
④ 근로조건에 관한 주장의 불일치로 노동쟁의상태가 발생하여 근로자들이 노동쟁의 발생 신고를 하고 냉각기간을 거쳐 정당한 쟁의행위를 계속하고 있는 도중에 새로운 쟁의사항이 부가되었다 하더라도, 다시 그 사항에 관하여 별도의 노동쟁의발생신고를 하고 냉각기간을 거쳐야 할 의무는 없다(대판 2013.2.15, 2010두20362).

11. ① 대판 2018.6.19, 2014다44673
② 대판 2006.12.7, 2006다53627
③ 회사의 취업규칙에서 "노동부고시에 의한 최저임금을 보장한다"고 규정한 경우 포괄임금제에 의하여 근로계약을 체결한 경비원들에 대한 관계에 있어서는 기본급을 노동부고시의 최저임금수준으로 지급한다는 의미가 아니고 제 수당을 포함한 총급여액을 노동부고시의 최저임금수준으로 지급한다는 의미이다(대판 1993.5.27, 92다33398).
④ 대판 2007.6.29, 2004다48836

12. ⓒ 지하 작업으로 인한 눈떨림증
ⓜ 착암기 등 진동이 발생하는 공구를 사용하는 업무로 인한 질병

13. ① 법 60조제6항
② 대판 2008.10.9, 2008다41666
③ 취업규칙 등에서 근로기준법 소정의 유급휴일 및 유급휴가일수의 최하한을 상회하는 휴일 및 휴가를 규정하고 있더라도 그 휴일이나 휴가를 근로기준법 제47조 소정의 월차유급휴가로 갈음할 수는 없으므로, 설사 근로자가 취업규칙 등에 따른 휴일 및 휴가를 전부 사용하였다고 하여 이로써 월차휴가에 충당되었다고 할 수 없다(대판 1995.6.29, 94다18553).
④ 법 60조제1항

14. ④ 노동조합의 해산사유가 있는 경우에는 행정관청이 관할 노동위원회의 의결을 얻은 때에 해산된 것으로 본다.

15. ② 긴급조정의 결정이 공표된 때에는 즉시 쟁의행위를 중지하여야 하며, 공표일로부터 30일이 지나지 않으면 쟁의행위를 재개할 수 없다.

16.

법 제25조에 따른 임금에 관한 사항의 보고를 하지 않거나 거짓 보고를 한 경우	법 제31조제1항제2호	100만원

17. ② 심사나 사건의 중재 청구가 있으면 고용노동부장관은 1개월 이내에 심사나 중재를 하여야 한다.

18. ② 최저임금위원회는 매년 3월 31일까지 최저임금의 결정에 관한 사항을 심의하여야 한다.
③ 고용노동부장관은 위원회로부터 최저임금안을 제출받았을 때에는 지체 없이 사업 또는 사업장의 종류별 최저임금안 및 적용 사업의 범위를 고시하여야 한다.
④ 최저임금안에 대하여 이의를 제기할 때에는 이의 제기 대상 업종의 최저임금안의 요지 사항을 분명하게 적은 이의제기서를 고용노동부장관에게 제출하여야 한다,

19. 1천만원 이하의 벌금
  1. 삭제 <2021. 1. 5.>
  2. 제31조제1항의 규정에 의하여 체결된 단체협약의 내용 중 다음에 해당하는 사항을 위반한 자
     가. 임금·복리후생비, 퇴직금에 관한 사항
     나. 근로 및 휴게시간, 휴일, 휴가에 관한 사항
     다. 징계 및 해고의 사유와 중요한 절차에 관한 사항
     라. 안전보건 및 재해부조에 관한 사항
     마. 시설·편의제공 및 근무시간 중 회의 참석에 관한 사항
     바. 쟁의행위에 관한 사항
  3. 제61조제1항의 규정에 의한 조정서의 내용 또는 제68조제1항의 규정에 의한 중재재정서의 내용을 준수하지 않은 사람

  ㉠은 2021. 1. 5. 삭제된 조항이다.

20. ① 통상임금 재산정에 따른 근로자의 추가 법정수당 청구를 중대한 경영상의 어려움을 초래하거나 기업 존립을 위태롭게 한다는 이유로 배척한다면, 기업 경영에 따른 위험을 사실상 근로자에게 전가하는 결과가 초래될 수 있다(대판 2020.8.20, 2019다14110, 14127).
② 대판 2018.7.12, 2013다60807
③ 대판 2020.6.25, 2015다61415
④ 대판 2020.6.11, 2017다206670

정답 및 해설

국 어

```
01. ③   02. ①   03. ④   04. ②   05. ③
06. ③   07. ③   08. ②   09. ④   10. ④
11. ②   12. ③   13. ③   14. ③   15. ③
16. ①   17. ④   18. ③   19. ①   20. ③
```

01. ③ ㄷ - 가 계십니까?

02. ① 정읍사는 7세기 중엽 이전부터 불리던 백제의 서정 가요로 고려인들에게까지 전해졌다가 조선조에 와서 처음으로 문자화된, 한글로 전하는 가장 오래된 작품이다. 어느 상인의 아내가 행상 나간 남편이 늦도록 돌아오지 않자 높은 산에 올라가 남편이 오기를 기다리며 부른 노래로 '달아 높이 떠서 멀리 비추어 우리 남편이 돌아올 길을 밝혀 주소서' 하는 아내의 애달픈 마음이 담겨 있다.

03. 사상 전개 방식 : 시간의 흐름에 따른 추보식 전개

- ㉠ 제1연 : 광야의 원시성
- ㉡ 제2연 : 광야의 광막성, 신성성 ┐ 과거
- ㉢ 제3연 : 역사의 태동 ┘
- ㉣ 제4연 : 암울한 현재 상황과 그 극복 의지 - 현재
- ㉤ 제5연 : 미래에 대한 소망 ─── 미래

04. '광야'는 웅장하고 강건한 남성적 어조와 광활한 상상력이 잘 조화되어 때 묻지 않은 역사의 신성한 미래를 노래한 시이다. '서시'는 나한테 주어진 길을 걸어가야겠다.”라는 운명애에 대한 확고하면서도 신념에 찬 결의와 다짐은 험난한 현실에서 도피하지 않고 운명과 맞서서 절망을 극복하려는 의지가 나타나 있다.

05. 인물의 제시 방법 : 소설에서 인물의 성격을 제시하는 방법에는 작중 화자에 의한 직접적인 방법과 장면묘사나 대화에 의한 간접적인 방법이 있다. 직접적 제시는 '말하기(telling)'에 해당하고, 간접적 제시는 '보여주기(showing)'에 해당한다. '말하기'에 의한 인물의 제시가 서술자의 판단에 따른 성격의 제시라면 '보여주기'에 의한 인물의 제시는 화자의 판단에 따라 이루어진다.

06. 문순태의 「타오르는 강」의 일부로 3인칭 전지적 작가시점에서 서술된 장편 역사소설이다. 여기서 '들때밑'이란 '세력 있는 집안의 고약한 하인'을 나타내는 명사이다.

07. 문장의 순서를 배열하는 문제는 '접속어'를 통해 연결 고리를 찾을 수 있는데 ㉡ '그러나' 이후에서 '김정호의 옥사설'은 사실이 아니라고 말하고 있으므로, 그 앞의 내용은

'김정호의 옥사설'을 말하고 있는 'ⓒ – ⓓ – ⓔ'이 순이고 ⓑ을 부연한 내용이 ⓐ 이므로 ⓐ이 뒤에 오면 된다.

08. 제시된 작품은 조선시대 가사 문학의 일인 자로 꼽히는 송강 정철의 대표작「관동별곡」으로, 금강산과 관동팔경의 아름다운 경치를 보고 느낀 것을 노래한 기행 가사이다. 송순의「면앙정가」는「상춘곡」의 영향을 받아「성산별곡」에 영향을 주었다.

09. '빅셩'이 '백성'으로 바뀐 것은 단모음화 현상으로 이중모음이었던 /ㅣ/가 단모음으로 성질이 바뀐 결과이고, '니르다'가 '이르다'로 바뀐 것은 두음 법칙 때문이며, '뜯'이 '뜻'으로 바뀐 것은 두음 법칙과 음절의 끝소리법칙 때문이다. 그러나 이들 단어들의 의미 변화는 일어나지 않았다.

10. ① 별로 : 언어적 원인[통사적]
② 코 : 언어적 원인[콧물 → 코, 생략]
③ 아침 : 언어적 원인[아침밥 → 아침, 생략]
④ 출혈 : 사회적 원인[피가 남 → 손해, 의미 축소]

11. 시의 전체 흐름을 파악하는 것이 중요하다. ⓐ, ⓒ, ⓓ의 '나'는 논두렁 고인 물에 비친 자신이고 ⓑ은 논과 관계가 없던 즉 고독했던 시절의 '나'에 해당한다.

12. 역설법(모순형용 ; Paradox) : 모순되고 당착된 진술을 통하여 마음속에 극적인 긴장감을 조성하며, 미묘한 정서적 반응을 일깨우는 표현법이다.

13. 음덕(蔭德)은 남에게 들러내지 않고 베푸는 덕행을 말하는 것으로 조그만 목소리로 말하는 것은 드러내지 않는 것이며 남을 배려한다는 뜻이기도 하다.

14. ① 몸이 연약한 사람을 가리키는 말로 말의 순서를 바꾸어도 같은 뜻으로 사용된다.
② 강한 자의 싸움에 약한 자가 피해를 보는 경우와 약한 자의 싸움에 강한 자가 엉뚱한 피해를 보는 경우로 차이가 있다.
③ 자기가 먼저 공손하게 할 것인가 아니면 상대편의 태도에 따를 것인가의 차이가 있다.
④ 작은 결점이 있는 자가 약간 더 큰 결점이 있는 자를 흉보는 것인가 아니면 더 큰 결점이 있는 자가 작은 결점이 있는 자를 흉보는 것인가의 차이가 있다.

15. ① 절창(絕唱) : 투전판을 벌이고 있는 모습이 가장 꼴불견이라는 것으로 보아 문맥적 의미는 '가장 뛰어난(두드러진) 것'이다.
② 내남없이 : 한결같이 우울한 얼굴을 하고 있는 것으로 보아 그 곳에 있는 사람들은 '누구나', '모두'라는 뜻이다.
③ 근천스런 : 반 늙은이의 행동으로 보아 '비굴하고 궁상스러운 모습'을 뜻한다.
④ 상거 : 사전적 의미는 '서로 거리가 있음'이라는 뜻으로, 여기서는 반늙은이와 지나인의 모습이 흡사함을 나타내기 위해 '상거가 어떨꾸?'라고 하였다.

16. ① 가렴주구(苛斂誅求) : '세금을 가혹하게 거두어들이고, 무리하게 재물을 빼앗는다.'는 뜻이다.
② 환골탈태(換骨奪胎) : 즉 '크게 좋아졌을 때'를 일컫는다.
③ 자중지란(自中之亂) : 즉 '같은 무리 안에 싸움이 일어났을 때'를 말한다.
④ 부화뇌동(附和雷同) : 줏대 없이 덩달아 날

뛸 때를 말한다.

17. (가) 용비어천가 중 제2장에 해당하며 세종(1449년) 때 정인지, 권제 등에 의해 간행된 창작본이다.
    (나) 소학언해의 일부로 언해본이다.
    (다) 두시언해의 '등고'에 해당, 언해본이다.
    (라) 용비어천가 중 제4장에 해당하는 창작본이다.

18. 훈민정음이 창제되어 최초로 번역된 문학작품은 「두시언해」이다.

19. ② '철수'가 3인칭이므로 뒤에 나오는 '철수'를 재귀인칭인 '자기'로 해야 한다.
    ③ 잉여적 표현 → 그가 걸어온 이력 피동문이므로 '-어지다' 사용 → '사람은 이력에 따라 평가되어져야 한다.'
    ④ 피동문이므로 '-어지다'를 사용 '그는 위대한 민족 시인이라 말하여졌다.'

20. ㉠ 吾十有五而志于學(오십유오이지우학) : 나는 15세에 학문에 뜻을 두었다. '十有五'는 15세, '有'는 '又'와 같은 뜻이고 '于'는 '於'와 같은 의미로 쓰인다.
    ㉡ 三十而立(삼십이립) : 30세에 뜻을 세웠다. '立'은 '學'에 대한 자세가 확고부동하였다는 뜻으로 확고하게 자기를 세웠다는 말이다.
    ㉢ 不惑(불혹) : 의혹됨이 없다. 나이 40세를 '불혹지년(不惑之年)'이라 한다.
    ㉣ 知天命(지천명) : 천명을 안다. '天命'은 만물에게 부여된 일정한 원리를 뜻한다.
    ㉤ 耳順(이순) : 이치(理致)에 통달하여 어떤 일을 들어도 모두 이해함. 만물의 이치와 자신의 마음이 일치하여 귀에 들리는 바깥의 사물이 모두 마음에 거슬리지 않았다는 뜻. 나이 60세를 '이순(耳純)'이라 하기도 한다.
    ㉥ 從心所欲(종심소욕) : 마음이 하고자 하는 바를 따르다.
    ㉦ 不踰矩(불유구) : 법도에서 벗어나지 않는다. '矩'는 '법도'를 뜻한다.

한국사

01. ①	02. ②	03. ①	04. ①	05. ③
06. ④	07. ②	08. ④	09. ②	10. ③
11. ④	12. ④	13. ①	14. ①	15. ④
16. ③	17. ②	18. ④	19. ②	20. ②

01. ㉠ 구석기 시대 유물 출토 : 충북 단양 금굴(뼈 두개골, 석기류), 평남 상원 검은모루동굴(동물뼈), 덕천 승리산 동굴(뼈, 두개골 조각품), 경기도 연천 전곡리(주먹도끼), 충남 공주 석장리(동굴, 집자리), 함북 웅기 굴포리(박편석기)
    ㉡ 신석기 시대 유물 출토 : 서울 암사동(움집터), 부산 동삼동(이른민무늬토기, 덧무늬토기), 김해 봉산 지탑리(돌보습, 돌낫, 탄화미), 경기 하남 미사(밭고랑흔적), 평양 남경(탄화된 조)
    ㉢ 청동기 시대 유물 출토 : 경기 하남 미사(집터), 전남 영암 구림리(거푸집), 충북 청주 비하동(세형동검, 민무늬토기, 긴 목 항아리), 충북 예산군 능서리(대쪽모양의 청동기), 영암지역(고인돌)

02. 여러 부족이 하나의 연맹체를 형성, 중앙에 왕이 존재하나, 그 세력은 상당히 제약을 받고 있었으며, 실권은 '가(加)'라는 부족장이 가지고 있었다.

03. ㉠ 신석기 전기(B. C. 6천년경)에 이른민무늬토기와 덧무늬토기가 북방으로부터 전래되어 왔다.
㉡ 신석기 중기(B. C. 3천 5백년경)에 빗살무늬토기 역시 북방에서 대거 전래되었으며, 번개무늬토기, 물결무늬토기 등이 있다.
① 빗살무늬토기는 신석기시대의 대표적인 유물에 해당한다.

04. ①의 내용은 조선 전기의 연분9등법과 전분6등법에 대한 설명이다.

05. ㉠ 고구려, 백제, 신라의 삼국은 연맹 왕국의 단계를 거쳐 중앙집권국가로 발전한 나라들이다. 중앙집권 국가는, 국왕을 중심으로 하여 일원적인 통치 체계를 갖추어 영토를 지배하게 되었다.
㉡ 이들 국가의 성장 과정에서는 정복과 통합에 의한 끊임없는 영토의 확장이 있었으며, 그것은 왕권의 성장, 정치조직체계의 정비에 의해 뒷받침되었다. 삼국시대는 이렇듯 중앙집권 국가가 성립, 발전한 시기이다.
㉢ 고대 국가의 체제를 마련한 왕으로는 고구려 태조왕(2세기), 백제 고이왕(3세기) 신라 내물왕(4세기 말엽)이 있다.
㉣ 고대 국가의 체제를 완성시킨 왕은 고구려 소수림왕(4세기 중·후반), 백제 근초고왕(4세기 중반기), 신라 법흥왕(6세기)이다.

06. ㉠과 ㉡의 십자외교가 벌어진 시기는 6C말에서 7C초이다.
① 4C 중반
② 554년(6C 중반)
③ 427년(5C 초)

④ 영류왕 14년(631)~보장왕 6년(647) 때인 7C 초

07. 3·1운동이 실패로 끝나자 애국지사들이 해외로 망명하게 되고 국내에서 독립을 위한 외교활동을 활발히 펼 수 없게 되자 강력한 독립운동을 위하여 단일 정부 구성이 필요함에 따라 임시정부를 상해에 수립하게 된다.

08. 능력 중심의 과거제도 및 독서삼품과는 종래 골품 위주의 관리등용을 지양하고 유학의 교양에 따른 능력 위주의 제도를 마련한 것이었으나 중앙진골귀족의 반대로 실패하였다.

09. ② 초기 임시정부의 독립운동 노선은 외교독립론이었다.

10. 향가는 삼국시대 말엽에 발생하여 통일신라시대 때까지 성행하였는데 서동요, 풍요, 도솔가, 헌화가 등은 신라시대 때 향가들로 통일신라 말기부터 쇠퇴하기 시작하여 고려 초까지만 존재했다.

고려 후기의 문학 동향
㉠ 경기체가 등장 : 향가 형식을 계승한 것으로 신진사대부 계층의 생활상을 반영, 작품으로는 「한림별곡」, 「관동별곡」, 「죽계별곡」 등이 있다.
㉡ 시가문학 : 「어부가」가 대표적 시가문학으로서 서사적 문학이다.
㉢ 장가 또는 속요 : 민중의 노래로서, 「청산별곡」과 「쌍화점」 등이 있다.
㉣ 한문학의 발달
  ⓐ 전기보다 더욱 세련되었으며, 주로 사대부계층에 의해 발달되었으며 패관 문학이 발달하였다.

ⓑ 수필 문학의 작품으로는 이인로의 「파한집」, 최자의 「보한집」, 이제현의 「역옹패설」 등이 있다.
ⓒ 설화 문학은 임춘의 「국순전」, 이규보의 「국선생전」, 이곡의 「죽부인전」 등 사물을 의인화 하였다.
ⓓ 한시는 이규보의 「동명왕편」에서 문학의 형식의 탈피로서 새로운 문학세계를 추구하였으며, 이인로도 세련된 한시를 지었다.

11. 조선혁명선언 : 독립운동의 주체세력으로 민중을 강조하고 민중의 직접 혁명에 의해서 독립이 가능하다고 주장하였다(무정부주의적 투쟁). 역사의 주체는 민중이고, 사회의 불평 등 제거를 주장하였다.
④는 대한독립 선언문의 일부로 불평등적인 제국주의 체제를 타파하고 독립을 쟁취하려는 점에서 조선혁명선언과 관련이 있다.

12. 신라의 귀족들은 녹읍을 소유하고, 그 곳에 사는 백성들로부터 조세와 공납의 징수는 물론 노동력까지 마음대로 징발하였다. 그러나 고려의 농민은 민전 경작 시에는 수확의 1/10을 조세로 납부하였고, 사전 경작 시에는 약 1/2정도의 지대를 납부하였다. 왕토 사상이 있었으나 실제로 개인 소유의 토지가 있었고, 고려에서는 전시과 이외의 민전은 공전으로서 농민이 소유하고 국가에 조세를 납부하였다. 국가는 재정의 확보를 위해 조세원이 되는 농민의 이익을 더 중시하였으므로 수조권자의 이익을 제한하려 하였다.

13. 분청사기는 고려시대와 조선 초기에 유명하였고 그 이후에는 예술성과 실용성이 가미된 이조백자가 유행하였다.

14. 백정 : 고려시대의 백정은 농민을 의미하며 조세, 공납, 역의 의무가 있었고 생산을 담당하였다.

15. 집현전은 세조 때 폐지되어 성종 때는 홍문관으로 부활하고, 정조 때는 규장각으로의 변천을 거쳤다.

16. 을사조약(1905 ; 제2차 한일협약) : 일본은 조선의 을사5적인 이완용 등에게 서명하게 하여 통감부 설치와 외교권이 박탈되었다.

17. ② 유엔 소총회에서 남한만의 총선거 실시를 결정하자 이를 반대하면서 독립 정부의 수립이 당장에 가망이 없다고 해서 단독 정부를 세울 수는 없다고 주장하였다.

18. ① 지전설의 주장은 김석문, 이익, 홍대용, 정약용 등이 성리학적 세계관을 비판하는 근거를 마련하였다.
② 18세기에는 인체의 해부학적 구조와 생리적 기능에 대한 지식 획득, 정약용이 「마과회통」에서 종두법 소개하였다.
③ 임원경제지는 서유구가, 과농소초는 박지원이 저술하였다.

19. 양명학의 영향 : 성리학에만 치우친 조선사회에서 이단으로 몰렸으나, 겉으로는 내색을 하지 않았지만 속으로는 양명학을 숭상하는 학자가 많았다. 한말 이후의 이건창, 박은식, 정인보 등도 영향을 받았다.

20. ㉠ 최익현의 개항 5불가소(不可疏)에 대한 내용이다.
㉡ 국채보상 국민대회의 취지문이다.
이는 모두 일본의 경제적 침투에 대한 우려

와 대책을 제시한 것이다.

영 어

```
01. ②  02. ④  03. ③  04. ④  05. ②
06. ④  07. ③  08. ②  09. ④  10. ④
11. ③  12. ③  13. ④  14. ①  15. ④
16. ④  17. ④  18. ①  19. ③  20. ③
```

01. 「말은 사람만큼 오래 살 수 없다. 30살까지 산 말은 매우 늙었다. 말의 생애의 1년은 인간의 3년과 같다. 30살 된 말은 90세의 인간만큼 늙었다.」

02. regard 중시하다 / existence 존재 / spiritually 정신적으로 / impoverished 가난해진

  「시는 각 사람의 존재의 중심적인 것으로 여겨져 왔고, 가지고 있는 것이 더 좋은 것이고 없으면 정신적으로 가난하다.」

03. ① needs → need
  ② had not better → had better not
  ④ may → might

  「① 건강이 부보다 낫다는 것은 거의 말할 필요가 없다.
  ② 이 시간에는 그녀에게 전화를 걸지 않는 게 좋겠어요.
  ③ 그런 사람이 성공하는 것은 지극히 당연하다
  ④ 그는 나에게 나가도 된다고 말했어요.」

04. ㉠ So(as, too, how, however)+형용사+부정관사+명사의 어순이고, Such (What, Whatever)+부정관사+형용사+명사의 어순이다.
  ㉡ before는 현재완료나 과거완료와 함께 쓰인다.
  ㉢ 부정어가 문두로 도치될 때는 부정어+조동사+주어+본동사 순이다.

  ①, ③은 과거형 동사이므로 틀리고, ②는 본동사가 주어 보다 앞에 놓여 틀린다.

05. 「솔루틴은 매우 차가운 태도로 연기했다.」
  ① 모든 종류의 일들은 우연한 사고였다.
  ② 그는 어색한 태도를 하고 있다.
  ③ 예의와 돈은 신사를 만든다.
  ④ 피카소 풍의 그림이다.

06. practice 연습, 습관 / exercise 훈련 / desire 바라다 / conscious 의식이 있는 / oblivion 망각 / intelligence 지성, 사고력 / wisdom 지혜

  「사람들이 말하기를 기억력은 숙련과 연습의 문제이다. 만약 당신이 희망을 가지고 있고 또 의식적으로 노력한다면 그땐 사물들을 기억하는 능력을 꽤 쉽게 개선할 수 있다.」

07. 「A : 어찌된 일이냐, 어디 아프냐?
  B : 계단에서 미끄러져 넘어졌어. 팔이 부러진 것 같아.
  A : 오, 다치지 않았기를 바랐는데, 어느 쪽 팔이야?
  B : 왼쪽 팔이야. 바로 여기가 아파.
  A : 어디보자. 팔이 부러졌다고는 생각하지 않지만 지금 당장 병원에 가보자.」
  ① 그렇게 되기를 바란다.
  ② 신경 쓰지 마라.
  ③ 그렇지 않기를 바란다.
  ④ 부러지지 않은 것은 유감스러운 일이다.

08. As I have often been deceived by him에서 주절의 주어와 종속절의 주어가 같기 때문에 주어와 접속사가 생략되어 Having often been deceived by him이 된다.

「그는 자주 <u>나를 속여 왔으므로 나는 그를 결코 믿지 않는다.</u>」

09. let(사역동사)은 수동태가 없으므로, 수동의 의미로 쓸 경우에는 be allowed to로 바꿔야 한다.

「그녀는 내가 그 일을 혼자서 하도록 했다.」
⇒ 「나는 그 일을 혼자서 할 수 있도록 <u>허락받았다.</u>」

10. entrust 맡기다, 위탁하다 / scatter 뿌리다, 쫓아버리다 / increases 늘리다

「인생은 짧지 않지만 우리는 <u>인생을 짧게 만든다.</u> 막대한 재산이 소유자를 잘못 만나면 순식간에 사라져 버리고 그 반면에 아무리 적은 재산이라도 그것이 훌륭한 관리자에게 위탁되어지면 활용을 통해 증가되어지는 것과 마찬가지로 우리의 인생은 그것을 적절하게 활용하는 사람에게는 충분히 긴 시간이다.」

이 글의 요점은 우리의 인생은 짧지 않지만 우리가 그것을 적절히 활용 못하기 때문에 짧게 느껴진다는 내용이다.

11. urge 재촉하다, 노력하게 하다 / whip 채찍질하다 / pet 애완동물 / let me urge you to 당신에게 ~하도록 권하는 바이다. / scold 잔소리하다

「만약 당신을 주인으로 인정하는 개를 가지고 있다면 당신은 매우 운이 좋은 사람이다. 개만큼 주인을 사랑하고 섬기는 동물도 없다. 만약 당신의 개에게서 사랑을 받으려고 한다면 개에게 매질을 하지 말라고 나는 당신에게 강력히 권하고 싶다. 매질을 당한 개는 겁에 질려 불행한 동물이 되고 만다. 개에게 매질을 하는 것보다는 친절한 말이나, 부드럽게 꾸짖음으로써 당신은 애완동물에게서 훨씬 더 많은 것을 성취할 수 있다.」

12.-13.
interaction 상호작용 / to a large extent 크게, 대단히 / physical form 체형 / vegetation 식물, 초목 / mold 형성하다, 모양을 만들다. / the whole span of earthly time 지구가 존재한 전체시간 / opposite effect 정반대의 영향 / modify 수정하다, 바꾸다 / represent 상징하다, 의미하다, 나타내다 / species 종류, 종 / alter 바꾸다, 변경하다 / vegetation 식물

「지상에서 삶의 역사는 살아 있는 것들과 그 주변 환경과의 상호작용의 역사였다. 지상에 있는 동식물의 체형과 습성은 환경에 의해서 형성되어 왔다. 지구 전체 역사를 고려해 볼 때, 그 반대의 효과 즉, 생명체가 그 주변 환경에 영향을 주는 효과는 상대적으로 미미했다. 금세기로 표현되는 시간 안에서만, <u>한 가지 종만이 자기가 살고 있는 세계의 자연을 변화시키는 상당한 힘을 획득했다.</u>」

12. ① 지구 생명체의 역사
② 지구상의 인간과 그 본성
③ 지구의 생물과 환경
④ 지구의 인간과 시간

13. 마지막 구절을 보면 금세기에 들어와서 자기가 살고 있는 세계의 자연을 변화시킬 수

있는 힘을 가진 종족은 무엇이겠는가. 그건 다름 아닌 인간이다. 인간만이 자연환경을 변화시킬 수 있는 힘을 가졌다.

14. argument 논의, 논쟁 / disrespectful 실례 되는 / adolescence 사춘기 / argue 논하다 / quantity 양, 다량, 다수 / decrease 감소하다 / quality 성질 / avoid 회피하다 /

「엄격한 가정에서는 종종 논쟁이 예의에 어긋나는 것으로 간주된다. 그러나 논쟁은 정상적으로 자라는 젊은이들에게는 삶의 한 방식이다. 사춘기에는 사사건건 부모들과 논쟁하려 든다. 그들이 점점 자라면서 논쟁의 횟수는 줄어들고 질은 높아간다. 논쟁은 청소년들이 그들의 가정생활 속에서 <u>해야 할</u> 그 무엇이다.」

① ~할 필요가 있다
② 회피해야만 한다.
③ 그만둬야 한다.
④ 발전해서는 안 된다

이 글의 요지는 논쟁은 정상적으로 성장하는 젊은이들에겐 꼭 필요하다. 그러므로 논쟁은 가정생활 속에서도 필요하다는 내용이다.

15. particular 특유의, 각별한, 현저한 명물, 특색 / especially 특히, 각별히, 유달리 / determine 결심시키다, 결정하다

「사람은 과거의 어느 특별한 시대와 장소에서 실제로 일어났던 일을 알기 위해서 뿐만 아니라, 사람들이 모든 시대와 장소에서, 특히 지금의 행동하는 방식을 알기 위하여 역사를 읽어야 한다. 역사란 현재에 이르는 사건들의 이야기이다. 우리에게 관심 있는 것은 현재이다. 즉 현재와 미래이다. 미래란 부분적으로 현재에 의해 결정될 것이다.」

16. drug 약, 의약품 / available 이용할 수 있는 / relief 경감 / specifically 본질적으로, 특히 / reaction 반응, 반발, 반작용 / interfere 방해하다

「많은 사람들은 겨울에 기침감기로 고생한다. 이용 가능한 많은 약들은 얼마간 고통을 덜어 줄 수는 있다. 하지만 그런 약들은 부작용을 일으킬 수 있다. 특히 졸음이 오도록 하거나 여러분의 반사작용을 둔화시킬 수 있다. 이런 것이 당신의 작업능력이나 운전능력을 방해할 수 있다.」

① 좋은 약은 부작용을 야기 시킬 수 없다.
② 예방이 치료보다 낫다.
③ 좋은 약은 입에 쓰다.
④ 약들은 부작용을 야기 시킬 수 있다.

17. flippant 경박한, 경솔한 / gaiety 유쾌함, 명랑 / superficial 표면의, 외면의 / intellectual 지능의, 지능적인, 이지적인 / extreme 극도의, 대단한, 극단적인

「내가 지금까지 기술한 것과 같은 파티에서 또 주목해야 할 것은 외견상 분위기의 경박한 쾌활함 뒤에는 종종 대단히 진지한 지적 관심이 있다는 것이다. 진지한 화제가 토론되고, 의견의 차이가 극단적인 상태로 되는 때가 종종 있더라도 절대로 불쾌한 기분이 표출되는 상태로까지 발전하지 않는다.」

관계대명사에 관한 문제로 선행사는 differ-ent(of opinion)이다. 관계대명사 계속적 용법으로 which가 들어가야 한다. that은 한정적 용법으로만 사용한다.

18. considerable 중요한, 꽤 많은 / change 잔

돈, 거스름돈 / nickle 5센트 주화 / dime 10센트 주화 / quarter 25센트 주화 / operator 교환원

「장거리 통화는 역시 공중전화로 할 수 있다. 그러나 이런 통화는 비싸기 때문에 5센트, 10센트, 25센트짜리와 같은 잔돈이 상당히 있어야 한다. 만약에 당신이 통화하고 있는 사람에게 요금을 물리게 하고 싶다면, 즉 만약 그 사람이 원한다면, 당신이 요금 수신인 지급 통화하기를 원한다는 것을 교환원에게 말하라.」

"만약에 당신이 통화하고 있는 사람에게 요금을 물리게 하고 싶다면"의 표현으로는 If you would like the person you are calling to pay the charges가 된다.

19. private 사적인, 민간의 / organization 단체 / chemical 화학의, 화학제품 / oxygen 산소 / according to ~따르면 / in spite of ~에도 불구하고 / in addition to ~에 더하여

「공기의 질이 점점 나빠지게 됨에 따라, 민간단체들이 공기를 깨끗하게 하려고 애쓰고 있다. 그들의 계속된 노력에도 <u>불구하고</u>, 공장과 자동차가 여전히 너무도 많은 더러운 연기와 화학물질을 공기 속으로 내뿜고 있다. 어디로 가든 산소탱크를 함께 가져가야만 할 때가 곧 올 것이다.」

20. limited 한정된 / concentrate 집중하다 / serious 중대한 / accident 사고, 재난 / hay 건초

「인생에는 수많은 종류의 일이 있다. 우리는 힘과 지력이 한정되어 있기 때문에 그것들 사이에서 선택해야만 한다. 모든 것을 하고자 하는 자는 결코 아무것도 하지 못할 것이다. 일단 결정이 내려지면, 심각한 사고가 일어나지 않는 한 아무런 변화도 없도록 한다. 우리는 공격점을 결정해야 하며 우리의 힘을 그곳에 집중시켜야 한다.」

① 해가 비칠 때 건초를 말려라.
② 케이크는 먹으면 없어진다. (두 마리 토끼를 다 잡을 순 없다.)
③ 어중간하게 한 일은 결코 할 수 없다.
④ 구르는 돌은 이끼가 끼지 않는다.

행정법총론

01. ② 02. ① 03. ③ 04. ④ 05. ④
06. ② 07. ③ 08. ① 09. ③ 10. ④
11. ② 12. ② 13. ④ 14. ④ 15. ③
16. ④ 17. ③ 18. ③ 19. ② 20. ④

01. ① 조사원이 현장조사 중에 자료·서류·물건 등을 영치하는 때에는 조사대상자 또는 그 대리인을 입회시켜야 한다.
② 해당 행정기관 내의 2 이상의 부서가 동일하거나 유사한 업무분야에 대하여 동일한 조사대상자에게 행정조사를 실시하는 경우와 서로 다른 행정기관이 대통령령으로 정하는 분야에 대하여 동일한 조사대상자에게 행정조사를 실시하는 경우에는 공동조사를 실시하여야 한다.
③ 현장조사는 해가 뜨기 전이나 해가 진 뒤에는 할 수 없으나 ㉠ 조사대상자가 동의한 경우 ㉡ 사무실 또는 사업장 등의 업무시간에 행정조사를 실시하는 경우 ㉢ 해가 뜬 후부터 해가 지기 전까지 행정조사를 실시하는 경우에는 조사목적의 달

성이 불가능하거나 증거인멸로 인하여 조사대상자의 법령 등의 위반 여부를 확인할 수 없는 경우에는 예외로 한다.
④ 조사원은 서면이나 구두로 통보한 후 추가조사를 실시할 수 있다.

02. ① 의 경우 국가배상책임을 인정하고 있다(대판 1987.6.3, 84다카2237).
② 대판 1980.2.26, 79다2341

03. 행정규칙은 법규명령과 달리 직접 국민의 권리·의무를 규율하는 것이 아니므로 공포를 요하지 아니하며, 어떠한 형태로든 그 내용이 표시되어 수범자가 그 내용을 알 수 있는 상태에 이르렀을 때 효력이 발생한다. 또한 행정규칙은 일반적으로 요식행위가 아니므로 반드시 문서에 의할 필요는 없으며, 구두로도 할 수 있다.

04. ④ 무효등확인심판은 처분의 효력 유무 또는 존재 여부의 확인을 구할 법률상 이익이 있는 사람은 청구할 수 있다.

05. ② 대판 1985.11.26, 85누394
③ 헌재 1990.9.3, 90헌마13
④ "국립대학인 서울대학교의 "94학년도 대학입학고사 주요요강"은 사실상의 준비행위 내지 사전안내로서 행정쟁송의 대상이 될 수 있는 행정처분이나 공권력의 행사는 될 수 없지만 그 내용이 국민의 기본권에 직접 영향을 끼치는 내용이고 앞으로 법령의 뒷받침에 의하여 그대로 실시될 것이 틀림없을 것으로 예상되어 그로 인하여 직접적으로 기본권 침해를 받게 되는 사람에게는 사실상의 규범작용으로 인한 위험성이 이미 현실적으로 발생하였다고 보아야 할 것이므로 이는 헌법소원의 대상이 되는 헌법재판소법 제68조 제1항 소정의 공권력의 행사에 해당된다고 할 것이며, 이 경우 헌법소원 외에 달리 구제방법이 없다."고 판시하여 헌법소원의 대상성을 인정하였다(헌재 1992.10.1, 92헌마68).

06. 사인(私人)의 공법행위 : 행정상 법률관계에서 공법적 효과의 발생을 목적으로 하는 사인의 행위이다.
ⓒ은 행정상의 사법관계인 국고관계로서 공법적 효과를 발생하는 사인의 공법행위에 해당하지 않으며 ⑪은 공공성이 인정되지 않는 순수사경제 작용이라 할 수 있다.
㉠ 쌍방적 행정행위의 요건이 되는 동의, ㉢ 사인이 행정기관에 대하여 일정한 행위를 취할 것을 요구하는 의사표시, ㉣ 행정주체에 대한 일정한 의사표시로서 모두 사인의 공법행위에 속한다.

07. ① 대판 2006.8.24, 2004두2783
② 대판 2004.12.9, 2003두12707
③ 공공기관의 정보공개에 관한 법률에 의한 정보공개의 청구와 군사기밀보호법에 의한 군사기밀의 공개요청은 그 상대방, 처리절차 및 공개의 사유 등이 전혀 다르므로, 공공기관의 정보공개에 관한 법률에 의한 정보공개청구를 군사기밀보호법에 의한 군사기밀 공개요청과 동일한 것으로 보거나 그 공개요청이 포함되어 있는 것으로 볼 수는 없다(대판 2006.11.10, 2006두9351).
④ 대판 2010.12.23, 2010두14800

08. ㉠ 행정행위의 철회 : 아무런 하자 없이 유효하게 성립된 행정행위의 효력을 그 성립 후에 발생된 새로운 사유로 인해서 장래

에 향하여 소멸시키는 행정행위이다. 철회는 원칙적으로 처분청만이 할 수 있으며, 상급 감독청은 특별한 규정이 없는 한 철회권을 행사할 수 없다.
  ⓒ 철회 사유 : 철회권의 유보, 상대방의 의무위반, 사정변경, 우월한 공익상의 필요, 법령의 정한 사실의 발생 등

09. 행정지도는 상대방의 자유로운 판단에 따라 임의적인 동의 내지 협력을 전제로 하는 것이므로, 손해배상·손실보상의 문제는 사실상 성립되기 어렵다고 보는 것이 일반적이다. 그러나 이에 대하여 제한적으로 인정하는 견해도 있다. 따라서 이런 경우 정답은 상대적으로 결정하여야 한다.

10. ① 국세기본법 제26조 제1호는 부과의 취소를 국세납부의무 소멸사유의 하나로 들고 있으나, 그 부과의 취소에 하자가 있는 경우의 부과의 취소의 취소에 대하여는 법률이 명문으로 그 취소요건이나 그에 대한 불복절차에 대하여 따로 규정을 둔 바도 없으므로, 설사 부과의 취소에 위법사유가 있다고 하더라도 당연무효가 아닌 한 일단 유효하게 성립하여 부과처분을 확정적으로 상실시키는 것이므로, 과세관청은 부과의 취소를 다시 취소함으로써 원부과처분을 소생시킬 수는 없고 납세의무자에게 종전의 과세대상에 대한 납부의무를 지우려면 다시 법률에서 정한 부과절차에 쫓아 동일한 내용의 새로운 처분을 하는 수밖에 없다(대판 1995.3.10, 94누7027).
  ② 처분청은 별도의 법적 근거가 없어도 자신이 행한 행정행위를 취소할 수 있다.
  ③ 수익적 처분이 있으면 상대방은 그것을 기초로 하여 새로운 법률관계 등을 형성하게 되는 것이므로, 이러한 상대방의 신뢰를 보호하기 위하여 수익적 처분의 취소에는 일정한 제한이 따르는 것이나, 수익적 처분이 상대방의 허위 기타 부정한 방법으로 인하여 행하여졌다면 상대방은 그 처분이 그와 같은 사유로 인하여 취소될 것임을 예상할 수 없었다고 할 수 없으므로, 이러한 경우에까지 상대방의 신뢰를 보호하여야 하는 것은 아니라고 할 것이다(대판 1995.1.20, 94누6529).

11. ② 공법상 금전급부의무의 불이행이 있는 경우 행정청이 의무자의 재산에 실력을 행사하여 그 의무가 이행된 것과 같은 상태를 실현하는 행정상 강제집행을 말하는 것으로 일반법으로 국세징수법이 있다.

12. ① 대판 2011.5.26, 2010두28106
  ② 개발제한구역 내 이축권에 터잡은 건축허가를 받은 자가 기존 건축물 멸실의무를 불이행한 경우, 행정청이 철거명령을 발할 수 있다고 보아 철거명령은 절차상 위법이 없다(대판 2011.1.13, 2009두20755).
  ③ 대판 2013.5.23, 2011두25555
  ④ 대판 2011.9.29, 2011두8901

13. ①의 경우는 국가배상청구권이 발생한다.

14. ④ 입법부작위는 부작위위법확인소송의 대상이 될 수 없다. 아울러 행정소송은 구체적 사건에 대한 법률상 분쟁을 법에 의하여 해결함으로써 법적 안정을 기하자는 것이므로 부작위위법확인소송의 대상이 될 수 있는 것은 구체적 권리의무에 관한 분쟁이어야 하고 추상적인 법령에 관하여 제정의

여부 등은 그 자체로서 국민의 구체적인 권리의무에 직접적 변동을 초래하는 것이 아니어서 그 소송의 대상이 될 수 없다(대판 1992.5.8, 91누11261).

15. 행정관청에 있어서 권한의 대리는 발생 원인에 따라 임의대리와 법정대리로 나눌 수 있는데, 법정대리는 법령의 근거를 요하나, 임의대리는 개별적인 법령의 근거가 없어도 행해질 수 있다.

16. ④ 하자와 관계없이 변화하는 사실에 근거한 철회는 장래효만 인정한다.

17. ③ 행정절차법상 입법예고와 긴급명령 등에 대한 국회의 사후 승인권, 규범통제 등이 존재한다.

18. ③ 청문주재자는 행정청이 소속 직원 또는 대통령령으로 정하는 자격을 가진 사람 중에서 선정하는 사람이 주재하기 때문에 공무원도 될 수 있다.

19. 행정청은 정책, 제도 및 계획을 수립·시행하거나 변경하려는 경우에는 이를 예고하여야 한다. 다만, 다음 어느 하나에 해당하는 경우에는 예고를 하지 아니할 수 있다.
    1. 신속하게 국민의 권리를 보호하여야 하거나 예측이 어려운 특별한 사정이 발생하는 등 긴급한 사유로 예고가 현저히 곤란한 경우
    2. 법령 등의 단순한 집행을 위한 경우
    3. 정책 등의 내용이 국민의 권리·의무 또는 일상생활과 관련이 없는 경우
    4. 정책 등의 예고가 공공의 안전 또는 복리를 현저히 해칠 우려가 상당한 경우

20. ① 대판 1965.3.9, 64누1411
② 대판 1984.9.11, 83누166
③ 대판 1987.2.10, 84누350
④ 개인택시 운전자가 음주측정의 결과에 의하여 음주운전의 내용을 직접 확인한 경우라고 해도 관할 관청이 이를 이유로 개인택시운송사업면허를 취소함에 있어서 운전자의 의견을 듣지 아니한 것은 절차에 위법이 없다(대판 1989.12.26, 89누5669).

노동법개론

01. ② 02. ④ 03. ③ 04. ② 05. ③
06. ① 07. ③ 08. ④ 09. ① 10. ②
11. ③ 12. ② 13. ① 14. ④ 15. ④
16. ② 17. ③ 18. ④ 19. ③ 20. ①

01. ② 근로계약은 기간을 정하지 아니한 것과 일정한 사업의 완료에 필요한 기간을 정한 것 외에는 그 기간은 1년을 초과하지 못한다.

02. ㉠ 사용자는 계속해서 근로한 기간이 1년 미만인 근로자에게 1개월 개근 시 (1)일의 유급휴가를 주어야 한다.
㉡ 사용자는 3년 이상 계속하여 근로한 근로자에게는 휴가에 최초 1년을 초과하는 계속 근로 연수 매 2년에 대하여 (1)일을 가산한 유급휴가를 주어야 한다.

03. ① 대판 2022.4.14, 2021두33715
② 대판 2019.4.23, 2016다277538
③ 기본급이나 고정급이 정하여졌는지, 근로소득세를 원천징수하였는지, 사회보장제도에 관하여 근로자로 인정받는지

등의 사정은 사용자가 경제적으로 우월한 지위를 이용하여 임의로 정할 여지가 크기 때문에, 그러한 점들이 인정되지 않는다는 것만으로 근로자성을 쉽게 부정하여서는 안 된다(대판 2009.10.29, 2009다51417).
④ 대판 2013.6.27, 2010다57459

04. ② 상시 4명 이하의 근로자를 사용하는 사업장의 근로자에 대해서는 근로시간수와 연장근로, 야간근로 또는 휴일근로를 시킨 경우에는 그 시간수를 적지 않을 수 있다.

05. ① 대판 2014.3.13, 2011다95519
② 대판 2021.10.14, 2021다227100
③ 연차휴가 미사용 수당이 매월 일정한 날짜에 정기적으로 지급되는 임금은 아니어서 임금은 매월 1회 이상 일정한 날짜를 정하여 지급하여야 한다는 근로기준법 제43조 제2항이 곧바로 적용될 수는 없더라도, 사용자가 그 전액을 지급기일에 지급하지 아니하였다면 이로써 근로기준법 제109조 제1항, 제43조 제1항 위반이 성립한다.(대판 2017.7.11, 2013도7896).
④ 대판 2021.10.14, 2021다227100

06. ① 단체협약 등 노사 간 합의에 의한 경우라도 타당한 근거 없이 과다하게 책정된 급여를 근로시간 면제자에게 지급하는 사용자의 행위는 노동조합 및 노동관계조정법 제81조 제4호 단서에서 허용하는 범위를 벗어나는 것으로서 노조전임자 급여 지원 행위나 노동조합 운영비 원조 행위에 해당하는 부당노동행위가 될 수 있다(대판 2016.4.28, 201
4두11137).
② 대판 2009.6.23, 2007두12859
③ 대판 2018.6.15, 2014두12598, 12604
④ 대판 2022.5.12, 2017두54005

07. ① 대판 2019.10.31, 2017두37772
② 대판 2018.8.30, 2017다218642
③ 공정대표의무는 헌법이 보장하는 단체교섭권의 본질적 내용이 침해되지 않도록 하기 위한 제도적 장치로 기능하고, 교섭대표노동조합과 사용자가 체결한 단체협약의 효력이 교섭창구 단일화 절차에 참여한 다른 노동조합에도 미치는 것을 정당화하는 근거가 된다(대판 2020.10.29, 2019다262582).
④ 대판 2019.10.31, 2017두37772

08. ④ 노동조합의 대표자는 그 노동조합 또는 조합원을 위하여 사용자나 사용자단체와 교섭하고 단체협약을 체결할 권한을 가진다.

09. 권한의 위임 : 고용노동부장관은 다음의 권한을 지방고용노동관서의 장에게 위임한다.
1. 법 제7조에 따른 최저임금 적용 제외의 인가
2. 법 제25조에 따른 보고의 요구
3. 법 제31조에 따른 과태료의 부과·징수

① 최저임금은 근로자의 생계비, 유사 근로자의 임금, 노동생산성 및 소득분배율 등을 고려하여 정한다. 이 경우 사업의 종류별로 구분하여 정할 수 있고 사업의 종류별 구분은 최저임금위원회의 심의를 거쳐 고용노동부장관이 정한다.

10. ② 임산부와 18세 미만자를 오후 10시부터 오전 6시까지의 시간 및 휴일 근로에

11. ① 상시 30명 미만의 근로자를 사용하는 사용자는 근로자대표와 서면으로 합의한 경우 연장된 근로시간에 더하여 1주 간에 8시간을 초과하지 않는 범위에서 근로시간을 연장할 수 있다.
② 근로자를 근로시킬 경우 기존의 임금 수준이 낮아지지 않도록 임금 항목을 조정하는 등의 임금보전방안을 마련하여 고용노동부장관에게 신고하여야 한다. 다만, 근로자대표와의 서면합의로 임금보전방안을 마련한 경우에는 신고하지 않아도 된다.
④ 사용자는 근로자에게 대통령령으로 정하는 휴일을 유급으로 보장하여야 한다. 다만, 근로자대표와 서면으로 합의한 경우 특정한 근로일로 대체할 수 있다.

따른 승인 및 인가에 관한 서류를 3년간 보존하여야 한다는 규정은 삭제 조항이다.

12. ② 근로자위원·사용자위원 및 공익위원은 고용노동부장관의 제청에 의하여 대통령이 위촉한다.

13. ① 공동교섭대표단의 통지가 있은 이후에는 그 공동교섭대표단 결정 절차에 참여한 노동조합 중 일부 노동조합이 그 이후의 절차에 참여하지 않더라도 법 제29조제2항에 따른 교섭대표노동조합의 지위는 유지된다(법 제14조의8제2항).
② 대판 2018.4.26, 2012다8239
③ 대판 2018.1.24, 2014다203045

14. ④ 사용자는 사업주, 사업의 경영담당자 또는 그 사업의 근로자에 관한 사항에 대하여 사업주를 위하여 행동하는 사람을 말한다.

15. ① 대판 2018.5.15, 2018두33050
② 대판 2002.12.27, 2002두9063
③ 대판 2016.4.28, 2014두11137
④ 노동조합 전임자는 사용자에 대하여 기본적 노사관계에 따른 근로자로서의 신분을 그대로 가지지만, 근로제공의무가 면제되고 사용자의 임금지급의무도 면제된다는 점에서 휴직상태에 있는 근로자와 유사하다(대판 2011.2.10, 2010도10721).

16. ② 경제사회노동위원회 위원장이 통보한 근로시간 면제 한도를 고용노동부장관이 고시하여야 한다.

17. ① 대판 2016.1.14, 2013다74592
② 대판 2010.7.22, 2008두4367
③ 직접고용의무를 부담하는 사용사업주가 파견근로자를 직접고용하면서 앞서 본 특별한 사정이 없음에도 기간제 근로계약을 체결하는 경우 직접고용의무를 완전하게 이행한 것이라고 보기 어렵다(대판 2022.1.27, 2018다207847).
④ 대판 2015.11.26, 2013다14965

18. ④ 공동교섭대표단에 참여하는 인원수를 결정하여 그 노동조합과 사용자에게 통지해야 한다. 다만, 그 기간 이내에 결정하기 어려운 경우에는 한 차례에 한정하여 10일의 범위에서 그 기간을 연장할 수 있다.

19. 사용자의 친족인 근로자의 범위 : 사용자의 배우자, 사용자의 4촌 이내의 혈족, 사용자의 4촌 이내의 인척

20. ① 근로감독관은 이 법 위반의 죄에 관하여 「사법경찰관리의 직무를 행할 자와 그 직무범위에 관한 법률」로 정하는 바에 따라 사법경찰관의 직무를 행한다.

정답 및 해설

국 어

01. ④	02. ②	03. ③	04. ④	05. ③
06. ②	07. ①	08. ②	09. ①	10. ③
11. ④	12. ③	13. ②	14. ③	15. ④
16. ④	17. ②	18. ④	19. ③	20. ①

01. ① 무정(이광수) : 1917년 최초의 현대 장편 소설이다.
② 무녀도(김동리) : 1936년 토속 문화와 외래문화의 비극적 갈등을 그린 액자 소설. 김동리의 초기 문학적 특색을 가장 집약적으로 구현한 대표작의 하나로 무속과 기독교의 대립을 그린 작품이다.
③ 빈처(현진건) : 1921년 개벽에 발표, 가난한 무명작가와 양순하고 어진 아내의 이야기를 그린 작품으로 물질적인 가치를 따지는 경쟁적인 인물들과의 대조를 통해서 가난한 지식인 부부의 정신추구의 생활을 형상화한 다분히 자전적인 소설로서 사실상의 데뷔작이며 사실주의 경향이 짙은 작품이다.
④ 표본실의 청개구리(염상섭) : 1921년 「개벽」에 발표, 일제 치하의 지식인의 고뇌를 해부당하는 청개구리에 비유한 자연주의 소설로 3·1운동을 전후하여 가장 암울한 시대를 냉철하게 관찰한 작품이다.

02. 이 글은 우리의 대표적인 고전인 '춘향전'의 일부로 볏, 성이장, 양지머리는 중의법에 의한 언어유희 표현이다.
㉠ 볏 : 쟁기의 보습 위에 비스듬히 대어 흙이 안쪽으로 떨어지게 하는 쇠
㉡ 성이장 : 쟁기의 술의 윗머리에 뒤 끝을 맞추고 앞으로 길게 뻗치어 나간 나무
㉢ 양지머리 : 소 가슴에 붙은 뼈와 살의 총칭

03. ㉠ 연역적 방법(두괄식 구성) : 일반적인 원리나 법칙을 내세운 다음, 그것이 틀림없는 진리임을 구체적인 특수 사실을 들어 증명하는 방법으로 3단 논법이 많이 쓰인다.
  ⓐ 모든 사람은 죽는다.(대전제)
  ⓑ 소크라테스는 사람이다.(소전제)
  ⓒ 그러므로 소크라테스는 죽는다.(결론)
㉡ 귀납적 방법(미괄식 구성) : 여러 가지의 특수 사실을 통해서 일반적인 원리나 법칙을 끌어내는 방법이다.
  ⓐ 소크라테스는 죽었다. 공자도 죽었다. 석가도 죽었다. 〈특수한 사실(증거)〉
  ⓑ 그러므로 모든 사람은 반드시 죽는다. 〈일반적인 원리(결론)〉
㉢ 변증법적 방법 : 모순 대립되는 두 개념

[정(正)과 반(反)]과 그 모순점을 부각시켜 보다 고차원적인 제3의 개념[합(合)]으로 통일시키는 방법이다.
- ⓐ 다독을 해야 한다.(正)
- ⓑ 아니다. 정독을 해야 한다.(反)
- ⓒ 아니다. 정독을 하면서도 다독을 해야 한다.(合)

04. (가) 조선시대 후기에 창작된 잡가 「유산가」
(나) 신라 월명사가 지은 향가 「제망매가」
(다) 조선 초 악장문학인 「용비어천가」 제1장
(라) 고려 유민들의 노래인 속요 「청산별곡」

05. ㉠ 홑문장 : 주어와 서술어가 각각 하나씩 있어서 주어와 서술어의 관계가 한 번만 이루어지고 있는 문장
㉡ 겹문장 : 홑문장이 다른 문장 속에 한 성분으로 들어가 있거나, 홑문장이 서로 이어지거나 하여 여러 겹으로 된 문장
③ 저 농구 선수는 키가 너무 크다
→ 서술절로 안긴문장(주어+서술어의 형태가 또 다른 주어의 서술어가 되는 것)

06. 주요 고려 속요의 후렴구
㉠ 서경별곡 : 위 두어렁셩 두어렁셩 다링디리
㉡ 사모곡 : 위 덩더둥셩
㉢ 쌍화점 : 더러둥셩 다리러디러 다리러디러 다로러거디러 다로러
㉣ 정읍사 : 어긔야 어강됴리 아으 다롱디리
㉤ 동동 : 아으 動動다리
㉥ 가시리 : 위 증즐가 大平盛大
㉦ 청산별곡 : 얄리 얄리 얄라셩 얄라리 얄라
제시문은 작자 연대 미상의 고려 가요인 「청산별곡」이다.

07. 「청산별곡」은 청산으로 시작하는 5연과 바다로 시작하는 3연으로 총 8연으로 이루어져 있다. 형식의 정형성과 내용의 서정성 때문에 일찍부터 주목되어 왔으며 구전되어 오다 조선시대 때 궁중음악으로 사용되면서 악장가사에 수록되었다.

08. ㉠ 심상의 전이 : 두 가지 이상의 감각이 한꺼번에 결합되어 표현된 것으로 이는 하나의 감각을 비유를 통해 다른 감각으로 표현한 것이다.
㉡ 이 문제의 요점은 공감각적 심상 중에서도 청각의 시각화와 시각의 청각화의 구별을 요하는 것이다.
①, ③, ④ 청각의 시각화 ② 시각의 청각화

09. 서시
㉠ 작가 : 윤동주(민족 시인, 저항 시인)
㉡ 갈래 : 자유시, 상징시, 주지시
㉢ 주제 : 순교자적인 청결한 삶에의 기원과 각오
㉣ 핵심어 : 별을 노래하는 마음
㉤ 구성
 ⓐ 죽는 날까지~ 부끄럼이 없기를 : 순결한(부끄럼 없는) 삶에 대한 소망
 ⓑ 잎새에~ 괴로워했다. : 삶의 고뇌
 ⓒ 별을 노래하는 ~ 걸어가야겠다. : 순교자적 삶에의 의지(모든 생명의 소중함과 '나'의 삶에 대한 각오)
 ⓓ 오늘 밤에도 별이 바람에 스치운다 : '나'의 삶에 계속되는 시련(현실적 고뇌)

10. ①, ②, ④ 모두 윤동주의 작품이다.
③ 조국은 정완영의 현대시조이다.

고용노동직 적중모의고사

11. 피카레스크식 구성
    ㉠ 독립될 수 있는 여러 개의 이야기를 모아 전체적으로 보다 큰 통일성을 갖도록 전개하는 구성 방식이다.
    ㉡ 독립된 이야기들을 동일 주제로 엮거나 동일 주인공이 다른 이야기들에 등장하는 구성이다.

12. (나)에서는 작가가 비판하고자 하는 양반의 무능함과 허위성을 허생을 통해서 보여주고 이를 그 처가 비판하는 식으로 설정되어 있다. 그로 인해 앞으로 전개될 사건이 암시되는 대목이다. 그리고 삼강오륜의 유교 이념에 충실해야 하는 조선조 사대부의 아내가 남편을 비난하고 도둑질까지 권한다는 것은 당시 사회의 유교적 질서 및 직업 관념이 깨지고 있음을 입증하는 것이다.

13. 수필 : '붓 가는 대로 쓰는 글', 곧 형식이나 내용의 제한이 없이 마음의 여유를 가지고 인생과 사물에 대한 느낌과 사색을 비교적 자유로운 형식으로 쓰는 글이기 때문에 독자와의 교감을 가장 중시한다.

14. 외래어 가운데 영어의 [f]는 우리말의 'ㅍ'으로 적어야 하므로 '파일', '프라이', '판타지'로 적는 것이 올바른 표기법이다.

15. ④ ㉢ 禳災(양재) – 신령님께 빌어서 재앙을 물리침을 나타내는 것이다.

16. 작품에 제시된 현실은 일제가 우리 민족을 지배하던 시대이다. 그러나 윤 직원 영감은 이러한 세상을 거리마다 순사가 지켜 주고 공명한 정사(政事)를 베풀어주는 세상이요, 일본이 그들의 병력을 동원하여 우리를 보호해 주는 세상, 곧 '태평천하'라고 규정하고 있다. 여기서 윤 영감의 혈육이 사회주의 운동을 하다가 경찰에 잡혀갔다는 것은 일제가 우리를 늘 감시하고 탄압하고 있음을 보여 준 것이다.

17. ① 사글세(○) – 삭월세(×), 생각건대(○) – 생각컨대(×), 짜장면(○) – 자장면(○)
    ② 설거지(○) – 설겆지(×), 전셋집(○) – 전세집(×), 허접쓰레기(○) – 허섭스레기(○)
    ③ 아지랑이(○) – 아지랭이(×), 멋쟁이(○) – 멋장이(×), 먹거리(○) – 먹을거리(○)
    ④ 우레(○)–우뢰(×), 위통(○)–웃통, 윗통(×), 어리숙하다(○)–어수룩하다(○)

18. 첫 줄의 내용에서 판단 기준을 찾을 수 있다. 가사는 일반적으로 사대부 계층이 주로 창작했다는 말이 글의 앞에 있어야 첫 문장과 연결이 된다.

19. ① 밝다[박따] – 눈요기[눈뇨기]
    ② 월요일[워료일] – 밟지[밥:찌]
    ④ 늑막염[능망념] – 부엌을[부어클]

20. 조사 : 스스로 자립하지 못하고 다른 형태소에 의존하여 다른 말과의 문법적 관계를 나타내거나 뜻을 더해 주는 단어들의 묶음을 말하는데, 여기에서 ①의 조사는 보어(보조사)로 쓰이고, ②, ③, ④의 조사는 주격 조사로 쓰이고 있다.

한국사

01. ② 02. ① 03. ③ 04. ④ 05. ④
06. ② 07. ① 08. ① 09. ② 10. ③
11. ① 12. ③ 13. ① 14. ④ 15. ④
16. ④ 17. ② 18. ① 19. ③ 20. ①

01. 신석기시대는 B. C. 8000년 경부터 시작되었으며 이 시기에는 농경이 시작되었으며 주로 강가나 해안가에서 움집을 짓고 정착 생활을 하였다. 신석기시대의 사회는 혈연을 중심으로 한 부족사회였으며, 평등사회였다.
    ② 빈부의 격차는 농경생활이 본격적으로 이루어진 청동기시대에 나타난 현상이다.

02. 비유왕과 눌지왕의 나제동맹(433)에 이어 동성왕과 소지왕의 결혼동맹(493)은 나제동맹을 강화하기 위한 조치였다.
    ② 5대10국시대(907-960)가 아니라 5호16국시대(304-439)였다.
    ③ 신라는 법흥왕 때 금관가야, 진흥왕 때 대가야를 정벌하여 가야지역을 석권했다
    ④ 고구려와 수의 전쟁은 고구려가 영양왕 때(598년) 요서지방을 먼저 공격하였다.

03. 삼국이 국가조직을 정비하여 발전해 가는 시기에, 낙동강 하류유역의 변한지역에서는 별도의 독립적 세력이 성장하였다. 2, 3세기경 이들 지역에서는 김해의 금관가야를 주축으로 하는 연맹체가 형성되었고 5세기 이후 고령의 대가야로 중심이 이동되었다.

04. 우리나라는 구석기시대를 포함한 선사시대부터 일본에 새로운 문화를 전파하여 오래 전부터 한·일간의 국제적 관계를 시작하였다.
    ④ 일본이 광개토대왕비를 변조하여 왜곡·해석한 것으로서 1985년에 재일 한국인 사학자에 의해 변조가 확인되었다.

05. 통일 신라와의 관계는 부분적인 사신 교환과 무역이 이루어졌으나 외교적·문화적 교섭 거의 없었으며 고구려의 계승자임을 자부하였다.
    ④ 빈공과에 신라에서 온 최언위와 같은 방(榜)으로 급제하였으나, 이름이 최언위 밑에 있었다. 그의 아버지가 "신이 옛적에 과거에 급제할 때 이름이 이동(李同)의 위에 있었으니 이제 신의 아들 광찬도 마땅히 최언위 위에 올려주십시오."라고 하였으나 당나라는 재주와 학문이 최언위가 우위임을 들어 허락하지 아니하였다. 이 사건으로 보아 당나라에서 신라와 발해와의 외교경쟁의 한 단면을 보여주고 있다.

06. 고려시대의 농민
    ㉠ 사회신분은 양인에 속한다.
    ㉡ 농민을 백정(白丁)이라 불렸으며, 조세·공납·요역의 의무를 지니고 있었다.
    ㉢ 백정은 특정한 직역이 없었으므로 국가로부터 전시과제도에 의한 토지의 분급을 받지 못하였으나 조상 대대로 물려받은 자기 소유의 사유지인 소규모의 땅(소위 민전)을 경작하던 자영농도 있었으며, 매매도 할 수 있다.
    ㉣ 과거에 응시할 자격이 주어졌다.

07. ㉠ 고려시대 신분구조에서 중간계층은 귀족과 더불어 지배계층에 속한 계층으로서 남반(궁중의 잡일), 기술관, 하급관리와 서리, 향리, 중앙의 군인들로, 지배층의 말단에 속한다.
    ㉡ 고려시대 양인은 대부분 농민층으로 구성되었다.
    ㉢ 상인과 수공업자는 농민보다 천시되었다. 그 이유는 같은 양인의 신분이면서도 농민은 법적으로 과거에 응시할 자

격이 있지만, 상공업에 종사하는 사람은 그렇지 못하였다.
ⓒ 일반농민은 특정한 직역이 없어 백정이라 불렸다.

08. ① 미국은 임시정부 수립 없이 5년에서 10년 동안 4개국이 신탁통치하자고 먼저 제안하였다. 러시아(구 소련)는 임시정부 수립과 공동위원회 개최, 조선의 정당, 사회단체의 참여를 제안하였다. 결국 미국안과 러시아(구 소련)안을 절충하여 남북한 미소 점령군 대표로 미소 공동위원회를 설치하고 공동위원회와 한국의 민주적 정당, 사회단체가 협의하여 임시 민주정부를 수립하며, 임시정부와 협의하여 최고 5년간 4개국 신탁통치를 실시한다고 결정하였다.

09. 민전
ⓐ 농민소유의 사유지이나 국가가 수조권을 가지는 공전에 해당하였으며, 조세율은 수확의 10분의 1이 원칙이었다.
ⓑ 일반 농민은 특정한 직역이 없어 백정이라 불렸으며, 또한 특정한 직역이 없기 때문에 국가로부터 전시과제도에 의한 토지의 분급을 받지 못하였다.

10. 고조선의 발전과 멸망 과정
ⓒ 청동기문화를 토대로 독자적으로 발전하였으며 연나라와는 대등관계에 있었다.
ⓒ 위만조선이 성립(철기문화 토대)되었다.
ⓜ 위만조선의 발전(정복 전쟁과 중계무역)
ⓔ 한나라의 침략으로 멸망하였다.
ⓐ 한4군이 설치되었다.

11. 동양에서는 역사학이 정책의 입안을 위한 이론적 근거와 참고 자료를 마련하기 위하여 연구되었으며 역사학의 제 1차적인 목적을 귀감에서 찾는다.

12. 대한제국의 군인으로서 대한제국의 군대가 해산 당하자 자결로 이에 항거하였다. 이에 자극을 받은 군인들은 일본군과 시가전을 벌이기도 하였다.

13. 조선시대 기본이념인 유교적 민본주의가 사회·경제생활에 미치는 영향에 관한 문제이다. 유교적 민본주의란 결국 지배층의 정치권력과 경제적 이권을 유지하는 한계 내에서 농민생활을 보호하기 위한 사상이다.
③의 오가작통법과 호패제도는 유교적 민본주의의 현실적 한계를 말해 주는 것이다.

14. ①, ②, ③은 오랑캐의 입장으로 개별적 사실 파악을 중시하였다.
④는 '어떻게 전체가 개별 속에 반영되는가를 생각함 없이 파악하도록 노력해야 한다.' 라는 제시문의 역사 인식 태도와 맞지 않는다.

15. 과전법(1391) : 농민을 우대하여 농민의 경작권 보장하였으며 병작반수를 금지하였다.

16. 고대 사회가 연맹왕국의 과정을 거쳐 중앙집권적 국가로 발전해 가면서 삼국은 율령 반포, 불교 수용, 신분제도 정비 등의 정책을 폈다.

17. 16세기 중엽 이래로, 조선의 지배체제는 여기저기에서 모순을 드러내더니, 두 차례의 전란을 겪은 뒤로는 더 이상 그 체제를 유지하기가 힘들 정도로 무너져 갔다. 이러한 상황 하에서 지배층과 피지배층 사이의 간격은 날로 커져갔다.
① 농장의 발달은 지주전호제의 발달을 촉

진시켜 자영농의 몰락을 초래하였다.
③ 환곡제도는 의창이 주관하다가 상평창이 그 기능을 이어받았다.
④ 조선 시대 상인이나 아전이 농민으로부터 대가를 받고 공물을 대신 납부해 주는 방납은 폐단으로 이어져 농민의 공납 부담을 가중시켰다.

18. ㉠ 청·일전쟁 이후 조선에 대한 열강의 경제적 침탈은 한층 더 강화되어 이권탈취, 금융지배, 차관제공 등의 양상을 띤 제국주의적 경제침탈단계에 들어섰다. 이에 따라 우리 민족은 방곡령의 시행, 독립협회의 이권수호운동, 보안회의 황무지 개간권 반대운동, 국채보상운동 등을 전개하여 열강의 경제침탈에 대항하였다.
㉡ 일제는 우리 민족을 경제적으로 예속시키기 위해 대한제국에 거액의 차관을 반 강제적으로 제공하였다. 국채보상운동은 이러한 일제의 경제적 예속에 대항하여 국민의 힘으로 국채를 갚고 국권을 지키고자 전개된 경제적 구국운동이었다.

19. 열강의 이권침탈은 아관파천 시기(1896~1897)에 절정을 이루었다. 이에 대항하여 이권수호운동을 전개한 중심단체는 독립협회였다.

20. 제시문의 문화유산들은 모두 15세기에 편찬되거나 제작되었다.
(가)는 15세기 자주적, 주체적 입장에서 역사서를 편찬하였다.

영 어

01. ③ 02. ③ 03. ② 04. ③ 05. ③
06. ③ 07. ① 08. ③ 09. ② 10. ②
11. ④ 12. ③ 13. ③ 14. ④ 15. ②
16. ① 17. ④ 18. ① 19. ② 20. ②

01. patent 특허, 특허권 / via 경유로, ~을 매개로
「알렉산더 그래험 벨은 전화를 매개로 하여 소리를 중계하기 위해서 빛을 사용해야 한다는 생각 때문에 1880년에 하나의 특허를 받았다.」
a patent와 the idea of + 동명사는 동격관계임을 알 수 있다. a patent가 단수이므로 the ideas → the idea로 바꿔야 한다.

02. ① need는 평서문일 때는 본동사로 부정문과 의문문일 때는 조동사로 쓰인다. hardly는 부정어이므로 needs → need로 고쳐야 한다.
② had better는 하나의 조동사 역할을 하고, 그 다음에 원형동사가 온다. had not better call → had better not call로 고친다.
③ It is natural that ~ should의 구문으로, 이성적 판단의 형용사가 올 때 that 절에 should가 온다. 옳은 문장이다.
④ 주절의 동사 told가 과거이므로 may → might로 고쳐야 옳다.

03. statistics 통계 / period 기간 / consider 고려하다, 숙고하다 / reject 거절하다. / take into account ~을 고려하다
「그 통계는 지난 10일 동안의 (종업원의)

일시적 휴업을 고려하지 않았다.」

take into account = take account of
= consider = take into consideration

04. pressure 압력 / forgetfulness 부주의, 건망증 / package 짐 / low-pressure 저기압 / temperature 기온 / depress 우울하게 만들다 / humidity 습도 / encourage 격려 / relax 늦추다, 편안하게 하다

「저기압은 사람을 우울하게 만든다. 저기압이 되면 사람들은 건망증이 심해지며, 그런 날에는 버스나 상점에 짐이나 우산을 두고 오는 사람들이 더 많다. 일과 건강을 위해 아주 완벽한 날씨가 있다. 사람들은 대략 65퍼센트의 습도와 화씨 64도의 기온에 가장 최고의 기분을 느낀다.」

05 feminist 여권신장론자 / date 시작하다 / in public 공공연히 / popularization 대중화 female 여성의 / elaborate 공들인 / elder 연장자 / passing 한때의 / accompany ~에 동반하다 / victorian 빅토리아 시대의 / over- dress 옷치장을 지나치게 하다

「중간계층과 하층계층 사이에서의 여성신장론자들의 운동의 발전은 1880년대 중간에 자전거의 대중화로부터 시작되었다고 이야기되기도 한다. 자동차가 있기 전부터 이미 자전거는 그들의 부모들의 시야로부터 벗어나려는 젊은 여성들뿐만 아니라 그들의 남자형제들도 탔다고 들려온다. 그것은 젊은 여성들이 그녀들보다 나이가 더 많은 한 사람을 동반하지 않고 공공연히 외출하지 못했던 빅토리아시대의 종말을 뜻했다. 자전거는 여권신장론자들의 희망의 상징이 되었다. 자전거는 또한 지나치게 옷을 치장하는 빅토리아시대 여성들의 유행을 없앴다.」

06 「① A : 당신과 함께 해도 괜찮겠습니까?
B : 예, 좋습니다.
② A : 미안합니다만, 당신의 안경을 깨뜨렸습니다.
B : 전혀 문제되지 않습니다.
③ A : 당신의 새 직업이 마음에 드십니까?
B : 왜냐하면 나는 매우 많이 흥미를 가지기 때문입니다.
④ A : 내가 내일 당신을 깨워도 됩니까?
B : 예, 괜찮습니다.」

① Do you mind if~? ~해도 괜찮습니까? 에 대한 대답은 No. I don't mind. No. of course not. No. certainly not. No. not at all. No. not in the least.으로 5가지 표현이며 '예, 좋습니다' 이다.
③ How do you like~? ~이 마음에 드십니까?

07. idiot 바보 / regard 중시하다 / donkey (=ass) 바보, 당나귀 / consider ~로 간주하다

think of A as B=regard A as B=look on A as B=consider A as B=A를 B로 간주하다

08.-09.

heartbeat 심장의 고동, 정, 생각, 정서 / wake up 각성시키다, 깨우다 / spot 얼룩, 장소, 오점 / merchant 상인, 가게 주인 / colleague 동료, 동업자

「파리를 방문하는 어떤 방문객에게도 카페는 살아 있는 극장이고, 그 도시의 맥박을 느낄 수 있는 완전한 장소이다. 대부분의 프랑스 사람에게는 그들이 매일 정확히 같은 시간에 친구들과 모이는 단골 카페보다

오히려 그들의 종교를 바꾸는 것이 더 쉬울지 모른다. 지역에 따라서 그것은 오전 4시에 근로자에게 잠을 깨게 하는 브랜디를 따라 주는 카페일 수 있고, 지방 상인들에게 점심을 위한 장소일 수 있고, 학생들에게는 활기찬 오후의 모임장소일 수 있고, 혹은 일터에서 돌아오는 길에 동료들과 휴식을 취할 수 있는 장소일 수도 있다.」

08. ① 카페에 대한 외국인의 오해
② 카페에서 흔히 볼 수 있는 음식과 음료
③ 카페의 다양한 기능
④ 카페의 역사

이 글의 요지는 프랑스의 카페에 관해 설명하고 있다. 카페는 살아 있는 극장이고 도시의 맥박이다. 근로자, 지방상인, 학생, 직장인 할 것 없이 모든 사람에게 휴식이나 모임 등을 제공한다는 카페의 다양한 기능에 대한 내용이다.

09. 「카페에 주로 가는 사람들은 모든 종류의 사람들이다.
① 너무 가난해서 식당에서 식사를 할 수 없는 사람들이다.
③ 학생들과 회사원이다.
④ 관광객들이다.

10. consist of ~로 구성되어 있다 / capital 수도, 자본(금) 훌륭한, 일류의, 원리의, 치명적인(fatal) / government 정부, 행정부 / local 지역의, 지방의 / rural 시골의, 시골풍의 / local authorities 지방관청 / Members of Parliament 국회의원 / particular 특별한 / geography 지리(학) / geographic 지리학의 / geographer 지리학자 / geology 지질학 / geometry 기하학 / election 선출

「대영제국은 잉글랜드, 스코틀랜드, 웨일즈 그리고 북아일랜드의 4개의 국가로 구성되어 있다. 수도인 런던은 대영제국정부의 중심이다. 그러나 지방당국(관청, 정부)은 교육, 보건, 도로 등에 부분적인 책임을 지고 있다. 법률은 의회에서 만들어진다. 국회의원들은 특별한 지역(각 지역)의 사람들에 의해 선출된다.」

위 글의 주제문은 단락의 서두에 있다. 즉 '영국의 4개의 국가로 구성된 나라이다.' 라는 것이 주제문이다. 그러나 이 주제문은 단순한 영국의 지리상의 설명이 아닌 영국의 행정부, 지방당국, 입법부 등의 영국 정치체제를 서술하고 있다. 따라서 위 글의 제목도 이를 나타내는 것이 되어야 할 것이다. 이 점에서 문제의 답은 ②가 되어야 한다.

① 영국의 지리
② 영국의 정치 시스템
③ 영국에서 법은 어떻게 만들어지는가.
④ 지방정부의 책임

11. surround 둘러싸다 / volcano 화산, volcanic 화산의 / earthquake 지진 / happen 발생하다 / trade 거래하다, 무역하다 / explode 폭발하다 / explosion 폭발, explosive 폭발성의, 폭약 / ash 재 / civilization 문명(↔ barbarism 야만, 미개) / completely 완전히, 철저히 / expect 기대하다, 예상하다.

「서기 79년의 일이었다. 사람들은 화산인 Mount Vesuvius를 둘러싼 언덕에 살았다. 사람들은 17년 전에 발생했던 지진을 기억하였다. 그러나 부유한 무역도시인 Pompeii에서 그 사실은 잊기 쉬운 것이었다. 8월 24일 화산이 폭발했다. Pompeii시

는 화산재에 묻혀 버렸다. 그 화산폭발은 한 문명을 완전히 종결시켰다. 아무도 그것 (화산 폭발)이 발생하리라고 예상하지 못했다.」

화산폭발은 A.D. 79년에 발생했고, 그로부터 17년 전에 지진이 발생하였으므로 ④가 내용적으로 윗글과 일치하는 것이다. 나머지는 윗글과 관계가 없는 것들이다.

12. require 필요로 하다, 원하다 / practice 실천 / experience ed 경험 있는 / assistant 조수 / previous experience 경험이 있는 / pressure 긴급 / accuracy 정확도 / essential 필수의 / challenge 도전

위 글 내용 중에서 의료업의 사전 경험을 요구치 않으므로 ①은 틀렸다. 침착성, 치밀성, 의료자격증은 언급된 바 없기 때문에 ②, ④도 틀렸다. 따라서 ③이 정답이다.

「나와 나의 번창하고 있는 전문의료업을 관리해 줄 아주 높은 동기를 지닌 경험 있는 조수를 원합니다. 의료업의 사전경험을 요구하지는 않습니다만 압박감 속에서 일을 할 수 있어야 하고 대인관계와 의사전달기술이 잘 발달한 분이라야 합니다. 대단히 전문적인 수준까지 정확하게 일을 할 수 있는 능력과 함께 워드 프로세서 사용능력과 일반 컴퓨터 사용경험은 필수적입니다. 유머감각이 있고 사람들에 대한 순수한 관심과 도전에 응해 보려는 욕심이 있다면 당신의 이력서를 제게 보내 주십시오.」

13. ideal 이상 / implication 암시, 함축 / attach importance to ~을 중시하다 / academic achievement 학문적 성취 / disciplinary problems 훈육상의 문제 / reinforce 강화하다

「아이들이 지니고 있는 이상은 그 아이들의 학교생활에 대해 중요한 암시를 가진다. 면학의 가치와 책임감에 대한 믿음이 있고 교육에 중요성을 부여하는 아이들은 이런 인상을 갖지 않은 아이들보다 높은 학문적 성취를 하고 훈육상의 문제는 적기 쉽다. 그런 아이들은 학업을 강화하는 방법으로 학교 밖의 시간을 이용할 가망성이 더 크다. 예를 들면, 면학, 책임감, 교육의 가치를 믿는 고등학생들은 다른 학생들보다 가정학습에 더 많은 시간을 보낸다.」

14. suffering 고통, 피해, 재해 / terribly 무섭게, 몹시 / want 결핍, 부족 / freedom to move about 거주이전의 자유 / not A but B A가 아니라 B / the fact that~ ~라는 사실 / treat us as inferiors 우리를 열등한 사람들로 취급하다 / inferiors 열등한 사람들

「"나는 민족은 식량, 주거지, 거주이전의 자유 같은 기본적인 것들이 부족하여 대단히 고통 받고 있습니다." 이렇게 달라이 라마는 '뉴스위크지'에 말했다. "문제는 종교나 사상, 중국인들에 의한 인종차별이 아니라, 그들이 우리를 열등한 사람들로 취급한다는 사실입니다. 그들은 최고 행정부에서부터 학교에 이르기까지 그들과 우리 사이에 무거운 커튼을 쳐 놓고 있습니다. 학교에서는 중국 어린이들이 티벳 어린이들로부터 분리됩니다. 나는 나의 민족이 그들의 사회에 만족한다고 말할 때까지 돌아가지 않을 것입니다."」

15. cast[throw] pearls before swine 돼지 앞에 진주를 던지다 / indúlge in ~에 빠지다, 탐닉하다 / rhétorical 미사어구를 쓴, 수사적인, 과장적인 / immediately 즉시 / annóy 괴

롭히다, 속 태우다 / interruption 방해, 중지 / his flow of éloquence 그의 웅변 / slam down 쿵쾅거리며 내리다 / arm (의자의) 팔걸이 / cast 던지다

「어느 날 한 교수가 역사 강의를 마무리할 즈음 그가 즐기는 미사어구식 절정의 한 지점에 빠져 있었는데, 그때 종이 울렸다. 학생들은 즉시 강의실 의자의 움직이는 팔걸이를 탕탕거리며 내려놓고 자리를 뜨려고 준비하기 시작했다. 그 교수는 자기의 장광설이 방해받는 데 화가 나서 손을 들어 올렸다. "제군들, 잠깐만 기다리게, 내게 아직 던져 줄 진주가 몇 개 더 있으니까"」

교수는 '돼지 앞의 진주' 라는 표현을 이용하여 자신의 강의내용을 진주에, 그리고 학생들을 돼지에 비유한 것이다.

16. 「많은 미국 사람들은 애완동물로써 개를 갖기를 원한다. 어떤 개들은 농장 일에 도움을 준다. 또한 다른 개들은 야생동물을 사랑하는데 도움이 되기도 한다. 그리고 많은 개들은 집안에 소유하는 것만으로도 좋아한다. 개들은 <u>인간의 가장 친한 친구들</u> 이라고 자주 불린다.」

② 농부들과 사냥꾼들
③ 인간의 최악의 적들
④ 가장 야생적인 동물들

17. miner 광부 / trap 올가미, 함정, 덫. 덫으로 잡다, 함정에 빠뜨리다 / underground ad. 지하에 / collapse 무너지다, 붕괴하다, 진흙투성이의 wrap 감싸다, 싸다, 둘러싸다 / sheet 침구류 커버 / stretcher 들것 / rescue 구조

「무너진 탄광 속에 114피트 지하에서 24일 동안 갇혀 있었던 두 명의 광부가 오늘 구출되었다. 그 두 사람은 모두, 흰 침대 커버로 감싸여서 들것에 실려 탄광에서 운반되어 나왔을 때, 진흙 투성이었지만 미소 짓고 있었다.」

① 그들은 진흙투성이였다.
② 그것들은 시트로 싸여 있었다.
③ 그들은 석탄을 발견했다.
④ 그들은 구조되었다

18. good=use, psychology 심리학 / ambition 야망, 포부

「어떤 면에서 나는 몇몇 대학친구들과 비슷한 면도 있지만, 한편으로는 다른 면도 있다. 나의 부모님은, 비록 내가 그렇게 강력한 욕구가 없었는데도 내가 대학에 진학하도록 무척 강력하게 권고하셨다. 이제 와서는 물론 그분들이 그렇게 하시길 잘했다고 기쁘게 생각하고 있다. 부모님들은 또한 심리학 학위는 얻어서 무엇에 써먹느냐고 의아해 하시지만, 나는 부모들이 그들의 자녀들의 흥미와 포부를 이해하지 못하는 경우가 많다는 사실을 인정한다.」

「그 작가의 부모님은 <u>그가 대학에 가기를 원했다.</u>」

② 그가 대학에 가는 것을 원하지 않았다.
③ 그가 대학에 가더라도 개의치 않았다.
④ 대학에 어떻게 가야 할지 몰랐다.

19. envy 부러워하다 / skip 뛰어 넘다 / instruction 교육 / grade 성적 / enroll 입학하다 / twice as fast as ~보다 두 배 빠른

「대부분의 사람들은 학교에서 한 학년을 뛰어넘을 수 있는 사람을 부러워한다. 그것은 남성이나 여성이 더 높은 교육수준을 앞서

갈 수 있는 만큼 충분히 총명하다는 것을 뜻한다. 그러나 당신은 최고의 성적으로 월 년한 누군가에 대해 들어본 적이 있습니까? 글쎄요, 1834년 단지 10살밖에 안 되었던 William Thomson은 대학에 입학했다. 이것은 그 자체로 놀라기에 충분한 것이었지만 한층 더 놀라운 것은 Thompson이 바로 같은 해 졸업했다는 것이었다. 그는 자기 나이보다 두 배나 나이가 많은 사람들보다 두 배 더 빨리 모든 것들을 배웠다.」

20. form 형태 / intelligent 지적인 / proof 증거 / outer space 외부 세계 / radio signal 무선신호 / messenger 전달자 / radio wave 전파 / so far 지금까지

「많은 사람들은 우주 속에 지적인 다른 형태의 생명체들이 살고 있다고 믿는다. 그러나 어느 누구도 이것의 증거를 발견하지 못했다. 과학자들은 외부세계로부터 생명체의 신호들을 찾기 위해 노력하고 있다. 그들은 전달자처럼 무선신호와 로켓들을 보내왔다. 그들은 지구로부터 오는 레이더와 음파들 그 어떤 신호들을 얻기 위해 노력한다. 그러나 지금까지 어떤 증거도 발견된 적은 없다.」

① 우주에서 온 유명한 사람들
② 과학자들이 우주에서 생명체의 흔적을 찾는 방법
③ 과학자들이 우주에서 받은 메시지들
④ 왜 사람들은 우주에 생명체가 있다고 생각하는가?

행정법총론

01. ① 02. ③ 03. ③ 04. ① 05. ③
06. ④ 07. ① 08. ③ 09. ④ 10. ③
11. ③ 12. ② 13. ④ 14. ③ 15. ①
16. ② 17. ③ 18. ③ 19. ④ 20. ②

01. ① '개인정보처리시스템'은 개인정보의 생성, 기록, 저장, 검색, 이용과정 등 데이터베이스시스템(DBS) 전체를 의미하는 것으로, 데이터베이스(DB)와 연동되어 개인정보의 처리 과정에 관여하는 웹 서버 등을 포함한다. (대판 2021.8. 19, 2018두56404).
② 대판 2022.10.27, 2022도9510
③ 대판 2017.4.7, 2016도13263
④ 대판 2017.11.9, 2015다235841

02. ③ 일본의 경우 실체법은 독일법을 계수하고, 절차법은 처음부터 영미의 사법국가 형태를 채택하였다.

03. 수리의 효과는 각 법령이 정하는 바에 따라 다르다. 즉, 수리에 의해 행정청에게 처리의 무가 발생하기도 하지만(행정심판청구서의 수리), 사법상의 효과가 발생할 수도 있는 것이므로(혼인신고의 수리) ③은 틀렸다.

04. ① 현행 실정법이 지방전문직공무원 채용계약 해지의 의사표시를 일반공무원에 대한 징계처분과는 달리 항고소송의 대상이 되는 처분 등의 성격을 가진 것으로 인정하지 아니한다(대판 1993.9.14, 92누4611).
② 수산제조업을 하고자 하는 사람이 형식적 요건을 모두 갖춘 수산제조업 신고

서를 제출한 경우에는 담당 공무원이 관계 법령에 규정되지 아니한 사유를 들어 그 신고를 수리하지 아니하고 반려하였다고 하더라도 그 신고서가 제출된 때에 신고가 있었다고 볼 것이나, 담당 공무원이 관계 법령에 규정되지 아니한 서류를 요구하여 신고서를 제출하지 못하였다는 사정만으로는 신고가 있었던 것으로 볼 수 없다(대판 2002.3. 12, 2000다73612).
③ 도시기본계획은 도시의 기본적인 공간구조와 장기발전방향을 제시하는 종합계획으로서 그 계획에는 토지이용계획, 환경계획, 공원녹지계획 등 장래의 도시개발의 일반적인 방향이 제시되지만, 그 계획은 도시계획입안의 지침이 되는 것에 불과하여 일반 국민에 대한 직접적인 구속력은 없다(대판 2002.10.11, 2000두8226).
④ 조합설립인가행위는 그 대상이 되는 기본행위를 보충하여 법률상 효력을 완성시키는 보충행위로서, 이러한 인가의 유무에 따라 기본행위의 효력이 문제되는 것은 구 주택건설촉진법과 관련한 공법상의 관계에서이지 주택조합과 조합원 사이의 내부적인 관계에까지 영향을 미치는 것은 아니다(대판 2005.4.29, 2004다7002).

05. ③ 효과재량설에서 수익적 처분은 자유재량행위로 본다.

06. ④ '알 권리'는 헌법 제21조의 언론의 자유에 당연히 포함되는 바, 이는 국민의 정부에 대한 일반적 정보공개를 구할 권리라고 할 것이며, 서류에 대한 열람·복사 민원의 처리는 법률의 제정이 없더라도 불가능한 것은 아니라고 할 것이다(헌결 1989.9.4, 88헌마 22).

07. ① 재결의 방식은 서면으로 하되 재결은 부득이한 사정이 있는 경우에는 위원장이 직권으로 30일을 연장할 수 있다.

08. ③ 허가를 받아야 할 행위를 허가받지 않고 행하는 경우, 그 행위는 위법이지만 당연 무효가 되는 것은 아니다. 이러한 점에서 인가받지 않고 행한 경우, 그 행위가 무효로 되는 인가의 경우와 차이가 난다.

09. 신뢰보호의 원칙
㉠ 의의 : 행정기관의 어떤 언동의 정당성 또는 존재성에 대한 개인의 보호가치 있는 신뢰를 보호해 주는 원칙
㉡ 근거 : 법적 안정성(다수설)
㉢ 신뢰보호의 일반적 요건 : 선행조치, 보호가치, 처리보호, 인과관계, 보충성
㉣ 신뢰보호의 적용 영역 : 적법한 수익적 행정행위의 취소·철회의 제한, 계획변경, 명령변경, 실권의 법리, 행정상 확약, 불법에 있어서의 평등대우, 공공시설 이용보장, 사실상 공무원 등

10. 양 제도는 의무의 불이행에 대한 강제이행 수단인 점에서 어느 정도의 유사점을 갖고 있다. 즉, ①,②,④와 같이 행정상의 강제집행과 민사상의 강제집행을 대응시킬 수 있다. 그러나 행정상 강제집행은 행정상 의무의 불이행이 있는 경우에 행정청 스스로의 힘에 의해 강제이행 시킬 수 있는 자력집행인 데 반해서, 민사상 강제집행은 민사상 의무의 불이행이 있는 법원의 확정판결을 받아 강제이행을 시킬 수 있는 타력집행을 원

고용노동직 적중모의고사

11. 행정상 강제집행에 관한 일반법 : 행정대집행법, 국세징수법, 출입국관리법, 방어해면법 등과 관세법, 해군기지법 등은 행정상 직접강제의 근거법이다.

12. ② 정당방위는 사전적 구제제도에 속한다.

13. 행정처분으로 인정하지 않은 판례
    ㉠ 구제에 관해 특별규정이 있는 처분 : 검사의 불기소처분, 통고처분, 특허공무원의 특허에 관한 처분 등
    ㉡ 행정행위가 성립되지 않거나 행정행위가 아닌 것 : 징계의결, 사법행위, 공법상 계약, 공법상 합동행위 등
    ㉢ 등록·등재 행위 : 토지대장의 등재행위, 임야도 작성, 말소행위 등
    이 문제에서 주의할 것은 검사의 불기소처분·통고처분은 통설상의 행정행위에는 속하지만 행정소송법상의 행정처분에는 포함되지 않는다는 점이다.
    ④ 대판 1989.10.10, 89누2271

14. ③ 위원이 궐위된 때에는 지체 없이 새로운 위원을 임명 또는 위촉하여야 한다. 이 경우 후임으로 임명 또는 위촉된 위원의 임기는 새로이 개시된다.

15. ① 정보공개의 청구를 받으면 공공기관은 그 청구를 받은 날부터 10일 이내에 공개 여부를 결정하여야 한다.

16. ① 대결 : 행정관청의 구성자가 출장·휴가 등으로 사고가 있는 경우, 대리의 방식에 의하지 않고 보조기관이 내부적인 결재만을 대행하며, 대외적인 표시는 그 행정청 자체의 명의로 행하는 경우이다.
    ③ 위임전결 : 행정관청의 행정에 관한 의사결정, 즉 결재를 보조기관에게 위임하여 하도록 하는 것을 말한다.
    ④ 대리 : 행정관청의 권한의 전부 또는 일부를 다른 행정기관이 피대리관청을 위한 것임을 표시하고 자기의 이름으로 행사하고, 그 행위는 피대리관청의 행위로써 효력을 발생시키는 경우이다.

17. 공법상 계약은 행정법상 효과발생을 위해, 복수 당사자의 반대방향의 의사표시의 합치에 의한, 비권력적인 법률작용이다.

18. ① 대판 2010.2.25, 2009두2764
    ② 대판 2007.2.8, 2006두4899
    ③ 구청장이 사회복지법인에 특별감사 결과 지적사항에 대한 시정지시와 그 결과를 관계서류와 함께 보고하도록 지시한 경우, 그 시정지시는 비권력적 사실행위가 아니라 항고소송의 대상이 되는 행정처분에 해당한다(대판 2008.4.24, 2008두3500).
    ④ 대판 2007.11.30, 2006무14

19. ④ 검사에게 압수물 환부를 이행하라는 청구는 행정청의 부작위에 대하여 일정한 처분을 하도록 하는 의무이행소송으로 현행 행정소송법상 허용되지 아니한다(대판 1995.3.10, 94누14018).

20. ② 통고처분을 받은 사람은 이의가 있는 경우 행정소송을 제기 할 수 없으며 이는 통고내용을 이행하지 않으면 당연 실효가 되기 때문이다.

노동법개론

```
01. ①  02. ②  03. ④  04. ②  05. ④
06. ③  07. ①  08. ③  09. ③  10. ②
11. ④  12. ②  13. ①  14. ②  15. ①
16. ①  17. ③  18. ④  19. ③  20. ④
```

01. ① 사용자가 연설, 사내방송, 게시문, 서한 등을 통하여 의견을 표명할 수 있는 언론의 자유를 가지고 있음은 당연하나, 그 표명된 의견의 내용과 함께 그것이 행하여진 상황, 시점, 장소, 방법 및 그것이 노동조합의 운영이나 활동에 미치거나 미칠 수 있는 영향 등을 종합하여 노동조합의 조직이나 운영 및 활동을 지배하거나 이에 개입하는 의사가 인정되는 경우에는 '근로자가 노동조합을 조직 또는 운영하는 것을 지배하거나 이에 개입하는 행위'로서 부당노동행위가 성립한다(대판 2013.5.23, 2010도15499).
    ② 대판 2016.1.28, 2012두12457
    ③ 대판 2005.11.24, 2005다39136
    ④ 대판 2006.4.20, 2005구합3707

02. ② 근로자 명부와 대통령령으로 정하는 근로계약에 관한 중요한 서류를 사용자는 3년간 보존하여야 한다.

03. ① 사용증명서 교부의무를 위반하여 사용증명서를 사실과 다르게 내어준 경우 3차 위반한 시 부과 금액은 200만원이다.
    ② 위반행위자의 오류로 발생한 것으로 인정되는 경우 과태료의 2분의 1 범위에서 그 금액을 줄여 부과할 수 있다.
    ③ 위반행위의 횟수에 따른 과태료의 가중된 부과기준은 최근 1년간 같은 위반행위로 과태료 부과처분을 받은 경우에 적용한다.

04. ① 대판 2018.7.11, 2016다9261, 9278
    ② 최저임금 상당 임금에 대하여 개별적인 동의나 수권을 받지 아니한 이상, 노동조합이 변경협약만으로 그에 관한 권리를 포기하는 처분행위를 할 수는 없다(대판 2017. 2.15, 2016다32193).
    ③ 대판 2017.12.28, 2014다49074
    ④ 대판 2019.5.10, 2015도676

05. ④ 산후 1년이 지나지 않은 여성에 대하여는 단체협약이 있는 경우라도 1일에 2시간, 1주에 6시간, 1년에 150시간을 초과하는 시간외근로를 시키지 못한다.

06. ③ 매 1개월마다 평균하여 1주간의 근로시간이 제50조제1항의 근로시간인 40시간을 초과한 시간에 대해서는 통상임금의 100분의 50 이상을 가산하여 근로자에게 지급하여야 한다.

07. ⓒ 1년 이하의 징역 또는 1천만원 이하의 벌금에 처한다.
    ⓒ 5년 이하의 징역 또는 5천만원 이하의 벌금에 처한다.

08. 최저임금 안에 대하여 이의를 제기할 수 있는 사용자를 대표하는 자는 다음 각 호의 단체의 대표자로 한다.
    1. 「상공회의소법」에 따른 대한상공회의소
    2. 「중소기업협동조합법」에 따른 중소기업중앙회
    3. 「소상공인 보호 및 지원에 관한 법률」에 따른 소상공인연합회

4. 그 밖에 전국적 규모를 갖는 사용자단체로서 고용노동부장관이 지정하여 고시하는 단체

09. ③ 노동위원회는 관계 당사자 쌍방의 신청이 있거나 관계 당사자 쌍방의 동의를 얻은 경우에는 조정위원회에 갈음하여 단독 조정인에게 조정을 행하게 할 수 있다.

10. ② 근로감독관은 임명이 해제된 날부터 6개월 동안 근로감독관의 직무를 수행할 수 없다.

11. ① 대판 2020.4.9, 2015다44069
② 대판 2014.3.27, 2011두8420
③ 대판 2019.4.18, 2016다2451, 전합
④ 교육의 주체가 사용자가 아닐지라도 여객자동차법 제25조 제1항에 근거를 둔 운수종사자에 대한 보수교육시간은 근로시간에 포함된다고 봄이 타당하다(대판 2022.5.12, 2022다203798).

12. ② 노동위원회가 노동조합의 해산 의결을 할 때에는 노동조합의 임원이 없고 노동조합으로서의 활동을 1년 이상 하지 않은 것으로 인정되는 경우로서 행정관청이 노동위원회의 의결을 얻은 경우(법 제28조제1항4호) 해산사유 발생일 이후의 해당 노동조합의 활동을 고려해서는 안 된다

13. ① 근로자가 출산, 질병, 재해, 그 밖에 대통령으로 정하는 비상(非常)한 경우의 비용에 충당하기 위하여 임금 지급을 청구하면 하면 지급기일 전이라도 이미 제공한 근로에 대한 임금을 지급하여야 한다는 규정을 위반한 경우에는 1천만원 이하의 벌금에 처한다.

14. ④ 「방위사업법」에 의하여 지정된 주요방위산업체에 종사하는 근로자 중 전력, 용수 및 주로 방산물자를 생산하는 업무에 종사하는 사람은 쟁의행위를 할 수 없다.

15. ② 고용노동부장관은 필요에 따라 직권으로 심사나 사건의 중재를 할 수 있다.
③ 업무상의 질병 또는 사망의 인정, 요양의 방법, 보상금액의 결정 등과 관련하여 이의제기가 있으면 고용노동부장관은 1개월 이내에 심사나 중재를 하여야 한다.
④ 고용노동부장관이 기간 내에 심사 또는 중재를 하지 않거나 심사와 중재의 결과에 불복하는 사람은 노동위원회에 심사나 중재를 청구할 수 있다

16. ② 재심의 요청을 받은 때에는 그 기간 내에 재심의하여 그 결과를 고용노동부장관에게 제출하여야 하며 고용노동부장관은 위원회가 재심의에서 재적위원 과반수의 출석과 출석위원 3분의 2 이상의 찬성으로 당초의 최저임금 안을 재의결한 경우에는 그에 따라 최저임금을 결정하여야 한다.
③ 고시된 최저임금은 다음 연도 1월 1일부터 효력이 발생한다. 다만, 고용노동부장관은 사업의 종류별로 임금교섭시기 등을 고려하여 필요하다고 인정하면 효력발생 시기를 따로 정할 수 있다
④ 최저임금은 최저임금위원회에서 의결한 최저임금 안에 따라 고용노동부장관이 최저임금을 결정하고 고시한다.

17. ③ 노동쟁의의 조정을 위하여 노동위원회에 조정위원회를 둔다.

18. ① 대판 2021.11.11, 2020다224739
    ② 대판 2022.3.17, 2018다244877
    ③ 대판 2020.11.26, 2017다239984
    ④ 사용자가 근로관계를 해소하면서 향후 일정한 조건이 충족되면 근로자를 우선 재고용하기로 약정한 경우, 근로자는 사용자가 위와 같은 우선 재고용의무를 이행하지 않은 데 대하여, 우선 재고용의무가 발생한 때부터 고용관계가 성립할 때까지의 임금 상당 손해배상금을 청구할 수 있다(대판 2020.11.26, 2017다247527).

19. ③ 긴급조정의 결정이 공표된 때에는 즉시 쟁의행위를 중지하여야 하며, 공표일로부터 30일이 경과하지 아니하면 쟁의행위를 재개할 수 없다.

20. ④ 근로자가 업무상 사망한 경우에는 사용자는 근로자가 사망한 후 지체 없이 그 유족에게 평균임금 1,000일분의 유족보상을 하여야 한다.

정답 및 해설

국 어

01. ② 02. ③ 03. ① 04. ④ 05. ②
06. ③ 07. ④ 08. ② 09. ③ 10. ④
11. ④ 12. ① 13. ④ 14. ④ 15. ②
16. ③ 17. ④ 18. ② 19. ④ 20. ②

01. 이 글은 김소운의 '가난한 날의 행복'으로 가난함 속에서 느끼는 행복감을 주제로 하고 있다. 이 글은 수필 중에서도 경수필에 해당한다.

02. 이 글의 주된 표현방법은 대화로서 어떤 기능을 하는지 파악해야 한다. 여기서 대화는 사건전개를 도우면서 춘향 모의 심적 상태로 형성된 극적 긴장감을 완화시켜 주고 있다. 즉, 춘향이 죽을지도 모르는 상황에서 향단의 엉뚱한 대답과 향단의 말에 대한 춘향 모의 해학적인 반응이 이러한 기능을 수행하고 있다.

03. 순수시파(시문학파)
  ㉠ 주요 시인 : 박용철, 김영랑, 변영로, 신석정, 노천명 등
  ㉡ 발표지 : 시문학(1930), 문예월간(1931), 문학(1933), 시원
  ㉢ 예맹파의 목적문학에 반발, 시의 순수성을 찾고자 하는 자각에서 출발하였다.
  ㉣ 시적 정서와 표현기교면에서 시를 예술의 경지에 끌어올렸으며, 예술지상주의, 유미주의의 경향을 띠었다.

04. ① 先公後私(선공후사) : 公的(공적) 일을 앞세우고 私的(사적) 일을 뒤로 한다는 뜻이나 위의 고사와는 관련이 없다.
  ② 股肱之臣(고굉지신) : 팔다리와 같이, 임금이 가장 믿고 중히 여기는 신하라는 뜻으로 한 나라의 정사를 떠받들 만한 재목을 말한다.
  ③ 棟樑之材(동량지재) : 대들보가 될 만한 재목으로 ②의 股肱之臣(고굉지신)과 같은 의미이다.
  ④ 泣斬馬謖(읍참마속) : 大義(대의)를 위하여 애통함을 무릅쓰고 사사로운 정을 버리는 일을 비유하는 것으로 보기의 고사와 관련이 있다.

05. 일본, 중국의 지명도 다른 외국의 지명처럼 원지음을 따라 적는 것을 원칙으로 하므로 '北京'은 중국어에서 'beijing'으로 소리나며 따라서 '뻬이징'이 아닌 '베이징'으로 적어야 한다.

06. (가) 명명 이후 [꽃이 됨] : 承
  (나) 나의 소망 [꽃이 되고야 싶다] : 轉

(다) 우리의 소망 [눈짓이 되고 싶다] : 結
(라) 명명 이전 [몸짓에 지나지 않았다] : 起

07. • 몸짓 : 인식 이전의 상태, 무의미한 존재
• 꽃, 무엇, 눈짓 : 의미 있는 존재
• 빛깔과 향기 : 상징적(존재의 본질적 측면을 표상), 대유적(꽃의 속성 중 대표적 성향)

08. ② 띠앗은 형제나 자매 사이의 우애심을 말하며, 재물이 자꾸 생겨 아무리 써도 줄지 아니함을 이르는 말은 화수분이다.

09. ㉢ - '꾸물거리며'의 뜻이다.

10. (가)의 '안민가'와 (나)의 '찬기파랑가'는 모두 충담사의 작품이다. 그러면서도 시적 자아의 목소리, 즉 어조가 다른 것은 '안민가'가 바른 왕도를 권계하기 위한 목적을 지닌 데 비해, '찬기파랑가'는 추모가 목적이기 때문이다. 이처럼 시적 대상과 목적, 시대적 정황, 창작 동기, 주제에 따라서 그 어조는 달라진다.

11. 이 소설은 하근찬의 「수난이대」의 일부로 주인공 만도가 전쟁에서 돌아오는 아들 진수를 마중 나가면서 만도 자신이 일제 징용에서 한 쪽 팔을 잃게 된 사연을 회상하는 내용으로 만도는 일제징용에 끌려 나가 노역을 하던 중 연합군의 공습으로 비록 한 쪽 팔을 잃었지만 묵묵히 암담한 현실을 잘 극복해 나가는 인물로 그려지고 있다.

12. 만도는 일본이 일으킨 태평양전쟁으로 인해 피해를 입은 사람이다. 이처럼 아무 죄도 없이 징용에 나가 한쪽 팔을 잃은 만도의 상황을 가장 잘 나타낸 것은 ①이다. 이 문제에서 정답으로 착각할 가능성이 가장 높은 것이 ③으로 그러나 ③은 우연성이라는 조건이 내포되어 있는 말이다. 재수가 없어 우연히 그렇게 된다는 것이다. 만도가 처한 상황은 필연적으로 그렇게 될 수밖에 없는 조건을 지니고 있었기 때문에 ①번이 정답이다.

13. ㉣은 앞으로 비극적인 사건이 일어날 것이라는 점을 암시해 주고 있다.

14. • 판소리의 용어
㉠ 소리(唱) : 노래를 부름
㉡ 추임새 : 고수가 발하는 탄성, 흥을 돋우는 소리다.
㉢ 발림 : 노래를 부르면서 하는 무용적 동작, 즉 제스처
㉣ 아니리 : 창이 아닌 말로, 창 도중에 이야기 하는 것
글 전체가 '이야기', 즉 정황의 변화를 말로써 진행하고 있다.
• 춘향가
㉠ 갈래 : 판소리 사설
㉡ 문체 : 운문체(창)와 산문체(아니리)의 혼합, 구어체
㉢ 배경 : 시간적 배경 - 조선조 숙종, 공간적 배경 - 전라도 남원
㉣ 사상
ⓐ 평등사상 : 인간의 존엄성 고취, 계급의식 약화
ⓑ 자유연애 사상 : 봉건 사회의 기성도덕 파괴
ⓒ 사회 개조 사상 : 탐관오리 규탄, 계급의식 타파
ⓓ 열녀불경이부(烈女不更二夫)의 사상 : 정조 관념
㉤ 성격 : 서사적, 극적
㉥ 발전 과정 : 구전 설화(열녀 설화 + 암행어사 설화 + 신원 설화) → 춘향가(판소

리) → 춘향전(고대 소설) → 옥중화(신소설)
ⓐ 주제
  ⓐ 신분을 초월한 숭고한 사랑
  ⓑ 인간 평등의 실현
  ⓒ 여인의 고귀한 정절
  ⓓ 탐관오리에 대한 서민의 저항
ⓞ 출전 : 국립 국악원편, 국악 전집-김소희 창(교과서 수록분)
ⓩ 표현상의 특징
  ⓐ 4·4조 중심의 운문체와 산문체가 결합되었다.
  ⓑ 판소리 특유의 해학, 풍자의 기법으로 희극미를 창출하였다.
  ⓒ 곡조와 상황이 조화를 이루고 있다.
  ⓓ 언어의 층위가 다양하다. 극도로 비속한 말이나 일상적인 구어에서부터 전아한 한문 투까지 보이고 있다.

15. 위 글은 님의 절대성에 도달할 수 없음을 역설로 표현한 것이다. ①, ③, ④는 같은 역설적 표현임에 반해, ②는 상징법이다.
②에서 '별'은 순수의지와 독립의지를 나타내고 '바람'은 현실적 어려움, 일제, 역사적 상황을 나타내고 있다.

16. 문장 쓰기의 원리
㉠ 정확성 : 문장은 의미의 모호성이 없도록 하고, 문법에 맞도록 써야 한다. 호응관계, 수식어의 한계가 명확해야 한다.
㉡ 경제성 : 필요한 단어를, 필요한 만큼만 써서, 문장의 길이가 알맞도록 해야 한다.
㉢ 동어 반복의 회피 : 부득이한 경우 외에는 같은 단어나 구절, 어미, 조사 등을 되풀이하여 사용하지 않는다.
① ~한국민속촌에 견학을 하러 갈 것이라고 생각하고 있었다.
② 태양이 똑바로 걸어가려 애쓰는 것인지 내가 애쓰고 있는 것인지 모호하며 호흡이 냄새를 유발시킨다는 것이 문맥상 호응이 안 된다.
④ 우리가 글을 읽을 때에는 ~

17. 글을 읽으면서 독자의 머릿속에 앞으로 전개될 내용이 떠오르는 것을 말한다. 그러므로 이미 나온 내용은 이에 해당되지 않는다.
제시된 글은 이희승의 「독서와 인생」이라는 논설문으로 주제는 독서의 필요성과 의의로 설득적, 논리적, 예증적이다.

18. 제시된 시는 송강 정철의 관동별곡의 일부로 내용은 금강산 유람과 관동 팔경 유람하면서 연군지정, 애민 사상을 토로한 서사시이다.
① 醉生夢死(취생몽사) : 취몽 속에서 살고 죽는다는 뜻으로 아무 의미 없이 한 세상을 흐리멍텅 보냄을 이르는 말이다.
② 泉石膏肓(천석고황) : 山水(산수)를 사랑함이 지극하여, 마치 불치의 깊은 병에 걸린 것 같이 되었음을 이르는 말이다.
③ 先病者醫(선병자의) : 같은 병을 먼저 앓아 본 사람이 의사이다.
④ 臥薪嘗膽(와신상담) : 吳(오)나라 夫差(부차)의 고사에서 나온 말이다. 즉, 편치 아니한 섶에 누워 자며 쓴 쓸개를 맛본다는 뜻으로 원수를 갚거나 어떤 목적을 이루기 위하여 오랜 날을 괴로움을 참고 견딤을 비유하여 이르는 말이다.

19. ㉠ ㅎ : 세종 때 소멸
㉡ △ : 임진왜란 이후 소실(16C 전)
㉢ ㅇ : 임진왜란 이후 소실

ⓒ · ㆆ의 소멸 : 17C 이후 소멸,
· ㅿ 문자의 소멸 → 1933년 한글 맞춤법 통일안에서 삭제되었으므로 소실문자의 소멸 순서는 ㆆ > ㅿ > ㆁ > ㆍ.

20. 예시 글은 주요한의 '불놀이'의 일부분이다. 이것은 최초의 자유시로 「창조」 창간호에 발표되었고 프랑스 상징주의의 영향을 받았다.

한국사

01. ② 02. ① 03. ① 04. ③ 05. ②
06. ① 07. ③ 08. ④ 09. ③ 10. ①
11. ④ 12. ③ 13. ② 14. ① 15. ④
16. ② 17. ② 18. ② 19. ② 20. ③

01. ㉠ 구석기시대 전기
    ㉡ 구석기시대 후기
    ㉢ 구석기시대 중기
    ㉣ 신석기시대
    ㉤ 중석기시대

02. 청동기의 사용과 농사의 발달로 평등하였던 부족사회는 무너지고, 사유재산이 축적되고 계급이 발생하였다. 그리하여 부와 권력을 가진 군장이 출현하여 주변지역을 아우르면서 국가를 이룩하였다. 고조선은 이 시기에 성립된 최초의 국가였다.
    ㉠ 우리나라 청동기 문화의 시작을 말해 주는 유물은 비파형동검과 거친무늬거울이다. 이러한 청동기 문화는 중국 계통과 모양이나 제작기법에서 중국 계통과는 완전히 다른 북방 시베리아 계통이다.
    ㉡ 위만조선의 성립이 우리 민족사에 미친 영향은 철기문화가 본격적으로 우리나라에 보급되었다는 것이다.

03. 지도, 지리서 편찬의 목적은 중앙집권과 국방의 강화에 있다.
    ㉠ 조선전기 지도 : 정치, 군사적 목적
    ㉡ 조선후기 지도 : 경제, 문화적 목적

04. ㉠ 후백제의 완산주 천도(900) - ㉢ 후고구려 건국(901) - ㉡ 왕건의 송악 천도(919) - ㉤ 경애왕 피살(927) - ㉣ 고창(안동) 전투(930)

05. 제시된 자료는 국가의 행정을 집행하는 기구의 기능에 대한 내용이다.
    ② 민주국가에서의 정당기능은 정부기능의 대행이 아닌 정부와 의회의 매개적 역할을 수행한다.

06. 우리나라의 국가발전 단계는 군장국가를 거쳐 연맹왕국이 중앙집권국가로 발전하였다.
    ②, ③, ④는 중앙집권국가 단계를 나타낸 것이다.

07. ㉠ 이자겸의 난과 묘청의 난(서경천도운동) : 고려 귀족사회의 모순을 드러낸 대표적 사건으로 후에 무신정변의 요인이 되었다.
    ㉡ 묘청의 난의 성격
        ⓐ 개경파 귀족과 서경파 귀족의 대립
        ⓑ 자주적 전통사상(풍수지리설, 서경파)과 사대적 유교정치사상(개경파)과의 충돌로 개경파인 김부식에 의해 진압되었다.
        ⓒ 고구려 계승이념(서경파)과 신라 계승이념(개경파)의 갈등
    ③ 무신정변(1170년) 무신 정중부 등이 일으킨 정변으로, 무신정변이 일어나게

된 원인은 고려 귀족사회의 모순에서 찾을 수 있다.

08. 당의 3성 6부제를 처음 받아들인 나라는 발해이다. 고려도 3성 6부제를 받아들였으나, 고려의 실정에 맞게 중서문하성과 상서성의 2성을 두었으며, 6부의 서열은 이·호·예·병·형·공이 아니라, 이·병·호·형·예·공으로 하였다.

09. 자료는 갑신정변(1884) 개혁안으로 김옥균 등 급진개화파가 개화사상을 바탕으로 자주독립과 조선의 근대화를 목표로 일으킨 정변이다.

10. 11세기 초에 거란족의 1차 침입을 서희가 외교적 담판으로 물리치고 강동 6주를 획득하여 압록강 입구에서 도련포까지 영토를 확장하였다. 이 무렵 고려는 친송북진정책을 바탕으로 하여 송의 문물을 도입하면서 거란과는 거리를 두었다.

②는 12세기 초, ③은 고려 후기 공민왕 때, ④는 발해의 유민들이 건국한 나라이다.

11. 조선시대 향리 권한 축소의 근거를 제시한 사항을 보기에서 살펴보면 ⓒ항의 경우 향리들에게 특별한 보수 없이 향역을 세습 하게 하였다. ⓒ은 유향소의 구성원들은 향리들이 아니었고, 지방 사람들이었다. ⓑ은 6방에 소속되었던 것은 그들의 향촌 영향력이 제한되었음을 보여 준다.

㉠ 조선시대에 모든 군현에 지방관이 파견되었고, 지방관이 파견되지 않은 속현은 철폐되었다.

㉢ 외역전은 고려시대의 향리들에게 주어졌던 토지로 조선에서는 분급되지 않았다.

12. 평화통일을 위한 우리의 노력
㉠ 8·15선언(1970. 8. 15) : 평화통일 기반조성
㉡ 7·4남북공동성명(1972. 7. 4) : 자주평화민족적통일원칙
㉢ 6·23선언(1973. 6. 23) : 호혜평등원칙, UN남북한동시가입 반대하지 않음.
㉣ 남북한상호불가침협정제의(1974. 1. 18) : 상호무력침공 하지 않음.
㉤ 한민족공동체통일방안(1989) : 자주·평화·민주원칙 하에 과도기적 통일체제로 남북연합 구성

13. ②의 한림별곡, 관동별곡, 죽계별곡 등은 경기체가이고, 청산별곡, 쌍화점 등은 민요문학인 장가(속요)이다. 고려시대에는 호족을 비롯한 지방세력들이 중앙의 귀족으로 진출하면서 문화의 주인공으로 등장하였다. 이들은 유교를 새로운 정치사상으로 채용하여 유교적 정치이념을 확립하였다. 따라서 고려시대에는 유학과 한문학이 발달하였고, 개인문집과 실록 등의 편찬이 활발하였다.

14. 각 시대별로 지방의 향촌을 장악하고자 하는 정부의 노력을 서술하고 있다. 지방에 대한 통제가 조선시대에 와서 외관파견과 함께 강화되고 있음을 확인할 수 있다. 집권체제의 안정은 토착 지방세력을 얼마나 잘 회유하는가에 달려 있었다. 따라서 지방세력 견제에 대한 이해를 묻고자 한 문제이다.

15. ① 왕토사상으로 다분히 관념적이다.
② 점차 수조권은 약화되고 토지의 소유권이 강화되었다.
③ 관수관급제로 국가의 토지지배권은 강화되었다. 이 경우 국가는 가급적 관료의 지배권을 약화시키고 농민을 직접 통제

16. ② 사림이 점차 향촌사회에서 영향력이 커지면서 많은 폐단을 나타내었다. 서원은 선현봉사와 자제교육이 목적으로 지방사림들의 위상강화에 기여하고 그들의 세력기반이 되었다. 그리하여 국가의 부담이 면제되어 면세·면역의 소굴이 되었고 민생과 재정에 피해를 주었다.

17. 조선 후기에는 제도 면에서 여러 가지 변화를 시도 하였는바, 양반지배층이 체제유지를 위해 정치체제, 군사제도, 수취체제 등의 분야에서 개혁 작업을 전개하였다. 군사제도면에서도 중앙군의 경우 5위제에서 5군영으로, 지방군의 경우 진관체제 → 제승방략체제 → 속오군체제로의 변화가 있었다.

   ㉠ 제승방략체제는 중종 때 삼포왜란과 명종 때 을묘왜변을 겪으면서 실시되었다.
   ㉡ 속오군은 양반에서 노비에 이르기까지 편성된 정규군으로 군공을 세웠을 때는 노비라도 신분이 상승할 여지가 있었기 때문에 노비의 지위향상에 도움을 주었다.
   ㉢ 용병제도의 변화를 알 수 있다.
   ㉣ 제승방략체제에 대한 설명이다.

18. ㉠ 내상은 동래상인으로 왜관개시를 담당하였고, 인삼재배 및 판매와 관련 있는 상인은 송상이었다.
    ㉢ 중도아(中都兒)는 시전에서 물건을 떼어다가 파는 사람을 말한다.

19. ㉠ 육성된 자영농을 바탕으로 농병일치의 군사조직과 사농일치의 교육제도를 확립해야 한다고 주장한 사람은 유형원이다.
    ㉢ 안정된 농민생활을 바탕으로 향촌단위의 방위체제를 주장한 사람은 정약용이다.

하려는 경향이 나타났다.

㉢ 수레와 선박 이용의 증대 및 절약보다 소비를 권장할 것을 주장한 사람은 박제가이다.

20. 신채호의 「조선 혁명 선언문」: 1923년에 작성되었으며 5개 부분 6,400여자로 되어 있다.
    첫째, 일본을 조선의 국호와 정권과 생존을 박탈해 간 강도로 규정하고 이를 타도하기 위한 혁명이 정당한 수단임을 천명하였다.
    둘째, 3·1운동 이후 국내에서 대두된 자치론, 내정독립론, 참정권론 및 문화운동을 일제와 타협하려는 '적'으로 규정하였다.
    셋째, 상해 대한민국임시정부의 외교론, 독립전쟁준비론 등의 독립운동방략을 비판하였다.
    넷째, 일제를 몰아내려는 혁명은 민중직접혁명이어야 한다고 주장하였다.
    다섯째, '조선혁명'과 관련, 다섯 가지 파괴와 다섯 가지 건설의 목표를 제시하였는데, '5파괴'의 대상은 이족통치·특권계급·경제약탈제도·사회적 불평균 및 노예적 문화사상이며, '5건설'의 목표는 고유적 조선·자유적 조선민중·민중적 조선·민중적 사회 및 민중적 문화라고 선언하였다.

영 어

01. ③ 02. ① 03. ② 04. ④ 05. ①
06. ② 07. ③ 08. ④ 09. ② 10. ③
11. ① 12. ① 13. ② 14. ③ 15. ③
16. ① 17. ③ 18. ③ 19. ④ 20. ③

01. better ~ than은 비교 문으로 who는 관계대명사 주격을 선행사로 취하기에 him 대신에 he로 써야 한다.

「빠르게 책을 두 번 읽는 사람이 주의 깊게 단지 한 번 읽는 사람보다 반드시 더 나은 독자는 아니다.」

③ than him → than he

02. ① 「즉시 의사를 부르러 보내야 한다.」
→ send for는 타동사구로서 「~을 부르러 보내다」이므로 수동태 문장에서도 그대로 사용된다.
② 「그가 방에 들어가는 것을 보았다.」
→ 지각동사나 사역동사는 목적보어로 원형부정사를 취한다. 그러나 수동태 문장에서는 to + 부정사가 온다. 따라서 to enter로 고쳐야 한다.
③ 「학생들 모두는 그 법을 준수해야 한다.」
→ ought to observe를 ought to be observed로 고쳐야 한다.
④ 「내 말을 잊지 마라.」 → be not forgotten을 not be forgotten으로 고쳐야 한다.

03-04.

comment 논평하다 / motivate 자극을 주다 / reporter 기자 / lure 유혹하다, 꾀다 / interior 내부 / footage 전체 영화의 특정한 장면 / vainly 헛되이 / conveyor belt 컨베이어 벨트 (공장에서 작업시 사람이 이동하지 않고 기계 부품이 이동하도록 만든 벨트) / context 맥락 / pointed 날카로운, 신랄한 / radical 급진적인 / reflect 반영하다 / sentiment 정서, 감정 / victim 희생자 / over mechanized 지나치게 기계화된

「아마도 20세기의 기술을 논평한 가장 유명한 영화는 1936년에 만들어진 모던 타임즈이다. 찰리 채프린은 그와 인터뷰를 하던 한 기자의 말에 의해 동기를 부여받게 되었는데, 그 기자는 산업지역 디트로이트의 작업환경을 우연히 알려주었다. 건강한 농장의 소년들이 꼬임에 빠져 도시의 자동조립선에 투입된다는 얘기를 채프린은 들었다. 4, 5년 이내에 이 건강한 남자애들의 건강은 공장에서의 스트레스에 의해 파괴된다. 모던 타임즈의 장면 중 3분의 1보다 적은 부분이 공장 내부를 묘사하고 있지만, 그 장면들은 가장 우스운 상황뿐만 아니라 이 영화의 가장 날카로운 사회 논평도 포함하고 있다. 이 영화를 본 사람은 누구도 채프린이 거의 정신 나간 채 빨리 움직이는 컨베이어 벨트의 속도에 맞추려고 헛되이 노력하는 모습을 잊지 못할 것이다. 분명히 모던 타임즈도 자체적 결함은 있지만, 기술을 사회 맥락에서 다룬 가장 뛰어난 영화로 남아있다. 이 영화는 급진적인 사회적 교훈을 제공하지 않고, 지나치게 기계화된 세계의 무력한 희생자라고 느끼는 많은 사람들의 감정을 정확하게 반영하고 있다.」

03. 「작가가 이 글을 쓴 주된 목적은 <u>중요한 영화를 묘사하는 것이다</u>.」

① 1930년대 공장 제도를 비판하는 것이다.
③ 채플린의 연기 방식을 설명하는 것이다.
④ 영화가 기술의 이점을 어떻게 드러내는지에 대해 논의하는 것이다.

04. 「이 글에 따르면 채프린은 영화 모던타임즈에 대한 생각을 <u>기자와의 대화</u>에서 얻었다.」

① 신문기사
② 영화의 한 장면
③ 그가 한때 가졌던 일

05. reason 이유 / wait for 기다리다

「그저 평범하기만 한 사람은 인생을 아주 따분한 것으로 본다. 그리고 그렇게 인생을 따분한 것으로 생각하는 이유는 무엇인가 일어나게끔 발 벗고 나서기보다는 항상 무엇인가가 그에게 일어나기를 기다리기 때문이라 생각한다. 5만파운드를 버는 꿈을 꾸는 사람에게는 백이면 백사람이 5만 파운드의 돈을 물려받는 것을 꿈꾼다.
― A. A. Hilne : If I May」

06. ㉠ 「너는 어떻게 그렇게 비싼 차를 손에 넣을 수 있었니?」
  ⓐ come by=obtain : ~을 수중에 넣다.
  ⓑ He came by his immense wealth honestly.
  「그는 정직한 수단으로 거대한 재산을 획득했다.」
㉡ 「이 풍습은 우리 조상 대대로 전해져 내려왔다.」
  ⓐ come down : 내려오다, 하락하다, 전해지다, 몰락하다
  ⓑ Many noblemen came down in the world after the revolution. 「많은 귀족들이 혁명 후에 몰락했다.」
㉢ 「그녀는 자기 아버지가 돌아가시면 많은 재산을 물려받게 될 것이다.」
  ⓐ come into : 들어가다, 물려받다, ~에 들어오다
  ⓑ He came into world in 1985. 「그는 1985년에 태어났다.」

07. '감사하다'는 표현과 그에 대한 대답
A : Thank you very much. ┐
    Many thanks.   ├ 대단히 감사합니다,
    I'm much obliged to you.┘
B : Don't mention it. ┐
    Not at all.   ├ 천만에요
    You are welcome. ┘

08. supervisor 감독관, 상관 / audit 회계감사, 결산 / department 부서 / faint 실신하다, 졸도하다 / investigation 조사 / guilty 유죄의 / solace 위로하다 / function 활동하다, 움직이다

이 글의 요지는 주인공이 개인용도로 돈을 유용했는데 조만간에 회계감사가 있을 것이라는 상관의 말에 그 돈을 채워 놓기가 막막해서 불안해하고 있다는 내용이다.

「어느 날 내 상관이 사무실에 들어와 2주 후에 내 부서에 대한 회계감사가 있을 것이라고 말했다. 나는 졸도할 뻔 했다. 감사 전까지 내가 개인적으로 쓴 그 모든 돈을 다시 갖다 놓을 수가 없었다. 그날 밤 나는 눈물이 더 이상 나오지 않을 때까지 울었다. 교회에 가서 촛불을 밝히고 기도를 하려 했지만 쓸데없는 짓이었다. 나는 죄책감을 심하게 느끼고 자기 혐오감으로 아주 가득찬 느낌이어서 종교에서도 위안을 찾을 수가 없었다. 나는 며칠을 잠을 자지 못했다. 나는 거의 일을 하지 못했다.」

09. "아무리 ~해도 지나치지 않다."의 표현으로는 cannot ~ too.
Children cannot be taught too early.
「어린이들은 아무리 일찍 배워도 지나치지 않다.」
① 우리는 우리 건강에 주의할 수가 없다.
② 건강은 아무리 주의해도 지나치지 않다.
③ 건강이 우리에게 너무 중요해서 주의할 수 없다.

④ 우리 건강은 다른 무엇보다 중요하다.

10. be viewed as ~라고 여겨지다, 간주되다 / antique 고대의, 고답적인 / unpatriotic 비애국적인 / contribute to ~의 원인이 되다 / depletion 고갈, 결핍, 감소

「맨 먼저 마음에 떠오르는 것은 할아버지의 가족과 내 가족의 규모의 차이이다. 할아버지는 열 자녀 중 한 명이셨다. 나는 세 자녀 중의 한 명이다. 오늘날 열 명의 자녀를 가진 사람이라면 누구나 이상하고, 구식이며, 더욱 나쁘게는 비애국적인 사람으로 간주될 것이다. "당신은 자원의 고갈과 우리나라의 인구과잉을 일으키고 있단 말이오!" 한 가족의 일을 해나가는 데 많은 자녀들은 이제 더 이상 필요하지 않으며, 또한 안전이나 자부심의 근원도 아니다. 오늘날 도시적인 생활양식 속에서 많은 자녀들은 단지 경제적인 부담일 뿐이며, 의식주를 돌보는 데 수만 달러가 든다.」

이 글은 옛날 할아버지 세대와 지금의 세대와의 가족규모의 차이를 언급하고 있다. 그 당시는 많은 가족은 일을 하는데 있어서, 또는 안전이나 자부심의 근원이었지만 지금은 자원고갈과 인구과잉의 원천으로 천대받는다는 내용으로 보아 옛날과 지금의 가족에 대해 서술하고 있다.

① 인구과잉
② 품위 있는 삶을 어떻게 이끌 것인가
③ 가족, 그때와 지금
④ 안전과 자부심

11. lament 비탄, 한탄 / tiresome 피곤하게 하는, 지치게 하는 / arrogant 오만한, 건방진 / inferiority complex 열등감 / reveal 드러내다 / unaware 알지 못하는 / melancholy 우울, 울적함 / appetite 식욕, 욕망 / praise 칭찬 / lament 한탄 / pleasure 기쁨

「칭찬은 일종의 선물주기이다. 거의 모든 사랑의 시는 칭찬과 비탄으로 구성되어 있다. 비탄은 감동적이지만 곧 따분해진다. 거의 모든 사람들, 심지어는 가장 오만한 사람들일지라도 어떤 종류의 열등감을 가지고 있으므로 칭찬은 즐겁다. 가장 아름다운 여인일지라도 자신의 두뇌에 대해서는 의심을 하며, 가장 영리한 여인일지라도 자신의 신체적 매력은 불신하는 법이다. 그 많은 사랑스러운 자질들을 가지고 있음을 모르거나 중요하지 않다고 생각하는 사람에게서 그것들을 드러내 보이는 것은 즐거운 일이다. 어떤 수줍고 우울한 여인들도 칭송받을 때면 꽃처럼 태양 아래 환히 피어나며, 칭찬에 대한 남자의 욕망에는 한이 없다.」

이 글의 요지는 칭찬에 대한 장점들을 서술하고 있다. 칭찬은 선물과 같은 것이며 모든 사람들은 칭찬으로 인해 즐거움을 느낀다는 내용이다.

12.-13.

weigh 무게를 달다, 평가하다, 압박하다 / frozen 언, 차가운, 몸이 얼은 / explorer 탐구하는 사람, 탐험가 / moisture 수분, 수증기

「건조시킨 음식물은 똑같은 음식을 통조림하거나 냉동시켰을 때보다 공간도 덜 차지하고 무게도 덜 나간다. 그리고 그것은 특별한 상태로 저장할 필요가 없다. 이런 이유로 해서 보관할 공간이 적은 등산가, 탐험가 그리고 전투 중인 군인에게 매우 귀중하다. 요리하는 시간이 별로 들지 않기 때문에 가정주부들에게 인기가 있다. 보통 요리하는 것은 수분이 없는 상태에서 끓은

물로 다시 보충하는 경우에 불과하기 때문이다.」

12. 첫 문장인 Dried food take up less room and weigh less than the same food packed in cans or frozen에서 유추할 수 있다.

「말린 음식은 통조림이나 냉동식품만큼 무겁지 않다.」

② 종종 캔에 포장되거나 냉동된다.
③ 조림이나 냉동식품보다 훨씬 싸다.
④ 통조림보다 저장 공간이 더 필요하다.

13. They are also popular with housewifes because it takes so little time to cook them에서 유추할 수 있다.

「주부들은 쉽게 요리할 수 있기 때문에 말린 음식을 좋아 하나요?」

① 더 맛있기 때문에
③ 물에 끓이면 보존이 되기 때문에
④ 요리하면 신선하고 먹음직스러워 보이기 때문에

14. region 지역 / tropical 열대의 / temperate 온화한, 적당한 / distinctly 분명히, 뚜렷이, 의심할 여지없이 / stylish 현대식의, 유행의 / primitive 원시적인 / contrast 대조

「비록, 우리가 라틴 아메리카를 스페인어로 말하는 지역이라고 생각하지만, 스페인어를 한 마디도 이해하지 못하는 라틴 아메리카인들이 많이 있다. 우리는 라틴 아메리카가 열대지방이라고 생각하지만 라틴 아메리카의 일부는 온화하고 살기에 좋다. 다른 지역은 이와는 다르게 춥고 살기가 나쁘다. 라틴 아메리카의 도시들 중 많은 도시들이 멋지고 현대적이다. 그러나 사람들이 당신이 상상할 수 있는 만큼 그렇게 원시적인 삶을 영위하는 지역이 있다. 그러나 우리들 대부분은 이렇게 대조되는 것들을 모른다.」

이 글의 서술방법은 종속절(Although)과 주절과의 내용이 대조를 이루면서 전개하는 것으로 보아 contrasts가 맞다.

15. fossil 화석, 화석의, 시대에 뒤진 / carbon dioxide 이산화탄소 / polar 극지방의 / sea level 해수면 / emission 발산, 방사, 발행 / alternative 대체의 / solar 태양의

「대기권에 있는 이산화탄소 때문에 지구가 따뜻해진다는 증거가 점점 더 많이 생겨나고 있다. 이산화탄소는 화석원료를 태울 때 방출된다. 기온이 올라가면 극지방에 있는 빙산이 녹아 해수면이 올라가서 해안지대를 물에 잠기게 만들 것이다. 우리는 화석연료를 대체할 수 있는 태양에너지나 풍력에너지와 같은 대체에너지를 개발함으로써 이산화탄소의 방출을 줄여야 한다.」

이 글은 이산화탄소 때문에 지구가 더워지고 그로 인해 극지방의 얼음이 녹아 해수면을 상승시키기 때문, 대체에너지를 통해 이산화탄소를 줄여 나가자는 것을 서술하고 있다. ④번이 정답이 되려면 지구에 관련된 부분만을 설명할 것이 아니라 전체, 즉 우리 인체에 미치는 영향들을 서술하고 있어야 한다.

16. profession 전문직 / practice (의사, 변호사의)업무, 개업 / medicine 약, 의학, 의술 / defect 결점, 결함 / withstand 버티다, 견디다 / strain 긴장, 격무 / infection 감염 / go out in 들락거리다

「모든 전문직들 중에서 의사로서의 업무는 강인하고 건강한 신체를 가장 절실히 요구한다. 어떤 계통의 일에서는 아주 심한 육체적인 결함을 가지고 있는 사람도 조심스러운 생활을 함으로써 성공할 수가 있다. 그러나 오랜 기간 동안의 긴장, 불규칙한 식사와 수면시간, 그가 어쩔 수 없이 왕진하게 될 때 만나게 될 나쁜 날씨, 감염의 위험에서 버티기 위해서 건강은 의사들에게 필수적이다.」

이 글의 요지는 어떤 전문직에 종사하는 사람보다도 의사는 오랜 기간 동안의 스트레스, 불규칙한 식사와 수면, 병에 감염될 위험 등으로 인해 강인한 체력이 요구된다는 내용으로 성공한 의사의 특성을 서술하고 있다.

① 성공한 의사의 특성
② 알려진 의사의 어려움
③ 의사로서 받는 불이익
④ 의사와 환자와의 관계

17. decline 떨어지다 / adolescence 청소년기 / adjust 적응시키다 / psychology 심리학 / psychologist 심리학자

「갓 태어난 아이는 하루에 17시간에서 18시간 잠을 잔다. 열 살쯤 되면 이것은 9시간에서 10시간으로 줄어들고, 청소년기에는 계속해서 줄어든다. 성인의 3분의 2는 하루에 7시간에서 8시간 잠을 잔다. 반면에 5분의 1은 6시간미만 잠을 잔다. 그래서 보통의 성인들에게는, 하루에 7시간 내지 8시간 자는 것이 정상적이다. 그러나 그럴 필요가 있는가? 심리학자 Wilse Webb은 하루에 6시간미만 자는 사람들이 더 오래 자는 사람들보다 더 행복하며, 더 잘 적응을 하고, 더 활동적이라는 사실을 발견했다.」

이 글은 나이와 수면간의 관계를 서술하고 있지만 핵심은 마지막 구절인 Psychologist부터 끝까지이다.

18. equtor 적도 / quality 특질, 질 / verage, 평균(의), 평균하다 / témperature 온도 / ánnual 일년의, 매년의(cf. annual message 연두교서)

「커피는 적도를 중심으로 남북 20° 정도의 지역에서 재배된다. 커피는 평지(sea level)에서부터 2,000m 높이의 장소에까지 재배가 가능하다. 그러나 가장 좋은 품질의 커피는 약 1,500m의 고도에서 생산된다. 커피 재배에는 평균 약 77°(화씨)의 온도와 1~2m의 연간 강우량이 필요하다.」

① 커피나무 재배법
② 커피의 역사
③ 커피나무가 자라는 곳
④ 커피의 맛

19.-20.

preserve 보전하다, 보호하다, 마음에 간직하다 / exploration 발굴, 탐험 / off the coast 해안가에서 / in vitable 피할 수 없는, 필연의 / breed 번식하다, 낳다, 기르다 / have no choice but to ~하지 않을 수 없다 / take[run] the risk of ~의 위험을 무릅쓰다

「자연환경을 보전하기 원하는 많은 사람들은 미국 해안에서 석유를 채굴하는 것을 못마땅해 한다. 1969년, California해안 근처에서의 대규모 석유유출은 수천 마리의 조류를 죽이고 해변을 거의 파괴시켰다. 석유유

출은 석유가 대서양 해저에서 발견된다면 피할 수 없는 것이다. 환경보호론자들은 석유채굴장 근처에서는 고기들이 번식하는 것을 볼 수 없거나 또는 석유로 뒤덮인 해안에서 어린이들이 수영하는 것을 보지 못한다. 그렇지만 부족한 에너지공급에 직면하고 있는 정부관리들은 환경파괴의 위험을 무릅쓰고서라도 해저 석유채굴을 하지 않을 수 없다고 말한다.」

19. 석유유출로 인하여 많은 새들을 죽이고 석유채굴장 근처에서는 물고기가 자라지 못하며 어린이들이 수영조차 하지 못할 정도로 환경을 오염시켜 엄청난 환경파괴를 불러일으켰다는 내용이다.

20. 마지막 문장 Yet~destruction에 비추어 볼 때 ③ 환경을 파괴해서라도 필요한 에너지를 개발해야 한다고 주장하고 있다.

행정법총론

01. ①	02. ④	03. ③	04. ④	05. ③
06. ④	07. ①	08. ④	09. ①	10. ①
11. ④	12. ①	13. ③	14. ③	15. ②
16. ②	17. ④	18. ④	19. ①	20. ②

01. ① 신뢰보호의 원칙은 행정청이 공적인 견해를 표명할 당시의 사정이 그대로 유지됨을 전제로 적용되는 것이 원칙이므로, 사후에 그와 같은 사정이 변경된 경우에는 그 공적 견해가 더 이상 개인에게 신뢰의 대상이 된다고 보기 어려운 만큼, 특별한 사정이 없는 한 행정청이 그 견해표명에 반하는 처분을 하더라도 신뢰보호의 원칙에 위반된다고 할 수 없다(대판 2020.6.25, 20 18두34732).
② 대판 2012.10.25, 2010두17281
③ 대판 2008.1.17, 2006두10931
④ 대판 2005.11.25, 2004두6822

02. ④ 임용 당시 공무원임용결격사유가 있었다면 비록 국가의 과실에 의하여 임용결격자임을 밝혀내지 못하였다 하더라도 그 임용행위는 당연무효로 보아야 한다(대판 1987.4.14, 86누459).

03. ③ 행정소송에서 제외가 될 자유재량행위의 의의와 한계를 명백히 하기 위해 구별이 필요하다.

04. ① 대판 2004.6.10, 2002두12618
② 대판 2012.12.20, 2011두30878
③ 대판 1995.1.20, 94누6529
④ 교도소장이 수형자 甲을 '접견내용 녹음·녹화 및 접견 시 교도관 참여대상자'로 지정한 사안에서, 위 지정행위는 수형자의 구체적 권리의무에 직접적 변동을 가져오는 행정청의 공법상 행위로서 항고소송의 대상이 되는 '처분'에 해당한다. 그러므로 이 처분은 위법한 처분으로서 취소되어야 한다고 본 결론은 정당한 것으로 수긍할 수 있다. 거기에 상고이유로 주장하는 법리오해 등의 위법이 있다고 할 수 없다(대판 2014.2.13, 2013두20899).

05. ③ 구성요건적 효력은 처분청 이외의 국가기관에만 발생한다.

06. ① 행정행위를 한 처분청은 그 행위에 하자

가 있는 경우에는 별도의 법적 근거가 없더라도 스스로 이를 취소할 수 있다(대판 2014.11.27, 2013두16111).
② 하자 있는 행정행위에 있어서 하자의 치유는 행정행위의 성질이나 법치주의의 관점에서 볼 때, 원칙적으로는 허용될 수 없으나 행정행위의 무용한 반복을 피하고 당사자의 법적 안정성을 보호하기 위하여 국민의 권리와 이익을 침해하지 아니하는 범위 내에서 구체적인 사정에 따라 예외적으로 허용될 수 있다(대판 1998.10.27, 98두4535).
③ 행정처분에 하자 등이 있다고 하더라도 취소해야 할 공익상 필요와 취소로 당사자가 입게 될 기득권과 신뢰보호 및 법률생활안정의 침해 등 불이익을 비교·교량한 후 공익상 필요가 당사자가 입을 불이익을 정당화할 만큼 강한 경우에 한하여 취소할 수 있는 것이며, 하자나 취소해야 할 필요성에 관한 증명책임은 기존 이익과 권리를 침해하는 처분을 한 행정청에 있다(대판 2012.3.29, 2011두23375).
④ 대판 1996.6.11, 96누1689

07. 감사원, 국가정보원장 그 밖의 대통령 직속기관의 장, 국회사무총장·법원행정처장·헌법재판소사무처장 및 중앙선거관리위원회 사무총장, 국가인권위원회 그 밖에 지위·성격의 독립성과 특수성 등이 인정되어 대통령령으로 정하는 행정청의 처분 또는 부작위에 대한 심판청구를 심리·재결하기 위하여 해당 행정청 소속으로 행정심판위원회를 둔다.
① 위 행정청 외의 국가행정기관의 장 또는 그 소속 행정청의 처분 또는 부작위에 대한 심판청구를 심리·재결하기 위해 「부패방지 및 국민권익위원회의 설치와 운영에 관한 법률」에 따른 국민권익위원회에 중앙행정심판위원회를 둔다.

08. 부담은 행정행위의 효과를 제한하는 요소를 갖고 있지 않으므로, 본체인 행정행위의 효과는 부담에 관계없이 확정된다. 이 같은 점에 근거하여 부담은 그 자체로서 행정행위의 성질을 가진다고 하여 부담의 부관성에 의문을 제기하는 견해도 있다. 그러나 그 같은 견해도 부담은 그의 존속이 본체인 행정행위에 의존한다는 점은 인정하고 있다.

09. 행정행위의 무효와 취소의 구별 실익

구분	무효	취소
사정재판 사정판결	인정하지 않음	인정
선결 문제	처음부터 무효이기 때문에 법원은 독자적 판단으로 무효임을 인정할 수 있다(공정력 부인).	권한 있는 행정청, 법원에 의해 취소되지 않는 한 그 효력을 부인할 수 없다(공정력 인정).
행정 소송 형태	취소소송·무효 등 확인소송에 의해 가능하다.	취소소송에 의해서만 가능하다.
행정소송 의 제기 요건	제소기간·행정심판전치주의 제한 無	제소기간·행정심판전치주의 제한 有
하자의 승계	인정하지 않음	선행·후행 행정행위가 하나의 행정목적을 실현하기 위한 단계적인 절차 관계인 경우 인정

10. ① 선행처분에 존재하는 하자는 그것이 당연

무효의 사유가 아닌 이상 후행처분에 그대로 승계되지 않고 또 행정처분이 당연 무효가 되려면 처분에 위법사유가 있다는 것만으로는 부족하고 그 하자가 중대하고도 명백한 것이어야 하며, 하자가 중대하고도 명백한 것인가의 여부는 그 법규의 목적, 의미, 기능 등과 구체적 사안의 특수성 등을 합리적으로 고찰하여 판별하여야 하므로 명의상의 사업자에 대하여 한 부가가치세부과처분은 실질과세의 원칙에 위반한 중대한 하자가 있기는 하나 그 하자가 객관적으로 명백한 것이라고는 할 수 없어 당연 무효라고는 볼 수 없고 따라서 이에 따른 압류처분도 당연 무효라고는 볼 수 없다(대판 1989. 7.11, 88누12110).
② 공매처분을 하면서 체납자 등에게 공매통지를 하지 않았거나 공매통지를 하였더라도 그것이 적법하지 아니한 경우에는 절차상의 흠이 있어 그 공매처분은 위법하다. 다만, 공매통지의 목적이나 취지 등에 비추어 보면, 체납자 등은 자신에 대한 공매통지의 하자만을 공매처분의 위법사유로 주장할 수 있을 뿐 다른 권리자에 대한 공매통지의 하자를 들어 공매처분의 위법사유로 주장하는 것은 허용되지 않는다(대판 2008.11.20, 2007두18154).
③ 상속인이 상속 재산의 한도 내에서 승계한 피상속인의 체납국세의 납부의무를 이행하지 아니하는 경우 그 징수를 위해서 하는 압류는 반드시 상속재산에만 한정된다고 할 수 없고 상속인의 고유재산에 대해서도 압류할 수 있다(대판 1982. 8.24, 선고, 81누162).
④ 재산에 대한 압류는 개인과 법인을 구분하지 않는다. 그러므로 법인의 재산도 압류의 대상이 된다.

11. ④ 당해 행정청, 즉 처분청만이 대집행권자가 된다(제2조).

12. ① 소청심사청구 제기기간은 처분사유 설명서가 교부되는 징계처분, 직위해제·강임·휴직·면직처분 등의 처분사유 설명서를 받은 날로부터 30일 이내에 청구하여야 한다.

13. ① 국가배상법은 "이 법은 외국인이 피해자인 경우에는 상호의 보증이 있는 때에 한하여 적용한다."고 하여(제7조), 외국인에 대한 책임에 관하여 상호주의를 채택하고 있다.
② 국가배상법 제3조의2의제1항에서 규정하고 있다.
③ 국가배상청구권의 소멸시효기간에 관하여는 국가배상법에 규정이 없으며, 민법(제766조)에 규정하고 있다.
④ 국가배상법 제2에서 규정하고 있다.

14. ③ 행정심판법은 재결에 대하여 재심사를 청구할 수 없도록 규정하고 있다(행정심판법 제51조).

15. ② 의무부과 후 의무불이행을 전제로 하는 강제집행은 의무부과 없는 즉시강제와 다르다.

16. 정부조직법은 중앙행정기관으로 각 부, 처, 청으로 한다는 규정이 있으므로 부, 처, 청은 행정사무의 분배단위로서의 행정기관의 개념이다.

17. ④ 대집행은 의무자가 대체적 작위의무를

18. ③ 대판 2017.6.29, 2015도12137
    ④ '자동차'라 함은, 철길 또는 가설된 선에 의하지 아니하고 원동기를 사용하여 운전되는 차를 말하는 것으로 견인되는 자동차도 자동차의 일부로 본다(대판 1995.12.22, 94도1519).

이행하지 않는 경우에 당해 행정청이 스스로 행하거나 제3자로 하여금 이를 행하게 함으로써 의무의 이행이 있었던 것과 동일한 상태를 실현시킨 후 그 비용을 의무자로부터 징수함을 말한다(법 제2조).

19. ① 이의신청은 임의적이며, 심사청구 또는 심판청구 중 하나를 거치든지, 감사원에 심사청구를 할 수도 있다.

20. ② 과태료에 처한 자가 소정기한까지 과태료를 불납한 경우에는 형벌인 벌금이나 과료의 경우와 같이 노역장 유치를 하는 것이 아니라, 검사의 명령으로 민사소송법상의 강제징수절차에 따라 강제징수한다.

노동법개론

01. ③ 02. ① 03. ② 04. ① 05. ④
06. ④ 07. ② 08. ④ 09. ① 10. ③
11. ② 12. ④ 13. ③ 14. ① 15. ②
16. ③ 17. ④ 18. ③ 19. ④ 20. ①

01. 고용노동부령으로 정하는 사유인 해고 예고의 예외가 되는 근로자의 귀책사유
    1. 납품업체로부터 금품이나 향응을 제공받고 불량품을 납품받아 생산에 차질을 가져온 경우
    2. 영업용 차량을 임의로 타인에게 대리운전하게 하여 교통사고를 일으킨 경우
    3. 사업의 기밀이나 그 밖의 정보를 경쟁관계에 있는 다른 사업자 등에게 제공하여 사업에 지장을 가져온 경우
    4. 허위 사실을 날조하여 유포하거나 불법집단행동을 주도하여 사업에 막대한 지장을 가져온 경우
    5. 영업용 차량 운송 수입금을 부당하게 착복하는 등 직책을 이용하여 공금을 착복, 장기유용, 횡령 또는 배임한 경우
    6. 제품 또는 원료 등을 몰래 훔치거나 불법 반출한 경우
    7. 인사·경리·회계담당 직원이 근로자의 근무상황 실적을 조작하거나 허위 서류 등을 작성하여 사업에 손해를 끼친 경우
    8. 사업장의 기물을 고의로 파손하여 생산에 막대한 지장을 가져온 경우

02. ① 친권자, 후견인, 고용노동부장관은 근로계약이 미성년자에게 불리하다고 인정하는 경우 이를 해지할 수 있다.

03. ② 하나의 사업 또는 사업장을 대상으로 조직된 노동조합의 대의원은 그 사업 또는 사업장에 종사하는 조합원 중에서 선출하여야 한다.

04. ① 근로자가 부당해고 구제신청을 할 당시 이미 정년에 이르거나 근로계약기간 만료, 폐업 등의 사유로 근로계약관계가 종료하여 근로자의 지위에서 벗어난 경우에는 노동위원회의 구제명령을 받을 이익이 소멸하였다고 보는 것이 타당하다(대판 2022.7.14, 2020두54852).

② 대판 2012.6.14, 2010두8225
③ 대판 2014.3.13, 2011다95519
④ 대판 2014.8.26, 2014다28305

05. ④ 노동조합이 동일한 사업장내의 근로자로 구성된 경우에는 그 규약으로 총회의 공고 기간을 단축할 수 있다.

06. ④ 체불사업주의 명단 공개는 관보에 싣거나 인터넷 홈페이지 등 열람이 가능한 공공장소에 3년간 게시 한다.

07. ① 노동조합의 대표자 또는 수임자가 단체교섭의 결과에 따라 사용자와 단체협약의 내용을 합의한 후 다시 협약안의 가부에 관하여 조합원총회의 의결을 거쳐야 한다는 것은 대표자의 단체협약체결권한을 전면적·포괄적으로 제한함으로써 사실상 단체협약체결권한을 형해화하여 명목에 불과한 것으로 만드는 것이어서 노동조합 및 노동관계조정법 제29조 제1항의 취지에 위반된다(대판 2002.11.26, 2001다36504).
② 대판 2017.10.31, 2016두36956
③ 노동조합법 제16조 제1항 제3호는 단체협약에 관한 사항을 총회의 의결사항으로 정하여 노동조합 대표자가 단체교섭 개시 전에 총회를 통하여 교섭 안을 마련하거나 단체교섭 과정에서 조합원의 총의를 계속 수렴할 수 있도록 규정하고 있기도 하다(대판 2018.7.26, 2016다205908).
④ 노동조합의 하부단체인 분회나 지부가 독자적인 규약 및 집행기관을 가지고 독립된 조직체로서 활동을 하는 경우 당해 조직이나 그 조합원에 고유한 사항에 대하여는 독자적으로 단체교섭하고 단체협약을 체결할 수 있다(대판2011.5.26, 2011다1842,1859,1866,1873).

08. ④ 사용자의 귀책사유로 휴업하는 경우에 사용자는 휴업기간 동안 그 근로자에게 평균임금의 100분의 70 이상의 수당을 지급하여야 한다.

09. ① 노동조합의 규약이 노동관계법령에 위반한 경우에는 행정관청은 노동위원회의 의결을 얻어 그 시정을 명할 수 있다.

10. ① 대판 1985.10.8, 85도1262
② 대판 2006.2.9, 2005도9230
③ 사용자가 퇴직 근로자에게 퇴사 후 14일 이내에 임금지급기일연장의 합의 없이 체불임금 등을 지급하지 않고 그 기간 이후 체불임금을 지급하여 합의한 경우, 근로기준법 제109조 위반이다(대판 1997.8.29, 97도1091)
④ 대판 2010.5.27, 2009도7722

11. ① 위원회의 회의는 재적위원 3분의 1 이상이 소집을 요구하는 경우 위원장이 소집한다.
③ 위원장이 위원회의 회의 소집이 필요하다고 인정하는 경우 위원장이 소집한다.
④ 위원회의 회의는 이 법으로 따로 정하는 경우 외에는 재적위원 과반수의 출석과 출석위원 과반수의 찬성으로 의결한다.

12. ④ 새로운 단체협약이 체결되지 아니한 경우에는 별도의 약정이 있는 경우를 제외하고는 종전의 단체협약은 그 효력만료일부터 3월까지 계속 효력을 갖는다.

13. 단체협약에 그 유효기간이 경과한 후에도

새로운 단체협약이 체결되지 아니한 때에는 새로운 단체협약이 체결될 때까지 종전 단체협약의 효력을 존속시킨다는 취지의 별도의 약정이 있는 경우에는 그에 따르되, 당사자 일방은 해지하고자 하는 날의 (6)월 전까지 상대방에게 통고함으로써 종전의 단체협약을 해지할 수 있다.

14. ① 노동위원회가 구제명령을 하는 경우 사용자와 근로자에게 각각 서면으로 통지하여야 한다.

15. ① 대판 2017.2.15, 2016다32193
    ② 외국인 근로자에 대하여도 국내의 근로자들과 마찬가지로 근로기준법상의 퇴직금 지급에 관한 규정이나 최저임금법상의 최저임금의 보장에 관한 규정이 그대로 적용된다(대판 2006.12.7, 2006다53627),
    ③ 대판 2019.5.10, 2015도676
    ④ 대판 1993.5.27, 92다33398

16. ① 노동조합은 쟁의행위가 적법하게 수행될 수 있도록 지도와 관리 및 통제를 할 책임이 있다
    ② 쟁의행위는 그 조합원의 직접·비밀·무기명투표에 의한 조합원 과반수의 찬성으로 결정하지 않으면 이를 행할 수 없다.
    ④ 사업장의 안전보호시설이 정상적인 유지 및 운영에 방해하는 쟁의행위에 대하여 노동위원회의 의결을 얻어 그 행위를 중지할 것을 행정청은 통보하여야 한다.

17. 최저임금법」 제5조제2항 본문에 따라 (1)년 이상의 기간을 정하여 근로계약을 체결하고 수습 중에 있는 근로자로서 수습을 시작한 날부터 (3)개월 이내인 사람에 대해서는 시간급 최저임금액(최저임금으로 정한 금액)에서 100분의 10을 뺀 금액을 그 근로자의 시간급 최저임금액으로 한다.

18. ① 대판 2022.4.28, 2019다238053
    ② 대판 1991.6.28, 90다카25277
    ③ 근로자는 사용자에게 퇴직연금의 부담금 명목으로 공제된 금액 상당의 미지급 임금과 그에 대한 지연손해금을 청구하고, 만일 정당한 부담금액과 이미 납입된 부담금액의 차이가 있다면 그 차액 및 그에 대한 지연손해금을 지급할 것을 별도로 청구할 수 있을 뿐, 퇴직금제도에 따라 평균임금의 재산정을 통해 계산하는 방식으로 추가 퇴직금의 지급을 청구할 수는 없다(대판 2022.3.17, 2018다244877),
    ④ 대판 2021.11.11, 2021다255051

19. ④ 노동조합의 쟁의행위는 그 조합원(제29조의2에 따라 교섭대표노동조합이 결정된 경우에는 그 절차에 참여한 노동조합의 전체 조합원)의 직접·비밀·무기명투표에 의한 조합원 과반수의 찬성으로 결정하지 아니하면 이를 행할 수 없다. 이 경우 조합원 수 산정은 종사근로자인 조합원을 기준으로 한다.

20. ① 임금, 재해보상금, 근로관계로 인한 채권은 사용자의 총재산에 대하여 질권·저당권 또는 「동산·채권 등의 담보에 관한 법률」에 따른 담보권에 따라 담보된 채권 외에는 조세·공과금 및 다른 채권에 우선하여 변제되어야 한다.

★도서에 관한 모든 것★
http://cafe.naver.com/expertone

고용노동직(9급) 적중모의고사(2025)

인 쇄	2025년 1월 3일
발 행	2025년 1월 6일
편 저	홍미숙 외
발 행 인	홍미숙
발 행 처	엑스퍼트원
영 업 부	(67668) 서울 서초구 양재대로2길 11
	Tel : (02) 886-8203(代) (02) 577-6463
	Fax : (070) 8620-8204 (070) 8877-6463
반 품 처	경기도 파주시 신촌동 229-3 한강물류(엑스퍼트원)
E-mail	expertone7@naver.com 카페 http://cafe.naver.com/expertone
등 록	2022-000172호

판권
본사
소유

정가 27,000원

ISBN 979-11-93137-39-0

이 책의 무단 전재 또는 복제행위는 저작권법 제97조의5에 의거, 5년 이하의 징역 또는 5,000만원의 벌금에 처하거나 이를 병과 할 수 있습니다.